CORREIO BRAZILIENSE

ou

ARMAZÉM LITERÁRIO

JULHO - DEZEMBRO, 1810

Imprensa Oficial do Estado

Diretor-Presidente
Sérgio Kobayashi

Diretor Vice-Presidente
Luiz Carlos Frigerio

Diretor Industrial
Carlos Nicolaewsky

Diretor Financeiro e Administrativo
Richard Vainberg

Coordenador Editorial
Carlos Taufik Haddad

Correio Braziliense

Diretor-Presidente
Paulo Cabral de Araújo

Diretor Vice-Presidente
José de Arimatéia Cunha

Diretor Executivo
João Augusto Cabral

Diretor Comercial
Paulo César Marques

Diretor Industrial
Osvaldo Abílio Braga

Diretor Gerente
Evaristo de Oliveira

Diretor de Redação
Ricardo Noblat

Diretor Financeiro
Mauro Nakao

Diretor de Circulação
Luiz Alberto Albuquerque

Instituto Uniemp

Diretor-Executivo
Carlos Vogt

Observatório da Imprensa

Editor-Responsável
Alberto Dines

Laboratório de Estudos Avançados em Jornalismo (Labjor)

Coordenador
Carlos Vogt

Pesquisador
Alberto Dines

HIPÓLITO JOSÉ DA COSTA

CORREIO BRAZILIENSE

ou

ARMAZÉM LITERÁRIO

EDIÇÃO FAC-SIMILAR

CORREIO BRAZILIENSE

IMPRENSA OFICIAL
SERVIÇO PÚBLICO DE QUALIDADE

2001

EQUIPE EDITORIAL

Projeto e edição: Alberto Dines
Co-edição: Isabel Lustosa
Arte: Alfredo Nastari
Secretaria Editorial: Cláudio Giordano
Editoração: Cláudio Marcondes
Auxiliar de Pesquisa: Mirian de Aragão Silva
Apoio: Lu Fernandes

Imprensa Oficial
Coordenação Editorial: Carlos Taufik Haddad

Pré-Impressão
Gerente de Editoração: José Paulo Prado
Chefe de Divisão: José Lucio Silva
Supervisão de Editoração: Solange Couto Briant

Digitalização e Tratamento de Imagens
Anderson de Lima, José Carlos da Silva, Marli Santos de Jesus, Ana Virgínia Luz Teles Rossini, Francisco Ferrari Filho, Aline Navarro, Edson Luiz Modena, Selma Brisolla de Campos

Editoração Eletrônica
Vanessa Merizzi de Oliveira, Marilena Camargo Villavoy e Ricardo Ferreira

Reprodução, Fotolito e Impressão
Imprensa Oficial do Estado
Rua da Mooca, 1921 - 03103-902 - São Paulo - SP
Tel.: (11) 6099-9446 Fax.: (11) 6692-3503 SAC:0800-123401
Home page: www.imprensaoficial.com.br
E-mail: imprensaoficial@imprensaoficial.com.br

Dados Internacionais de Catalogação na Publicação (CIP)
(Câmara Brasileira do Livro, SP, Brasil)

Costa, Hipólito José da
Correio Braziliense, ou, Armazém literário, vol. V / Hipólito José da Costa. -- São Paulo, SP : Imprensa Oficial do Estado; Brasília, DF : Correio Braziliense, 2001.

"Edição fac-similar"

1. Correio Braziliense 2. Costa, Hipólito José da, 1774-1823 3. Imprensa – Brasil – História I. Título. II. Título: Armazém literário.

01-4409 CDD-079.81

Índices para catálogo sistemático:
1. Brasil : Jornais e jornalismo : História 079.81

Sumário

DOS EDITORES

Neste volume (jul.-dez. de 1810), o *Correio Braziliense* reproduz o famoso e polêmico Tratado de Amizade, Comércio e Navegação, assinado entre o rei da Inglaterra e o príncipe regente de Portugal naquele mesmo ano. Entre outras medidas criticadas por Hipólito incluíam-se ali o direito concedido aos ingleses de nomear juízes especiais para "obrarem em seu favor" nos territórios da Coroa portuguesa; o imposto de 15% sobre as mercadorias inglesas (inferior ao que incidia sobre as portuguesas) e a franquia do porto de Santa Catarina ao comércio. Ao final do volume, as críticas, pejadas de ironia, de Hipólito da Costa aos escritos de José da Silva Lisboa em defesa do Tratado.

No artigo décimo do Tratado de Paz assinado entre os dois monarcas, em 22 de outubro de 1807, d. João declara que, estando convencido da injustiça do tráfico negreiro, resolvera cooperar com S. M. britânica adotando gradualmente uma política de extinção do comércio de escravos.

Em mensagem ao clero, nobreza e povo português, d. João explica a necessidade da mudança temporária da sede do império para o Rio de Janeiro e lembra que o Brasil, por sua situação geográfica, estando livre da ambição dos vizinhos europeus, permitia que os súditos aqui estabelecidos colaborassem de forma mais efetiva para a defesa do trono. D. João promete favorecer o comércio e adotar princípios políticos e econômicos mais liberais e mais de acordo com os adotados por seu principal aliado, a Inglaterra. Garante, porém, que a entrada das manufaturas inglesas não irá prejudicar as indústrias existentes e as que serão instaladas no Brasil.

O *Correio* reproduz a documentação relativa à criação do Banco do Brasil. Também reaparecem as críticas de

Hipólito à censura portuguesa, que mantinha o povo na ignorância, não permitindo a leitura da maior parte dos livros e jornais que se publicavam na Europa. Ela seria a causa do desânimo dos portugueses, pois, na medida em que faltava liberdade, diminuía o patriotismo e abatia-se o caráter nacional. Em outra circunstância, as injúrias levariam os portugueses a mostrar sua indignação.

Continuam as críticas dos detratores, especialmente do *Exame dos Artigos Históricos e Políticos que se contêm na coleção periódica intitulada Correio Braziliense ou Armazém Literário no que pertence somente ao Reino de Porugal*. Hipólito é sempre acusado de combater o governo português.

O processo de independência das colônias espanholas na América, uma das preocupações de Hipólito, é examinado em diversas ocasiões. O desfecho, para ele, foi fruto da má administração das colônias por parte da metrópole e da falta de organização interna do império espanhol. Surpreende-se o redator do *Correio* que, mesmo diante da anarquia que se instalou após a ocupação do território metropolitano pelos franceses e do aprisionamento do rei por Napoleão, as colônias ainda tenham continuado submetidas à Espanha. O melhor exemplo seria o da Argentina, onde formou-se uma junta governativa, em nome de Fernando VII, que deveria se extinguir assim que o governo espanhol se reorganizasse.

Napoleão Bonaparte ainda ocupa boa parte do *Correio* bem como a expansão de seu império no norte da Europa.

A questão de uma imprensa livre está presente no registro da convocação das Cortes Gerais na Espanha. Apesar de não aprovar tudo o que lá foi decidido, Hipólito acredita que a aprovação do direito à liberdade de imprensa (72 contra 32 votos) trará grandes benefícios à Espanha.

CORREIO BRAZILIENSE

OU

ARMAZEM LITERARIO.

VOL. V.

LONDRES:

IMPRESSO POR W. LEWIS, PATERNOSTER-ROW.

1810.

CORREIO BRAZILIENSE

DE JULHO, 1810.

Na quarta parte nova os campos ara,
E se mais mundo houvéra la chegára.

CAMOENS, C. VII. e. 14.

POLITICA.

Collecçaõ de Documentos Officiaes relativos a Portugal.

Providencias de Policia para os Bairros de Lisboa.

I.

Os Corregedores e Juizes do Crime de Lisboa residiraõ dentro dos seus respectivos Bairros, como se acha determinado pelos Alvarás de 30 de Dezembro de 1605 e 25 de Março de 1742, naõ bastando para satisfazer a esta obrigaçaõ ter nelles Casas, em que despachem, como se declarou pelo Decreto de 24 de Dezembro 1665. A mesma obrigaçaõ tem os seus Officiaes.

II.

Como pela maior extensaõ, e continua alteraçaõ, que tem occorrido nos Bairros de Lisboa depois do anno de 1608, se naõ póde observar o que determinou o Alvará de 25 de Dezembro do referido anno na designaçaõ dos sitios, em que haõ de residir os Ministros Criminaes delles, se entenderà a sua determinaçaõ pelo lugar mais central de cada um dos Bairros; ficando-lhes neste sentido competindo a livre escolha de Casas para a sua residencia.

III.

Fazendo impossivel a grande extensaõ de muitos dos Bairros, que os Ministros delles possaõ saber tudo quanto he necessario para a conservaçaõ da boa Ordem, terá cada Bairro alguns Commissarios de Policia, quando os Fogos, de que elles se compõem, exceda o numero de dous mil; proporcionando-se o dos Commissarios á maior, ou menor extensaõ, e Povoaçaõ dos Bairros excedentes.

IV.

Terá por tanto o Bairro-Alto quatro Commissarios de Policia: o de Alfama, dous: o da Mouraria, dous: o d' Andaluz, dous: o do Mocambo dous: o do Rocio, hum: e o de Santa Catharina, hum.

V.

Como aos Ministros dos Bairros he permittida a escolha de Casas para a sua residencia; e convêm ao fim, para que se estabelecem os ditos Commissarios, que elles sejaõ em differentes ruas, affastadas da residencia dos Ministros, estes proporaõ ao Intendente Geral da Policia, tanto os sitios de cujos moradores devaõ ser escolhidos os ditos Commissarios, como os Districtos, que deve a cada um delles pertencer; fazendo designar estes pelo nome das ruas, e travessas, que lhe devem servir de limites.

VI.

Seraõ escolhidos para Commissarios da Policia pessoas de conhecida honra, probidade, e patriotismo e só os que que se achaõ empregados nos Regimentos de Milicias, e Corpo de Voluntarios Reaes do Commercio, que estaõ em actual serviço, podem allegar isempçaõ deste emprego;

porque, em materias de Policia cessaõ todos, e quaesquer privilegios, posto que sejaõ incorporados em direito; por ser esta estabelecida em beneficio público, e proveito dos visinhos, e moradores.

VII.

Seraõ obrigados os ditos Commisarios a vigiar se nos seus respectivos Districtos ha conventiculos. Assembleas clandestinas, e Ajuntamentos perigosos: se nelles ha pessoas de ruim suspeita, assim Nacionaes, como Estrangeiras: e se occorre qualquer outra cousa, que seja ou pareça prejudicial á segurança pública; e de tudo, quanto a estes respeitos houver noticia, daraõ parte aos Ministros dos respectivos Bairros. Quando porém occorra algum caso extraordinario, e que exija prompto remedio, poderaõ dirigir a parte delle ao Intendente Geral da Policia. E nos casos de rixas, e motim, procuraraõ acudir a elles; mandando conduzir os que nelles se acharem aos mesmos respectivos Ministros, para o que a Real Guarda da Policia lhes prestará, sem hesitaçaõ alguma, o auxilio que exigirem.

VIII.

Os Ministros dos Bairros acima indicados, proporaõ ao Intendente Geral da Policia as pessoas, que julgarem mais idoneas para o dito Emprego; e este dirigirá as ditas propostas ao Governo, com as Informações necessarias para a sua approvaçaõ, ou rejeiçaõ. E pela Intendencia Geral da Policia se passaraõ os Titulos necessarios para o exercicio da Commissaõ. No reverso destes se escreverá o termo de Juramento, que lhe deve ser conferido pelo Ministro do Bairro, a que pertencem, o que tudo será gratuito.

IX.

Nenhum Commissario de Policia será obrigado a servir mais de hum anno: e os que nisto se acharem occupados, seraõ isemptos d'outro qualquer encargo pessoal.

X.

Ainda que pela creaçaõ dos mesmos Commissarios fica a Policia mais no alcance dos conhecimentos, que lhe convém obter: como os Districtos saõ extensos, e nenhum acontecimento deve ser ignorado dos Ministros dos Bairros, havera em cada rua um Cabo de Policia, o qual será obrigado a dar parte ao seu respectivo Commissario de todos os acontecimentos do dia, e noute antecedente; poderaõ porém os Ministros dos Bairros ordenar, que directamente a elles lhes dirijaõ as Partes; e quando os casos forem de mortes, ou quaesquer outros crimes, que exijaõ huma promptissima providencia, ou um instantaneo conhecimento judicial, os Cabos de Policia daraõ immediamentee parte ao Ministro do Bairro. As Partes, que os Commissarios receberem dos Cabos, seraõ diariamente participadas aos mesmos Ministros.

XI.

As nomeações dos Cabos seraõ da competencia dos Corregedores, e Juizes do Crime, sem mais formalidade do que a de remetterem á Intendencia Geral da Policia uma relaçaõ nominal de todos os Cabos nomeados, e uma parcial aos Commissarios dos districtos, cujas relaçoens seraõ remettidas nos mezes de Janeiro, e Julho, por causa das mudanças que possaõ occorrer.

XII.

Sómente os Privilegios, que podem servir de issempçaõ

para recusar o cargo de Commissario da Policia podem aproveitar aos que forem eleitos para Cabos.

XIII.

Supposto que pela creaçaõ da Real Guarda da Policia se estabeleceo um methodo regular de effectivas rondas de noite, nem por isso se devem os Ministros Criminaes dos Bairros julgar desobrigados de fazer aquellas, que as circumstancias exigirem; e para auxilio dellas a mesma Real Guarda da Policia prestará sem delongas as Patrulhas, que os Ministros exigirem, como he obrigada pelo Decreto de 2 de Janeiro de 1802, no §. 16 do Artigo, que regula a sua Policia interior.

XIV.

Como pela effectiva residencia dos Ministros nos seus Bairros, fica cessando o motivo, porque as Patrulhas da dita Real Guarda conduzem arbitrariamente muitas pessoas ás Cadêas, sem primeiro serem apresentadas aos ditos Ministros, como devem praticar na fórma do §. 15 do sobredito Artigo, o que he em grande prejuizo da Justiça, á qual convém para a instrucçaõ dos Processos, que os prezos sejaõ immediatamente examinados pelos Julgadores, que os haõ de formalizar, as Patrulhas da Real Guarda da Policia observaraõ o que se acha determinado no dito §. levando os prezos em direitura a Casa dos Ministros dos Bairros, onde saõ apprehendidos; e na falta destes, ao do Bairro mais proximo.

O Intendente Geral da Policia da Côrte e Reyno fará exactamente observar estas providencias, dirigindo para esse fim todas as Ordens necessarias.

Lisboa, 28 de Março de 1810.

JOAÕ ANTONIO SALTER DE MENDOÇA.

Proclamaçaõ á Naçaõ Portugueza.

Portuguezes! Nova occasiaõ se vos offerece de assignalar o vosso Patriotismo, de colher novos troféos sobre os nossos inimigos. Mais temiveis por suas intrigas do que pelo seu valor, elles ameaçam as nossas Fronteiras com um Exercito, commandado pelo General Massena. Lembraivos que as Armas Portuguezas triunfam sempre, quando pelejaõ pela conservaçaõ da propria independencia. Lembrai-vos que sois os Descendentes dos Guerreiros famosos, que lançáram os fundamentos da Monarchia, e souberam repellir constantemente seus inimigos, derramando o seu sangue, e expondo a sua vida nesses mesmos Campos, que mais uma vez seraõ o Theatro da vossa Gloria.

Se a defeza dos Soberanos, e da Patria vos tem sempre estimulado para obrar prodigios de Valor; que se naõ deve esperar de vós, quando accrescem novos e urgentes motivos para empenhareis os vossos esforços? Naõ se trata só de conservar um Throno, que intentaõ derrubar a injustiça, e a perfidia; naõ se tracta só de salvar a Patria de um jugo de ferro; trata-se tambem de conservar a Religiaõ de nossos Pais; de livrar a Mocidade Portugueza do terrivel sacrificio de ir acabar em Paizes remotos; de fugir ao opprobrio de serdes tractados como escravos rebeldes; e de conservar a vida de tres milhões de Habitantes, que pereceraõ victimas da fome, da desgraça, e da miseria, se a nossa amada Patria for subjugada.

Quando porém saõ maiores do que nunca os motivos de desenvolver toda a vossa energia, tambem saõ maiores do que nunca os vossos recursos. Em nenhuma época o Exexercito Portuguez foi taõ respeitavel pelo seu número, e pela sua disciplina. Elle he auxiliado pelos valorosos e intrepidos Batalhoes Britanicos, que tantos exemplos vos tem dado de firmeza e bravura. Pouco se deve temer a sorte da Guerra, quando se conhece a disciplina das Tropas, e a pericia dos Generaes, que tem repetidas vezes humilhado o orgulho dos inimigos. Vós tendes visto as Aguias Francezas fugirem espavoridas na presença destes Chefes, e destes Exercitos, que pelo seu heroismo se mostram dignos da causa de que temos emprehendido a defeza.

Mas naõ bastam para salvar a Patria as fadigas Militares: he igualmente necessario que todos no lugar a que os destinou a Providencia, desempenhem os seus deveres: Os Ministros da Religiaõ ensinando aos Póvos as Maximas da Moral Christaã, e as obrigaçoens de Vassallos: Os Magistrados exercendo huma justiça imparcial, e facilitando as operações dos Exercitos com o seu zelo, e exacto cumprimento das Ordens que se lhe dirigem: Os Pais de familias inspirando a seus filhos, e domesticos o amor da Virtude, e a fealdade do Egoismo. Todos em fim devem concorrer para estreitar os vinculos sociaes, que constituem a força, e a energia das Nações.

Desta maneira os vossos Antepassados, depois de se immortalizarem na Europa, fizeram soar o brado da Gloria Portugueza ao longo da Africa; levâram o vosso nome ás mais affastadas Regiões do Oriente; e vos preparáram além do Atlantico um vasto e rico Imperio.

Naõ deixeis murchar os Louros, que os vossos Maiores souberam colher pelo Valor nos Combates, pela constancia nos perigos, pela fidelidade á Religiaõ, ao Soberano, e á Patria. A Independencia Nacional pede novos Sacrificios. Quem naõ escuta a sua voz imperiosa, querendo antes submetter-se aos caprichos de um déspota; aquelles que segundo a sua condiçaõ naõ attendem aos deveres que lhe impõem o perigo commum, e as Ordens do Governo; o que desobedece ás providencias dictadas pela segurança do Estado; os que promovem a desuniaõ, espalhando um terror intempestivo, ou uma falsa confiança; estes, qualquer que seja a classe a que pertençaõ, seraõ o objecto do odio, e execraçaõ dos verdadeiros Portuguzes. A Lei vingará severamente os seus crimes, e os seus nomes seraõ repetidos com infamia, e abominaçaõ na mais remota posteridade.

Portuguezes: A Patria está em perigo de ser invadida pelos nossos inimigos. Evitai o laço de suas promessas insidiosas, de suas intrigas infames, e grosseiras. Cuidai desveladamente no desempenho fiel de vossos deveres, na exacta obediencia ás Ordens das Authoridades Superiores. Uni-vos aos nossos Alliados, segui o exemplo dos nossos benemeritos Concidadaõs, que marcham a expôr sua vida pela causa da Religiaõ, do Soberano, da Honra, e da Independencia Nacional. Tudo se deve ó Patria. E quanto he glorioso arriscar a fazenda, o sangue, e a propria existencia para salvalla! A Peninsula tem sido a sepultura de muitos milhares de nossos inimigos. A fóme, as epidemias, a deserçaõ, e o odio á causa que servem, diminuem consideravelmente a força de seus exercitos. Quaesquer que sejam as alternativas da Guerra, o poder, ou a fortuna dos nossos inimigos nas suas correrias militares, tenhamos uniaõ e constancia; contrastemos inalteravelmente as suas intrigas com a nossa fidelidade, as suas armas com a nossa intrepidez, e a Patria será salva. Palacio do Governo em o 1°. de Junho de 1810.

JOAÕ ANTONIO SALTER DE MENDONÇA.

HESPANHA.

Decreto.

Reconhecida já a Authoridade Soberana do Conselho de Regencia por todas as Provincias do Reyno, uma de suas primeiras attençoẽs nesta favoravel conjunctura he restituir á Patria essa porçaõ de braços uteis á sua defensa, que por erro, por violencia, ou por fraqueza se tem separado das suas Bandeiras. Desertores dellas estes homens fascinados buscáram na dispersaõ e na fugida a tranquillidade e o socego das suas habitações. ¿Que tem encontrado? Novos perigos, novos precipicios, consequencias do seu culpavel abandono, e da imprudencia da sua conducta. Expostos por uma parte a ter de continuar no maior dos delictos que as Leis nunca perdoam, e por outra a servir de instrumentos á iniquidade dos tyrannos do seu paiz, se tem aggregado violentamente ás suas tropas; fugiram do perigo, e das fadigas em que estavaõ empregados pela virtude e pela honra, para cairem miseravelmente nas agitações inseparaveis do crime e da infamia. Elles imaginavaõ encontrar descanço. ¡Infelices! Domicilio, casa, familia, caricias de seus pais, prazeres innocentes, uteis e pacificos trabalhos, tudo perderam, e naõ o recuperaraõ senaõ conquistando a independencia da Patria de seus atrozes aggressores. Em o duro aperto em que nos tem posto a usurpaçaõ estrangeira, naõ resta á mocidade Hespanhola meio algum entre a guerra e a paz, entre o serem virtuosos defensores do Estado que os chama e lhes perdoa, ou fazerem-se parricidas com os homens impios com Deos, e viver e morrer opprimidos da execraçaõ do Ceo e da Terra.

Que tal he a sorte a que vivem sugeitos esses Hespanhoes, muito mais infelices ainda se já se achaõ incorporados nas Legiões Francezas. He sem duvida que um grande número delles se acharaõ mal com o descredito deploravel do seu partido actual. Sem dúvida os remorços faraõ sentir em seus peitos os gritos dos seus parentes desamparados, e affrontados, e as reconvenções de seus Concidadãos, que amargamente os accusaõ. Saõ por certo tambem estes mais dignos de lastima que de ira. Os Hespanhoes nascêram para a honra, e para a virtude, assim como os Francezes actuaes para a iniquidade e para a vileza; e naõ he possivel que se ajustem gostosamente com ella corações nascidos entre nós. Voltem pois ao seio da naçaõ os que separados della sentem todavia em si mesmos o instincto da nobreza, e da honra; voltem a lavar em sangue Francez a mancha que os degrada, a resgatar essa fraqueza momentanea com huma eternidade de serviços. O Estado lhes perdoa, pois que fechar para sempre o caminho do dever a estes homens extraviados e martyrizados com o seu mesmo delicto, naõ cabe nos principios generosos que animam o Governo: principios consequentes do caracter magnanimo do povo a quem dirige, e do clemente e benefico coraçaõ do Monarcha a quem representa.

Movido destas considerações El Rey N. S. D. Fernando VII. e em seu Real Nome o Conselho de Regencia de Hespanha e Indias, decreta:

Que sejam perdoados, e recebidos benignamente os desertores e prófugos das nossas tropas, que no termo de dous mezes se apresentem ás Authoridades Civis ou Militares para tornar ao Serviço.

Que igualmente sejam comprehendidos neste indulto todos os marinheiros e soldados de Marinha, que hajam abandonado o Serviço, e se apresentem para o continuar no termo de dous mezes.

Que naõ se entenda este indulto com nenhum dos desertores de terra ou mar, que hajam commettido delictos, que os façam responsaveis perante os Tribunaes.

Que sejaõ tambem recebidos os Hespanhoes que tendo, por seducçaõ ou violencia, servido entre as tropas Francezas, abandonarem suas bandeiras, e tornem ao Serviço da sua Patria, aprezentando-se no termo de dous mezes.

Tello heis entendido, e ordenareis o que for conveniente para o seu cumprimento. Xavier de Castanhos, Presidente. Francisco de Saa Vedra. Antonio de Escaña. Miguel de Lardizabal e Uribe. Na Real Ilha de Leaõ a 8 de Maio de 1810. A D. Francisco de Eguia.

Proclamaçaõ do Conselho de Regencia a todos os Hespanhoes por motivo da desmembraçaõ da Hespanha decretada por Bonaparte.

Já, vedes, Hespanhoes, a alternativa em que vos tem posto esse perfido usurpador, sem palavra de Rey, nem de homem, nem de ladrao, de vencer ou morrer escravos. Elle mesmo, impaciente por ver remoto o fim da guerra d' Hespanha, que hallucinado pelo seu poder, sua fortuna, e sua soberba, julgou empreza de poucas semanas, vos provoca hoje desesperado já, e enojada sua omnipotencia, a que renoveis vossa defensa até mais além da morte, deixando-a em herança a vossos filhos. Ja começa a despedaçar a preza antes que se lhe vá das garras, como faz o lobo famelico com a rez, que naõ póde levar interia.

Biscainhos, Navarros, Aragonezes, Catalães! Já vos tem marcados e apartados da communidade de vossos irmaõs, para que naõ sejais mais Hespanhoes, nome que offende o seu orgulho e vaidade: naõ quer que sejais escravos, como desejava antes, em vossos lares; mas Francezes, que he peior; isto he, povo docil ao jugo, para que naõ possais levantar a vóz nem as maõs. Quer-vos ter por agora separados em quatro pedaços, que chama governos, para vos ajunctar logo ao gra[n]) rebanho do imperio Francez; do qual he esse barbaro Imperador o Pastor, que tracta os homens como bestas. Tem sido maxima de todo o Tyranno dividir para reynar: a esta accrescentou outra este monstro de tyrannia, fereza, e ambiçaõ, naõ menos iniqua, porém mais atroz, e he, tragar a todos para naõ temer a nenhum.

Eia, pois, Póvos illustres e valentes, que em todos os tempos tendes sido o antemural de Hespanha com vossos montes, e mais com vossos peitos contra a invasaõ e audacia de França! Para quem quereis guardar a vida senaõ para defender a vossa Patria? Poderá esta ser occupada pelo insolente vencedor: pizará a terra mas naõ humilhará vosso nobre ser, vossa honra, vossa independencia. Naõ sejais ingratos com a natureza; ella vos deo serras e montes; alli vos acolhereis e fareis temiveis, honrando-vos com o titulo de rebeldes de Napoleaõ, que será o maior timbre da Naçaõ Hespanhola. Vede esses montanhezes de Molina, de Siguenza, de Cuenca, de Ronda, e todos os montanhezes de Hespanha, como saõ o terror do inimigo: nestes tendes agora o melhor exemplo. Nas serras está o berço da liberdade das Naçoens, e nas campinas sua sepultura: naquellas nasceo a redempçaõ d' Hespanha, e a vossa particularmente para fundar na falda do fragoso Pyrineo o throno de vossos Principes, vencedores da Mourisma.

Se naõ mostrais o que tendes sido, ides a perder tudo o que o intruso Rey naõ tinha acabado de vos tirar, porque vos tractava como se tivesseis de ser subditos seus; porém o Tyranno teme vossa fortaleza e vossos costumes, taõ firmes como as penhas de vossas serras, e vos quer fazer mansos Francezes.

Reparai como triunpha o patriotismo armado em todos os pontos desta Peninsula; desapparece em um valle, e apparece logo em um monte; e nunca tem estado mais accesa a guerra, e nunca tem havido menos Exercitos. Ajunctai-vos com os fortes de vossas fronteiras, que elles vos ajudaráõ a defender vossa causa, que tambem he delles. Mãis que paris os filhos e sustentais o fructo de vosso ventre a vossos peitos! Esposos que buscais companhia a vosso casto amor! Pais que educais os pedaços de vossas entranhas! Honestas donzellas que guardais vosso recato, se naõ haveis de ser mais Hespanhoes, dizei-nos para quem quereis a vida? Condemnados estais todos a ser Francezes, sendo a terra d'Hespanha, para mais dor e affronta vossa. Sobre tantos juramentos forçados, tereis de jurar ao usurpador, e sacrificar-lhe vossos filhos para a conscripçaõ: marcados estaõ já do regaço de suas mãis para o matadoiro.

Os Mouros domináram Hespanha, mas nunca inteira, nem pacificamente. Nunca leváram seus moradores, nem os subjugados nem os por subjugar, como cativos para Africa, como faz o Tyranno Napoleaõ, levando para França prezos os que naõ querem jurar o seu execravel nome, ou os que suspeita de patriotas. Tambem naõ consta que os obrigassem a tomar armas em suas bandeiras contra os mesmos Christaõs. Desarmados e tributarios, deixavamnos ao menos dentro de sua Patria chorar em paz sua desventura. Quanto mais toleravel he a invasaõ de Póvos barbaros, que tomaõ sempre os costumes do paiz dominado, como succedeo aos Chins com os Tartaros, que a da Naçaõ que, com a arrogancia do que se chama hoje illustraçaõ e policia, vem querer-nos dar suas leis, seus desvarios e suas tyrannicas reformas, pretendendo que com as nossas proprias maõs nos rasguemos as entranhas. O' Vandalos, ó Alanos, Póvos sem letras, e sem policia! Vós naõ conhecies senaõ a lança para vencer, e pena para atormentar os vencidos. Porém os vandalos modernos usam junctamente de ambos os instrumentos para maior martyrio e humilhaçaõ do genero humano. Tanto póde a maior insolencia e fria crueldade do homem civilizado!

Se os homens, depois de tantos desenganos da perfidia e iniquidade do Tyranno, naõ acabaõ de conhecer o que devem e podem fazer para viver como taes; valeria mais naõ existirem. Antes perecesse no dia em que nasci, disse Job no meio dos seus trabalhos. Pereça, podiamos dizer agora todos, à raça humana, antes que ver-se taõ villipendiada. Deos Eterno! que nos creaste para vos amar e servir nesta terra, porque naõ repetís o que em outro tempo disseste: peza-me de ter feito o homem? Pezar grande seria para vós ter-nos conservado até aqui para ser bestas de Napoleaõ, se naõ tivesseis decretado em vossos altos juizos o exterminio desta furia, para que reconheçamos o vosso favor de nos crear segunda vez homens. Porém deixas esta redempçaõ dos Hespanhoes ás suas maõs, para que seja delles o louro, e vossa a gloria. Naõ haveis, Senhor, querido usar do vosso poder, para que adormecêssemos nesta confiança. Sabeis até onde chegaõ nossas forças, que nos destes para derribar este gigante; e naõ quereis usar do vosso braço invencivel contra um vîl insecto, que a paciencia dos homens, e a cegueira dos Principes tem deixado fazer-se dragaõ, que devore a todos. Porém, Senhor, quem vos serviria e glorificaria depois que este impio Nembrot fizesse de vossos servos escravos seus? Tudo se converteria entaõ em idolatras do conquistador, e o vosso nome seria esquecido. Isto he o que pertende este Tyranno da terra; e assim o annunciaõ seus soberbos e sacrilegos decretos: e qual outro Luzbel vos quer insultar usurpando este aborto da humana especie vossos titulos e attributos. Armem-se pois os homens e os Anjos, levantem-se todas as creaturas para annihillar este monstro, e tornar ao Creador sua gloria, e ás Nações sua existencia e sua honra perdidas.

Qual será o novo plano do Tyranno relativamente ao que deixa da Hespanha por agora debaixo da guarda do seu Vice-Rey José, que se afadiga por corrigir, reformar, e desfigurar as instituições, leis, usos, e costumes da nossa Naçaõ, antes que o Graõ-Reformador o reforme a elle, e ao seu novo Reyno? Os soberanos que institue este fabricante de Reys, começam por adulaçaõ ou por temor, abolindo, destruindo, e reformando. Naõ satisfeito o Corso, vem depois, e tracta de descompor ou transtornar todo o trabalho destes fiéis servidores. A ninguem deixa fazer cousa alguma, nem inda o mal, pois quer que seja só obra de suas maõs.

Attendei, Hespanhoes, tanto os enganados, como os desenganados, que Rey vos concedeo o Graõ-Tyranno, ao qual naõ deixa mais que o titulo, sendo o Executor do seu iniquo plano. Este he o que vos pede obediencia e fidelidade, e elle a tem primeiro jurado a seu amo e irmaõ Napoleaõ, tremendo, se naõ acerta em servir o Senhor naõ só dos Francezes, mas de todas as testas que corôa, e á manhaã descoroa o seu imperial capricho. E este Monarcha fantastico, que deve á graça do usurpador dos thronos o seu titulo e a sua existencia, se intitula Rey por graça de Deos; faz Grandes, Conselheiros, Cavalleiros, e desfaz os antigos: estabelece leis dictadas em Paris, e destroe as que vos deram vossos Avós em Leaõ, Burgos e Toledo: concede indultos aos que tem comettido o alto crime de defender a sua Patria e a sua liberdade, e nos vende philosophia junctamente com a pobreza, sua companheira! Começa o Kan Napoleaõ he homem escaço de palavras, porem fecundissimo em traições, que esconde no seu maligno coraçaõ até o dia de fazer o estrago. Elle naõ falla; porém só em Hespanha tem encontrado escriptores, que lhe tem adivinhado o que calla. Tambem o lobo e o tigre nam fallam; e ninguem ignora os damnos que faraõ, porque toda o Mundo conhece as suas propriedades, e o seu malefico instincto. Este tyranno projecta, e se determina por si só, porque em si tem toda a plenitude da maldade; e por isso naõ precisa senaõ de executores.

Se deo um Rey á Hespanha, vendida antes de invadida, naõ foi para se desapossar do dominio real e suprémo deste paiz retalhado, ou inteiro; mas sim porque julgou que debaixo deste aspecto menos ingrato, naõ assustava tanto os Hespanhoes temerosos de perder a existencia politica de Naçaõ, e o seu antiquissimo nome, e que com este primeiro passo segurava a uniaõ das Indias com a Metropoli, fazendo-se, sem mover um dedo, senhor de ambos os Mundos. Com esta esperança se lisongeava a sua ambıçaõ em Bayona, pois naõ perdeo momento em despachar com anticipaçaõ Navios veleiros para os pórtos Hespanhoes da America com Emissarios authorizados e revestidos de poderes fingidos para surprender a fidelidade daquelles vassallos ultramarinos, cuja vigilancia, lealdade, e prudencia frustráram os ardis, e embustes do Tyranno. Tem visto, depois daquella e outras tentativas, que lhe escapam aquelles grandes dominios da Coroa immortal de Hespanha; e desesperado tira a mascara este hypocrita, e quer fazer em pedaços a patria e mai commum destes e daquelles irmãos; como se com este acto a Naçaõ Hespanhola, e seu eterno nome podesse desapparecer da face do Mundo. Agora mais que nunca he quando devemos fazer, e faremos maiores esforços os filhos desta ultrajada Mãi em um e outro hemisferio, porque sendo maior o número dos defensores, tornando-nos todos amigos e companheiros, séra maior nossa força phisica e moral, para cujo enfraquecimento tem contribuido tanto as seducções, imposturas, e ameaças de nossos inimigos, introduzindo a discordia e a dissençaõ entre os Póvos, entre as familias, e até entre os amigos; e semeando patranhas em suas Gazetas, diarios, e proclamações, até assegurar que toda a Hespanha esta submissa, acabada a guerra, e que naõ existe fórma alguma de governo supremo na Naçaõ, para extinguir por estes meios o patriotismo, e toda a esperança dé salvarnos. Com estes presuppostos fazem as intimações aos Governadores das Praças e aos póvos, que lhes resistem, julgando-os ignorantes do estado do resto da Hespanha e das novas forças militares, que se disciplinam, accrescentam e triunfaõ na Extremadura, Catalunha, Aragaõ, Valencia e outros pontos.

Sabe o Governo que ignoram a maior parte dos póvos livres, e todos os dominados, se existe uma authoridade soberana, e centro commum de governo legitimo, pois tem procurado o inimigo cortar as communicações para que todos desmaiem e dobrem a cerviz. Pois sabei agora, Póvos Hespanhoes, que ha um Conselho de Regencia d' Hespanha e Indias, que representa vosso desgraçado Monarcha Fernando VII. e que he reconhecido e obedecido pelas Junctas Superiores de todas as Provincias e Cidades livres; que tracta de soccorrer e prover as praças e portos, de vestir e armar Exercitos, de alentar os tibios, de fomentar os valentes corpos voluntarios de gurilhas disseminadas pelos ambitos da Peninsula, e de regenerar o systema militar para nossa defensa; que Cadiz está livre, e he inexpugnavel, cuja communicaçaõ com a America está mais aberta e corrente que nos tempos de paz: e que a Inglaterra, fiel á sua palavra, e á amizade, e interesse da causa commum contra o Tyranno, nos auxilia com forças de mar e terra com maior empenho que jámais.

Desde hoje naõ ha Hespanhoes bons nem máos: todos dedevemos ser huns, isto he máos para Napoleaõ, e todos insurgentes, ou como nos queiraõ chamar nossos inimigos. Reconciliemo-nos e unamo-nos, abraçemo-nos, e perdoemos-nos nossas opiniões para fazer a guerra junctos, debaixo de huma mesma bandeira, a esse monstro, que nos aborrece a todos. Elle teme já os que lhe obedecem e temem, assim como os que o odiam, porque os Tyrannos de ninguem se fiam, e assim ninguem amam. Amnistia geral e e nova guerra. A Naçaõ sabe perdoar: Napoleaõ he quem naõ perdoa.

Talvez vos consolaveis, Hespanhoes, timidos e desencaminhados, que soffreis em segredo a vergonha de obedecer a hum Rei intruso, pensando que padecerieis menos angustias e trabalhos, fechando os olhos a esta ignominia, e naõ mostrando a vossa primeira resoluçaõ, quando jurastes defender vossa Patria invadida, vosso legitimo Rey traidoramente prezo, e o culto Catholico de vossos

Pais ameaçado. Naõ vos consoleis, por naõ confessar vosso erro ou cobardia, por ter hum Rey; inda que vejais sua figura, ou para melhor dizer sua sombra. Voltai os olhos á Hollanda, que já nem he Reyno nem Republica. Tragou-a o dragaõ de Paris, depois de ter jogado com ella como o gato com o rato, e ter-lhe chupado o sangue: o mesmo tem feito á innocente Hespanha. Depois de lhe ter tirado a substancia do erario, lhe manda logo hum homem com titulo de Rey para que, fazendo-se aclamar Pay, exprema com Decretos e formulas paternaes a substancia dos chamados filhos, ajudado por 100.000 ministros armados do prepotente Napoleaõ. Ficam saqueados os Povos, as municipalidades, as Igrejas, os Mosteiros, as Casas de piedade e refugio. Que faremos agora, dirá o Tyranno, desses Hespanhoes pobres, e soberbos ainda? Encarcerallos por secções no Imperio Francez, e depois vendellos se naõ abaixam o collo, como se fez èm outro tempo aos Judeos.

Naõ tereis pois Rey, Hespanhoes hallucinados, nem sereis Naçaõ, nem tereis constituiçaõ, nem a ridicula regeneraçaõ, nem a religiaõ pura e perfeita, que esperaveis, nem soará a voz—Hespanha.—Sereis de França, e naõ sereis Francezes nem Hespanhoes; mas sim um Povo vil e escravo, e o escarneo desses mesmos gavachos, que vos olharaõ como siganos adventicios em uma povoaçaõ culta e honrada.

Como esperaveis segurança da palavra desse Imperador ou Sultaõ fementido, de cujo capricho saõ ludibrio os Soberanos da Europa recem-fabricados por sua maõ, ou confirmados por sua graça? Poderiaõ faltar-lhe pretextos para destruir no anno seguinte a obra que tinha levantado em Hespanha; quando a cada momento muda de idéas com a mesma volubilidade, com que revolve aquelles seus funestos olhos, taõ inconstantes como o seu coraçaõ, cujas vistas parecem decretos, de morte? Amabilidade, benignidade, eloquencia, e philosophia tudo cedeo por inteiro a seu irmaõ José para conquistar o amor e obediencia dos Hespanhoes ; elle só reservou para si o poder de fazer mal.

E vós todos, egoistas, cobardes, e sublimes calculadores politicos, que tinheis abandonado a causa da patria, porque a consideraveis perdida, porém mui justa na vossa consciencia, dizei-nos agora, se tem continuado a sua gloriosa defensa vossos irmaõs com assombro do Mundo até aqui, sem vós os ajudardes ? Que teriaõ feito com o vosso auxilio ? Porém muitos saõ, e com vergonha e dor se ha de dizer, que naõ só abandonáram a Patria, mas que tem ajudado com o seu conselho, com sua influencia, e com suas mãos a nossos inimigos, até se fazerem ministros dos seus depravados intentos ; sem conhecer que elles mesmos se lavravam a corda, com que haviam de ser amarrados com os outros. E que diremos daquelles, que tem usado da penna para pregar amor, submissaõ, e obediencia ao intruso Rey, e ridiculizar o patriotismo ? Este he o maior dos delictos, e uma ferida mortal feita á Patria : a vaidade pode ter tido grande parte nos que tomaram a penna, assim como o medo nos que tomaram a espingarda. A tyrannia poderá mandar tomar as armas, mas naõ cantar as musas : poderáõ estas ser prostituidas, e naõ he a primeira vez, mas naõ forçadas. Porém, naõ vieis, Poetas e Oradores, como vós mesmos ereis victima dos sacrificios, que offereceis ao poder do Tyranno ?

Em fim ja tem visto todos os desertores da causa commum como a Hespanha resiste contra os seus prognosticos, e resistirá contra os seus desejos. Ha unidade de governo, cuja destruiçaõ tem trabalhado tanto a astucia de nossos inimigos ; ha uniaõ nas vontades, e a mesma haverá desde hoje mais que nunca nos esforços. Chegou a hora de nos unir todos até formar hum só corpo, antes que intente desmembrallo ou fazello em pedaços o flagello das Naçoens. O mar sempre será nosso, pois o he de nossos amigos e poderosos Alliados: terra onde assignalar o nosso valor, e plantar o estandarte da liberdade, naõ nos faltará: armas, fabrica-as a necessidade, e as envia a Inglaterra: dinheiro, que he o nervo da guerra, tem-no a America, filha rica e generosa da invicta Hespanha, para nos soccorrer em nossa causa, que toca a ella mui de perto. Acaba de chegar a esta bahia a quarta remessa de cabedaes, desde que se installou a Regencia, a 2 do corrente, nas Náos Algeciras e Asia, vindas de Vera Cruz e Havanna, com mais de sette milhões de pezos e 4000 espingardas.

Já vedes guerreiros, vós os que formais a milicia de linha, a cuja sombra haõ de pelejar os patriotas, que abandonaõ sua familia e seus lares para sahir á caça dos Francezes, como vem do Novo Mundo, naõ só prata e ouro para vos sustentar, mas espingardas para vos armar; e viraõ pouco depois fardamentos para vos cobrir: Quaõ grande e dilatada he a tua familia, ó excelsa Hespanha! O sol a allumia em todas as horas, e Napoleaõ quer ultrajalla e subjugalla como huma colonia de Selvagens! Naõ desprezeis estes dons da liberalidade de nossos irmaõs ultramarinos arrojando as armas, já nas retiradas, já nas dispersões, já na fugida, se a sorte vos obriga alguma vez a este extremo. Os homens, depois desapparecidos, podem ajuntar-se cem vezes e fazer cara ao inimigo; entaõ naõ se perde mais que o terreno: porém as armas perdidas naõ se tornaõ a ajunctar, ou servem de trofeo e escarneo aos contrarios. Número sem conto de espingardas tem ficado em poder dos Francezes, ou semeadas por esses campos e montes. Aquelle que se desarma abre a porta ao inimigo: por isso tem crescido tanto a sua audacia na Andaluzia, seguro de naõ encontrar a resistencia que temia. Abandonar a sua arma he o maior delicto, e a maior affronta do soldado, pois deixa de o ser; e nesta guerra deixa de ser filho da patria, deixa de ser Hespanhol. Agora sobejaõ homens, sobeja valor, e faltaõ as espingardas, que com tanta ignominia foram arrojadas como trastes incommodos. O soldado deve estar cazado com a sua arma, como o caçador, que nunca a larga; junto a ella dorme, á sua vista come, com ella passea, e como propria mulher a ninguem a empresta. Os soldados Romanos consideravam suas armas como membros do seu corpo: o mesmo succedia aos Gregos, e era a maior deshonra de hum guerreiro morrer desarmado na peleja. Epaminondas, Capitaõ Thebano, cahe ferido de huma flecha na batalha de Mantinéa; os Medicos lhe dizem que morrerá se tira a seta: pergunta entaõ por seu escudo, e respondem-lhe que o naõ perdeo; em continente arranca com a propria maõ o ferro das carnes, para morrer no meio de taõ grande dor com o louvor e gloria do seu forte animo. Pois se era deshonra morrer na peleja perdendo as armas, que nome daremos a quem nem peleja, nem morre, e quer viver sem ellas? Aos que fogem taõ feamente naõ devem recolher nem os amigos, nem os parentes; e suas mãis e esposas deveriam recebellos ás pedradas, e fechar-lhes as portas, naõ os reconhecendo por filhos de casa, como se conta daquella Espartana, que as fechou a seu filho, que tornava da guerra ferido nas costas.

Os que desejaveis regeneraçaõ, ja vereis de outro modo bem diverso daquelle que esperava vosso louco espirito de novidade; se naõ tornais a ser Hespanhoes do velho systhema, que he o que nos póde salvar. Já vos tirou o Tyranno, por vos lisongear, a inquisiçaõ da fé, e vós presenteou com a tremenda inquisiçaõ de policia: tirou-vos os frades, e creou as guardas civicas: converteo os conventos em quarteis de soldados: fechou vos as Igrejas depois de as ter saqueado, e agora saõ armazens de grãos ou cavalhariças; tem vos alliviado de nobres, e agora sereis todos plebeos para formar em 24 horas uma conscripçaõ geral. Prega a singellez e pureza do culto catholico para o reduzir a taõ simples apparato e pobreza, que seja menos sensivel aos fiéis sua lenta desappariçaõ. Tem vocaçaõ e vaidade de fundador de dynastias, de reynos, de confederações, de legislações e só lhe falta uma seita ou religiaõ que instituir, que já estará traçando ha tempos na sua profunda hypocrisia. Esperaveis a decantada liberdade da imprensa para desafogar vossa reprimida philosophia. Concedida a tendes, mas só para lacerar a fidelidade de vossos compatriotas, abominar da justa causa da patria, ridiculisar nossas instituições mais veneraveis, e a piedade e honra de vossos avós elevando os vicios e iniquidades dos Napoleões. Desta mesma liberdade gozaõ os senhores philosophos e literatos de França, condemnados ao officio de vis panegiristas da tyrannia, que acaba por um novo regulamento de pôr uma corda na garganta dos impressores.

A esta nova religiaõ chamará tambem continental, como parte do seu systhema ; ou antes geral, que assim começa a chamar nos seus decretos á justiça, que elle estabelece por principio de suas acções. E como já sabemos que tem uma politica sua propria, e agora uma justiça, devemos esperar que naõ se esquecerá de appropriar-se uma religiaõ, para que seja fundador de tudo, já que tudo tem destruido. Aspira a ser outro Mafôma na Europa, porém menos formidavel ; pois será menos sanguinario neste ponto que o filho de Meca ; porque a Europa, graças aos fructos da moderna philosophia, parece que naõ está de humor de dar martyres, confórme nos tem ensinado a experiencia nesta crise moral e politica das Nações. Mafoma derribou os idolos espancando-os ; e este tracta de annihilar o culto catholico com mui hypocrita malignidade : nesta conquista vai mais de vagar do que nas de suas armas. Mafoma de tres religiões formou a sua :

porém este homem que nem he christaõ, nem judeo, nem gentio, nem idolatra, senaõ de si mesmo ; que crença pregará, nem que divindade invocará este monstro de iniquidade e tyrannia ? Já tendes visto com que apparato de politica prégava contra morgados, senhorios, titulos, e cavalleiros, como instituições goticas e anti-sociaes, e vós repetieis seus decretos com fruiçaõ philosophica ; mas já vedes como depois os cria de nova fabrica. Extingue nossas antigas ordens militares, nossos tosões e insignias ; e vos presentea com veneras de nova fundiçaõ, para vos ter escravos e envilecidos com esta marca. Desenthronisa Reys, ou os reduz á miseria e impotencia ; e depois se aparenta com elles para se honrar e deshonrallos. Qua pois será a lei, qual a sancçaõ, qual a salva guarda que segure o direito de propriedade, nem ao que herda, nem ao que adquire debaixo deste vacillante systema de despotismo, e no meio de huma guerra domestica ? Esta ha de ser jurada desde hoje perpetua até sacudir o primeiro jugo, que nos queria impôr o conquistador, e o segundo mais pezado e infame, com que nos ameaça agora a todos.

Animo, furor, e vingança, Hespanhoes ! O Governo naõ vos desampara, porque nunca desmaia nem desmaiará. Vossa firmeza he conhecida das outras Nações : oxalá tivesse sido imitada ! Nos outros Estados da Europa, quando os primeiros successos da guerra tem sido adversos, entrou logo o medo, o desalento, e pouco depois a capitulaçaõ com o inimigo, e sempre deshonrosa, como he consequente. Em Hespanha sóbram batalhas perdidas, Exercitos desbaratados, praças occupadas ou rendidas, provincias invadidas, póvos entregues, outros arrasados e no meio de tantos desastres, calamidades, e estragos, naõ ha particular, nem povo, nem provincia que tenha tractado, nem que tracte jámais de propôr capitulaçaõ, nem genero algum de transacçaõ com o inimigo. O naõ escutar as proposiçoẽs do inimigo nem quando ameaça, nem quando offerece, tem passado a ser hum instincto em todos os Hespanhoes. Continúa Naçaõ invicta com esta heroica constancia; darás martyres á liberdade, e á religiaõ, e assumpto grande á admiraçaõ dos seculos.

INGLATERRA.

Documentos officiaes relativos á Campanha dos Inglezes na Peninsula, appresentados ao Parlamento em 19 de Maio, 1810.

(Continuados de p. 583, vol. iv.)

Carta de Sir Arthuro Wellesley a M. Frere.

Talavera, 31 de Julho, 1809.

SNR!—Tenho a honra de incluir a copia de uma carta, que recebî de D. Martin de Garay, sobre o que vos rogo que lhe transmitaes as seguintes observaçoens:

Eu lhe ficarei muito obrigado se elle entender que eu naõ tenho authoridade; mais ainda, que tenho ordens de me naõ conresponder com nenhum dos Ministros Hespanhoes; e requeiro que elle para o futuro me transmitta, por meio de vós, as ordens que para mim tiver. Eu estôu convencido de que entaõ evitarei as injuriosas, e naõ candidas, falsas representaçoens que D. Martin Garay me tem mandado por mais de uma vez, apparentemente com as vistas de lançar nos registros do seu Governo relaçoens das minhas acçoens, e conducta, que saõ inteiramente inconsistentes com a verdade; e a estas relaçoens naõ tenho eu modo regular de replîcar.

Logo que foi determinada a minha linha de marcha para a Hespanha, que vós e D. Martin Garay sabeis que se fez em um periodo mui tarde; eu mandei procurar meios de transporte, e outros supprimentos, nos lugares que julguei mais provavel encontrâllos; a saber, Placencia, Ciudad Rodrigo, Gata, Bejar, &c. &c. e logo que achei que a minha intençaõ falhara, escrevî ao general O'Donoghue aos 16 do corrente, uma carta, de que vós tendes, e eu sei que o Governo tem, copia: nesta carta lhe dizia, que naõ tendo recebido o auxilio, que requerî, eu naõ podia emprehender mais do que a primeira operaçaõ, que tinha ajustado com o general Cuesta, na minha primeira entrevista com elle aos 11.

He portanto uma asserçaõ sem fundamento, dizer que a primeira conta, que o Governo recebeo de minhas intençoens, de naõ emprehender novas operaçoens, foi quando elles ouvîram que o general Cuesta fôra deixado só a perseguir o inimigo. O facto naõ he verdadeiro; porque ainda que eu desapprovei o avanço do general Cuesta aos 24, e 26, o que eu sabia que havia de acabar como acabou; eu o sustentei com duas divisoens de infanteria, e uma brigada de cavallaria, que cubrio a sua retirada para o Alberche aos 26, e a sua passagem daquelle rio aos 27; e supponda que o facto fosse verdadeiro, e que o general Cuesta estivesse exposto a ser attacado pelo inimigo, quando se achava só, a culpa era delle e naõ minha, e eu tinha-lhe dado avizo com tempo, naõ sómente pela minha carta de 16; mas frequentemente ao depois, que eu naõ podia fazer mais.

Naõ he cousa difficultosa, para um Sñr., na situaçaõ de D. Martin Garay, sentar-se no seu gabinete, e escrever as suas ideas sobre a gloria que resultaria de expulsar os Francezes dos Pyreneos; e eu creio que naõ ha homem em Hespanha, que tenha ariscado tanto, ou que tenha sacrificado tanto, para effectuar aquelle objecto como eu.

Porém se D. Martin de Garay, ou os Senhores da Juncta, antes de me lançar a culpa por naõ fazer mais, ou imputar-me d'ante-maõ as provaveis consequencias dos erros ou indiscriçaõ de outros, viessem ou mandassem aqui alguem, para se capacitar das necessidades de um exercito meio morto á fome, que ainda que empenhado em acçoens por dous dias, e havendo derrotado um numero dobrado maior no seu serviço, naõ tem paõ para comer.

He positivamente um facto, que durante os ultimos sette dias passados, o exercito Britanico naõ tem recebido uma terça parte de suas provisoens; e que neste momento ha perto de 4.000 soldados feridos, morrendo nos hospitaes deste lugar por falta dos soccorros communs e necessarios, que outro qualquer paiz do Mundo terîa fornecido até mesmo aos seus inimigos; e eu naõ posso obter adjutorio de qualidade alguma neste paiz. Ate nem tenho podido conseguir, que enterrem os cadaveres dos mortos na vizinhança, cujo mao cheiro os destruirá tanto a elles como a nós.

Eu naõ posso deixar de sentir éstas circumstancias, e a Juncta deve vêr, que a menos que este paiz naõ faça esforços para supprir os exercitos, a quem deve dirigir todo o esforço de dodos os homens, e o trabalho de todas as bestas do paiz; o valor dos soldados, e suas percas, e suas victorias, somente peioraraõ as cousas, e augmentaraõ os nossos embaraços, e penuria. Eu positivamente me naõ movo; mais ainda, dispersarei o meu exercito, até que seja supprido com provisoens, e meios de transporte, como devo ser.

Tenho a honra de ser, &c.

(Assignado) ARTHURO WELLESLEY.

Ao Muito Honrado J. H. Frere, &c.

Carta de M. Garay a Sir Arthuro Wellesley, a que a de cima se refere.

Sevilha, 27 de Julho, 1809.

EXCELLENTISSIMO SENHOR! Mr. Frere, Ministro de S. M. acaba de transmittir á Juncta uma nota, em que diz, que por falta de provisoens e meios de transporte demóra o exercito auxiliar a sua marcha, e deixa ao general Cuesta seguir só o inimigo. Uma tal novidade, taõ inesperada admirou (como he de suppor) a S. M.; tanto mais porque he ésta a primeira noticia que tem, de que o exercito Inglez carece dos artigos necessarios para operaçoens activas.

Elle soube, na verdade, que os meios de transporte naõ éram abundantes; e instantaneamente ordenou varias partidas de soldados a procurar o que se podia obter; e se isto naõ está executado, bem depressa os conduziraõ ao exercito Inglez. O mesmo se terîa feito a respeito dos outros artigos, se a tempo se soubesse; e profundamente se sente, que a primeira noticia destas particularidades fosse accompanhada pela extraordinaria resoluçaõ annunciada por Mr. Frere, que, se for executada, indubitavelmente destruirá os planos combinados, que taõ felizmente se tem começado a pôr em execuçaõ.

A penetraçaõ de V. Exa. verá facilmente que se os Francezes, sabendo a separaçaõ dos dous exercitos, cahirem sobre o nosso, e o derrotarem, a perda, que uma tal derrota causará, he irreparavel.

Por outra parte, qual serîa o effeito de uma tal separaçaõ nos olhos da Hespanha, da Inglaterra, e da Europa? A Juncta Suprema conjura a V. Exa. pelo bem commum de todos os aliados, pela honra de ambas as naçoens, e pela vossa gloria, a naõ perseverar em uma resoluçaõ taõ prejudicial; as tropas de V. Exa. naõ teraõ falta de nada, e hoje mesmo se repettîram as ordens mais peremptorias, e se tomáram as mais fortes medidas para este fim, com a intençaõ de que antes faltem aos nossos soldados as cousas necessarias, do que a um soldado Inglez algum dos artigos a que elle está accustumado.

A Juncta espera que, havendo-se removido ésta difficuldade V. Exa. seguira o caminho da gloria que vos está patente; e mostrará ás nossas tropas, assim como ás suas proprias, que vos naõ descançareis, em quanto, pelos communs esforços de ambos, naõ fôrem os Francezes expulsos para alem dos Pyrineos.

Eu communico isto a V. Exa. por ordem da Juncta; e me julgo feliz por ésta occasiaõ, &c.

(*Assignado*) MARTIN DE GARAY.

A. S. Exa. Sir Arthuro Wellesley, &c. &c.

Carta de Mr. Frere a Sir Arthuro Wellesley.

CHARO SENHOR! Recebi a noite passada, ja tarde, a vossa carta particular de 31; e ésta manhaã outra em forma official, datada do seguinte dia.

A respeito da carta de M. de Garay; eu imagino que elle assentou que serîa melhor dirigir-se immediamente a vós, do que communicar os mesmos pontos por meu intermedio; vista a discussaõ a que me referî na minha carta de ante hontem; e que foi quasi a unica ardente e violenta, certamente a que mais o foi, que ja mais eu tive com os Senhores da Juncta. A respeito do objecto da co-operaçaõ, fez-se-lhes manifesto, que o general Cuesta naõ somente occultou delles a circumstancia da impossibilidade de receber adjutorio dos Inglezes (o que era novo para elles, ao tempo que eu disso os informei, posto qne tivessem diante de si uma carta, da mesma data da vossa, da quelle general); mas que, as instrucçoens dadas ao general Venegas (o qual no caso de que o inimigo em vez de attacar o exercito combinado em Talavera, dirigisse os seus esforços contra elle, terîa compromettido, e provavelmente levado á destruiçaõ o seu exercito), éram taes que o induzîam a suppor, que elle podia contar com o avanço combinado de todo o exercito Britannico em Talavera.

He inutil, e cousa sem fim, tentar tirar os hespanhoes de um máo argumento. Na minha conrespondencia com Mr. de Ceballos, um louco paralogismo, meia duzia de vezes refutado no decurso de meio anno, foi reproduzido por elle no fim da discussaõ, com tal gravidade, em uma nota a Mr. de Anduaga, quasi immediamente antes de elle (Mr. de Anduaga) deixar Londres, que elle suppos que isso se referìa a algum ajuste formal. Naõ vale a pena de ter bulhas com elles, nem esperdiçar o tempo em discussoens, para prevenir se elles estaõ dispostos a isso, a que naõ guardem nos seus archivos um monturo de máos raciocinios, especialmente tendo nos em nossas maõs as provas do contrario. Com tudo eu obtive a minuta da carta de M. de Garay a qual vos envio. Leo-se uma traducçaõ da vossa carta, a elle, e a uma commissaõ que eu pedî que se nomeasse para este fim; e eu a acompanhei com as observaçoens que eu julguei necessarias para imprimir a força dos raciocinios, que sobre estes objectos naõ éra novo que eu lhe fizesse. Sobre o comportamento do general Cuesta, particularmente naquella parte, que tenho mencionado acima, naõ ha senaõ uma opiniaõ; e elles estimarîam ter de vós alguma representaçaõ ou insinuaçaõ, que os justificasse na applicaçaõ do unico remedio efficaz aos males que agora existem, e aos de maior momento que ainda temem, tirando-lhe o commando.

A graduaçaõ de Capitaõ-General, que vos foi offerecida, éra destinada, com as vistas de habilitallos, em algum periodo futuro, a fazer isto; mas eu estou persuadido que o momento presente he o melhor.

A carta de Mr. Garay, sobre este objecto, naõ foi, penso eu, impropriamente dirigida a vós, como um cumprimento pessoal; e consequencia das obrigaçoens em que elles estaõ pessoalmente constituidos. Comtudo M. de Garay naõ mo communicou com anticipaçaõ; intentando, supponho eu, surprender-me com a novidade agradavel; porque elle escreveo na mesma noite em que se tomou a resoluçaõ na Juncta; e a este tempo eu naõ custumo assistir; e mo communicou na manhaã seguinte. Comtudo elle sabîa os meus desejos; pois fallando-me elle no mesmo dia de um rico presente de uma espada, que tinha pertencido ao principe da Paz, eu lhe disse, "Melhor serîa que lhe mandasseis o bastaõ de general," ao que isto he equivalente, no serviço Hespanhol, aonde aquella graduaçaõ, ou para melhor dizer aquelle nome he desconhecido; porque a graduaçaõ he considerada a mesma, e raras vezes conferida; e nunca d'antes, excepto creio que uma vez, conferida a um estrangeiro.

A medida a que alludîs, de mandar uma commissaõ, ou Membro da Juncta; ja está adoptada. M. Calvo foi escolhido para este fim, e entre outras commissoens, tem de levar a ordem de Carlos III. ao general Cuesta, conforme o systema usual de dissimulaçaõ, a fim de que elle se naõ afronte com a distincçaõ que se vos confere. A escolha de M. Calvo, confesso que me pareceo singular; elle labora, neste momento, debaixo de certo nublado, por cauza de alguma cousa similhante a conspiraçaõ contra a Juncta; e o facto, de sua intimidade, e connexaõ com os conspiradores, he notorio.

Ainda que elle tem sido considerado como inimigo do general Cuesta, elle tem com sigo dous fortes pontos de sympathia: um que eu ja mencionei; e o de ser inimigo declarado de Castaños: e pode provavelmente, a menos que o naõ ache ja demasiadamente desacreditado no exercito, trabalhar por fazer o seu partido bom com elle. Em outros respeitos elle he um homem de methodo, energia, e actividade; e havendo sido educado em negocios mercantis, pode, por éstas circumstancias, haver sido ésta uma muito propria, e natural escolha.

Em outros respeitos, tem o Governo adoptado todas as medidas que estaõ no seu poder, e estaõ promptos para adoptar todas as que vós pudereis suggerir, para facilitar o approvisionamento do exercito debaixo do vosso commando. Vós ja estais informado da requisiçaõ armada que se tem feito, para levar ao vosso exercito todas as bestas de carruagem, que se puderem achar no paiz; e que devem partir, em primeiro lugar, carregadas de provisoens. Mandáram-se igualmente ordens para prender todos os Alcaides, que negligenciáram cumprir com a requisiçaõ, que ja se lhe tinha feito; e levallos em prisaõ para Badajoz.

Fôram mandados dous Membros da Juncta para accelerar a collecta das provisoens na Estremadura; e ja partîram.

Déram tambem novas ordens aos Alcaides, segundo o modo usual, em circumstancias de grande emergencia, obrigando-os a tirar copia da ordem que recebem, e assignar um recibo della, depois do que he mandada para o outro; e o mensageiro encarregado destes despachos he seguido por um official, o qual deve, ou participar a execuçaõ da ordem, ou, naõ sendo ella executada, remetter prezos os delinquentes. Renovou-se uma ordem de 3 de Fevereiro passado, e se mandou por toda a estremadura; determinando, que todos os que desertassem do exercito, estando-se a ponto de peleja, officiaes, e outros, entre os quaes se entende que ha muitos pertencentes ao aprovisionamento do exercito, sêjam prezos e arcabuzeados na primeira aldea em que fôrem apanhados, sem outra alguma formalidade mais do que a identidade de suas pessoas. Tudo isto saõ medidas violentas, e podem talvez servir no momento, ainda que naõ saõ de natureza que possam procurar um supprimento constante, e regular: parecer-vos-ha talvez que um Ministro Britanico, deveria antes deste tempo ter estabelecido um systema regular para assegurar a subsistencia do exercito, porém o mal he de profunda origem, e deduzido do antigo Governo despotico, e de um systema de 18 annos da mais baixa corrupçaõ, intriga, e dilapidaçaõ publica. Os effeitos de tudo isto continûam, e em parte o systema. He tal que ainda mesmo um Soberano, em tempos ordinarios acharía difficultoso o remediar; e em tempos como estes he necessaria uma authoridade bem differente daque eu jamais possui em tempo algum. Apenas me havia eu informado do novo estado das cousas, e conhecido as caras novas, apenas nos recobramos, depois da confusaõ da nossa fugida para aqui, quando eu deixei de ser o Ministro de uma Potencia *auxiliar*. Ao tempo que se annunciáram as operaçoens de uma força Britanica a favor deste paiz, foi a noticia acompanhada pela intimaçaõ de ser eu mandado recolher-me; e desde aquelle tempo eu tenho sido, literalmente, Ministro só de um dia para o outro, olhando para a chegada de meu successor, no primeiro vento favoravel; situaçaõ ésta mui desavantajosa para tudo que he influencia de dirigir.

Com tudo eu naõ tenho ommittido empregar todos os meios em meu poder; e posto que o grito momentaneo, contra mim, em Inglaterra, me puzèsse em situaçaõ de ficar obrigado á Juncta, pelas representaçoens, que ella fez a meu favor, movida pelo conhecimento dos serviços, e conselhos, que ella concebia ser-me devedora; eu naõ hesitei em usar da linguagem mais forte, e assumir o mais alto tom, para com aquellas mesmas pessoas que eu considerei serem as mais ardentes, e mais adiantadas na quella medida. A situaçaõ do Marquez de Wellesley será bem differente, em muitos respeitos, e eu espero que, com os seus talentos e actividade, elle poderá remediar o mal, em tanto quanto elle he capaz de remedio. Um ponto bem importante he a prompta recompensa ás pessoas que se distinguem no serviço de supprir o exercito; porque elles sabem muito bem que o testemunho de taes serviços recebidos de um General Britanico, e apresentados ha algum tempo, por um Ministro Britanico, em apoio de alguma solicitaçaõ da pessoa que assim o obteve, naõ seria de grande valor. Eu tenho fallado sobre ésta materia a Mr. de Garay; e elle prometteo-me que qualquer representaçaõ ou intercessaõ a favor de algum individuo, que vós tivereis occasiaõ de fazer, será instantaneamente attendida, como elle disse, no retorno do correio.

Naõ devo ommittir aqui, que elle tomou a vossa carta á melhor parte, do que eu julgaría possivel; mas entre as outras suas boas qualidades, elle tem a de um temperamento admiravel; e aventuro-me a dizer que vós vos podeis considerar perfeitamente no mesmo pé com elle, como se nada desagradavel tivesse passado entre nós.

A respeito das vossas outras cartas, mandáram-se ordens ésta noite, e senaõ fôram expedidas, eu terei cuidado de que ellas sêjam mandadas amanhaã pela manhaã ao duque del Parque, e ao general Romana, cuja vanguarda está ao presente situada em Villa Franca, conforme o plano que vós indicastes, e se fará uma communicaçaõ similhante ao marechal Beresford. Eu receio que a cavallaria naõ sêja fornecida com cavallos, para montar alguns do regimento de la Reyna que estaõ a pé. No caso porém de que vós desejeis um destacamento da cavallaria, que ésta debaixo do commando do general Cuesta eu terei cuidado de que se lhe mandem ordens, na conformidade de vossos desejos neste particular.

(*Assignado*) J. H. FRERE.

Ao Muito Honrado Ten. Gen. Sir A. Wellesley, &c. &c.

Carta do General Cuesta ao General Wellesley.

Campo de la Meza de Ibor, 10 de Agosto, 1809.

SNR! Saõ continuas as queixas que ouço, e os traços que vejo, de que as tropas Britanicas saqueam e roubam todos os lugares porque passam; e até vam ás montanhas em procura dos infelizes camponezes, que ali se refugiam, para o fim de os despojar até da camiza. O exercito, que eu commando, está em precizaõ até do mais necessario mantimento; porque tudo quanto posso ordenar para o seu uso he interceptado pelas tropas Britanicas, e pelos seus commissarios.

A informaçaõ inclusa, e muitas outras, que eu possuo, o confirmam. Os soldados Inglezes vendem a carne e biscouto, e os soldados Hespanhoes nem sequer o próvam. E ha cinco dias que naõ tem raçaõ. E ponho estes factos na consideraçaõ de V. Ex[a]. em ordem a que V. Ex[a]. seja servido ter a bondade de lhe applicar remedio conveniente.

(Assignado) GREGORIO DE LA CUESTA.

A S. Ex[a]. Sir Arthuro Wellesley.

Carta de Sir Arthuro Wellesley ao Gen. Cuesta.

SENHOR! Tive a honra de receber a carta de V. Ex[a]. de 10 do corrente, e sinto que V. Ex[a]. houvesse concebido que tinha razaõ de queixa das tropas Britanicas; mas quando as tropas estaõ morrendo de fome, o que tem acontecido ás que estaõ debaixo do meu commando, como eu tenho repetidas vezes dicto a V. Ex[a]., depois que nos unimos a 22 do mez passado, naõ he de admirar que elles vâm ás aldeas, e até aos montes para procurar de comer, onde quer que o possam achar. As queixas dos habitantes, porém, se naõ devîam mitar á conducta das tropas Britanicas: nesta aldea tenho eu visto soldados Hespanhoes, que deveriam achar-se em outra parte, arrancarem as portas das casas, que estavam fechadas, a fim de saquearem as mesmas casas; e ao depois queimávam as portas.

Eu absoluta, e positivamente nego a asserçaõ, de que as tropas ou Commissarios Britanicos tenham interceptado cousa alguma, que va para o exercito Hespanhol. Aos 7, quando as tropas Britanicas estávam morrendo de fome nas montanhas, encontrei um comboy de 350 mulas carregadas de mantimentos para o exercito Hespanhol; eu naõ consentî que se tocasse uma só dellas, e todas ellas procedêram adiante. O general Sherbrooke, aos 8, deo ordens por escripto a outro comboy, dirigidas a todos os officiaes Britanicos, para que o deixassem passar intacto até o exercito.

Hontem passei pela estrada, e encontrei naõ menos de 500 mulas, carregadas de mantimentos para o exercito Hespanhol, e ainda hontem á tarde, o Major Campbell, meu ajudante de campo, deo uma ordem a outro grande comboy, dirigida a todos os officiaes e soldados Britanicos, para que naõ impedissem o seu progresso.

Eu tambem declaro a V. Exa. mui positivamente, pela honra de um cavalheiro, que o exercito Britanico naõ tem recebido provisoens, desde que está em Deleitosa, excepto algumas que lhe mandou de Truxilo o Sñr. Lezan de Torres, e eu desafio o vosso cavalheiro, que informou o seu amigo de que os meus commissarios tinham tomado o biscoito que se dirigia ao exercito Hespanhol, a que próve a verdade da sua asserçaõ.

Mas ésta carta de V. Exa. traz a questaõ relativa as provisoens ao ponto de decidir-se,

Eu requeiro de V. Exa. o referir distinctamente, se V. Exa. entende, ou naõ, que o exercito Hespanhol tem tido, naõ somente todas as provisoens, que o paiz podia ministrar; mas tambem todas as que se mandáram de Sevilha, segundo creio, tanto para o serviço de um, como de outro exercito. Rogo-vos que me façaes saber, em resposta a esta carta, se se tem formado alguns armazens de provisoens, e d'onde haõ as tropas de tirar as suas provisoens.

Eu espero que receberei respostas satisfactorias a éstas duas perguntas ámanhaã pela manhaã. Se as naõ receber, rogo a V. Exa. que esteja preparado para occupar os postos em frente de Almaraz; porque me será impossivel permanecer por mais tempo em um paiz, em que se naõ fazem arranjamentos para o supprimento de provisoens para as tropas; e em que se entende que todas as provisoens que se acham no paiz, ou vem de Sevilha, (segundo me infórmam para o uso do exercito Britanico) se haõ de applicar exclusivamente para o uso das tropas Hespanholas.

Quanto á asserçaõ da carta de V. Exa. de que as tropas Britanicas vendem o seu paõ aos soldados Hespanhoes, he cousa indigna ao caracter e situaçaõ de V. Exa. o fazer caso de simillhantes cousas; e de mim o responder a ellas; eu devo com tudo observar, que as tropas Britanicas naõ podîam vender o que naõ tinham; e que o facto he o opposto do que V. Exa. diz; no tempo em que os exercitos estávam em Talavera, como eu mesmo testemunhei frequentemente, nas ruas daquelle lugar.

Tenho a honra de ser, &c.

(*Assignado*) ARTHURO WELLESLEY.

P. S. Eu mando com ésta carta o Coronel O'Lawler, o qual sabe a verdade dos factos aqui referidos, a respeito dos comboys, que se enviáram, e a respeito dos supprimentos recebidos de Truxilo.

Officio do Marquez Wellesley ao Snr. Secretario Canning.

Sevilha, 24 de Agosto, 1810.

SNR! 1. O ultimo officio que tive a honra de dirigir-vos éra datado de 15 do corrente; desde aquelle periodo tem aminha attençaõ sido principalmente empregada, na continua penuria do exercito, commandado por Sir Arthuro Wellesley.

2. As cartas inclusas de Sir Arthuro Wellesley (em datas de 13 até 18 inclusive) contem os detalhes daquella calamidade, e das suas desgraçadas consequencias, que ultimamente o reduziram á necessidade de retirar-se para as fronteiras de Portugal, segundo a intimaçaõ que repetidas vezes fizéra ao general Hespanhol, a Mr. Frere, e a mim, e que tem sido regularmente communicada a este Governo.

3. Pelas cartas de Sir Arthuro Wellesley precebereis, que, naõ obstante as promessas, e profissoens deste Governo, e de seus officiaes, os soffrimentos do exercito Britanico se naõ aleviáram desde 12 até 18 do corrente; que nem o Governo Civil Hespanhol, nem os officiaes militares, na vizinhança deste exercito, fizéram alguma proposiçaõ satisfactoria a Sir Arthuro Wellesley, para o supprimento das necessidades do nosso exercito; e que elle naõ entretinha esperanças de ter algum soccorro tempestivo pelos esforços que a Suprema Juncta se tinha obrigado a fazer, em consequencia de minhas representaçoens áquella authoridade.

4. Sir Arthuro Wellesley escreve aos 18 de Agosto a sua determinaçaõ positiva de retirar-se para Portugal, e requerendo que eu participasse essa determinaçaõ a este Governo; a carta foi me entregue aos 20 pela noite, e eu communiquei o original logo a Mr. de Garay.

5. Posto que a notificaçaõ que eu fiz a Mr. Garay aos 20 do corrente, devia ser esperada, elle a recebeo com os mais fortes indicios de susto; e eu tive toda a razaõ para crer, que o rumor da retirada do exercito produzio uma sensaçaõ geral, da mesma descripçaõ. Tentou-se, com algum successo, prejudicar a opiniaõ publica, relativamente ás causas reaes da retirada do nosso exercito, que se disse serem, naõ faltas nos nossos meios de provisoens ou de transporte, mas certas consideraçoens politicas, inconsistentes com a segurança e honra da Hespanha; e com a boa fé da Gram Bretanha. Circuláram-se rumores de se haver pedido, em nome de S. M., a cessaõ de Cadiz, de Havana, e da ilha de Cuba; e mudanças na forma de Governo, como condiçoens preliminares a ulteriores operaçoens das tropas Britanicas em Hespanha; e suggerio-se que, o haveremse regeitado éstas condiçoens pelo Governo, occasionou a retirada do exercitò de Sir Arthuro Wellesley.

6. He desnecessario informar-vos, que eu naõ tenho

pedido nada da Hespanha, excepto a subsistencia do valoroso exercito empregado em sua defensa.

7. Mr. de Garay, e o seu Governo possuem abundantes provas das severas e urgentes penurias do exercito Britanico, e elles sabem (segundo o que repettidas vezes admittio M. de Garay, nas suas conferencias comigo) que Sir Arthuro Wellesley, com o valoroso exercito debaixo do seu commando, estava animado pelo mais ardente zelo pelo bom exito do seus gloriosos successos; e que elle nunca se teria retirado para os seus recursos em Portugal, em quanto tivesse algum prospecto de obter subsistencia na Hespanha.

8. Porém uma breve observaçaõ dos procedimentos da Juncta, e seus officiaes, me tem convencido. que eu formei esperanças demasiadamente ardentes dos seus esforços, e uma opiniaõ de sua sinceridade demaizado favoravel.

9. Este Governo conhece as causas reaes da penuria das nossas tropas; a opiniaõ publica tem altamente, e receio que tambem justamente, imputado esta calamidade á fraqueza ou negligencia do poder executivo na Hespanha; por tanto o Governo naõ tem desapprovado éstas insinuaçoens, que podem tender a remover de si a indignaçaõ geral, excitada pelo desfavoravel exito de uma campanha, começada com taõ felizes auspicios.

10. Aos 20 e 21 do Corrente as opinioens de Mr. de Garay, deste Governo, e do publico, dentro destas provincias, certamente éram tendentes a estabelecer uma apprehensaõ geral de perigo immediato, nesta parte da Hespanha, pelas tropas Francezas, no caso da retirada do exercito Britanico para Portugal. O juizo de Sir Arthuro Wellesley com tudo naõ deixou confirmar éstas apprehensoens. Elle julgou ser improvavel, que o inimigo se aventurasse com a sua pequena força a avançar para a Andaluzia; e em tanto quanto os designios do inimigo se

podîam conjecturar dos seus movimentos recentes, naõ parecia ser o seu objecto immediato o proseguir em operaçoens offensivas nas provincias do sul.

11. Mas ainda que éstas opinioens, das intençoens e força, do inimigo, póssam ser justas e racionaveis, ellas com tudo naõ acalmáram as apprehensoens populares; e o sentimento prevalente (naõ desanimado pelo Governo) parece ser, que o exercito Britanico, sem necessidade, está ao ponto de deixar a protecçaõ de Hespanha, em uma crise de perigo iminente.

12. Neste desconcertado estado do espirito publico; e na confusaõ e consternaçaõ do Governo pareceo-me ser do meu dever o esforçar me em suggerir algum plano que podesse rebater o espirito de descontentamento que principiava a levantar-se, e susto que prevalecia; o que poderia confirmar os principios da alliança Britanica, sem expor o nosso exercito a outros perigos.

13. Consequentemente, aos 21 do corrente, dirigi a Mr. de Garay, as notas, de que tenho a honra de incluir as copias, aos 22 transmitti a Sir Arthuro Wellesley um officio de que incluo a copia.

14. Naś notas, que remetti a Mr. de Garay, trabalhei por explicar a natureza, e causas da penuria das nossas tropas; e suggerir a este Governo um plano para asegurar melhor as provisoens, e transportes do nosso exercito em Hespanha, e (sob condiçaõ que este plano serîa immediatamente posto em execuçaõ, com celeridade, e vigor; e na crença de que ja se tinham feito esforços sufficientes para o soccorro immediato do exercito Britanico;) eu propuz que se submettesse a Sir Arthuro Wellesley a importancia de occupar uma posiçaõ em Hespanha, da qual elle pudesse communicar com Portugal; e ao mesmo tempo pudesse experimentar o resultado dos esforços, que este Governo lhe promettia, para a subsistencia de suas tropas.

15. O officio a Sir Arthuro Wellesley, submette estes differentes planos á sua consideraçaõ, sem tentar o forçallos sobre o seu juizo, alem dos limites de sua opiniaõ.

16. Mr. de Garay, e este Governo, adoptou avidamente aquella parte do projecto, que suggeria a detençaõ do exercito Britanico em Hespanha; e repettio as mais positivas seguranças dos esforços ja feitos, e dos que se intentávam fazer, para o opportuno supprimento do exercito. Mas no entanto, a minha confiança nestas seguranças se diminuia, pelas communicaçoens que eu tinha recebido de Sir Arthuro Wellesley, cujas cartas (de que envio copias) de 21 e 22 do corrente, me annunciam naõ somente o augmento da penuria de suas tropas; mas os procedimentos de Mr. Calvo (um membro da Juncta com especial commissaõ de superintender os supprimentos do nosso exercito) tendentes a aggravar a sinceridade do Governo Hespanhol.

17. Eu tomo a liberdade de recommendar toda a correspondencia de Sir Arthuro Wellesley á vossa attençaõ particular. Ella contem uma relaçaõ plena, e detalhada da extençaõ e causas de sua penuria; e apresenta uma vista do estado deste paiz, e do temperamento e conducta das authoridades Hespanholas civis, e militares, que naõ pode deixar de ser ultil, ao formar um plano de operaçoens futuras na Hespanha.

18. Durante o periodo de minha residencia em Sevilha, recebi varias notas de Mr. de Garay, que, por ordem da Juncta Suprema Central, continham as mais fortes exhortaçoens para o immediato avanço das tropas Britanicas contra o inimigo; e, nas nossas conferencias, elle aconselhou a expulsaõ dos Francezes para alem dos Pirineos; eu tenho incluido traducçoens destas notas, segundo a ordem de suas datas. Entretanto que as tropas Britanicas estavam destituidas dos meios de transporte, e dos mais importantes artigos de supprimentos, éra, ao menos, su-

perfluo propôr operaçoens activas; e as cartas de Sir Arthuro Wellesley daõ provas sufficientes do auxilio que as nossas tropas podîam ter esperado dos generaes, e exercitos Hespanhoes, em qualquer movimento para diante. Eu naõ tentei disputar com Mr. de Garay, sobre estes desagradaveis pontos; posto que lhe representei da maneira mais franca, a inhabilidade do nosso exercito, em executar os projectos recommendados pela Juncta. Mr. de Garay, porém, he obrigado pelas ordens da Juncta a repettir-me, no decurso de cada dia a mesma, exhortaçaõ, expressa quasi nas mesmas palavras.

Tenho a honra de ser, &c.

(Assignado) WELLESLEY.

Ao Muito Honrado George Canning,
&. &c. &c.

Carta de Sir Arthuro Wellesley ao Marquez Wellesley.

MY LORD! Eu tive honra de receber a noite passada, em Medelin, o officio de V. Exa. (marcado C.) datado de 22 do corrente.

De tudo quanto tenho ouvido sobre o estado do Governo em Sevilha, naõ me surprende de que elles se admirassem e assustassem, quando ouviram, que eu tinha por fim determinado adoptar a medida que taõ frequentemente os informei que havia de adoptar.

Posto que eu desejasse differir, pelo mais longo tempo que me fosse possivel, a minha retirada para Portugal, e certamente me demorei na minha posiçaõ sobre o Tejo tanto quanto foi practicavel; e provalmente mais tempo do que era consistente com a anxiedade que eu sempre tive pelo bem, e conforto das tropas postas debaixo do meu commando; sou de opiniaõ que tendo sido obrigado a retirarme, vem a ser uma questaõ para seria consideraçaõ, se póde haver circumstancias que me induzam a ficar em Hespanha, e offerecer esperanças de co-operaçaõ ulterior com as tropas Hespanholas; os fundamentos sobre que ésta questaõ se deve decidir devem ser mui differentes daquelles que serviriam para decidir a outra; se, estando juncto com o exercito Hespanhol eu devia ou naõ separar-me delle. Permitti me que ponha perante V. Exª. as minhas ideas, e que lhe peça o auxilio de seu supperior juizo; para me habilitar a decidir sobre isto da maneira mais util aos interesses da naçaõ.

Quando os dous exercitos se ajunctáram, existia entre elles este ajuste subentendido; que em quanto as operaçoens se conduzissem por mutuo consentimento, elles continuarîam em co-operaçaõ; eu naõ me consideraria justificado separando-me do exercito Hespanhol, a menos que Portugal naõ necessitasse evidentemente da protecçaõ do exercito Britanico; ou a menos que o exercito Hespanhol estivesse na necessidade de adoptar uma linha de operaçoens tal que para as seguir me fosse preciso separar-me de Portugal; ou a menos de que eu naõ fosse, como fui, compellido a separar-me por necessidade; ou a menos de que o exercito Hespanhol se comportasse outra vez taõ mal, como corpo militar, como fez na sua vergonhosa fugida na ponte del Arzobispo.

Eu concebî, que este ultimo caso terîa feito taõ notoria a necessidade que eu tinha de separar-me, que eu determinei que elle me induziria a separar-me, como se occorresse algum dos outros tres; e eu terîa referido isso, plana e claramente, como aminh a razaõ de retirar o exercito Britanico de toda a communicaçaõ com um corpo, cujas qualidades, como soldados, éram taõ inferiores a si mesmos.

V. Exª. observará que a minha conducta, em continuar com o exercito Hespanhol, tem sido guiada por uma justa vista de nossa reciproca situaçaõ; e pela consideraçaõ do que elles poderîam julgar que éra um ajuste de obrar com elles, em quanto isso fosse consistente com as ordens que eu recebî, de considerar o meu exercito como applicavel á defensa de Portugal; destas ordens tinha o Governo Hespanhol pleno conhecimento.—Com tudo no momento presente eu fui compellido a separar-me do exercito Hespanhol; e a questaõ agora he se eu devo pôr-me em situaçaõ de tornar a co-operar com elle outra vez.

O primeiro ponto que eu desejava que V. Exa. considerasse he a differença de raciocinio porque esta questaõ se póde guiar, do que eu disse acima que poderia guiar, e de facto me guiou, na decisaõ da outra: na quelle caso eu considerei os exercitos debaixo de um ajuste subentendido de se naõ separarem, excepto havendo razoens certas, e deffinidas, ou que facilmente se pudessem deffinir; mas neste caso naõ ha positivamente ajuste de descripçaõ alguma; naõ o ha no tractado entre S. M. e o Governo Hespanhol; naõ ha nenhum feito por mim, expressa ou subentendidamente: na verdade o argumento guiarîa para a parte opposta; porque, tendo S. M. offerecido ao Governo Hespanhol os serviços do seu exercito com certas condiçoens, essas condiçoens naõ se preenchendo, se devia entender, que S. M. naõ prestaria o auxilio de seu exercito: e consequentemente S. M. ja mais ordenou, mas simplesmente me permittio executar na Hespanha aquellas operaçoens, que eu pudesse julgar convenientes sob a minha responsabilidade, e que fossem compativeis com a segurança de Portugal.

A questaõ portanto que eu tenho de decidir he, se eu me ajunctarei outra vez, em co-operaçaõ com o exercito Hespanhol.

Eu devo aqui tomar em consideraçaõ, como fiz na primeira occasiaõ, os objectos de tal cooperaçaõ, os meios que existem para obter estes objectos; e os riscos que eu incorrerei de perder o meu exercito, e de vista a Portugal, para cuja defensa se mandou para a Peninsula o exercito Britanico.

O objecto apresentado no officio de V. Exa. e que eu

considero como unico, primario, e immediato objecto (porquanto eu estou convencido que V. Exª. deve olhar para as operaçoens offensivas, logo que se prepararem os meios para ellas) he a defeza do Guadiana.

Sobre este ponto devo informar a V. Exª. que, na minha opiniaõ se naõ pode defender o Guadiana com um exercito mais fraco, contra um mais forte: he vadeavel em muitos lugares, e naõ offerece alguma posiçaõ que eu saiba: e o resultado de retirar o exercito Hespanhol de sua presente situaçaõ, para a que V. Exª. propoem, serîa expôllo a ser derrotado antes que eu lhe pudesse valer.

O exercito Hespanhol está a este momento na melhor posiçaõ, nesta parte do paiz; a qual pode manter contra qualquer força que se possa trazer contra elle, se he que elle pode manter alguma cousa: em quanto ali continuarem cobrem effectivamente as passagens do Guadiana, que naõ cobrirîam tomando outra posiçaõ; e a sua retirada no caso de accidentes deve sempre estar segura; naõ ha probabilidade de que sêjam attacados por numero superior: eu tenho razaõ para crêr que Soult, assim como Ney, passou pelas montanhas para Castella, e resta somente o Corpo de Mortier, e duas divisoens de Victor, na Estremadura: o total destas forças naõ pode montar a 25.000 homens. A subsistencia do exercito Hespanhol na sua presente posiçaõ, particularmente agora que nós nos retiramos, naõ pode ser difficil.

Por tudo isto, pois, recommendo que os Hespanhoes permanêçam na sua posiçaõ presente; em quanto possivel fôr; mandando para Badajoz a ponte de botes, que ainda está em frente de Almaraz.

Conforme a este raciocinio naõ me parece necessario, e até nem he para desejar, que o exercito Britanico se involva na defeza do Guadiana. Mas, póde perguntar-se, ¿ naõ ha possibilidade de reasumir a offensiva? Em resposta tenho de observar, que a o presente naõ vejo alguma possibilidade; e para o futuro certamente naõ vêjo nenhuma. V. Exa. está informado da historia das causas que conduzîram ás mudanças passadas nas nossas operaçoens; da offensiva, depois de uma victoria, para a defensiva. As mesmas causas certamente existirîam se houvessemos de recomeçar as nossas operaçoens. Os Francezes tem tantas tropas como nos temos; na verdade naõ estou certo de que, agora, naõ sêjam superiores em numero, e elles saõ, certamente, superiores, ao menos relativamente ao exercito Hespanhol, em disciplina, e em todas as qualidades militares. A menos que nós pudessemos confiar nas tropas empregadas em guardar os passos das montanhas, nós naõ impediriamos que o corpo Francez na Castella cahisse sobre a nossa retaguarda, ao mesmo tempo que o da Estremadura, e La Mancha estarîam em nossa frente: mas eu certamente naõ posso jamais descançar nas tropas Hespanholas, que defenderaõ um passo; e eu me naõ arriscaria a destacar do exercito Britanico tropas Inglezas, em numero sufficiente para defender os passos de Banhos, e Perales. Porem ainda que eu pudesse pela defeza destes passos prevenir que o inimigo nos attacasse pela retaguarda, nos lhe naõ poderiamos impedir que penetrasse pelos passos do Guadiana, ou Avila, e augmentasse assim o numero dos da frente. A isto accresce que naõ ha tropas no norte da Hespanha, que se possam empregar em fazer uma diversaõ. Blake perdeo o seu exercito, o Marquez de la Romana está ainda na Galiza, e elle naõ pode aventurar-se a deixar as montanhas; porque naõ tem nem cavallaria, nem artilheria. O duque del Parque tem mui poucas tropas, e, como elle tem ultimamente mostrado, elle naõ gosta de arriscallas a grande distancia de Ciudad Rodrigo. Mas venho agora a outro assumpto, que he um de consideraçaõ séria; e tem consideravel pezo no meu juizo, sobre todo este objecto; e he o frequente, e, devo dizêllo, constante, vergonhoso mao comportamento das tropas Hespanholas, diante do inimigo. Nós em Inglaterra nunca ouvimos das suas derrotas, e fugidas; mas eu tenho ouvido contar a officiaes Hespanhoes de dezanove a vinte acçoens da descripçaõ da de Puente del Arzobispo, da qual creio que nunca se publibou relaçaõ alguma.

Na batalha de Talavera, em que o exercito Hespanhol, com poucas excepçoens, naõ entrou em acçaõ; corpos inteiros largáram as armas, e fugîram em minha presença, naõ sendo elles nem attacados nem ameaçados de attaque; mas assustados, creio eu, pelo seu mesmo fogo. Para prova disto refiro a V. Exª. ás ordens do General Cuesta, em que, depois de exaltar a galhardia do exercito em geral, declara a sua intençaõ de decimar os fugitivos; intençaõ que elle ao depois pôs em execuçaõ. Quando estes covardes soldados fogem, roubam tudo quanto encontram; e, na sua fugida de Talavêra, roubáram a bagage do exercito Britanico, que, naquelle momento, estava valorosamente combatendo pela causa delles.

Por indagaçoens, e por experiencia tenho achado, que os exemplos de mao comportamento das tropas Hespanholas saõ taõ numerosos, e os do seu bom comportamento taõ poucos, que devo concluir que naõ saõ tropas em quem de forma alguma me deva confiar; e entaõ temos outravez a questaõ, se, estando eu livre para me unir ou naõ unir em cooperaçaõ com éstas tropas devo outra vez arriscar o exercito d'El Rey. Naõ ha duvida alguma, que tudo o que ha para fazer-se, somos nós que o devemos fazer; e certamente naõ se pode julgar que o exercito Britanico he sufficiente forte para ser o unico corpo militar effectivo, que se deve oppor ao exercito Francez, que naõ consiste em menos de 70.000 homens.

Portanto, por todas as razoens de objectos, de meios, e de riscos, he a minha opiniaõ, que eu devo evitar o entrar em ulterior cooperaçaõ com os exercitos Hespanhoes; e que, em todo o caso V. Ex_a. evite o dar ao Governo esperança alguma de que eu consentirei em permanecer dentro das fronteiras da Hespanha, com a intençaõ de co-operar para o futuro com as tropas Hespanholas.

Ao mesmo tempo vejo a difficuldade em que o Governo póde ficar collocado. O seu exercito póde ser attacado por um destes terrores panicos, a que elle he taõ sugeito, e póde fugir, deixando tudo exposto a perder-se em um momento. Ao que respondo que eu naõ tenho pressa em retirar-me da Hespanha. Eu preciso dar ás minhas tropas mantimento, e refresco; e, em todo o caso, me naõ retirarei para Portugal, até que saiba o modo de sentir de V. Exª. sobre o que tenho submettido ao seu juizo.

Se eu me retirar para Portugal, naõ irei mais longe do que as fronteiras (mas naõ quero obrigar-me a isto) e estarei taõ proximo, que o inimigo se naõ aventurará a cruzar o Guadiana, a menos que naõ venha com mui grandes forças na verdade, deixando-me no seu flanco e retaguarda. Por tanto eu serei effectivamente taõ util ao Governo Hespanhol, dentro das fronteiras de Portugal, como na posiçaõ que se propos a V. Exª.; e na verdade ainda mais util; porque espero que quanto mais me aproximar de Portugal, mais effectivo serei; ao mesmo tempo que, indo para dentro das fronteiras Portuguezas, eu me desenvolo inteiramente do ex ercito Hespanhol, e terei ao depois occasiaõ de decidir, se hei de co-operar com elle, ou de que maneira, e até que ponto, e debaixo de que condiçoens, segundo as circumstancias do momento.

Tenho a honra de ser, &c.

(*Assignado*) ARTHURO WELLESLEY.

A S. E. o Marquez Wellesley,
&c. &c. &c.

Extracto de uma carta do General Wellesley ao Marquez Wellesley.

Merida 1 de Septembro, 1809

Quanto ás operaçoens offensivas para o futuro, he para desejar, que os meios actualmente existentes na Hespanha, tanto dos Francezes, como dos alliados, sejam bem ponderados, assim como consideradas as vantagens, que cada uma das partes possue no uso destes meios.

Eu avalio que a força Franceza, na Hespanha, deque se pode dispôr para o serviço da campanha, monta a 125,000 homens, bem providos de artilheria e cavallaria; e neste numero eu naõ incluo as guarniçoens de Pampelona, Barcelona, &c. &c.; incluo porém os corpos commandados por St. Cyr e Souchet, que calculo subirem a 32.000 homens, os quaes estaõ empregados, em Aragaõ, e Catalunha; e o resto que saõ 90.000 homens, estaõ na Castella e na Estemadura. Deste numero 70.000 homens estaõ actualmente em campo, nos corpos de Victor, Soult, Ney, Sebastiani, e Mortier; e o resto estaõ empregados em guarniçoens, como Madrid, Escurial, Avila, Valladolid, &c. &c., e em conservar a communicaçaõ com estes lugares, d'onde se póde trazer para o campo, alté o ultimo homem, se a occasiaõ o exigir.

Nestes numeros eu naõ incluo doentes e feridos; mas fundamento os meus calculos, no numero que eu sei que tinham os Francezes antes da batalha de Talavera, diminuindo uma perca de 10.000 homens na quella batalha.

V. Exª. observará que ha sette corpos Francezes na Hespanha, creio que originariamente havia oito; porque o corpo de Suchet he o oitavo; e cada corpo de per si compunha um exercito de 30 a 40.000 homens. Contra ésta força tem o Governo Hespanhol cousa de 50.000 homens nos exercitos de Eguia e Venegás: Blake poderá ter ajunctado outra vez cousa de 6.000 homens, e o Marquez de la Romana tem 15.000 homens; e deste numero 1.500 naõ tem armas. O duque del Parque tem 9.000 homens, na guarniçaõ de Cuidad Rodrigo, mas naõ deseja destacallos; alem déstes numeros pode contar-se o exercito Britannico de 20 a 25.000 homens.

Eu sei que ha em Hespanha tropas alem das que tenho enumerado, mas ellas de nenhuma maneira saõ, nem podem ser consideradas como disponiveis para o campo. O plano de operaçoens deve ser fundado sobre os numeros relativos, acima mencionados. Mas alem de considerar o numero he necessario attender á composiçaõ, e ao estado de efficacia destes differentes exercitos.

Cada um dos corpos Francezes como tenho ja dicto, he um exercito completo, tendo provavelmente maior porçaõ de cavallaria, e certamente de artilheria, do que devîam ter para o numero existente de sua infanteria, e saõ tropas excellentes, bem disciplinadas. Os Corpos Hespanhoes de Venegas, e Eguia, tem provavelmente entre ambos naõ menos de 10.000 cavallos, o que he mais do que a sua proporçaõ, e estaõ bem providenciados com artilheria; mas o corpo de Romana naõ tem nem cavallaria, nem artilheria; e por falta destas armas naõ pode elle deixar as montanhas da Galiza. O duque d'el Parque está impossibilitado, ainda que quizesse, para o soccorrer, com o que elle necessita.

O corpo de Blake creio que consiste somente em infanteria. Tanto a infanteria como a cavallaria, saõ, comparativamente, indisciplinadas; a cavallaria está toleravelmente bem vestida, bem armada, apetrechada, e montada; porém a infanteria naõ está vestida nem apetrechada como deve ser, naõ obstante os grandes supprimentos de vestuario, e petrechos que se lhe mandaram de Inglaterra.

Com estes numeros relativos, e attendendo ao estado de disciplina e efficacia dos differentes exercitos, parecerîa impossivel emprehender operaçaõ alguma offensiva, com alguma esperança de bom exito; particularmente advertindo ás difficuldades locaes, contra que os alliados terîam de combater, e as vantagens do inimigo. O inimigo tem em seu poder ajunctar todas as suas forças na Castella e Estremadura, em qualquer ponto ao norte do Tejo; e pode dispor de qualquer parte dellas, na frente ou retaguarda dos exercitos alliados, como julgar proprio.

Os alliados devem mover-se sobre o inimigo, em dous corpos distinctos pelo menos; naõ pode haver communicaçaõ militar entre os corpos junctos nesta parte da Estremadura e o que avançaria da Carolina por la Mancha, porcausa da cadea de montes por toda a margem esquerda do Tejo, desde Puente de Miravete até á ponte de Toledo; a unica communicaçaõ que estes dous corpos pódem ter he pela margem direita do rio de Almaraz, e pela ponte de Toledo, e he obvio que se deve pelejar uma batalha, contra toda a força do inimigo, e ganhar essa batalha com um dos dous corpos, antes que se possa estabelecer a communicaçaõ.

Esta consideraçaõ foi a razaõ porque, nas ultimas operaçoens se dirigio Vanegas sobre Viana, e Fuente Dueñas, e Arganda. Era impossivel fazer a juncçaõ com Vanegas, antes de dar uma batalha a todas as forças do inimigo, com um so dos exercitos: e se julgou que éra melhor ordenar a Vanegas, que adoptasse tal linha dé marcha, que fosse a mais distante dos exercitos combinados, relativamente á qual, e aos exercitos combinados; naõ podia o inimigo tomar uma posiçaõ central, da qual elle podesse ter a escolha de attacar a uma ou outra. Por esta maneira serîa o inimigo forçado ou a destacar um corpo que se oppusesse a Vanegas, ou, se conservasse unidas todas as suas forças, para dar batalha aos corpos combinados, que se avançavam deste lado, terîa perdido Madrid, e se lhe teria cortado a retirada.

Vanegas porém, naõ obedeceo ás ordens que recebeo,

creio que em consequencia de direcçoens da Juncta; em vez de estar em Arganda, juncto a Madrid, aos 23, naõ se approximou ao Tejo senaõ aos 28, e ahi foi contido em Toledo por 2.000 homens dos inimigos, em quanto todo o exercito delles combatia contra nós em Talavera. Estas circumstancias mostraraõ a V. Exª. a difficuldade que attende a posiçaõ dos alliados; e na verdade devia ter alguma influencia com o Governo Hespanhol, ao presente, na distribuiçaõ de suas tropas.

Tendo os Francezes 70.000 homens disponiveis na Castella e Estremadura, pódem empregallos, ou em se oppor ao avanço dos alliados deste lado, visto que estes naõ podem trazer mais de 50 atè 55,000 homens para se lhes oppor; ou destacaraõ 20.000 homens contra Vanegas e combateraõ os alliados com 50.000. O todo será assim contido em ameaço, ainda quando se pudesse esperar que um ou ambos os corpos naõ fossem derrotados.—O Marquez de la Romana, o duque del Parque, Blake, &c. naõ podîam dar remedio a estas embaraçadas circumstancias, naõ tendo Cavallaria, que os habilitasse a entrar nas planicies de Castella; nem tem artilheria.

Porém ainda que se pudessem vencer todas estas difficuldades, e que os exercitos Francezes se retirassem para o norte, o numero dos alliados se acharia ainda mais desigual ao do inimigo. O corpo de St. Cyr e Souchet tomarîa o seu lugar nas operaçoens, e os exercitos Hespanhoes naõ terîam um augmento conrespondente. As difficuldades porêm naõ saõ de natureza que se possam vencer, com os meios que estaõ ao presente nas maõs do Governo Hespanhol: elle deve augmentar as suas tropas, e disciplinallas, vestillas, e apetrechallas, antes que possam racionavelmente tentar operaçoens offensivas contra os Francezes: e no emtanto a questaõ he, o que se hade fazer com éstas tropas. Do que tenho ja dicto verá V. Exª. a importancia de ter um forte corpo Hespanhol nesta parte da Estremadura. O exercito Britanico deve necessariamente ser o fundamento de qualquer operaçaõ offensiva que o Governo Hespanhol possa emprehender; e he obvio que o lugar deste exercito deve ser na esquerda do todo, sahindo das fronteiras de Portugal.

Se os corpos Hespanhoes que devem obrar com o exercito Britanico fôrem fracos, as suas operaçoens devem ser interrompidas mui cedo; e nesse caso eu recearîa que as operaçoens de um corpo Hespanhol maior, dirigido da Carolina, naõ podesse ser bem succedido. Mas o prospecto destas operaçoens offensivas deve considerar-se demasiado remoto; para que seja racionavel alludir a elle, na disposiçaõ de um Exercito Hespanhol, que está para formar-se; e portanto eu suggeriria outros fundamentos para recommendar, que o exercito da Estremadura se naõ enfraquecesse, sendo isso possivel.

V. Exa. terá observado, que Soult entretem o designio de attacar Ciudad Rodrigo; designio este que me dizem ter sido discutido, e recommendado por um Conselho de guerra, que se fez ha algum tempo em Salamanca. O bom successo desta empreza faria mais mal, do que os Francezes poderîam fazer em nenhuma outra maneira. Cortarîa completamente a unica communicaçaõ que o Governo Hespanhol tem com as provincias do Norte; daria aos Francezes a posse perpetua de Castella; e provavelmente occasionarîa a perca da fortaleza Portugueza de Almeida.

Eu desejaria fazer todos os esforços por aleviar Ciudad Rodrigo; porém se deixarem na Estremadura somente 12.000 homens, deve ser obvio a V. Exa. que, tanto Sevilha como Portugal ficaraõ expostos, em quanto eu me mudo desta parte do paiz. Eu receio muito, pelo que tenho visto dos procedimentos da Juncta Central, que, na distribuiçaõ de suas forças, naõ considere a defeza militar, nem as operaçoens militares, tanto quanto as intrigas politicas, e o alcance de pequenos objectos politicos.

Os da Juncta querem fortalecer o exercito de Vanegas, naõ porque isso sêja necessario, ou desejavel, por alguma razaõ militar; mas porque elles considéram o exercito como um instrumento de males, mais seguro nas suas maõs doque nas de outrem: e deixam 12.000 homens na Estremadura, naõ porque sejam desnecessarios mais, olhando para a questaõ n'um ponto de vista militar, mas porque saõ aversos a pôr um corpo maior debaixo do commando do duque de Albuquerque, o qual, eu sei que a Juncta da Estremadura tem instado a que sêja o commandante do exercito nesta provincia.

Eu naõ posso deixar de observar, estas pequenas vistas e objectos, e de fazer mençaõ dellas a V. Exa.; ao mesmo tempo que lamento que a attençaõ, que tem o manejo da Juncta Central, sêja divertida dos grandes objectos para outros de uma importancia de bagatella. Naõ posso tambem concluir esta carta sem advertir ao modo porque D. Martin de Garay, na sua nota a V. Exa. de 25 do corrente dispoem das tropas Portuguezas, sem ter tido uma so palavra de communicaçaõ com o Governo Portuguez, ou com pessoa alguma connexa com elle, relativamente á materia. De facto éstas tropas tem sido tractadas igualmente mal, ou, para melhor dizer, peior do que as tropas Britanicas, pelos officiaes do Governo Hespanhol, e por fim fôram obrigadas a deixar a Hespanha por falta de mantimento; e eu naõ mais consentirei a éstas do que ás tropas Britanicas, o tornar a entrar na Hespanha, a menos que naõ tenha solidos fundamentos para crêr que ellas seraõ suppridas como devem ser. Ha uma circumstancia curiosa a respeito do corpo do Marechal Beresford, e he que o Cabildo de Ciudad Rodrigo actualmente recusou dar-lhe 30.000 libras de biscoito, de 100.000, que eu ali tinha preparado, para o caso de que as operaçoens do exercito se dirigissem para aquella parte, e que o commissario Britanico tinha pago; e fez apprehensaõ no biscoito sob fundamento de que se devîam dividas a Ciudad Rodrigo, contrahidas pelo exercito commandado por Sir Joaõ Moore, que ainda naõ estávam pagas; e posto que um dos objectos do mesmo Commissario a Ciudad Rodrigo fosse ajustar as contas, e pagar estas dividas.

E com tudo este mesmo Cabildo pedirá auxilio, logo que perceber que o inimigo tem intençaõ de attacallo; havendo ao mesmo tempo aprehendido, e provavelmente conservado a posse dos meios, que se fossem dispostos, como se se ordenara, nos armazens de Almeida, me habilitarîam a providenciar efficazmente em seu soccorro.

Tenho a honra de ser, &c.

(*Assignado*) ARTHURO WELLESLEY.

A S Exa. o Marquez de Wellesley, &c. &c.

Extractos de um Officio do Marquez de Wellesley ao Muito Honrado George Canning.

Sevilha, 15 de Septembro, 1809.

SNR! &c.—4. A substancia das ordens, que recebi agora, de S. M. parece que se contem no seguinte—1°. deve-se ouvir a opiniaõ de Sir Arthuro Wellesley sobre a conveniencia de empenhar um exercito Britanico de 30.000 homens em operaçoens de uma campanha na Hespanha; se a sua opiniaõ for contraria a tal plano, o Governo Hespanhol será distinctamente informado de que a segurança de Portugal deve formar o mais particular, e exclusivo objecto da nossa attençaõ na Peninsula; e que a maior extensaõ, que podem ter os soccorros, que se daraõ á Hespanha, será limitada a ésta especie de concerto occasional, como recentemente teve lugar entre as tropas commandadas por Sir Arthuro Wellesley, e o General Cuesta. 2°. No caso da determinaçaõ de empregar um exercito Britanico de 30.000 homens em operaçoens de uma campanha na Hespanha, devem tomar-se medidas efficazes, antes de começar as operaçoens combinadas, para segurar os meios de transporte, e os supprimentos constantes e regulares de nossas tropas. 3°. Com as vistas de segurar a cooperaçaõ effectiva do exercito Hespanhol, e, n'um caso extremo, a segurança da retirada das nossas tropas; o supremo commando dos exercitos Hespanhoes deve ser conferido ao commandante em Chefe Britanico, e deve estabelecer-se uma guarniçaõ Britanica em Cadiz; se estas condiçoens se julgarem indispensaveis á segurança das nossas operaçoens na Hespanha, na escala de uma extensa campanha.

6. Observareis, que no mesmo dia da data de vossas instrucçoens eu dirigi a Mr. de Garay uma representaçaõ, sobre o defeituoso estado dos supprimentos do exercito Britanico, que obrava na Hespanha; que em consequencia do augmento de penuria das nossas tropas, eu me naõ contentava com meras seguranças da Juncta, mas requeria arranjamentos satisfactorios, actualmente feitos para segurar os provimentos, e meios de transporte do exercito Britanico; e que por fim naõ achando satisfacçaõ, nem nas promessas, nem nos actos do Governo Hespanhol, eu convim com Sir Arthuro Wellesley na necessidade que havia de retirar o seu exercito para Portugal, e abster-se de todo o ajuste de cooperar com as tropas Hespanholas, dentro do territorio de Hespanha.

8. Em quanto os recursos militares, e o poder da Hespanha continuarem neste estado de inefficacia e desordem em que se acham, he a minha decidida opiniaõ, que nenhum exercito Britanico, de qualquer força que sêja, póde com segurança empregar-se em operaçoens conjunctas, com as tropas Hespanholas, dentro do territorio de Hespanha.

17. Vos observareis que Sir Arthuro Wellesley he de opiniaõ, que no caso de um exercito Britanico obrar em Hespanha, especialmente para a defeza das provincias do sul, serîa absolutamente necessario que o commando em chefe do exercito Hespanhol fosse conferido ao Comman-

dante em chefe do de S. M.; e que se puzesse em Cadiz uma guarniçaõ Britanica; eu convenho inteiramente com estes sentimentos; mas, nas presentes circumstancias, differi toda a discussaõ relativa ao commando do exercito Hespanhol, e guarniçaõ de Cadiz; primeiro porque estou convencido que, na presente crise dos negocios, qualquer discussaõ desta natureza causaria grandes zelos no espirito ainda dos mais bem affectos á causa Britanica; vigoraria as falsas representaçoens dos Francezes; e os seus partidistas na Hespanha; diminuiria a confiança geral, que a naçaõ Hespanhola tem na nossa boa fé e sinceridade; e induziria o povo a crer, que o nosso exercito se retirou, para o fim de me habilitar a poder obter estes objectos: Em segundo lugar porque o commandante em chefe Britanico naõ poderia aceitar o commando das tropas Hespanholas, e a immediata nomeaçaõ de um commandante em Chefe Hespanhol excluiria toda a possibilidade de introduzir, para o futuro, um official Briranico naquelle commando. Em terceiro lugar porque nenhuma modificaçaõ do commando do exercito Hespanhol, em qualquer forma que se pudesse fazer segurarîa nem a cooperaçaõ, nem a efficacia do exercito Hespanhol, nem removeria nenhuma das causas a que se podem justamente imputar os soffrimentos do nosso exercito. Em quarto lugar porque seguramente nos naõ concederiam agora o petitorio de pôr uma guarniçaõ Britanica em Cadiz; e ésta recusaçaõ podia pôr grandes ebstaculos ao bom successo de qualquer proposiçaõ desta natureza para o futuro.

19. Com uma tal scena (de desgraças e faltas do exercito) apresentada á minha vista, o meu dever para com S. M. e o meu respeito pela honra da Hespanha pediam que eu examinasse particularmente as causas, que produzîram acontecimentos taõ injuriosos aos interesses da alliança, e taõ perigosos á amizade, e felicidade de ambos os paizes.

20. As causas destas desgraças se naõ podem com justiça attribuir á absoluta falta de recursos no paiz, ou a algum defeito inherente, e incorrigivel nos materiaes de que se compoem o corpo do exercito, nem a uma perversa, e intractavel disposiçaõ e tempera na massa do povo.

21. Ao tempo em que a determinaçaõ de resistir á usurpaçaõ da França se manifestou em varias provincias de Hespanha; estava o paiz ainda soffrendo as más consequencias do longo curso de um máo Governo. Nos periodos mais recentes daquelle destructivo systema, a tendencia peculiar da administraçaõ era de subverter a energia do exercito, e arruinar os recursos militares da naçaõ.

22. Estes ruinosos fins se perpetráram com bom successo até certa extensaõ consideravel; e quando a França invadio ao principio a independencia da Hespanha, requeria-se o maior esforço do espirito publico para sacar a campo meios ainda mesmo de uma resistencia temporaria. Porém, posto que os recursos militares do paiz estivessem deteriorados; naõ estávam com tudo annihilados. Varias provincias fizéram grandes e bem succedidos esforços, conforme aos seus separados planos de resistencia; e nada mais parecia ser necessario para o fim de uma bem succedida defensa de todo o paiz do que combinar em um systema os meios que se pudessem achar em suas differentes partes.

23. Ao presente certamente existem difficuldades locaes em algumas das provincias, e muitos districtos continuam a soffrer, pelas consequencias da guerra, ou pelo antigo desgoverno; porém muitas provincias abundam em meios de subsistencia, e transporte. Com tudo ainda se naõ estabeleceo um systema, pelo qual as faltas de um districto pudessem ser suppridas pela abundancia de outro; nem existe algum regulamento, propriamente cal-

culado para segurar, e colligir os recursos de alguma Provincia em sua defeza separada, e ainda menos para alguns objectos remotos de guerra activa. Os estabelicimentos civis, por todas as provincias, naõ estaõ propriamente formados para o fim de examinar, e trazer para o uso do exercito, nem as producçoens do terreno, nem os artigos de transporte que existem em varios districtos. A ésta falta de devido regulamento e systema, se deve accrescentar a corrupçaõ, e até positiva desaffeiçaõ de muitas das authoridades civis nas provincias. Em muitos casos appareceram as mais fortes provas de aversaõ positiva á causa da Hespanha e dos alliados, e de inclinaçoens atraiçoadas aos interesses da França.

24. A disposiçaõ do povo he geralmente favoravel á grande causa, em que a naçaõ está empenhada; e a massa da populaçaõ de Hespanha certamente parece conter os fundamentos, sobre que se pode estabelecer um bom e poderoso Governo; e os materiaes de que se póde compôr um exercito efficaz. Entre as classes altas e medias da Sociedade acham-se demasiados exemplos de bom successo da intriga Franceza: nestas classes se pode descubrir certa disposiçaõ a observar os acontecimentos, e a preparar-se para uma accommodaçaõ com o partido que ultimamente triumphar na presente contenda. Muitas pessoas desta descripçaõ se naõ saõ favorecidos, ao menos naõ saõ desanimados pelo Governo. Destas circumstancias, e da falta de um modo regular de colligir a opiniaõ popular, o espirito publico da naçaõ nem he propriamente cultivado, nem dirigido para os grandes objectos da contenda. O povo ainda está sugeito a mui pezados vexames; e os abusos, e queixames accumulados pela recente má administracçaõ, ainda naõ fôram devidamente remedidos ou reparados.

24. Nesta condiçaõ do exercito naõ he de admirar que muitos officiaes ainda nos mais ellevados commandos sê-

jam notoriamente desafeiçoados á causa de Hespanha, e dos alliados, e naõ sêjam devidamente postos em subordinaçaõ pelo Governo. Revendo os acontecimentos da ultima campanha he impossivel imaginar nenhum motivo racional para a conducta de alguns Generaes Hespanhoes, a menos que se naõ admitta, que as suas inclinaçoens eram favoraveis ao inimigo; e que elles concertáram as suas operaçoens com o inimigo, em vez de o fazerem com o general Britanico.

30. Se este Governo (taõ mal formado) naõ he sincero á causa de Hespanha e dos alliados, he certamente materia de disputa; quaesquer que sejam os zelos que existam contra o Governo Britanico, ou alliados, devem principalmente achar-se neste corpo (a Juncta), seus officiaes, e adherentes: no povo naõ se podem achar traços de taõ indignos sentimentos. Mas ommittindo todas as questoens relativamente á disposiçaõ da Juncta, he evidente, que ella naõ possue espirito, energia, ou actividade, nem gráo algum de authoridade, ou fortaleza; que ella naõ he supportada por affeiçaõ popular ou boa vontade; ao mesmo tempo que a sua constituiçaõ anomala, e estranha une inconvenientes contradictorios de todas as formas de Governo que se conhecem, sem possuir as vantagem de algum.

35. Em alguns movimentos de urgente perigo, ou susto, a Juncta parece que tem sido penetrada dos mesmos sentimentos, que certamente prevalecem por toda a naçaõ; e parece ter considerado, que os artigos primarios do seu dever, e as limitaçoens do seu direito de governar; saõ, a escolha de uma Regencia, para o devido exercicio do poder executivo; a convocaçaõ das Cortees, e prompto remedio ás queixas da naçaõ. Consequentemente annunciáram a sua intençaõ de ajunctar as Cortes; e tem ultimamente dado passos para abolir alguns pezados vexames, e promettem obolir outros; e tem repetidas vezes discutido a

a questaõ da nomeaçaõ de Regencia; mas o desejo de extender a continuaçaõ de sua authoridade, até o mais remoto periodo possivel, tem prevalecido a toda a outra consideraçaõ. O ajunctamento das Cortes está differido para uma epocha distante. A questaõ relativa á Regencia tem sido debatida muitas vezes, e outras tantas adiada. Naõ se tem adoptado plano algum para o remedio efficaz das queixas, correccaõ dos abusos, ou alivio dos vexames; e a administracçaõ da justiça, o regulamento das rendas, finanças, e commercio, a segurança, pessoal, e da propriedade, e todos os outros grandes ramos do Governo, estaõ defeituosos como a repartiçaõ militar.

36. A admissaõ das colonias a ter parte no Governo, e representaçaõ da metropole, parece ter sido suggerida meramente como um expediente para confirmar a Juncta na continuaçaõ de sua auctoridade presente; e naõ parece ter connexaõ alguma com vistas liberaes ou extensas de politica e Governo.

40. Os meus sentimentos, que eu tenho aqui exprimido a este respeito, se podem comprehender debaixo dos seguintes capitulos. 1°. Que a Juncta Suprema Central devia immediatamente nomear (sem limitar a nomeaçaõ dos membros ao seu mesmo Corpo) um Conselho de Regencia, consistindo de naõ mais de cinco pessoas, para o exercicio do poder executivo, até que as Cortes se ajunctem. 2°. Que as Cortes se convoquem com a menor demora possivel. 3°. Que a Suprema Juncta Central; ou aquelles Membros, que o naõ fôrem do Conselho de Regencia, constituiraõ um Conselho deliberativo, para o fim de superintender a eleiçaõ das Cortes, e de preparar para áquelle corpo, com o assenso do Conselho de Regencia, aquelles negocios, que se julgarem proprios de serem submettidos á sua immediata consideraçaõ. 4. Que o mesmo decreto da Juncta porque se nomeie a Regencia, e se convoquem as Cortes, contenha os principaes artigos de remedio ás

queixas, correcçaõ de abusos, e alivio de vexames, na Hespanha e Indias; e tambem a summa das concessoens ás colonias, que lhes segurem plenamente uma devida parte, no corpo representativo do Imperio Hespanhol.

5°. Eu ignoro ainda o effeito que podem ter produzido estas communicaçoens; mas se, em vez de recorrer aos unicos meios porque se póde salvar a Hespanha, e manter a fé para com os alliados, a Juncta continuar a multiplicar as suas precauçoens, para prolongar a duraçaõ de seu poder, a despeito dos interesses da monarchia, e das intençoens, e vontade do povo, todos os males e todos os abusos, que este paiz agora soffre, se aggravaraõ mais, e a causa do inimigo ganhará nova força.

HOLLANDA.

Proclamaçaõ.

Luiz Napoleaõ pela graça de Deus, e a Constituiçaõ do Reyno, Rey da Hollanda, Condestavel da França, a todos os que estas virem, ouvirem, ou lêrem, saude.

Hollandezes! Estando convencido de que eu naõ podia mais nada para os vossos interesses; mas, pelo contrario, considerando-me como um obstaclo, que pode previnir a boa vontade e intençoens de meu irmaõ, a respeito deste paiz; tenho resignado a minha graduaçaõ e dignidade Real, a favor de meo filho mais velho Napoleaõ Luiz, e de seu irmaõ o Principe Carlos Luiz Napoleaõ. S. Majestade a Rainha, sendo por direito, e segundo a constituiçaõ, regente do Reyno, a regencia será até a sua chegada, encarregada ao Conselho dos Ministros.

Hollandezes! Jamais me esquecerei de um taõ bom e virtuoso povo como vós sois; os meus ultimos suspiros, seraõ pela vossa felicidade. Deixando-vos naõ posso deixar de vos recommendar, que recebais bem aos officiaes civis e militares da França. He este o unico meio de agradar a S. M. o Imperador de quem depende a vossa sorte, a de vossos filhos, e de todo o paiz. E agora, como a má vontade, e a calumnia me naõ pode tocar, ao menos naquillo que vos diz respeito, tenho eu bem fundadas esperanças de que vós por fim obtereis o premio de todos os vossos sacrificios, e de toda a vossa magnanima firmeza.

Dado em Haerlem, no 1°. de Julho, 1810.

(Assignado) LUIZ NAPOLEAÕ.

Decreto de resignaçaõ do Rey de Hollanda.

Luiz Napoleaõ pela Graça de Deus, e a Constituiçaõ do Reyno, Rey da Hollanda, Condestavel da França.

Considerando, que o infeliz estado, em que este paiz agora está, resulta do desagrado que o Imperador nosso irmaõ concebeo contra nos:—Considerando que tem sido instructiferos todos os esforços e sacrificios de vossa parte, para manter este estado das cousas:—Considerando ultiultimamente, que se naõ pode duvidar que a causa do presente estado das cousas se deve attribuir, a termos nos infelizmente incorrido no desagrado de nosso irmaõ; e a termos perdido a sua amizade, e que portanto nós somos o unico obstaculo para a terminaçaõ destas incessantes differenças, e mas intelligencias, temos resolvido resignar, como nós por éstas resignamos, desde este momento a dignidade Real deste Reyno de Hollanda, em favor do nosso amado filho Napoleaõ Luis, e em sua falta, a favor de seu irmaõ Carlos Luiz Napoleaõ.

Nos alem disso desejamos, que, segundo a constituiçaõ, debaixo da garantia de S. M. o Imperador nosso irmaõ, a regencia se conserve em S. M. a Raynha, auxiliada por um conselho de Regencia, que provisionalmente consistirá dos nossos Ministros, a quem encarregamos a custodia do nosso Rey menor, até a chegada de S. M. a Raynha.

Nos alem disso ordenamos que os differentes corpos da

nossa guarda, debaixo do commando do Tn. General Bruno prestem os seus serviços ao Rey, menor, deste Reyno; e que os Gram Officiaes da Coroa, e da Familia, continuaraõ a prestar os seus serviços á mesma alta personagem.—O presente acto, feito, concluido, e assignado por nossa maõ, será transmittido ao corpo legislativo; e ali depositado; tirar-se-haõ copias; e estas letras seraõ publicadas de maneira legal, e na forma do custume.

Haerlem, 1 de Julho, 1810.

(Assignado) Luiz Napoleaõ.

Em nome de S. M. Napoleaõ Luiz, pela graça de Deus, e Constituiçaõ de Reyno Rey da Hollanda;

O Conselho provisional de Regencia do Reyno de Hollanda, atodos os que virem, ouvirem, ou lerem as presentes, faz saber.

Que em consequencia da resignaçaõ da dignidade e authoridade Real, que fez S. M. Luiz Napoleaõ, em favor do Principe Hereditario, filho mais velho de S. M. Napoleaõ Luiz, e de seu irmaõ o Principe Carlos Luiz Napoleaõ; e em virtude da authoridade de S. M., contida nas cartas abertas e selladas, publicadas por elle no 1°. de Julho de 1810, a Regencia provisional se instalou hoje, sob a presidencia do Ministro Van Der Heim, esperando a chegada de S. M. a Raynha, como regente constitucional do Reyno, e tutora do Rey menor, e esperando as medidas que S. M. for servido adoptar, relativamente aos negocios publicos.

Amsterdam, 3 de Julho, 1810.

Van Der Heim.

Por ordem do Conselho Provisional de Regencia.

A. J. J. Verheyen,

Primeiro Secretario do Gabinete d' El Rey.

O Ministro dos Negocios Estrangeiros, por ésta notifica aos habitantes da Capital, por especial ordem de S. M. El Rey, que quarta feira proxima que vem, 4 de Julho, entraraõ as tropas Francezas nesta Capital.

Como a expressa vontade e desejo de S. M. he, que as tropas de seu illustre irmaõ sejam recebidas, e tractadas de maneira conveniente, elle espera que todos concorram em receber estas valorosas tropas com amizade e estimaçaõ; e que as tractem como he devido a amigos e alliados, especialmente a tropas do Imperador Napoleaõ.

A justamente afamada disciplina militar, que, alem de outras muitas virtudes, distingue éstas tropas; he uma fiança aos habitantes desta capital, pela segurança, de suas pessoas, e propriedade; e tambem segura a éstas tropas, que ellas seraõ em toda a parte racebîdas e tractadas como amigos e alliados; pois todos devem conhecer quam importante he para dodo o paiz em geral, e para a capital em particular, o pre-enchimento, a este respeito, dos anxiosos desejos de S. M.

S. M., portanto, confia, em que os habitantes da capital, conhecendo o seu dever a este respeito, co-operaraõ zelosamente, no que he de taõ imperativa importancia para ésta cidade, e para todo o Reyno; e evitaraõ as destructivas consequencias, que se devem seguir; se elles, contra toda a expectaçaõ, fôrem culpados da conducta opposta.

Amsterdam, 2 Julho, 1810.

(Assignado) VAN DER CAPELLEN.

COMMERCIO E ARTES.

FRANÇA.

Decretos Imperiaes sobre o Commercio, e Manufacturas.

Palacio de S. Cloud, 26 de Junho, 1810.

NAPOLEAŌ Imperador dos Francezes, Rey da Italia, Protector da Confederaçaō do Rheno, Mediador da Liga Suissa, &c. &c. &c. Sendo a nossa intençaō averiguar as opinioens dos principaes mercadores, e fabricantes do nosso Imperio, sobre todas as cousas que dizem respeito ao commercio, e manufacturas, temos decretado o seguinte:

Titulo primeiro. *Do Conselho de Manufacturas.*

Artigo 1. Estabelecer-se-ha em Paris, contiguo ao Ministro do Interior, um Conselho Geral de Manufacturas: deverá consistir de 60 membros.

2. Os membros deste Conselho seraō nomeados pelo Ministro do Interior.

3. Aquelles membros que se mostrarem ser mais uteis, ou patentearem talentos superiores, obteraō o titulo de Conselheiros de Artes, e Manufacturas. Receberaō uma patente para este effeito assignada por nossa maō.

4. Para ser membro do Conselho, se requer que a pessoa séja um fabricante em exercicio.

5. O Conselho será composto de maneira, que todos os ramos de indústria sêjam nelle representados: manufacturas de seda, laã, cannamo, e linho, de algodaō, e de pelos; cada uma terá pelo menos seis deputados.

6. Cinco membros, pelo menos, deste conselho residiraō

em Paris; um de cada classe de manufacturas especificadas no artigo 5.

7. Todas as vezes que algum membro estiver em Paris, ainda que ali naõ fosse chamado, poderá assistir, e votar nas sessoens.

8. O Ministro do Interior pode convocar, quando julgar conveniente, todos ou parte dos membros do Conselho.

Titulo segundo. *Conselho de Commercio.*

9. O Conselho geral de Commercio, estabelecido pelo nosso Ministro do Interior, por um Decreto de 3 de Nivose, anno 11, se augmentará ao numero de 60 membros; os quaes, bem como os do conselho de manufacturas, poderaõ depois de cinco annos de serviço, receber uma patente de conselheiros de commercio.

10. Um membro, pelo menos, será escolhido, de cada ramo de negocio.

11. Os outros regulamentos do titulo primeiro, saõ communs ao Conselho geral de Commercio.

(*Assignado*) NAPOLEAÕ.

INGLATERRA.

O Tractado de Commercio entre Inglaterra, e o Brazil, está concluido, e segundo se diz assignado e ratificado; mas como ainda se naõ fez publico authenticamente, os nossos Leitores acharaõ, como nos, que he importante naõ descançar nas publicaçoens naõ authenticas, que ja tem apparecido, e cuja exactidaõ naõ podemos affiançar.

LITERATURA E SCIENCIAS.

Exame dos artigos historicos, &c. que se contem na collecçaõ periodica intitulada Correio Braziliense. Quarto volume.

QUANDO observamos os talentos deste escriptor, empregados em sustentar a causa do despotismo; quando percebemos os trabalhos, e fadigas, a que elle se tem sacrificado, dirigidos unicamente a apoiar a existencia dos abuzos, que arruinárам a sua naçaõ, apenas podemos atribuir os seus motivos, ao que na verdade atribuimos; isto he ao prejuizo de educaçaõ, e ao afferro aos habitos adquiridos n' uma longa observaçaõ de males, que por sua repetiçaõ se tem feito familiares ao A.

Elle estará seguro de que nem todos o julgaraõ com a mesma indulgencia; porque fazendo elle a Côrte aos poderosos, e louvando o systema de corrupçaõ, que nós reprovamós; seguramente se expoem a que se faça contra elle uma conjectura, senaõ verdadeira, ao menos plausivel; isto he de que o A., sendo parte interessada nesses abusos, assusta-se com qualquer exposiçaõ do actual systema de Governo, temendo que alguma reforma lhe faça perder o quinhaõ que lhe pertence. Outros levaraõ a sua conjectura mais adiante; e supporaõ que o A. se abate a ser um abjecto adulador dos que Governam, pela esperança de alguma sordida recompensa, que lhe venha em paga de escrever contra os direitos da naçaõ.

Nós naõ queremos exigir um systema de perfeiçaõ em que naõ haja abusos; contentamo-nos com muito menos que isso. Desejamos um systema que habilite, tanto a naçaõ como o Soberano, a descubrir as practicas contrarias á felicidade publica, e que lhe possa dar remedio conveniente com a brevidade possivel. Achamos isto nas leis, e costumes immemoriaes de Portugal; isto desejamos. O systema actual de Corrupçaõ he um abuso das leis fundamentaes da Monarchia Portugueza; e portanto, fallando contra esses, fallamos a favor das leis, e nos suppomos da da parte da Justiça.

Ainda que naõ supponhamos, como temos dicto, sordidos motivos de adulaçaõ, e venalidade neste A., com tudo parecenos uma coincidencia notavel, a constante uniaõ de ideas entre este author, e o bem conhecido, e venal exfrade, Author das Reflexoens sobre o Correio Braziliense; em cuja obra vimos annunciadà ésta, antes mesmo de que sahisse á luz; e parece que de proposito se escolhêram dous escriptores de differente character; aquelle para usar de quanta immundicie contem as ruas de Lisboa, e atirar-nos com ella; e este para com um aspecto de brandura, e candidez tentar se consegue pela insinuaçaõ, o que o outro naõ possa obter com os ultragens. De boa vontade desculparîamos a um e outro a baixeza dos meios (no caso de haver essa combinaçaõ); e, se elles tem razaõ no que dizem, desejamos-lhes o melhor successo, em persuadir a seus leitores.

O A. occupa grande parte desta Carta na justificaçaõ de Bernardino Freire, coincidindo nisto com o A. das Reflexoens, que tambem nisto occupou um dos seus Nos.; e até usam ambos os A. A., em alguns lugares, das mesmas frazes, e das mesmas palavras. Mas se á custa do publico se pagam taes escriptores, como muita gente diz, terîam os que empregam estes homens poupado dinheiro, e trabalho, tendo-nos mandado noticias mais exactas, do que as que nos démos sobre aquelle general; porque sem duvida as terîamos publicado, pois a isso nos offerecemos desde o principio. Valha-lhe porém a moderaçaõ com que o A.

falla nesta carta, para deixar-mos este negocio em descanço. Mas, deixando a conducta do individuo de que se tracta, naõ podemos deixar o comportamento do Governo, que entaõ se achava em Lisboa, e que o A. no seu systema de louvar tudo, que pertence aos poderosos que governam, acha sempre o seu obrar optimo e excellente. Eis aqui suas palavras a p. 173.

" Diz um de seus conrespondentes, que lhe resta saber porque nem a Regencia, nem o Marechal, mandáram tropas Inglezas. (Tracta-se da perda da Cidade do Porto, quando por falta de opportunos soccorros a tomou o Marechal Soult). Muitas razoens podem lembrar; eu direi as mais simplices. Primeiramente, a marcha dos exercitos Francezes sobre o Sul de Portugal naõ permittia deixar descuberta a Capital do Reyno, e as Provincias adjacentes. Em segundo lugar as tropas destinadas á defeza do Minho e Porto, éram sufficientes para deter por muito tempo, e repellir o inimigo, se a uniaõ, a subordinaçaõ, e a docilidade dos povos naõ fossem pervertidas, e substituidas pelos estragos, que ficam indicados. Em terceiro lugar se alguma parte dessas tropas assim destinadas se retardou, e achou estorvos inesperados naõ estava na ordem dos acontecimentos precaverem-se e acautellarem-se."

Os do Porto queixáram-se de que o Governo de Lisboa lhe naõ quiz mandar soccorros, e que as respostas, que lhes mandávam, éram desculpas, para encubrir as intençoens em que estavam de naõ reforçar a guarniaçaõ da quella cidade: e o A. aqui querendo justificar os do Governo contra aquella accusaçaõ dá as razoens porque se naõ deviam mandar as tropas; e entre outras, porque naõ querîam deixar Lisboa descuberta. Logo temos, pela mesma razaõ do A., que os do Porto com razaõ suspeitáram que lhe naõ querîam mandar tropas muî de proposito. A suspeita portanto está provada.

Naõ entraremos agora na questaõ se os Governadores

andávam certos se errados, em julgar, que devîam conservar as tropas para cubrir Lisboa, e naõ as mandar para o Porto; nos tivemos naquelle tempo cartas do Porto, em que se insinuávam, talvez demaziado claramente, os motivos desse proceder, mas nem julgamos entaõ que deviamos descançar inteiramente naquellas informaçoens, nem hoje, apezar de outras próvas, julgamos necessario apertar taõ de perto os individuos que nessas cartas se expoem.

Entraremos porém na insubordinaçaõ do povo do Porto, e provincia do Minho, em quem fizéram recahir toda a culpa da perca daquella Cidade. Todos os actos de insubordinaçaõ e tumulto, que até aqui tem referido mesmo os partidistas do chamado Governo, que entaõ existia em Lisboa, consistem, em taes factos que mostram ter por causa uma total falta de confiança nos homens publicos, e n'um excesso de patriotismo, que o A. aqui se atreve a negar. "He falso (diz o A. p. 171.) tudo quanto se lhe tem communicado, sobre a imaginada resistencia á vontade do povo que queria combater; os successos do Porto mostráram a sinceridade destes desejos."

Eis aqui como os vis escravos, e aduladores dos despotas os procuram desculpar, lançando a culpa dos que governam, em um povo valoroso, e que deseja defender-se: quanto a nós he uma calumnia decidida atribuir ao povo Portuguez, nem falta de coragem, nem desejos de se defender: ou todas informaçoens, que recebemos uniformente, saõ falsas, e combinadas para nos enganar.

Mas o motivo desta calumnia contra o povo, e naçaõ he evidente; porque existindo no povo coragem e vontade de se defender, a culpa he dos que governávam, que naõ fizeram o devido uso daquellas disposiçoens do povo; logo para se desculparem he necessario dizer que naõ havîa no povo essas qualidades, porque nessa hypothese a culpa naõ he delles.

O povo no seu excesso de patriotismo querîa combater,

ainda fóra de proposito: e, por mais razaõ que tivessem os seus superiores, que lhe ordenassem naõ combater, suspeitavam que taes ordens éram atraiçoadas. Disto se queixa o nosso A. em nome dos seus Optimos Governantes ¿ mas de quem he a culpa? Delles, naõ do povo. O povo suspeitava os homens impopulares que o commandávam; o remedio éra remover esses homens obnoxios para outra parte; mas, em vez de se fazer isto, teimáram a chamar populares aos que o naõ êram, e a deixallos á frente dos negocios publicos, e ainda agora depois do povo os assassinar teimam a dizer que eram populares. Ora sem chefes, em quem se tenha confiança, nem o melhor exercito, quanto mais um povo em massa, póde obrar com energia e obediencia.

A classe, e connexoens politicas dos Governadores do Reyno, que áquelle tempo governávam, naõ éra calculada para os fazer populares; mas o seu comportamento, no tempo dos Francezes, a servil obediencia que prestáram aos inimigos da Patria, fosse apparente e forçada, fosse sincera, e voluntaria, naõ podia excitar a confiança do Povo, nem nelles, nem nos seus nomeados, a menos que essa nomeaçaõ naõ recahisse em homens populares.—

Depois do A. pintar, com as côres mais exageradas, os actos de insubordinaçaõ de alguns individuos; e esforçar-se em mostrar pela authoridade da proclamaçaõ dos Governadores do reyno de 7 de Abril, de 1809, e ordem do Marechal Beresford, de 2 do mesmo mez; que só nisto se deve achar a causa dos males que nós haviamos imputado ao Governo: conclue assim (p. 175) "Desta uniaõ de taõ calamitosas circumstancias resultou a falicilidade, com que o inimigo penetrou a Cidade do Porto, frustrados tantos meios de defeza, quantos ali se havîam reunido, e levado o mal ao seu remate por todos os excessos, que destroem a unidade interior, e transtornam a defeza da naçaõ."

O A. devîa ja conhecer o nosso modo de pensar em politica; e os nossos escriptos lhe deverîam ter mostrado a idea mesquinha que nos fazemos dos homens publicos, que (por via de regra) tem até agora occupado os lugares importantes das varias repartiçoens de Governo em Portugal; e assim nos admiramos, que elle tente ainda convencernos pela authoridade de uma proclamaçaõ, em que nos naõ crêmos, e que he justamente o acto que censuramos. Isto he o mesmo que tractar de cathechizar um Judeo, citando-lhe a authoridade do Alcoraõ. A nossa queixa contra os Governadores, que áquelle tempo o éram, consistio, neste caso, em imputarem elles, na sua proclamaçaõ, á insubordinaçaõ do povo, no Porto, a perca da quella Cidade; nos julgamos que a imputaçaõ daquella proclamaçaõ, era uma calumnia contra a naçaõ, para salvar os que éram verdadeiramente culpados; logo ¿ como se nos traz ésta mesma proclamaçaõ em prova das insubordinaçoens, que dizemos naõ terem nada de commum com a perca da cidade do Porto?

O author diz, que por isso o inimigo entrou no Porto "frustrados tantos meios de defeza, quantos ali se havîam reunido." Nos perguntaramos aqui a este defensor do despotismo, se esses meios se reunîram por si mesmo? ou para que diz "se reunîram," sem dizer quem os reunio? Vista a tarefa a que se propos de defender os culpados, naõ será difficil descubrir uma resposta: e eu diria que o A. assim se explicou, "se reunîram," para que alguem pudesse suppor, que o Governo de Lisboa mandára reunir esses meios. Nós, que custumamos fallar explicitamente, e sem esses subterfugios explicamos essa passagem do A. ao nosso modo, dizendo, que esses meios, que se reunîram no Porto, fôram assim reunidos pelos esforços dos cidadaõs daquella Cidade, tendo á frente o seu Bispo; que em Janeiro começaram a fazer uma linha de defeza em torno da cidade, de uma extensaõ formidavel, e em

Março seguinte estáva, se naõ acabada, ao menos em estado de receber, como recebeo, o inimigo; e que para todas éstas obras naõ concorreo o Governo de Lisboa, com cousa alguma; e a unica cousa, que se lhe mandou pedir do Porto, fôram engenheiros e tropa, e nunca isto se lhe mandou, respondendo-se-lhe sempre, desde o principio, que ja era tarde.

Quanto ás desculpas que dá o A. ao Marechal Beressord; nós naõ vemos nellas senaõ o espirito de adulaçaõ, e de abjecçaõ, a que o despotismo tem reduzido os homens em Portugal. Antes da paz de Amiens tudo éra Inglez em Portugal; depois daquella epocha, quando Lanes chegou de embaixador a Lisboa, tudo vestio a libré à Franceza; fôram os Francezes expulsados de Portugal entráram os Inglezes, naõ ha outra cousa senaõ Inglezismo; e leva-se a Anglomania ao ponto de dizer, que um Inglez naõ póde errar; tem o dom de inerrancia. Se a escravidaõ da imprensa em Portugal, he o motivo porque o A. assim falla, calle-se, que ninguem o obriga a escrever: se assim falla porque só o que he despotico lhe agrada, entaõ procure a protecçaõ de Napoleaõ, que lá achará despotismo que baste para o fartar.

O incalculavel beneficio que naçaõ Ingleza póde agora fazer aos Portuguezes, he mostrar-lhe o justo meio entre o despotismo, e anarchia, que he o que constitue a liberdade civil. Este beneficio, como ja muitas vezes temos dicto, lhes haõ de os Inglezes fazer; e o seu valor ninguem o conhece melhor que nos; e teremos occasiaõ de o desenvolver em outra occasiaõ.

Mas voltando ao Marechal Beresford individualmente; nós ja lhe demos os louvoures, que elle justamente merecia pelo assiduo cuidado, com que tem disciplinado o exercito Portuguez, mostrando nisto, que a naçaõ he capaz para grandes cousas, e que se até agora naõ tinha um exercito como ao presente tem, he porque o Governo

Portuguez naõ se portàva como agora se porta o Governo Inglez; e porque os Generaes Portuguezes, naõ sabiam, naõ queriam, ou o seu Governo os naõ deixava melhorar o exercito. Estes nossos elogios se naõ tem outro valor, tem certamente aquelle de naõ serem profferidos por um escravo abjecto, mas por um homem livre, que póde censurar, e louvar, sem pedir licença ao Dezembargo do Paço; e por um homem imparcial, que louva ou vitupéra segundo as suas ideas lhe indicam, sem mais attençaõ que ao amor da verdade, e de uma naçaõ com quem viveo muitos annos.

Mas para demonstrar-mos, que o procedimento com o Juiz do povo de Coimbra, éra pelo menos informe, ou falto da regularidade legal; bastará observar-mos, o differente modo de proceder do mesmo Marechal Beresford ao presente. Eis aqui uma de suas ordens do dia.

"Quartel General de Coimbra, 21 de Abril, 1810—O Sñr Marechal manda vir a este Quartel-general o Juiz de Fóra da praça de Elvas, Pedro José Lopes de Almeida, em qualidade de Auditor da quella guarniçaõ, para dar a razaõ de um procedimento militar. — Ajudante-general Mosinho."

Daqui se vê que ó Marechal conhece a necessidade que ha, de distinguir o poder militar do civil; de maneira que mandando buscar um magistrado civil, declara que o faz na qualidade de official do exercito, e por um procedimento militar. Esta ordem, por tanto, do Marechal he naõ sómente justa, mas concebida nos termos, e forma legal, contra a qual ninguem terá nada a dizer, senaõ louvor.

Accresce mais em favor da minha opiniaõ, que pela influencia dos mesmos Generaes Inglezes, se nomeou uma commissaõ (ou alçada) de Ministros de justiça, para acompanhar o exercito, e decidir por forma juridica, o casos que necessitarem prompto remedio, e que naõ fôrem da repartiçaõ immediata do militar (veja-se o Correio Braziliense, vol. iv. p. 551.)

Esta pois he a diferença entre o cidadaõ livre, e o escravo abjecto: obedece-se ao Governo; porque sem essa obediencia naõ pode existir a sociedade civil, mas naõ se louvam senaõ as medidas publicas dignas de louvor; e quando os homens mudam o seu systema, adoptando melhores maximas he justo reconhecer o merecimento da mudança.

Sapientibus est mutare consilium.

O A. neste numero, torna a repizar o que ja disse sobre as Côrtes da naçaõ, pretendendo que se conserva a representaçaõ da naçaõ nos Tribunaes, que El Rey consulta, em vez de consultar os procuradores dos povos nas cortes. Como se os homens que compôem esses tribunaes, nomeados pelo Ministerio da Corôa, tivessem os mesmos interesses de punir pela liberdade dos póvos, que tinham os procuradores junctos em Cortes. Ou como se El Rey pudesse mudar essa parte essencialissima da Constituiçaõ Portugueza de seu proprio arbitrio. Nos temos desenvolvido isto em outros lugares (vejam-se os ensaios sobre a Constituiçaõ Portugueza comparada com a Ingleza no Correio Braziliense) e talvez o nosso A., se continuar a honrar-nos com a sua conrespondencia, nos dê occasiaõ a elucidar mais a materia importante das Cortes, e Constituiçaõ Portugueza.

MISCELLANEA.

Novidades deste mez.

AMERICA.

Extracto da Gazeta de Caracas de 27 de Abril, de 1810.

Salus publica suprema lex esto.

QUANDO as sociedades adquirem a liberdade civil, que as constitue taes, he quando a opiniaõ publica recobra o seu imperio; e os periodicos, que saõ o orgaõ della, adquirem a influencia que devem ter no interior, e nos de mais paizes, aonde saõ uns mensageiros mudos, porém veridicos, e energicos, que daõ e mantem a conrespondencia reciproca, e necessaria, para os povos se auxiliarem uns aos outros. A gazeta de Caracas, destinada até agora a fins, que naõ estaõ de acordo com o espirito publico dos habitantes de Venezuela, vai a recobrar o charácter de franqueza, e de sinceridade, que deve ter; para que o Governo e o povo possam gozar, com ella, os beneficos designios, que tem produzido a nossa pacifica transformaçaõ.

O publico tem ja visto, e lido o acto primitivo da nossa regeneraçaõ politica, e tem sido plenamente informado, por um manifesto, dos motivos, meios, providencias ulteriores, que a ella nos conduzîram, e nella nos mantem: por conseguinte começa a instruir-se methodicamente de todas as mais deliberaçoens, com que a Suprema Juncta tem trabalhado em conresponder plenamente á confiança que nella poz o povo; para que todos saibam o que a todos interessa, e para que todos os individuos estêjam penetrados daquella confiança, que uma taõ manifesta unanimidade de sentimentos he capaz de inspirar.

O dia 19 de Abril mostrou em tudo um aspecto de beneficencia, e de generosidade; e por todas as ruas se naõ ouvîam outras vozes senaõ em favor de petiçoens submissas, justos requirimentos, bem merecidas remuneraçoens, vivas, e aclamaçoens: tambem naõ amanheceo o dia 20, sem que sahissem da salla Capitular decretos mui proprios de um Governo Paternal; e dignos de um povo acredor de tal governo. Apenas a attençaõ necessaria á segurança publica o permittio promulgou o Governo um decreto, izentando do tyrannico tributo da Alcavala, todos os artigos de subsistencia, e objectos necessarios de consumo, para que o commodo individual providenciasse á abundancia publica, que he taõ essencial nas presentes circumstancias. Em segundo lugar izentou os Indios do tributo aque estavam sugeitos em ordem aque os primitivos proprietarios do nosso paiz fossem os primeiros a gozar as vantagens da nossa regeneraçaõ civil. A agricultura recebeo de novo uma multidaõ de braços uteis, que debaixo do pretexto de uma policia mal entendida, e segurança insidiosa, fazendo grande injuria aos nossos interesses de agricultura se definhávam nas prisoens, vilipendiados com o falso character de vagabundos, em prejuizo de nossa felicidade. As tropas que pegáram em armas, para dar a devida solemnidade a uma resoluçaõ em que a força naõ teve parte, obtivéram paga dobrada até segunda ordem, em recompensa de seus sentimentos e galhardia, com que déram uma favoravel decisaõ á nossa sorte.

O esplendor brilhante de taõ sincera magnificencia aclarou a nossa situaçaõ, e ninguem vio a chimera da discordia produzida pelas trevas do despotismo anterior, a fim de que a mutua desconfiança nos mantivesse envoltos em uma densa nuvem, que encubrisse á nossa vista o horizonte de nossa felicidade. A aura vivificante da liberdade reanimou os espiritos, e todos os que a respiráram corrêram a lançar-se nos braços do genio tutelar de Venezuela, para jurar-se seus filhos, e para receber as bençaõs da patria, e os abraços de seus representantes. Todas as authoridades e corporaçoens, que naõ tivéram parte no acto primario, prestáram espontaneamente o juramento ao Governo provisional; e o Consulado, por meio de seu Superior, offereceo, en nome do commercio, todos os cabedaes da corporaçaõ e dos individuos. O patriotismo, como um conductor eletrico, produzio uma commoçaõ geral em todas as classes de sociedade, que viéram separadamente, e em corporaçoens, offerecer as suas pessoas, a sua propriedade, os seus talentos, e os seus serviços, de palavra, e de facto, á Suprema Juncta, depositaria provisional da Soberania.

(Aqui segue a lista das subscripçoens em dinheiro, gado, provisoens, vestuario, &c. para a sustentaçaõ do novo Governo, entre os quaes, mais de um, offrecem todos os seus bens, e pessoa).

Naõ se podia obter a segurança externa em quanto as provincias unidas, que debaixo do antigo systema compunham o departamento de Venezuela, naõ formassem com a capital uma confederaçaõ que fizesse respeitavel a resoluçaõ que tinhamos adoptado. O Governo provisional, portanto, escolheo de entre os naturaes destas provincias, pessoas que, pelos seus talentos, affeiçaõ á causa commum, e influencia entre os seus concidadaõs, eram mais aproposito para desempenhar os deveres de uma missaõ, que partindo debaixo dos auspicios da beneficiencia, e de uma utilidade reciproca, devemos esperar que tenha os felizes resultados de que he digna.

Alem das instrucçoens, convenientes dirigio o Governo ás provincias, por meio de seus Commissarios, a seguinte.

Proclamaçaõ.

Habitantes das provincias unidas de Venezuela! A naçaõ Hespanhola, depois de dous annos de uma sanguinolenta, e arrebatada guerra, para defender a sua liberdade e independencîa, está proxima a cahir na Europa, debaixo do jugo tyrannico de seus conquistadores. Forçados pelos inimigos os passos da Sierra Morena, que defendîam a residencia da Soberania Nacional, se derramáram aquelles como uma torrente impetuosa por Andaluzia, e outras provincias da Hespanha meredional, e batem ja de perto o pequeno resto de honrados e valorosos patriotas Hespanhoes, que apressadamente se acolhêram aos muros de Cadiz. A Juncta Central Governativa do Reyno, que reunia o voto da naçaõ debaixo de sua authoridade suprema, foi dissolvida e dispersa, na quella turbulencia, e precipitaçaõ; e se destruio finalmente nesta catastrophe, aquella Soberania constituida legalmente para a conservaçaõ geral do Estado. Neste conflicto os habitantes de Cadiz organizáram um novo systema de Governo com o titulo de Regencia, que nem pode ter outro objecto senaõ o da defeza momentanea dos poucos Hespanhoes, que obtiveram escapar-se do jugo do vencedor, para prover á sua segurança futura, nem reune em si o voto geral da Naçaõ, menos ainda o destes habitantes, que tem o legitimo, e indispensavel direito de velar sobre a sua conservaçaõ, e segurança, como partes integrantes, que saõ da Monarchia Hespanhola.

E poderies gozar taõ importante objecto, com a dependencia de um poder illegal, fluctuante, e agitado? Serîa prudente que desprezasseis o tempo precioso, correndo a tras de vaãs e lisongeiras esperanças; em vez de anticipar-vos a constituir a uniaõ e força, que sómente podem assegurar a vossa existencia politica, e libertar ao nosso amado Fernando VII. de seu triste captiveiro; ¿ Assim se perpetuarîa nestes formosos paizes a augusta e sancta Religiaõ, que temos recebido de nossos maiores? Naõ amados Compatriotas; ja o povo de Caracas tem conhecido bem a necessidade que temos de agitar a nossa causa com vigor, e energia, se queremos conservar tantos e taõ amados interesses. Com este objecto instruido do mao estado da guerra em Hespanha, pelos ultimos navios Hespanhoes chegados a nossas costas, deliberou constituir uma soberania provisional nesta capital, para ella, e mais povos desta provincia, que se lhe unam, com a sua costumada fidelidade ao Sñr D. Fernando VII. ; a proclamou publica, e geralmente aos dezanove deste mez, depositando a Suprema Authoridade no Illustrissimo Ayuntamiento desta Capital ; e Deputados que nomeou para se lhe associarem, com o especial encargo de promoverem todos a formaçaõ do plano de administraçaõ, e Governo, que sêja mais conforme á vontade geral destes povos.

Habitantes de Venezuela, este he voto de Caracas. Todas as suas primeiras authoridades o tem reconhecido solemnemente ; aceitando e jurando a obediencia devida ás decisões do povo. Nós, em cumprimento do sagrado dever que este nos tem imposto, o damos á vossa noticia, e vos convidamos á uniaõ e fraternidade, com que nos chamam uns mesmos deveres, e interesses. Se a Soberania se estabelecco provisionalmente em poucos individuos, naõ he para extender sobre vós uma usurpaçaõ insultante, nem uma escravidaõ vergonhoza ; mas sim porque a urgencia e precipitaçaõ, que saõ proprias destes instantes, e a novidade, e grandeza dos objectos assim o exigîram para segurança commum. Isso mesmo nos obriga a naõ podermos manifestar-vos promptamente, toda a extensaõ de nossas generosas ideas : porém pensai, que se nos reconhecemos, e reclamamos altamente os sagrados direitos da natureza, para dispôr de nossa sugeiçaõ civil, faltando o centro commum da authoridade litigima que nos reunia ; naõ respeitamos menos em vós taõ inviolaveis leis ; e vos chamamos opportunamente a tomar parte, no exercicio da Authoridade Suprema, com proporçaõ ao maior ou menor numero de individuos de cada provincia. Esta he pouco mais ou menos a deliberaçaõ que de prompto vos propomos, no Departamento de Venezuela. Confiai amigos na sinceridade de nossas intençoens, e apressaivos a reunir os vossos sentimentos, e a vossa affeiçaõ aos do povo desta Capital. Que a sancta Religiaõ, que temos herdado de nossós pays, seja sempre para nos, e para nossos descendentes, o primeiro objecto do nosso appreço, e o laço que mais efficazmente pode aproximar as nossas vontades. Que os Hespanhoes Europeos sêjam tractados em toda a parte, com o mesmo affecto, e consideraçaõ que nos mesmos, como quem saõ nossos irmaõs, e que cordeal, e sinceramente estaõ unidos á nossa causa; e deste modo descançando a base de nosso edificio social, sobre os fundamentos indeleveis da fraternidade e uniaõ, transmittiremos aos nosos mais remotos netos, a memoria de nossos felizes trabalhos, e talvez gozaremos da satisfacçaõ, de ver presidir ao destino glorioso destes povos, o nosso mui amado Soberano o Senhor D. Fernando VII. Caracas, 20 de Abril de 1810.

JOSE DE LAS LLAMOSAS—MARTIN TOVAR PONTE.

Manifesto da Suprema Juncta de Cumaná, declarando a sua independencia.

A Juncta Suprema Governativa, estabelecida nesta Capital, em nome de S. M. o Senhor D. Fernando VII. que Deus guarde; aos habitantes desta, e das provincias da Nova Andaluzia, e Nova Barcelona.

Cumanezes, Barcelonezes, Povos habitadores dos territorios de suas provincias, leaes, e amados compatriotas! Ouvi os fundamentos, e as causas, que tem dado origem ao novo Governo que acaba de instalar-se: Ouvi-as para que se alguem de entre vós, duvidando de taõ graves occurrencias, desapprova com pouca reflexaõ o seu plano, ou com demasiada timidez o julga impracticavel, ou por falta de principios naõ julga sufficientemente authoridados os respeitaveis membros que o compôem; informado de factos, de que he e tem sido testemunha o mundo inteiro; se tranqnilize, e espere; naõ duvidando que a paz, a uniaõ fraternal, e as mais virtudes sociaes, constituindo neste momento a base do edificio de nossa segurança presente, fazendo immortaes nossos nomes, transmittirá a nossos filhos o gozo da segurança e felicidade futura.

Ja tereis ouvido no tempo passado, desde que se proclamou nosso amado Soberano o Senhor D. Fernando VII. o estado de confusaõ em que se achava a Hespanha, por carecer de sua legitima cabeça. Ja tereis tido noticia das ruinas e estragos, que tem causado a seus moradores, a perfidia do criminoso Godoy, de acordo com o Imperador dos Francezes, e sustentada por outros filhos bastardos, que, segundo as ideas daquelle feroz homem, naõ se detivéram senaõ em sacrificar a sua patria, em tudo que lhe foi possivel; e finalmente naõ ignorareis, que a Juncta Central Governativa do Reyno de Hespanha, creada em nome de Nosso Senhor D. Fernando VII. se destruio por si mesma, pelas irrupçoens dos inimigos; ou, o que he mais certo, pela infeliz corrupçaõ, nascida do anterior despotismo.

Em taes circumstancias, como naõ he possivel conservarem-se os povos sem uma cabeça que os governe, as provincias da America começáram a titubear, sobre o modo de conduzilla, para preservar-se em todo o caso das desordens da anarchia, ou das invasoens do tyranno; e por ultimo tem estabelecido algumas dellas congressos legitimos, mediante a authoridade, que, concedida pelo povo aos Reys, ficou sem embargo em seus Cabildos, uma similhante; para que pudessem obrar em qualquer caso, e maiormente nas occurrencias actuaes. Uma das primeiras, que se assignalou hoje em dia, foi a capital de Venezuela, que tendo noticia da lugubre crise de Hespanha, e decadencia de suas authoridades, adoptou o mais sabio e opportuno temperamento, convocando os magnates de seu recinto, elegendo por voto commum varios delles, que fórmam uma Juncta Suprema Provincial ; e fazendo cessar em seu exercicio aquelles primeiros empregados, que ou por haver expirado a authoridade que os constituio, ou porque as suas ideas naõ concordassem com as que devemos adoptar, se considerâram ineptos para este caso. Naõ foi este precedimento tumultuario, mas sabio, prudente, e reflectido. Nem vos, por ouvireis que depuzéram as primeiras authoridades, deveis crer que se naõ constituîram outras, que manejem as redeas da Republica, e encham o vacuo, que aquelles ocupávam; pois por haverem mudado o Governo dos povos, naõ deixáram de reconhecer as authoridades legitimas.

A sabia Juncta de Caracas participou esta sua opportuna e urgente resoluçaõ ao Illustre Ayuntamiento desta Cidade, e naõ ao Senhor Governador, que era o Coronel D. Eusebio Escudero; dando-nos a entender a cessaçaõ de suas faculdades, e a necessidade de conspirar todos, com o que estiver de nossa parte, a um mesmo fim ; coadjuvando nos para trabalhar na felicidade commum.

O Ayuntamiento, naõ menos cordato, que penetrado dos naturaes impulsos, que movêram os animos de taõ fieis habitantes, se ajunctou para decidir do expediente que devia adoptar, a seu exemplo, e imitaçaõ, congregando-se na sala capitular todos os individuos que o compôem, e outros muitos dos principaes da Cidade; e havendo celebrado um acto, elegeo (por unanime consentimento dos vogaes e parte do povo) para o Governo da provincia os seguintes:

Presidente: D. Francisco Xavier Mayz, Alcaide de primeiro voto. Vice prezidente: D. Francisco Yllas; de segundo. Vogaes: D. Jozé Ramires; D. Jeronimo Martinez ; D. Francisco Sanches; D. Jozé Jezus Alcala; D. Manuel Millan; D. Domingo Mayz; D. Jozé Santos;

Doctor D. Mariano de la Cova; pelo povo; Licenciado D. André Callejons; pelo Clero; o Capitaõ D. Joaõ de Flores; pela milicia; D. Joaõ Bermudes; pelos lavradores; D. Joaõ M. Texada, pelo Commercio; D. Pedro Mexias, pelos pardos, e pretos; Doutor D. Joaõ Ramirez, Assessor; D. Diogo Vallenilla, Secretario.

Por conseguinte, assumio este corpo todas as faculdades e empregos, que estávam depositados no Senhor Coronel D. Eusebio Escudero, a quem sempre, naõ obstante, manifestará gratidaõ, e reconhecimento, assim por suas louvaveis qualidades, como pela demissaõ espontanea que delles fez.

Tendes poîs aqui a narrativa, ainda que demasiado concisa, da origem do movimento, e mudança no governo. Tendes ouvido, e naõ podeis ignorar, que nos Cabildos reside a faculdade de poder-se governar em casos taes elegendo conductos, ou orgaõs, por meio dos quaes o povo communique os seus sentimentos; e ao mesmo tempo seja sabedor, e participe das disposiçoens governativas; e tendes finalmente uma authoridade nacional, com quem podeis unir-vos em amizade fraternal, para vos ajudareis e sustereis mutuamente.

Agóra ja podemos dizer, que estamos livres de que a Cidade se destrua com o seu mesmo poder, o que poderîa alias acontecer: agora ja temos a complacencia de começar a promover a felicidade, occulta em nosso paiz para nós, e quasi sempre disfrutada exclusivamente pelos de fóra: esperamos que estabelecereis a vossa reciproca boa harmonia, que vos mantereis em paz, e uniaõ, reconhecendo como vossa protectora, a authoridade provisionalmente erigida, que vos representa, e em que tendes parte; e expectando o fructo que devem produzir taõ bem regulados preludios, sereis ditosos, e o seraõ vossos filhos. A utilidade da Juncta, a suavidade que se propoem, e he inseparavel de seu governo, os seus desvellos, os seus cuidados, dirigidos ao alivio dos habitantes, do destricto de seu mando, e o recto fim que a anima, vos fará entender menos as palavras do que a experiencia.

Nem porque, á primeira vista, vos parêçam desacertadas algumas providencias; nem porque a sua intençaõ se esconda a muitos de vós; vos deveis desgostar, e censurar com leveza os seus procedimentos; e nem porque ouçais a este ou aquelle pintar um desenho mais digno de adoptarse deveîs crer, que se terîa desprezado, ou se julgará opportuno. Nem fiscalizeis por desgraça, em particular, o merecimento, e capacidade dos membros ellegidos, que uns ajudaremos os outros a levar a carga, cumprindo com o preceito de Jesus Christo, para deste modo preencher os deveres da Sociedade, as obrigaçoens sagradas, e premiar a cada um comforme o seu merecimento. E para mais afiançar a uniaõ e tranquilidade, taõ recommendaveis para nos sustermos em doce harmonia, avizamos, e exhortamos a todos, e cada um dos Juizes, assim ecclesiasticos como seculares, e aos homens ricos da governança, para que, unindo-se a nos com zeloso patriotismo, e amor, coadjuvem com sua efficacia, sua vigilancia, e lealdade, nossas saãs intençoens, enviando para este fim um inviduo de cada cabildo, povo, ou communidade, com as instruçoens, que julgarem opportunas, para a permanencia do novo Governo; entendendo que naõ procuramos outra cousa senaõ a conservaçaõ do throno de Fernando VII.; a saude da Patria; o triumpho da Religiaõ; a uniaõ com nossos vizinhos, e confundir a tyrannia.

Cumaná, 28 de Abril de 1816. Por mandado da Juncta Suprema de Governo.

Diogo Vallenilla, Secretario, Vogal.

A Juncta Suprema Provincial de Governo, estabelecida nesta Capital, em no e de S. M. D. Fernando VII.

Depois que uma multidaõ de impressos publicos, que

tem circulado sobre a face do Universo, ha mais de onze mezes, nos tem pintado a desgraça com que a Authoridade Central Suprema, que em nome de nosso Rey Fernando VII. governava a Monarchia, e tinhamos jurado e reconhecido; e de cuja veracidade saõ fieis testemunhos os infaustos acontecimentos que se tem succedido uns a outros; chegáram a nossas maõs os que manifestam a dissoluçaõ desta authoridade, pela occupaçaõ de Corte de Sevilha, pelas armas do Imperador Napoleaõ, estendendo-se a rapidez de suas conquistas ás costas do sul de Hespanha, que se ácham em mais prompta e facil communicaçaõ com nossa America, tendo sobre a ilha de Leaõ um obstinado sitio.

A America, que suppunha haver contribuido para a salvacaçaõ da Metropole, prestando-lhe os auxilios mais necessarios na guerra, até chegar ao ponto de que seus fieis habitantes se despîram de suas joyas; vio, com a maior dôr, perecerem seus valorosos irmaõs, naõ tanto entre o fogo, e chumbo, como pela nudez e fome. Se os povos, as provincias, os Reynos, que constituem a nossa monarchia em Hespanha, tem multiplicado, com as suas mesmas desgraças, as provas de sua lealdade e patriotismo; a subordinaçaõ ao Governo, que tinhamos jurado, precipitou a nossa ruina: quando a Hespanha se achou sem dinheiro, sem armas sem exercitos, sem os poderosos soccoros da generosa naçaõ Ingleza, sem mais de settenta milhoens de pezos que tem remettido a America; com todas as suas praças fortes occupadas pelos Francezes, e até a mesma Corte de Madrid em seu poder, foi capaz de um esforço, que se tivesse continuado dirigido pela Juncta de Sevilha, talvez a teria salvado totalmente.

Com estas consideraçoens, e achando nos em um lastimoso estado de orfandade, para precavermos os males que tem dessolado a Hespanha, nos vemos obrigados a reassumir a authoridade do Governo da provincia, á imitaçaõ do de

Caracas, que reconhecemos por superior, depois de haver jurado solemnemente de obedecer, como sempre, a nosso amado Rey, e Sñr. D. Fernando VII. e sua dynastia, em qualquer lugar da Hespanha ou America, que se ache legitimamente representado; e de contribuir com todo o nosso poder ao restabelicimento de seu throno, e auxiliar a um só Hespanhol que se encontre na Peninsula, que naõ tenha cahido na usurpaçaõ dos Bonapartes; e do mesmo modo proteger, amparar, e servir aos que, por naõ cahir nella, emigrarem para ésta provincia.

Cumana, 4 de Maio, de 1810.—Rubricado pelos Senhores da Juncta Suprema de Governo.

Manifesto.

A provincia de Cumaná, parte constitutiva da de Venezuela, se tem apressado a unir os seus votos com os daquella capital; para adoptar um plano de Governo, que sendo o garante de sua segurança, e dos direitos de nosso amado Soberano, o Sñr. D. Fernando VII. dê á sua uniaõ aquella igualdade de representaçaõ politica, que a ponha ao nivel das outras provincias da America. Possuida da mais viva dôr, e sentimento, pela desgraçada sorte da Metropole, expectava cheia de sobresalto a presagiosa noticia de sua ultima ruina, com cujo perigo eminente a ameaçava a força imperiosa das circumstancias. Com a maior consternaçaõ observava nestes ultimos tempos, que, a pezar dos heroicos esforços de nossos nobres patriotas, e de seus generosos alliados; a superioridade das armas, e perfida astucia do usurpador, asegurava o exito de seus intentos, sobre os revezes e desastres de nossos valorosos defensores; e que peiorando cada vez mais a situaçaõ da Metropole, pela dispersaõ de suas tropas patrioticas, em differentes rencontros, pelo excecivo augmento das forças inimigas, pela occupaçaõ da maior parte da Peninsula, pela instabilidade do Governo Central, e em fim pela perigosa pequenhes dos nossos exercitos, e Soberania, nos recintos de Cadiz, devia trazer necessariamente a estes dominios, a triste sorte de uma dissoluçaõ, subita, e tumultuosa, de sua antiga dependencia e relaçoens; tanto mais nociva, quanto que, por sua precipitaçaõ, podia envolver-nos nas mesmas, ou maiores desgraças.

Em igual conflicto a provincia de Cumaná, cuja lealdade, e amor a seu legitimo Soberano; tem sido os principaes characteres que a tem distinguido entre outros povos, á face do novo Continente; penetrada de taõ graves temores; perplexa nos meios de sua segurança, naõ pode fazer menos do que receber com aplauso, e acolher com jubilo, um systema de conservaçaõ, que desenvolvido na capital de seu antigo Departamento, lhe apresenta o quadro mais lisongeiro de sua felicidade futura, e a poem a cuberto dos riscos que a cercam, e males que a ameaçam. A unanimidade de votos, e sentimentos patrioticos de ambas as provincias, a sua proximidade local, o seu reciproco enlace de interesses, e commercio, a sua situaçaõ immediata ás colonias estrangeiras, a mutua conrespondencia nos auxilios, e soccorros promptos, tudo; tudo justifica o consentimento destes cidadaõs, o constitue racional, e faz necessario, e indispensavel, para suster, com sua uniaõ, a integridade politica, com que sempre tem apparecido entre as outras capitaes da America.

Estas poderosas razoens, estes solidos principios, fundamentados no direito imprescriptivel dos povos, em similhantes acontecimentos, tem excitado os animos, tem chamado a attençaõ dos habitantes; e lhes tem dado um impulso simultaneo de acclamar, com um brado uniforme, e geral, o systema de um novo Governo, que, por seus emissarios, nos tem apresentado Venezuela, como um dom e presente de nossa provavel felicidade, em defeza da causa commum, e segurança de ambas as provincias.

Este foi o motivo da novidade, acontecida no dia 27 de Abril proxime passado; dia memoravel nos fastos da historia, em que por uma combinaçaõ de gloriosos successos, encaminhados a um mesmo objecto, se ouvio resoar, por toda a parte, a alegria, e a igualdade de votos, na mudança de Governo. Isto he o que tem influido a reasumir a authoridade neste Illustre Cabildo, e a instalar uma Juncta Provincial, erigida provisionalmente, nesta Capital, em nome de nosso Soberano, o Sñr. D. Fernando VII; a quem o povo tem tributado a sua homenagem e fidelidade, por meio de seus Deputados ou representantes, para manter a ordem, administrar justiça, e preencher completamente os deveres da sociedade.

Deste modo a provincia de Cumaná fixou a baze de seu novo Governo, a que, por uma multidaõ de circumstancias, a impelle a lei da mesma natureza, e as suas nedades. Por uma parte a feliz sorte da Metropole; e por outra a uniaõ e integridade politica, que deve observar com a Capital de Caracas, tem sido as molas que movêram esta maquina, a entrar em uma nova forma de systema governativo; sendo indispensavel perpetuar os vinculos de amizade que taõ intimamente nos ligam. Neste ponto se consolida a nossa segurança: debaixo deste pé de estabelicimento, podemos fazer-nos formidaveis a nosso inimigo commum, e respeitaveis a qualquer outro poder extranho; conservar illesos os principios da sagrada religiaõ que temos recebido de nossos maiores; occurrer ás necessidades de nossos irmaõs da Europa, nos conflictos de uma guerra sanguinolenta; preparando-lhes um azylo seguro, d'onde possam reintegrar a sua liberdade, e ressarcir os gravissimos damnos, que lhes tem causado o ardente amor da patria; e em fim reservar intactos, para nosso amado Soberano estes dominios, se chega a mudar-se o semblante da fortuna adversa, em que a tem precipitado a maõ violenta do usurpador.

Cumaná, 5 de Maio, de 1810. — Rubricado pelos Senhores da Juncta Suprema de Governo.

Proclamaçaõ.

Cumanezes! Como he preciso soffrer entre nos alguns espiritos debeis; genios, timidos ou inconsequentes; daquelles que, incapazes de seguir as persuaçoens de sua mesma razaõ, parece que nascêram somente destinados para ser conduzidos, indistinctamente pelo temor, ou pela resoluçaõ alheia;—creio ser da minha obrigaçaõ expor-vos algumas datas, que afiancem a vossa opiniaõ, dissipem as duvidas, que similhantes espiritos ou genios tem começado, (segundo entendo) a occasionar-vos; e descançai seguros que a obra do dia naõ foi o effeito de um capricho tumultuoso, mas sim da imperiosa lei da necessidade, e dos impulsos do verdadeiro patriotismo.

Habitadores da Costa Firme! Ninguem póde nem poderá ja mais tachar a vossa fidelidade: tres seculos da mais dura prova. Chefes regularmente esquecidos de que representávam entre vos uns reys sabios, e benignos, leis admiraveis, infringidas, e até desprezadas; a divisaõ, o vexame, o esquecimento . . . . . . porém sepultemos a memoria destes feitos; compadeçamonos ao ver como recentemente os confessa a nossa desgraçada metropole, á face do Universo; e pensando somente em que nos acabamos de reunir, para sustentar ou para salvar os restos do throno de Fernando VII. naõ duvidemos um momento de que a nossa determinaçaõ actual tem tido por baze a probidade e a honra.

Cumanezes! As operaçoens do vosso Cabildo, e da vossa Juncta, desde os 27 de Abril passado; tem seguido em tudo as justas ideas, e os passos da Capital de Venezuela. Testemunha disto, e de facto enviado de Caracas para vos annunciar o perigo imminente, com que nos ameaça um inimigo, que tracta de impor a escravidaõ a todo o genero humano, me apresentei no meio de vós, depois de onze annos de ausencia, para convidar-vos e estreitar mais a uniaõ fraternal de todo o districto da Costa Firme—bella porçaõ, talvez unico resto, da Monarchia Hespanhola; para conseguir, ou ao menos para procurar que se sustenha quanto for possivel, contra a surpreza, a divisaõ, e o engano; iniquos agentes, em que a horrivel força do Tyranno da Europa se estriba, ainda mais do que no poder de suas armas.

Cumanezes! vivei seguros de que tendes obrado com generosidade: vós podieis e até devieis ter deposto ao vosso Governador. Sem embargo, a vossa prudencia esperou, que apparecesse a sua demissaõ como espontanea. Naõ duvideis; tendes sido generosos, e talvez por isso tendes corrido perigo. Ouvi-me: as partes de officio; as reclamaçoens de muitos Hespanhoes particulares, de alta jerarchia; as differentes provincias ou reynos, na mesma Metropole; os papeis publicos estrangeiros; os feitos que todos sabemos; e finalmente o grito da naçaõ, quando, recentemente occupadas Sevilha, e as Andaluzias, pelo intruzo Rey, detestou e fez dissolver a Suprema Juncta Central.—Tudo conspira a provar, senaõ uma demonstraçaõ physica, ao menos uma evidencia legal (grave no caso presente) que tem havido intençoens damnadas naquelle desgraçado corpo. Por conseguinte, se o vosso zelo pela justa causa de Fernando he effectivo, se a justiça dirige, como eu creio, as vossas ideas, era necessaria obrigaçaõ vossa naõ permittir, nem tolerar, que governára um so momento; ¿ que digo, governara? que naõ tivesse a menor influencia nas vossas disposiçoens creatura alguma das suas; qual era, como sabeis, o governador de que tracto. Porque se os individuos, que compunham a expressada Juncta, no momento do mais sagrado empenho, que jamais occurreo a naçaõ alguma, quando toda a Hespanha, quando todo o Universo, tinha os olhos fixos nellas; quando se vîam no caso de cubrir-se de gloria, de eternizar seus nomes, e de adquirir a admiraçaõ, e reconhecimento da posteridade, longe de se fazerem benemeritos da patria, se constituîram objecto do odio dos Hespanhoes, e do desprezo dos estrangeiros; que podemos esperar de seus feitos? ¿ e feitos contra que se tem declamado á frente de toda a naçaõ juncta? ¿ que diremos se éstes se achávam enlaçados com sugeitos expressa, e individulamente suspeitos á naçaõ? Por mais bons que podessem ser, por melhores que os suppuzessemos. Naõ havia recurso; a razaõ, a equidade, a segurança mesmo da justa causa que defendemos, exigiam imperiosamente a sua separaçaõ. Cumanezes, isto fizesteis; e o fizesteis com prudencia, e com generosidade: perguntai agora; ¿ quem poderá accusarvos?

¿ E quem poderá tampouco accusar-vos de ter mudado o Governo, como parece se annuncia? ¿ Quando se fez a sua mudança? ¿ Onde está? Eu volto a vista para todas as partes, e observo, cheio de complacencia, que reyna o mesmo Fernando; mandam as mesmas authoridades, seguem-se as mesmas leis, e um povo fiel, e honrado, ama, respeita, e obedece, como sempre, sem outra differença mais do que . . . . . . eu quisera dizêllo, sem expressállo; sem outra differença mais que a de serem agora, tanto os que governam, como os que obedecem, uns verdadeiros cidadaõs.

Tranquilizai-vos pois, espiritos debeis: Naõ temais Hespanhoes Americanos; a vossa Patria mãy, hoje, ja moribunda, ou antes em uma crise, cujo resultado ignoramos, acaba de reconhecer-nos por seus filhos: tem-nos declarado em posse das prerogativas, e direitos, que nos pertencem como taes, sem restricçaõ alguma; tem deplorado, e confessado que tendes até agora sido opprimidos, e deixados no esquecimento, com desprezo; e, affligida por isso, assegura que a vossa sorte ja naõ dependerá, para o futuro, nem dos Vice-reys, nem dos governadores: tranquilizai-vos pois, eu o repito; e em vez de temer, ou vacilar, abrî os olbos, zelai os vossos direitos, e os vossos verdadeiros interesses. Uniaõ, uniaõ, uniaõ; firmeza, constancia; naõ vos esqueça que a uniaõ reciproca he quem hade salvar-vos. Lebrai-vos de que o tyranno da Europa, e todos os tyrannos do Mundo, sempre tem fundamentado o funesto edificio da oppressaõ, e da escravidaõ dos povos, na discordia, na desconfiança, e no egoismo: temei só aos indifferentes; aos que quizerem infundir-vos temor: detestai aquelles que ouvireis murmurar de que o actual governo tem variado a sua substancia; e deste modo conservareis a vossa honra, e a vossa felicidade; a de vossos filhos, e os sagrados direitos do desgraçado Fernando.

E vós membros da Juncta da Costa Firme, confiai nos auxilios da Providencia. Naõ vos esqueçais jamais que a dignidade, em que vos achais constituidos, exige grandes sacrificios; que a felicidade, e segurança destes povos sêja o unico objecto de vossos desvellos, e trabalhos, que a posteridade vos abençoe, e em fim, que em tudo procedais com docura, com prudencia, e com aquella firmeza suave e pacifica, que eternîzou os nomes dos Aristides, dos Fabios, dos Camilos, dos Affonsos, e dos Fernandos.

Cumana, 5 de Maio de 1810.

(*Assignado*) FRANCISCO GONZALES MORENO.

Carta da Juncta Suprema de Caracas, á Juncta Superior de Governo de Cadiz.

A Suprema Juncta Conservadora dos direitos de Fernando VII., nestas provincias de Venezuela; á Juncta Superior de Governo de Cadiz.

Excellentissimo Senhor! Caracas, imitando a conducta da Hespanha, tomou o partido que ella mesma lhe mostrou, quando carecia do governo central; ou quando este naõ podia attender á sua segurança, nem dirigir os passos de sua administraçaõ, e defensa. Cada provincia, ou cada reyno, reasumindo o exercicio da Soberania, a explicava por meio de suas junctas provinciaes, ou supremas. Valencia, Catalunha, Estremadura, muito menos distantes da Central que Venezuela, ficáram separadas della; e levávam por si mesmas as redeas do Governo, quando o centro do poder éra insufficiente para cuidar em sua conservaçaõ, e sustentar os direitos de sua independencia, e liberdade, perfidamente atacados pelo inimigo commum. Caracas foi a primeira que, entre todos os dominios da coroa Hespanhola, jurou solemnemento obediencia a seu adorado rey o Senhor D. Fernando VII. em sua exaltaçaõ ao throno; proclamando-o como tal, e gritando, na tarde de 15 de Julho de 1808, contra o crime de Napoleaõ, contra os commissarios, que acabávam de introduzir-se nesta capital, com as cartas do intruso governo Francez; e contra todos os mais, que seguîam as bandeiras de sua perfidia. Vacilante o governo de Caracas com as formulas ministeriaes, de que vinham revestidos os enviados de Murat, e quasi inclinado a tributar-lhe o respeito que exigîam seus emissarios, terîa talvez manchado a pureza da fidelidade deste povo, se naõ ouve os gritos decisivos do reynado de Fernando VII. e suas declamaçoens contra Francezes.

Caracas, consequente em sua refinada lealdade, desconfia justamente dos que a governam; procura precaver o perigo por meio de uma juncta, e os pretendentes a ella saõ atropelados, e envoltos em um procedimento escandaloso. Esste foi o premio que obteve pelas demonstraçoens do memoravel dia 15 de Julho; ésta a recompensa que merecêram os donativos feitos para sustentar a guerra contra a França. Ouve com gosto os primeiros decretos, que a Suprema Juncta Central erigida em Aranjuez, expede a favor dos benemeritos; detestando, com a maior vehemencia, as notorias injustiças do Ministério de Carlos IV.; recebe com aplauso as providencias com que solicita, que os chefes destes paizes informem o que sêja conveniente para a sua felicidade; aprecîa o decreto em que estes dominios saõ declarados parte integrante, e essencial, da monarchia Hespanhola; e como tal acredores dos mesmos direitos, e prerogativas que a Peninsula; e taes éram, com effeito os direitos da America, ainda sem ésta declaraçaõ, a menos que se naõ negassem a seus habitantes, a qualidade de Cidadaõs Hespanhoes; porém naõ se temia que o exito deste decreto tivesse de ser o mesmo, que foi o da uniaõ, e igualdade, promulgado no anno de 1787.

Perdida a batalha de Medellin, perdeo tambem o seu credito a providencia que, abria a porta dos empregos aos mais dignos e benemeritos. Para o commando desta Capitania Geral, se nomeou um prisioneiro de guerra, comprehendido na capitulaçaõ de Madrid, um official graduado em marechal, por Murat, ou Bonaparte; de quem obteve igual nomeaçaõ para mandar em chefe sobre éstas provincias. Outro prisioneiro de guerra, contido na mesma capitulaçaõ, veio em sua companhia, e foi promovido, dentro em breve tempo, á commandancia e subinspecçaõ da artilheria. O Intendente e Auditor de guerra, despojados dos empregos, que obtinham por nomeaçaõ de Carlos IV., viram substituidos em seus lugares dous emigrados, que offendem os direitos da justiça distribuitiva, e a Real ordem, com que o Governo Central tinha promettido á naçaõ, naõ promover senaõ os mais dignos e benemeritos. Novas contribuiçoens, e o afastar de nossos portos o commercio de nossos amigos e neutraes, revogando a diminuiçaõ dos direitos, e moderaçaõ das imposiçoens, saõ os dons, com que os empregados principaes, correspondem á dignidade e merecimento deste povo; e á benevola recepçaõ, que ambos encontráram.

Clamam contra esta revogaçaõ o Ayuntamiento, o Consulado, e os mais que conhecîam o excesso das imposiçoens da Alfandega, e da contribuiçaõ dos direitos mercantis; clamam todos com razaõ e justiça, e os seus clamores desattendidos se aggrávam mais, quando observam a expressaõ imperiosa, que recahio sobre o Syndico Procurador geral, como se fosse delicto o cumprir com seus deveres.

Quasi ao mesmo tempo tempo appareceo, escolhido pelo Governo de Caracas, para ser deputado de Venezuela na Juncta Suprema Central, o Regente Visitador D. Joaquim de Mosquera, que tinha sido o author principal do procedimento, practicado contra a lealdade e patriotismo dos mais interessados, na reforma do Governo destas provincias.

O novo Capitaõ General começa a desenvolver mais o jogo de sua arbitrariedade, e despotismo. Contra uma lei expressa destes dominios, promove interinamente, ao lugar de Ouvidor, o Fiscal do Civil e Criminal, Replicou-se-lhe com a vontade d' El Rey, escripta no texto, que prohibe esta novidade; e a sustem, tomando sobre si expressamente a responsabilidade da infracçaõ. Quebranta a ordem estabelecida nas leis, para o destino, e correcçaõ dos vagamundos, e obrando em lugar dellas o seu capricho, e o dos subalternos de seu mando; executa uma conscripçaõ, talvez mais dura que a da França, annunciada na gazeta do Governo.

Saõ inuteis os recursos á Audiencia; porque apezar das leis, que franqueam á inocencia este azylo contra a oppressaõ e injustiça; o novo presidente reunindo em suas maõs a força das armas, despreza as providencias do tribunal superior, suspende-as, revoga-as, e quer que só a sua vontade prevaleça. Desconhece na audiencia a imagem viva do Soberano, e declara, que, nestas provincias, naõ havia outro senaõ elle, que representasse immediatamente a Soberania. Insulta os ministros quando refórmam, ou revogam, as providencias adoptadas em seu tribunal de Governo, e o Fiscal he ameaçado singularmente, porque sendo o orgaõ da lei; para promover a sua observancia, declamava contra a sua arbitrariedade, e despotismo.

Saõ transcendentes os seus insultos ao Ayuntamiento desta capital; de nada vale a sua grande representaçaõ; nem os protestos, e recursos interpostos, contra as providencias arbitrarias de seu presidente, produzem o effeito suspensîvo, que a lei lhe impoem; a sua vontade pessoal ha de prevalecer, e por esta regra do amor proprio, a força coactiva he quem decide as questoens pendentes do tribunal dos aggravos. Sem esperar a determinaçaõ do recurso, se executa quanto quer o chefe das armas.

Por mais sagrada que fosse a lei, naõ se eximia de ser violada por elle. Tal he a que mantem o segredo das cartas dirigidas a El Rey, ou seus representantes. Porém neste Governo de violencia, e oppressaõ, tambem se viram abertas, em maõ do primeiro chefe, e de seu segundo, as representaçoens, que o Ayuntamiento de Caracas, e o Commissario Ordenador D. Pedro Gonzales Ortega, dirigîam a S. M., com a maior cautella, e segredo, quixando-se altamente do Presidente Governador e Capitaõ General, e implorando, contra seus aggravos, o braço justiceiro da Soberania.

O seu Assessor, ao abrigo do poder arbitrario, naõ consultava outra lei, senaõ esta; nem poderia consultar, aindaque tivesse tido a fortuna de dissolver a liga, que havia entre os dous; porque a sua ignorancia lhe servia de obstaculo, e naõ poderia vencéllo sem longos estudos de direito, e muita practica dos tribunaes, Exacto imitador da arte insultatoria; se attreveo igualmente a ultrajar o Ayuntamiento, quando este tractava de eleger com liberdade o representante de Venezuela, para a Juncta Central;

e os seus ultragens fôram taes, que deixáram suspensa a eleiçaõ por algum tempo.

Elevados pela força os administradores deste Governo, a um gráo de independencia mui perigosa, para a administraçaõ de justiça, e segurança destes territorios, naõ restava outra alternativa senaõ repettir, e multiplicar os recursos á suprema authoridade, esperando com ansia o resultado mais conforme á recta administraçaõ da justiça. A esperança se dilatava demaziado; e, á proporçaõ que se augmentavam os males crescia o descontentamento, e os aggravados suspirávam pelo momento feliz, em que S. M. os livrasse da tyrannia em que vivîam. As desgraçadas nóticias da guerra de Hespanha affligîam o seu coraçaõ; mas com tudo esperávam algum alivio em seus apertos, e algumas providencias efficazes, contra o mando arbitrario destas provincias.

As suas esperanças desapparecem, quando em lugar de remover-se a origem de suas afflicçoens, só vem chegar das reliquias do Supremo Governo Central, os papeis, que annuncîam ter-se substituido na ilha de Leaõ um Conselho de Regencia, ficando de todo dissolvida a Juncta Governativa de Hespanha e Indias. Esta noticia, incapaz de acalmar o justo sentimento dos opprimidós, alterou os animos a tal ponto, que, proclamando o povo novamente os direitos do Senhor D. Fernando VII.; e considerandose ja depositario da Soberania para salvar a Patria, e conter os empregados, que obrávam como independentes e Soberanos, tanto mais perigosos quanta maior era a importancia em que se achava a Peninsula, para refrear seus excessos; confiou interinamente o exercicio desta Soberania ao Ayuntamiento desta Capital, e a certo numero de deputados que nomeou.

Tudo se obteve felizmente com a melhor ordem, no dia 12 do mez proximo passado, como manifesta o acto celebrado na mesma data, e firmado por todas as authoridades antes constituidas, que assitîram á sessaõ; isto mesmo manifestam as proclamaçoens, gazetas, e mais papeis que, por disposiçaõ do mesmo Governo, dirigimos a V. E. e a todos os mais irmaõs nossos, que naõ tenham seguido as bandeiras do Usurpador; e lhes protestamos que a juncta erigida nesta capital, e representativa do Senhor D. Fernando VII., será dissolvida, logo que S. M. se restitua aos seus dominios, ou sempre que se organize unanimemente outro Governo, mais idoneo para exercitar a Soberania em toda a naçaõ.

Estas provincias estaõ dispostas a soccorrer a seus irmaõs Europeos, em tudo que for possivel, recebellos-haõ com os braços abertos, quando a superioridade do inimigo os obrigasse a emigrar, e solicitar na America Hespanhola outra Patria commum, em lugar da que tivessem perdido na Europa; e nenhum destes habitantes repugnará á sua incorporaçaõ, com tanto que prescindam inteiramente do character de Regentes, tomado na ilha de Leon; ou de qualquer outra investidura publica, que se derive desta classe de Governo.

Todo o mundo conhece a nullidade, e impotencia deste novo estabelicimento, para dirigir as Americas; todo o mundo sabe que éstas naõ concurrêram, nem fôram chamadas para a sua formaçaõ, sendo ja parte integrante, essencial, mais extensa, e numerosa, da Coroa, que aquella Peninsula, quasi toda, ou pela maior parte, occupada pelos Francezes; ninguem ignora que o Conselho de Regencia naõ foi subrogado no lugar da Juncta Central, conforme á Constituçaõ do Reyno, que exige ajunctamento de Côrtes, para erigir esta especie de Governo; ninguem ignora que a mesma Juncta, desde a sua instalaçaõ, tem impugnado o systema de Regencia, declarando que a naçaõ naõ se acha em estado de ser governada por este meio, limitado na lei da Partida, ao caso em que o Rey seja menor, ou demente.

Convocadas as Cortes para o 1° de Março ultimo; se a guerra impedia que as provincias de Hespanha se congregassem, por meio de seus deputados na ilha de Leon, a America Hespanhola estava prompta para celebrar ésta assemblea nacional, em uniaõ com seus irmaõs, e naõ tinha nenhum representante na Juncta Central, nem naquella ilha. Prometteo o Governo, que, pêla tardança de seus Deputados, se tomarîam provisoriamente dos Hespanhoes Americanos existentes em Hespanha, quantos bastassem para supprir nas Côrtes a falta de seus legitimos representantes. Porém nada disto se verificou: e a Juncta Central, que carecia do poder legislativo da naçaõ, naõ podîa transformar, sem a concurrencia das Cortes, o systema de seu Governo; que he a funcçaõ mais grave e substancial desse mesmo poder legislativo.

Nem a Juncta Central depois da irrupçaõ dos Francezes nas Andaluzias, nem os cinco delegados seus na ilha de Leon, pudéram, nem pódem cuidar da conservaçaõ, e segurança destes paizes: estaõ impossibilitados de prover nelles, sobre as causas, e negocios, proprios da Magestade; e naõ se acham em aptidaõ de administrar justiça a seus habitantes, nos recursos contra os aggravos dos Ministros, encarregados de seu Governo. Os mesmos membros do supposto conselho de Regencia tem confessado, na sua proclamaçaõ de 14 de Fevereiro, proxime passado, os vexames que estes habitantes soffriam dos agentes do Governo anterior, e a servidaõ, em que estavam, tanto mais dura, quanto éra maior a distancia ao centro do poder Soberano. Confessam que, desde a declaraçaõ da igualdade, tinham sido elevados á dignidade de homens livres, e que ja os seus destinos estarîam em mais proprias maõs, e naõ dependerîam do arbitrio, e vontade dos Vice Reys, Ministros, e Governadores.

Em nenhum tempo chegou a arbitrariedade dos desta provincia ao gráo referido; e daqui nascia o opiniaõ commum de ter faltado na Hespanha, quem refreasse os seus excessos. Daqui nasceo a necessidade de reasumir o povo os direitos, que inclue a proclamaçaõ da ilha de Leon, para conter as violencias de seus administradores; e daqui tem resultado a occasiaõ de participar estes successos a Juncta de Cadiz, respondendo aos officios, e mais papeis relativos ao systema de Regencia, como o executamos em nome da Suprema Juncta de Venezuela, e como Alcaides, Presidentes della.

Deus guarde a V. E. muitos annos. Sala Capitular de Caracas, aos 3 de Maio 1810.

JOSE LLAMOSAS. MARTIN TOVAR PONTE.

Senhores da Juncta Governativa de Cadiz.

Ordem secreta da Regencia de Hespanha ao Capitaõ General de Caracas.

Convencido o Conselho de Regencia, que em nome d'El Rey nosso Sñr. Fernando VII. governa esses e estes dominios; de que o favor, a intriga, e a immoralidade, ao mesmo tempo que tem conservado a porta fechada, á vinte annos a esta parte, para toda a classe de empregos, aos sugeitos de luzes, patriotismo, e verdadeiro merecimento; a tem franqueado a uma porçaõ de pessoas, depravadas, immoraes, ou ineptas quando menos, com notavel prejuizo da causa publica; considerando que nenhuma carga he mais gravosa para os povos, do que a authoridade confiada a taes maõs; que he justo e conveniente pôr sempre em acçaõ as molas do premio, e do castigo, sem as quaes nenhum Estado pode ter bons servidores; nem se podem alentar as virtudes do homem publico, e particular, e querendo por fim remediar, na parte possivel, os gravissimos males que tem cauzado o escandaloso abuso, que se tem practicado neste ponto, como em outros, durante o reynado anterior; tem S. M. resolvido, prevenir a V. S. que, sem perca de tempo, e com o maior segredo, informe de todos os sugeitos, que estaõ desempenhando os cargos e empregos ecclesiasticos, politicos, e militares, e da Real fazenda, expressando o tempo de serviço de cada um, seu desempenho, luzes, esperanças, conducta, patriotismo, e conceito, como sabiamente o dispoem as leis desses dominios, cuja observancia se tem transgredido; e nellas achará V. S. excellentes prevençoens, que lhe serviraõ de regra; e particularmente nas do lib. 3. tit. 14. l. 7. 10. 13; e a 84 do tit. 2, do mesmo lib.

Naõ duvîda S. M. que, penetrado V. S. de todas estas consideraçoens, desempenhará este importante e delicado encargo, com toda a fidelidade e circumspecçaõ, prescindindo de todo o outro respeito mais do que o interesse geral, e contribuindo assim para o alcance das rectas, e justas vistas a que o Governo se tem proporto. Deus guarde a V. S. muitos annos. Real ilha de Leon, 15 de Fevereiro de 1810. HORMAZAS.

Senhor Capitaõ General de Caracas.

Resposta da Juncta Suprema Conservadora dos direitos de Fernando VII. em Venezuela.

EXmo. SNR. A carta secreta de V. Exa. de 15 de Fevereiro passado, nos deixou informados da medida que foi servido tomar o Conselho, chamado de Regencia, para remediar, no possivel, os gravissimos males causados pelo essandaloso abuso, e arbitrariedade, em que, durante o anterior reynado, e de 20 annos a ésta parte, se tem distribuido os empregos desses, e destes dominios, fechando-se a porta aos sugeitos de luzes, patriotismo, e verdadeiro merecimento; ao mesmo tempo que se franqueáva á multidaõ de pessoas ineptas, depravadas, ou immoraes, com notavel prejuizo dos interesses de S. M. e da causa publica.

A Juncta Governativa, que ao presente rege estas provincias, em nome d'El Rey N. S. D. Fernando VII. naõ pode deixar de applaudir as vistas philantropicas dos individuos, que compoem o indicado conselho; porém fazendo ésta justiça ás suas intençõens, desejaria ao mesmo tempo que a escolha dos meios adoptados por S. S. E.E. para supprimir os abusos, e precavêlios para o futuro, désse motivos a esperanças menos falaces, que as que, por desgraca, nos tem hallucinado até agora; taes por exemplo como as que fez conceber o decreto expedido pela Juncta Central de Aranjuez aos 26 de Outubro de 1809; mas que ella mesma desmintio, quando trasladada para Sevilha, obrou neste ponto, tanto, ou mais, escandalosamente do que o ministerio de Carlos IV.

Abatidos pelo despotismo interno, muito mais do que pelas gravosas extorsoens, que, desde as primeiras epochas de sua povoaçaõ, tem soffrido estas provincias, arrendadas dezoito annos, em todos os seus ramos, á casa estrangeira dos Delzares: ultrajados continuamente por pessoas estranhas, a quem a distancia do poder supremo segurava a impunidade de seus delictos; maltractados na administraçaõ da justiça, confiada em todos os tempos a maõs venaes, e (usando da mesma fraze, que contém a próclamaçaõ dirigida por S. S. E. E.) olhados com indifferença, vexados pela cubiça, destruidos pela ignorancia; e encurvados debaixo de um jugo tanto mais duro, quanto se estava mais distante do centro do poder: quantos naõ tem sido os recursos, que temos elevado á Suprema authoridade, esperando que o nosso longo soffrimento serîa por fim recompensado, senaõ com a extirpaçaõ dos abusos, o que éra impossivel prometter-se, em quanto continuava o regimen erroneo, e vicioso de nossa Côrte, ao menos com os castigos das maldades de toda a especie tem manchado nas provincias da America os representantes da Coroa.

A pezar de se repettirem as accusaçoens contra os magistrados Hespanhoes nestes dominios; parecia que a continuaçaõ de recebêllas lhe tinha tirado por gráos toda a especie de força e credito. Debaixo do pretexto de conservar o decoro das authoridades, para grangear-lhes a submissaõ, e obediencia; proffessou a Corte de Hespanha a politica constante de sustentar a todo o custo os seus empregados, desairando os descontentes, procurando apaziguállos com providencias ambiguas; ou multiplicando as formalidades, e as despezas, para socegar lentamente a effervecencia das queixas.

¿ Quantos magistrados temos visto que tenham um verdadeiro zelo por nossos interesses: que tenham sido illustrados e imparciaes, na administraçaõ da justiça, accessiveis aos clamores da humanidade opprimida, moderados, e prudentes no exercicio de suas enormes faculdades, e que naõ tenham voltado para a Europa gordos com a substancia dos Americanos? E sem embargo disto ¿ quando se vio a um de tantos monstros satisfazer á severidade das leis, com os supplicios de que éram dignos, pelo menos com a sua deposiçaõ, ou com uma reprovaçaõ solemne? Pouquissimas vezes tem soffrido outra pena, que a de ver-se transferidos a melhores destinos, admoestados em ordens occultas, que apenas serviam de outra cousa mais do que indicar-lhes os inimigos de quem deviam guardar-se, e aquem para o diante devîam assestar os tiros, com mais rancor, e destreza.

Esta tem sido toda a satisfacçaõ que temos obtido, quando os ministros, ou os tribunaes Supremos se tem dignado ouvir-nos, e quando o tempo, e o custoso dos recursos naõ tem sepultado no esquecimento as queixas, ou os naõ tem obrigado a soffrer, com mais paciencia, maiores iniquidades.

S. S. E. E. conhecem estes vicios, e parecem propensos a remediállos; vejamos quaes saõ os meios, que escolhem para taõ urgente reforma. O primeiro consistio em pedirnos deputados para o congresso das Côrtes. Naõ nos extenderemos em repettir o que temos exposto directamente ao Conselho de Regencia, sobre a disproporçaõ, em que se acha o numero destes Deputados, com a povoaçaõ da America, sobre a nenhuma representaçaõ de que estarîam revestidos, sendo nomeados pelos Ayuntamientos, que naõ podem conferir-lhes um caracter publico, de que elles mesmos carecem; e em fim sobre a pouca confiança, que devem collocar os povos em uns individuos, elleitos pela immediata influencia de seus oppressores.

Porém concedamos, a estes Deputados, todas as qualidades necessarias, para desempenhar os seus graves encargos; supponhamos que tinham no Congresso dàs Cortes a porçaõ legislativa que lhes conresponde, e que ja mais podîam exercitar por seu limitadissimo numero; de tudo isto resultarîa, quando muito, que se aperfeiçoaria o nosso Codigo, e que se estabelecerîam leis justas, sabias, e imparciaes; porém ¿ aonde está a garantia de sua observancia? ¿ quem nos assegura que as novas disposiçoens do corpo legislativo nacional serîam mais bem cumpridas, do que tantos regulamentos saudaveis, de que abunda o nosso Codigo, e que pela maior parte tem cahido em desuso? V. E. sabe muito bem, que a Soberania nacional he nulla, e sua representaçaõ imaginaria, quando a organizaçao do ramo executivo, naõ consolida os direitos do Povo pondo barreiras á arbitrariedade, e que, se as nossas intituiçoens interiores naõ nos preservam dos males que até agora temos padecido, lamentaremos a inobservancia das melhores leis, sempre que se achem em contradicçaõ com a cubiça, o orgulho, e os resentimentos dos que sêjam enviados a executallas.

Outro dos arbitros de que se tem valido S. S. E. E. he o que apparece na ordem a que respondemos, reduzidos a pedir informaçoens occultas, sobre as qualidades de todos os individuos, que exercem, nos dominios d' El Rey, empregos ecclesiasticos, politicos, ou militares, ou da Real fazenda. He preciso conhecer mui pouco a corrupçaõ, que tem gangrenado até o coraçaõ do Governo Hespanhol, para prometter-se bons effeitos de uma medida, que se estriba absolutamente sobre a palavra e boa fé dos Vice-reys, e Capitaens Generaes. Se dissessemos que a capital de cada Governo he um esboço de nossa antiga Corte, com todas as suas intrigas; que cada um dos chefes principaes se acha rodeado de uma caterva de satelites, esfaimados de graças, onerosas ao publico; e unidos estreitamente a elles por vinculos do interesse commum; e que a maior parte destes chefes, tem dado a sua confiança a homens ignorantes ou perversos, incapazes de dirigilla convenientemente, e acustumados a abusar della, por seus fins particulares; por negro que pareça o quadro que apresentamos á vista de V. E., estariamos seguros de que naõ deixaria de acharse inteiramente conforme com elle, o testemunho de todos os povos da America. He portanto conseguinte, que naõ póde considerar-se a ordem secreta, a que respondemos, se naõ como um meio perigosissimo, que em maõs dos Vice-reys, e Capitaens-generaes, só servirá para vantagem de seus validos, ou descredito de seus emulos; e em uma palavra, peiorar os mesmos vicios, que se pretendem remediar.

¿ Que informaçaõ poderá V. E. esperar de todos aquelles chefes, que injustamente se acham collocados em empregos, aonde se dirija a ordem para seu cumprimento? ¿ Crerá V. E. que o façam começando por suas proprias pessoas, como elevadas indignamente ao posto que occupam, por esse decantado abuso, e arbitrariedade? ¿ Poderá crer-se que naõ tenha sido provido, com este vicio, nenhum daquelles a quem se pede a informaçaõ; quando tem sido taõ frequente e transcendente tal desordem? ¿ Estaria izento desta nota o Capitaõ-general de Caracas? quando obteve o mando destas provincias, sendo prisioneiro de guerra, comprehendido na capitulaçaõ de Madrid, juramentado ao Governo Francez, nomeado por Napoleaõ para o mesmo destino; e confirmado pelo intruso Monarcha de Hespanha, na nomeaçaõ que obteve posteriormente da Juncta Central? ¿ informaria por ventura este chefe, que nenhum dos tres ministros collocados na Audiencia, o tinha sido senaõ por saltos, carecendo do merecimento conrespondente, á alta dignidade da toga, e sem ter exercitado ao menos a advocacia; quando promove o despojo de um Auditor de guerra, que servia desde o anno de 1795, e subroga em seu lugar, outra pessoa, mui ignorante, sem nenhuns merecimentos ou serviços? ¿ Denunciará a aptidaõ e arbitrariedade destes empregados, quem ja naõ reconhecia outra lei, senaõ a de seu capricho, obrando com absoluta independencia e Soberania?

Repettimos a V. E., com a franqueza, que nos prescrevem nossas sagradas obrigaçoens, que a America naõ pode apoiar as suas esperanças de melhor sorte, senaõ na previa reforma de suas instituiçoens anteriores. Tudo o mais he vaõ, precario, e chimerico, proprio a produzir uma illusaõ momentanea, insufficiente para preencher os deveres do Governo Hespanhol, e para fazer-nos supportar a privaçaõ de tantas vantagens, de tantos bens, que só esperam o influxo benefico da independencia, para desenvolver-se; daquella independencia declarada na proclaclamaçaõ, que nos tem dirigido esse novo Governo; quando, considerando-nos elevados á dignidade de homens livres, nos annuncia, que ao pronunciar, ou ao escrever o nome do que tem de representar-nos no Congresso nacional, nossos destinos estaõ em nossas maõs, e ja naõ dependem, nem dos Ministros, nem dos Vice Reys, nem dos Governadores; independencia obtida sem necessidade nesta nomeaçaõ, para evitar o absurdo de conceder ao mandatario mais direitos, e faculdades, do que a seus constituintes.

De nada serviriam as melhores leis, em quanto um capitaõ General puder decidir impunemente, que naõ reconhece nestas provincias, uma authoridade superior á sua, que a sua vontade he lei; em quanto para fazello mudar de linguagem sêja necessario recorrer a um poder Supremo, que se acha a tanta distancia de nós, e que se crê comprometido, em todas as providencias, e procedimentos de seus representantes.

Os que tem manejado, qualquer ramo da vasta extensaõ das Indias, naõ pódem deixar de approvar com sua convicçaõ interior, a verdade de nossas asserçoens; e, se lhes fosse licito ou conveniente, poderîam comprovallas com factos innumeraveis. Baste por todos, um só. Fatigados os tribunaes supremos de ouvir clamores contra a Real Audencia desta capital; se vem precisados a lançar maõ de um expediente, suggerido em iguaes casos pela legislaçaõ das Indias, porém que se havia posto em desuso, por causa de seu pouco effeito, ou pela negligencia, que se havia apoderano do Governo Hespanhol.

Chega a ésta Capital um Juiz-Vizitador, revestido do apparato que custumam dar a taes ministros; a importancia apparente de suas commissoens; e as formulas especiosas, com que tem cuidado de as conferir. Centos de pessoas correm a solicitar a reparaçaõ de seus aggravos; e o escarmento dos magistrados, que, por venalidade, por favor, ou por outros motivos, tinham atropelado escandalosamente a justiça ¿ mas que succedeo? ¿ recebêram os offendidos alguma indemnizaçaõ? ¿ vio-se deposto algum ministro? A caterva de queixosos foi despedida, pelo Juizo da Vizita, com a resposta verdadeiramente satisfactoria, de que as decisoens da Audiencia éram irrevocaveis: e, antes de terminar-se o procedimento, fôram promovidos a empregos de maior importancia os mesmos que o tinham occasionado. A Real fazenda soffreo um gasto consideravel, a favor do Vizitador, e dos expedientes que trouxe, causou muitos aggravos no exercicio da Regencia, que se conferio, durante a sua commissaõ, e os males que a excitáram ficáram sem remedio.

Esperamos que V. Exª, longe de attribuir a franqueza de nossa linguagem aos motivos, com que sempre se tem procurado denegrir os esforços do patriotismo Americano, nos faça a justiça de pensar, que escusariamos a exposiçaõ de nossos aggravos, e ommittiriamos toda a reflexaõ, sobre o verdadeiro modo de precavêllos para o futuro, se o naõ crecemos util, e necessario aos interesses da Monarchia Hespanhola, cuja integra conservaçaõ, para seu digno, e legitimo Soberano, he o primeiro de nossos votos. As vozes, com que nos explicamos, por mais fortes que parêçam, saõ inteiramente conformes aos factos, adequadas á nobre liberdade, com que um povo deve reclamar a justiça; e naõ podem parecer escandalosas, senaõ aos ouvidos dos que as compararem com o antigo systema de terror, que desejarîam eternizar. Pedimos a V. E. que se sirva instruir de tudo isto a seu Governo, e que nos crêa animados pela maior consideraçaõ por sua pessoa. Deus guarde a V. E. muitos annos. Caracas, 20 de Maio, de 1810.

JOSE DE LAS LLAMOSAS, Presidente.

MARTIN TOVAR PONTE, Vice-presidente.

Ao Exmo. Sñr. Marquez de las Hormazas.

HESPANHA POR FERNANDO VII.

Decreto para a Convocaçaõ de Cortes.

Fernando, pela graça de Deus Rey da Hespanha, e das Indias, e em seu Real nome, o Conselho da Regencia, a todos os Presidentes, Governadores, &c. fazemos saber que aos 18 do presente mez de Junho julgamos conveniente expedir o seguinte decreto :—

O Conselho de Regencia da Hespanha e Indias, desejando dar a toda naçaõ uma prova irrefragavel do seu ardente zelo pelo bem da mesma naçaõ, e adoptar os meios necessarios para sua salvaçaõ, tem determinado, no Real nome do nosso Soberano, que as Cortes Geraes Extraordinarias, ja ordenadas, se ajunctem immediatamente; e para este fim se determina que se completem as eleiçoens que ainda naõ estaõ concluidas. Os Membros ja eleitos, e que se houverem de eleger, na conformidade deste decreto, saõ por ésta requeridos a que se ajuctem em Agosto proximo futuro, na Real Ilha de Leon. Logo que a maior parte estiver ali congregada, nesse instante se abrirá a sessaõ; e no entanto o Conselho de Regencia se occupará em remover as difficuldades, que podem impedir os designios desta solemne convençaõ.

(*Assignado*) XAVIER DE CASTAÑOS, Pres.

A D. Nicolaõ Maria de Sierra.

Este Real Decreto foi communicado por minha ordem ao meu Supremo Conselho, &c. para que seja impresso, e publicado; e punctualmente obedecido. Para cujo fim mando a todos os Presidentes, Governadores, &c. nos seus respectivos districtos que executem o mesmo, &c.

Eu El Rey.

Estevaõ Varea, Secretario, &c.

Junho 20, 1810.

Juncta Superior de Catalunha.

A Juncta deste principado, sendo informada de que algumas pessoas mal intencionadas, deprezando o bem publico, e aquelles sentimentos Patrioticos, porque todos os Hespanhoes deverîam ser animados, se tem atrevido, por sordidos motivos, a comprar os Estados de certos individuos, que emigráram dos districtos occupados pelo inimigo; e tem feito isto em manifestaçaõ da ordem de 30 de Novembro passado, que classifica uma tal practica em crime de alta traiçaõ: a Juncta, para prevenir taes crimes, declara outra vez, que similhantes practicas taõ nocivas ao Estado, saõ alta traiçaõ; e manda que os bens dos delinquentes sêjam confiscados. Tambem declara, que seja confiscada a propriedade daquellas pessoas, que havendo emigrado á approximaçaõ do inimigo, voltarem para as suas terras, pelo temor de que o inimigo faça apprehensaõ em suas possessoens. O valor assim obtido sera applicado áquelles fieis Hespanhoes, que fôram expulsos de suas casas, e tem perseverado em sua integridade. Um premio de 320 reales, será dado a todo o que descubrir o nome de algum delinquente contra ésta ordem, e o nome do delator naõ será descuberto.

FRANÇA.

Decreto para a reuniaõ da Hollanda á França.

Extracto dos Registros do Officio da Secretaria de Estado. Palacio de Rambouillet, 9 de Julho, 1810.

Nós Napoleaõ, Imperador dos Francezes, Rey de Italia, Protector da Confederaçaõ do Rheno, Mediador da Confederaçaõ Suissa, &c. &c. &c. temos decretado e por este decretamos o seguinte.

Titulo I.

ART. 1. A Hollanda he unida á França.

2. A Cidade de Amsterdam será a terceira Cidade do Imperio.

3. A Hollanda terá seis Senadores, seis deputados no Conselho de Estado, vinte cinco deputados no corpo legislativo, e dous juizes no tribunal de cassaçaõ.

4. Os officiaes de mar e terra, de qualquer graduaçaõ, seraõ confirmados nos seus empregos. Dar-se-lhe naõ patentes assignadas por nossa maõ. A guarda Real sera unida á nossa guarda Imperial.

Titulo II. da Administraçaõ para o anno de 1810.

5. O duque de Placencia Archi-thesouzeiro do Imperio, irá ter a Amsterdam, na qualidade de nosso lugartenente. Presidirá ao Conselho dos Ministros, e assistirá ao despacho dos negocios. As suas funcçoens cessaraõ no primeiro de Janeiro 1811; periodo em que começará a administraçaõ Franceza.

6. Todos os funccionarios publicos de qualquer graduaçaõ que sêjam, ficam confirmados nos seus empregos.

Titulo III. das Finanças.

7. As presentes contrîbuiçoens continuaraõ a ser cobradas até o 1° de Janeiro de 1811, e nesse periodo o paiz será aliviado deste encargo; e os impostos se poraõ no mesmo pé do resto do Imperio.

8. O plano de receita e despeza, será submettido á nossa approvaçaõ, antes do 1° de Agosto proximo futuro.

Somente um terço da somma actual dos juros da divida publica, seraõ levados nas despezas de 1810.

Os juros da divida de 1808, e 1809, que ainda naõ estaõ pagos, seraõ reduzidos a um terço, e carregados no plano de 1810.

9. As alfandegas das fronteiras, que naõ saõ as da França, seraõ organizadas, debaixo da superintendencia do nosso director geral das alfandegas. As alfandegas Hollandezas, seraõ incorporadas com ellas.

A linha de alfandegas, que está agora nas fronteiras da França, se conservará até o 1° de Janeiro de 1811; e entaõ se removerá, e ficará livre a communicaçaõ da Hollanda com o Imperio.

10. O producto colonial, actualmente na Hollanda, ficará nas maõs dos proprietarios, pagando um direito de 50 per cento ad valorem. Far-se-ha uma declaraçaõ do que importam, antes do 1° de Septembro ao mais tardar. A

dicta mercadorîa, pagando os direitos, se poderá importar para a França, e circular por toda a extençaõ do Imperio.

Titulo IV.

11. Haverá em Amsterdam uma administraçaõ especial, presidida por um dos nossos conselheiros de Estado, que terá a superintendencia, e providenciará os fundos necessarios para os concertos dos diques, valos, e outras obras publicas.

Titulo V.

12. No decurso do presente mez se nomeará, pelo corpo legislativo de Hollanda, uma commissaõ de 15 membros, para ir ter a Paris, em ordem a constituir um Conselho, cujo emprego será regular definitivamente tudo o que diz respeito á divida publica, e local; e conciliar os principios da uniaõ, com as localidades, e interesses do paiz.

13. Os nossos Ministros saõ encarregados da execuçaõ do presente decreto.

(*Assignado*) NAPOLEAÕ.

Pelo Imperador. O Ministro e Secretario de Estado.

H. B. Duque de BASSANO.

Artigos Secretos do tractado de Tilsit; extrahidos da Historia Secreta do Gabinete de Bonaparte, por Luiz Goldsmith.*

Art 1. A Russia tomará posse da Turquia Europea, e continuará as suas conquîstas em Asia, até onde lhe parecer conveniente.

2. A dynastia dos Bourbons, em Hespanha, e da familia de Bragança em Portugal, deixará de existir; um prin-

* O publico naõ pode esperar que eu o informe do modo porque, e como, eu vim a possuir este importante documento. Quando me foi necessario apoiar a minha asserçaõ com provas em certo lugar, naõ tive a menor hesitaçaõ em o fazer. L. G.

cipe de sangue da familia de Bonaparte será investido com a coroa daquelles Reynos.

3. A authoridade temporal do Papa cessará, e Roma e suas dependencias seraõ annexas ao Reyno de Italia.

4. A Russia se obriga a ajudar a França, com sua Marinha na conquista de Gibraltar.

5. As cidades de Africa, como Tunes, Argel, &c. seraõ occupadas pelos Franceezes, e na paz geral, todas as conquistas que os Francezes tiverem feito na Africa, durante a guerra, seraõ dadas como indenmisaçaõ aos Reys de Sardenha e Sicilia.

6. Malta será possuida pelos Franceezes, e naõ se fará ja mais paz com a Inglaterra, se aquella ilha naõ for cedida á França.

7. O Egypto será tambem occupado pelos Françezes.

8. Somente os vasos, pertencentes ás seguintes potencias, teraõ permissaõ de navegar no Mediterraneo; a saber, Franceezes, Russianos, Hespanhoes, e Italianos; todos os outros seraõ excluidos.

9. A Dinamarca será indemnizada no norte da Alemanha, e pelas cidades Hanseaticas; com tanto que ella consinta entregar a sua frota á França.†

10. Suas Magestades de Russia e França trabalharaõ por fazer um arranjamento tal, que nenhuma Potencia para o futuro terá permissaõ de mandar navios mercantes

---

† Veja-se a minha ultima publicaçaõ, em que ha alguns factos relativos ás intençoens da França, a respeito dos Dinamarquezes, e aqui se deve observar, que em quanto Bonaparte assim offerecia indemnizaçoens á Dinamarea no norte da Alamanha, Murat foi mandado com uma mensagem a El Rey de Suecia, que entaõ estava na Pomerania, o ferecendo a S. M. Sueca a Norwega, se S. M. consentisse em fazer paz com a França.

ao mar, sem que tenha um certo numero de navios de guerra. ‡

Este tractado foi assignado pelo principe Kourakin, e principe Talleirand.

RUSSIA.

Petersburgo, 13 *de Junho*. Antes de hontem mandou o ministro de Finanças chamar os principaes negociantes, e banqueiros, e os informou das medidas adoptadas, para o melhoramento das finanças do Imperio. Abrio-se um emprestimo de cem milhoens de Rublos; pelo que publicou o Imperador um manifesto, cujo principal theor he o seguinte.

1°. *Do estabelicimento de um fundo de liquidaçaõ das Dividas do Estado.* Como a propriedade do Estado deve sempre ser considerada hypothecada á divida publica, parte de sua massa se deve tirar, e vender publicamente. Esta propriedade consiste em terras, predios, pescarias, &c. em matos, e outras possessoens territoriaes da coroa. A massa da propriedade da coroa, assim desmembrada, será vendida em cinco annos. Todas as pessoas de estado livre, e tambem capitalistas estrangeiros, poderaõ comprar terras, &c. debaixo de certas condiçoens. Os pagamentos poderaõ ser feitos a termos, de cinco annos cada um.

2° *Do estabelicimento de uma commissaõ de liquidaçaõ da divida publica.* O producto da venda dos dictos bens, he destinado para o estabelicimento de um fundo de liquidaçaõ das dividas. A commissaõ consistirá de um director geral, e 5 directores. Receberá todas as sommas, que se originarem da venda dos dictos bens, e he independente

‡ Por tal arranjamento; os portos de Prussia, Mecklemburgo, Oldenburgo, e Cidades Hanseaticas, e outras, deviam ser governadas por alguma das Potencias maritimas principaes da Europa.

da thesouraria; e applica o dinheiro para a liquidiçaõ das dividas.

3º *Da abertura do emprestimo.* Para accelerar a liquidaçaõ da divida do Estado, se abrirá um emprestimo, em obrigaçoens do banco; e as que se obtiverem pelo emprestimo seraõ publicamente queimadas. Os estrangeiros poderaõ participár do emprestimo. Conforme o plano annexo, para o emprestimo, o seu maximum consistirá em cem milhoens de rublos, em obrigaçoens do banco, será dividido em cinco series de vinte milhoens cada huma. O juro da primeira serie será de seis por cento; e o capital emprestado será repago em 1817. O emprestimo começerá aos 15 de Julho. A commissaõ das hypothecas, logo que for requerida, dará obrigaçoens pelas sommas emprestadas, que séjam pelo menos de mil rublos.

O manifesto Imperial he datado de 27 Maio (estylo antigo) e contrasignado pelo Conde de Romanzow, como Chanceller do Imperio.

Reflexoens sobre as novidades deste mez.

AMERICA.

Caracas.

Os papeis officiaes, que publicamos, em outra parte deste N.; daraõ uma completa idea das causas, e fins desta importante revoluçaõ; que ja tinhamos annunciado no nosso numero passado. Em breve reduz-se a isto. Cançados os Caraquenhos de soffrer uma longa serie de despotismos de seus Governadores, que se aggravávam cada dia mais pela fraqueza, e inepcia, do Governo da Metropole, determináram escolher, e constituir, uma forma de Governo, que melhor conviesse para procurar a felicidade commùm. Em consequencia, no dia 19 de Maio, se ajunctou o povo na casa da Cidade, e ahi fizéram com que o Governador, Emparan, a quem todas as noticias representam como um intoleravel despota, depozesse o seu cargo, para obviar maiores violencias. Fez-se isto com tumulto do povo he verdade; porque naõ havendo remedio legal, para a oppressaõ que soffriam, naõ restava outro meio se naõ o da força; mas naõ houve effusaõ de sangue. O Governador tentou primeiro valer-se das tropas, mas estas recusaram, como sempre acontece, fazer fogo sobre os seus compatriotas; e o Governador cedeo, dando lugar a que se estabelecesse um Governo do povo, provisional; até que, ajunctando-se os deputados das differentes Provincias, possam deliberar em uma forma mais conveniente de Governo; de maneira que Fernando VII. voltando, e tomando posse de seu legitimo Poder, constitua para os Americanos leis, que os protejam contra os abuzos das pessoas em authoridade.

Determinados os Caraquenhos a gozar no Mundo da quella classe, e dignidade, a que as suas riquezas, populaçaõ, e territorio os intitulam; mandáram enviados ás potencias estrangeiras. O Governador Inglez de Trinidad respondeo ao novo Governo de Caracas com as mais respeituozas civilidades, e o Almirante Britanico offereceo-lhes um vaso para enviarem á Inglaterra os seus Representantes. Estes chegáram ja a esta Cidade de Londres, e saõ D. Simao de Bolivar, e D. Luiz Lopez Mendes, parente do celebre General Miranda, aquelle natural de Caracas, de quem mais uma vez temos feito mençaõ no nosso periodico. A attençaõ, e respeito, com que estes Commissarios do Governo de Caracas tem sido tractados pelo Governo Inglez, he igual á importancia dos negocios de que elles se acham incumbidos, e julgamos, que elles só esperam pelo ajuste das etiquetas diplomaticas, que as actuaes relaçoens com Hespanha fazem um pouco delicadas de determinar com precizaõ, para assumirem o character publico, que lhés compete, como Representantes de um povo independente, e de um Governo, que se declarou, á face do Mundo, Soberano, e livre. As muitas Provincias da America Hespanhola, que ja se uniram a Caracas, nesta resoluçaõ da independencia, mostram, que naõ se limita a provincia de Venezuela ésta notavel determinaçaõ.

Para dar-mos, porém, uma idea a nossos leitores dos talentos das pessoas, que conduzem estes negocios da America, referimo-nos aos papeis officiaes que publicamos, e mui principalmente á resposta, que a Juncta de Caracas faz a uma carta secreta da Regencia de Cadiz, dirigida ao Governador de Caracas: este papel tem uma tal força de argumento, e taõ clara desenvoluçaõ dos factos, que traz com sigo a convicçaõ; e faz a maior honra possivel aos Caraquenhos.

Austria.

Em um artigo da gazeta de Vienna, de 18 de Junho, se diz que marcham para a Hungria e fronteiras da Turquia, 80,000 homens, e acompanha este exercito um parque de artilheria de 150 peças.

BRAZIL.

Finanças.

Naõ ha repartiçaõ publica em Inglaterra, em que o Parlamento sêja mais vigilante; porque a corrupçaõ neste ramo, mais o que em nenhum outro, pode causar a ruina do Estado; e naõ ha repartiçaõ em Portugal onde se póssam commetter abusos mais prejudiciaes á Naçaõ, do que he na repartiçaõ do Erario. Ha dous annos e meio, que se transplantou para o Brazil a Corte, e até agora as finanças daquelle paiz naõ tem de forma alguma melhorado; o que procede, em nossa opiniaõ, de que os principios fundamentaes deste ramo importante da administraçaõ publica, seguem inteiramente a vereda opposta ao que se adopta em Inglaterra; e, em quanto se naõ approximarem ao systema do governo Inglez, naõ só naõ pode haver esperanças de melhoramento; mas a ruina virá ao Brazil progressivamente, à proporçaõ que mais se separarem das ideas adoptadas em Inglaterra. Para mostrar-mos isto faremos a comparaçaõ.

Em Inglaterra, he sempre o Ministro das finanças um dos homens mais habeis da naçaõ, e que tem mostrado os seus talentos á face do mundo, por meio de suas fallas no Parlamento, seus escriptos, &c. Os planos de finança, que um tal homem inventa, ou descobre, saõ apresentados, e discutidos, no Parlamento, com toda a publicidade imaginavel; e durante a discussaõ, os membros oppostos ao Ministerio, naõ deixam de buscar anciosamente todos os defeitos que tal plano possa ter; para com isso se mostrarem á naçaõ mais capazes do que seus competitores; e resultando daqui, que o Ministro, inventor do plano, vê os defeitos de sua obra expostos em publico, com honrada franqueza, e livre da intriga secreta. Alem disto, durante estas discussoens no Parlamento, os jornaes publicos fazem as observaçoens que lhe occorrem, e inserem as observaçoens, que outras pessoas lhes communicam; de maneira que se pode dizer com exactidaõ, que um tal plano he discustido por toda a naçaõ; e que o Ministro de finanças se pode auxiliar dos conselhos de todos os homens instruidos. Adoptado o plano na casa dos Communs he outra vez discutido na casa dos Lords, e approvado por El Rey. Dahi se commette a sua execuçaõ áquelle mesmo Ministro que o concebeo, ajudado pelo tribunal do Exchequêr, ou da Fazenda; e, durante a sua execuçaõ, qualquer membro do Parlamento a quem chegue á noticia algum abuso, ou inconveniente, na execuçaõ de tal plano, tem o direito de mover uma discuçaõ sobre a materia, e fazer responder ao ministro por toda a falta.

Vamos agora a Portugal. Nomeia-se para Ministro das finanças um fidalgo, que tem a unica qualificaçaõ de ter o favor da Corte; muitas vezes um homem que apenas sabe ler, e tem havido occasioens que até he um mentecapto. Por exemplo, o Marquez de Ponte de Lima, o qual, alem de ninguem o poder accusar, com verdade, á Inquisiçaõ, de ler os livros prohibidos de Montesquieu, Mably, &c., tinha outrosim a qualidade de ter sua mulher por administradora de sua casa, em virtude de uma ordem juridica, que julgou ao Marquez incapaz de governar os seus proprios bens; e no entanto o favor da Corte o poz a governar as finanças da naçaõ. Nós seguramente naõ classificaremos assim o actual Ministro de Finanças do Brazil; porque sabemos, que, em ponto de leitura, naõ deixa de merecer, pelo menos, oito dias de Inquisiçaõ, visto que nos consta, que lê o seu livrinho Francez, e Inglez; quanto aos seus conhecimentos de finanças, naõ sabemos se os tem; mas suppomos que sim, visto ser um homem que lê; mas ainda nesta supposicaõ ¿ qual he a corporaçaõ que o pode ajudar? Nenhuma; salvo se for um Thesoureiro mor: mas ¿ quem saõ as pessoas que ordinariamente occupam este lugar? He thesoureiro mor um dos escreventes, ou escripturarios do Erario, o qual naõ tem tido nunca outro emprego, senaõ arrumar os livros de contas; e que, quando seja homem de algum talento, o mais que póde saber he a rotina do officio. Nestes termos o auxilio que o Ministro de finânças pode tirar desta parte. he quasi nullo. Vejamos agóra o modo porque isto se pode remediar. Em Inglaterra o remedio contra a ignorancia do Ministro, contra a ma fé dos executores de suas ordens, e mesmo contra a falta de providencia de todos os que tivéram parte em tal plano; he a publicidade das contas de receita e despeza todos os annos; e o direito que tem qualquer membro do Parlamento, de accusar o Ministro, por qualquer falta de que sêja informado. No Brazil porém, seguindo o systema de Portugal, envolve-se tudo que diz respeito ao Erario com um veo do mais profundo segredo, e a ninguem, ninguem absolutamente, he permittido examinar as contas publicas; e portanto está a porta fechada a todo o remedio; porque sem se manifertar o mal, e suas causas, he impossivel descubrir-se-lhe o remedio.

Asseguram-nos que o deficit, nas finanças do Brazil, he de dous milhoens todos os annos: nós naõ tomamos este facto por seguro, porque se o tomassemos prediriamos o momento de uma bancarota nacional, se o termo se pode applicar a um Governo, que vive sem credito. Mas como quer que sêja, o desarranjo das finanças, no Brazil, he uma barreira insuperavel á prosperidade da quella naçaõ, que, como um Tantalo, perece á mingua no meio da affluencia. Naõ acreditariamos se o naõ souberamos com a ultima evidencia, que o Soberano do paiz do Ouro; que o senhor de todos os diamantes do Brazil, tinha pedido emprestado a uma potencia estrangeira a somma de 600,000 libras esterlinas, e deve a um simples negociante de Londres trezentas mil libras. E ainda assim naõ só se naõ emprehendem, construcçaõ de vasos, aberturas de estradas, e muitos outros melhoramentos de que depende a prosperidade futura do Brazil; mas até se naõ pagam com punctualidade, as despezas diarias, como saõ ordenados, soldos, &c.

Nós nos julgaremos felices se no Brazil, em vez de gritarem desentoadamente contra nós, fizérem algumas reformas, que nos habilitem a dar-lhe merecido louvor; na segurança de que nisso teremos mais prazer do que em recordar desagradaveis verdades, que se humilham quem as ouve, seguramente tambêm violentam a quem as escreve com repugnancia.

Nós dissemos ja o que se passava a respeito dos diamantes; e diremos agora o pé, em que este monopolio tem estado há alguns annos; para ver se ha no Brazil quem se compadece da quelles povos; pois a continuar isto desta forma, será preciso renunciar a ésta rica fonte das rendas do Estado.

O Alvará de 11 de Agosto de 1753, que declarou este genero monopolio do Governo, diz, logo no paragrapho inicial, que se adoptou êsta medida, por se julgar que éra o unico meio de evitar o contrabando neste genero; e vê-se desta lei, que, desejando o Marquez de Pombal, que a compoz, fazer uma prohibiçaõ com todo o vigor, deo poderes mui despoticos, e absolutos, aos ministros e pessoas empregadas em vigiar esta repartiçaõ; e no § 18; reserva o conhecimento das causas, relativas a este monopolio, privativa e immediatamente a El Rey. Seguio-se destas medidas despoticas, o que he de esperar; que foi um constante abuso do poder.

A administraçaõ deste monopolio, depois daquelle Alvará, teve diversas formas; uma vezes por administraçaõ do Governo, outras por arremataçaõ de contracto; mas sempre éram os diamantes remettidos do Brazil, ao Erario, e havia em Lisboa um Commissario para dispor delles (que foi por muitos annos a casa de Gildmaester) este os remettia aos compradores da Hollanda, onde se lapidávam, Pelos annos de 1790 se fez compradora deste artigo uma Companhia de Hollandezes, e Hamburguezes debaixo de condiçoens escriptas, em que se explicavam os lotes dos diamantes (porque valem uns pelos outros): e a companhia era obrigada a ter sempre em cauçaõ, no Erario, cincoenta mil cruzados; e sahindo este valor em diamantes, repunham outros, com pena de perdêllos por qualquer contravençaõ do contracto. Representou mil vezes ésta companhia ao Governo em Lisboa, a falta de exactidaõ nos lotes dos diamantes; e que ella era obrigada a comprar os respectivos surtimentos, pelos diamantes de contrabando, que éram os melhores, que appareciam naquelle commercio. Cançados de requerer em vaõ, quizéram antes perder os cincoenta mil cruzados, e abandonar o negocio. Foi entaõ que se commetteo esta venda á casa de Quintella; com os mesmos escon-derijos, e falta de publicidade authentica, com que se commetteo agora isto ás pessoas que o têm; por consequencia; nem o publico he informado do que nisto se passa; nem o Principe tem meio de saber dos abusos para os remediar; porque no estado actual de segredo e mysterio, em que se conservam a receita e despeza do Erario, só podem conhecer bem os canaes dos extravios, aquelles que tem interesse em os fazer permanentes, assim naõ he delles de quem o Soberano pode esperar o saber a verdade.

Um dos maiores defeitos de administraçaõ interna, nas colonias Portuguezas, foi sempre a falta de responsabilidade efficaz, nas pessoas que exercitam authoridade; e isto procede naõ de que as leis, em theoria, os naõ façam responsaveis; mas pela distancia das colonias á metropole; pór naõ haver liberdade de imprensa, que publique os abusos dos que governam; pela falta de assembleas ou conselhos coloniaes independentes da Coroa, que sirvam de contrabalançar o poder dos Governadores. Daqui se segue, que os officiaes publicos, seguros de sua impunidade, abusam de seu poder; exercitam-no segundo o seu capricho, ou para fins particulares; convertem-no em instrumento de vingança, ou de extorçaõ; excedem os limites da authoridade legitima, e até tem chegado a impor tributos sem ordem do Soberano. Os magistrados inferiores seguem o exemplo, e a administraçaõ da Justiça vem a ser uma especie de negocio tanto mais nocivo, quanto o fim primario, e apparénte, he honroso, e necessario.

O povo do Brazil tinha seguramente o direito de esperar, que estes males se remediassem, com a mudança da Corte para ali; mas a infinidade de cartas que aqui chegam a Londres, todos os dias, dos differentes portos do Brazil, com repetidas queixas, e narrando factos particulares, próvam que se naõ tem attendido a este ponto, com a reflexaõ que elle requer.

Que um Juiz de Fora da villa da Cachoeira, juncto á Cidade da Bahia, mande prender despoticamente os homens, porque lhe naõ tiram o chapeo a cem passos de distancia.

Que uma viuva da Bahia tenha o privilegio de que só nos seus armazens se possam metter as fazendas dos particulares, que se chamam de arrecadaçaõ, com prejuizo dos donos, que as podiam recolher em outros armazens mais commodos, ou onde bem lhes approuvesse.

Que o Governador do Maranhaõ detenha uma galera (o Principe Atlante por alcunha o Banana) por mais de um mez, por naõ achar capelaõ, naõ havendo Sacerdotes na terra, que queiram embarcar por menos de um conto de reis; o que he quasi o importe do frete do navio.

Qué se façam outras violencias desta natureza aos direitos, e propriedade dos individuos, naõ he de notar pela qualidade dos factos, de si mesmo insignifantes; mas he tudo isto juncto mui digno de nota, por mostrar, que o Governo do Brazil naõ tem ainda tomado medidas algumas, para aleviar aquelle paiz do despotismo militar, que se extende desde os Archidespostas Governadores, até o mais infimo biliguim. Os Ministros do Brazil, se querem mostrar, que saõ bons criados de seu amo, devem dar passos immediatos para remediar estes males; porque agora ja se naõ pode dar a desculpa, que a Corte estava longe, e naõ sabia disso; he presiso olhar por si; a questaõ está mais de perto.

Do Brazil naõ temos outra novidade publica mais importante do que o casamento do Infante de Castella D. Pedro, com a Serenissima Senhora Princeza da Beira; por cujo motivo fez a Corte do Rio de Janeiro sumptuosas, e esplendidas funcçoens, e se publicou uma longa lista de despachos.

Hespanha.

O estado deste paiz naõ tem mudado de face politica, desde o nosso ultimo numero; mas as noticias Francezas officiaes dos seus exercitos, na Peninsula, próvam a existencia de corpos soltos Hespanhoes, que supposto naõ se lhe possa chamar exercitos organizados, saõ com tudo partidas taõ incommodas aos Francezes, que indicam o rancor com que a usurpaçaõ Franceza he olhada, e o dilatado curso de tempo que será necessario aos Francezes, para reconciliar a Hespanha á sua sugeiçaõ.

A distribuiçaõ das forças Francezas se julga ser a seguinte.

Divisaõ de Ney 31.000; Junot 25,000; Regnier 16.000; reforços trazidos por Massena 13.000 fazendo um total de 85.000 homens, que constitue o exercito chamado de Portugal, ás ordens de Massena. O general Macdonald tem na Catalunha 17.000. Victor tem juncto a Cadiz 16.000; Sebastiani em Granada 16.000. Mortier em Sevilha 8.000; em La Mancha, &c. 17,000, o que faz um total de 175.000 Francezes na Hespanha; ao que se deve accrescentar um reforço de 20.000 homens, que se crê estar prompto nas fronteiras da França, com o que haverá um total de 200.000 Francezes em Hespanha.

Hollanda.

As noticias, que publicamos sobre este infeliz paiz, mostram o fim de sua existencia politica. Buonaparte havendo apertado gradualmente os Hollandezes, para lhe sacar todo o dinheiro que fosse possivel; quiz por fim produzir uma bancarota nacional, antes de incorporar o paiz com a França. Parece que Luiz Bonaparte se prestava a fazer todos os sacrificios que seu irmaõ exigia dos Hóllandezes, menos consentir em uma conscripçaõ, e na bancarota racional.

Buonaparte tractou de vencer éstas difficuldades à força d'armas, e Luiz Buonaparte offereceo aos Hollandezes de defender Amsterdam contra as tropas Francezas; Os principaes Hollandezes do Conselho naõ annuiram a isto, considerando que um sitio os obrigaria a render-se pela fome.

O decreto de Napoleaõ, pelo qual incorpora a Hollanda com a França, he precedido por um relatorio do Ministro de Estado, Duque de Cadore, em que expoem os motivos desta incorporaçaõ. Jamais existio no Mundo um papel diplomatico, em que se reconhecesem, com tanto despejo, os principios de uma injustiça formal, que brada aos Ceos, e faz horror aos homens.

Neste documento se diz; que as cessoens de territorio, que a Hollanda ultimamente foi obrigada a fazer á França; pelo ultimo tractado, em que se lhe garantio a sua existencia politica; enfraquecêram de tal sorte a Hollanda, que he melhor que naõ sêja Estado independente. De maneira que se reduz a isto o raciocinio: "obriguei-te a ceder-me parte, para com isto argumentar que éra preciso, que me cedesses o resto." Outra razaõ, que se alega, he que o territorio da Hollanda he necessario á França; porque assim pode ter mais marinha e mais tropa. Esta razaõ he a do salteador: "da-me o teu dinheiro porque com elle fico eu mais rico." O descaramento com que éstas maximas se confessam ao Mundo, he um insulto taõ grande á razaõ do homem, e aos principios de virtude; e á distincçaõ entre o bem e o mal; que so assim poderia Bonaparte aggravar mais o crime de sua atroz usurpaçaõ; isto he, cohonestando-a com principios, segundo os quaes sería licito aos homens roubar, assassinar, e devorar os seus similhantes; se isto augmentasse os seus prazeres.

Uma circumstancia bem singular he que o Rey da Hollanda, havendo renunciado a Coroa desappareceo: uns disséram que se embarcára para a America; outros que seu irmaõ o encerrára em alguma de suas prisoens occultas; e por fim se notícia a sua chegada a Dresden, aos 11 de Julho; dizendo-se que ía para Topletz, ou Carlshad, a tomar agoas mineraes, a beneficio de sua saude.

Portugal.

Nós publicamos no N°. passado um Avizo Regio, pelo qual mandara S. A. R. que Cypriano Ribeiro Freire servisse os lugares do Erasio, e da Repartiçaõ dos Negocios Estrangeiros, de que tinha sido encarregado; e naõ tinhamos a menor duvida de que essa ordem de S. A. R. se cumpriría; mas para admiraçaõ nossa vemos, que em Lisboa naõ quizéram obedecer ao Principe; e, se as nossas informaçoens saõ exactas, a razaõ que deo o Governo de Lisboa para ésta desobediencia foi, que estávam bem satisfeitos com o Conde de Redondo, actual Presidente do Erario; e que naõ convinha mudar.

Nós sabemos que o Conde de Redondo tem servido naõ só satisfazendo aos do Governo; mas obtendo os votos da naçaõ; e portanto dizemos, que, nesse caso, deve ser empregado; mas a nossa opiniaõ he, que naõ havendo nada a dizer contra Freire, antes tendo elle bem servido no tempo em que servio, devia executar-se a ordem do Soberano; e empregar o Conde de Redondo em outra qualquer Repartiçaõ: assim se combinava, a obediencia devida ao Principe; com a utilidade da naçaõ, aproveitando os serviços de um homem, que tem desempenhado o seu lugar. Alem de que, Cypriano Ribeiro Freire, vinha nomeado para mais outro lugar, que naõ he o Conde quem o occupa.

Insistimos neste facto, porque elle nos dá occasiaõ a responder á cantiga dos senhores, que tem por custume, quando nós os accusamos de alguma falta, virem com o estrebilho de que nós faltamos em respeito ao Soberano, porque os accusamos a elles. Ora vêjamos a differença: o nosso principio he; que he necessario respeitar, e obedecer ao Soberano; mas que he justo ter a liberdade de censurar as medidas publicas, e os empregados; quando estes naõ parecem obrar como devem. Que fazem elles, chamam-nos a nós refractarios pelos censurarmos; e elles desobedecem mui formalmente ao Monarcha, sem mais ceremonia.

Apresentamos ao publico este contraste, entre os nossos principios, e os dos nossos opponentes; porque sabemos d'onde vem as accusaçoens contra nós, quem paga para os escriptos, que se publicam a nosso respeito em Lisboa; e donde veio agora a causa desta desobedicia formal ás Ordens do Soberano. Julgamos porém necessario o dizer, que estamos persuadidos intimamente, que os actuaes Governadores do Reyno, se tem culpa nisto, naõ pode ser outra mais do que, naõ resistirem com assas firmeza a suggestoens, que, por serem contra o decoro da Magestade, se devíam regeitar com indignaçaõ.

Daremos mais dous exemplos da mesma natureza. Um he o de se naõ cumprir em Lisboa um Avizo do Principe, vindo do Rio de Janeiro, pelo qual se concedia a um negociante Portuguez, aqui de Londres, o poder introduzir certas fazendas em Lisboa: eu naõ disputo a conveniencia da quella ordem; mas digo, que o naõ querer cumprilla he desobedecer ao Soberano, e desprezar a sua Suprema, e sagrada authoridade.

Outro. Veio um negociante Portuguez nomeado para consul de sua naçaõ em Liverpool; o Ministro de S. A. R., aqui em Londres, naõ quiz reconhecéllo; e no emtanto, obteve-se o lugar para outrem; naõ se dando cumprimento á primeira legal nomeaçaõ.

Quando n um Estado cada um faz o que quer, sem attençaõ ás leis, e sem respeito ao Soberano, ou authoridade Suprema: chamase a isso anarchia. Os que desobedecem ao Soberano (no justo exercicio de authoridade) saõ rebeldes; assim o dizem as leis; e chamarnos perversos, &c., &c., porque fallamos com ésta clareza: naõ nos parece que satisfaz aos argumentos; nem mostra que as rebeldias se acham no povo, mas sim nos grandes.

Sicilia.

Esta ilha parece achar-se igualmente ameaçada pelos inimigos domesticos, e estrangeiros. A Côrte de Napoles, depois de contender por muitos annos contra o partido popular; foi persuadida a ajunctar a assemblea da naçaõ, em uma especie de Parlamento, em que havia uma sombra da antiga authoridade constitucional; e se fez á convocaçaõ em Março passado. Um dos poderes, que este corpo assumio, foi o direito de examinar as contas publicas, que antigamente exercitava; e, ou porque as prodigalidades passadas da Corte de Napoles, estêjam ainda frescas na lembrança, ou porque as actuaes queixas da naçaõ, como he o monopolio dos trigos, o tribunal do patrimonio, e outras oppressoens desta natureza, tenham dado aos povos pouca esperança de melhora, o certo he, que o Parlamento recusou conceder os subsidios que se lhe pediram. S. M. suspendeo a assemblea, irritado com os seus procederes; mas isto excitou mais o descontentamento; e parece que os Generaes Inglezes tomáram parte nesta disputa, sem que nos differentes papeis, que publicàram a este respeito, se encarregassem de deffender os procedimentos da Corte. Esta disputa do Governo com os povos he tanto mais infeliz, quanto na costa fronteira está o exercito Francez, prompto a approveitar-se do primeiro vento favoravel, para atravessar o canal, e tirar partido das facçoens internas.

Suecia.

A morte do Principe hereditario, continua a suspeitar-se fosse violenta. O povo assassinou em um tumulto o Conde Fersen, que se suppunha implicado nesta materia; e o Governo foi obrigado, a instituir uma inquiriçaõ juridica do facto. Tudo ameaça uma convulsaõ politica na Suecia, talvez excitada pelas intrigas da França, para ter um pretexto de se apoderar daquelle paiz.

TURQUIA.

As victorias dos Russos sobre os Turcos parece terem sido consideraveis; porque se assegura que a Porta solicitára um armisticio, e a Russia lhe respondeo com um tom mui severo; pedindo-lhe a inteira posse da Moldavia, e Wallachia; que faz o objecto de suas operaçoens militares actuaes; e que deixa a Turqueia inteiramente aberta, se estas duas importantes provincias forem cedidas.

Impresso por W. Lewis, Paternoster-row, Londres.

CORREIO BRAZILIENSE

DE AGOSTO, 1810.

Na quarta parte nova os campos ara,
E se mais mundo houvéra la chegara.

CAMOENS, C. VII. e. 14.

POLITICA.

Collecçaõ de Documentos Officiaes relativos a Portugal.

TRACTADO

De amizade Commercio e Navegaçaõ entre sua Magestade Britannica, e S. A. R. o Principe Regente de Portugal.

Em Nome da Sanctissima e Indivisivel Trinidade.

SUA Magestade El Rey do Reyno Unido da Grande Bretanha e Irlanda, e Sua Alteza Real O Principe Regente de Portugal, estando igualmente animados com o desejo naõ sómente de consolidar, e estreitar a antiga Amizade e boa intelligencia, que taõ felizmente subsiste, e tem subsistido por tantos seculos entre as duas Corôas, mas tambem de augmentar, e extender os beneficos effeitos della em mutua vantagem dos seus respectivos vassallos, julgáram que os mais efficazes meios para conseguir estes fins serîam os de adoptar um systema liberal de commercio, fundado sobre as bases de reciprocidade, e mutua conveniencia, que pela discontinuaçaõ de certas prohibiçóes, e direitos prohibitivos, podesse procurar as mais solidas vantagens, de ambas as partes, ás producções e industria nacionaes, e dar ao mesmo tempo a devida protecçaõ tanto á renda publica, como aos interesses do commercio justo, e legal. Para este fim sua Magestade El Rey do Reyno Unido da Grande Bretanha e Irlanda, e sua Alteza Real O Principe Regente de Portugal nomeáram para seus respectivos commissarios, e plenipotenciarios, a saber, sua Magestade Britannica ao Muito Illustre, e Muito Excellente Senhor Percy Clinton Sydney, Lord Visconde e Baraõ de Strangford, conselheiro do muito honroso conselho privado de sua Magestade, Cavalleiro da Ordem Militar do Banho, Gram Cruz da Ordem Portugueza da Torre e Espada, e Enviado Extraordinario, e Ministro Plenipotenciario de sua Magestade na Côrte de Portugal: E sua Alteza Real O Principe Regente de Portugal ao Muito Illustre, e Muito Excellente Senhor Dom Rodrigo de Sousa Coutinho, Conde de Linhares, Senhor de Payalvo, Commendador da Ordem de Christo, Gram Cruz das Ordens de Saõ Bento, e da Torre e Espada, Conselheiro do Conselho de Estado de sua Alteza Real, e seu Principal Secretario de Estado da Repartiçaõ dos Negocios Estrangeiros, e da Guerra. Os quaes depois de haverem devidamente trocado os seus respectivos Plenos Poderes, e tendo os achado em boa e devida forma, conviéram nos Artigos seguintes.

Artigo I.—Haverá uma sincera e perpetua amizade entre sua Magestade Britannica, e sua Alteza Real O Principe Regente de Portugal, e entre seus herdeiros e successores, e haverá uma constante e universal paz, e harmonia entre ambos, seus herdeiros, e successores, reynos, dominios, provincias, paizes, subditos, e vassallos de qualquer qualidade, ou condiçaõ que sejaõ, sem excepçaõ de pessôa ou lugar. E as estipulações deste presente artigo seraõ, com o favor do todo poderoso Deos, permanentes, e perpetuas.

Artigo II.—Haverá reciproca liberdade de Commercio, e navegaçaõ entre os respectivos vassallos das duas altas partes contractantes em todos, e em cada um dos territorios, e dominios de qualquer d'ellas. Elles poderaõ negociar, viajar, residir, ou estabelecer-se em todos e cada um dos portos, cidades, villas, paizes, provincias, ou lugares, quaesquer que forem, pertencentes a uma, ou outra das duas altas partes contractantes; excepto n'aquelles de que geral, e positivamente saõ excluidos todos quaesquer estrangeiros, os nomes dos quaes lugares seraõ depois especificados em um artigo separado deste tractado. Fica porem claramente entendido, que, se algum lugar pertencente a uma, ou outra das duas altas partes contractantes vier a ser aberto para o futuro ao commercio dos vassallos de alguã outra potencia, será por isso considerado como igualmente aberto, e em termos correspondentes, aos vassallos da outra alta parte contractante, da mesma forma como se tivesse sido expressamente estipulado pelo presente tractado. E tanto sua Majestade Britannica como sua Alteza Real O Principe Regente de Portugal, se obrigam, e empenham a naõ conceder favor, privilegio, ou immunidade alguma, em materias de commercio, e de navegaçaõ, aos vassallos de outro qualquer Estado, que naõ seja tambem ao mesmo tempo respectivamente concedido aos vassallos das altas partes contractantes, gratuitamente, se a concessaõ em favor d'aquelle outro Estado tiver sido gratuita, e dando, *quam proxime*, a mesma compensaçaõ, ou equivalente, no caso de ter sido a concessaõ condicional.

Artigo. III.—Os vassallos dos dous Soberanos naõ pagaraõ respectivamente nos portos, bahias, enseadas, cidades, villas, ou lugares quasquer que forem, pertencentes à qualquer d'elles, direitos, tributos, ou impostos (seja qual fôr o nome com que elles possaõ ser designados, ou comprehendidos) maiores, do que aquelles que pagam, ou vierem a pagar, os vassallos da naçaõ a mais favorecida: e os vassallos de cada huma das altas partes contractantes gozaraõ nos dominios da outra dos mesmos direitos, privilegios, liberdades, favores, immunidades, ou isençoens, em materias de commercio e de navegaçaõ, que saõ concedidos, ou para o futuro o forem aos vassallos da naçaõ a mais favorecida.

Artigo IV.—Sua Magestade Britannica, e sua Alteza Real O Principe Regente de Portugal, estipulam, e accordam, que haverá uma perfeita reciprocidade a respeito dos direitos, e impostos, que devem pagar os navios e embarcações das altas partes contractantes dentro de cada hum dos portos, bahias, enseadas, e ancoradouros pertencentes a qualquer d'ellas, a saber, que os navios e embarcações dos vassallos de sua Magestade Britannica naõ pagaraõ maiores direitos, ou impostos (debaixo de qualquer nome porque sejaõ designados, ou entendidos) dentro dos dominios de sua Alteza Real O Principe Regente de Portugal, do que aquelles que os navios e embarcações pertencentes aos vassallos de sua Alteza Real O Principe Regente de Portugal forem obrigados a pagar, dentro dos dominios de sua magestade Britannica, e vice versâ. E esta convençaõ, e estipulaçaõ se extenderá particular, e expressamente ao pagamento dos direitos conhecidos com o nome de direitos do porto, direitos de tonelada, e direitos de ancoragem, os quaes em nenhum caso, nem debaixo de pretexto algum, seraõ maiores para os navios e embarcações Britannicas dentro dos dominios de sua Alteza Real O Principe Regente de Portugal, do que para os navios e embarcações Portuguezas dentro dos dominios de Sua Magestade Britanica, e vice versa.

Artigo V.—As duas altas partes contractantes igualmente convem, que se estabelecerá nos seus respectivos portos o mesmo valor de gratificações, e drawbacks sobre a exportaçaõ dos generos e mercadorias, quer estes generos e mercadorias sejaõ exportados em navios e embarcações Britannicas, quer em navios e embarcações Portuguezas; isto he, que os navios e embarcações Britannicas gozaraõ do mesmo favor a este respeito nos dominios de Sua Alteza Real O Principe Regente de Portugal, que se conceder aos navios e embarcações Portuguezas nos dominios de Sua Magestade Britannica, e vice versa. As duas altas partes contractantes igualmente convem, e acordam, que os generos e mercadorias, vindas respectivamente dos portos de qualquer d'ellas, pagaraõ os mesmos direitos, quer sejam importados em navios e embarcações Britannicas, quer o sejam em navios e embarcações Portuguezas; ou de outro modo, que se poderá impôr, e exigir sobre os generos e mercadorias, vindas em navios Britannicos dos portos de Sua Magestade Britanica para os dos dominios de Sua Alteza Real O Principe Regente de Portugal, um augmento de Direitos equivalente e em exacta proporçaõ com o que possa ser imposto sobre os generos e mercadorias, que entrarem nos Portos de Sua Magestade Britanica vindo dos de Sua Alteza Real O Principe Regente de Portugal em navios Portuguezes. E para que este ponto fique estabelecido com a devida exacçaõ, e que nada se deixe indeterminado a este respeito, conveio-se, que cada um governo respectivamente publicará listas, em que se especifique a differença dos direitos que pagaraõ os generos e mercadorias assim importadas em navios ou embarcações, Britannicas, ou Portuguezas; e as referidas listas (que se faraõ applicaveis para todos os portos dentro dos respectivos dominios de cada uma das partes contractantes) seraõ declaradas e julgadas como formando parte deste presente tractado.

A fim de evitar qualquer differença, ou desintelligencia a respeito das Regulações, que possaõ respectivamente constituir uma Embarcaçaõ Britannica, ou Portugueza, as Altas Partes Contractantes conviéram em declarar, que todas as Embarcações construidas nos Dominios de Sua Magestade Britannica, e possuidas, navegadas, e registadas conforme as Leys da Grande Bretanha, seraõ consideradas como Embarcaçóes Britannicas: e que seraõ consideradas como Embarcaçóes Portuguezas todos os Navios ou Embarcaçóes construidas nos Paizes pertencentes a Sua Alteza Real O Principe Regente de Portugal, ou em algum delles, ou Navios aprezados por algum dos Navios ou Embarcaçóes de Guerra pertencentes ao Governo Portuguez, ou á algum dos Habitantes dos Dominios de Sua Alteza Real o Principe Regente de Portugal, que tiver Commissaõ, ou Cartas de Marca, e de Reprezalias do Governo de Portugal, e forem condemnados como Legitima prêza em algum Tribunal do Almirantado do referido Governo Portuguez, e possuidos por Vassallos de Sua Alteza Real O Principe Regente de Portugal, ou por algum delles, e do qual o Mestre e tres quartos, pelo menos, dos Marinheiros forem Vassallos de Sua Alteza Real O Principe Regente de Portugal.

Artigo VI.—O mutuo Commercio, e Navegaçaõ dos vassallos da Grande Bretanha, e de Portugal respectivamente nos Portos e Mares da Asia, saõ expressamente permittidos no mesmo gráo, em que até aqui o tem sido pelas duas Corôas: e o Commercio, e Navegaçaõ assim permittidos seraõ postos d'aqui em diante, e para sempre sobre o pé do Commercio, e Navegaçaõ da Naçaõ mais favorecida que commerceia nos Portos e Mares da Asia, isto he que nenhuma das Altas Partes Contractantes concederá Favor, ou Privilegio algum, em Materias de Commercio, e de Navegaçaõ, aos Vassallos de algum outro Estado que Commercio nos Portos e Mares da Asia, que naõ seja tambem concedido *quam proxime*, nos mesmos, termos aos Vassallos da Outra Alta Parte Contractante. Sua Magestade Britannica Se obriga em Seu proprio Nome, e no de Seus Herdeiros e Successores a naõ fazer Regulaçaõ alguã que possa ser prejudicial, ou inconveniente ao Commercio e Navegaçaõ dos Vassallos de Sua Alteza Real O Principe Regente de Portugal, nos Portos e Mares da Asia, em toda a extensaõ que he, ou possa ser para o futuro permittida á Naçaõ mais favorecida. E Sua Alteza Real o Principe Regente de Portugal se obriga igualmente no seu proprio nome, e no de seus herdeiros, e successores, a naõ fazer regulações algumas, que possam ser prejudiciaes, ou inconvenientes ao commercio e navegaçaõ dos vassallos de sua Magestade Britannica nos portos, mares, e dominios, que lhes saõ franqueados em virtude do presente tractado.

Artigo VII.—As duas altas partes contractantes resolvêram, a respeito dos privilegios, que devem gozar os vassallos de cada uma d'ellas nos territorios, ou dominios da outra, que se observasse de ambas as partes a mais perfeita reciprocidade. E os vassallos de cada uma das altas partes contractantes teraõ livre e inquestionavel direito de viajar, e de residir nos territorios ou deminios da outra, de occupar casas, e armazens, e de dispôr da propriedade pessoal, de qualquer qualidade, ou denominaçaõ, por venda, doaçaõ, troca, ou testamento, ou por outro qualquer modo, sem que se lhe ponha o mais leve impedimento ou obstaculo. Elles naõ seraõ obrigados a pagar tributos, ou impostos alguns, debaixo de qualquer pretexto que seja, maiores, do que aquelles que pagam, ou possam ser pagos pelos proprios vassallos do soberano, em cujos dominios elles residirem. Naõ seraõ obrigados a servir forçadamente como militares, quer por mar, quer por terra. As suas casas de habitaçaõ, armazens, e todas as partes, e dependencias delles, tanto pertencentes ao seu commercio, como á sua residencia, seraõ respeitadas. Elles naõ seraõ sujeitos a visitas e Buscas vexatorias, nem se lhes faraõ exames, e inspecções arbitrarias dos seus livros, papeis, ou contas, debaixo do pretexto de ser de authoridade Suprema do Estado. Deve porem ficar entendido, que, nos casos de traiçaõ, commercio de contrabando, e de outros crimes, para cuja achada ha regras estabelecidas pelas leys do paiz, esta ley será executada, sendo mutuamente declarado, que naõ se admittiraõ falsas, e maliciosas accusaçoens como pretextos, ou excusas para visitas e buscas vexatorias, ou para o exâme de livros, papeis, ou contas commerciaes; as quaes visitas ou exames jamais teraõ lugar, excepto com a sancçaõ do competente magistrado, e na presença do Consul da naçaõ a que pertencer a parte accusada, ou do seu deputado, ou representante.

ARTIGO VIII.—Sua Alteza Real o Principe Regente de Portugal se obriga no seu proprio nome, e no de seus herdeiros, e successores, a que o commercio dos vassallos Britannicos nos seus dominios naõ serà restringido, interrompido, ou de outro algum modo affectado pela operaçaõ de qualquer monopolio, contracto, ou privilegios exclusivos de venda ou de compra seja qual for; mas antes que os vassallos da Grande Bretanha teraõ livre, e irrestricta permissaõ de comprar, e vender de, e aquem quer que for, de qualquer modo ou forma que possa convir-lhes, seja por Grosso, ou em Retalho, sem serem obrigados a dar preferencia alguma, ou favor em consequencia dos dictos monopolios, contractos, ou privilegios exclusivos de venda, ou de compra. E sua Magestade Britannica se obriga da sua parte a observar fielmente este Principio assim reconhecido, e ajustado pelas duas altas partes contractantes.

Porem deve ficar distinctamente entendido, que o presente artigo naõ será interpretado como invalidando, ou affectando o direito exclusivo possuido pela Corôa de Portugal nos seus proprios dominios, a respeito dos contractos do marfim, do páo Brazil, da urzela, dos diamantes, do ouro em pó, da polvora, e do tabaco manufacturado. Com tanto porem que, se os sobredictos artigos vierem a ser geral, ou separadamente artigos livres para o commercio nos dominios de Sua Alteza Real o Principe Regente de Portugal, sera permittido aos vassallos de sua Magestade Britannica o commerciar nelles taõ livremente, e no mesmo pé em que for permittido aos vassallos da naçaõ mais favorecida.

Artigo IX.-Sua Magestade Britannica,e sua Alteza Real O Principe Regente de Portugal convem,e acordam, que cada uma das altas partes contractantes terá o direito de nomear consules geraes, consules, e vice consules, em todos aquelles portos dos dominios da alta outra parte contractante, onde elles saõ, ou possaõ ser, necessarios para augmento do commercio, e para os interesses commerciaes dos vassallos commerciantes de cada uma das duas corôas. Porem fica expressamente estipulado, que os consules, de qualquer classe que forem, naõ seraõ reconhecidos, recebidos, nem permittidos obrar como taes, sem que sejaõ devidamente qualificados pelo seu proprio Soberano, e approvados pelo outro Soberano, em cujos dominios elles devem ser empregados. Os consules de todas as Classes, dentro dos dominios de cada uma das altas partes contractantes seraõ postos respectivamente no pe de perfeita reciprocidade, e igualdade. E sendo elles nomeados sómente para o fim de facilitar, e assistir nos negocios de commercio, e navegaçaõ, gozaraõ portanto somente dos privilegios, que pertencem ao seu lugar, e que saõ reconhecidos, e admittidos por todos os Governos, como necessarios para o devido cumprimento do seu officio, e emprego. Elles seraõ em todos os casos, sejaõ civis, ou criminaes, inteiramente sujeitos ás leys do paiz em que residirem, e gozaraõ tambem da plena, e inteira protecçaõ d'aquellas leys, em quanto elles se conduzirem com respeito á ellas.

Artigo X.—Sua Alteza Real o Principe Regente de Portugal desejando proteger e facilitar nos seus dominios o commercio dos vassallos da Grande Bretanha, assim como as suas relações, e communicações com os seus proprios vassallos, ha por bem conceder-lhes o privilegio de nomearem, e terem magistrados especiaes para obrarem em seu favor, como juizes conservadores, n'aquelles portos, e cidades dos seus dominios, em que houverem tribunaes de justiça, ou possaõ ser estabelecidos para o futuro. Estes juizes julgaraõ, e decidiraõ todas as Causas que forem levadas perante elles pelos vassallos Britannicos, do mesmo modo que se practicava antigamente, e a sua authoridade, e sentenças seraõ respeitadas: e declara se serem reconhecidas, e renovadas pelo presente tractado, as leys, decretos, e costumes de Portugal relativos á jurisdicçaõ do juiz conservador. Elles seraõ escolhidos pela pluralidade de votos dos vassallos Britanicos, que residirem ou Commerciarem no Porto, ou lugar, emque a jurisdiçaõ do juiz conservador for estabelecida; e a escolha assim feita sera transmittida ao Embaixador, ou ministro de Sua Magestade Britannica, residente na Côrte de Portugal, para ser por elle apresentada a Sua Alteza Real O Principe Regente de Portugal a fim de obter o consentimento, e confirmaçaõ de Sua Alteza Real; e no caso de a naõ obter, as partes interessadas procederaõ a uma nova Eleiçaõ, até que se obtenha a Real approvaçaõ do Principe Regente. A remoçaõ do Juiz Conservador, nos casos de falta de devêr, ou de delicto, será tambem effeituada por um recurso, a Sua Alteza Real O Principe Regente de Portugal por meio do Embaixador, ou ministro Britannico residente na Côrte de Sua Alteza Real. Em compensaçaõ desta concessaõ a favor dos vassallos Britannicos, Sua Magestade Britannica se obriga a fazer guardar a mais estricta e escrupulosa observancia áquellas Leys, pelas quaes as pessoas e a propriedade dos vassallos Portuguezes, residentes nos seus dominios, saõ asseguradas, e protegidas, e das quaes elles (em commum com todos os outros estrangeiros) gozaõ do beneficio pela reconhecida equidade da jurisprudencia Britannica, e pela singular excellencia da sua Constituiçaõ. E demais estipulou-se, que, no caso de Sua Magestade Britannica conceder aos vassallos de algum outro Estado qualquer favor, ou privilegio, que seja analogo, ou se assemelhe ao privilegio de ter juizes conservadores, concedido por este artigo aos vassallos Britannicos residentes nos dominios Portuguezes, o mesmo favor, ou privilegio será considerado como igualmente concedido aos vassallos de Portugal residentes nos dominios Britannicos, do mesmo modo como se fosse expressamente estipulado pelo presente tractado.

Artigo XI.--Sua Magestade Britannica, e Sua Alteza Real O Principe Regente de Portugal convem particularmente em conceder os mesmos favores, honras, immunidades, privilegios, isenções de direitos, e impostos aos seus respectivos embaixadores, ministros, ou agentes acreditados nas Côrtes de cada uma das altas partes contractantes; e qualquer favor, que um dos dous Soberanos conceder a este respeito na sua propria Côrte, o outro soberano, se obriga a conceder semelhantemente na sua côrte.

Artigo XII.—Sua Alteza Real O Principe Regente de Portugal declara, e se obriga no seu proprio nome, e no de seus herdeiros, e successores, a que os vassallos de Sua Magestade Britannica, residentes nos seus territorios, e dominios, naõ seraõ perturbados, inquietados, perseguidos, ou molestados por causa da sua religiaõ, mas antes teraõ perfeita liberdade de consciencia, e licença para assistirem, e celebrarem o serviço divino em honra do todo poderoso Deos, quer seja dentro de suas casas particulares, quer nas suas particulares Igrejas e Capellas, que sua Alteza Real agora, e para sempre graciosamente lhes concede a permissaõ de edificarem, e manterem dentro dos seus dominios Comtanto porém que as sobredictas igrejas e capellas seraõ construidas de tal modo que externamente se assemelhem à casas de habitaçaõ; e tambem que o uso dos sinos lhes naõ seja permittido para o fim de annunciarem publicamente as horas do serviço divino. Demais estipulou-se, que nem os vassallos de Grande Bretanha, nem outros quaesquer estrangeiros de communhaõ differente da religiaõ dominante nos dominios de Portugal, seraõ perseguidos, ou inquietados por materias de consciencia, tanto nas suas pessôas, como nas suas propriedades, em quanto elles se conduzirem com ordem, decencia, e moralidade e de huma maneira conforme aos usos do paiz, e ao seu estabelecimento religioso, e politico. Porem se se provar, que elles pregam, ou declâmam publicamente contra a religiaõ catholica, ou que elles procuram fazer proselytas, ou conversões, as pessôas que assim delinquirem poderaõ, manifestando-se o seu delicto, ser mandadas sahir do paiz, em que a offensa tiver sido comettida. E aquelles que no publico se portarem sem respeito, ou com impropriedade para com os ritos, e cerimonias da religiaõ catholica dominante, seraõ chamados perante a policia civil, e poderaõ ser castigados com multas, ou com prisaõ em suas proprias casas. E se a offensa for taõ enorme que perturbe a tranquillidade publica, e ponha em perigo a segurança das instituições da Igreja, e do estado estabelicidas pelas leys, as pessôas que tal offensa fizerem, havendo, a devida prova do facto, poderaõ ser mandadas sahir dos dominios de Portugal Permittir se ha tambem enterrar os vassallos de sua Magestade Britannica, que morrerem nos territorios de sua Alteza Real O Principe Regente de Portugal, em convenientes lugares, que seraõ designados para este fim: nem se perturbaraõ de modo algum, nem por qualquer motivo os funeraes, ou as sepulturas dos mortos. Do mesmo modo os vassallos de Portugal gozaraõ nos dominios de sua Magestade Britannica de uma perfeita, e illimitada liberdade de consciencia em todas as materias de religiaõ, conforme ao systema de tolerancia, que se acha nelles estabelecido. Elles poderaõ livremente praticar os exercicios da sua religiaõ publica, ou particularmente nas suas proprias casas de habitaçaõ, ou nas capellas, e lugares de culto, designados para este objecto, sem que se lhe ponha o menor obstaculo, embarasso, ou difficuldade alguma, tanto agora, como para o futuro.

Artigo XIII.—Conveio-se e ajustou-se, entre as altas partes contractantes, que se estabeleceraõ paquetes para o fim de facilitar o serviço publico das duas Cortes, e as relações commerciaes dos seus respectivos vassallos. Concluir se ha uma convençaõ sobre as bases da que foi concluida no Rio de Janeiro aos quatorze de Septembro de mil oito centos e oito, para determinar os termos sobre que se estabeleceraõ os refferidos paquetes: aqual convençaõ sera ratificada ao mesmo tempo que o presente tractado.

Artigo XIV.—Conveio-se e ajustou se, que as pessôas culpadas de alta traiçaõ, de falsidade, e de outros crimes de uma natureza odiosa, dentro dos dominios de qualquer das altas partes contractantes, naõ seraõ admittidas, nem receberaõ protecçaõ nos dominios da outra. E que nenhuma das altas partes contractantes receberá de proposito, e deliberadamente nos seus Estados, e entreterá ao seu serviço pessôas, que forem vassallos da outra potencia, que desertarem do serviço militar d' ella, quer de mar, quer de terra; antes pelo contrario as dimittiraõ respectivamente do seu serviço, logo que assim forem requeridas. Mas conveio-se e declarou-se, que nenhuma das altas partes contractantes concederá à qualquer outro Estado favor algum a respeito de pessôas, que desertarem do serviço d'aquelle estado, que naõ seja considerado como concedido igualmente á outra alta parte contractante, do mesmo modo como se o refferido favor tivesse sido expressamente estipulado pelo presente tractado. Demais conveio-se, que nos casos de deserçaõ de moços, ou marinheiros das embarcações petencentes aos vassallos de qualquer das altas partes contractantes, no tempo em que estiverem nos portos da outra alta parte, os Magistrados seraõ obrigados a dar efficaz assistencia para a sua apprehençaõ, sobre a devida representaçaõ feita para este fim pelo Consul geral, ou Consul, ou pelo seu Deputado, ou Representante; e que nenhuma corporaçaõ publica, civil, ou religiosa terá poder de proteger taes desertores.

Artigo XV.—Todos os generos, mercadorias, e artigos, quaesquer que sejaõ da producçaõ, manufactura, industria, ou invençaõ dos dominios, e vassallos de sua Magestade Britannica seraõ admittidos em todos, e em cada um dos portos, e dominios de sua Alteza Real O Principe Regente de Portugal, tanto na Europa, como na America, Africa, e Asia, quer sejaõ consignados a vassallos Britannicos, quer a Portuguezes, pagando geral e unicamente direitos de quinze por cento, conforme o valor que lhes for estabelecido pela Pauta, que na lingua Portugueza corresponde à taboa das avaliaçoes, cuja principal base será a factura jurada dos sobreditos generos, mercadorias, e artigos, tomando tambem em consideraçaõ (tanto quanto for justo e practicavel) o preço corrente dos mesmos no paiz onde elles forem importados. Esta Pauta, ou avaliaçaõ será determinada, e fixada por um igual numero de negociantes Britannicos, e Portuguezes, de conhecida inteireza, e honra, com a assistencia pela parte dos negociantes Britannicos do Consul Geral, ou Consul de sua Magestade Britannica, e pela parte dos negociantes Portuguezes com a assistencia do Superintendente, ou Administrador Geral da Alfandega, ou dos seus respectivos deputados. E a sobredicta Pauta, ou taboa das avaliações, se fará, e promulgará em cada hum dos portos pertencentes a sua Alteza Real O Principe Regente de Portugal, em que hajaõ, ou possaõ haver alfandegas. Ella será concluida, e principiará a ter effeito, logo que for possivel, depois da troca das ratificações do presente tractado, e com certeza dentro do espaço de trez mezes contados da data da refferida troca. E será revista, e alterada, se necessario for, de tempos à tempos, seja em sua totalidade, ou em parte, todas as vezes que os vassallos de sua Majestade Britannica, residentes nos dominios de sua Alteza Real O Principe Regente de Portugal, assim hajaõ de requerer por via do Consul Geral, ou Consul de sua Majestade Britannica ; ou quando os negociantes vassallos de Portugal fizerem a mesma requisiçaõ para este fim, da sua propria parte.

Artigo XVI.—Porem se durante o intervallo entre a troca das ratificações do presente tractado, e a promulgaçaõ da sobredita Pauta, alguns generos ou mercadorias da producçaõ, ou manufactura dos dominios de sua Magestade Britannica entrarem nos portos de sua Alteza Real O Principe Regente de Portugal, conveio-se, que seraõ admittidos para o consumo, pagando os refferidos direitos de quinze por cento, conforme o valor que lhes for fixado pela Pauta actualmente estabelecida, se elles forem generos e mercadorias dos comprehendidos, ou avaliados na sobredicta Pauta, e se o naõ forem, assim como se alguns generos, ou mercadorias vierem para o futuro aos portos dos dominios Portuguezes, sem serem dos especificadamente avaliados em a nova tarifa, ou Pauta, que se hade fazer em consequencia das estipulações do precedente artigo do presente tractado, seraõ igualmente admittidos pagando os mesmos direitos de quinze por cento *ad valorem*, conforme as facturas dos dictos generos e mercadorias, que serão devidamente apresentadas, e juradas pelas partes que as importarem. E no caso de suspeita de fraude, ou de illicita practica, as facturas seraõ examinadas, e o valor real dos generos e mercadorias determinado pela decisaõ de um igual numero de negociantes Britannicos e Portuguezes de conhecida inteireiza e honra, e no caso de differença de opiniaõ entre elles, seguida de uma igualdade de votos sobre o objecto em questaõ, entaõ elles nomearaõ outro negociante igualmente de conhecida inteireza, e honra, a quem se refferirá ultimamente o negocio, e cuja decisaõ será terminante, e sem appellaçaõ. E no caso que a factura pareça ter sido fiel, e correcta, os generos e mercadorias nella especificados seraõ admittidos, pagando os direitos acima mencionados de quinze por cento, e as despezas (se as houver,) do exame da factura seraõ pagas pela parte que duvidou da sua exactidaõ, e correcçaõ. Mas se achar que a factura foi fraudulenta, e illicita, entaõ os generos, e mercadorias seraõ comprados pelos officiaes da alfandega por conta do Governo Portuguez, segundo o valor especicado na factura, com uma addiçaõ de dez por cento, sobre a somma assim paga pelos referidos generos e mercadorias pelos officiaes da alfandega, obrigando-se o Governo Portuguez ao pagamento dos generos assim avaliados, e comprados pelos officiaes da alfandega, dentro do espaço de Quinze dias. E as despezas, se as houver, do exame da fraudulenta factura seraõ pagas pela parte que a tiver apresentado como justa, e fiel.

Artigo XVII.—Conveio-se e ajustou-se, que os artigos de trem militar e naval, importados nos portos de Sua Alteza Real o Principe Regente de Portugal, e que o Governo Portuguez haja de querer para seu uso, seraõ pagos logo pelos preços estipulados pelos proprietarios, que naõ seraõ constrangidos a vendellos debaixo de outras condiçoes.

Demais estipulou-se, que se o Governo Portuguez tomar a seu proprio cuidado, e guarda alguma carregaçaõ, ou parte de uma carregaçaõ, com vistas de a comprar, ou para outro qualquer fim, o dicto Governo Portuguez será responsavel por qualquer perda, e damnifiçaõ que ella possa soffrer, em quanto estiver entregue ao cuidado e guarda dos officiaes do refferido Governo Portuguez.

Artigo XVIII.—Sua Alteza Real o Principe Regente de Portugal ha por bem conceder aos vassallos da Grande Bretanha o privilegio de serem assignantes para os direitos que haõ de pagar nas alfandegas dos Dominios de sua Alteza Real, debaixo das mesmas condiçoes, e dando as mesmas seguranças que se exigem dos vassallos de Portugal.

E por outra parte conveio-se e estipulou-se, que os vassallos da Corôa de Portugal receberaõ, tanto quanto possa ser justo ou legal, o mesmo favor nas alfandegas da Grande Bretanha, que se conceder aos vassallos naturaes de sua Majestade Britannica.

Artigo XIX.—Sua Magestade Britannica pela sua parte, e em seu proprio nome, e no de seus herdeiros, e successores, promette, e se obriga a que todos os generos, mercadorias, e artigos quaesquer da producçaõ, manufactura, industria, ou invençaõ dos dominios, ou dos vassallos de sua Alteza Real O Principe Regente de Portugal, seraõ recebidos, e admittidos em todos, e em cada um dos Portos, e dominios de sua Magestade Britannica, pagando geral, e unicamente os mesmos direitos, que págam pelos mesmos artigos os vassallos da naçaõ mais favorecida.

E fica expressamente declarado, que se se fizer alguma reducçaõ de direitos exclusivamente em favor dos generos e mercadorias Britannicas importadas nos dominios de sua Alteza Real O Principe Regente de Portugal, far-se-ha uma equivalente reducçaõ sobre os generos e mercadorias Portuguezas importadas nos dominios de sua Magestade Britannica, e vice versâ; os artigos, sobre que se deverá fazer uma semelhante equivalente reducçaõ, seraõ determinados por hum previo concerto, e ajuste entre as duas altas partes contractantes.

Fica entendido, que qualquer semelhante reducçaõ assim concedida por uma das altas partes à outra, a naõ será depois (excepto nos mesmos termos, e com a mesma compensaçaõ) em favor de algum outro Estado, ou naçaõ qualquer que for. E esta declaraçaõ deve ser considerada como reciproca da parte das duas altas partes contractantes.

Artigo XX.—Mas como ha alguns artigos de creaçaõ, e producçaõ do Brazil, que saõ excluidos dos mercados, e do consumo interior dos dominios Britannicos, taes como o açucar, café, e outros artigos semelhantes ao producto das colonias Britannicas ; sua Majestade Britannica querendo favorecer, e proteger (quanto he possivel) o commercio dos vassallos de Sua Alteza Real O Principe Regente de Portugal, consente, e permitte, que os dictos artigos, affim como todos os outros da creaçaõ, e producçaõ do Brazil, e de todas as outras partes dos dominios Portuguezes, possaõ ser recebidos, e guardados em armazens, em todos os portos dos seus dominios, que forem designados por " Warehousing Ports," para semelhantes artigos, affim de serem re-exportados debaixo da devida regulaçaõ, isentos dos maiores direitos com que seriam carregados se fossem destinados para o consumo dentro dos dominios Britannicos, e sómente sujeitos aos direitos reduzidos, e despezas de re-exportaçaõ, e guarda nos armazens.

Artigo XXI.—Do mesmo modo naõ obstante o geral privilegio de admissaõ, concedido no decimo quinto artigo do presente tractado por sua Alteza Real O Principe Regente de Portugal a favor de todos os generos e mercadorias da producçaõ, e manufactura dos dominios Britannicos ; Sua Alteza Real se reserva o direito de impôr pesados, e até prohibitivos direitos sobre todos os artigos conhecidos pelo nome de generos das Indas Orientaes Britannicas, e de producções das Indias occidentaes, taes como o açucar, e caffé, que naõ podem ser admittidos para o consumo nos dominios Portuguezes, por causa do mesmo principio de policia Colonial, que impede a livre admissaõ nos dominios Britannicos de correspondentes artigos da producçaõ do Brazil.

Porém Sua Alteza Real O Principe Regente de Portugal consente, que todos os portos dos seus dominios, onde hajam, ou possam haver alfandegas, sejam portos francos para a recepçaõ, e admissaõ de todos os artigos quaesquer da producçaõ ou manufactura dos dominios Britannicos, naõ destinados para o consumo do lugar em que possam ser recebidos, ou admittidos, mas para serem re-exportados, tanto para outros portos dos dominios de Portugal, como para o de outros Estados. E os artigos assim admittidos, e recebidos sujeitos ás devidas regulações, seraõ isentos dos direitos maiores, com que haveriam de ser carregados, se fossem destinados para o consumo do lugar, em que possaõ ser descarregados, ou depositados em armazens, e obrigados sómente ás mesmas despezas, que houverem de ser pagas pelos artigos da producçaõ do Brazil recebidos, e depositados em armazens, para a re-exportaçaõ nos portos dos dominios de sua Majestade Britannica.

Artigo XXII.—Sua Alteza Real O Principe Regente de Portugal, a fim de facilitar, e animar o legitimo commercio naõ sómente dos vassallos da Grande Bretanha, mas tambem dos de Portugal, com outros Estados adjacentes aos seus proprios dominios, e tambem com vistas de augmentar, e segurar aquella parte da sua propria renda, que he derivada da percepçaõ dos direitos de porto franco sobre as mercadorias, ha por bem declarar o porto de Sancta Catharina por porto franco, conforme os termos mencionados no precedente artigo do presente tractado.

Artigo XXIII.—Sua Alteza Real O Principe Regente de Portugal desejando estabelecer o systema de commercio, annunciado pelo presente tractado, sobre as bases as mais extensas, ha por bem aproveitar a opportunidade que elle lhe offerece de publicar a determinaçaõ anteriormente concebida no seu real entendimento, de fazer Goa porto franco, e de permittir n'aquella cidade, e suas dependencias, a livre tolerancia de todas quaesquer seitas religiosas.

Artigo XXIV.—Todo o commercio com as possessões

Portuguezas situadas sobre a costa Oriental do continente d'Africa (em artigos naõ incluidos nos contractos exclusivos possuidos pela corôa de Portugal) que possa ter sido anteriormente permittido aos vassallos da Grande Bretanha, lhes he confirmado, e assegurado agora, e para sempre, do mesmo modo que o commercio, que tinha até aqui sido permittido aos vassallos Portuguezes nos portos e mares d'Asia, lhes he confirmado, e assegurado em virtude do sexto artigo do presente tractado.

Artigo XXV.—Porém em ordem a dar o devido effeito ao systema de perfeita reciprocidade que as duas altas partes contractantes desêjam estabelecer por base das suas mutuas relações, sua Magestade Britannica consente em ceder do direito de crear feitorias, ou corporações de negociantes Britannicos debaixo de qualquer nome, ou descripçaõ que for, nos dominios de sua Alteza Real O Principe Regente de Portugal; com tanto porém que esta condescendencia com os desejos de sua Alteza Real O Principe Regente de Portugal naõ prive os vassallos de sua Magestade Britannica, residentes nos dominios de Portugal, de gozarem plenamente, como individuos commerciantes, de todos aquelles direitos, e privilegios que possuiaõ ou podiaõ possuir como membros de corporações commerciaes, e igualmente que o trafico, e o commercio feito pelos vassallos Britannicos naõ será restringido, embarassado, ou de outro modo affectado por alguma companhia commercial, qualquer que seja, que possua privilegios, e favores exclusivos nos dominios de Portugal. E sua Alteza Real O Principe Regente de Portugal tambem se obriga a naõ consentir, nem permittir, que alguma outra naçaõ ou estado possua feitorias, ou corporações de negociantes nos seus dominios, em quanto se naõ estabelecerem nelles feitorias Britannicas.

Artigo XXVI.—As duas altas partes contractantes convem, em que ellas procederaõ logo à revisaõ de todos os outros antigos tractados subsistentes entre as duas corôas, a fim de determinarem, quaes das estipulações, das que elles contém devem ser continuadas ou renovadas no presente estado das cousas.

Conveio-se com tudo, e declarou-se que as estipulações conteudas nos antigos tractados, relativamente á admissaõ dos vinhos de Portugal, de uma parte, e dos pannos de lãa da Grande Bretanha, da outra, ficaraõ por ora sem alteraçaõ. Do mesmo modo conveio-se, que os favores, privilegios, e immunidades concedidas por cada uma das altas partes contractantes aos vassallos da outra, tanto por tractado, como por decreto, ou alvará, ficaraõ sem alteraçaõ, a excepçaõ da faculdade, concedida por antigos tractados, de conduzir em navios de um dos dous estados generos, e mercadorias dequalquer qualidade, pertencentes aos inimigos de outro estado, a qual faculdade he agora publica, e mutuamente renunciada, e abrogada.

Artigo XXVII.— A reciproca liberdade de commercio, e de navegaçaõ declarada, e annunciada pelo presente tractado será considerada extender-se a todos os generos e mercadorias quaesquer, à excepçaõ d'aquelles artigos de propriedade dos inimigos de uma ou outra potencia, ou de contrabando de guerra.

Artigo XXVIII.—Debaixo da denominaçaõ de contrabando, ou artigos prohibidos se comprehenderaõ naõ sómente armas, peças de artilheria, arcabuzes, morteiros, petardos, bombas, granadas, salchichas, carcassas, carretas de peças, arrimos de mosquetes, bandolas, polvora, mechas, salitre, ballas, piques, espadas, capacetes, elmos, couraças, alabardas, azagayas, coldres, boldriés, cavállos, e arreios, mas tambem em geral todos os outros artigos, que possam ter sido especificados como contrabando em quaesquer precedentes tractados concluidos pela Grande Bretanha, ou por Portugal com outras potencias; porém generos que naõ tenham sido fabricados em forma de instrumentos de guerra, ou que naõ possam vir a sêllo, naõ seraõ reputados de contrabando, e muito menos aquelles que já estaõ fabricados, e destinados para outros fins, os quaes todos naõ seraõ julgados de contrabando, e poderaõ ser levados livremente pelos vassallos de ambos os Soberanos, mesmo a lugares pertencentes a um inimigo, á excepçaõ somente d'aquelles lugares que estaõ sitiados, bloqueados, ou investidos por mar ou por terra.

Artigo XXIX.—No caso que algumas embarcaçöes ou navios de guerra, ou mercantes venham a naufragar nas costas dos dominios de qualquer das altas partes contractantes, todas as porçöes das refferidas embarcaçöes ou navios, ou da armaçaõ, e pertences das mesmas assim como dos generos e mercadorias que se salvarem, ou o producto dellas, seraõ fielmente restituidos, logo que seus donos, ou seus procuradores legalmente authorizados, os reclamarem, pagando somente as despezas feitas na arrecadaçaõ dos mesmos generos, conforme o direto de salvaçaõ, ajustado entre ambas as altas partes; exceptuando ao mesmo tempo os direitos e custumes de cada naçaõ, de cuja aboliçaõ, ou modificaçaõ, se tractará comtudo no caso de serem contrarios ás estipulaçöes do presente artigo; e as altas partes contractantes interporaõ mutuamente a sua authoridade, para que sejaõ punidos severamente aquelles dos seus vassallos, que se approvietarem de semelhantes desgraças.

Artigo XXX.—Conveio-se mais para maior segurança e liberdade do commercio, e da navegaçaõ, que tanto sua Magestade Britannica, como sua Alteza Real O Principe Regente de Portugal, naõ só recusaraõ receber piratas ou ladroens de mar em qualquer dos seus portos, surgidouros, cidades, e villas, ou permittir que alguns dos seus vassallos, cidadaõs, ou habitantes os recebam, ou protejam nos seus portos, os agazalhem nas suas casas, ou lhes assistam de alguma maneira; mas tambem mandaraõ, que esses piratas, e ladrões do mar, e as pessoas que os receberem, acoutarem, ou ajudarem, sejaõ castigadas convenientemente, para terror, e exemplo dos outros. E todos os seus navios com os generos e mercadorias, que tiverem tomado, e trazido aos portos pertencentes a qualquer das altas partes contractantes, seraõ apresados onde forem descubertos, e seraõ restituidos aos donos, ou a seus procuradores devidamente authorizados, ou delegados por elles, por escripto; provando-se previamente, e com evidencia a identidade da propriedade, mesmo no caso que semelhantes generos tenhaõ passado a outras maõs por meio de venda, uma vez que se souber, que os compradores sabiam, ou podiam ter sabido, que taes generos fôram tomados piraticamente.

Artio XXXI.—Para a segurança futura do commercio, e amizade entre os vassallos de sua Majestade Britannica, e de sua Alteza Real O Principe Regente de Portugal, e afim deque esta mutua boà intelligencia possa ser preservada de toda a interrupçaõ, e disturbio, conveio-se e ajustou-se, que se em algum tempo se suscitar qualquer desintelligencia, quebrantamento de amizade, ou rompimento entre as coroàs das altas partes contractantes, o que Deos naõ permitta (o qual rompimento só se julgará existir depois do chamamento, ou despedida dos respectivos embaixadores, e ministros) os vassallos de cada uma das duas partes, residentes nos dominios da outra, teraõ o privilegio de ficar, e continuar nelles o seu commercio sem interrupçaõ alguma, em quanto se conduzirem pacificamente, e naõ cometterem offensa contra as leys, e ordenações; e no caso que a sua conducta os faça suspeitos, e os respectivos governos sejaõ obrigados a mandallos sahir, se lhes concederá o termo de um anno para esse fim, em ordem a que elles se possaõ retirar com os seus effeitos, e propriedadade, quer estejaõ confiados a individuos particulares, quer ao estado.

Deve porem entender-se que este favor se naõ extende áquelles que tiverem de algum modo procedido contra as leys estabelecidas.

Artigo XXXII.—Concordou-se, e foi estipulado pelas altas partes contractantes, que o presente tractado será illimitado emquanto á sua duraçaõ, que as obrigações, e condições expressadas, e conteudas nelle seraõ perpetuas e immutaveis; e que naõ seraõ mudadas, ou alteradas de modo algum no caso que sua Alteza Real O Principe Regente de Portugal, seus herdeiros, ou successores, tornem a estabelecer a sede da monarchia Portugueza nos dominios Europeos desta corôa.

Artigo XXXIII.—Porém as duas altas partes contractantes se reservam o direito de junctamente examinarem, e reverem os differentes artigos deste tractado no fim do termo de quinze annos contados da data da troca das ratificações do mesmo, e de entaõ propôrem, discutirem, e fazerem aquellas emendas, ou addições que os verdadeiros interesses dos seus respectivos vassallos possaõ parecer requerer.

Fica porem entendido que qualquer estipulaçaõ, que no periodo da revisaõ do tractado for objectada por qualquer das altas partes contractantes será considerada como suspendida no seu effeito, até que a discussaõ relativa a esta estipulaçaõ seja terminada; fazendo-se previamente saber à outra alta parte contractante a intentada suspensaõ da tal estipulaçaõ, a fim de evitar a mutua disconveniencia.

Artigo XXXIV.—As differentes estipulações, e condições do presente tractado principiaraõ a ter effeito desde a data da sua ratificaçaõ por sua Magestade Britannica, e a mutua troca das ratificações se fará na cidade de Londres dentro do espaço de quatro mezes, ou mais breve se for possivel, contados do dia da assignatura do presente tractado.

Em testemunho do que nos abaixo-assignados plenipotenciarios de sua Magestade Britannica, e de sua Alteza Real O Principe Regente de Portugal, em virtude dos nossos respectivos plenos poderes assignamos o presente tractado com os nossos punhos, e lhe fizemos pôr os sellos das nossas armas.

Feito na cidade do Rio de Janeiro aos dezanove de Fevereio do anno de nosso Senhor Jesus Christo de mil oitocentos e dez.

(L. S.) CONDE DE LINHARES.

N. B. Na parte Iugleza, está assignado—STRANGFORD.

DECRETO.

Sendo presente a Sua Alteza Real a necessidade de prescrever novas regras para limitar as isempçóes do recrutamento, a que actualmente se procede para complemento do exercito, e formaçaõ dos depositos, que haõ de subministrar recrutas aos corpos de linha, na fórma determinada no Alvará, de 15 de Dezembro de 1809, §. I. por ter mostrado a experiencia que os privilegios estabelecidos no §. VI. e § IX. *in fine*, havendo tido por unico objecto poupar as classes uteis, e productivas, tem em muitas partes servido para encobrir fraudes em prejuizo da causa sagrada da defeza deste reyno : por esta, e outras justas e ponderaveis razões, he o Principe Regente nosso Senhor servido determinar, que na execuçaõ do referido Alvará, e durante a presente guerra, se observe o seguinte :

I. Ficam sujeitos ao recrutamento todos os homens solteiros de idade de dezoito até quarenta annos, cuja altura exceder a cincoenta e sette pollegadas e meia, e tiverem a robustez e constituiçaõ propria para o serviço no exercito.

II. Ficam a elle igualmente sujeitos os caixeiros dos negociantes, cujos patrões naõ tiverem praça no corpo dos voluntarios reaes do commercio, ou nos regimentos de milicias, ou quando os mesmos caixeiros naõ estejam alistados nestes corpos.

III. Saõ do mesmo modo sujeitos ao recrutamento os maritimos, que nas embarcações de guerra ou mercantes naõ tiverem feito mais de tres viagens, ou se naõ acharem effectivamente empregados na pesca, e navegaçaõ dos rios, em embarcações approvadas pela lei.

IV. Tambem ficam sujeitos ao recrutamento todos os estudantes, que naõ mostrarem ter sido approvados nos actos dos cursos scientificos da Universidade de Coimbra do anno lectivo, que proximamente findou.

V. A isempçaõ concedida no referido Alvará, e no de 21 de Fevereiro de 1764, §. XXIV. em beneficio da lavoura, só aproveitará aos criados que, ou forem naturaes das terras, em que se acham empregados, ou estiverem, sendo de fóra, ha mais de um anno no serviço dos Lavradores, e quando uns e outros se achem effectivamente empregados nos trabalhos do campo. Igualmente será só proveitosa a isempçaõ concedida aos filhos dos Lavradores, no §. VI. do Alvará, de 15 Dezembro do anno proximo passado, quando estes filhos se occuparem effectivamente no exercicio da lavoura, e naõ de outra maneira.

VI. Sómente ficam exceptuados do recrutamento os mestres, e officiaes, que se empregam nas artes fabris, e os aprendizes unicos daquelles officios, que saõ indispensaveis para os usos necessarios da vida, e para o armamento do exercito.

VII. Em geral, nenhuma isempçaõ aproveita, quando o titulo, que para ella se allegue, fôr posterior ao dia 15 de Dezembro de anno proximo passado: e os mesmos titulos anteriores deixaráõ de ser attendidos, quando se verifique que o individuo que o allega naõ exercita o emprego com que se pretexta.

VIII. Tendo as referidas isempções por unico fundamento a estricta necessidade de manter a agricultura, o commercio, e as artes, sem o que se naõ póde conservar o estado civil, ellas se naõ podem considerar com a natureza de privilegios graciosos, nem, pela mesma causa, menos honrosa a sujeiçaõ á vida militar, a qual por si essencialmente constitue uma occupaçaõ de taõ relevante merito, como aquella de que depende a Salvaçaõ do Estado. E por lhe fazer a graça que merece, he o Mesmo Senhor servido de determinar, que o pai que tiver tres filhos nos corpos de linha, comprehendidos neste número os que tiverem morrido no serviço, seja escuso de tutelas, e de todos os encargos pessoaes dos conselhos; e que toda a pessoa que mostrar para o futuro ter servido até á conclusaõ da paz nos dictos corpos de linha, ou ter-se em acto de guerra inhabilitado para a continuaçaõ do serviço, naõ só fique gozando da mesma escusa, mas tambem habilitado para preferir em igualdade de circumstancias aos que se propozerem a servir os cargos honorificos dos conselhos.

As authoridades militares e civis, a quem a execuçaõ do Alvará de 15 de Dezembro proximo passado, e todas as mais a quem pertence dar cumprimento ao que sua Alteza Real ha por bem novamente determinar, daraõ a tudo inteiro cumprimento, naõ obstante quaesquer resoluçóes em contrario; pois que assim o exige a urgencia da causa publica, e salvaçaõ do Reyno. Palacio do Governo, em 17 de Junho de 1810.

Com as Rubricas dos Senhores Governadores do Reyno.

ORDEM.

Fazendo-se indispensavel ao fim de se oppôr uma vigorosa e efficaz resistencia ao inimigo, que os córpos destinados a este sagrado dever observem a mais exacta e severa discíplina, obedecendo promptamente ás ordens que lhes forem dirigidas pelas competentes authoridades, sem o que naõ póde haver energia, e successo nas operações militares; e sendo outro sim os córpos das ordenanças os que naõ menos devem cooperar para a defeza do estado, a que os obriga a honra, e a razaõ de vassallos, e principalmente nas criticas actuaes circumstancias; fim que já mais poderaõ preencher, faltando a necessaria subordinaçaõ, e recusando prestar-se com desvélo ao serviço de que forem incumbidos; determina o Principe Regente nosso Senhor, que durante a guerra actual, todos os officiaes, e soldados das ordenanças fiquem, como os da tropa de linha, sujeitos ás mesmas leis, e regulamento, para serem julgados em conselho de guerra pelas faltas e crimes militares que commetterem, servindo de auditor o Juiz de Fóra das capitaes das mesmas ordenanças, ou o mais visinho dos lugares em que se acharem reunidos, e sendo vogaes os officiaes, e officiaes inferiores dos respectivos córpos, ou da tropa de linha, que ao Governador das Armas da provincia parecer nomear; e sendo finalmente obrigados os Capitães Móres, nas occasiões das revistas, a fazer ler na frente das companhias do seu commando os artigos de guerra, para que ninguem possa allegar ignorancia a similhante respeito. O Marechal Commandante em Chéfe do Exercito, e todas as mais authoridades, a quem o conhecimento destas pertencer, assim o executem, sem embargo de quaesquer leis, ou ordens em contrario. Palacio do Governo, em 30 de Junho de 1810.

Com as Rubricas dos Senhores Governadores do Reyno.

Avizo. Circular.

ILLUSTRIS. E EXCELLENTIS. SENHOR!

O Principe Regente N. S. foi servido ordenar immediatamente por Aviso, de 3 de Novembro do anno proximo passado, que em todos os tribunaes do reyno, onde houver resoluções de consultas, ou quesquer actos publicos no nome do intruso Governador Junot, se haja de riscar tudo o que assim existir, a fim de que naõ fique memoria de similhante prevaricaçaõ, e de taõ horroroso attendado : o que V. Exc. fará presente na . . . . . para que assim o fique entendendo, e faça executar pela parte que lhe toca. Deos guarde a V. Exc. Palacio do Governo, em 27 d'Abril de 1810.

JOAÕ ANTONIO SALTER DE MENDOÇA.

AMERICA.

Provincia de Caracas.

Bando.

Na cidade de Caracas, aos 19 de Abril de 1810, se ajunctáram nesta sala capitular os senhores que abaixo assignáram, e saõ os que compoem este Muito Illustre Ayuntamiento; por occasiaõ da funcçaõ ecclesiastica do dia de hoje Quinta feira Sancta, e principalmente com o fim de attender á saude publica deste povo, que se acha em total orfandade, naô somente pelo cativeiro do Senhor D. Fernando VII. ; mas tambem por ter-se dissolvido a juncta, que suppria sua ausencia, em tudo o que diz respeito á segurança, e defeza de seus dominos, invadidos pelo Imperador dos Francezes, e mais urgencias de primeira necessidade, em consequencia da occupaçaõ quasi total dos reynos e provincias da Hespanha, d'onde tem resultado a dispersaõ de todos, ou quasi todos os que compunham a expressada Juncta, e por conseguinte a cessaçaõ de suas funcçoens. E, ainda que segundo as ultimas ou penultimas noticias derivadas de Cadiz, parece ter-se substituido outra forma de Governo, com o titulo de Regencia; sêja o que fôr da certeza ou incerteza deste facto, e da nulidade de sua jurisdicçaõ, sobre estes paizes; porqne nem foi constituida pelo voto destes fieis habitantes, quando tem sido ja declarados naõ colonos, mas sim partes integrantes da coroa de Hespanha, e como taes sido chamados ao exercicio da Soberania interina, e á reforma da constituiçaõ nacional, nem, quando pudesse prescindir-se disto, se poderia prescindir da impotencia em que se acha o dicto Governo de attender á segurança e prosperidade destes territorios, e administrar-lhes inteira justiça, nos assumptos e causas proprias da Suprema Authoridade, em taes termos que, pelas circumstancias da guerra, e da conquista e usurpaçaõ das armas Francezas, naõ pódem valer-se a si mesmos os membros que compoem o indicado novo Governo, em cujo caso o direito nacional, e todos os mais, dictam a necessidade de procurar os meios de sua conservaçaõ e defeza ; e de erigir, no seio mesmo destes paizes, um systema de Governo, que suppra as enunciadas faltas, exercendo os direitos da Soberania, que pelo mesmo facto tem recahido no povo, conforme os mesmos principios da sabia constituiçaõ primitiva de Hespanha, e as maximas que tem ensinado, e publicado, em innumeraveis papeis, a extincta Juncta Suprema. Para tractar pois o M. I. Ayuntamiento de um ponto da maior importancia, houve por bem convocar um Cabildo extraordinario, sem a menor dilaçaõ ; porque jà presentia a fermentaçaõ perigosa, em que se achavam os povos, com as novidades espalhadas ; e com o temor de que por engano ou por força, fosse induzido a reconhecer um Governo illegitimo ; convidando para sua concurrencia ao Sñr Marechal de campo D. Vicente Emparan, como seu Presidente ; o qual o verificou immediatamente ; e depois de varias conferencias, cujos resultados éram pouco ou nada satisfactorios ao bem publico destes leaes vizinhos, uma grande porçaõ delles, congregados na proximidade destas casas consistoriaes, levantou o grito acclamando com a sua acostumada fidelidade ao Sñr D. Fernando VII., e á Soberania interina do povo ; pelo que, havendo-se augmentado os gritos, e acclamaçoens, quando ja dissolvido o primeiro tractado marchava em corpo capitular para a Igreja Metropolitana, teve por conveniente e necessario retroceder á casa do Ayuntamiento para tractar de novo sobre a segurança, e tranquilidade publica. E entaõ, augmentando-se o concurso popular, e seus clamores, pelo que mais importava, nomeou, para que representassem os seus direitos em qualidade de deputados aos Senhores D. Joze Cortés de Madariaga, Conego de Mercê da mencionada Igreja; D. Francisco Jozé de Rivas, Presbitero; D. Jozé Feliz Sosa; e D. Joaõ German Rosio, os quaes chamados, e conduzidos a ésta sala, com os prelados das religioens, fôram admittidos, e estando junctos com os Senhores deste Mui Illustre Cabildo, entráram nas conferencias convenientes, achando-se tambem presentes o Sñr D. Vicente Basadre, Intendente do exercito, e Real Fazenda, e o Sñr. Brigadeiro D. Augustinho Garcia Commandante subinspector do Real Corpo de Artilheria d'esta provincia, e aberto o tractado pelo Sñr. Presidente, fallou em primeiro lugar, depois de S. S. o deputado primeiro, na ordem em que fîcam nomeados, alegando os fundamentos, e razoens do cazo, em cuja inteligencia disse, entre outras cousas, o Sñr. Presidente, que naõ queria nenhum mando; e sahindo ambos á varanda notificáram ao povo a sua deliberaçaõ, e resultando nessa conformidade que o mando Supremo ficasse depositado neste M. I. Ayuntamiento, se procedeo ao mais que se dirá; e se reduz a que, cessando igualmente em seu emprego o Sñr. D. Vicente Basadre, fosse subrogado em seu lugar o Sñr. D. Francisco de Berrio, Fiscal de S. M. na Real Audiencia desta capital, encarregado do despacho de S. Real Fazenda; que cessassem igualmente em seus respectivos mandos, o Sñr. brigadeiro D. Augustinho Garcia, e o Sñr. D. José Vincente de Anca, Auditor de Guerra, Assessor geral de Governo; e ten. de Governador, entendendo-se a cessaçaõ para todos estes empregos; que, continuando os demais tribunaes, em suas respectivas funcçoens, cessem do mesmo modo no exercicio de seu ministerio os Senhores, que actualmente compoem a Real Audiencia; e que o Mui Illustre Ayuntamiento, usando da Suprema Authoridade depositada nelle, subrogue em lugar delles, os letrados que merecerem a sua confiança; que se lhe conserve a cada um dos empregados, comprehendidos nesta suspençaõ, os soldos fixos de seus respectivos lugares, e graduaçoens militares, de tal sorte que, o dos militares hade ficar reduzido ao que merecer o seu gráo; conforme a ordenança continuem as ordens de policia por agora, exceptuando as que se tem dado sobre os vagamundos, no que naõ fôrem conformes ás leis, e pragmaticas, que regem estes dominios, legitimamente communicadas; e as dictadas novissimamente sobre anonimos, e sobre exigir-se passaporte e filiaçaõ das pessoas conhecidas, e notaveis, que naõ podem equivocar-se nem confundir-se, com outras intrusas, incognitas, e suspeitas; que o Mui Illustre Ayuntamiento, para o exercicio de suas faculdades colectivas, tenha de associar-se com os deputados do povo, que haõ de ter vóz, e voto, em todos os negocios; que os demais empregados, naõ comprehendidos na suspensaõ, continuem por agora nas respectivas funcçoens, ficando com a mesma qualidade; sugeito o mando das armas ás ordens immediatas do tentene coronel D. Nicoláo de Castro, e Cap. D. Joaõ Paulo Ayala, que obraraõ em conformidade das que receberem do M. I. Ayuntamiento, como depositario da Suprema Authoridade; que para exercêlla com melhor ordem para o futuro, haja de formar quanto antes o plano de administraçaõ e Governo, que fôr mais conforme com a vontade geral do povo; que, por virtude das expressadas faculdades, possa o mesmo Illustrissimo Ayuntamiento adoptar as providencias do momento, que naõ admittirem demora; e que se publique por bando este acto, no qual tambem se inserem os mais deputados, que posteriormente fôram nomeados pelo povo, e saõ; o tenente de Cavallaria D. Gabriel de Ponte, D. José Felix Rivas; e o tenente reformado D. Francisco Xavier Ustariz, bem entendido que os dous primeiros obtivéram a sua nomeaçaõ pela congregaçaõ dos Pardos, com a qualidade de supprir um a ausencia do outro, sem necessidade de sua simultanea concurrencia. Neste estado, notando-se a equivocaçaõ acontecida, quanto aos deputados nomeados pela congregaçaõ dos pardos, se adverte ser somente o sobredicto D. José Felix Rivas; e se acordou ajunctar, que, por agora, toda a tropa de actual serviço tenha pret, e soldo dobrado, e assignáram, e juráram obediencia a este novo Governo na forma devida.

(Assignados) Vicente Emparan. Vicente Basadre. Felipe Martines e Aragon. Antonio Juliaõ Alvares. José Gutierres del Rivero. Francisco de Berrio. Francisco Espejo. Agostinho Garcia. José Vicente Anca. José de las Llamosas. Martin Tovar Ponte. Feliciano Palacio. José Hilario Mora. Isidoro Antonio Lopes Mendez. Rafael Gonzales. Valentin de Rivas. José Maria Blanco. Dionizio Palacio. Joaõ Ascanio. Paulo Nicoláo Gonzales. Silvestre Tovar Liendo. Dr. Nicoláo Anzola. Lino de Clemente. Dr. José Cortes; como deputado do clero e povo. Dr. Francisco José Rivas; como deputado do clero. Como deputado do povo Dr. Feliz Sosa. Como deputado do povo Dr. Joaõ German Rosio. Francisco Xavier de Ustariz. José Feliz Rivas. Fr. Felippe Motta; Prior de S. Tiago. Fr. Marcos Romero, Guardiaõ de S. Francisco. Fr. Bernardo Lanfrano, pelo commendador da Mercê. Dr. Joaõ Antonio Roxas Queypo, reytor do seminario. Nicoláo de Castro. Joaõ de Ayala. Fausto Vianna, escrivaõ Real e do novo Governo. José Thomaz Santana, secretario escrivaõ.

HESPANHA.

Proclamaçaõ Official da Juncta Superior de Cadiz.

CIDADAÕS DE CADIZ! Os vossos desejos vaõ agora a satisfazer-se com os de toda a Hespanha. Os vossos sagrados direitos esquecidos, e quasi perdidos, seraõ restabelecidos pelas Cortes, que se ajunctaraõ no seguinte mez. Vos estais a ponto de exercitar as solemnes funcçoens de Legisladores, de que vós tendes sido privados pela tyrannia, falsamente chamada authoridade Soberana. Com difficuldade temos feito parar a espada do poder, que tem causado os males, que deploramos; mas voltareis aos justos direitos de tereis Representantes independentes, que vigiem sobre a vossa felicidade. O oppressor da natureza humana se naõ terìa adiantado tanto em suas tentativas para o despotismo universal, se as naçoens, sugeitas ao seu sceptro de ferro, tivessem sabido manter a dignidade de homens, e de cidadaõs, cujo conhecimento constitue o vigor, e força do Imperio. A historia, cidadaõs, nos tem ensinado em mais de um exemplo, quanto a Hespanha he devedora a ésta heroica fortaleza, que, em nossas Cortes, tem feito aos Reys responsaveis pelo abuso de seu poder.— Lembrai-vos, que alguns Principes vos tem tractado, como se elles naõ tivessem deveres a cumprir, nem vós direitos a exercitar; e como se, o exprimir as vossas quiexas fosse um crime contra o Estado.

Começai pois os vossos deveres, em Hespanha, que he taõ livre para vós, com o éra para os vossos antepassados. Para este fim, empregai o direito de suffragio, que vós gozaes pela natureza, e pela Constituiçaõ de vossa Patria; e naõ soffrais, que a intriga, ou a seducçaõ vos surprenda no mesmo azylo da vossa liberdade, dictando-vos a escolha que deve ser exercitada sem prejuizos, á vosso prazer e vontade. O favor, a amizade, a dignidade, a riqueza, naõ daõ titulo; e naõ he pelos homens que possuem essas qualidades, que a patria hade ser salva. O patriotismo o talento, o merecimento, provados pela experiencia—isto he o que deve attrahir a vossa attençaõ. Quem solicita o vosso voto, e emprega artificios para attrahir a approvaçaõ publica, avalua em baixo preço a independencia de um povo generoso, e deve ser notado por vós como um character suspeito. O verdadeiro patriotismo possue muita, e genuina modestia, para ser quem cante os seus mesmos louvores; e antes vos convencerîa por obras do que palavras, que merece a vossa confiança.

Nem vos deveis esquecer, de que sois responsaveis aos vossos filhos, e á posteridade, pelo fiel desempenho dos deveres nesta occasiaõ. Depois do restabelicimento da Monarchia vós sois, talvez, os unicos Hespanhoes, que tem gozado de uma taõ bella opportunidade de dar permanencia e solidez á instituiçaõ civil. Se depois de dous annos de incerteza, e vacilaçaõ, quando vós tendes sido tantas vezes trazidos a borda do precipicio, naõ descubris que a origem de vossas calamidades consiste na representaçaõ imperfeita da vontade nacional ¿ qual será a consequencia? O Governo, e todos os bons cidadaõs lamentaraõ a vossa culpavel cegueira; e teraõ ao menos a consolaçaõ negativa de saber que a historia vos nomea como os destructores de vossa familia, e assassinos de vossa patria.

Vós naõ podeis justificar-vos, como ao principio da revoluçaõ, pela consternaçaõ, em que o inimigo lançou o paiz, de maneira que, naõ tendo meios de escolher, e examinar, vós fosteis entregues a vociferadores pretendentes, que se aproveitáram da confusaõ para dominar-vos; nem vos podeis desculpar confessando que fosteis a victima da intriga; porque a penosa experiencia de dous annos vos tem ensinado a descubrilla, e desprezálla. Vós podeis agora exercitar a vossa reflexaõ socegada, e vencer aquella influencia, que homens ardilosos exercitam para vos enganar.

Lembrai-vos, que, segundo vós obrareis bem ou mal, vós estabelecereis a honra, ou fixareis a ignominia da Hespanha—Tudo depende da integridade dos Membros da Augusta assemblea, que deve declarar solemnemente os immutaveis principios da justiça, e consagrar ante os tyrannos os sagrados direitos das naçoens.

Esta Juncta Superior anciosamente espéra, que, considerando a importancia dos negocios, que vos estaõ confiados, e observando rigidamente as regras prescriptas para a eleiçaõ, vós acautellareis toda a intervençaõ corrupta, e conservareis na vossa lembrança, que se foreis infieis, fareis tudo que está no vosso poder para promover a eterna ignominia de vossa posteridade. Por ordem da Juncta Superior.

LUIZ DE GARGOLLO, Secretario.

Cadiz, 8 de Junho, 1810.

Proclamaçaõ da Juncta Superior do Governo de Cadiz ás Senhoras, habitantes na quella Cidade.

ILLUSTRES GADITANAS.

Se em todo o tempo fostes famosas na Historia; se merecestes os applausos da mesma Roma por vosso Patriotismo, e se em nenhuma época o haveis desmerecido, crede que a vossa Juncta do Governo, cheia de ternura e gratidaõ naõ póde negar-se a publicar os dignos feitos com que nas presentes circumstancias tendes sellado a vossa lealdade, o vosso amor a Fernando, e a vossa decidida adhesaõ pela saude da Patria, que ainda lucta por seu resgate, contra o maior dos tyrannos que tem conhecido a Europa. Naõ chegou ainda o caso de empunhar a espada para defenderdes vossas habitações, e resistir á impia profanaçaõ da vossa honra, a que aspiraõ as sacrilegas e immoraes Legiões de Napoleaõ nosso inimigo: sobeja-vos espirito militar para obrar, naõ só o que em outro tempo as mulheres de Esparta; mas para imitar o heroismo de que deram exemplo mui recente as heroinas de Gerona, Saragoça, e Valença. Mas em quanto esta occasiaõ naõ chega, ¿ quanto naõ tem brilhado o vosso acrysolado patriotismo? Vossas delicadas maõs acabam de fabricar generosamente quarenta mil camizas, além de cincoenta e uma mil, que antes havieis construido para vestir aos defensores da Patria, que chegaraõ nús a esta Praça. Vós, sacrificando vosso repouso, fabricastes grande número de milhares de saccos de terra, que nos serviraõ de parapeito nas baterias que puzemos contra o inimigo naquelles tristes dias de consternaçaõ em que taõ formidaveis julgavamos os seus ataques. Vós, negando-vos ao descanço tinheis provido a Cadiz, e ainda o fazeis, de saquinhos para cartuchos de toda a especie, de fios para os Hospitaes, e de outros objectos interessantes, poupando com isso grandes sommas ao Erario, e sem que até agora se tenhaõ cansado vossas maõs, nem mesmo enfastiado ou aborrecido vossa innata generosidade. ¿ Poderia a Juncta calar estes vossos taõ distinctos serviços? Sabei, Senhoras, que se achaõ profundamente gravados no coraçaõ de quantos individuos o compõe, e que ao passo que celebram o grande desinteresse que tem tido as Senhoras abastadas, naõ podem deixar de agradecer o que tem manifestado as indigentes que recusando receber o menor estipendio; e o que he mais até aquellas mesmas que necessitavam deste mesmo estipendio para subsistir honradamente, se sacrificaram a todo o excesso, fazendo gratis toda a qualidade de manufacturas, recebendo por seu trabalho unicamente o preciso para viver, e isto mesmo com sentimento de naõ poder offerecer tudo a beneficio da Patria.

Oh illustres Gaditanas! Vós sois dignas do melhor elogio, e a vossa Juncta do Governo, que nem sabe, nem quer adular, vos diz com franqueza, que vossas maõs tem sido nesta época equivalentes a muitos milhares de Soldados valentes, segundo o serviço que haveis feito á Patria, sem exceptuar classes, fortuna, ou gerarchia. Depois disto, e mesmo agora ¿ em quantos trabalhos se naõ acham occupadas vossos mãos? A nova Superintendencia do Hospital vos repartio a costura de milhares de lençoes, traveceiros, e barretes para os enfermos; e todavia naõ se ouve de vos a menor escusa, o que penetra a Juncta dos mais altos sentimentos de gratidaõ. Se lhe fôra possivel agradecer individualmente a cada uma tanto bem, o faria com a melhor vontade; porém naõ podendo isto verificar-se, sendo indispensavel distribuir ao menos vinte mil camizas, e naõ se podendo occupar nisto as costureiras de profissaõ, por quanto se acham empregadas na factura de vestuarios, que se naõ deve interromper ; ¿ que providencia deverá tomar-se? Naõ he já possivel, Senhoras, que a Juncta vos mande, e menos que decrete huma repartiçaõ como ate agora; porém se estais animadas do mesmo patriotismo que até aqui, se ardeis no mesmo nobre fogo pela patria, e se quereis corresponder neste serviço aos esforços que o vosso Governo faz em todas as occasiões; sabei que em cada um dos Tribunaes de Vigilancia dos bairros achareis o número de camizas que desejardes fazer. Naõ duvida que cooperareis a seus designios dando continuas provas do vosso mais decidido patriotismo. A Juncta assim o espera; e certa nesta confiança, vos roga, exhorta, e convida. Cadiz, 23 de Junho, de 1810. André Lopes, Presidente. Por acordo da Juncta Superior do Governo. Luiz Gargollo, Secretario.

COMMERCIO E ARTES.

Noticias importantes sobre o Commercio do Mediterraneo, Communicadas em uma carta de uma casa de Commercio respeitavel em Malta.

Malta, Maio, 1810.

A GRANDE, e crescente, importancia commercial e politica deste lugar, e a probabilidade de que continuará a ser o principal emporio, e deposito no Mediterraneo, nos levou a fazer publica uma revista geral desta materia, para informaçaõ dos nossos amigos.

Antes da guerra actual, Malta éra quasi desconhecida como praça de commercio; porém a sua posiçaõ central; a sua extensa, e excellente enseada; a segurança que se deduz de suas inconquistaveis fortificaçoens, o espirito emprehendedor dos novos habitantes, tem, pela influencia bem feitora da protecçaõ Britannica, attrahido aqui um commercio geral, em extençaõ admiravel. Passaremos agóra a particularizar o estado presente, e prospectivo de seu commercio, com os paizes circumvizinhos, que ólham agora para Malta, como um ponto d'onde pódem tirar os seus supprimentos de manufacturas Britannicas, e productos coloniaes; e onde pódem achar um prompto mercado para ás suas diversas producçoens.

Commercio com Sicilia. Ainda que as duas cidades capitaes de Messina, e Palermo, gozem de um consideravel commercio directo com a Inglaterra; com tudo os habitantes da costa meridional da ilha preferem vir a Malta, naõ somente por ser a viagem mais breve, mas porque, na volta para as suas costas, pódem desembarcar as suas fazendas por meio de contrabando, evitando os direitos a que estarîam sugeitos, se as desembarcassem em Palermo ou Messina. De Sicilia trazem enxofre, barrilha, çumagre, azeite, vinho, extracto d'alcaçuz, seda, cannamo, linhaça, ambar, coral, peles de cordeiro e bode, çumo de limaõ, laranjas, limoens, graõs, e legumes; e em retorno se lhe mandam manufacturas Britannicas, e producto colonial, couros, chumbo, estanho, aço, consistindo mais em artigos de necessidade do que de luxo. A barrilha carrega-se principalmente em Catania, Trapanni, Marsala, Terra nuova, e Girgentu: enxofre em Licata e Girgentu: o melhor çumagre he produzido em Alcamo, e embarcado em Palermo, e Trapanni; a exportaçaõ de graõ da Sicilia tem, ha tempos a ésta parte, sido mui limitada; porém, quando as colheitas saõ abundantes, os lugares de embarque para o trigo mole saõ Termini e Castellamare; para o trigo duro, Girgentu, Sciaca, Licata, e Terra nuova; e cevada em Terra nuova, Scoglietti, Licata, e Girgentu. Os navios Britanicos, que vem para o Mediterraneo, com as vistas de carregar em retorno as producçoens de Sicilia, pódem fazêllas conduzir para Malta, em embarcaçoens do paiz, ou proceder directamente para as mencionadas praças, e ali carregar. Olhando-se para o mapa se véra que Malta está mais proxima aos portos onde se ajunctam e embarcam a maior parte das producçoens, do que Messina ou Palermo. Estes lugares de embarque saõ principalmente enseadas abertas, e na estaçaõ do inverno expostas a tempestades; e ás vezes a vizitas repentinas dos corsarios do inimigo. Ha um cambio limitado entre Malta, Messina, e Palermo, e as letras de cambio sobre Palermo, geralmente trazem um premio de $\frac{1}{2}$ a 1, por cento, em todas as partes de Sicilia; o par he $6\frac{1}{4}$ escudos de Malta, por uma onça de Sicilia. As letras sobre Messina, em Malta, soffrem usualmente um desconto de 1 a 2 por cento.

Commercio com Sardenha. He este em ponto mui limitado, e as restricçoens impostas pelo Governo de Sardenha, sobre o commercio, he um impedimento para que naõ augmente na proporçaõ de que he susceptivel. A ilha he fertil em trigo e vinho, e quando he permittido exportar-se, mandam-se varias cargas de trigo annualmente para Malta de Cagliary e Ourestan. Tamhem se cultiva barrilha na Sardenha, e o paiz he capaz de produçoens mui similhantes ás da Sicilia, se os habitantes fossem sufficientemente excitados pelo Governo. A bahia de Cagliari he um dos melhores lugares no Mediterraneo para carregar sal, que raras vezes excede em preço a dez shillings esterlinos por tonnelada, a bordo. A venda de manufacturas e productos Britannicos, he mui limitada na Sardenha; o dinheiro em especie (patacas Hespanholas), para comprar a carga, he o que para ali se deve mandar.

Commercio com a Regencia de Tunis.—O principal porto commercial da Regencia he a mesma cidade de Tunis; porém Biserta julga-se que he o melhor porto para embarcar graõ, e Suza para o azeite. A communicaçaõ entre Malta e Tunis he consideravel; e alem dos vazos Tunisianos, que ordinariamente velejam sós, sahem usualmente convoys de Malta todos os mezes; e consistem em vasos principalmente Maltezes; elles lévam para Tunis productos coloniaes, pedra ume, estanho, aço, seda crua da Grecia, cochinilha, taboas, muselinas de baixo preço, panos, londrinas, pano de linho, sarjas, e droguetes; porém o consumo de cada um destes artigos he summamente limitado; as cargas de retorno consistem em cevada, trigo, legumes, azeite, couros, laã, cera, sabaõ, &c. Este commercio he capaz de consideravel augmento, mas infelizmente os habitantes do paiz saõ conservados em tal estado de oppressaõ e despotismo, que naõ tem cousa que os excite a ser industriosos. O Bey, e o seu primeiro ministro, saõ tambem negociantes; e naõ se podem exportar fazendas algumas sem que delles se compre a permissaõ:

naõ ha um só negociante Britannico estabelecido em algum dos portos da Regencia, e o commercio he principalmente feito por Judeos, que tem tambem os seus agentes, e estabelicimentos em Malta, e ao mesmo tempo os negociantes Britannicos, e a sua propriedade estaõ seguros, e respeitados. Alem do commercio em producçoens do paiz, ha um commercio de rodeio com os portos de França e Italia, por meio de vasos Tunisianos, cuja bandeira he respeitada pelos Francezes, e Tunis he o porto de sua principal communicaçaõ com os Estados de Barbaria: he tambem este o abrigo, e lugar de espera dos corsarios Francezes no Mediterraneo; pois a sua estaçaõ de andar a corso he entre cabo Bona, e a ilha de Maritimo: a proximidade de Biserta e Tunis, lhes offerece uma maior probabilidade, de salvar ali as suas prezas, do que na viagem mais dilatada da França; e a condemnaçaõ se faz pelo consul Francez em Tunis. Ha um cambio nominal entre Malta e Tunis; porém raras vezes se sacam letras de cambio. A moeda mais corrente saõ sequins Venezianos, e patacas Hespanholas.

Commercio com Tripoli. Todas as mercadorias que chegam a este Estado devem primeiro efferecer-se ao Bey; e depois que elle tem comprado o que lhe parece; o resto póde ser vendido ao publico; os artigos de importaçaõ saõ similhantes aos de Tunis; mas o consumo he ainda mais limitado. Vem daqui o gado com que se suppre Malta; e quantidades consideraveis de ruiva dos tinctureiros, e tamaras: a ruiva julga-se superior em qualidade á que vem da Turquia; porém os Mouros naõ tem muito cuidado em a limpar. O Bey tem, há tempos, prestado alguma attençaõ á cultura da barrilha; toda aque se cultiva he por sua conta; e para se comprar he necessario fazer com elle um contracto: a colheita vem em Agosto; e a quantidade produzida a avalîam em 800 toneladas annualmente.

Commercio com La Cala e Bona. Os Francezes possuîam antigamente este commercio; o seu principal estabelecimento éra em La Cala, e a companhia tinha o nome de "Real companhia Africana." Durante a ultima guerra dos Francezes com Argel, se desfez o seu estabelicimento ou colonia; e o "Direito de Commercio" (que éra exclusivo) foi comprado pelo Governo Britannico; os principaes artigos, que ali compravam os Francezes éram trigo, e legumes, madeira, gado, laã, couros, e cera; e cem embaraçoens se carregávam todos os annos deste porto para Marselha, &c. Ultimamente se estabeleceo em Malta uma companhia com as vistas de organizar um commercio regular, com algums lugares situados na Regencia de Argel; pequeno progresso, porém, fez este commercio, unicamente duas cargas de cevada, e duas de gado se importáram para Malta. A falta de pessoas que se estabaleçam em La Cala, he provavelmente uma razaõ porque o commercio se naõ adianta. No periodo em que os Francezes tinham este contracto, a pesca do coral, nas costas, éra feita com actividade, e se suppunha um importante ramo de commercio.

Commercio com o Egypto. Este he principalmente feito com o porto de Alexandria, mas as exportaçoens de Malta saõ limitadas, e consistem principalmente em pedra hume, verdete, café, açucar, panos, ferro, chumbo, anil, pimenta, aço, estanho, páos de tincturaria, &c. mas naõ se pode dispor de nenhum destes artigos em grande extençaõ; as cargas de retorno consistem em gomas, drogas, graõ, açafraõ, nitro, e linho. Naõ ha cambio entre Malta e Egypto.

Commercio com Chypre e Candia. Ha poucas exportaçoens de Malta para éstas ilhas. De Chypre se traz algodaõ, ruiva dos tinctureiros, terra de sombra, e vinho. De Candia se importa para Malta uma consideravel quantidade de azeite, e o sabaõ branco manufacturado ali se julga ser o melhor no Mediterraneo, sendo mui proprio das Indias occidentaes e America: exporta-se tambem de Candia alguma fruta, similhante á uva chamada preta-de-Smyrna. O pagamento destes artigos he ordinariamente feito em moeda corrente, que se manda com os vasos que vám a carregar. Naõ ha cambio entre Malta e éstas ilhas; porém, em tempo de paz, se poderaõ dispor em Candia de letras de cambio sobre Constantinopla, em pequena somma.

Commercio com as ilhas Gregas do Archipelago A maior parte destas ilhas produzem azeite, vinho, e fruta; os Gregos, que as habîtam, frequentam muito o mercado de Malta, trazendo as suas producçoens para vender; e levando aquelles artigos de manufactura, e producto, que elles consomem; e consistem principalmente em café, açucar, páos de tincturaria, anil, especiaria, chumbo, ferro, aço, muselinas da India, chitas, panos, &c. Estes insulanos saõ proprietarios, e fabricadores de muitas embaracaçoens, e saõ os principaes transportadores, entre Malta e o Levante.

Commercio com Smyrna. He este um ramo muito consideravel do commercio de Malta, frequentado tanto pelos negociantes Inglezes, como pelos Gregos; mas principalmente em navios Gregos; e posto que, depois da paz com a Turquia, se tenham mandado navios directamente da Inglaterra para Smyrna, com tudo, em quanto o commercio de Malta existir no estado em que se acha, he mui provavel que o commercio com a Turquia passará por ésta ilha, isto por varias causas.

A incerteza do estado politico da Turquia, impedirá que se conserve na quelle paiz grande fundo em mercadorias. Os Gregos, que saõ os principaes commerciantes nos dominios Ottomanos, saõ inclinados a novas emprezas, e preferem vir a Malta, onde tem mais fazendas a escolher; e como elles podem navegar os seus vasos mais baratos do que nós podemos, os fretes saõ tambem mais baixos; e comprando os seus surtimentos em Malta podem vendêllos no Levante a preço taõ commodo, como o que os importassem directamente de Londres. A escacez de qualquer artigo em particular, nos mercados da Turquia, he sabida em Malta, dentro em poucos dias, ou de um mez ao mais tardar; e a falta he immediatamente supprida, muito antes que o negociante em Inglaterra possa receber avizo da Turquia, nem ainda de que o artigo se necessita. A natureza vaga do credito em Turquia, aonde as vendas feitas a pagar em tres mezes, naõ saõ frequentemente pagas em doze mezes, ou dous annos, he taõ contrario a todo o systema regular de commercio, que os proprietarios das fazendas devem sempre preferir o vendêllas em Malta, aonde os pagamentos saõ punctuaes, e ao menos se pode fazer algum calculo do periodo em que viraõ os retornos. Alem de varios da feitoria de Smyrna, que tem agora o seu estabelicimento em Malta, ha muitas casas Gregas, que tem connexaõ com aquella praça. As exportaçoens de Malta consistem em café das Indias occidentaes, e de Meca, açucar em pó, e refinado; páos de tincturaria, chumbo, bala, ferro, aço, estanho em pratos e barra, cochinilha, anil, especiaria, xales, muselinas, chitas, &c. Os retornos consistem em seda de Brussa, gomas, drogas, esponjas, algodaõ, cera, galhas, ruiva dos tinctureiros, fiado de pelo de camelo, frutas, como uvas pretas e brancas passadas, figos, pelo de cabra, peles de lebre, trigo, &c. Ha um cambio limitado entre Malta e Smyrna; mas parece que este se augmenta; e geralmente se encontram letras, em um, e outro lugar.

Commercio com Constantinopla. As exportaçoens de Malta saõ as mesmas que para Smyrna, porém a communicaçaõ naõ he taõ frequente; em retorno se recebem principalmente as producçoens, e manufacturas dos portos Russianos no mar negro; a saber; trigo, cordagem, ferro, lonas, sebo, &c. mas este negocio tem sido incerto, por causa da guerra, entre a Russia e Turquia, que fez com que ésta Potencia fechasse o estreito, impedindo o ingresso, e egresso de todos os vasos naquelle mar: este commercio consequentemente depende das relaçoens politicas entre as duas potencias; porém como Constantinopla depende em parte, para o seu consumo de trigo, dos supprimentos que recebe do mar negro, he a Turquia obrigada algumas vezes a permittir a passagem de vasos, os quaes, posto que geralmente tenham a permissaõ restricta, e particularmente para supprir a cidade com trigo, acham assim meios de passar outras mercancias. Em quanto os outros portos do continente, no Mediterraneo, estaõ fechados a todo o commercio Britannico, he provavel, que algumas fazendas passem para a Alemanha por via de Constantinopla, mas isto póde unicamente succeder com artigos de pouco volume, ou leves; postoque, durante o anno de 1808, quando as nossas ordens em Conselho excluîram os navios neutraes de todos os portos, de que éram excluidos os Inglezes, passou uma grande quantidade de algodaõ de Smyrna para Vienna, e interior da Alemanha, por via de Constantinopla. Naõ ha cambio regular entre Malta e Constantinopla, e he só ás vezes que se acham letras em uma ou outra parte.

Commercio com o mar negro. Desde o periodo em que Malta se fez o deposito do commercio Britannico com o Mediterraneo, foi a entrada do Mar Negro fechada pelos Turcos a todas as bandeiras, e agora só está aberta em parte; e naõ se offerece occasiaõ de commercio algum activo, com os portos daquelle mar; de maneira que só podêmos julgar por analogia, o que poderá vir a ser este commercio; se as circumstancias induzîrem a Porta a permittir a passagem livre de alguma bandeira, que sêja admittida nos portos Russianos; e como Odessa he o principal destes, pela taboa das importaçoens e exportaçoens, que temos diante de nós, do anno de 1805; podemos dizer, que entráram naquelle porto 595 vasos, entre os ques se notam 27 com bandeira Ingleza. As importaçoens consistîram em vinhos, principalmente Francezes, alguma agoardente de cana, seda crua, café, açucar, azeite, sabaõ, enchofre, nozes, laranjas, limoens, uvas passadas, figos, tamaras, amendoas, pano, linho, &c. mas tudo em quantidades mui limitadas: o grande artigo de exportaçaõ he o trigo, que subio naquelle anno a 578.321 cetwerts Russianos; as outras exportaçoens consistem em centeio, cevada, aveia, cebo, velas de cebo, cera, cannamo, e outros artigos de poucá monta. Estas exportaçoens fôram distribuidas por todos os portos do Mediterraneo, e a Hespanha e Portugal recebêram os seus principaes supprimentos de trigo desta fonte. Malta pela sua situaçaõ, e pelo capital que agora possue, gozará, em tempo de paz, de uma porçaõ consideravel deste commercio; porque de 595 vasos que entráram no porto de Odessa, no anno de 1805, 264 éram Austriacos, pertencentes a mercadores de Hespanha, e Portugal, e naõ voltáram para o seu porto: e olhando para o mapa se verá, que Malta está mais convenientemente situada, para fazer este commercio, do que Trieste. O trigo bom, neste periodo, custa a bordo 23 shillings e nove peniques esterlinos por quarto (este calculo he feito segundo o valor actual do ruble na quelle tempo) mas era necessario providenciar os fundos para a compra, dous mezes antes do embarque. Os ventos nordestes reynam no mar Negro desde Junho até Agosto inclusive; portanto as embarcaçoens devem deixar as Dardanellas antes do fim de Maio, ou naõ tentar a viagem, senaõ em caso de necessidade, até o principio de Septembro. A navegaçaõ naõ tem impedimentos até tarde no inverno; e os vasos podem sahir com segurança de Odessa até o meado de Novembro, posto que o premio do seguro geralmente sobe, se ficar até o fim de Outubro.

Commercio com Salonica. Naõ tem os negociantes de Malta entrado neste commercio com muita actividade; mas os Gregos fazem ali um negocio consideravel, e dali exportam trigo, ceveda, algodaõ, tabaco, cera : e as exportaçoens de Malta saõ similhantes ás de Smyrna. Tenta-se agora introduzir productos coloniaes, e manufacturas Britannicas, no continente da Europa, por ésta via: mas o transito por terra de Salonica até Vienna, naõ somente he longo, mas as fazendas passam por paizes deshabitados, e sugeitos ás disputas entre os exercitos Servios, e Turcos, nenhum dos quaes deixará passar as fazendas, sem as sugeitar a algum tributo; com tudo, se as circumstancias politicas continuarem no estado presente, o negocio entre Malta e Salonica promete augmento. As exportaçoens de Salonica, segundo a lista de 1809, consistîram em 110.000 fardos de algodaõ, 400.000 okes de laã de ovelha, 29,000 fardos de tabaco, 1:000.000 kilos de trigo, 500.000 kilos de cevada, e 100.000 kilos de milho; alem de outros artigos de menor nota. A pouca distancia de Salonica na costa oriental da Grecia, em Thessalia, estaõ os golphos de Zeitun, e Volo, donde se exportam quantidades consideraveis de trigo, cultivado no territorio de Ali Pacha; este commercio está inteiramente nas maõs dos Gregos, e varias carregaçoens de graõ se mandam todos os annos para Malta, da quelles lugares.

Commercio com a Morea. Patrass he o principal porto da Morea, frequentado por navios Britannicos, ainda que ha varios outros no golpho de Lepanto, aonde os Gregos fazem as suas cargas. Este commercio he consideravel, e as exportaçoens parecem augmentar: consistem ellas em artigos similhantes aos que se mandam para a Turquia; mas a venda das mercadorias naõ he extensa; e a natureza do Governo, por toda a Morea, he tal, que impede aos habitantes, pela maior parte Gregos, o mostrar que tem riquezas; consequentemente elles nunca ajunctam grandes sortimentos; mas compram sómente para o consumo immediato. Os retornos para Malta consistem em uvas de Corintho, laã de ovelha, azeite, peles de cabra, e lebre, galha, seda crua, linhaça, e outros artigos de menor importancia. Em 1804 a colheita das uvas de Corintho foi de 8:000.000 libras; geralmente saõ iguaes ás de Zante, tanto em quantidade como em qualidade; e pela proximidade de Patrass a Zante, o preço a bordo he quasi o mesmo.

Commercio com o golpho de Artha, e jurisdicçaõ do Pacha de Janina. Este paiz está situado ao norte da Morea, e he governado por Ali Pacha, um chefe emprehendedor, que se fez quasi independente da Porta. Os portos principaes saõ Prevesa, Parga, Saloura, Valki, e Vanezza, e as producçoens do paiz similhantes ás da Morea. Ha quatro grandes bosques de carvalho, dous dos quaes se extendem até as praias do mar; e os Francezes, antigamente, obtinham, deste districto, supprimentos de madeira, para o arsenal naval em Toulon: o seu contractador foi morto em um motim, no anno de 1792, depois do que se naõ tem cortado madeira nestes bosques. As precisoens dos habitantes saõ poucas: o valor das fazendas entradas na alfandega de Arta, em 1804, chegou a 1:000.000 de piastras, ou cerca de 50.000 libras esterlinas; e consistiram em panos grossos, ferragens, café, açucar, cordagem; polvora, muselina, pano de linho, veludos, e a maior parte veio de Trieste; e as manufacturas todas Alemaãs.—O Governo Britannico entrou agora em alliança com este Pacha, e ultimamente o tem supprido com artilheria, polvora, &c., e mantem um agente acreditado naquelle paiz: o tempo mostrará se ésta relaçaõ politica causará algum augmento de commercio com o territorio deste Pacha.—Ao norte deste territorio estaõ as jurisdicçoens dos Pachas de Durazzo, e Scutari, e com estes lugares tem havido até aqui mui pouco negocio; porém dizem que os Pachas desêjam animar um commercio com Malta, e os seus portos offerecem a conveniencia de fazer o commercio de contrabando com o territorio Francez de Cattaro, que lhe fica vizinho; e tambem he o ponto neutral mais proximo, donde se podem transportar fazendas para a Hungria, Croacia, &c.

Commercio com Zante e Cephalonia. O consumo de manufacturas ou productos Britannicos, nestas ilhas, he extremamente limitado; consiste em pedra hume, páo brazil, ferro em barra, chumbo, bala de espingarda e pequena, açucar, café, especiaria, chitas, muselinas, loiça, &c. mas tudo em taõ pequenas quantidades, que apenas se podem considerar como um objecto de venda por juncto: e antes da guerra actual o seus supprimentos lhes éram fornecidos pelos mestres dos vasos, que ali hîam carregar as producçoens do paiz; a residencia de uma guarniçaõ Britannica provavelmente augmentará o consumo. A nova colheita de uvas de Corintho está geralmente prompta para embarcar-se, no fim de Septembro: o termo medio se avalua em o pezo de 6:750.000 libras em Zante: e em Cephalonia cerca de 5:000.000 libras. Zante produz, alem disso, 4.000 barris de vinho (de 18 gallons cada barril) e 2:000.000 limoens: a colheita do azeite se avalua em 60.000 cada dous annos. O páo amarelo, que se chama "Zante fustic" nos mercados Inglezes, naõ se produz nesta ilha; mas he trazido para aqui da costa fronteira da Morea.—Antes dos Francezes occuparem Vienna, os importadores de uvas de Corintho para Inglaterra, faziam as suas encomendas deste fructo aos seus conrespondentes, para comprar e preparar uma carga prompta em Zante e os vasos que levavam peixe, e outras cargas para Veneza e Trieste, éram empregados em transportar este fruto, sendo mandados de Veneza em lastro para carregar em Zante. Os negociantes em Veneza comprávam frequentemente as uvas de Corintho, nas vinhas, antes de estarem maduras, e adiantávam o dinheiro do pagamento; mas mettîam em conta aos seus conrespondentes em Inglaterra, pelo preço corrente de Zante, quando o vaso estava carregado. Este canal do negocio de Zante está agora interrompido, e naõ he provavel que se adopte outra vez; porque as encommendas seraõ feitas directamente, ou passaraõ por Malta, d'onde se pode mandar mais facilmente a moeda necessaria para éstas compras.

Ilha de Lissa. No golpho Adriatico, cerca de 40 milhas distante da costa de Dalmacia, e quasi defronte de Spalatro, está a ilha de Lissa, a qual, posto que cedida pelos Austriacos aos Francezes, naõ foi ainda occupada por estes, e ao presente he frequentada pelos corsarios Inglezes, que cruzam no golpho, para fazer aguada, &c. tem obra de 35 milhas de circumferencia; e possue uma boa enseada para navios. Produz annualmente cerca de 50.000 barris de vinho (de 18 gallons cada um;) tem uma pescaria para sardinhas e anchovas, e uma populaçaõ de 4 a 5.000 habitantes: nomea-se como uma ilha d'onde se pode fazer um consideravel negocio de contrabando, com os paizes vizinhos; e em certo tempo mandáram os negociantes de Malta uma petiçaõ a Lord Collingwood, recommendando-lhe o tomar posse della; porque, com o auxilio dos corsarios, poucos homens serîam bastantes para sua guarniçaõ; mas ainda se naõ tomou posse della formalmente.

Commercio com o Adriatico, França, e Italia. O resto dos portos de ambos os lados do mar Adriatico, excepto os que nós temos enumerado estaõ agóra, cedidos á França, e na posse della. Durante o periodo em que Trieste e Fiume estávam nas maõs dos Austriacos, o commercio com Malta éra mui consideravel; e algumas cargas de producto colonial, e manufacturas Britanicas se dirijiam ao interior do Continente por aquella vîa: mas este commercio parou inteiramente pela cessaõ que se fez destas cidades pelo tractado de Vienna; e está posto no mesmo pé do das outras partes da França e Italia. O Commissario civil d' El Rey, em Malta, está authorizado a dar licenças para negocîar em similhantes portos, e essas licenças tem vigor por cinco mezes, desde o tempo de sua data; e permittem os vasos tocar em portos da Barbarîa, ou Turquia para o fim de mudar os despachos, levantar as fianças, &c. A extençaõ deste negocio varîa consideravelmente, e depende inteiramente da facilidade com que as partes interessadas pódem ser peitadas, ou illudir o Governador Francez, nos portos que elles frequentam; consequentemente he arbitrario, e sugeito aos mesmos riscos e fluctuaçaõ, que nas outras partes da Europa.

Vantagens locaes de Malta. A enseada he espaçoza, e capaz de admittir vasos de qualquer grandeza; os direitos de anchoradouro saõ muito modicos, e se dá ao commercio toda a facilidade. He um porto livre, e se admittem vasos de todas as naçoens, sem restricçaõ alguma; exige-se um direito de pacotes da carga, mas isto naõ chega a um por cento do seu valor. Os negociantes Inglezes tem formado um commitè, para o melhor regulamento do commercio da ilha, e tem instituido um banco de deposito e desconto, com uma companhia de seguro; e nós presumimos que apenas haverá exemplo de algum lugar que tenha feito taõ rapidos progressos no commercio geral. Letras solidas se podem achar a todo o tempo; porém opera-se sobre o cambio, effeituado pelas necessidades do Governo.

Nota em conclusaõ. Com as vantagens que temos notado, Malta està actualmente supprida abundantemente de manufacturas, e producto colonial; e o mercado completamente cheio; sem que offereça attractivo algum para que se lhe mandem carregaçoens. Os preços dos artigos, em particular, dependem do preço corrente. A quantidade das fazendas importadas, tem excedido consideravelmente o seu consumo, e o das terras circumvizinhas, que daqui tíram os seus supprimentos; e as restricçoens, da parte da França, tem ultimamente impedido a extracçaõ nos portos de seu commando. As circumstancias poderaõ mudar; e o commercio achará o seu nivel.

Alvará de creaçaõ de um Banco Nacional no Rio de Janeiro.

Eu o Principe Regente, faço saber aos que este Alvará com força de lei virem; que, attendendo a naõ permittirem as circumstancias actuaes do Estado, que o meu Real Erario possa realizar os fundos de que depende a manutençaõ da Monarchia, e o bem commum dos meus fieis vassallos, sem as delongas que as differentes partes, em que se acham, fazem necessárias para a sua effectiva entrada, e que os bilhetes dos direitos das alfandegas, tendo certos prazos nos seus pagamentos, ainda que séjam de um credito estabelecido, naõ saõ proprios para o pagamento dos soldos, ordenados, juros, e pensoens, que constituem os alimentos do corpo politico do Estado, os quaes devem ser pagos, nos seus vencimentos, em moeda corrente; e a que os obstaculos, que a falta dos signaes representativos dos valores pôem ao commercio, devem quanto antes ser removidos, animando e provendo as transacçoens mercantis dos negociantes desta e das mais praças dos meus dominios e senhorios, com as estrangeiras. Sou servido ordenar, que nesta capital se estabeleça um Banco Publico, que na forma dos Estatutos, que com este baixam, assignados por D. Fernando Jozé de Portugal, do meu Conselho de Estado, Ministro assistente ao despacho do Gabinete, Presidente do Real Erario, Secretario de Estado dos Negocios do Brazil, ponha em acçaõ os computos estagnados, assim em generos commerciaes, como em especies cunhadas, promova a industria nacional, pelo gyro e combinaçaõ dos capitaes, e facilite junctamente os meios e recursos, de que as mesmas rendas Reaes, e as Publicas necessitarem para occurrer ás despesas do Estado.

E querendo eu auxiliar um estabelelicimento taõ util, e necessario ao bem commum, e particular, dos povos, que o Omnipotente confiou do meu zêlo e paternal cuidado; determino, que o saque dos fundos do meu Real Erario, e a venda dos generos privativos dos contractos, e administracçoens da minha Real Fazenda, como saõ os diamantes, pao-brazil, marfim, e urzélla, se fáçam pela intervençaõ do referido banco nacional, vencendo, sobre o seu liquido producto, a commissaõ de dous por cento; alem do rebate dos escriptos de alfandega, que em virtude do meu Real Decreto de cinco de Septembro do corrente anno fui servido mandar practicar pelo Erario Regio, para occurrer ao effectivo pagamento das despezas do tracto successivo da minha corôa, que devem ser feitas em especies metalicas.

E attendendo á utilidade que provém ao Estado, e ao commercio, do maneio seguro dos cabedaes, e fundos do referido Banco; ordeno, que, logo que elle principiar as suas operaçoens, se haja por extincto o cofre do deposito, que havia nesta Cidade, a cargo da Camara della; e determino, que no sobredicto Banco se faça todo e qualquer deposito judicial, ou extrajudicial, de prata ou ouro, joyas, ou dinheiro; e que, o competente conhecimento da receita, passado pelo secretario a Juncta do Banco, e assignado pelo administrador da competente caixa, tenha, em juizo e fóra delle todo o valor e credito do effectivo e real deposito, para seguirem os termos, que por minhas leis se naõ devem practicar sem aquella clausu la, solemnidade, ou certeza; recebendo o sobredicto Banco, o mesmo premio que no referido deposito da cidade se descontava ás partes.

E outro sim sou servido mandar, que o imprestimo a juro da lei, que pelo cofre dos orfaõs, e administraçoens das Ordens-terceiras, e Irmandades se fazîam até agora a pessoas particulares; da publicaçaõ deste meu Alvara em diante se façam unicamente ao referido Banco, que deverá pagar á vista, nos prazos convencionados, os capitaes; e, nas epochas custumadas, os juros competentes, debaixo da hypotheca dos fundos da sua caixa de reserva, destractando desde logo aquelles cofres as sommas, que tiverem em maõs particulares ao referido juro, para entrarem immediatamente com ellas no sobredicto Banco Publico, debaixo das mesmas condiçoens. Em todos os pagamentos, que se fizérem na minha Real Fazenda, seraõ contemplados e recebidos como dinheiro os bilhetes do dicto Banco Publico pagaveis ao portador, ou mostrador, á vista; e da mesma forma se distribuiraõ pelo Erario Regio, nos pagamentos das despezas do Estado, e ordeno que os membros da Juncta do Banco; e os Directores della, sêjam contemplados, pelos seus serviços, com as remuneraçoens estabelecidas para os Ministros, e Officiaes, da minha Real Fazenda, e administraçaõ da justiça; e gozem de todos privilegios concedidos aos deputados da Real Juncta do Commercio.

E este se cumprirá como nelle se contém; pelo que, mando á Meza do Dezembargo do Paço, e da Consciencia e Ordens, Presidente do meu Real Erario, e Conselho da Fazenda, Regedor da Casa Supplicaçaõ do Brazil, Governadores e Capitaens Generaes, e mais Governadores do Brazil, e dos dominios Ultramarinos, e a todos os Ministros de justiça, e mais pessoas, a quem pertencer o conhecimento e execuçaõ deste Alvará, o cumpram e guardem e o façam cumprir e guardar como nelle se contém, naõ obstante quaesquer leis, alvarás, regimentos, decretos, ou ordens em contrario; porque todos e todas hei por derrogadas para este effeito sómente, como se delles fizesse expressa, e individual mençaõ, ficando alias sempre em seu vigor. E éste valera como carta passada pela Chancellaria, ainda que por ella naõ hade passar, e que o seu effeito haja de durar mais de um anno, e sem embargo da Ordenaçaõ em contrario, registando-se em todos os lugares onde se custumam registrar similhantes alvaras.

Dado no Palacio do Rio de Janeiro aos 12 de Outubro, de 1808. PRINCIPE.

D. Fernando Jozé Portugal.

Estatutos para o Banco Publico, estabelecido em virtude do Alvará de 12 *de Outubro, de* 1808.

ARTIGO I. Estabelecer-se-ha um Banco nesta Cidade do Rio de Janeiro, debaixo da denominaçaõ de Banco do Brazil, cujos fundos seraõ formados por acçoens, e o Banco poderá principiar o seu gyro, logo que haja em caixa cem acçoens.

II.—A duraçaõ dos privilegios do referido Banco será por tempo de vinte annos, e findos estes se poderá dissolver, ou constituir novamente aquelle corpo; havendo-o S. A. assim por bem.

III—Cada um dos accionistas do Banco, assim como naõ pode ter utilidade alguma, que naõ sêja na razaõ de sua entrada, tambem naõ responderá por cousa alguma acima do valor della.

IV.—O fundo capital do Banco será de mil e duzentos contos de reis, divididos em mil e duzentas acçoens, de um conto de reis cada uma; porém este fundo capital poder-se-ha augmentar para o futuro, por via de novas acçoens.

V.—He indifferente serem, ou naõ, os accionistas, nacionaes, ou estrangeiros; e portanto toda, e qualquer pessoa, que quizer entrar para a formaçaõ deste corpo moral, o poderá fazer; sem exclusaõ alguma, ficando unicamente obrigado a responder pela sua entrada.

VI.—Toda a pinhora, e execuçaõ, assim Fiscal como Civil, sobre acçoens do Banco, será nulla, e prohibida.

VII.—As operaçoens do Banco consistiraõ; a saber, 1ª. No desconto mercantil de letras de cambio, sacadas ou aceitas por negociantes de credito, nacionaes ou estrangeiros. 2ª. Na emissaõ dos computos, que por conta de particulares, ou dos estabelicimentos publicos, arrecadar, ou adiantar, debaixo de seguras hypothecas. 3ª. No deposito geral de toda e qualquer cousa de prata ou ouro, ou diamantes, ou dinheiro; recebendo segundo o valor do deposito, ao tempo da entrega o competente premio. 4ª. Na emissaõ de letras ou bilhetes pagaveis ao portador á vista, ou a um certo prazo de tempo, com a necessaria cautella; para que ja mais éstas letras ou bilhetes deixem de ser pagas no acto da apresentaçaõ; sendo a menor quantia porque o Banco poderá emittir uma letra, ou bilhete de trinta mil reis. 5ª. Na commissaõ dos saques, por conta dos particulares, ou do Real Erario, a fim de realizarem os fundos, que tenham em paiz estrangeiro, ou nacional, remoto. 6ª. Em receber toda a somma, que se lhe offerecer a juro da lei, pagavel em certo prazo em bilhetes á vista, ou á ordem do portador, ou mostrador. 7ª. Na commissaõ da venda dos generos privativos dos contractos, e administraçoens Reaes; quaes saõ os diamantes, pao-brazil, marfim, e urzella. 8ª. No commercio das especies de ouro e prata, que o Banco possa fazer, sem que se intrometta em outro algum ramo de commercio estabelecido, ou por estabelecer, que naõ esteja comprehendido no detalhe das operaçoens, que ficam referidas neste artigo?

VIII. Naõ poderá o banco descontar ou receber por commissaõ, ou premio, os effeitos que provierem de operaçoens, que se possam julgar contrarias á segurança do

Estado; assim como os de rigoroso contrabando, ou suppostos de transacçoens fantasticas, e simuladas, sem valor real, ou motivo entre as partes transactoras.

IX.—A Assemblea geral do Banco será composta de quarenta dos seus maiores capitalistas; a Juncta delle de dez; e a directorîa de quatro dos seus mais habeis, de entre todos: em cada anno elegerà a assemblea cinco novos deputados da Juncta; dous directores; e os que sahirem poderaõ ser reeleitos.

X.—Os quarenta dos maiores capitalistas, que haõ de formar a assemblea geral do Banco, devem ser Portuguezes; mas qualquer Portuguez, que mostrar a necessaria procuraçaõ de um Estrangeiro, que sêja do numero dos maiores capitalistas, pôde representallo, e entrar na Assemblea geral: em caso de haverem capitalistas de igual numero de acçoens, prefiriraõ aquelles, ou aquelle, que pelos livros mostrar maior antiguidade na subscripçaõ.

XI.—Para que um accionista tenha voto deliberativo nas sessoens do Banco, ha, pelo menos, de ter nelle o fundo capital de cinco acçoens; e, quantas vezes tiver o dicto computo, tantos votos terá na Assemblea geral; bem entendido que, nunca o mesmo sugeito, por qualquer motivo que seja, poderà ter mais de quatro votos, comprehendendo-se com um voto na dicta Assemblea, cada cinco accionistas de uma só acçao, á vista da competente procuraçaõ, feita a um de entre elles, de sorte que, se dous unicamente formarem o dicto numero de cinco acçoens, poderà um delles ter voto, apresentando a devida procuraçaõ.

XII.—A Juncta do Banco terá a seu cargo a administraçaõ dos fundos que o constituem. Os quatro directores seraõ os fiscaes das transacçoens, e operaçoens do Banco, em geral, votaraõ em ultimo lugar na Juncta, e todas as decisoens se faraõ pela pluralidade dos votos, os quaes, no caso de empate, seraõ decididos pela Assemblea geral.

XIII. A' excepçaõ da primeira nomina dos membros da Juncta, e Directorîa do Banco, que será feita pelo Principe Regente N. S., todos os Deputados da Juncta do Banco, e seus Directores, seraõ depois nomeados, pela Assemblea Geral, e confirmados por Diploma Regio, nomeando-se sempre para os dictos lugares, aquelles que fôrem sendo os proprietarios de maior numero de acçoens, e excluindo-se aquelles que tiverem menor entrada, para o fundo que constitue o Banco.

XIV. A Assemblea geral se fará todos os annos no mez de Janeiro, a fim de conhecer das operaçoens do Banco, no anno antecedente, e prover sobre a nomeaçaõ dos membros da Juncta, e Directorîa, segundo instituto for, e razaõ houver.

XV. A Assemblea geral do Banco poderá ser convocada extraordinariamente pela Juncta delle, quando ella tiver que propor, sobre quaesquer modificaçoens ou correcçoens, que se dêvam fazer nos seus Estatutos, para utilidade dos accionistas, e quando a dicta convocaçaõ lhe for proposta formalmente pelos Directores.

XVI. Cada um dos Deputados da Juncta terá a administraçaõ de um ou mais ramos das transacçoens, e operaçoens do Banco, de que dará conta na Juncta, á qual sempre servirá de presidente, por turno, um dos Directores; sendo relator geral das transacçoens, e negocios do Banco, o Director que houver servido de presidente da antecedente sessaõ; e assim successivamente.

XVII. Os Directores teraõ a seu cargo proverem sobre a exacta observancia dos Estatutos do Banco; sobre a escripturaçaõ e contabilidade dos assumptos das suas transacçoens, e operaçoens; e sobre o estado da caixa, e registos das emissoens, e vencimentos das letras, a pagar, e receber; sem com tudo terem voto deliberativo nas administraçoens particulares de cada um dos ramos das especulaçoens do Banco; havendo-o taõ somente em Juncta, quando naõ servirem de presidente, e pois que entaõ, neste lugar, só o teraõ para o desempate dos votos; naõ sendo estes dos Directores; porque neste caso a mesma decisaõ pertencerá á Assemblea geral.

XVIII. O dividendo das acçoens se pagará em cada semestre, á vista, pela Juncta do Banco, e pelos correspondentes della, aos accionistas das provincias; ou aos residentes nas praças dos reynos estrangeiros.

XIX. Do mesmo dividendo ficará sempre, em um cofre de reserva, a sexta parte do que tocar a cada acçaõ, para o preciso cumulado de fundos, do qual receberaõ, annualmente os accionistas cinco por cento consolidados.

XX. Os ordenados dos empregados na administraçaõ e directoría do Banco, assim como os dividendos annuaes das acçoens, segundo o balanço demonstrativo dellas, seraõ estabelecidos pela Assemblea geral; e as despezas do expediente, e laboritario do Banco, seraõ feitas em consequencia da determinaçaõ da Juncta, sugeitas á approvaçaõ da mesma Assemblea, que as poderá diminuir, ou augmentar, como lhes parecer mais conveniente.

XXI. A Juncta organizará o plano do expediente, e escripturaçaõ interior, e exterior, dos negocios do Banco, que appresentará á Assemblea geral para ser approvado.

XXII. Os actos judiciaes, e extrajudiciaes, activos ou passivos, concernentes ao Banco, seraõ feitos e exercitados debaixo do nome generico da Assemblea geral do Banco, pela Juncta delle.

XXIII. Os falsificadores de letras, bilhetes, sedulas, firmas, ou mandatos do Banco, seraõ castigados como delinquentes de moeda falsa.

XXIV. Os presentes Estatutos serviraõ de acto de

Uniaõ e Sociedade, entre os accionistas do Banco, e firmaraõ a baze do seu estabelicimento, e responsabilidade, para com o publico.

Palacio do Rio de Janeiro, em 8 de Outubro 1808.

D. FERNANDO JOSE DE PORTUGAL.

Exame do Tractado de Commercio entre as Cortes do Brazil, e da Inglaterra.

O longamente esperado Tractado de Commercio, entre Inglaterra e o Brazil, está ultimamente publico. Nós o copiamos do que se imprimio em Londres, em Inglez e Portuguez; e, postoque naõ possamos dar a razaõ porque se naõ publicáram as ratificaçoens; com tudo para chamar-mos ésta copia authentica, temos a authoridade do Impressor d'El-Rey, em cuja officina se publicou com os mais papeis officiaes.

O bom conceito que faziamos do actual ministro dos negocios estrangeiros no Brazil; e a boa opiniaõ que temos da sua probidáde; nos tinham predisposto a favor deste tractado; e sendo informados de que seus inimigos politicos pretendiam attacallo por este acto, enchemo-nos de indignaçaõ; porque conheciamos a desvantagem em que se achava o Negociador Braziliense, a respeito do Inglez; assim estavamos determinados a emprehender a sua defensa: mas em fim apparece um tractado, que, se fosse expresso em outros termos, o tomariam por uma capitulaçaõ; e vemos que por melhor que sêja a nossa vontade naõ temos por onde o defender; e ainda que o fazemos com repugnancia, achamos ser de nosso absoluto dever o notar-lhe, se naõ todos, ao menos alguns de seus deffeitos; em quanto isso he compativel com os nossos limites.

Para mostrar a inutilidade do nosso trabalho talvez se diga, que o mal ja naõ tem remedio, quanto ao presente; mas respondemos a isto, que ficando notadas as faltas deste tractado, servirá isto para que os vindouros procurem occaziaõ de melhorar a sua sorte, sem que faltem aos empenhos sagrados, contrahidos por um ajuste solemne, cujas disposiçoens, quando naõ contivessem outra estipulaçaõ fatal, bastava aquella de serem perpetuas; e, naõ obstante, devem ser cumpridas, e obedecidas.

No artigo inicial notamos logo, que até na traducçaõ Portugueza, vem primeiro o nome de S. M. Britannica; he natural que isso assim succedesse por ser ésta ediçaõ feita pela Corte de Inglaterra; mas se no original, que fica nas maõs do Governo Portuguez, vem primeiro o nome do Principe Regente, como suppomos, he para sentir, que essa copia naõ fosse publicada pelo Ministro Portuguez ao mesmo tempo. Em um exemplo bem recente, que he o ultimo tractado de Portugal com a Russia em 1798, publicou o Ministro Portuguez em Petersburgo, uma copia do tractado em Francez, onde vem o nome de sua Soberana, primeiro que o do Imperador de Russia; mas he de suppor, que, na copia conservada nos archivos de Russia, o Imperador Russiano tenha o seu nome primeiro. Este he o custume adoptado na Europa, como se vê em Bielfeldt Instituiçoens politicas, Part II. cap. 5., e Wicquefort Liv. II. sect. xii. A razaõ he evidente; porque todos os Soberanos, como taes, tem os mesmos direitos; e naõ he nem a grandeza dos seus estados, nem outra nenhuma circumstancia accidental, que determina o respeito essencial á Soberania, e Magestade.

Antes de passarmos adiante, notaremos, que nos parece que a parte Portugueza deste tractado foi traduzida da Ingleza; e em varios lugares achamos a traducçaõ mui pouco correcta, defeito este que póde ter funestas consequencias, em um documento de tanta importancia, qual he um tractado. Daremos disto algum exemplo.

Diz a traducçaõ Portugueza no artigo inicial; que para extender os beneficios da amizade, &c. quizéram fundar o tractado de commercio, em bazes de reciprocidade, e mutua conveniencia, pela *discontinuaçaõ de certas prohibiçoens, e direitos prohibitivos:* estas palavras parecem no Portuguez synonimos; porque as prohibiçoens legaes constituem o direito prohibitivo; e posto que ésta traducçaõ sêja literal, com tudo naõ exprime com a necessária clareza o sentido Inglez, onde se acham dous termos de significaçaõ mui differente; *prohibitions,* and *prohibitory duties:* isto he *prohibiçoens e imposiçoens taõ altas, que montem a uma prohibiçaõ indirecta*; demaneira que a traducçaõ Portguueza em ambas as frazes parece indicar somente a prohibiçaõ directa; e o original Inglez nas duas frazes *prohibitions,* e *prohibitory duties*; inclue, na primeira, prohibiçoens directas; e na segunda prohibiçoens indirectas, por meio de imposiçoens, que deterrem os negociantes de fazer aquelle commercio, sobre que a imposiçaõ recahe; o usar pois da palavra direito, que se póde tomar por legislaçaõ, ou imposiçaõ da alfandega, depois da palavra prohibiçoens, pelo menos, faz o sentido escuro, e duvidoso, quando no original Inglez está claro, e obvio.

Outro exemplo de má traducçaõ se acha repetidas vezes, em pôr no preterito o verbo, que no Inglez se acha no presente; assim como nos artigos 13, e 14, aonde achando-se no original Inglez a estipulaçaõ em palavras de presente; "*It is agreed and covenanted,*" o traductor usa de palavras de préterito; *conveio-se, e ajustou-se;* o que póde ao depois ser causa de duvidas nos tribunaes de justiça; porque sem duvida a fraze de preterito suppoem, que se fez em outro tempo a convençaõ; o que naõ sendo assim, e naõ se fazendo de presente, podem julgar-se nullas aquellas expressoens.

Igualmente errada se acha a traducçaõ do artigo VIII. onde o original Inglez reconhece o monopolio do tabaco, simplesmente na forma de tabaco em pó, a que se chama em Inglez *snuff*; e na traducçaõ ampliáram isto a *tabaco manufacturado*; erro este mui essencial; porque os termos *tabaco manufacturado* comprehendem naõ so o tabaco em pó, chamado em Inglez *snuff*, mas tambem os sigarros, e em geral toda a mais forma em que se puder manufacturar a planta chamada tabaco.

No artigo 11.; diz o original Inglez, que qualquer favor ou privilegio, que um dos Soberanos conceda aos Embaixadores, &c. da outra naçaõ; o Soberano desta tambem concederá a os da outra os mesmos *(the same)*; a traducçaõ porém em vez da palavra, *mesmos*, usa da palavra semelhantemente; ora he evidente que palavra *semelhante* tem uma differença muito grande da palavra *mesmo*, expressa em Inglez, pela palavra *same*.

No artigo 19.: fallando-se da reducçaõ dos direitos da alfandega, em certo caso, diz o original Inglez; "Os artigos sobre que terá lugar *a tal reducçaõ equivalente, (such equivalent reduction)*, seraõ previamente determinados, &c." A traducçaõ Portugueza diz; "Os artigos sobre que se deverá fazer *uma semelhante equivalente reducçaõ*, &c." Donde se vê que as palavras *semelhante equivalente* naõ somente sôam mal no Portuguez, porque tem significaçoens mui diversas; e portanto se naõ deviam ajunctar para explicar uma mesma cousa, mas alem disso, naõ explicam o Inglez que esta claro; *such equivalent reduction;* reducçaõ equivalente, e naõ semelhante.

Deixando porém o que diz respeito a formalidades, e entrando um pouco mais no espirito, e disposiçoens do tractado; reduzimos os defeitos que nelle achamos 1° á falta de reciprocidade, que tanto se pretende inculcar: 2° á superioridade de condiçaõ que os Inglezes vaõ a gozar no Brazil, comparados os seus direitos com os de um natural do paiz, mesmo vivendo lá no Brazil: 3° á influencia deste tractado, em retardar e impedir a prosperidade do nascente Imperio do Brazil: 4° á humiliaçaõ da dignidade nacional Portugueza, pelas confissoens, e admissoens, em que se compromete o character da naçaõ. Analizemos os artigos.

Art. 1. Este artigo contém a mais nociva estipulaçaõ; porque he quem faz as outras permanentes, e perpetuas. He custume de todas as naçoens, fazerem sempre os tractados de commercio por tempo limitado; mas alem desta practica geral, fundada em mui boas razoens, communs a todas as naçoens, havia a respeito do Brazil uma razaõ fortissima, para que o periodo desta limitaçaõ fosse o mais breve possivel; a saber, que o Brazil he um Imperio nascente, onde os que governam chegam ali de novo, e naõ conhecem o paiz; onde he necessario plantar agora a industria, e observar depois os ramos a que mais se applicam seus habitantes; e quaes os proprios para ser animados, quaes os que se devem desanimar, segundo a experiencia for mostrando a sua utilidade ou desconveniencia; em tal Estado, dizemos, mais do que em nenhum outro, convinha que o Governo se naõ ligasse as maõs com estipulaçoens perpetuas das quaes se naõ poderá arredar depois, sem quebrar a fé de sua palavra, ainda que as occurrencias futuras, mostrem a perniciosidade da estipulaçaõ. Se o tractado, pois, fosse limitado a um certo periodo (a doze annos por exemplo, como foi o ultimo que Portugal fez com a Russia) ja se sabia a epocha em que findava o mal, que a experiencia fizesse conhecer, em qualquer das estipulaçoens; porque acabado o termo do tractado, se naõ renovava a estipulaçaõ desvantajosa. Mas tal he a desgraça, que o Ministro que menos vê o que está ao pé de si, he o que se suppoem mais capaz de prever os interesses de sua naçaõ, em seculos para o futuro.

He verdade que o artigo 23 estipula, que o tractado se possa rever no fim do termo de 15 annos; mas, alem de ser este periodo muito extenso, veremos, quando chegarmos a fallar deste artigo, que elle naõ corresponde ao fim a que se propoem.

Art. 2. Este artigo começa por dizer o que deveria ser a conclusaõ do tractado; isto he, desejavamos que o leitor mesmo, depois de ler o tractado, concluisse assim; do que se contém neste tractado resulta, que haverá reciproca liberdade de commercio e navegaçaõ, entre os respectivos vassallos das duas Altas Partes contractantes. Veremos ao depois que a leitura meditada do tractado está taõ longe de nos habilitar a tirar similhante conclusaõ, que a opposta he justamente a que deduzimos, e o faremos vêr. Portanto; qualquer que fosse o motivo; porque se apresentou aqui no principo esta proposiçaõ, que as muitas excepçoens do mesmo tractado fázem nulla; he certo, que o leitor se naõ deve offuscar com ésta grande quantidade de luz, que se lhe lança aos olhos, antes deve meditar, e examinar se o que se promette aqui, no principio no tractado, he realmente o que nelle ao depois se verefica.

Art. 3. Estabelece que os vassallos das Potencias contractantes seraõ mutuamente tractados no pé da naçaõ mais favorecida.

Art. 4. Iguala os direitos aos navios, em ambas as naçoens; pelo que diz respeito aos direitos de porto, de tonelada, e de anchoragem.

Art. 5. Este artigo contém materia importantissima, e estabelece tres pontos; primeiro, a igualdade do direito chamado drawback; segundo, a igualdade reciproca dos direitos de importaçaõ; e terceiro, que navios seraõ considerados Britannicos e Portuguezes, a fim de gozar destes privilegios de igualdade.

Na igualdade de direitos de importaçaõ se admitte uma alternativa, que verdadeiramente naõ vemos que esteja decidida pelo tractado; porque o ajuste he, ou que as mercadorias importadas paguem os mesmos direitos, quer venham em navios nacionaes quer da naçaõ alliada; ou que se uma potencia augmentar os direitos sobre as mercadorias importadas em vasos da outra, esta outra augmente tambem os direitos de importaçaõ, nos vazos da primeira. E assim um ponto de tanta importancia fica ainda incerto, naõ se especificando, qual das duas alternativas se adoptará. Para fazer ainda mais incerta, e duvidosa a estipulaçaõ, se declara, depois da segunda hypothese que *para naõ deixar nada indeterminado*, se ajustou que "cada um Governo respectivamente publicaria listas, em que se especifique a differença dos direitos, que pagaraõ os generos importados em navios Britannicos, ou Portuguezes, e essas listas se julgaraõ formar parte deste tractado." Assim *para naõ deixar nada indeterminado* se naõ determinou o que era mais precizo determinar, que he essa tarifa dos direitos.

De maneira que esta differença e favor de direitos, entre os navios nacionaes e estrangeiros, he uma das partes mais essenciaes das estipulaçoens de um tractado de commercio; e he justamente isto o que se naõ determinou; ao mesmo tempo que se diz, que se naõ deseja deixar *nada indeterminado.* Eis aqui como os factos desmentem as palavras. Assim naõ se *determina* se a igualdade consistirá em que os direitos sêjam os mesmos nos navios nacionaes e alliados; ou se consistirá em que ambas as Potencias augmentem em igual proporçaõ os direitos aos alliados; e neste caso; tambem se saõ *determina* qual será esse augmento, nem em que proporçaõ; e referindo-se ás listas que se haõ de fazer, se naõ determina se essas listas ficaraõ sendo perpetuas; ou se cada naçaõ as poderá alterar a seu arbitrio, e dar portanto á outra naçaõ a faculdade de alterar a sua; tudo isto se naõ *determina*, desejando naõ deixar *couza alguma indeterminada.*

Nem poderaõ dizer que este ponto se naõ decidio por naõ ser essencial; porque ¿que póde haver de mais essencial em um tractado de commercio, entre duas naçoens amigas, do que os direitos que as mercadorias de uma tem de pagâr nos portos de outra? Sem saber isto, naõ pode nenhum negociante fazer os seus calculos de especulaçaõ; e se intentam dizer que ésta parte sêja objecto de outro tractado, naõ vemos motivo porque se façam dous tractados de commercio, quando um éra bastante. Tambem naõ poderaõ dizer que se deixou este artigo por ser facil a sua especificaçaõ; porque, ao nosso parecer, o arranjamento de um augmento proporcionalmente reciproco nos direitos d'alfandega, he materia muito difficultosa de determinar com justeza; e daremos um exemplo para o provar.

Supponhamos, que em Inglaterra se impoem o direito de seis pence em cada arratel de algodaõ que se importar do Brazil, em navio Portuguez; para o Governo do Brazil augmentar lá um direito proporcionalmente grande, nos generos importados em navios Inglezes, he preciso escolher um dos artigos Inglezes, que se custumam importar para o Brazil, para fazer sobre elle essa imposiçaõ, escolha que naõ he facil; porque he necessario, para que a reciprocidade sêja perfeita, que esse genero Inglez sêja taõ necessario no Brazil, como he o algodaõ do Brazil em Inglaterra: depois, que a utilidade que a Inglaterra tem em exportar este genero, sêja a mesma que o Brazil tem em exportar o seu algodaõ; e dahi, que o volume do artigo, difficuldade de transporte, e consumo delle nos paizes estrangeiros sêja proporcionalmente o mesmo: ora tudo isto he mui difficil de verificar. Mas em fim, escolhido o genero; temos a outra difficuldade que he acertar com precizaõ a quantidade da imposicaõ; e supponhamos que se escolhem as chitas: ¿que tributo por cada vara, ou por cada peça, no Brazil, será igual em proporçaõ de interesses ou desconveniencias commerciaes, aos seis pence de imposiçaõ no algodaõ do Brazil em Inglaterra? Eis aqui uma difficuldade immensa; porque se tracta de equilibrar, com direitos, artigos heterogeneos, cujos termos de comparaçaõ, ou utilidade relativa, consistem em uma infinidade de elementos difficeis de conhecer; e, o que mais he, varios segundo os tempos; porque os interesses que tem o Brazil em exportar os seus algodoens para Inglaterra, em tempo de guerra, quando os naõ pode levar para outra parte, naõ saõ os mesmos, que ha em exportar esse mesmo algodaõ para portos Inglezes em tempo de paz, quando ha a concurrencia de outros portos. Logo temos, que o tractado pretendendo naõ deixar nada a determinar, deixou realmente por determinar um ponto essencial, e difficilimo, em ambas as alternativas, mas muito principalmente na segunda.

Alem de que; ainda suppondo, que se faziam estas pautas dos direitos de importaçaõ, tanto no Brazil como na Inglaterra, com justa, e reciproca proporçaõ; e tal que fosse propria em todos os tempos de paz, e guerra, abundancia ou escacez; o Negociante Inglez levava uma grandissima vantagem sobre o Negociante Portuguez; que he a vantagem que se deduz da recta administracçaõ da justiça em Inglaterra, comparada com o vergonhoso despejo com que todo e qualquer homem em emprego publico, no Brazil, pode abusar de seu poder e jurisdicçaõ, pela falta de remedios constitucionaes; assim, por mais justamente proporcional que fosse esta imposiçaõ dos direitos, sendo estrictamente cobrados em Inglaterra, e negligentemente exigidos nas alfandegas do Brazil, a vantagem estaría sempre da parte do negociante Inglez.

Vamos agóra á deffiniçaõ do que se chama navio Portuguez; e Inglez. Destes nada direi; posto que My Lord Strangford deixou de lembrar, que seríam reputados navios Inglezes, os que fossem aprezados por embarcaçoens de guerra Inglezas, e legalmente condemnados; com tudo elle dirá que tem influencia bastante com o Governo Portuguez, para fazer com que, na practica, se determinem as cousas como se tal artigo fosse inserido no tractado, posto que o naõ foi. Mas vamos aos Portuguezes: a generalidade com que estaõ aqui annunciados os navios Portuguezes faz ver, que os navios estrangeiros comprados por negociantes Portuguezes, e por elles navegados, e reputados Portuguezes segundo as leis de Portugal; deixam agora de o ser; e portanto, a generalidade da expressaõ dá a ésta determinaçaõ um effeito retroactivo, que he manifestamente injusto, porque invalida um acto practicado segundo a sancçaõ da lei, ao tempo em que a transacçaõ existio. Por este artigo um negociante Portuguez, que de boa fé comprou um navio estrangeiro, antes de que este tractado estivesse em contemplaçaõ; que pagou os direitos no paço da madeira, ou que de outro modo fez este navio Portuguez; hade agora, por um acto posterior de seu Governo, perder o direito de navegar seu navio chamando-lhe Portuguez; isto he uma injustiça, naõ tem outro nome; toda a lei com effeito retrogado he tyrannica. Mas ainda deixando de parte a injustiça de tal determinaçaõ, e olhando somente para os interesses dos vassallos Portuguezes, este motivo bastava para que se naõ desse ao tractado um effeito retrogrado, fazendo perder aos negociantes as immensas sommas, que elles empregaram em comprar navios de construcçaõ estrangeira.

O Artigo 6, exhibe um dos exemplos de falta de reciprocidade mui notavel; porque até as palavras a annunciam sem disfarce; o que acontence em outros artigos. Inglaterra obriga-se a pôr o commercio dos Portuguezes na Asia, no mesmo pé em que estiver o da naçaõ mais favorecida; e Portugal se obriga a naõ fazer regulaçaõ alguma, que possa ser inconveniente ou prejudicial ao commercio e navegaçaõ dos Inglezes nos portos, mares, e dominios, que lhe saõ franqueados por este tractado. Logo; se Inglaterra quizer excluir todas as mais naçoens do commercio da Asia póde extender isso a Portugal; com tanto que o naõ tracte peior que á naçaõ mais favorecida; entretanto que Portugal, naõ basta que tracte os Inglezes como á naçaõ mais favorecida; he precizo que naõ faça absolutamente regulaçaõ alguma, que séja prejudicial ou inconveniente ao commercio dos Inglezes. Nos referimos o leitor a este artigo no tractado, sem mais commentos, porque a disparidade neste caso he palpavel, so notamos que a ultima estipulaçaõ do artigo, para ser ainda mais desigual, e falta de reciprocidade se extende, da parte de Portugal, a todos os portos, mares, e dominios Portuguezes, franqueados aos Inglezes pelo presente tractado; quando a Inglaterra essas faculdades que concede, alem de serem sómente as communs ás outras naçoens favorecidas, as limita unicamente aos portos de Asia.

Artigo 7. Este artigo, que estipula a mutua protecçaõ dos vassallos de uma Potencia, residente nos dominios da outra; principia tambem inculcando que estabelece a mais perfeita reciprocidade, a qual porém naõ existe quanto a ésta estipulaçaõ; porque, em virtude da reconhecida equidade da jurisprudencia Britannica, e pela singular excellencia de sua constituiçaõ (como se confessa no artigo 10) todos os estrangeiros residentes em Inglaterra gozam do beneficio desta protecçaõ legal, assim os vassallos Portuguezes, que residirem em Inglaterra nada obtem de vantagem em consequencia da estipulaçaõ deste artigo. O subdito Inglez porém que for residir em dominios Portuguezes, tira grande vantagem desta estipulaçaõ; porque fica livre de que se exercite sobre elle o poder arbitrario, practicado em Portugal, e permittido pela lei de policia, cujo Intendente póde fazer, e tem feito, visitas vexatorias, exames, e inspecçoens arbitrarias de livros, papeis, e contas, prisoens de segredo por tempo illimitado, &c. e de tudo isto estaõ agora livres os Inglezes, que residirem nos dominios de Portugal, em virtude deste artigo; o qual se deve considerar de tanta maior utilidade para um Inglez, quanto o mesmo vassallo Portuguez ali residente, em sua terra, naõ goza desta segurança.

Exaqui um dos casos em que, por este tractado, fica sendo a sorte de um Inglez, nos dominio Portuguezes, mui superior a do miseravel habitante no seu proprios paiz; explique mo-nos com um exemplo. Supponhamos, que um Governador do Brazil, ou o Intendente geral de Policia, ou outro magistrado, quer ir dar busca á casa de um Portuguez, procura qualquer pretexto, por exemplo de procurar livros prohibidos; foi fazer a visita ás horas da noite que quiz, vexou o dono da casa, e toda a sua familia; prendeo-o se achou algum motivo especioso para isso; até que elle se supponha satisfeito; e cobre-se com a lei da policia; ou se he necessario com um aviso de um Secretario de Estado; e o remedio que o Portuguez tem he soffrer; porque de tantas injustiças que temos ouvido, e visto practicar pelos governadores e magistados do Brazil, ainda nunca ouvimos que um só governador fosse castigado. Agóra se tal se attreverem a fazer a um Inglez, este Inglez hade ser satisfeito em consequencia do tractado; logo, quanto mais feliz he a sorte de um Inglez, que se acha assim protegido por seu Soberano, ainda contra a oppressaõ de um magistado estrangeiro?

[*Continuar-se-ha.*]

FRANÇA.

Por um decreto do Imperador datado de 5 de Agosto, se fixam os direitos de importaçaõ nas seguintes mercadorias.

Algodaõ do Brazil, Cayenna, Surinam, Demerara, e Georgia, 800 francos. Toda a outra qualidade de algodaõ (excepto de Napoles, que fica sugeito aos direitos antigos) 600 francos. Caffé da Turquia 600 f. Toda a outra qualidade de caffé 400 f. Açucar em bruto 300 f. Ditto branqueado a barro 400 f. Cha Hyson 900 f. Cha verde 600 f. Toda a outra qualidade de cha 150 f. Anil 900 f.

Cacao 1000 f. Cochinilha 2.000 f. Pimenta branca 600 f. Pimenta preta 400 f. Canella da China 1.400 f. Canella de Ceylaõ 2.000 f. Cravo 600 f. Nos muscada 200 f. Magno 50 f. Pao brazil de Pernambuco 120 f. Campeche 8 f. Pao de tincturaria 100.

Sobre este decreto notaremos em primeiro lugar, que estes direitos saõ cobrados, por cada 100 kilogramas de pezo da mercadoria; o que he igual a 204⅜ arrateis do mercado.

Notaremos depois, que supposto ésta tarifa dos direitos parece admittir productos de paizes inimigos daFrança como he o algodaõ do Brazil, Surinam, &c. com tudo naõ se sabe ainda a extençaõ que na practica se pertende dara ésta faculdade; e naõ he de presumir que sêja taõ ampla coma as palavras indicam; porque nesse caso serîa uma revogaçaõ tacita dos decretos de Berlin, e uma manifesta retractaçaõ dos principios que Buonaparte e seus Ministros tem tantas vezes promettido sustentar; para arruinar a Inglaterra; com as prohibiçoens que affectam o seu commercio.

LITERATURA E SCIENCIAS.

Portugal.

Continuam a publicar-se os folhetos que se dirigem contra nos. Sahio o N°. 5, das Reflexoens sobre o Correio Brazilense, e comprehende os N°s. 12, 13, 14, 15 do nosso Periodico.

O A. continua a servir a sua facçaõ muito mal, como temos ja feito ver em outros N$^{os.}$; porque tirados os termos de chufa pessoaes; como este A. vai de acordo com o A. do *Exame dos artigos historicos e politicos que se contem na collecçaõ periodica intitulada Correio Braziliense;* repetem ambos os mesmos argumentos, ambos fallam sobre os mesmos objectos; assim bastará replicar a um, quando os factos que mencionarem, exigirem de nos esse trabalho: do contrario havendo dado a nossos leitores ampla idea do modo porque estas obras se conduzem; nos dispensaremos de lhes fazer analyzes em detalhe, quando temos outros objectos de maior importancia que nos occupem; quando pois sahir o 4°. n°. desta ultima obra responderemos aos argumentos da primeira; para evitar-mos o trabalho de separar os raciocinios a que temos de responder, d'entre a multiplicidade de vulgarismos, e matteria irrelevante que naõ faz ao caso.

Tambem sahio a luz o 2°. N°. *da Apologia do periodico que tem por titulo Reflexoens sobre o Correio Braziliense.* Este naõ só desnecessita resposta, mas até nos excita algum desgosto contra o Author; por nos fazer perder tempo em o ler; porque realmente o merecimento desta miséria de escriptura he menos que nada.

As demais publicaçoens de Portugal dizem respeito aos Sebastianistas; que naõ julgamos necessario mencionar.

FRANÇA.

Descripçaõ do Egypto, ou recopilaçaõ das observaçoens e indagaçoens, que se fizéram no Egypto, durante a expediçaõ do exercito Francez.

Extracto do Moniteur de 8 de Julho.

O Egypto tem sido o objecto de muitas descripçoens, e de grande numero de obras; e naõ obstante isto se naõ tinha podido obter até aqui um conhecimento exacto, e completo da quelle paiz. Foi preciso um acontecimento extraordinario; uma circumstancia taõ favoravel como a presença de um exercito Francez, para dar aos observadores os meios de estudar o Egypto, com o cuidado que elle merece. Este paiz, que visitáram os mais illustres philosophos da antiguidade, foi a fonte de que os Gregos tiráram os principios das leis, das artes, e das sciencias. Mas no tempo dos Gregos e ainda mesmo dos Romanos, naõ éra permittido aos estrangeiros penetrar o interior dos templos. Abandonados successivamente pelos effeitos das revoluçoens politicas e religiosas, naõ ficáram estes monumentos mais accessiveis aos viajantes Europeos; principalmente depois do estabelicimento da religiaõ Mahometana.

Descrever, desenhar, e medir os antigos edificios de que o Egypto se achava por assim dizer cuberto; observar e reunir todas as producçoens naturaes, formar uma carta do paiz, exacta, e particularizada; colligir, e transportar para a Europa fragmentos antigos; estudar o terreno, o clima, e a geographia phisica; em fim ajunctar todos os resultados, que interessam a historia da sociedade, a das sciencias, e das artes; uma tal empreza exigia o concurso de grande numero de observadores, todos animados das mesmas vistas, e guiados por um homem superior.

O que concebeo a idea de associar aos seus triumphos todos os talentos, e todas as luzes, quiz tambem ajunctar estes differentes trabalhos em uma obra commum, em que se tem cuidado sem intermissaõ desde o fim da expediçaõ do Egypto, e cuja primeira parte se publica no dia de hoje.

Esta obra he principalmente destinada a fazer conhecer os factos relativos ao Estado phisico do Egypto, e os que dizem respeito á historia civil, geographia, sciencias, e artes. Nella se achara 1°. os templos, palacios, tumulos, todos os antigos monumentos do Egypto, medidos com precisaõ; uma serie de vistas de pintura, representando os monumentos no seu estado actual; planos topographicos dos chaõs de todas as cidades antigas; em fim uma collecçaõ de manuscriptos Egypcios, de monumentos, d' astronomia, de pinturas que representam scenas da vida civil, de esculpturas historicas, e baixo relevos cheios de hieroglyphicos:—2°. Os principaes edificios modernos, e tudo quanto he importante saber no estado actual do Egypto.—3°. A descripçaõ de toda a especie de animaes, de vegetaes, e de mineraes desconhecidos, ou imperfeitamente descriptos.

A obra he portanto divida em tres partes; a saber, Antiguidades; Estado moderno; Historia natural. A conquista do Egypto pelos Arabes, he a epocha que separa aqui a antiguidade do estado moderno. As antiguidades offerecem 420 estampas, distribuidas em cinco volumes; o estado moderno 170 estampas em dous volumes; a historia natural 250 estampas em dous volumes. O numero total das estampas he de 840, e fórmam nove volumes, sem comprehender o atlas geographico em 50 folhas, que forma uma secçaõ separada. 650 destas estampas estaõ ja gravadas.

O formal, ou grandeza de pagina, para as estampas ordinarias será o que se chama atlas grande, e o comprimento do papel 70 centimetros e meio; e a largura 54 centimetros (26 polegadas por 20.) O formal doble será 108 centimetros de comprimento, (40 polegadas;) e o maior formal 135 centimetros (50 polegadas). Estes tres formaes, sendo da mesma altura, naõ comporaõ senaõ um, quando as estampas estiverem dobradas. Algumas estampas tem 114 centimetros, por 81 (42 polegadas por 30.) A obra contém cem estampas acima do formal ordinario.

Por-se-ha no principio da obra um frontespicio em gravura. O texto se compoem 1°. de um prefacio historico, e da explicaçaõ das estampas, formando um decimo volume do mesmo formal das estampas: 2°. Muitos volumes de descripçoens de antiguidades, e de memorias, distribuidas em tres partes como as estampas. Estes volumes seraõ do formal de folio medio. A obra será publicada em tres quadernos, cada um dos quaes encerrará muitos volumes de estampas, e de memorias d'antiguidades, do estado moderno, e de historia natural.

Primeiro quaderno.

O primeiro quaderno apparecerá neste momento, comprehende 170 estampas; a saber; 1°. o primeiro volume d'antiguidades, composto de 97 estampas, que representam os monumentos de Philœ, de Syena, d'Elephantina, d'Ermenta, e todas as ruinas situadas desde a ilha de Philœ até Thebes, com mais cinco estampas, formando a collecçaõ dos monumentos astronomicos. 2°. Um meio volume do estado moderno, composto de 37 estampas, objectos escolhidos no alto e baixo Egypto, e na cidade de Cairo, ou na collecçaõ das artes e officios, vestidos, e inscripçoens Arabes. 3°. Um quarto de volume d'historia natural, composto de 31 estampas; aves do Egypto, peixes do Nilo, botanica, e mineralogia. Este quaderno contém 19 estampas maiores que o formal ordinario, e 16 estampas illuminadas. O texto do primeiro quaderno comprehende: 1°. um volume relativo ao prefacio historico, o aviso ao publico, e a explicaçaõ das estampas da antiguidade: 2°. a descripçaõ dos monumentos acima designados, com as memorias sobre a antiguidade, sobre o Estado moderno, e sobre a historia natural. Estas descripçoens e memorias formam o principio dos quatro primeiros volumes do texto em folio. O texto do primeiro quaderno comprehende a totalidade de 1280 paginas.

Segundo quaderno.

O segundo quaderno comprehenderá 1°. o segundo e terceiro volumes das estampas de Antiguidades, unicamente consagradas á cidade de Thebes; e contém as pinturas dos tumulos dos reys, com a collecçaõ dos manuscriptos em papyrus, descubertas nas catatumbas desta cidade: 2°. Um meio volume de estampas do estado moderno, relativas ao Cairo, e ao baixo Egypto, ou tirados das collecçoens das artes, e officios, vestidos, moveis, medalhas, e inscripçoens Arabes: 3°. Um meio volume de estampas de historia natural: 4°. O frontespicio gravado. O texto do segundo quaderno offerecerá a serie de descripçoens d'antiguidades, e a serie de memorias, com a explicaçaõ das estampas. Este quaderno será publicado em um anno.

Terceiro quaderno.

O terceiro quaderno comprehenderá: 1°. o quarto volume das estampas de antiguidades, contendo os monumentos de Denderah, d'Abydus, d'Antæopolis, d'Hermopolis magna, d'Antinoé, do Fayoum, com as grutas, e outras antiguidades d'Heptanomida; e o quinto e ultimo volume, comprehendendo as pyramides, as antiguidades de Memphis, d'Heliopolis, e de todas as cidades antigas do baixo Egypto, com as collecçoens d'inscripçoens, medalhas, estatuas, vasos, e outras antiguidades, achadas em varios lugares do Egypto: 2°. um volume de estampas do estado moderno; objectos tirados do alto e baixo Egypto; com o resto das collecçoens das artes e officios, vestidos, &c.: 3°. um volume e um quarto das estampas de historia natural; em fim o resto das descripçoens e memorias, com a explicaçaõ das estampas.

Todos os exemplares da obra tanto em papel fino, como em papel velum, seraõ asettinados. Entregam-se as estampas em folhas, em capas de papelaõ, e o texto em folio brochado. As estampas saõ impressas por Mr. M. Langlois, Ramboz, Remond, Richomme, e Sampier d'Arena. O texto sahe das imprensas imperiaes. No fim da obra se publicará a lista dos subscriptores.

O preço do primeiro quaderno he 1.200 francos do segundo 1.800; e do terceiro 2.400.

MISCELLANEA.

Cartas do General Miranda, dirigidas de Londres a varias provincias da America Hespanhola, relativas á actual revolucaõ Americana.

Londres, 20 de Julho, 1808.

SENHOR MARQUEZ! Permitta-me V. S. que por suas maõs dirija ésta ao Cabildo, e Ayuntamiento dessa illustre Cidade, e patria nossa—em circumstancias as mais criticas e perigosas, que tem occurrido jamais para a America, desde o estabelicimento de nossos antepassados nella.

Estando agora a Hespanha sem Soberano, entregue a diversas parcialidades, que unidas, umas aos Francezes, e outras á Inglaterra, procuram por meio de uma guerra civil tirar o partido, que mais convenha a suas vistas particulares; he natural que cada um dos partidos procure attrahir-nos a si; para que, envoltos tambem nós em uma dissençaõ geral, seus riscos sêjam menores—e, no caso de serem subjugados pela França (que he o resultado mais provavel ainda que menos desejavel), transferir, para o Continente Columbiano, as mesmas calamidades, que a sua falta de prudencia, ou sobeja má conducta, tem trazido sobre a desgraçada, oppressora, e conrompida Hespanha.

Nesta supposiçaõ, supplico a V. SS. mui de veras, que, reunindo-se em um corpo municipal, representativo, tomem a seu cargo o Governo dessa provincia; e que enviando sem dilaçaõ, a ésta capital, pessoas authorizadas, e capazes de manejar assumptos de tanta entidade, vejamos com este Governo o que convenha fazer-se, para a segurança, e sorte futura do Novo-Mundo.

De nenhum modo convem, que se precipitem V. S. S.

por conselhos de partes interessadas, em resoluçoens hostis, ou allianças offensivas, que pódem trazer reacçoens taõ funestas para a nossa patria, como os senhores Hespanhoes trouxéram sobre a sua—sem que nos houvessem nem sequer consultado, nem offerecido a menor vantagem em seus projectos, vaõs, e insensatos, com as demais Potencias da Europa: O certo he, que as vistas ou interesses das Junctas actuaes de Oviedo, Sevilha, Madrid, &c., tem mui pouca compatibilidade com os interesses, e authoridade de nossas Provincias da America.

Sirvam-se V. S. S. igualmente, (se o julgam conveniente) enviar copia deste aviso ás demais provincias limitrophes, Sancta Fé, e Quito, a fim de que, fazendo o devido uso, marchemos unanimes ao mesmo ponto; pois com a desuniaõ somente correrá risco, ao que me parece, a nossa salvaçaõ, e independencia.

De V. S. S. o seu mais affectuoso Patricio, e humilde servidor, &c. *(Assignado)* FRANCISCO DE MIRANDA.

Sñr[es]. Marquez del Toro,
e Cabildo da Cidade de Caracas.

Londres, 24 de Julho, 1808.

SENHORES!—Naõ duvidando que sêja notorio a V. S. S. o empenho, e esforços, com que tenho procurado promover as liberdades, e independencia do continente Hispano Americano, tendo a honra de ser um de seus menores, e mais fieis Cidadaõs, dirijo o avizo juncto; para que, fazendo delle o uso que parecer conveniente a V. S. S., consigamos, se he possivel, evitar os eminentes e graves riscos, que ameaçam actualmente a nossa chara e mui amada Patria.

D. Manuel P—— me tem informado por menor das

extraordinarias occurrencias, em Buenos-Ayres, e Montevideo, cujos resultados fôram a evacuaçaõ das tropas Inglezas, e retirada da esquadra com que atacáram ambas as praças, o anno proximo passado de 1807. Nestes acontecimentos tive eu a doble satisfacçaõ de ver, que as minhas admoestaçoens anteriores a este Governo, em quanto ao impracticavel projecto de conquistar, ou subjugar a nossa America, naõ só fôram bem fundadas, mas que, repelindo V. SS. com heroico esforço taõ odiosa tentativa, offerecêram, ao mesmo tempo, paz e amizade ao inimigo, debaixo da honrosa condiçaõ de uma solida, e livre independencia. Feito taõ glorioso, como memoravel, nos annaes do Novo Mundo; e um monumento immortal, para o povo e magistrados da Cidade de Buenos Ayres!

Para proceder com o tento, e madureza, que requerem assumptos de tanta magnitude, me parece que devem V. S S. ter presentes, e meditar, os documentos seguintes: 1°. A declaraçaõ de S. M. Britannica, dirigida á provincia de Caracas em 8 de Abril, de 1797, conforme em tudo com o acordo feito por mim, em nome das Colonias Hispano Americanas, em 14 de Fevereiro de 1790, como muito Honrado Ministro Guilherme Pitt: 2°. As instrucçoens ao ten. general Whitelocke, pelo Secretario de Estado Windham, 5 de Março, 1807: 3°. a instrucçaõ secreta do mesmo Secretario Windham ao gen. Crauford, 30 de Outubro, 1806: 4°. o discurso de S. M. Britannica ás Camaras do Parlamento, 4 de Junho, 1808 —Com estes documentos officiaes, que essencialmente respeitam á nossa America, poderaõ V. S S. formar juizo cabal das virtudes do Governo Britannico, à cerca dos interesses mutuos desta naçaõ, com os nossos opulentos estabelimentos do continente Americano.

Queira a divina Providencia dar a V. SS. a uniaõ indispensavel, e o acerto que requerem assumptos de tanta magnitude, e interesse para nós mesmos, e para o genero humano em geral.

Concordia res parvæ crescunt: discordia maxumæ dilabuntur. Salust. de bel. Jug.

He de V. SS. com summo affecto, &c.

(Assignado) FRANCISCO DE MIRANDA.

Ao Illmo. Cabildo da Cidade de Buenos Ayres.

Londres, 10 de Septembro 1808.

SENHORES! O avizo juncto (1, 2, A.) communicado ja a algumas provincias de nossa America, por occasiaõ da revoluçaõ acontecida no Governo e monarchia Hespanhola, póde ser util a V. SS., nas actuaes circumstancias; e por esta razaõ o dirijo agora a essa capital. As ultimas noticias vindas de Hespanha e Portugal, indicam sufficientemente, qual sêja o resultado de minhas bem fundadas conjecturas; e que o continente Columbiano naõ póde ja ser governado pela Europa; cujo systema politico, moral, e civil, he inteiramente diverso, e talvez incompativel com o nosso descanço, e felicidade na America.

Os planos politicos da Inglaterra a respeito desses paizes, estando ao ponto de pôr-se em execuçaõ, variáram a sua direcçaõ, por causa dos acontecimentos imprevistos, occurridos ultimamente na Hespanha: mas as vistas creio que saõ as mesmas. A França tambem tem mudado de idea em diversas epochas, como se vê pelo documento B.; e assim naõ he necessario offuscar-se com estas aberraçoens politicas, quando os interesses, entre nos e a Gram Bretanha, saõ solidos, reciprocos, e vantajosissimos para ambas as partes; bem que o Governo se tenha conduzido aqui com estranha politica, tanto a respeito de Buenos Ayres, como a respeito da minha expediçaõ patriotica á provincia de Caracas. Estas causas occultas, e molas

informaçoens, e conhecimentos, que nem

V. SS. pódem adquirir a essa distancia ; nem eu prudentemente communicar d'aqui por escripto. Nesta supposiçaõ rogo a V. SS. encarecidamente, que prestem attençaõ, e credito, a um cidadaõ, e compatriota, cuja sorte está unida absolutamente á de V. SS., tendo consagrado toda a sua vida, e até sacrificado mui consideraveis interesses pessoaes, ao bem e felicidade de sua chara patria.

No instante em que sêja possivel, e opportuno, reunir-me a V. SS., me teraõ em sua companhia, ficando sempre com verdadeiro affecto, e fina vontade. De V. SS. &c.

(Assignado) FRANCISCO DE MIRANDA.

P. S. A nota C., contém as razoens porque me naõ pareceo conveniente acompanhar a ultima expediçaõ, que este Paiz enviou para Portugal e Hespanha.

Ao Illmo. Sr. Cap. Gen. e Cabildo da Cidade de Havana.

Ao Illmo. Sr. Vice-rey, e Cabildo da Cidade de Mexico.

Londres, 6 de Octubro de 1808.

SENHORES! Os acontecimentos succedidos em Hespanha desde 20 de Julho passado, ainda que de algum modo inesperados, vem por fim a produzir os mesmos resultados que tinhamos previsto, no avizo dirigido a V. SS. com a mesma data, assim como nos subsequentes remettidos ás cidades de Mexico, Buenos Ayres, Havana, &c. As copias junctas, informaraõ cabalmente do contheudo ; e serviraõ talvez a V. SS., para conduzir com acerto os graves e importantissimos negocios, que agora tem entre maõs.

Tenho considerado attentamente a relaçaõ official, que o capitaõ Beaver da fragata Ingleza Acasta, enviou ao Almirante Cochrane ; e que este ultimamente remetteo aqui ao Almirantado ; sobre as occurrencias da Cidade de Caracas, e porto de la Guayra, á sua chegada ali ; pouco despois que a corveta Franceza le Serpent tinha tambem anchorado, com despachos do novo rey de Hespanha D. Joseph Bonaparte. Ainda que este official parece que naõ permaneceo em terra mais de 24 horas, sem nenhum conhecimento da lingua Castelhana (bem que diz tinha com sigo interprete), nem taõbem menciona o nome das pessoas de consequencia, com quem assegura que communicou, durante o tempo que esteve em Caracas; merece summa attençaõ e credito o seu informe; assim pelos feitos occulares, que refere; como pelas observaçoens judiciosas, com que os acompanha; muito temo, se o seu detalhe he correcto, que a diversidade de opinioens entre os Governadores Europeos, e o povo Americano, produzam um conflicto fatal aos primeiros, e naõ mui vantajoso para os segundos; se o povo (e naõ os homens capazes, e virtuosos) se apoderar do Governo. Olhem V. SS. para o que succedeo em França, com o Governo revolucionario, e o que recentemente succede em muitas partes da affligida Hespanha! O certo he que a força de um Estado reside essencialmente no povo colectivamente, e que, sem elle, naõ póde formalizar-se uma vigoroza resistencia em parte alguma; mas se a obediencia e a subordinaçaõ ao Supremo Governo, e a seus magistrados falta neste; em lugar de conservar e defender o Estado, o destruirá infalivelmente pela anarchia; como o acabamos palpavelmente de ver em França; e em tempos anteriores, na Italia, Grecia, &c.

Os directores da presente revoluçaõ de Hespanha, por falta de uma organizaçaõ representativa ao principio, parece que se vem agora obrigados a formar uma imperfeita (pois as Junctas Provinciaes naõ fôram elegidas pela naçaõ) e taõ tardîa, que apenas teraõ tempo para concertar um plano de defensa, e organizaçaõ geral, antes que o inimigo tenha invadido a maior parte do reyno, e que as pessoas de mais pezo, e authoridade, desgostados com os excessos, e crimes da anarchia se tenham resfriado o ponto de naõ querer tomar parte na causa commum. Estes erros me surprehendem tanto menos, quanto temos visto pessoas de muito mais practica, e sabedoria, em França, commetter iguaes desacertos; por falta unicamente de conhecimentos practicos em assumptos desta natureza. O esboço juncto (No. 1, 2.) de organizaçaõ representativa, e de Governos para a nossa America foi formado aqui, ha alguns annos, e tem merecido a approvaçaõ de varoens doutos na materia, que o tem examinado depois, tanto em Inglaterra como nos Estados Unidos da America; por cuja razaõ o recommendo á consideraçaõ de V. SS. no momento actual.

Os acontecimentos succedidos ultimamente em Portugal, por occasiaõ da expediçaõ que este Governo enviou áquelle reyno, para expulsar dali os Francezes, tem agora affligido a naçaõ Ingleza, que esperava um resultado mais glorioso para as armas Britannicas, e mais satisfactorio para os povos que elles hiam a soccorrer, e amparar: naõ obstante isto, tudo pelo contrario he o que a conducta estranha e incomprehensivel, ao que parece, dos Superiores tem produzido! e assim todos clamam por uma investigaçaõ judicial. A Providencia talvez quiz livrar-nos, por esta maneira, de alguma calamidade imprevista; pois o mesmo corpo de tropas estava preparado para auxiliar, com a minha intervençaõ, nossa independencia, e liberdade civil; a instancias e esforços meus, desde que cheguei da ilha de Trinidad a ésta capital, em Janeiro passado: digamos pois com Homero Διὸς βολή! tal foi a vontade de Deus.

Á Hespanha tambem parece envergonhada do jugo deshonroso, que Carlos IV. com seu infame Ministro Godoy lhe fez supportar por tantos annos; e procura sacudir ésta ignominia, lançando a culpa ao Governo anterior, que tambem intenta reformar para o futuro. Honrado e nobre pensamento: mas temo que séja demasiado tarde, e que a corrupçaõ abrace tambem a maior parte dos actuaes reformadores; agentes, ou parte principal, da antiga tyrannia; homems sem virtude, nem magnanimidade, para taõ gloriosa empreza; eu confesso pela minha parte, que, tanto quanto menos creio o povo Hespanhol susceptivel de uma liberdade racional, tanto mais concebo ao povo Columbiano capaz de recebella; e de fazer um bom uso della: por ésta razaõ principalmente; que naõ está ainda conrompido.

E se o imperio do Principe da Paz pôde cubrir a Hespanha de uma vergonha eterna ¿ que diremos dessa provincia debaixo do jugo de Guevara—Vasconcellos? a quem persuadiraõ os seus co-operadores, que uns cidadaõs como Gual, España, e outros, por quererem reclamar para sua patria os mesmos direitos e reformas, que todo o povo Hespanhol reclama hoje em dia, com applauso geral, merecîam uma morte indigna? Que os varoens Americanos, que magnanimamente offerecêram suas vidas, para remir esses paizes de uma oppressaõ vergonhosa, devîam ser tractados como homens facinorosos? Eu confesso pela minha parte, que mais envejarîa hoje os sette annos de prisoens do illustre Jovellanos, no imperio de Godoy, e seus sequazes, do que quantos titulos, e empregos este abhorrecivel homem tem podido conferir, em nome de seu amo, por toda a monarchia Hespanhola.

Venhamos por fim ao que mais importa hoje em dia, e, deixando estas tristes reflexoens á parte, procuremos reparar os nossos males, trabalhando unanimes, e com empenho, no particular. Seguindo o bom exemplo que hoje nos dá o povo Hespanhol; e, ja que por tanto tempo o temos servilmente copiado em seus vicios, imitemollo agora com complacencia em suas virtudes; reformando o nosso Governo Americano, e reclamando, com dignidade e juizo, nossos direitos, e independencia: pontos no meu conceito indispensaveis, e *sine qua non*. Os documentos No. 3, 4, 5, 6, 7, 8, e 9, postoque em assumptos pessoaes, contém tambem factos, e circumstancias, relativos ás negociaçoens, e esforços, que temos practicado, tanto neste paiz, como em França, e Estados Unidos da America; a fim de obter a liberdade e independencia desses paizes, objecto primario hoje em dia, e que chama a attençaõ de quasi todo o genero humano; por cuja razaõ supplico a V. S. S. os examinem com attençaõ, pois saõ fadigas, e resultados de muitos annos de estudo, acompanhados de uma practica adquirida nas grandes revoluçoens, que tem transtornado quasi todos os Governos, e antigas instituiçoens da Europa. Eu me julgarei sempre feliz, se posso contribuir, de algum modo, ao alivio, e prosperidades de minha patria, reunido com meus amados, e virtuosos, compatriotas.

O almirante Britannico, que commanda nesses mares, e ilhas adjacentes, Sir Alexander Cochrane, he personagem de alto merecimento, e mui partidario de nossa independencia; podem V. S. S. com seguridade considerallo como amigo, e homem liberal, qualquer aviso ou despacho, para mim, virá com segurança por sua maõ; naõ digo mais por agora, pois esperamos por instantes o resultado que o Cap. Beaver nos promette em seu Despacho, sobre o estado dessa cidade, quando elle escreveo: o Governo aqui está na mesma suspensaõ, e assim nada póde adiantar-se por agora. De V. S. S. &c.

(*Assignado*) FRANCISCO DE MIRANDA.

Ao Illmo. Marquez de Toro, e Cabildo de Caracas.

NOVIDADES DESTE MEZ.

America.

BUENOS AYRES.

Aos 22 de Mayo o Cabildo de Buenos Ayres, com o consentimento do Vice Rey, convococou um ajunctamento geral dos habitantes, para deliberar sobre os procedimentos que se devîam adoptar, em consequencia das tristes noticias, que se acabávam de receber da metropole; o resultado de suas deliberaçoens foi, que o Governo Superior da Provincia, de antes exercitado por S. Ex[a]. D. Balthazar Hidalgo de Cisneros, fosse transferido para o Cabildo, até a nomeaçaõ de uma Juncta Superior provisional; e este corpo continuaria com o Governo, conforme as leis, e em nome de Fernando VII. até que se convocasse um Congresso geral de Deputados de todas as provincias no Vice Reynado, para o estabelicimento de uma forma de Governo que se julgasse a mais conveniente.

Aos 24 publicou o Cabildo uma proclamaçaõ, que constituîa certo numero de pessoas em uma Juncta Superior, e notificava ao povo a sua nomeaçaõ. Um corpo consideravel dos mais respeitaveis habitantes, incluindo os commandantes e officiaes dos corpos de voluntarios, se mostráram dissatisfeitos com a eleiçaõ feita pelo Cabildo. A consequencia foi, que se revogou a proclamaçaõ de 24, e se convocou aos 25 um ajunctamento geral dos habitantes, em frente da casa da cidade, para receberem uma nova lista dos membros.

O Cabildo, depois de alguma deliberaçaõ, appareceo na varanda da casa da cidade, e propoz ao povo, que a Juncta Superior provisional consistiria das seguintes pessoas. D. Cornelio Saavedra, como presidente, e commandante geral militar; Dr. D. Joaõ José Castelli; Dr. D. Manuel Belgrano: D. Miguel Azcuenaga; Dr. D. Manuel Alverti; D. Domingo Mateu; e D. Joaõ Larrea, como membros ordinarios; e os D[res]. D. Joaõ Jose Passa, e D. Mariano Moreno, como Secretarios. O Povo, em consequencia da proposiçaõ do Cabildo, concordou nos seguintes artigos:

1. Que se nomeasse uma nova Juncta de Governo, que devia consistir das pessoas, cujos nomes estávam na lista que entaõ se leo; e que devia exercitar, os poderes do

Governo, até o estabelimento de uma Juncta Central para o Vice-Reynado.

2. Que as dictas pessoas se apresentassem immediatamente na casa da cidade, e prestassem o juramento de desempenhar bem e fielmente as suas funcçoens, de observar punctualmente as leis do Reyno, e de manter a integridade daquella parte dos dominios da America, a favor de seu amado Soberano Fernando VII.

3. Que, prestando os dictos juramentos, fossem instantaneamente reconhecidos, e universalmente obedecidos, como depositarios da Authoridade Superior, até a convocaçaõ da Juncta geral, sob as penas usuaes.

4. Que elles nomearîam todos os officios, que vagassem pela resignaçaõ, morte, ausencia, molestia, ou demissaõ de quem os servisse.

5. Que o povo se reserva o direito de superintender os seus procedimentos; e no caso que faltem ao desempenho do seu dever, de proceder á sua deposiçaõ; para cujo fim, unicamente, o Cabildo reasumirá o poder que lhe he conferido pelo povo.

6. Que a Juncta he responsavel pela conservaçaõ da paz publica, e boa ordem.

7. Que a Juncta naõ exercitará acto algum de poder judicial; mas que este se conservará investido na Real Audiencia, relativamente a todos os processos em que o Governo naõ he parte.

8. Que a Juncta, no primeiro dia de cada mez, publicará uma relaçaõ circumstanciada da administracçaõ das rendas Reaes.

9. Que se naõ imporá tributo ou imposto qualquer sobre a cidade, sem o consentimento do Cabildo.

10. Que a juncta mandará immediamente ordens circulares aos magistrados do interior, para convocar a mais respeitavel, e solida parte dos habitantes, nas suas respec-

tivas jurisdicçoens, para a eleiçaõ de Deputados, os quaes devem, sem demora, ajunctar-se em Buenos Ayres, para consultar sobre a forma conveniente de Governo.

11. Que os Representantes sêjam munidos de plenos poderes, assignados pelos eleitores, e magistrados das differentes cidades e villas, que deveraõ apresentar quando chegarem á capital; os quaes instrumentos conteraõ um ajuste solemne de naõ reconhecer outro algum Soberano senaõ Fernando VII., e seus legitimos successores, e obedecer áquelle Governo, que legitimamente o representar.

Alem dos sobredictos artigos ficou entendido entre o Cabildo e o Povo, que a Juncta terîa prompta, dentro em 15 dias, uma força de 500 homens, para marchar para o interior: as despesas da leva, e expediçaõ, serîam providas pelos salarios de D. Balthazar Hidalgo de Cisneros, e por aquelles tribunaes publicos, que a Juncta julgasse conveniente abolir; tendo-se porém cuidado, por expresso desejo do povo, que nenhum dos dictos officiaes ficasse sem ter a sua subsistencia providenciada.

Os membros do novo Governo entráram nas suas funcçoens aos 26 de Mayo, e annunciáram a sua instalaçaõ aos habitantes na seguinte.

Proclamaçaõ.

A Juncta Governativa provisional da capital do Rio-da-Prata, aos habitantes da mesma, e ás provincias debaixo da sua jurisdicçaõ.

Vós tendes agora estabelecido aquella authoridade, que remove a incerteza de opiniaõ, e acalma toda a apprehençaõ.—Acclamaçoens geraes manifestáram a vossa decidida vontade, a qual somente pôde vencer a nossa timidez, para tomar-mos sobre nós o sério encargo, a que a honra de vossa eleiçaõ nos sugeita. Fixai por tanto a vossa confiança em nós; e estai seguros de nossas intençoens.—Uma disposiçaõ sincéra, um zelo activo, uma vigilancia assidua e viva, em providenciar, por todos os meios possiveis, á conservaçaõ da nossa sancta Religiaõ, á observaçaõ das leis, que nos governam, á prosperidade commum; e á manutençaõ destas possessoens, no estado da mais constante fidelidade, e affeiçaõ ao nosso muito amado Rey e Senhor D. Fernando VII., e seus legitimos successores á corôa de Hespanha—¿ naõ saõ estes os vossos sentimentos? Os mesmos saõ os grandes objectos dos nossos esforços. Descançai na nossa vigilancia, e actividade. Deixai ao nosso cuidado tudo o que diz respeito á causa publica, e que depende dos nossos meios e poder; e sêja o vosso cuidado o fomentar a mais estricta uniaõ, e uma reciproca concordia nas effuzoens da affeiçaõ; estendei a todas as provincias dentro da nossa jurisdicçaõ, e se for possivel até aos confins da terra, a influencia persuasiva do exemplo da vossa cordialidade, e do verdadeiro interesse, com que um e todos nós co-operaremos na consolidaçaõ desta importante obra. Isto estabeleceria, sobre os mais solidos fundamentos, a tranquilidade e felicidade geral, que saõ os objectos de todos os nossos dejesos.

Real Fortaleza de Buenos Ayres, ao 26 de Mayo de 1810.

(*Assignado*) CORNELIO DE SAAVEDRA,
&c. &c. &c.

No mesmo dia publicou a Juncta outra proclamaçaõ, para formar a infanteira, ja em armas, em regimentos de 1.116 homens effectivos cada um, e fazer uma leva addicional por todas as provincias. Estabeleceo-se o principio de que cada habitante he um soldado; porém, notando que a segurança publica requer, que haja uma força regular permanente, consistindo da gente que se puder melhor dispensar para aquelle serviço, limita a leva, em primeiro lugar, a todas as pessoas entre 18 e 40 annos de idade, que naõ tiverem manisfestos meios de vida, e naõ estiverem empregados no serviço publico, ou no exercicio de alguma arte mechanica, officio, ou proffissaõ. A Juncta informará o povo de que se tem tomado medidas para obter supprimentos de armas, adequado ao augmento de sua força.

As naçoens do antigo mundo, diz ésta proclamaçaõ, jamais vîram um espectaculo, como este que nós temos exhibido. Quando o vosso espirito se suppunha completamente exhausto, pela afflicçaõ em que vós fosteis submergido pela triste situaçaõ da Peninsula, vós, pelos vossos heroicos esforços, resolvesteis vingar tantas desgraças, e ensinar ao Oppressor geral da Europa, que o character Americano oppoem á sua ambiçaõ uma barreira ainda mais forte do que o immenso oceano, que até aqui tem posto limites ás suas emprezas.

Outra proclamaçaõ, da mesma data, ordena que se celebre uma Missa solemne aos 30, como um acto de acçaõ de graças, pela instalaçaõ da Juncta; e feliz terminaçaõ dos sustos, excitados pelas noticias recebidas de Hespanha. Impôem, alem disto, o mais severo castigo a todas as pessoas culpadas de desobediencia aos magistrados, ou de semear a divisaõ entre as provincias Americanas, ou entre os Hespanhoes da America eos da Europa, Tambem determina que se preste o maior respeito ao seu Ex-Governador, naõ somente em razaõ do seu conhecido character, e patriotimo, porém tambem em razaõ de sua gracioza offerta de servir debaixo das ordens da Juncta, em qualquer emprego que ella julgasse conveniente.

Os habitantes de Monte Video resolvêram acceder aos procedimentos dos habitantes de Buenos Ayres. As ultimas noticias deste lugar saõ de 25 de Mayo; e, a este tempo, reynava ali perfeita tranquilidade.

Carta circular do ex-Vice-Rey de Buenos Ayres.

Em consequencia da triste situaçaõ a que foi reduzida esta capital entre os dias 20 e 25 do presente mez, pelas dolorosas novidades sobre o estado da Metropole, no fim de Fevereiro, novidades que nos fôram trazidas por um vaso Inglez de Gibraltar; resolvî resignar a minha authoridade, e puz esta determinaçaõ em execuçaõ, no dia de hontem, desejando acommodar-me com a manifesta vontade do povo, conforme ao que me foi explicado pelo Excellentissimo Cabildo, e pelos Deputados empregados para esse fim; convencido de que este éra o unico expediente para evitar mais serias calamidades e desordens. A authoridade assim resignada foi reasumida pela Juncta de Governo, de quem he presidente o Tenente Coronel D. Cornelio de Saavedra, e eu espero de seu conhecido patriotismo, e dos de seu commando; que a fidelidade destes dominios será conservada para seu legitimo proprietario, o nosso amado Soberano Fernando VII.; e eu espero que elles obteraõ o grande fim do Governo, ordem, subordinaçaõ, e unanimidade, e que Deputados proprios, devidamente authorizados, e investidos de poderes necessarios, se ajunctaraõ em um Congresso geral, para determinar o que se hade fazer em taõ importantes materias. Deus o guarde muitos annos, &c.

(*Assignado*) BALTHAZAR HIDALGO DE CISNEROS.

Buenos Ayres, 26 de Mayo, 1810.

Proclamaçaõ da Juncta Provisional da Capital de Buenos Ayres.

A sorte da guerra na Peninsula tem aberto uma extensaõ mais ampla ás hostilidades da França; de maneira que as suas legioens se approximaram aos muros de Cadiz, e dispersáram a Assemblea, que representava a Soberania de Fernando VII. e os membros da mesma assemblea saõ accusados de malversaçaõ, e traiçaõ. Com tudo nestas circumstancias, estes membros tem, sem nenhuma authoridade, nomeado uma Regencia, que ninguem póde considerar como a concentraçaõ da unidade nacional, nem como o firme deposito do poder da Monarchia. Naõ he necessario dirigir a vossa attençaõ ao periodo particular, ou circumstancias destas desgraças; basta dizer que, parte pelos bem succedidos esforços do inimigo; e parte pela irregularidade do Governo estabelecido, que éra incapaz de pôr em práctica a ordem, nem de produzir segurança. Taes tem sido os effeitos, e foi necessario que a America accudisse á sua critica situaçaõ.

(A proclamaçaõ continûa a arguir as relaçoens que subsistem com a Europa; e refere os negocios que tem ja succedido, citando algums documentos, que ja tem apparecido ao publico; e dahi continûa.)

Hontem se instalou a Juncta, de maneira que lançou a pedra fundamental, sobre que se deve erigir a grande obra da conservaçaõ destes dominios para o nosso Soberano Fernando VII.; e he de esperar que logo que fôr possivel, na conformidade da recommendaçaõ do ex-vice-Rey, se nomearaõ Deputados que se apresentem nesta capital, para os importantes fins, expressos no Acto da Installaçaõ.

Espera-se que os passos agora dados, qualquer que sêja a sorte da Peninsula, acautelaraõ no Vicereynato de Buenos Ayres, estes serios embaraços, que devem resultar da falta de uma representaçaõ legitima da Authoridade Soberana, no Reyno de Hespanha, invadida por seus inimigos:— Crêde que ésta Juncta applicará os seus ultimos esforços, na conservaçaõ da ordem; e esperamos que a nossa diligencia se doscobrirá em seus effeitos. Com taes intençoens, propôz o povo ao Excellentissimo Cabildo, que prepara-se uma expediçaõ, composta de 500 homens, para ser impregada no interior, a fim de prevenir a desorganizaçaõ, temendo que, sem estes meios, a livre, e honrada eleiçaõ de Deputados, se naõ effectuaria, conforme ao artigo decimo da proclamaçaõ, o qual junctamente com o artigo onze, ésta Juncta intenta pôr estrictamente em vigor.

He tambem necessario que vós entendaes, que os Deputados assim nomeados, seraõ progressivamente incorporados com ésta Juncta, segundo o tempo de sua chegada a ésta capital; e para que a sua confiança nas authoridades publicas sêja segura a bem do serviço de S. Majestade, e a bem do Governo do Povo, antes da formaçaõ de uma Juncta Central, que delibere sobre os importantes negocios do Estado. Cada Cidade ou villa das provincias deve mandar um Deputado, o mais breve que for possivel; demaneira que a ambiçaõ estrangeira nos naõ ache desprovidos para lhe resistir; e que o nosso Soberano naõ sêja privado daquelles legitimos direitos, que nós trabalhamos por conservar para alle.

Dará grande satisfacçaõ a toda a gente deste Vice reynato, o ser informada, de que todos os tribunaes, corporaçoens, magistrados, e officiaes da Capital, sem excepçaõ alguma, tem reconhecido a Juncta; e promettido-lhe obediencia; para a defensa dos Augustos direitos do Rey destes Dominios; e isto he tanto mais interessante; quanto coincide com o desejo geral de evitar todas as convulsoens; e segurar ás provincias aquella harmonia, que deve prevalecer entre um povo que teve a mesma origem, e tem as mesmas relaçoens e os mesmos interesses. A este fim se dirige constantemente o zelo da Juncta, assim como as preces do povo aquem preside; e a esse povo pertence ministrar tanto o adjuctorio, como a obediencia, necessarios ao bem commum de todo o paiz.

(*Assignados*) Cornelio Saavedra; Dr. Joaõ José Castelli; Manuel Belgrano; Miguel Azcuenaga; Dr. Manuel Alverti; Domingos Matheu, Joaõ Carrea; Dr. Joaõ José Passo, Secretario; Dr. Mariano Moreno, Secretario.

Cidadela de Buenos Ayres, 27 de Mayo, 1810.

CARACAS.

Regulamento para a eleiçaõ, e reuniaõ de Deputados, que haõ de compor o corpo conservador dos direitos do Senhor Fernando VII. nas provincias de Venezuela.

Este importante documento he precedido por uma proclamaçaõ da Juncta Suprema de Caracas, em que explica aos povos o defeito de representaçaõ popular, na Juncta Suprema Central de Hespanha. e na actual Regencia, que reside na ilha de Leon; explica depois os principios em que, e porque se deve constituir um corpo representativo da naçaõ, na provincia de Venezuela e mais provincias da America Meredional que se lhe unirem; e por fim declara a sua determinaçaõ de resîgnar o poder Supremo de que se acha interinamente revestida, logo que os deputados do povo tenham determinado a forma de governo que se deve estabelecer. Como os nossos limites nos naõ permittem dar por extenso este proemio, transcreveremos unicamente os capitulos do Regulamento.

Capitulo I.

Nomeaçaõ dos Eleitores Parochiaes.

1. Os Alcaides de primeira eleiçaõ nas Cidades e Villas, e os tenentes-justiças-mores dos povos, nomearaõ tantos commissionados para a formaçaõ de um censo geral, quantas fôrem as parochias comprehendidas na sua respectiva jurisdicçaõ. Porém nesta capital de Caracas divididas em oito quarteis, seraõ os alcaides destes, os encarregados deste censo, fazendo-o executar por meio dos alcaides de bairro, ou de outras pessoas que possam verificallo, com a maior brevidade, e exacçaõ.

2. Cada um destes commissionados, accompanhado do Cura da Parochia, ou de outro ecclesiastico que faça as suas vezes, e de outras duas pessoas respeitaveis na mesma Parochia, procederá immediatamente á formaçaõ do censo ou matricula dos vizinhos comprehendidos nella.

3. Neste censo se especificará a qualidade de cada individuo, sua idade, estado, patria, lugar donde he vizinho, officio, condiçaõ, e se he ou naõ proprietario de bens de raiz ou moveis.

4. Verificado o censo, formará o commissionado a lista dos vizinhos, que devem ter voto nas eleiçoens; e se excluiraõ della as mulheres, os menores de vinte e cinco annos; a menos que naõ sêjam casados, os dementes, os surdo-mudos, os que tiverem causa criminal aberta, os fallidos, os devedores de cabedaes publicos, os estrangeiros, os viandantes, os vagamundos publicos e notorios, os que tiverem soffrido pena corporal afflictiva ou infamatoria, e os que naõ tiverem casa aberta ou habitada; isto he, que vîvam na de outro vizinho particular a seu salasalario e despeza, ou em actual serviço seu; a menos que segundo a opiniaõ commum da vizinhança, naõ sêjam proprietarios, ao menos, de dous mil pezos, em bens moveis, ou de raiz livres.

5. O Commissionado, e seus acompanhados, formaraõ a matricula geral, e a lista ou registro civil dos suffragantes.

6. Concluido o censo da Parochia, ou quartel, resultará da somma total de seus habitantes o numero de eleitores conrespondentes a cada uma destas divisoens, regulando-se na razaõ de um por cada 500 almas, de todas as classes; e, ainda que seu numero naõ chegue a 500, nomearaõ sem embargo disso um eleitor; porém dos restantes que resultarem naõ se fará conta para a nomeacaõ de outro eleitor, senaõ quando o excesso for mais de 250 almas; em o qual caso, terá este residuo igual direito ao numero de 500.

7. Feito este computo se noticiará aos vizinhos da parochia, por meio de cartazes, affixados na porta da Igreja parochial, o numero dos eleitores que lhe conresponde; a natureza, objecto, e importancia destas eleiçoens; e a necessidade de fazêllas recahir sobre pessoas idoneas de bastante patriotismo, e luzes, boa opiniaõ, e fama, pois de seu voto particular dependerá depois a acertada eleiçaõ dos individuos, que tem de governar as provincias de

Venezuela; e tomar a seu cargo a sorte de seus habitantes, em circumstancias taõ delicadas como as presentes.

8. Pelo mesmo meio se fará saber, o dia que dá principio ao recolhimento dos votos; e os termos em que deve executar-se ésta operaçaõ, será o seguinte.

9. Durará tantos dias quantos se julguem necessarios, segundo a extensaõ da parochia, e numero de suffragantes.

10. Desde o primeiro dia, empregará o commissionado quatro horas diarias, em recolher os votos, os quaes seraõ levados, entregues em um papel assignado pelo suffragante, o qual, no caso de naõ saber escrever, dará o seu voto de palavra, na presença de duas testemunhas acreditadas.

11. O commissionado levará um apontamento dos votos, confrontará os nomes dos suffragantes com o registro civil e notará igualmente, para seu salvo, os nomes das testemunhas, que testemunharem os votos verbaes; porque elles, eos papeis assignados, saõ os que, em caso de duvida, qualificaraõ o bom desempenho de sua commissaõ.

12. Naõ será necessario que os eleitores sêjam da vizinhança da parochia eligente, bastará que se achem domiciliados no partido capitular que a comprehenda, e que se attenda na sua eleiçaõ ás circumstancias de probidade luzes, patriotismo, e outras, que contribûam ao melhor cumprimento da delicada confiança que se deposita em sua pessoa.

13. A formula do papel do suffragio, se a parochia conresponder a um só eleitor será o seguinte.

" N. vizinho da parochia N. do partido capitular de N. elejo e nomeio por eleitor da dicta parochia a N.—Assignatura do suffragante."

Se conresponderem dous ou mais a uma parochia, a formula do papel será a seguinte.

" N. &c. elejo e nomeio por eleitores da dicta parochia, a N. N. e N.—Assignatura do suffragante."

Os votos verbaes se assignaraõ em iguaes termos,

14. Expirado o prazo da eleiçaõ, o commissionado, em presença do cura, e de cinco pessoas respeitaveis da mesma parochia, procederá ao escrutinio e computo dos votos. Se conresponder um eleitor á parochia, o será em primeiro lugar quem tiver a seu favor a pluralidade; e em segundo o que ao depois deste tiver obtido a maioridade de suffragios. Se conresponderem dous se entenderaõ nomeados quatro; dous em primeiros, que seraõ os que tiverem tido as primeiras maiorias; e dous em segundos; que seraõ os que mais se aproximarem a ellas. Se conresponderem tres ou mais, o procedimento será similhante, e em igualdade de votos se resolveraõ as duvidas por sorte.

15. As actas da eleiçaõ se extenderaõ, para que sirvam de credenciaes, nestes termos. (Segue-se a formula.)

16. Nos povos aonde residirem Tenentes, teraõ estes o encargo de colligir, e contar os votos; nas cidades ou villas onde só houver uma parochia; tera este encargo o alcaide primeiro; e onde houver dous, ou mais, o executará o mesmo magistrado e tantos individuos particulares da eleiçaõ do Ayuntamiento, quantos fôrem necessarios para igualar o numero das parochias: porém nesta capital uma e outra funcçaõ pertencerá aos alcaides de quartel.

17. As credenciaes que naõ fôrem expedidas pelos Tenentes Justiças Mayores, ou pelos Alcaides seraõ reconhecidas pelo magistrado de quem tenha dimanado a commissaõ para o censo parochial.

18. Afim de que naõ haja a menor fraude, e manejo sinistro, nestas eleiçoens; se fixará uma copia da lista de votos na porta da Igreja parochial.

19. Os Alcaides, ou Tenentes Justiças Maiores, avisaraõ aos eleitos, de sua nomeaçaõ; no caso de inhabilidade ou escusa legitima de algúm delles, entrará a completar

o numero de eleitores, o primeiro dos que tiverem sido nomeados em segundo; e se forem dous ou mais, os que resultarem inhabeis, seraõ substituidos da mesma maneira.

20. Quando um mesmo individuo se achasse nomeado, em primeiro, por duas ou mais parochias, será eleitor daquella aquem lhe tocasse por sorte, e se substituirá nas outras do modo prescripto.

21. Sempre que occurrer ésta substituiçaõ, a qualificará o alcaide, ou justiça maior, na continuaçaõ do acto credencial, nos termos seguintes. (Segue-se a formula.)

22. Quando naõ haja necessidade destas substituiçoens será o acto reconhecido pelo Tenente Justiça Maior, nestes termos, (segue-se a formula.)

23. Todos os eleitores parochiaes, de cada partido parochial, se reuniraõ na cidade ou villa cabeça do mesmo, levaraõ a ella os censos, registros civis, e credenciaes, e durante o tempo de suas funcçoens gozaraõ os alimentos de um pezo forte por dia, que se pagará pelos fundos publicos.

Cap. II.

Congregaçaõ dos Eleitores parochiaes para a nomeaçaõ dos Deputados.

1. Reunidos os respectivos eleitores parochiaes, na cabeça de cada partido Capitular; será a sua primeira operaçaõ averiguar o numero de Deputados, que conresponde á razaõ de um por cada vinte mil almas de populaçaõ; na intelligencia de que, ainda que naõ sêjam tantas as que comprehenda o partido, terá sem embargo um Deputado.

2. Se em cada vinte mil dos outros bem povoados resultar o excesso de dez mil almas, se elegerá um Deputado mais, como se este numero chegasse a vinte mil; e, pelo contrario, se o excesso naõ for de dez mil almas, naõ se fará conta com o que sobra.

3. Far-se-ha ésta averiguaçaõ, sommando os censos ou

matriculas geraes de cada uma das parochias inclusas no partido Capitular.

4. Naõ será condiçaõ precisa para ser elegido Deputado, o estar domiciliado como vizinho no respectivo partido capitular; bastarà ser vizinho de qualquer outro dos comprehendidos nas provincias de Venezuela, que tenham seguido a justa causa de Caracas; porèm deveraõ ter os eleitores o maior escrupulo em attender ás circumstancias de boa educaçaõ, conducta acreditada, talento, amor patriotico, conhecimento local do paiz, conceito notorio, e aceitaçaõ publica; e mais outras necessarias para suster com decôro a Deputaçaõ, e exercer as altas faculdades de seu instituto, com a maior honra, e pureza.

As congregaçoens eleitoraes seraõ presididas pelos Alcaides primeiros das cidades e villas, servindo nellas de secretario, o que o for do Ayuntamiento; porém nesta capital, e nas das outras provincias, unidas a ella, obterá este lugar de presidente, o vice-presidente da sua respectiva Juncta Governativa.

6. No dia destinado para a eleiçaõ do deputado ou deputados, que conrespondem a cada partido Capitular, se celebrará missa solemne do Espirito Sancto, na Igreja principal; recommendando-se á piedade dos fieis o implorar o auxilio divino, para o acerto; e, durante o acto eleitoral, se tocará nas igrejas o signal acostumado para as Preces publicas.

7. A eleiçaõ se verificará em uma sala bastante capaz, a fim deque possam presencialla todas as pessoas da vizinhança, que quizerem, e se apresentarem em trage decente.

8. O secretario da eleiçaõ formará uma lista dos eleitores por ordem alphabetica: cada eleitor dará o seu voto pela mesma ordem, nomeando dobrado numero de Deputados, relativamente ao que se exigir do partido Capitular;

e os nomes das pessoas designadas nos votos se apontaraõ em segunda columna á direita dos nomes dos eleitores.

9. Terminado o acto de votar, lerá o secretario os votos, e os contará; e entaõ se conresponder um Deputado ao partido Capitular, se nomearaõ um em primeiro, e outro em segundo, na conformidade da ordem que estabelecer a maioria de suffragios, que seraõ os que tiverem obtido dous numeros superiores de votos; e dous em segundo que seraõ os que mais se approximarem ás maiorias; e se conresponderem tres ou mais, o procedimento será simillhante, e, em todos os casos de igualdades, se resolveraõ as duvidas por sorte.

10. Naõ terá voto algum nas eleiçoens o presidente; e estará advirtido de que a nomeaçaõ dos principaes Deputados naõ será canonica com qualquer maioria, ou pluralidade de votos, mas sim com aquella, que reuna mais de metade dos concurrentes.

11. O acto que deve servir de credencial se lavrará nestes termos. (Segue-se a formula).

12. Os Deputados eleitos avizaraõ ás Junctas respectivas a aceitaçaõ de suas nomeaçoens, ou escusas legitimas, que tenham; na intelligencia de que somente saõ admissiveis as de enfermidade, ou gravissimo prejuizo de interesses.

14. Os presidentes das Junctas á vista das aceitaçoens, ou escuzas, reconheceraõ, e notaraõ os actos eleitoraes de maneira similhante ao que fica referido.

15. Se um mesmo individuo ficar eleito por dous ou mais districtos Capitulares, decidirà a sorte qual haja de ser o seu destino, e as nomeaçoens dos outros partidos se substituiraõ na forma estabelecida para os eleitores parochiaes, que se acharem em igual caso, notando-se esta substituiçaõ, ao pe do acto credencial.

16. Celebrar-se-haõ as nomeaçoens de Deputados com festas publicas, nas capitaes das provincias; entregàr-se-haõ as credenciaes aos Deputados, e marcharaõ estes para

Caracas, trazendo-as com sigo juncto com as matriculas geraes, e registros civis de todas as parochias a que perteuçam.

17. Os deputados gozaraõ dos alimentos diarios de quatro pezos, desde o dia que sahirem dos povos de sua residencia.

18. Os Cabildos dos partidos, ou as Junctas respectivas em seu caso, teraõ faculdade de resolver as duvidas, que occorrerem na execuçaõ desta nomeaçaõ.

Cap. III.

Reuniaõ dos Deputados na Capital.

1. Os Deputados apresentaraõ as suas credenciaes á Juncta Suprema para serem examinadas; e sendo approvadas se lhes tornaraõ a entregar: bem entendido que, chegando os dous terços do numero total, se installará o corpo, debaixo do nome de Juncta geral de Deputaçaõ das provincias de Venezuela.

2. Celebrar-se-ha a sua instalaçaõ com missa solemne, Te Deum, salva, e illuminaçoens na capital, e nas outras povoaçoens, que tiverem tido parte na nomeaçaõ dos Deputados.

3. Em quanto a Juncta geral de Deputaçaõ estiver organizando a authoridade executiva, e determinando as precauçoens com que haõ de submetter-se ao chefe do ramo executivo a administraçaõ, das rendas, e o mando da força armada; continuará exercendo este mesmo poder executivo a Suprema Juncta; porém os primeiros actos da Deputaçaõ geral se dirigiraõ ao regulamento destes objectos, para a prompta expediçaõ de toda a classe de negocios; e naõ se occupará em outra alguma cousa antes de o verificar.

4. Logo que a Juncta Suprema tiver abdicado as suas faculdades dispositivas e executivas, ficará reduzida ao

character de Juncta Provincial, se a Deputaçaõ geral o julgar conveniente, modificando-a em tal caso, e prescrevendo-lhe regras e tempo para sua duraçaõ, e funcçoens.

5. Naõ se terá por valida a sessaõ em que naõ concurrerem dous terços do total dos Deputados, e será nullo o acordado sobre as couzas de primeira ordem, se deixar de se escrever, e assignar-se no livro conrespondente.

6. Os Deputados nomearaõ o seu presidente, e seu secretario á pluralidade de votos, e o presidente será forçosamente de seu numero.

7. Se as circumstancias exigirem que dure mais de um anno a Juncta geral de Deputaçaõ; será renovada, no fim deste periodo, a metade dos seus individuos.

8. O Chefe do ramo executivo poderá propor á Deputaçaõ o que lhe parecer conveniente; porém em nada poderá alterar ós seus acordos, nem terá que fazer com elles outra cousa senaõ promulgallos, para sua notoriedade e observancia.

9. A reforma deste regulamento, limitado por agora a facilitar, e abreviar a nomeaçaõ e reuniaõ dos representantes de Venezuela, será do conhecimento da Deputaçaõ geral, como tudo o mais conducente ao melhoramento do governo, e prosperidade destas provincias. Palacio do Governo de Caracas, 11 de Junho 1810.

Jose de las Llamosas, Presidente.
Martin Tovar Ponte, Vice Presidente.
Joaõ G. Rocio, Secretario de Estado.

Portugal.

LISBOA, 16 *de Julho.*

Extracto de dous Officios do Marechal General Lord Visconde Wellington para o Secretario do Governo D. Miguel Pereira Forjaz em data de 11 *do corrente.*

1°. O inimigo passou o rio Azara com consideravel força no dia 4 do corrente, e obrigou ao Brigadeiro Crauford a retirar-se com a sua guarda avançada, para as visinhanças do forte da Conceiçaõ, o qual se tinha occupado antecedentemente com parte da infantaria da terceira divisaõ: na occasiaõ deste movimento o Capitaõ Karnchenberg, e o Alferes Cordemam, á frente de hum pequeno corpo de husars do regimento 1°., tiveraõ uma opportunidade de se distinguirem, carregando com a denodada bizarria sobre um corpo do inimigo muito mais superior em número.

Tendo de mencionar, como hei, aos husars do 1°. regimento, devo-lhes fazer a justiça de communicar a V. E. que elles tem estado com a guarda avançada por todo o inverno passado, e que tem prehenchido os seus deveres na maneira mais satisfactoria.

O terceiro batalhaõ de caçadores Portuguezes, commandados pelo tenente Coronel Elder, tiveraõ igualmente uma opportunidade de mostrarem a sua firmeza e sangue frio, durante este movimento da guarda avançada, e o escaramuçar com o inimigo que se lhe juntou.

O regimento de husars 1°. teve cinco homens e tres cavallos feridos, e o regimento 16 de dragões ligeiros teve tres cavallos mortos.

2°. Depois que escrevi a V. E. neste dia, tenho recebido huma parte, que Ciudad-Rodrigo se rendeo hontem ao inimigo.

Havia naquella praça huma grande e praticavel brecha:

e o inimigo tinha feito todas as preparações para lhe dar assalto, a tempo que o Marechal Ney, tendo offerecido termos de capitulaçaõ, a guarniçaõ desta se rendeo.

O inimigo tomou posiçaõ defronte desta praça a 26 do mez de Abril, investio-a completamente a 11 do mez de Junho, abrio trincheiras diante da praça a 15 do mesmo mez, e começou a batella a 24 do referido mez, e quando considerarmos a natureza e posiçaõ da praça, a deficiencia e defeitos das suas fortificações, e as vantagens que o inimigo tinha no seu ataque contra ella, e o número e formidaveis equipagens militares com que foi atacado. Eu concluo que a defeza de Ciudad-Rodrigo faz a maior honra ao seu Governador D. André Henasti; e que ha servido igualmente de honra e credito á sua guarniçaõ, assim como de gloria ás armas de Hespanha, como as das mais celebradas defezas das outras praças, com que esta naçaõ se ha illustrado, durante a existente contestaçaõ pela sua independencia.

Houve um encontro entre os nossos piquetes esta manhaã, em que o inigo ha perdido 2 officiaes, 31 homens, e 29 cavallos presioneiros.

Lisboa, 16 *de Julho.*

O nosso Governo foi servido mandar publicar as seguintes Providencias.

Manda o Principe Regente N. S. a todas as authoridades civís, e militares, a quem o conhecimento desta pertença, ou deva pertencer, que dem inteiro comprimento, naõ obstante quaesquer resoluções em contrario, a tudo o que vai declarado nas providencias para o exame dos passageiros, que pelo Téjo se dirigem a Lisboa, e a outros pórtos do mesmo Rio; as quaes baixão com este, assignadas pelo Secretario do Governo Joaõ Antonio Salter de Mendoça. Palacio do Governo, em 9 de Julho de 1810.

Com as Rubricas dos Senhores Governadores do Reino.

Providencias para o exame dos Passageiros, que pelo Téjo se dirigem a Lisboa, e outros Pórtos do mesmo Rio.

I. Nenhum patraõ, ou arraes d'embarcaçaõ, que nevegar no Téjo, podera tomar, ou largar passageiro algumo fóra do cáes, ou lugar destinado para embarque, ou desembarque de passageiros.

II. Os caes para este fim, designados em Lisboa, saõ—o cáes de Santarem para as embarcações que vem de Vallada, Santarem, e Alqueidaõ—o caés da Pedra para as que vem de Cacilhas, e Paço d'Arcos—o cáes de Ribeira Nova para as que vem de Arrentela, Amora, Seixal, Porto-Brandaõ, Trafaria, Belém, Ericeira, e Cascaes—o cáes do Haver do Pezo para as que vem dos mais pórtos de huma, e outra margem do Téjo.

III. Só hum perigo imminente de naufragio, ou outra igual necessidade, póde fazer alterar o que acima fica estabelecido; mas em todo o caso os arraes, e patróens faraõ a possivel diligencia para demandar algum dos referidos cáes; e quando nenhum possaõ tomar, daraõ disso parte aos ministros dos bairros a que pertencem os cáes, dando igualmente razaõ. E o mesmo praticaraõ, quando as embarcações se dirigirem a quaesquer pórtos do Téjo, perante os Juizes das terras.

IV. He prohibido a todo o arraes, ou patraõ tomar passageiro algum militar, que naõ mostre passaporte algum, expedido nos precisos termos do Alvará, de 6 de Setembro de 1765, §. I., nem passageiro algum paizano, sem que tenha passaporte das respectivas authoridades civís; e desta obrigaçaõ sómente saõ exceptuadas as pessoas, de que faz mençaõ o Alvará, de 13 de Agosto de 1760, §§. II., e V.

V. Todo o arraes, ou patraõ que chegar de noite a esta cidade, naõ largará pessoa alguma, ainda no cáes que lhe pertence, sem que por um homem da companha mande avizar o official da patrulha, que residir no dicto cáes. E o mesmo se praticará em qualquer porto do Téjo, onde se acharem guardas; e onde as naõ houver, o official de justiça para esse fim destinado.

VI. O arraes, e patraõ que contravier a qualquer destas obrigações, fica sujeito á pena de dez mil réis pagos da cadéa, metade a favor das patrulhas, que rondarem os cáes, onde a contravençaõ se praticar, ou dos officiaes de justiça dos pórtos onde naõ houver patrulhas, e a outra metade será applicada nesta corte para as depezas da policia, e nas outras terras para as despezas dos concelhos. A pena duplicará, e triplicará segundo o número das reincidencias.

VII. As penas determinadas contra os arraes, e patrões das embarcações seraõ impostas a todos os que as governarem debaixo de qualquer titulo que seja; e quando estes as naõ possaõ persolver, seraõ pagas pelos preponentes.

VIII. Em todos estes casos se procederá summarissimamente; decidindo-se a imposiçaõ da pena, nesta capital, e seu termo, pelo Intendente Geral da Policia; e nas mais terras pelos respectivos julgadores, ouvidos os procuradores dos concelhos: e se daraõ ás partes os competentes recursos, feito deposito das mulctas, o qual será levantado pelos interressados, quando os réos no termo de dois mezes naõ mostrarem melhoramento.

IX. Nos cáes de Santarem, Haver do Pezo, e Ribeira Nova, e no cáes da Pedra, e Belém, haverà patrulhas fixas da Real Guarda da Policia; e igualmente haverá patrulhas militares nos pórtos de Cacilhas, Mouta, Aldea-Gallega, Villa-Franca, e no termo ou villa de Santarem, onde se fizer o embarque, e desembarque, segundo as estações do anno.

X. Os officiaes destas patrulhas, logo que aborde qualquer embarcaçaõ, examinaraõ os passegeiros que ella traz, e os passeportes de que vem munidos; e occurrendo qualquer dúvida, por mais pequena que seja, faraõ conduzir o arraes, e o passageiro á presença do respectivo julgador, para que a decida segundo a lei. Quando a dúvida proceda, daraõ estes de tudo conta ao Intendente Geral da Policia, para fazerem as averiguações que elle lhes determinar: onde naõ houver patrulhas militares, faraõ esta diligencia os officiaes de justiça, que para o dicto fim seraõ nomeados, como melhor convier á economia do real serviço.

XI. Todo o passageiro que se recusar aos exames estabelecidos nos §§. IV., e X., será prezo por um mez; e o arraes, ou patraõ será obrigado a dar razaõ da sua pessoa, debaixo da pena estabelecida no §. VI., excepto se plenamente mostrar, que por effeito de uma força superior naõ pôde estorvar a sahida; mas neste caso serà obrigado a gritar ás patrulhas, ou justiças para a sua apprehensaõ.

XII. E porque em differentes partes do Téjo ha barcas, que transportaõ passageiros de uma a outra margem, o que succede em diversos sitios, em que naõ póde ter lugar o estabelecimento de repetidas guardas, facilitando-se deste modo a introducçaõ de pessoas desconhecidas em Lisboa, e seu termo; para obstar a este inconveniente, haverà uma guárda militar na passagem de Sacavem, e outra em Via-Longa, as quaes examinaráõ os viandantes, e faraõ deter os que acharem ou sem passaportes, ou extraviados dos caminhos que devem seguir, e os faraõ conduzir ao Intendente Geral da Policia da Corte e Reyno.

XIII. Para o mesmo fim os guardas-barreiras de Lisboa procederaõ com o maior cuidado na execuçaõ do §. VIII. do plano da sua creaçaõ, de 7 de Maio de 1802, como ultimamente lhes foi recommendado nas providencias de 6 de Março do presente anno, Tit. II. §. XXIV.

XIV. A fim de evitar a introducçaõ de passageiros por

meio das embarcações, que levaõ pilotos da barra aos navios que entram, nenhum arraes, ou patraõ dellas tomará passageiro de qualidade alguma; devendo logo que mettem os dictos pilotos a bórdo, affastar-se immeditamente dos navios como se acha acautelado pela lei de 6 de Agosto de 1722; ficando sugeitos os que tomarem passageiros ás penas em semelhante caso estabelecidas pela Lei de 6 de Dezembro de 1660 contra os barqueiros, que, passada a Torre de Belém, levaõ passageiros que naõ mostraõ passaportes para os Navios que sahem.

Palacio do Governo em 10 de Julho de 1810.

JOAÕ ANTONIO SALTER DE MENDOÇA.

Copia do Officio do Excellentissimo Senhor Marechal G. C. Beresford ao Excellentsssimo Senhor D. Miguel Pereira Forjaz.

Tenho a honra de remetter a V. E. para ser presente a S. Excellencias os Governadores do Reyno as cartas inclusas, que acabo de receber hoje do Brigadeiro Cox; e eu naõ posso deixar de congratular a suas Excellencias a respeito da boa vontade, e excellente apparencia, que mostram os soldados Portuguezes, assim dentro como fóra das praças. Os falsos e ridiculos argumentos do inimigo naõ podem ser melhor explicados, do que mandando uma similhante carta a um Inglez, official Portuguez; e á qual elle se naõ dignou de dar outra resposta mais, que ordenar que o official portador se retirasse; e a praça se defenderà até à ultima extremidade.

Deos guarde a V. Excellencia. Quartel General de Avelbans da Ribeira, 27 de Julho de 1810.

G. C. BERESFORD,
Marechal Commandante em Chefe.

Senhor! Tenho a honra de informar a V. E. que hontem, logo depois da retirada do Brigadeiro General Crawford, appareceo uma bandeira de tregoa ás portas desta praça, e recebi uma carta do General Francez Loison, de que remetto a V. E. a copia inclusa; e succedendo achar-me nesse momento no caminho coberto juncto á porta da barreira, eu recebi a carta sem contudo permittir que entrasse na praça o official, que a conduzia; e lhe respondi verbalmente, que eu naõ accederia á proposiçaõ que continha a mesma carta, e que estava na determinaçaõ de defender a praça, que tinha a honra de commandar, até à ultima extremidade. Tenho a satisfacçaõ de dizer que as tropas desta guarniçaõ conservam o melhor espirito, e mostram evidentemente o maior ardor. A artilheria da praça fez fogo com algum effeito sobre o inimigo durante a retirada do Brigadeiro General Crawford, e este fogo continuou por algum tempo depois, com alguns intervallos. Tenho feito fogo a algumas pequenas partidas, que hoje tem apparecido, e que chegáram ao alcance; tambem tem havido algumas pequenas escaramuças com algumas tropas ligeiras do inimigo, que tem apparecido além dos muros desta praça.

He muito difficultoso verificar qual será a verdadeira intençaõ do inimigo, e que força elle tem diante da praça; e calculando por aquillo que tenho podido alançar, a sua força será de 1.500 ou 2.000 de cavallaria, e 4 ou 5 batalhões de infanteria; porém as suas tropas estaõ espalhadas de tal maneira, e fazem tantos movimentos sem ordem ou methodo, que he impossivel determinar o seu número.

A maior parte da sua força se estende desde a estrada de Val de la Mulla, por baixo dos moinhos de vento, até Junça; porém elle tambem hoje se tem movido pela sua direita com direcçaõ as Cinco-Villas, e por ora naõ tem assestado artilheria, ou feito disposições para sitiar a praça; e os movimentos, que tem feito até aqui, daõ mais apparencia de bloqueio do que de ataque.

Tenho a honra de ser, &c.

(*Assignado*) GUILHERME COX.

A. S. E. o Marechal Beresford.

Do mesmo lugar, 26 dicto.

SENHOR! Nada de particular tem occorrido desde hontem; o inimigo parece ter uma pequena força defronte desta Praça. Hoje se fez fogo para proteger algumas pequenas partidas, que mandei forragear; e tambem mandei uma partida ao Convento para observar se se poderia ter communicaçaõ com a ponte. No convento se encontráram alguns homens, os quaes foram lançados fóra; porém a nossa partida foi logo depois obrigada a retirar-se, por causa de algumas tropas ligeiras que foram mandadas com o fim de cortarem a sua retirada. O inimigo perdeo alguns homens nesta escaramuça, e nós tivemos um Official, e quatro ou cinco homens levemente feridos. O inimigo levantou dous morteiros à direita dos moinhos, e atirou algumas bombas, das quaes uma cahio na Praça, e outra no fosso, porém naõ fizeram prejuizo.

(*Assignado*) GUILHERME COX.

A. S. E. o Marechal Beresford.

Intimaçaõ, 24 de Julho de 1810.

SENHOR GOVERNADOR! S. E. Mr. o Marechal Duque d'Elchingen me ordena que vos intime entregueis a Praça d'Almeida em meu poder. Hum vaõ ponto d'honra, Sñr. Governador, naõ vos decida a comprometter os interesses da vossa Naçaõ. Ninguem sabe melhor do que vós que os Francezes vem para vos livrar do jugo dos Inglezes.

Naõ ha Portuguez algum que ignore a pouca consideraçaõ de que goza a sua Naçaõ entre os Inglezes.

Naõ tem elles demonstrado assas a pouca attençaõ que

tinham para com uma Naçaõ estimavel, e ha longo tempo Alliada da França?

A occupaçaõ dos lugares civis e militares prova, até à evidencia, que a intençaõ do Governo Inglez era de considerar Portugal como uma de suas Colonias.

A conducta que os Inglezes tem tido com os Hespanhoes, que tinhaõ promettido defender, e que abandonáram, deve abrir-vos os olhos, e convencer-vos que faraõ o mesmo a respeito de Portugal.

S. E. me encarregou, Senhor Governador, de vos propôr a Capitulaçaõ mais honrosa, até de vos conservar o Governo da vossa Praça, e de admittir a vossa guarniçaõ no numero das tropas Portuguezas, que ficáram fiéis aos verdadeiros interesses da sua Patria.

Vós conheceis, Senhor Governador, que naõ admittindo uma propoziçaõ taõ honrosa para vós, e para as tropas Portuguezas, vós as expondes, assim como aos habitantes, aos horrores de um cerco, e á sorte que deve esperar uma guarniçaõ levada á viva força.

Entre as vossas maõs, pois, està a sorte de Almeida e dos vossos companheiros d'armas; recusar-vos aquiescer às proposiçoes, que tenho a honra de vos transmittir, vos tornaria responsavel pelo sangue humano derramado inutilmente, e por uma causa estrangeira à Naçaõ Portugueza.

Recebei, Senhor Governador, a segurança da consideraçaõ mais distincta.

O Conde do Imperio, General de Divisaõ.

(*Assignado*) LOISSON.

Reflexoens sobre as novidades deste mez.

AMERICA HESPANHOLA.

Haviamos annunciado no nosso N°. passado a revoluçaõ de Caracas, e neste noticiamos a do Rio-da-Prata, executada justamente

no mesmo sentido; e seguindo naturalmente os mesmos passos. Nós julgamos, que as cartas do General Miranda, dirigidas a varias partes da America Hespanhola, e que publicamos neste N°. de p. 204 em diante; daraõ a chave para explicar a similhança de procedimentos, nestes dous remotos pontos da America, e que naõ tinham communicaçaõ entre si. Nós demos a entender, por varias vezes, no nosso periodico, que sabiamos da tendencia progressiva do espirito de independencia na America; éstas cartas agora poraõ a materia em toda a sua luz. Os nossos leitores acharaõ no N°. 17, p. 425 do nosso periodico alguma noticia sobre os procedimentos de Garay ex Secretario da ex Juncta Suprema de Hespanha, que tentou expulsar de Inglaterra o General Miranda, accusando-o unicamente de desejar para a sua Patria, o que esse mesmo Garay dizia que desejava para para a delle, e recommendamos a leitura comparada do que entaõ dicemos com os successos actuaes. O Conselho de Regencia de Hespanha tem mostrado os seus desejos, de se oppor aos procedimentos das Colonias Hespanholas; quaesquer porém que sêjam os seus esforços, ainda que alguns possa fazer, naõ teraõ mais effeito do que se intentassem fazer parar a maré na sua subida.

Pelo que diz respeito a Caracas, publicamos neste N°. entre os documentos officiaes mais alguns papeis, que servem para mostrar a natureza e consequencias desta importante revoluçaõ; e o modo porque a eleiçaõ de deputados se manda fazer, nos deixa conjecturar, que os cabeças da reveluçaõ naõ somente óbram com conhecimento de causa, mas com puras intençoens do bem de sua patria, o que se conhece do effericimento que fazem, de resignar os seus lugares, logo que os Deputados do povo tenham determinado na forma do Governo executivo. Naõ temos ainda noticias de Carthagena; mas se deve crer, que seguindo o exemplo de Caracas, no tempo em que executou a revoluçaõ, tem fechado os seus portos, ou posto algum embargo para que naõ haja communicaçaõ com o exterior, até que tenham arranjado o seu governo interno. Esta conjectura se fortifica mais pensando que, se em Carthagena tivessem seguido o exemplo do Mexico, ja teriam chegado as suas respostas a Cadiz.

Julgando o novo Governo de Caracas que éra necessario estabelecer a confiança, e franqueza de commercio, que êram inteiramente desconhecidas no antigo systema; resolveo, em consequencia de uma informaçaõ do Secretario da Fazenda, em providencia de 21 do mez de Mayo p. p. que se suspendesse a cobrança de impostos, em tudo quanto se embarcasse a bordo das embarcaçoens, para rancho de suas equipagens. Que os Capitaens ou sobrecargas dos vasos Hespanhoes, que commercîam naõ colonias, ficassem desonerados de apresentar as contas de venda dos fructos que extrahiam daquelles portos, e aque estávam sugeitos. Que as facturas, que trouxerem os capitaens de navios mercantes, se passem immediatamente pelos ministros da Real Fazenda ao traductor, para que traduzindo-a este na lingua Castelhana, com a brevidade possivel a entegue por triplicado, servindo uma nas contadorîas, outra na intendencia; e a terceira se dirija á Secretarîa da Fazenda, a fim de obviar a demora enviando-se á Capital. Que os traductores dem uma noticia exacta dos dinheiros que cobram, pela traducçaõ das facturas, para o fim de lhes arbitrar o que for de justiça, e noticiallo ao publico. Que os donos das negociaçoens possam proceder immediatamente á descarga das mercadorias, e depositallas nas alfandegas; precedendo a correspondente permissaõ do subdelegado e ministros; que as licenças para carregar, e sahirem as embarcaçoens, se dê pelos commandantes dos portos, como subdelegados, com a obrigaçaõ de avizar promptamente ao Governo, evitando deste modo os gastos, que se occasionavam, em recorrer a esta Capital para a licença de carregar. Que todas as semanas passem os respectivos ministros ao mesmo Governo, uma nota das embarcaçoens, que entráram no porto, e suas cargas; para que isto se communique ao publico pela gazeta semanal.

A tarifa dos direitos para as traducçoens das facturas, foi ao depois regulada; na mesma forma da providencia de 18 de Agosto de 1809.

Entre outras providencias fomentadoras do commercio externo, e interno; se determinou, que os sobrecargas dos navios amigos ou neutraes, que chegarem áquelles portos com qualquer especie de mercadorias, teraõ a faculdade de permanecer ali o tempo que necessitárem para dispor dellas; e no caso que esse tempo exceda dous ou tres mezes, avizaraõ ao Governo da causa de sua demora; sem que se attenda á obrigaçaõ que lhes havîa imposto o Governo antigo de se consignarem, á sua chegada, a negociantes Hespanhoes. Poderaõ tambem extrahir os fructos que quizerem, sem estar sugeitos a balancear as exportaçoens, com as vendas das importaçoens, poderaõ carregar a frete os productos que lhes offerecem, sem a circumstancia de que os negociantes do paiz, prestem as fianças para seus retornos; pois os faraõ quando lhes for conveniente. Que todos os effeitos que se naõ acharem comprehendidos na tarifa, que governa actualmente o commercio estrangeiro, por esquecimento, ou por naõ ser conhecido á epocha em que se organizou a mesma tarifa, se calculará pelos ministros da Real Fazenda, com a concurrencia de dous commerciantes de credito, o preço em que deve taxar-se para o pagamento dos impostos; e formaraõ disso uma nota, que remetteraõ á Superioridade. Consentir-se-ha aos mesmos amigos e neutraes, que chegarem a nossos portos, dispôr, ou por si, ou por seus agentes, dos effeitos de sua negociaçaõ, do modo que lhe convier; e que lhe sêja livre deixar nos armazens Reaes as notas que quizérem, para tornar a embarcallos, sem que paguem por isso nenhuma imposiçaõ, gravamen, ou contribuiçaõ; bastando somente uma factura assignada por elles, e duas pessoas do commercio. Que sêja livre aos donos a venda dos navios, nos portos da quelle Governo, com tanto que sêja feita a favor de Hespanhoes, e que tenha introduzido alguma negociaçaõ; porém, se tiver entrado em lastro, pagará os direitos estabelecidos, extrahindo o seu importe em fructos do paiz, pagando tambem os que conrespondam. Prohibe-se estrictamente, sob as penas das leis, a extracçaõ de prata ou ouro; e se os estrangeiros ou seus consignatarios, no caso de os terem, effectuarem ésta extracçaõ por algum meio, ficaraõ incursos nas leis, assim como outra qualquer pessoa, que intervier nesta operaçaõ; encarregando-se aos ministros da Real Fazenda o maior zelo, e vigilancia sobre este particular. Que os direitos de entrada se pagaraõ a metade aos dous mezes, depois de haver tirado os effeitos da alfandega; e a outra metade aos tres mezes. Que para escusar aos nossos negociantes o grande incommodo que soffrem, em buscar fiadores, para os direitos das mercadorias, que compram aos amigos, e neutraes, ou que importam por sua conta; se concede que fiquem livres dellas, com a circumstancia de deixar depositado na alfandega, em effeitos da negociaçaõ, uma quantidade dupla do valor em que se calculem os direitos de entrada; precedendo uma convençaõ do devedor com os ministros da Real Fazenda, porém se o prazo, que se estipular para o pagamento, chegar a cumprir-se sem a devida satisfacçaõ, se venderaõ aquelles effeitos em leilaõ publico, ás portas da contadoria, sem outra formalidade mais que a de avaluallos antes por duas pessoas intelligentes; que attestaraõ a deligencia; entregando aos interessados o producto que restar em seu favor. Que as guias de todas as classes de mercadorias, que se expedirem pelos referidos ministros, com o fim de passarem ao interior, se despacharaõ simplesmente, sem expressar a embarcaçaõ, capitaõ, consignatario, &c. &c. como estava mandado pelo Governo anterior, por se considerar isto como contrario á franqueza, e boa fé, que deve haver no commercio.

Quanto a Buenos Ayres, nos informam, que teve uma principal parte na revoluçaõ D. Joaõ Castelli, um advogado, e homem de talentos, que occupa agora o segundo lugar na Juncta. A circumstancia de se fazer ésta revoluçaõ sem effusaõ de sangue, como em Caracas, prova que naõ só a grande maioridade do povo, éra a favor desta mudança; mas que havia para isto um plano premeditado. Na verdade os nossos avizos do Rio de Janeiro nos affirmáram, ha tempos, que ésta revoluçaõ estava a arrebentar por momentos; e mais, que a conducta do Governador de Buenos Ayres, Cisneros; e do Enviado da Juncta de Hespanha no Rio de Janeiro, Marques de Casa Yrujo, tinha, por sua politica errada, ajudado a accelerar este acontecimento.

As novidades de Lima, ultimamente recebidas, mencionam a execuçaõ dos principaes cabeças da revoluçaõ de Quito; o que tem exasperado os naturaes do paiz, a um ponto mui exaltado de violencia. O numero dos justiçados chega a 39: entre elles ha quatro marquezes, e condes; oito ecclesiasticos, e 14 letrados; o presidente, e o marquez de Selva Alegre, um homem de grande nota, de que faz mençaõ Humboldt. He muito para recear, que os Europeos do antigo Governo, que promovêram ésta intempestiva severidade, tenham de soffrer, na nova ordem das cousas, os effeitos da reacçaõ, se o mesmo espirito de moderaçaõ e brandura, que regulou as revoluçoens de Caracas e Buenos Ayres, naõ guiar os passos dos habitantes de Quito. Quando as ultimas noticias de Buenos Ayres partîram se julgava certo naquella Cidade, que as Provincias de Potosi, Tucuman, e La Paz, seguirîam o seu exemplo; e he sabido, que os cabeças da revoluçaõ, em Buenos Ayres, conservâram conrespondencias com as outras provincias de Lima, &c. As Pessoas que com poem a Juncta Provincial de Guayana saõ:

D. José de Heres, alcaide de primeiro voto. D. Joaõ Crisort Roscio, id. de segundo. D. Jose Soares de Añes, regedor alguazil maior. D. Carlos Godoy, fiel executor. Dr. D. José Candido Martinez, deputado pelo Clero. Ten. Cor. de artilheria D. André de la Rua, pelo corpo militar. D. Joaõ Luiz Vergara, pelo commercio. D. Francisco Ravago, pela congregaçaõ dos Pardos.

Como a Guayana he uma das Provincias da America Hespanhola, novamente organizadas, que se acha mais contigua ao Brazil; julgamos, que será interessante aos Brazilienses conhecer os nomes de seus principaes cabeças.

Brazil.

As nossas observaçoens, sobre o máo estado da administraçaõ das finanças no Brazil, tem produzido uma sensaçaõ bastante forte; e entre outros um effeito, que seguramente naõ esperavamos.

O ministro (Embaixador) de S. A. R., aqui em Londres, fez circular uma carta impressa, com um P. S. e um N. B. duas vezes assignada pelo mesmo Sñr. em que S. Exª. nos faz a honra de confirmar, posto que com alguma explicaçaõ, dous factos que referimos, um no nosso Nº. 24 sobre a falta que se achou nos diamantes, remettidos do Rio de Janeiro: outro sobre a nomeaçaõ de certo consul Portuguez para Liverpool.

Pelo que respeita o facto dos diamantes, S. Exª. confirma o que nós dissemos; e explica que a falta fôra de naõ menos que *mil quinhentos e sessenta e sette quilates.* Mas a explicaçaõ que disto dá, justificando os remittentes, e aceitantes, he tal que apenas acreditariamos algumas de suas circumstancias, se naõ fossem refferidas em uma circular de uma pessoa taõ authorizada como he o mesmo *Embaixador* de S. A. R. ¿ Crer-se-hia que a Fazenda Real de Portugal anda taõ mal administrada, que naõ haja no Erario do Rio de Janeiro os pezos proprios para os diamantes? Crer-se-hia que, fazendo-se estas importantíssimas remessas para Londres, vênham a entregar a pessoas, que naõ sabîam a differença entre os pezos de Inglaterra e os do Brazil? Crer-se-bia que no Erario do Rio de Janeiro nunca tinham comparado os pezos que havîa em Lisboa; fazendo-se constantemente estas remessas por conta da Fazenda Real? Incrivel, como isto parece, he verdade; pois o attesta a palavra do Ministro de S. A. R. em uma circular impressa; onde se lê um extracto, assignado por F. M. B. Targini—M. J. Nogueira da Gama—e J. P de Mello; os quaes dizem que remettêram a mesma quantidade de diamantes que se achou em Londres, e que a falta éra apparente, e resultava de serem menores os pezos do Rio de Janeiro; e que naõ usáram dos proprios de pezar diamantes, porque os naõ tinham no Erario; que estes lhes fôram ao depois de Lisboa, e que, por occasiaõ de se dar nesta falta fizéram entaõ a comparaçaõ, e achâram que a differença dos pezos éra tal, que explicava justamente a falta que se achou nos diamantes remettidos para Londres.

O publico julgue o que quizer; nós aceitamos ésta confissaõ, feita publica por inquestionavel authoridade: e fazemos uma pergunta ¿ Que faría um simplez tendeiro, se, dando o balanço de sua loge, achasse um desfalque no producto das vendas de sua manteiga, e os caixeiros que faziam a venda se desculpassem, que o motivo éra porque naõ tinham medidas, nem pezos, nem balanças afferidas, e vendendo ao povo a manteiga por pezos maiores do que deviam ser, tinham arruinado a fazenda de seu amo? Qual sería o manteigueiro que naõ atirasse com os caixeiros todos a páo pela porta fóra? Pois os diamantes de S. A. R. têm sido remettidos por pezos que lhe naõ eram proprios, naõ havia estes no Erario, naõ se tinha cuidado de fazer, nem se fez, o exame das differenças dos pezos, senaõ por occasiaõ de se achar ésta falha. Ora applicamos a comparaçaõ. O caso he mui sério talvez para se tractar de ridiculo, mas he de sua natureza mui claro para necessitar d'argumentos. Vamos ao do Consul de Liverpool.

Começa S. Exª. o P. S. desta carta dizendo que, "aproveita ésta occasiaõ de CONTRADIZER o Correio Braziliense Nº. 26, p. 117 (devia ser 127) fazendo constár, que nenhum negociante lhe apresentára, até aquella epocha, patente alguma de consul para Liverpool; e *taõ somente* pelos fins do anno p. p. Jaõ da Matta Martins lhe apresentára uma nomeaçaõ de Vice Consul, feita por Valerio Antonio de Seixas Barreto, que S. Exª. chama de infausta memoria. E diz, que ésta he a patente que elle naõ reconhecêra." Portanto julgamos que naõ havendo S. Exª. querido reconhecer ésta patente, confirma, e naõ *contradiz*, o que nós asseveramos; salvo se a *contradicçaõ* consiste em usarmos nós da denominaçaõ geral de Consul, quando deveriamos usar da especial de Vice Consul; mas nisto seguimos o custume e modo ordinario de fallar, em que pela palavra consul, se entendem tambem Viceconsules.

E para de algum modo nos desculparmos desta nossa inexactidaõ de termo, que naõ altéra em nada a essencia do caso, mostraremos que tambem S. Exª. commetteo neste P. S. algumas inexactidoens, talvez por esquecimento, ou pela mesma inadvertencia, que nos fez a nós uzar da palavra, Consul, em lugar de Vice Consul; e com a differença, que as inexactidoens de S. Exª. saõ essenciaes.

1ª. Inexactidaõ he que S. Exª. diz, que a patente que se lhe apresentou, e que elle naõ quiz reconhecer foi *taõ somente* a de Joaõ da Matta Martins; e nós sabemos que naõ foi *taõ somente* essa patente a que elle naõ quiz reconhecer; porque se lhe apresentou outra que foi a de Antonio Juliaõ da Costa, a que tambem S. Exa. naõ quiz dar cumprimento. Este facto he sabido por todos os negociantes Portuguezes em Londres, e em Lisboa.

2a. Inexactidaõ; que S. Ea., dizendo que a nomeaçaõ da patente, que se lhe apresentou, éra de Seixas Barreto; ommittio uma circumstancia essencial; e he que essa patente estáva confirmada pela Regencia de Portugal, authoridade legitima para ésta confirmaçaõ; que êra o ponto da nossa questaõ, que uma nomeaçaõ legal fôra desattendida.

3a. Inexactidaõ; que a authoridade, que S. Exa. suppoem faltar-lhe naquelle tempo, e têlla recebido depois, nunca lhe veio; porque o officio que sua Exa. cita de 14 de Janeiro deste anno, e que temos razaõ para dizer que éra de 15, e veio acompanhado com outro de 30 de Dezembro 1809, naõ desfaz a patente legal do Vice Consul, que se achava em Liverpool, exercitando o lugar de consul na auzencia deste, nem em tal homem fállam aquelles officios. Se alguma cousa podia invalidar a patente do Vice Consul Sousa, eram as patentes posteriores de Martins, e Costa, que éram approvadas pela Regencia de Lisboa, a que S. Exa. naõ quiz obedecer; pelo motivo, como diz, de que a patente de Souza fôra confirmada por S. A. R. antes de sahir de Portugal; e agora o mesmo Ministro invalida ésta, sem receber ordem para o fazer; porque, se a sua instrucçaõ se applica ás nomeaçoens de Barreto, feitas ja depois que naõ éra consul; naõ comprehende isto a nomeaçaõ, de que se tracta, que Barretto fez sendo ainda consul; e tendo S. A. R. mesmo approvado ésta nomeaçaõ da patente até nova ordem em contrario.

4a. Inexactidaõ, que S. Exa. alem de citar errada a data do seu despacho que diz ser de 14, sendo elle de 15; tambem naõ foi correcto em copiar as palavras; ex aqui como se explica o despacho do Secretario de Estado dos Negocios Estrangeiros do Rio de Janeiro.

" Nesta mesma occasiaõ me ordenou S. A. R. participasse a vossa Senhoria, que devîa pôr termo ás extravagancias do Ex-Consul Valerio Antonio de Seixas Barretto; naõ só declarando, que ja naõ éra consul; mas naõ permittindo que tenham *ali* validade alguma as nomeaçoens que elle se tem atrevido a fazer, depois que a sua abominavel conducta o obrigou a retirar-se do lugar que exercia, e que tanto prejuijo fez ao credito de nossa naçaõ."

Vesse a inexactidaõ com que S. Exa. cita a palavra *ali*, que se acha no officio; mudando-a na palavra *Inglaterra*, na circular impressa; mudança ésta essencial; porque a jurisdicçaõ do Consul Barreto naõ se extendia a toda a Inglaterra, mas simplesmente a Liverpool, e portos do Canal de S. Jorge; e a palavra *ali*, do officio; diz respeito somente a Liverpool.

Parece-nos agora tambem, que S. Exa. naõ se desculpa, e óbra consequentemente; porque o motivo que diz teve para naõ reconhecer a patente de Martins, foi o achar-se servindo aquelle lugar Sousa, com uma patente confirmada por S. A. R. antes de ir para o Brazil; óra he claro que a segunda patente confirmada pela Regencia de Lisboa derrogava a primeira. A inconsequencia pois está em que S. Exa., agora mesmo, acaba de deitar fóra do seu lugar aquelle Vice Consul Sousa, cuja patente respeitou para naõ dar cumprimento á outra, approvada pela Regencia; e agora naõ a respeita e mette de posse do lugar um Consul, que naõ tem patente confirmada, nem pela Regencia, nem pelo Principe, nem por ninguem, que naõ sêja a mera nomeaçaõ de S. Exa.; logo respeitou a patente de Souza, em quanto naõ quiz reconhecer a approvaçaõ da Regencia; agora naõ respeita a patente de Souza, em quanto quer pôr em vigor a sua propria nomeaçaõ.

S. Exa. nos dispensará de entrar mais miudamente nos procedimentos, que houvéram neste caso da expulsaõ de Souza, para naõ sahirmos do nosso proposito; em outra occasiaõ exporemos; o principio disto; a venda da Urzella em Liverpool; e em fim a tentativa de expulsar este homem de Liverpool, pelo meio da Inspecçaõ dos estrangeiros; projecto a que obstou a justiça do Governo Inglez; por ora notemos o que diz respeito á falta de harmonia entre os differentes empregados publicos, que éra somente a nossa questaõ, antes de nos quererem contradizer.

E quando se pertenda alegar que somos incorrectos, accusando a confusaõ em que se acham as administracçoens publicas no Brazil, reflicta-se neste mesmo caso, em que nos obrigam a fallar segunda vez; tres vice-consules nomeados ao mesmo tempo para Liverpool; o Ministro em Londres naõ querendo reconhecer duas nomeaçoens approvadas pela Regencia de Lisboa; e nomeando de sua authoridade um Consul para o fazer servir sem ter patente; expulsando o vice-consul que servia, em consequencia de uma patente regular. Eo mesmo Ministro dos Negocios Estrangeiros no Brazil, nomeando para consul de Liverpool uma pessoa, depois de ter dado faculdade ao Embaixador em Londres para nomear outras. Se isto naõ prova a desharmonia das differentes partes componentes do Governo Portuguez, naõ sei que melhores provas se possam dar.

Mas naõ he só a estas ordens da Regencia, saõ até ás de S. A. R. que S. Exa. tem achado boas razoens para desobedecer. Prova-se.

Em 2 de Outubro de 1809, se expedio do Rio de Janeiro um Avizo pela Secretaria de Estado, em que se informava a S. Exa. o Ministro de S. A. R. em Londres, que a nomeaçaõ dos agentes do Banco do Brazil, em Inglaterra, pertencia aos Directores do mesmo Banco.

Em 28 de Fevereiro, se lhe expedio outro Avizo da Secretaria de Estado do Rio de Janeiro, em que se participava ao Ministro, que o Banco havia feito essa nomeaçaõ de seus agentes, que éram as casas de Antonio Martins Pedra, e Filho, & Companhia: Barroso Martins Dourados e Carvalho: e Joaõ Jorge Junior; mandava-se nesse Avizo, expressamente, que o Ministro de S. A. R. fizesse logo entregar aos sobredictos agentes do Banco, todos os effeitos que estivessem em ser, pertencentes aos contractos dos productos exclusivos da Fazenda Real; e S. Exa. recusou mui formal e directamente obedecer ás ordens de seu Soberano, e até ao dia de hoje ainda se naõ deo cumprimento áquella Ordem Regia.

Talvez dîgam que S. Exa. para conservar na administraçaõ dos diamantes os agentes de sua nomeaçaõ, ou proposiçaõ; e naõ admittir os nomeados pelos Directores do Banco, se fundamenta nos ajustes que fizéra com o Governo Inglez, sobre os pagamentos do emprestimo, que deveriam ser feitos por estes seus agentes; porém, para respondermos a isso, publicamos, no artigo commercio deste nosso No., o Alvará de creaçaõ do Banco do Brazil e seus estatutos; pelos quaes se vê que esta administraçaõ he exclusiva do Banco, e se S. Exa. tivesse a temeridade, de entrar em ajustes com o Governo Inglez, em directa contradicçaõ com as leis do seu Soberano, isso provaria mais que cousa alguma, a nossa proposiçaõ da desobediencia dos grandes ás leis, e da confusaõ da administraçaõ publica no Brazil. O credito do Banco do Brazil he da maior importancia nacional para aquelle paiz; e nada póde annihilar esse credito mais rapidamente, do que a violaçaõ de seus privilegios pelo mesmo Governo que os concedeo, para que em virtude delles o povo tivesse confiança na segurança das riquezas do Banco.

Mas para melhor ver o Leitor, que esse pretexto do emprestimo nada tem de commum com a questaõ de que se tracta, que he naõ querer o Ministro admittir os Administradores, que seu amo lhe mandou que reconhecesse, eis aqui a mesma convençaõ por inteiro.

Convençaõ entre S. M. Britannica, e S. A. R. o Principe Regente de Portugal. Assignada em Londres, aos 21 *de Abril, de* 1809.

(N. B. O original éra em Inglez e Francez.)

Havendo S. A. R. o Príncipe Regente de Portugal representado a S. M. o Rey do Reyno Unido da Gram Bretanha e da Irlanda, a necessidade que sente o Governo do Brazil, de obter, por via de emprestimo, os meios de comprar na Europa muniçoens navaes, e outros artigos essenciaes; e de preencher certos ajustes contrahidos com a Inglaterra, em seu Real nome; e S. M. o Rey do Reyno Unido da Gram Bretanha, e Irlanda, desejando facilitar a seu Alliado a negociaçaõ do dicto emprestimo em Inglaterra, S. dicta M. o Rey do Reyno Unido da Gram Bretanha e Irlanda, e S. A. R. o Principe Regente de Portugal nomearam, e escolhêram para seus Plenipotenciarios; a saber, S. M. o Rey do Reyno Unido da Gram Bretanha e Irlanda, a George Canning, Escudeiro, Membro do seu Conselho Privado, e seu Principal Secretario de Estado para os Negocios Estrangeiros. E S. A. R. o Principe Regente de Portugal, ao Cavalheiro de Souza Couttinho do seu Conselho, e seu Enviado Extraordinario, e Ministro Plenipotenciario juncto a S. M. B., os quaes, depois de haverem communicado os seus respectivos Plenos-Poderes, e de os ter achado em boa e devida forma, tem acordado nos seguintes artigos.

Art. 1. S. M. B. consente em propor ao seu Parlamento, de garantir um emprestimo de 600.000 libras esterlinas, que S. A. R. deseja contractar em Inglaterra.

Art. 2. S. A. R. O Principe Regente de Portugal se obriga a pagar, em Londres, o juro deste emprestimo, pelo preço que for contractado; e se obriga igualmente a providenciar a liquidaçaõ gradual do capital; pelo estabelicimento de um fundo de amortizaçaõ, na proporçaõ de cinco livras por cento, do sobredicto principal de 600.000 libras esterlinas. Ella se obriga tambem a que os pagamentos, tanto dos juros, como do fundo d'amortizaçaõ se faraõ todos os seis mezes, a datar do dia em que principiar a correr o juro do emprestimo: e continuaraõ na mesma proporçaõ, e nos mesmos periodos, até a total extincçaõ da soma imprestada.

Art. 3. A fim de providenciar o pagamento dos juros, e da somma destinada ao fundo de amortizaçaõ, assim como á gradual liquidaçaõ do principal, S. A. R. o Principe Regente de Portugal hypotheca a S. M. Britannica aquella porçaõ das rendas da ilha da Madeira, que for necessaria para o pagamento dos juros, e do fundo de amortizaçaõ, estipulados nesta Convençaõ; e, para segurança addicional, S. A. R. obriga outro sim o producto liquido da venda do páo-brazil, que se deve fazer annualmente em Inglaterra pelos Directores da Administraçaõ dos contractos Reaes, estabelecidos em Londres, e nomeados por S. A. R., os quaes Directores, havendo recebido de S. A. R. o poder, e authoridade de dispor dos effeitos pertencentes aos acima mencionados contractos Reaes, como mais proveitoso for a S. A. R. seraõ mandados, e obrigados, a fazer, nos periodos abaixo acordados, o pagamento das sommas necessarias para o juro e reducçaõ do capital, nas maõs dos Governadores da Companhia do Banco de Inglaterra, por conta dos Lords da Thesouraria. S. A. R. se obriga a mandar para a Inglaterra todos os annos a quantidade de 20.000 quintaes de páo-brazil, para ser vendido pelos dictos Directores, até que o emprestimo esteja inteiramente extincto.

Art. 4. Os sobredictos Directores da Administraçaõ dos Contractos Reaes, prestaraõ fiança pessoal (*Bond*,) na forma e termos annexos, em virtude doque elles se obrigaraõ a fazer os pagamentos acima concordados, aos dous de Abril, e cinco de Outubro, de cada anno; e naõ fazer alguma applicaçaõ, qualquer que sêja, dos fundos provenientes da sua administraçaõ, em quanto naõ tiverem depositado, no Banco de Inglaterra, os fundos necessarios para os pagamentos.

Art. 5. Estes artigos seraõ ratificados por S. M. Britannica, e por S. A. R. o Principe Regente de Portugal no espaço de seis mezes, ou antes se possivel for.

Em fé do que nos Abaixo-Assignados, Plenipotenciarios de S. M. Britannica, e de S. A. R. o Principe Regente de Portugal, em virtude dos nossos Plenos-poderes, assignamos os presentes artigos, e lhes fizemos pôr o sello de nossas armas.

Feito em Londres, aos 21 de Abril, de 1809.

(L. S.) GEORGE CANNING.

(L. S.) LE CHEVALIER DE SOUZA COUTTINHO.

Primeiro artigo separado. Deve entender-se que os avanços pecuniarios que tem sido feitos por S. M. Britannica a S. A. R. o Principe Regente de Portugal, depois da sua partida para o Brazil, se faraõ bons a S. M. Britannica, tirando-se do dicto emprestimo.

Este artigo separado terá a mesma força, e effeito, como se fosse inserido entre os outros artigos, assignados hoje, e será ratificado ao mesmo tempo.

Em fé do que nós Abaixo-Assignados Plenipotenciarios de S. M. Britannica e de S. A. R. o Principe Regente de Portugal, em virtude dos nossos respectivos Plenos Poderes, temos assignado o presente artigo, e lhe temos feito pôr o sello de nossas armas.

Feito em Londres aos 21 dias do mez de Abril, de 1809.

(L. S.) GEORGE CANNING.

(L. S.) LE CHEVALIER DE SOUZA COUTTINHO.

Segundo artigo separado. He concordado que no caso, por mais improvavel que sêja, da falta de pagamento da parte dos Directores dos Contractos Reaes, da somma necessaria para os juros, e fundo de amortizaçaõ, nos periodos determinados, ésta falta será notificada ao Conselho Real de Finanças (Juncta da Fazenda) da ilha da Madeira, pelos dictos Directores, e entaõ o dicto Conselho será obrigado a fornecer á pessoa que, nesse caso, será nomeada pelo Governo Britannico, a somma necessaria para este objecto; a qual somma será tirada do thesouro da dicta ilha, antes de que se possa fazer outro pagamento qualquer do dicto thesouro.

As ordens necessarias para este effeito seraõ enviadas por S. A. R. ao Conselho Real de Finanças da ilha da Madeira, ao mesmo tempo que a ratificaçaõ desta convençaaõ for expedida do Brazil.

Este artigo separado terá a mesma força e vigor, como se fosse inserido entre os outros artigos assignados hoje, e sera ratificado ao mesmo tempo.

Em fé do que nós abaixo-assignados, Plenipotenciarios de S. M. Britannica, e de S. A. R. o Principe Regente de Portugal, em virtude dos nossos Plenos Poderes respectivos, assignamos o presente artigo, e lhe fizemos pôr o sello de nossas armas.

Feito em Londres, aos 21 de Abril, de 1809.

(L. S.) GEORGE CANNING.

(L. S.) LE CHEVALIER DE SOUZA COUTTINHO.

Sem duvida nos desculpara o publico em nos alargarmos tanto a provar as nossas propoziçoens, considerando o respeito que professamos a S. Exa.; o que faz com que demos muito pezo á palavra *contradizer* de que S. Exa. fez uso na sua circular. O character de S. Exa. he mui respeitavel, e respeitado por nós, para que nos sêja permittido passar por uma *contradicçaõ* de S. Exa. sem nos explicarmos; e menos nos permittiriamos tractar ésta, com o mesmo desprezo com que tractamos as *contradicçoens* de pessoas insignificantes.

França.

O facto mais notavel que temos a referir da França, he a intentada reforma no systema de Commercio, a que Buonaparte se propoem. A lista de direitos da Alfandega, que o Governo Francez fez publica, e nós copiamos no Artigo commercio deste N°.; indica a disposiçaõ de Bonaparte de querer diminuir a sua ira contra o commercio; e em uma carta que o Ministro Champagny escreveo ao Enviado dos Estados Unidos, em Paris, se promette abolir a disposiçaõ dos decretos Francezes de Berlim, se a Inglaterra ceder o direito, que tem exercitado, de dar por bloqueados portos, onde naõ conserva uma força effectiva bloqueadora. Para melhor entender a importancia desta mudança de systema, na França, pomos aqui o decreto de Berlim.

Decreto de Berlim.

"Nos Napoleaõ Imperador dos Francezes, &c. decretamos o seguinte:.."

"As Ilhas Britannicas saõ declaradas estar em estado de bloqueio."

"Todo o commercio, e toda a conrespondencia com as ilhas Britannicas, saõ prohibidos."

"O commercio de mercadorias Inglezas he prohibido, e cessara; e todo o artigo que pertencer a Inglaterra, ou for producto de suas manufacturas, e colonias, he declarado boa preza."

"Nenhum navio, que venha directamente de Inglaterra, ou de colonias Inglezas, será admittido em algum porto."

"O presente decreto será considerado como lei *fixa, e fundamental* do Imperio, em quanto Inglaterra recusar o reconhecer, que uma e a mesma lei he applicavel tanto ao mar como á terra; e até que elle applique os direitos de bloqueio sómente áquelles lugares, onde ella tem uma força plenamente adequada para cortar a commumunicaçaõ."

Victor Hugues, ex-commandante da Cayenna, foi absolvido das accusaçoens que se lhe fizéram, pelo rendimento da quella colonia; mas o Procurador Imperial appellou da sentença, e vai o processo a submetter-se ao Conselho de revisaõ permanente.

Inglaterra.

Os mais importantes factos que temos a mencionar, saõ a probabilidade de uma troca de prisioneiros com a França; e o augmento de relaçoens commerciaes com a America Hespanhola.

Os Deputados dos novos Governos de Caracas e de Buenos Ayres fôram recebidos pelo Governo Inglez com a civilidade, e bons termos convenientes. Os Hespanhoes Americanos offerecem abrir os seus portos ao Commercio Inglez, medida a que a Juncta Suprema de Hespanha, e ainda a actual Regencia se recusáram sempre adoptar; logo naõ podîa o Governo Inglez deixar de receber ésta offerta, e adoptar a medida de naõ se intrometer com a forma de Governo, ou modo de administraçaõ interina, que as differentes partes componentes do Imperio Hespanhol quizerem escolher. Estes novos Governos da America, portanto, abrem novo campo a industria Ingleza.

Os Ministros Inglezes saõ tambem mui dignos de louvor, pelo vantajosissimo tractado de Commercio, que fizéram com a côrte do Brazil; os Brazilianos naõ poderaõ dizer outro tanto do seu Negociador; mas cada um he obrigado a punir pelos seus interesses, e logo os Ministros Inglezes fizéram o seu dever: talvez ainda alguns Inglezes se queixem delles, por naõ tirar maior partido das circumstancias; porque em fim ¿ que he o Reyno de Portugal sem Inglaterra? A Nova-Escoccia, ou a Jamaica, naõ custam mais incommodo á Inglaterra, nem lhe occupam tanta tropa, ou occasionam tantas despezas como Portugal: assim talvez o nome de colonias, e alliados, se pudessem trocar, sem que os Portuguezes perdessem nada essencial; alem de questoens de nome, que talvez só importem ao orgulho nacional.

O Ministro de S. A. R. o Principe Regente de Portugal, foi appresentado a S. M. Britannica, no novo Character de Embaixador. Nós naõ vemos porque seja necessario este augmento de graduaçaõ, que ao Ministro Portuguez em Londres, e ao Ministro Inglez no Rio de Jáneiro pódem ser mui uteis: para os povos naõ lhe tras outra mudança senaõ a de augmentar-lhe os encargos, com o augmento dos salarios presentes aos individuos em questaõ, e de suas conrespondentes pensoens futuras quando sahirem do emprego

O Ministro do Principe Regente deo uma funcçaõ, por occasiaõ de celebrar o casamento da Serenissima Senhora Princeza da Beira, com o Senhor Infante de Hespanha D. Pedro. Consta-nos que nem S. A. R. o Principe de Gales, nem outro algum de Seus Reaes Irmaõs, assistiram a ésta funcçaõ de cerimonia. Seguramente o motivo desta exclusiva naõ podia estar da parte de Suas Altezas Reaes; porque elles sempre que saõ convidados para funcçoens do Ministro Portuguez, em obsequio de seu Soberano, custumam honrar a festividade com sua presença; e esta occasiaõ éra sem duvida notavel. Esperamos que os motivos desta conspicua falta, naõ sêjam nem desintelligencias pessoaes, nem desgostos publicos; mas sim razoens bem fundamentadas; que com propriedade nos saõ occultas.

Portugal.

As noticias militares deste paiz excitam consideravel grâo de interesse; porque da sorte do exercito Anglo-Lusitano depende, em grande parte, a decisaõ da sorte da Peninsula.

Depois do rendimento de Ciudad Rodrigo, attacáram os Francezes a guarda avançada do exercito Inglez, commandada pelo Gen. Crawford, e lhe caųsáram uma perda de 270 homens, entraram nesta acçaõ tropas Portuguezas, que merecêram os elogios dos officiaes Inglezes. Este attaque das guardas ávançadas foi precussor da entrada dos Francezes em Portugal; dirigindo-se a sitiar Almeida. Lord Wellington alterou um pouco as suas posiçoens, mas continua no seu systema deffensivo; e a opiniaõ geral dos homens intelligentes o louva muito por este methodo; porque com a procrastinaçaõ ganha elle tempo para adestrar as tropas novas Portuguezas; e ao mesmo tempo augmenta os embaraços aos Francezes, que se continuam a enfraquecer, com as deserçoens e molestias; e cada vez sentem mais a falta de viveres, e transportes que se experimenta na Hespanha.

Quanto á retirada de Lord Wellington que tantas vezes tem querido insinuar aqui ao publico; naõ tem outro fundamento senaõ a justa precauçaõ, que elle adoptou, de ter promptos todos os seus transportes, para o ultimo caso de uma desgraça. Mas quando se compára a declaraçaõ de Lord Wellington; que defenderîa Portugal, se lhe dessem um exercito de 30,000 homens, com a epocha em que elle se explicou, que foi depois da retirada do General More; e tendo Lord Wellington pleno conhecimento de causa, pois tinha ja estado em Portugal, e conhecia o paiz, naõ se póde por forma alguma pensar, que elle fará uma retirada precipitada; logo que cheguem os Francezes; alias sería ter dicto que podería defender Portugal com um exercito de 30,000 homens, quando naõ houvesse inimigos; absurdo, que naõ se póde imputar a este official, vistas as provas de sua excellente conducta militar. Accresce a isto o observar-mos, a extrema cautella com que procedem os Francezes, ainda depois que tomou o commando do exercito o General Massena. O character desse homem, he summamente violento, e se elle tractasse o exercito combinado com o desprezo, com que muitos pretendem, tería ladeado para a sua sequerda, marchado por Castello Branco, Abrantes, e Santarem, a Lisboa, e depois de reduzir ésta cidade, onde ha taõ poucas tropas, que se poderia fazer este golpe de maõ sem muito custo, attacar Lord Wellington pela retaguarda; mettendo-se entre elle e Lisboa, para lhe cortar a retirada. Longe de obrar assim, os Francezes vem medindo todos os passos, e procurando unicamente os meios de fazer sahir Lord Wellington a receber batalha, em campo raso, onde a superioridade de numero da cavallaria Franceza possa decidir o dia, e obter a victoria. Isto prova que o General Francez teme, que se se metter entre Lord Wellington e Lisboa, para cortar o embarque aos Inglezes, sêjam os Francezes os que se vêjam com a retirada cortada; e talvez segundo as circumstancias obrigados a imitar Junot. De um facto se naõ pode duvidar, e he que depois que os Inglezes tomáram em suas maõs o Governo Militar e das Finanças de Portugal, tem este Reyno mostrado recursos, e energia, de que se naõ suppunha capaz. O Almirante Inglez Berkley, he quem governa o Arcenal em Lisboa; desta maneira o Governo Portuguez se reduz unicamente ao que respeita o municipal, e administraçaõ de justiça: Lord Wellington governa o Militar; Mr. Stewart o Civil.

A Regencia de Lisboa foi de novo organizada, aceitou-se a demissaõ do Marquez das Minas; porque este digno Fidalgo está em taõ máo estado de saude, que naõ podia infelizmente cumprir com as obrigaçoens de seu cargo; e entrou em seu lugar o Principal Sousa, admittindo-se tambem o Ministro Inglez, e mais outros votos Porguezes.

Nós naõ temos ainda noticias taõ positivas disto, que possamos fallar com sufficiente exactidaõ, mas temos boas razoens para crer que as pessoas que tem agora voto na Regencia, como membros, saõ: o Patriarcha eleito de Lisboa; o Marquez Monteiro Mor; o Principal Sousa; o Sñr. Ricardo Raymundo Nogueira; Lord Wellington, Mr. Stewart; Almirante Berckley; e os Senhores Forjaz Salter, e Freire.

Ajustou-se uma tregoa com o Dey de Argel, e o resgate de 541 prisioneiros Portuguezes, alem de 40 trocados por Mouros; o que requer obra de 850.000 patacas. Devem isto os Portuguezes á generosidade de Inglaterra. O negociador em Argel, foi Mr. Casamaior.

As ultimas noticias de Portugal referem varios successos militares, em que as tropas Portuguezas se tem portado com todo o valor e galhardia, que se podia desejar. Seraõ publicados por extenso no N°. seguinte.

O Marechal Beresford em um officio ao secretario da guerra dá o melhor character possivel aos soldados e officiaes Portuguezes.

Entre outras pequenas, mas brilhantes victorias alcançadas pelos Portuguezes ha uma importante. Um corpo de infantateria e cavallaria Franceza avançou aos 29 de Julho para Puebla de Sanabria, onde havia um destacamento Hespanhol que se retirou; o General Silveira que soube disto marchou para aquelle lugar com um corpo de tropas Portuguezas que tinha em Bragança, em que havia 200 dragoens, e na manhaã de 4 de Agosto attacou com a sua, a cavallaria Franceza, que foi inteiramente derrotada, naõ se podendo escapar senaõ dous officiaes, e um soldado, 400 ficáram prisioneiros. Em consequencia disto pôde o General Silveira, em uniaõ com um destacamento Hespanhol, commandado pelo General Faboude, interceptar a retirada da infanteria Franceza, a qual na tarde do dia 4 ficou cercada em Puebla de Sanabria.

Ve-se por tudo isto que os Portuguezes saõ a mesma valorosa nacaõ que éram; e depois que saõ governados pelos Inglezes, tem a naçaõ mostrado uma energia, de que a naõ suppunham capaz, os que naõ reflectiam nas causas dos effeitos que observávam. O contraste com o passado, salta aos olhos do mais superficial observador.

Suecia.

Este paiz continua a ser distrahido pelas facçoens politicas, e a Dieta se ajunctou na ilha de Orebro, que dista obra de cem milhas da Capital; para nomear o successor á coroa. Os Candidatos se suppunham ser o Duque de Augustemburg, El Rey de Dinamarca o Principe de Oldenburg, e o Marechal Bernadotte; a opiniaõ geral em Suecia éra que a eleiçaõ recahiria no Duque de Augustemburg. Sendo assim naõ será a influencia Franceza na Suecia tanta quanta ali se crîa.

CORREIO BRAZILIENSE

DE SEPTEMBRO, 1810.

Na quarta parte nova os campos ara,
E se mais mundo houvéra la chegara.

CAMOENS, C. VII. e. 14.

POLITICA.

Collecçaõ de Documentos Officiaes relativos a Portugal.

TRACTADO
COM O DEI DE ARGEL.

O Louvor seja dado só a Deos.

TRACTADO de Tregoa, e resgate, ajustado entre o grande, magnanimo e poderoso, Senhor Hage Aly, Baxá de Argel, e os Grandes Magnatas, e Membros do seu Divan de huma parte, e James Scarnichie, Capitaõ de Mar e Guerra, e Enviado de Portugal, e Mr. Casamajor, Enviado da Grã-Bretanha, e Fr. José de Santo Antonio Moura, Interprete da lingoa Arabica, da outra parte, enviados para tractarem da paz, e amizade entre Argel, e Portugal, que muitos annos ha se conservávam em inimizade; cujo conteudo he o que consta dos Artigos seguintes, em que conviemos:

ART. I. Convimos na troca dos Mouros captivos em Portugal, por quarenta dos captivos Portuguezes, pertencentes á Regencia. Fica ajustado o resgate dos 541 restantes pela quantia de 850 duros Argelinos, inclusos nesta somma todos os direitos.

II. Os sobredictos Enviados, encarregados desta negociaçaõ, poderaõ passar ao seu paiz a dar conta ao seu Governo do que fica ajustado. Quando voltarem deveraõ trazer comsigo os sobredictos Mouros, para serem trocados pelos 40 Portuguezes, assim como se tem ajustado.

III. O Governo de Portugal se obriga a resgatar logo a quarta parte dos sobredictos captivos. O resto, junctaménte com os outros pertencentes a particulares, os podera ir resgatando successivamente em quartas partes, vista a impossibilidade de serem todos por uma vez resgatados.

IV. Se daqui em diante fallecer algum dos Portuguezes escravos, o prejuizo correrá por conta do seu Governo. O mesmo se deve entender a respeito dos Mouros escravos em Portugal.

V. Os 34 escravos dos particulares ficam ajustados pela quantia de 50,000 duros Argelinos.

VII. Depois de se ter convido nos precedentes Artigos, representáram os dictos enviados com o seu interprete, a indispensavel necessidade de passarem logo ao seu Paiz, afim de informarem o seu Governo de tudo quanto estava ajustado; para o que pediam a concessaõ de huma Tregoa pelo espaço de dous annos. Attendidas as suas razões lhes accordamos a dicta Tregoa, conformando-nos nisso com a sua vontade.

VIII. Todos os navios, e embarcações Portuguezas, assim de Guerra, como Mercantes, e igualmente os Negociantes da mesma Naçaõ, seraõ bem recebidos nos estados de Argel, e tractados como os das outras naçoens amigas; e isto em quanto durar a sobredicta Tregoa. O mesmo se praticará com as embarcações Argelinas nos Dominios de Portugal. Argel 4 do mez de Iuimaditani do anno de 1225. Corresponde a 6 de Julho, de 1810.

Annuncio da Subscripçaõ Voluntaria, e Caritativa para resgate dos Portuguezes captivos em Argel.

Tendo-se concluido proximamente em 6 de Julho, pela poderosa mediaçaõ de S. M. B., uma Convençaõ entre o Governo deste Reyno de Portugal, é o Dey de Argel, pela qual se estipulou uma Trégoa de dous annos, e o resgate de 615 Portuguezes, que, ha muito, gemem infelizmente debaixo de taõ duro Captiveiro, pelo preço total de 642.857 duros Hespanhoes e 3 reales, ou 514:285.840 reis: o Governo, nas circumstancias summamente difficeis, em que se acha este Paiz, obrigado a esforços extraordinarios para occorrer ás enormes despezas, que lhe motiva a conservaçaõ do grande Exercito, destinado a preservallo do ataque, com que de novo he ameaçada a sua independencia, naõ lhe sendo possivel aprомptar, e distrahir uma somma taõ consideravel para libertar immediatamente, como deseja, estes infelices compatriotas; mas contando com os sentimentos de humanidade, e religiaõ das muitas pessoas, que quereraõ sem duvida tomar parte em obra taõ meritoria, e digna do maior louvor; e de que resultaraõ grandes interesses para o commercio: tem mandado em consequencia abrir subscripções voluntarias, para o complemento daquella quantia, encarregando a sua arrecadaçaõ, e depósito a uma commissaõ de dez negociántes de reconhecida probidade; e exhorta a todas as pessoas, residentes neste Reino de Portugal, em nome da humanidade, da religiaõ, de Sua Alteza Real, e da patria, para que se prestem com a maior brevidade possivel a uma obra, que attrahindo sobre ellas as bençaõs do Ceo, a gratidaõ dos captivos, e o amor do Povo, servirá ao mesmo tempo de crédito á naçaõ; de ensino á posteridade; e de desengano aos nossos inimigos; fazendolhes sentir que naõ está disposto a ser escravo um povo, que, no meio de taõ obstinados, e gloriosos esforços pela sua independencia, se naõ esquece de remir os seus captivos.

Portaria.

Tendo felizmente concorrido a Contribuiçaõ Extraordinaria de Defeza, que o Alvará de 7 de Junho, de 1809, mandou pagar dentro de dous mezes, para manter o exercito no respeitavel estado, em que se acha, fazer as fortificações ordenadas, e abastecer as Praças; mas continuando, e ainda crescendo muito, as despezas para defender a Religiáõ, a Coroa, a Naçaõ, e a Independencia destes Reynos, que estaõ no maior perigo, e já atacados pela Beira; sem que bastem para supprir as dictas despezas os rendimentos do Real Erario, e os grandes Subsidios de S. M. Britannica: He o PRINCIPE REGENTE Nosso Senhor obrigado, bem a seu pezar, a tornar a fazer uso da Lei Suprema, que só contempla o bem geral da Naçaõ, para conservar a nossa Sancta Religiaõ, e salvar a Monarchia e a Patria, e com ellas as Igrejas, os Conventos, a honra das familias, a propriedade dos nossos bens, todas as Classes, Jerarchias, e Corporações, que deixaráõ de existir, se faltarem os grandes recursos, que saõ indispensaveis para a devida resistencia, e que o dicto Senhor espera do amor, zelo, e patriotismo, com que tanto se tem distinguido os Seus Amados e Leaes Vassallos Ecclesiasticos, e Seculares; Portanto manda S. A. R. renovar, por outra vez sómente, a dicta Contribuiçaõ Extraordinaria de Defeza, mas com algumas modificações, declarações, e alterações, na fórma seguinte:

I. Todos os bens da Coroa, sem excepçaõ dos que se denominam Capellas da Coroa; todos os bens das tres Ordens Militares, e da de S. Joaõ de Jerusalem; e todos os Bens Ecclesiasticos de qualquer administraçaõ que sejaõ; os das Ordens Terceiras, Confrarias, Irmandades, Seminarias, &c. pagaraõ o terço dos Rendimentos de um anno, em lugar da decima, ou quinto ordinario, que pagam; á excepçaõ das Casas de Misericordias, que so pagaráõ um quinto; das Casas de Expostos, Hospitaes, e Albergarias; e das Congruas dos Parochos, que, naõ excedendo a cem mil réis, naõ forem actualmente collectadas para a decima, porque nada pagaraõ.

II. E como alguns Commendadores, pelo seu patriotismo, tem feito donativo do terço, ou de metade dos Rendimentos das suas Commendas para as despezas da guerra, e effectivamente estaõ pagando o dicto donativo; nenhum delles será constrangido a pagar o excesso desta nova Contribuiçaõ á decima ordinaria, se voluntariamente o naõ quizer satisfazer. Os que porém nada recebem das Rendas das suas Commendas, por terem feito donativo de todas ellas por inteiro, naõ tem de que possaõ pagar a mesma Contribuiçaõ.

III. Todos os Prédios Urbanos e Rusticos, que naõ entrarem na classe do Artigo primeiro, pagaráõ duas decimas, e dous novos impostos, em lugar do que pagaõ ordinariamente. Os mesmos dous novos impostos, se pagaraõ, quanto aos Criados e Cavalgaduras. E igualmente se pagaráõ as dictas duas decimas dos Ordenados, Tenças, Pensões, Juros Reaes e Particulares, e das Apolices grandes e pequenas, em lugar de uma.

IV. Todos os Soldos dos Officiaes Reformados, e das Repartições Civis do Exercito; quaesquer Ordenados e Vencimentos, que se satisfazem á custa da Real Fazenda, e os pagamentos do Monte Pio, ainda que naõ pagam decima ordinaria, pagaráõ uma extraordinaria; exceptuados somente os Soldos dos Militares, que estaõ em actual exercicio; assim como de todos os Empregados no Exercito, que o acompanham.

V. Todos os Officios e Empregos, que pagam decima ordinaria pelo maneio, pagaráõ duas decimas, em lugar de uma.

VI. O Corpo do Commercio, e Capitalistas pagaráõ para esta Contribuiçaõ de Defeza duzentos contos de réis, distribuidos pela Real Juncta do Commercio; naõ entrando nesta collecta os que verdadeiramente naõ forem Commerciantes, ou Capitalistas; e no caso dos collectados requererem compensaçaõ com os donativos, que pagarem, se fará nova derrama pelas quantias compensadas, para se inteirar a ditá quota dos duzentos contos de réis.

VII. Os Concelhos, e Camaras pagaraõ, por um anno, duas terças em lugar de uma; ficando desde já desembaraçadas de qualquer applicaçaõ que tenhaõ no dicto anno.

VIII. Tambem se cobraráõ para esta Contribuiçaõ, pelo mesmo tempo, as Rendas das Tavernas, que em algumas partes se arremataõ por costume immemorial ou Provisões, sem embargo de qualquer applicaçaõ que tenhaõ.

IX. Todas as lojas, e casas declaradas no Mappa do dicto Alvará de 7 de Junho de 1809, os Theatros, as Estalagens, as Casas de Sortes, Loterias particulares, ou de quaesquer jogos, pagaráõ, por uma vez somente, as quantias, que forem arbitradas pelos Superintendentes, e Ministros respectivos, com os Louvados competentes, conforme os seus lucros e interesses.

X. A suspensaõ das liberdades de Direitos, e isenções de lealdaçaõ continuará, por hum anno, na fórma já ordenada.

XI. Os dictos Terços, Decimas, e Novos Impostos se pagaraõ dos rendimentos do corrente anno, metade dentro de dous mezes, contados da data desta Portaria, e a outra metade no fim do mesmo anno. Nas mesmas épocas se pagaraõ os sobreditos duzentos contos de réis, e as Terças dos Concelhos, e rendas das Tavernas. As Imposições porém do Artigo nono se cobraraõ dentro dos dictos dous mezes; e as decimas dos pagamentos, que dependerem do Real Erário, suas Thesourarias, e Juncta dos Juros, se começaraõ a descontar nos primeiros pagamentos, que se fizerem ainda que pertençam a annos, ou quarteis antecedentes; com tanto que já se ache satisfeita a Contribuiçaõ Extraordinaria do anno passado.

XII. O Terço dos bens Ecclesiasticos será arrecadado pelos Prelados Diocesanos; o dos Bens das Ordens Militares pela Meza da Consciencia; a quota do Corpo do Commercio pela Real Juncta do Commercio; o Terço dos Bens da Corôa, e todas as mais Imposições pelos Superintendentes, e Ministros respectivos, segundo as Raes Ordens; sem mais emolumentos do que os que ate agora se tem pago, e taõ sómente, quanto aos Quintos e Decimas Ordinarias; alem de um por cento, de todas as remessas, que fizerem pelos Correios dentro do tempo competente; e de um por cento de toda a quantia, que apurarem sobre a importancia do Quinto, e Decima Ordinaria, para que naõ façaõ a sua custa a depeza da Escripturaçaõ, e Cobradores. O producto desta Contribuiçaõ extraordinaria será remettido ao Real Erario todos os quinze dias, quanto á Capital e seu Termo; e todos os mezes, quanto ás Provincias.

E esta se executará sem embargo algum por todas as Authoridades, e Pessoas, a quem tocar o seu cumprimento. Palacio do Governo em dous de Agosto de mil oitocentos e dez.

Com as Rubricas dos Governadores dos Reynos de Portugal e dos Algarves.

Proclamaçaõ.

Os Governadores do Reyno de Portugal e dos Algarves.

Portuguezes—As Reaes Ordens do PRINCIPE REGENTE Nosso Senhor, que augmentáram o numero dos Membros do Governo destes Reynos, ajunctando-lhes, para os Negocios Militares, e de Fazenda, o Ministro de S. M. Britannica nesta Corte, he um novo e illustre monumento do Paternal desvelo de S. A. R. pelo bem de seus fieis Vassallos, o qual pede da nossa parte o mais profundo reconhecimento, e a mais activa cooperaçaõ com as determinações do Soberano.

Os Governadores do Reyno, penetrados destes sentimentos, ratificàram o juramento de salvar a Patria, e a Patria será salva. Na calamitosa Historia da presente Guerra houve épocas desgraçadas, em que elles tremêram pela sua segurança: mas a Providencia, que protegia a nossa justa causa, humilhou o orgulho dos barbaros, que nos julgávam já seus escravos; deparou-nos na generosa Naçaõ Britannica um Alliado Poderoso, que sem poupar genero algum de auxilios, se empenha em nos soccorrer; e no grande JORGE III. um Monarca, que, por suas luzes, virtudes, e antigas relações com Portugal, se acha possuido de iguaes sentimentos; e que rodeado de Ministros sabios, sustenta com gloria a mais terrivel luta contra esse flagello da humanidade, tendo mais que uma vez abatido o vôo de suas Aguias orgulhosas.

A Gram-Bretanha nos deo Tropas, Armas, Munições, Soccorros pecuniarios, e nos deo um Chefe illustre para commandar o Exercito combinado. A Victoria coroou de louros immortaes ao Grande Lord Wellington nos Campos da Roliça, do Vimeiro, de Talavera, e na memoravel passagem do Douro, que fará época nos fastos militares da Peninsula.

Trabalhava entretanto o Governo com incançavel energia em organizar o nosso Exercito. Tempos de extraordinaria agitaçaõ, e antes delles a malignidade da tyrannia Franceza, que nos opprimio por mais de nove mezes, nos haviaõ privado de quasi todos os meios de resistencia. O Povo, que com tanto zelo, e Patriotismo tinha restaurado o legitimo Governo do nosso amado Principe, estava ainda no desassocego, em que se conservam as ondas depois de passar a tempestade; o Exercito estava desorganizado, os Arsenaes desprovidos, o Erario exhausto. Mas eramos ainda Portuguezes, e isto bastou.

Em pouco mais de um anno vos apresenta o Governo o Exercito mais numeroso que nunca teve Portugal; um Exerercito bem organizado, disciplinado por Officiaes habilissimos, commandado por Generaes da primeira ordem, e commettido ao commando em chefe do illustre Lord Wellington, cujo nome só nos assegura a Victoria.

Demos graças ao Ceo, que taõ visivelmente protegeo a nossa causa; demos tambem graças ao nosso Augusto Soberano e verdadeiro Pai, cuja incomparavel prudencia, estreitando cada vez mais os laços que nos unem á Gram-Bretanha, nos tem procurado os mais opportunos, e efficazes auxilios dessa prodigiosa Naçaõ, a quem o Omnipotente destinou para abater o Monstro, que em seus tenebrosos conselhos havia jurado sujeitar o Universo ao jugo de ferro que lhe preparava.

O Governo, cheio de satisfacçaõ por ver o desejado fructo de seus trabalhos, agradece a toda a Naçaõ, em nome de S. A. R., o enthusiasmo e Patriotismo, com que tem concorrido para a salvaçaõ do Reyno; a promptidaõ com que se tem prestado aos grandes e repetidos sacrificios assim pessoaes, como pecuniarios, que deviaõ ser infalliveis consequencias de uma guerra devastadora Mas vós sabeis que se tracta da nossa existencia como Naçaõ independente, da conservaçaõ do Throno e do Altar, e da resistencia a um Déspota, que tem obrigado a sacrificios mil vezes mais dolorosos os Povos, que se tem sujeitado á sua tyrannia.

Os vossos, generosos Portuguezes, naõ seraõ baldados; e virá um dia (que o Ceo traga cedo!) em que na tranquilla posse das vossas Leis, do suave Governo do nosso amado Principe, e da independencia Nacional, recordareis com gloria os trabalhos passados, e gozareis dos fructos da vossa constancia, e amor da Patria. Assim o promettem os formidaveis meios de defeza, que oppoem uma barreira fortissima ás tentativas do inimigo; o pouco que elle se adiantou no espaço de tantos mezes, em que nos campos da Castella tem sido devorado pela febre, pela fome, e pela deserçaõ; o valor heroico de ambas as Nações provado já nas acções, que tem havido nos Lugares da Fronteira, aonde chegáram a penetrar alguns Corpos Francezes; e finalmente a cooperaçaõ das forças de Hespanha, interessada como nós na destruiçaõ do inimigo commum, e animada do mais exaltado Patriotismo.

Mas para que uma causa principada com taõ prosperos agouros possa ter um resultado igualmente feliz, naõ bástam Exercitos aguerridos, nem Fortalezas inexpugnaveis: he tambem necessario que no interrior do Reyno haja ordem e subordinaçaõ, e que todos cûmpram exactamente suas respectivas obrigações.

As dos Governadores do Reyno saõ, cuidar na salvaçaõ da Patria, vigiar na exacta observancia das Leis, fiscalizar o bom serviço de todos os Funccionarios publicos, fazer administrar justiça imparcial aos grandes e aos pequenos, solicitar o castigo dos máos, e fazer que a espada inexoravel da Lei caia infallivelmente sobre os delinquentes. A alta confiança, com que S. A. R. os honra, he um novo motivo que os deve obrigar a dar o exemplo da mais fiel obediencia ás Leis e Ordens do Mesmo Senhor: elles o daraõ.

O Governo exige reciprocamente da Naçaõ uma confiança, franca e inteira, em todos os seus procedimentos, subordinaçaõ, ás Authoridades, e exercicio tranquillo de suas occupaçoes domesticas e civis. Se alguem se julgar aggravado, está sempre o Governo prompto para o escutar, para examinar os motivos da queixa, reparar o mal, e castigar os culpados.

O mesmo Governo considera tambem necessario na presente situaçaõ das cousas acautelar-vos contra as perfidas maquinações de nossos infames inimigos. Sabei, Portuguezes, que os Francezes tem feito mais Conquistas pela intriga, pelo suborno, e pela traiçaõ, do que pela espada. As suas armas mais valídas, no momento actual, saõ o terror, as promessas enganosas, e a desconfiança. Vós mesmos o tendes experimentado todas as vezes, que esse bando de Salteadores tem enxovalhado o nosso Terreno, mas exemplos mui recentes de um terror panico mostraõ, que as liçoes da experiencia naõ bastáram ainda para vos desenganar.

O inimigo serve-se de agentes occultos para semear o terror, faz circular noticias falsas ou exaggeradas entre o Povo ; os homens fracos as propagam, e accrescentam, e o susto chega a ponto, que aquelles mesmo que tinham obrigaçaõ de discorrer melhor, os Homens públicos, os Magistrados, que deviam prevenir o Povo contra semelhantes rumores, se hallucinam, e se deixam arrastrar pela torrente.

O outro meio he a falsa segurança. Esta illusaõ fez a desgraca de Castello Mendo, Lugar proximo á raia da Beira, aonde os Francezes fizeram huma correria. Elles se servíram de Portuguezes traidores, para persuadirem ás Justiças, e Habitantes, que se deixassem ficar em suas casas, sem embargo de haverem recebido Ordem para se retirarem, promettendo tractallos bem, e respeitar suas pessoas, e fazenda. O cumprimento desta promessa foi o saque do Lugar, a prizaõ dos Officiaes públicos, as violencias feitas ás mulheres, e todos os insultos, que costuma commetter uma Tropa de Vandalos insolentes e desenfreados.

Finalmente a desconfiança destramente espalhada produz terriveis effeitos, e seria capaz de produzir um transtorno geral, se se naõ atalhasse. Os Povos incitados secretamente pelas suggestões dos inimigos da Patria, querem ser Juizes das operações militares, de que nada sabem, nem devem saber; intrommettem-se impropria e temerariamente nos Negocios da Guerra, e julgam-se em perigo ou em segurança, segundo o discurso que formam sobre taõ errados principios.

Acautelai-vos, Portuguezes, de todos estes laços. O vosso Governo vos assegura, que nunca o Reyno esteve em taõ respeitavel estado de defeza, como na occasiaõ presente, ou se considere o numero, organizaçaõ, e disciplina das forças, que tem em Campo, ou a pericia de seus Chefes, ou o odio geral com que a Naçaõ abomina a tyrannia ranceza.

Em uma linha de cem legoas naõ he sempre possivel evitar em um ou outro ponto a invasaõ do inimigo. Mas se tiverem a temeridade de entrar, pagaraõ caro o seu atrevimento; o territorio Portuguez será a sua sepultura. Se uma fuga precipitada e vergonhosa pôde salvar o anno passado os restos do Exercito de Soult do rapido ataque das Legiões commandadas pelo Heroe do Vimeiro, naõ he provavel que tenhaõ igual fortuna os que se expozerem aos mesmos riscos, quando estamos mais prepados para os receber.

Assim castigáram sempre os Portuguezes a ousadia de seus inimigos, e os Campos de Aljubarrota saõ testemunhas do valor heroico com que nossos Maiores aniquiláram um poderoso Exercito, que se dava já por seguro da sua conquista. Elles pelejavam pela Patria, e pelo Throno, e vencêraõ; nós pelejamos pela Patria, e pelo Throno, e venceremos.

Se entretanto a sorte da Guerra pozer em risco alguma de nossas terras, os seus habitantes seraõ avisados com a brevidade possivel, para salvarem as suas pessoas, e propriedade. Elles deveraõ entaõ pôr em prática as cautélas, que o Marechal General Lord Wellington tem estabelecido, para este caso, em suas Proclamações, cujas sábias providencias salváram as vidas e fazenda, do habitantes, de algumas terras, aonde os inimigos tem entrado, e obrigáram os mesmos inimigos e evacuarem os lugares, aonde nada achavam que comer, e nem que roubar.

As noticias Officiaes dos Exercitos communicam-se ao Publico na Gazeta de Lisboa, e só as que ahi se escrevem tem este character, e se devem acreditar.

Mas se he da vossa utilidade, e interesse, naõ dar ouvidos a novidades absurdas, e desprezar as perfidas suggestões dos que procuram espalhar entre vós o terror, as suspeitas, e a confiança nas promessas do inimigo, he tambem da mais sagrada obrigaçaõ para o Governo descobrir os malvados, que assim vos hallucinam, e fazellos soffrer a pena que merecem seus delictos.

Sim, Portuguezes, uma Policia activa, exacta, e severa descobrirá os traidores, que com occultos golpes procuram a ruina da Patria; ella conhecerá os authores, e promulgadores dessas noticias venenosas; todo aquelle que as repetir, será obrigado a dizer de quem as houve, até que se ache a sua primeira origem. Os culpados seraõ punidos com todo o rigor das Leis, e o seu sangue será o preço da segurança dos bons, e da publica tranquillidade.

Pertuguezes, a reciproca confiança entre a Naçaõ e o Governo, a uniaõ íntima e sincera entre os Cidadaõs de todas as classes, o amor do Principe, e da Patria, verdadeira amizade e gratidaõ para com a Gram-Bretanha, odio irreconciliavel á tyrannia Franceza, firmeza de conselho, e constancia inalteravel na execuçaõ: eis-aqui o que constitue a nossa força, e que nos fará triunfar das armas, e da perfidia do inimigo, com quem contendemos nesta sanguinosa luta.

O Omnipotente, que tantas vezes nos tem salvado dos mais imminentes perigos, protegerá a nossa causa, que he tambem sua; abençoará os esforços de hum Povo, que combate pelo Throno, e pela independencia Nacional;

fará felizes as nossas armas, e nos concederá finalmente dias de paz, e de prosperidade, em que vejamos o nosso adorado Principe, e toda a Real Familia restituidos a sua Capital, rodeados do respeito, do amor, e da lealdade de de seus fiéis Vassallos, e fazendo a felicidade de seus vastos Dominios. Palacio do Governo em 13 de Agosto de 1810.

(*Assignados*) BISPO PATRIARCHA ELEITO.
MARQUEZ MONTEIRO MOR.
PRINCIPAL SOUSA.
CONDE DO REDONDO.
RICARDO RAIMUNDO NOGUEIRA.

Copia da Nota de S. E. o Ministro Plenipotenciario de S. M. B. em reposta a participaçaõ que se lhe fez pela repartiçaõ dos Negocios do Reyno, na sua nomeaçaõ para Membro do Governo.

O abaixo assignado Enviado Extraordinario e Ministro Plenipotenciario recebeo de Sua Excellencia o Sr. Salter a communicaçaõ do Decreto de Sua Alteza o Principe Regente, com data de 24 de Maio; e roga a S. E. haja de testemunhar, á Regencia quanto elle he sensivel ás graciosas intençoes de Sua Alteza Real a seu respeito, e a sua submissaõ ás Ordens de um Soberano, cujos interesses se acham taõ intimamente ligados com os do Rey seu Amo. Com tudo o seu ador em dar pleno effeito ao desejo de Sua Alteza Real deve cêder ao seu dever para com o seu Soberano: sentindo naõ poder tomar parte no trabalho de Suas Excellencias os Governadores do Reyno, em quanto naõ for sciente da vontade de seu Amo.

O abaixo assignado aproveita com prazer esta occasiaõ de reiterar a S. E. a segurança da sua mui distincta consideraçaõ.

Lisboa, 15 de Agosto, de 1810. CARLOS STEWART.

Carta Regia.

Honor. George Cranfield Berkley, Vice Almirante da Bandeira Vermelha. Eu o Principe Regente vos Envio muito Saudar. A resoluçaõ, que tanto Eu, como o meu Antigo, Poderoso, e Fiel Alliado El Rei da Grã-Bretanha, temos tomado, em conformidade e observancia da feliz e natural alliança, que entre nós subsiste, de proseguir a presente guerra, justa, e necessaria, contra um inimigo cruel, e implacavel, e de reunirmos os nossos communs esforços para resistir a uma aggressaõ, que se dirige a effectuar a annihilaçaõ da Religiaõ, e dissoluçaõ dos Imperios, que ainda existem em um estado de independencia, exigindo para bem do feliz successo, que della se espera, que exista um perfeito accordo, e intelligencia na direcçaõ das forças de mar e terra de ambas as corôas, empregadas na mutua defeza: Julguei ser conveniente aos meus interesses, aos do meu Fiel Alliado, e aos da causa commum, que o commando das Minhas Forças Navaes, estacionadas em Portugal, fosse commettido áquelle official, que S. M. Britannica tivesse nomeado para a preservaçaõ, segurança, e defeza dos meus reynos de Portugal e Algarve, e dominios adjacentes: E achando-me informado haver sido á vossa pessoa, que S. M. B. confiára o commando da esquadra actual encarregada de uma taõ importante commissaõ; Constando-Me similhantemente quanto seria agradavel a S. M. B. que eu vos manifestasse igual confiança; Applaudindo eu uma taõ feliz escolha, por serem taõ conhecidos, e constantes os importantes serviços, que tendes rendido ao vosso soberano, a intelligencia, valor e intrepidez, que vos distinguíram em todas as acções, em que vos tendes achado: Hei por bem, por todos estes respeitos, e para dar a S. M. B. mais uma evidente demonstraçaõ da minha adherencia ao systema d'alliança que nos liga, confiar-vos, na qualidade de Almirante da

Minha Armada Real, a que vos promovo, o Commando em Chefe das Minhas Forças Navaes, estacionadas em Portugal, em cujo Posto e exercicio gozareis de toda a authoridade, prerogativas, e preeminencias annexas a um taõ importante cargo: o que assim me pareceo participar-vos para vossa intelligencia. Escrita em o Palacio do Rio de Janeiro em 24 de Maio, de 1810. PRINCIPE.

Para o Honor. Jorge Cranfield Berkley.

Ao Exc. Baraõ d'Arruda foi dirigida pelo Serenissimo Senhor Infante D. Pedro Carlos a seguinte carta:

Baraõ d'Arruda, Almirante, e meu lugar-tenente Amigo. Querendo o Principe Regente meu Tio, e meu Senhor, apertar mais os laços que o unem com o seu poderoso, e fiel Alliado o Rey da Gram Bretanha, para de commum acordo, e com a melhor harmonia se empregarem todos os meios disponiveis na defensa dos seus Reynos de Portugal, cuja defensa em grande parte depende de esforços maritimos, que nunca se combinam, faltando a unidade do Governo: nomeou ao Vice-Almirante Berkeley por seu Almirante, e Commandante em Chefe de todas as suas forças navaes em Portugal. Por tanto he do seu Real Agrado que vós, logo que receberdes esta, entregueis ao sobredicto Vice Almirante Berkeley, ou a quem suas vezes fizer, toda a Jurisdicçaõ Militar, de que estais revestido como meu Lugar-Tenente, e os outros ramos de Jurisdicçaõ Civil, as Authoridades constituidas, a quem pertenciam antes do decreto de 13 de Maio, de 1808, reservando-me eu a expediçaõ das Ordens que forem convenientes, e me forem participadas por S. A. R. o Principe Regente meu Augusto Tio e Senhor, e ficarei na firme persuasaõ de que esta Real Resoluçaõ, sendo, como he, só momentanea, e adequada ás circumstancias, em nada diminue o bom conceito em que sempre teve, e tem os vossos longos, honrados, e meritorios serviços, nos quaes continuareis a dar-lhe provas do vosso reconhecido zelo, e talento, logo que as circumstancias permittirem suspender as rigorosas medidas, que agora imperiosamente exigem. Deos vos tome em sua santa guarda. Quartel-General da Marinha no Paço do Rio de Janeiro aos 24 de Maio, de 1810.—Infante Almirante General.

TRACTADO.

De paz e amizade entre S. M. Britannica, e S. A. R. o Principe Regente de Portugal.

Em Nome da Sanctissima, e Indivizivel Trindade.

Sua Magestade El Rey do Reyno Unido da Grande Bretanha e Irlanda, e Sua Alteza Real O Principe Regente de Portugal, estando convencidos das vantagens, que as Duas Corôas tem tirado da perfeita harmonia e amizade, que entre ellas subsiste ha quatro seculos, de uma maneira igualmente honroza á bôa-fe, moderaçaõ, e justiça de ambas as partes, e reconhecendo os importantes, e felizes effeitos, que a sua mutua alliança tem produzido na prezente crize, durante a qual Sua Alteza Real, O Principe Regente de Portugal (firmemente unido á causa da Grande Bretanha, tanto pelos seus proprios principios, como pelo exemplo de seus augustos antepassados) tem constantemente recebido de Sua Magestade Britannica o mais generoso, e desinteressado soccorro, e ajuda, tanto em Portugal, como nos seus outros dominios, determináram, em beneficio de seus respectivos estados, e vassalos, fazer um solemne tractado de amizade, e alliança; para cujo fim Sua Magestade El Rey do Reyno Unido da Grande Bretanha, e Irlanda, e Sua Alteza Real O Princide Regente de Porrugal, nomeáram por seus respectivos commissarios, e plenipotenciarios, isto he, Sua Magestade Britannica ao Muito Illustre, e Muito Excellente Senhor Percy Clinton Sydney, Lord, Visconde, e baraõ de Strangford, Conselheiro de Sua dicta Magestade, do Seu Conselho Privado, Cavalleiro da Ordem Militar do Banho, e Graõ Cruz da Ordem Portugueza da Torre, e Espada, e Enviado Extraordinario, e Ministro Plenipótenciario juncto da Corte de Portugal; e Sua Alteza Real O Principe Regente de Portugal ao Muito Illustre e Muito Excellente Senhor Dom Rodrigo de Souza Couttinho, Conde de Linhares, Senhor de Payalvo, Commendador da Ordem de Christo, Graõ Cruz das Ordens de Saõ Bento de Aviz, e da Torre e Espada, Conselheiro de Estado, Ministro, e Secretario de Estado dos Negocios Estrangeiros e da Guerra, os quaes tendo devidamente trocado os seus respectivos Plenos Poderes, convieram nos seguintes Artigos.

Artigo I.—Haverá uma perpetua, firme, e inalteravel amizade, alliança defensiva, e estricta e inviolavel uniaõ entre Sua Magestade El Rey do Reyno Unido da Grande Bretanha e Irlanda, seus herdeiros, e successores, de uma parte, e Sua Alteza Real O Principe Regente de Portugal, seus herediors e successores, de outra parte, e bem assim entre seus respectivos reynos, dominios, provincias, paizes, e vassallos; assim como que as altas partes contractantes empregaraõ constantamente naõ só a sua mais séria attençaõ, mas tambem todos aquelles meios, que a Omnipotente Providencia tem posto em seu poder, para conservar a tranquillidade e segurança publica, e para sustenntar os seus interesses communs, e sua mutua defésa e garantia contra qualquer attaque hostil, tudo em conformidade dos tractados já subsistentes entre as altas partes contractantes; as estipulaçoens dos quaes, na parte que diz respeito á alliança, e amizade, ficaraõ em inteira força, e vigor, e seraõ julgados renovados pelo presente tractado na sua mais ampla interpretaçaõ, e extensaõ.

Artigo II.—Em consequencia da obrigaçaõ contractada pelo precedente artigo, as duas altas partes contractantes obraraõ sempre de commum accordo para conservaçaõ da paz, e tranquillidade, e no caso que alguma d'Ellas seja ameaçada de um ataque hostil por qualquer potencia, a outra empregará os mais efficazes, e effectivos bons officios, tanto para procurar prevenir as hostilidades, como para obter justa, e completa satisfacçaõ, em favor da parte offendida.

Artigo III.—Em conformidade desta declaraçaõ, Sua Magestade Britannica convem em renovar, e confirmar, e por este renova e confirma, a Sua Alteza Real O Principe Regente de Portugal a obrigaçaõ contheuda no sexto artigo da convençaõ assignada em Londres pelos seus respectivos plenipotenciarios aos vinte e dous dias do mez de Outubro de 1807, o qual artigo vai aqui transcripto com a ommissaõ somente das palavras "*previamente á sua partida para o Brazil,*" as quaes palavras seguiam immediatamente ás palavras "*que sua Alteza Real possa estabelecer em Portngal.*"

"Estabelecendo-se no Brazil a sede da monarchia Portugueza, Sua Magestade Britannica promette no seu proprio nome, e no de seus herdeiros, e successores, de jamais reconhecer como Rey de Portugal outro algum Principe, que naõ seja o herdeiro, e legitimo representante da Real Caza de Bragança; e sua Magestade tambem se obriga a renovar, e manter com a Regencia, (que sua Alteza Real possa estabelecer em Portugal) as relaçoens de amizade, que ha tanto tempo tem unido as corôas da Grande Bretanha, e de Portugal."

E as duas altas partes contractantes igualmente renovam, e confirmam os artigos addicionaes relativos á ilha da Madeira, assignados em Londres, no dia deseseis de março de 1808, e se obrigam a executar fielmente aquelles de entre elles, que ficam para serem executados.

ARTIGO IV.—Sua Alteza Real O Principe Regente de Portugal renova, e confirma a Sua Magestade Britannica o ajuste, que se fez no seu Real nome, de inteirar todas, e cada uma das perdas, e defalcaçoens de propriedade soffridas pelos vassallos de Sua Magestade Britannica, em consequencia das differentes medidas, que a Côrte de Portugal foi constrangida a tomar no mez de Novembro de 1807. E este artigo deverá ter o seu completo effeito o mais breve que for possivel, depois da troca das ratificaçoens do presente tractado.

ARTIGO V.—Conveio-se que no caso de constar que tanto o Governo Portuguez, como os vassallos de Sua Alteza Real o Principe Regente de Portugal, soffrêram algumas perdas, ou prejuizos em materia de propriedade, em consequencia do estado dos negocios publicos, no tempo da amigavel occupaçaõ de Gôa pelas tropas de Sua Magestade Britannica, as dictas perdas, e prejuizos seraõ devidamente examinadas, e que havendo a devida prova, ellas seraõ indemnizadas pelo Governo Britannico.

ARTIGO VI.—Sua Alteza Real, o Principe Regente de Portugal, conservando grata lembrança do serviço, e assistencia, que a sua corôa e familia recebêram da Marinha Real de Inglaterra, e estando convencido que tem sido pelos poderosos esforços daquella marinha, em apoio dos direitos, e independencia da Europa, que até aqui se tem opposto a barreira mais efficaz á ambiçaõ e injustiça de outros Estados; e dezejando dar uma prova de confiança, e de perfeita amizade ao seu verdadeiro, e antigo alliado El Rey do Reyno Unido da Grande Bretanha e Irlanda, ha por bem conceder a Sua Magestade Britannica o privilegio de fazer comprar, e cortar Madeiras para construcçaõ de navios de guerra, nos bosques, florestas, e mattas do Brazil (exceptuando nas florestas Reaes, que saõ designadas para uso da Marinha Portugueza) junctamente com permissaõ de poder fazer construir, prover, ou reparar navios de guerra nos portos, e bahias daquelle Imperio; fazendo de cada vez (por formalidade) uma previa representaçaõ á Corte de Portugal, que nomeará immediatamente um official da Marinha Real para assistir, e vigiar nestas occazioens. E expressamente se declara, e promette, que estes privilegios naõ seraõ concedidos a outra alguma naçaõ ou estado, seja qual fôr.

Artigo VII—Estipulou-se e ajustou-se pelo presente tractado, que se uma Esquadra, ou uma porçaõ de navios de guerra, houver em algum tempo de ser mandada por uma das altas partes contractantes em soccorro, e ajuda da outra, a parte que receber o soccorro, e ajuda fornecerá á sua propria custa a referida esquadra, ou navios de guerra (em quanto elles estiverem actualmente empregados em seu beneficio, protecçaõ, ou serviço) com carne fresca, vegetaes, e lenha, na mesma, proporçaõ em que taes artigos costumam ser fornecidos aos seus proprios navios de guerra pela parte, que presta o soccorro, e ajuda. E declara-se que este ajuste será reciprocamente obrigatorio para cada uma das altas partes contractantes.

Artigo VIII.- Posto que haja sido Estipulado por antigos tractados entre a Grande Bretanha e Portugal, que em tempo de paz naõ excederaõ ao numero de seis os navios de guerra da primeira potencia, que poderaõ ser admittidos a um mesmo tempo em qualquer porto pertencente á outra, Sua Alteza Real, o Principe Regente de Portugal, confiando na lealdade, e permanencia de sua alliança com Sua Magestade Britannica, ha por bem abrogar, e annular inteiramente esta restricçaõ, e declarar que, daqui em diante, qualquer numero de navios pertencentes a Sua Magestade Britannica possa ser admittido a um mesmo tempo, em qualquer porto pertencente a Sua Alteza Real, o Principe Regente de Portugal. E demais estipulou-se, que este Privilegio naõ será concedido a outra alguma naçaõ, ou estado, qualquer que seja, tanto em compensaçaõ, de qualquer outro equivalente, ou em virtude de algum subsequente tractado, ou convençaõ, sendo somente fundado sobre o principio da amizade sem exemplo, e confidencia, que tem subsistido por tantos seculos entre as corôas da Grande Bretanha, e Portugal. E demais conveio-se, e estipulou-se que os transportes propriamente taes *bonâ fidê*, e actualmente empregados em serviço das altas partes contractantes, seraõ tractados dentro dos portos de qualquer dellas do mesmo modo como se fossem navios de guerra.

Sua Magestade Britannica igualmente convem em permittir da sua parte, que qualquer numero de navios pertencentes a Sua Alteza Real O Principe Regente de Portugal, possa ser admittido a um mesmo tempo em qualquer porto dos dominios de Sua Magestade Britannica, e ali receber soccorro e assistencia, se lhe fôr necessario, e que alem disso seraõ tractados como os navios da naçaõ mais favorecida, sendo esta obrigaçaõ igualmente reciproca entre as duas altas partes contractantes.

Artigo IX.—Naõ se tendo até aqui estabelecido, ou reconhecido no Brazil a Inquisiçaõ, ou Tribunal do Sancto Officio, Sua Alteza Real O Principe Regente de Portugal, guiado por uma illuminada, e liberal politica, aproveita a opportunidade, que lhe offerece o presente Tractado, para declarar espontaneamente no seu proprio nome, e no de seus herdeiros e successores, que a Inquisiçaõ naõ será para o futuro estabelecida nos meridionaes dominios Americanos da corôa de Portugal.

E Sua Magestade Britannica, em consequencia desta declaraçaõ da parte de Sua Alteza Real, O Principe Regente de Portugal, se obriga da sua parte, e declara, que o quinto artigo do Tractado de mil seis centos cincoenta e quatro, em virtude do qual certas izençoens da authoridade da Inquiziçaõ eram concedidas exclusivamente aos vassallos Britannicos, será considerado como nullo, e sem ter effeito nos Meridionaes dominios da corôa de Portugal. E Sua Magestade Britannica consente que esta abrogaçaõ do quinto artigo do Tractado de mil seis centos cincoenta e quatro se extenderá tambem a Portugal, no caso que tenha lugar a aboliçaõ da Inquiziçaõ naquelle paiz, por ordem de Sua Alteza Real O Principe Regente; e geralmente a todas as outras partes dos dominios de Sua Alteza Real, onde venha a abolir-se para o futuro aquelle tribunal.

Artigo X.—Sua Alteza Real, o Principe Regente de Portugal, estando plenamente convencido da injustiça, e má politica do commercio de escravos, e da grande desavantagem, que nasce da necessidade de introduzir, e continuamente renovar uma estranha e facticia populaçaõ, para entreter o trabalho, e industria nos seus dominios do Sul da America, tem resolvido de cooperar com Sua Magestade Britannica na causa da humanidade e justiça, adoptando os mais efficazes meios para conseguir em toda a extensaõ dos seus domnios uma gradual aboliçaõ do commercio de escravos. E movido por este principio, Sua Alteza Real, O Principe Regente de Portugal, se obriga a que aos seus vassallos naõ será permittido continuar o commercio de escravos em outra alguma parte da costa d'Africa, que naõ pertença actualmente aos Dominios de Sua Alteza Real, nos quaes este commercio foi já discontinuado, e abandonado pelas potencias e estados da Europa, que antigamente ali commerciavam; reservando com tudo para os seus proprios vassallos o direito de comprar, e negociar em escravos nos dominios Africanos da Corôa de Portugal. Deve porém ficar distinctamente entendido, que as estipulaçoens do presente artigo naõ seraõ consideradas como invalidando, ou affectando de modo algum os direitos da corôa de Portugal aos territorios de Cabinda, e

Molembo (os quaes direitos fóram em outro tempo disputados pelo governo de França) nem como limitando, ou restringindo o commercio de Ajuda, e outros portos de Africa (situados sobre a costa commumente chamada na lingua Portugueza a *Costa da Mina)* e que pertencem, ou a que tem pertençoens a Corôa de Portugal; estando Sua Alteza Real O Principe Regente de Portugal resolvido a naõ resignar, nem deixar perder as Suas justas, e legitimas pertençoens aos mesmos, nem os direitos de seus vassallos de negociar com estes Lugares, exactamente pela mesma maneira, que elles até aqui o praticavam.

Artigo XI. A mutua troca das ratificaçoens do presente tractado se fara na cidade de Londres, dentro do espaço de quatro mezes, ou mais breve, se fôr possivel, contados do dia da assignatura do mesmo.

Em testemunho do que, nos abaixo-assignados, Plenipotenciarios de Sua Magestade Britannica, e de Sua Alteza Real, O Principe Regente de Portugal, em virtude dos nossos respectivos plenos poderes, assignámos o presente Tractado com os nossos punhos, e lhe fizemos pór o sello das nossas armas.

Feito na cidade do Rio de Janeiro aos desenove de Feveiro do anno de nosso Senhor Jezus Christo mil outo centos e dez.

(L. S.) Conde de Linhares.

N. B. Na parte Ingleza está assignado. Strangford.

Hespanha.

Ordem Real do Conselho de Regencia, sobre a provincia de Caracas, dirigida ao Consulado em 31 *de Julho,* 1810.

Logo que o Conselho de Regencia recebeo a inesperada e desagradavel noticia dos acontecimentos, que occurrêram em Caracas, cujos habitantes, sem duvida instigados por algumas pessoas intrigantes e facciosas, tem commettido a indignidade de se declararem independentes da Metropole, e creado uma Juncta de Governo, que exercita a pretensa authoridade independente;—determinou S. M. adoptar as medidas mais activas, e efficazes, para atalhar um mal taõ escandaloso, tanto em seus principios, como em seus progressos. Porém a fim de proceder com aquella madura deliberaçaõ, e circumspecçaõ, que exige materia de tanta importancia, julgou S. M. conveniente o consultar sobre isto o Supremo Conselho da Hespanha e Indias. Consequentemente se executou isto, e se adoptáram ao depois medidas, que S. M. naõ duvida, que consigam o objecto a que se propoem; particularmente sabendo-se, por noticias posteriores, que a capital da provincia de Maracaibo, e a de Coro, e até mesmo o interior da de Caracas, naõ tem tomado parte em taõ criminoso procedimento: e pelo contrario, naõ só reconhecêram o Conselho de Regencia, mas alem disso, animados pelo melhor espirito a favor do povo da Metropole, adoptáram as mais efficazes medidas para se oppor á absurda idea de Caracas, que se declarou independente, sem os meios de manter a sua independencia. S. M., porém, julgou indispensavel declarar, como por ésta declara, que a provincia de Caracas està em estado de rigoroso bloqueio; e ordena, que nenhum vaso entre naquelles portos, sobpena de ser detido pelos corsarios, e vasos de S. M., e prohibe a todos os commandantes e chefes, civis ou militares, de alguma das provincias ou dominios de S. M. a que authorizem vasos alguns a îr para La-Guira, ou concêdam licenças, ou permissos, para aquelle ou outro qualquer porto, ou rio, da dicta provincia: e, alem disso, ordena que todos os vasos que dali sahirem, sêja qualfor o seu destino, se aprehendam, detenham, e confisquem; e em ordem a pôr ésta medida em execuçaõ effectiva, S. M. envia uma sufficiente força naval, para impedir a que vaso algum entre ou sáia, dos portos da dicta provincia.

S. M. tambem ordena, que todos os Commandantes e

chefes das provincias, contiguas á dicta provincia, obstem á introducçaõ nella de quaesquer provisoens, armas, ou petrechos, e igualmente a exportaçaõ de artigos de producçaõ de seu terreno, ou de sua industria; e que elles se esforçaraõ em cortar toda a communicaçaõ com os habitantes da dicta provincia.

Esta Real resoluçaõ se naõ extende áquellas provincias da mesma Capitania, que deixáram de seguir o pernicioso exemplo da de Caracas, e tem manifestado a sua constante fidelidade, renunciando ao projecto de rebeliaõ, que se originou sómente na illimitada ambiçaõ de alguns dos habitantes, e na cega credulidade do resto, que se deixou levar das paixoens inflamadas de seus compatriotas. S. M. tem adoptado os meios proprios para a completa extirpaçaõ destes males, e para castigar os seus authores, com todo o rigor a que o authorizam os direitos da Soberania, se elles naõ fizérem antes disso a devida submissaõ voluntaria; e neste caso S. M. lhes concede um perdaõ geral.

S. M. ordena, que estas disposiçoens circulem nos seus dominios, para o fim de se lhes dar execuçaõ; e tambem nos paizes estrangeiros, para que se conformem com as medidas adoptadas para o bloqueio das sobredictas costas, e por ordem de S. M. transmitto o mesmo a V. S. para sua informaçaõ, &c.

Ordem do Duque Dalmacia.

D. Blas de Aranza, Conselheiro de Estado de S. M. Catholica, Commissario Real, Prefeito desta Provincia, &c. S. Exª. o Marechal do Imperio, Duque de Dalmacia, me transmittio as seguintes ordens, datadas de 7 do corrente:—

O estado do sul da Hespanha, requer imperiosamente

medidas vigorosas, para animar o povo respeitavel, e destruir aquelles bandos facciosos, que trabalham por excitar neste infeliz reyno todos os horrores de uma guerra civil; faz-se portanto necessario, em consequencia deste estado dos negocios, o pôr rigidamente em vigor as seguintes ordens:

1°. Em todo o lugar em que naõ estiver organizada uma guarda civica, e aonde consequentemente he necessario postar tropas imperiaes, para manter a paz, e previnir as desordens, a paga das dictas tropas, durante o tempo que residirem em taes acantonamentos, deverá ser fornecida pelos habitantes, os quaes alem disso saõ obrigados a supprillas com os artigos usuaes de subsistencia.

2°. Qualquer que sêja a natureza de um crime que se commetta em um districto, os habitantes seraõ obrigados a pagar o valor da propriedade roubada; e alem disso se lhes imporá uma contribuiçaõ extraordinaria de guerra.

3° Todos os districtos que organizarem uma guarda civica, ou companhias de voluntarios, com o fim de proteger os estabelecimentos publicos, manter a tranquilidade, e impedir os roubos, seraõ isentos destes encargos e penas.

4°. Todos os habitantes de um districto saõ responsaveis, em massa, pela segurança e conservaçaõ dos fundos publicos, assim como do thesouro Real; portanto, se succeder que os districtos soffram que os ladroens furtem ésta propriedade, seraõ os mesmos districtos mulctados em uma somma tripla do valor da propriedade roubada: a mesma pena sera imposta ás pessoas, que soffrerem ser roubadas; e alem disso ficaraõ sugeitos aos regulamentos prescriptos no primeiro artigo.

5°. Os districtos, que fornecerem adjuctorio aos bandos de ladroens, sêja em homens, cavallos, bestas de carga, mantimentos, ou forragem; ou que soffrerem que éstas cousas sêjam roubadas, seraõ obrigados a pagar ao thesouro Real tres vezes o valor dos artigos assim suppridos, e seraõ trazidos ante um tribunal para serem julgados conforme as leis contra as pessoas que auxiliam os ladroens por qualquer via que seja; e contra as familias daquelles que se aggrégam a taes bandos.

6°. Naõ se receberá especie nenhuma de indemnizaçaõ pelas mulctas e penas que se contem nos sobredictos artigos, a menos que os habitantes próvem que resistîram, e que fôram obrigados a ceder á superioridade de força, que em todos os casos deve exceder a metade da populaçaõ.

7°. Se acontecer que algum districto sêja surprendido por numero consideravel de ladroens, e que a sua força naõ sêja sufficiente para os repellir; os magistrados seraõ obrigados a adoptar todos os meios possiveis para o fazer saber ás tropas nos districtos vizinhos; as quaes logo que o souberem marcharaõ sem demora em soccorro dos districtos attacados; porém se houver o menor descuido de qualquer das partes a este respeito, seraõ punidos os que forem culpados.

8°. Os magistrados de cada districto saõ pessoalmente responsaveis pelos forasteiros, que por ali viajarem, ou ali residirem. He do seu dever prender todas as pessoas, que viajarem sem um passaporte regular; os que naõ mostrarem que tem meios de viver; e as pessoas, cuja conducta as faz suspeitas de proporem planos sediciosos, excitarem os habitantes a que se unam aos insurgentes, distribuirem proclamaçoens ou falsas noticias, contrarias ao Governo de S. M. Catholica El Rey D. José Napoleaõ, ou manterem intelligencia com os rebeldes. As pessoas prezas seraõ conduzidas pelos magistrados ás cidades principaes do districto provincial, e processadas ante os respectivos tribunaes immediatamente.

9°. Naõ ha outro exercito Hespanhol senaõ o d' El Rey D. Jozé Napoleaõ. Portanto todo o ajunctamento de gente nas provincias, qualquer que sêja o seu numero, e seja quem for o seu cabeça, será considerado como um bando de ladroens, cujo objecto he unicamente roubar e assassinar. Todo o individuo pertencente a estes bandos, que for apanhado com armas na maõ, será immediatamente processado pelo Preboste Militar, arcabuzeado, e o seu corpo exposto na estrada publica.

10°. Todo o individuo que prender um assassino ou ladraõ, que for julgado por tal, receberá o premio de cem francos, o que se augmentará em proporçaõ da consequencia da pessoa presa.

Estas saõ as medidas que me parecem mais efficazes para restabelecer a ordem. Ellas naõ podem ser consideradas como demaziado severas, quando he sabido que o seu peso somente recahe sobre criminosos, que até agora tem desprezado as leis ordinarias. O objecto, que tenho em vistá, se obterá em parte, se as classes respeitaveis da sociedade, animadas por maior confiança, patentearem daqui em diante maior energia, e se fizerem por isso mais dignas da approvaçaõ de S. M. Catholica.

(*Assignado*) O Marechal DUQUE DE DALMACIA.

E para que chegue á noticia de todos, e ninguem possa alegar ignorancia, tenho mandado publicar ésta, em obediencia das ordens de S. M., que me fôram communicadas por S. Exª. o Duque de Dalmacia.

Sevilha, 9 de Mayo, 1810.

(*Assignado*) BLAS DE ARANZA.

Ordem da Regencia de Hespanha em retorçaõ da precedente.

O Conselho de Regencia dos Reynos de Hespanha e Indias, governando estes Estados em nome d'El Rey D. Fernando VII. prisioneiro, sentindo o maior horror e indignaçaõ, ao ler uma especie de decreto, assignado em Sevilha aos 9 de Mayo do presente anno, por um phrenetico que se intitula Duque de Dalmacia, e publicado por um Hespanhol degenerado por nome Blas de Aranza, terîa immediatamente adoptado medidas contra um procedimento offensivo aos valorosos defensores da sua Religiaõ, do seu Rey, e da sua Patria, se elles naõ concebessem que os artigos deste sanguinario decreto éram designados para ser postos em vigor; mas como a experiencia naõ deixa agora a menor duvida sobre este ponto, o Conselho da Regencia se vê na necessidade de desviar-se dos limites de uma conducta moderada, que até este momento lhe inspirávam os seus nobres sentimentos, e os da magnanima naçaõ que os collocou á sua frente, cuja dignidade julga ter sido grosseiramente insultada: e considerando quam impropriamente applicados saõ os epithetos de ladroens, e assassinos, porque o Duque de Dalmacia, e os marechaes, e generaes Francezes, intentam justificar os horrores sem exemplo, que elles commettem, nos paizes que tem injustamente attacado; e a desnaturalizaçaõ do pequeno numero de malvados Hespanhoes, que, auxiliando a taes salteadores, se lisongêam de que poderaõ arrematar o seu perfido plano de usurpaçaõ; por meios revoltantes á humanidade; tem ordenado que os seguintes artigos se observem e ponham em execuçaõ :—

1°. Renóvam a declaraçaõ da Juncta Central, dos 20 de Março do anno passado: a saber; que todo o habitante de Hespanha, capaz de pegar em armas, he soldado de sua Patria; porque, em consequencia das medidas ja adoptadas, todo o Hespanhol he obrigado a tomar armas, contra os salteadores que inféstam a Peninsula; e unir-se aos exercitos, ás partidas volantes, aos destacamentos ou guerrilhas, obrando juncta ou separadamente, ou compondo o corpo de reserva ou guarniçoens.

2°. Se á chegada das tropas nacionaes em qualquer districto, acharem aquellas algum corpo, que se intitule Guarda Civica, nomeada pelo usurpador José, os commandantes dos batalhoens, e outros officiaes superiores de taes guardas seraõ immediatamente levados ante as justiças mais proximas, e no caso de que tenham feito fogo sobre as tropas nacionaes, o chefe, ou chefes, que isso ordenáram, seraõ prooessados ante um conselho de guerra, e sendo convencidos seraõ punidos segundo a magnitude da offensa.

3°. Os Corregidores, Alcaides, Justiças, &c., dos districtos, que por temor dos Francezes recusarem facilitar o supprimento de provisoens, ou adjutorios ás tropas nacionaes, seraõ punidos assim como os habitantes, por quaesquer accusaçoens que se provárem contra elles.

7°. A's Justiças dos districtos, e aos officiaes commandantes dos corpos ou partidas, fica ordenado o prender todos os viajantes, que se acharem com ordens do Governo intruso, ou que se representarem como authorizados por tal Governo; para fazer requisiçoens de provisoens ou outros artigos; seraõ taes viajantes conduzidos ao posto mais proximo, occupado pelas tropas nacionaes, e ahi processados e punidos.

5°. Por cada um Hespanhol, que se provar ter sido morto em obediencia ao acima mencionado decreto do duque de Dalmacia, seraõ enforcados sem falencia os primeiros tres Francezes, que se acharem em armas.

6°. Por cada casa que for queimada, sem ter outro objecto em vista mais do que a execuçaõ deste systema de devastaçaõ, proposto pelos chamados marechaes, generaes, e chefes dos bandos do tyranno Napoleaõ, seraõ enforcadas as tres primeiras pessoas pertencentes ao exercito Francez que se acharem em armas; e outras tantas por cada pessoa, de qualquer idade ou condiçaõ, que morrer queimada em consequencia do incendio.

7o. Considerando que he verdadeiro ladraõ e assassino, aquelle que rouba por custume, o Conselho de Regencia declara, que em quanto o Duque de Dalmacia naõ revogar o seu decreto sanguinario, e naõ alterar a conducta que tem observado em Hespanha, será elle pessoalmente considerado como indigno da protecçaõ do direito das gentes, e tractado como ladraõ, se acontecer que elle sêja tomado por alguma de nossas tropas.

8°. Ainda que nenhum marechal da França tomou sobre si o publicar taõ atroz decreto, como o deste general Soult, que se intitula duque de Dalmacia, vendo naõ obstante isto, que todos, ou a maior parte, dos satelites de Napoleaõ, incluindo o usurpador José, assim como os infames Hespanhoes que o rodêam, persistem em naõ dar outro nome ás tropas Hespanholas, senaõ o de insurgentes, e ladroens, o Conselho de Regencia declara, que até se mudarem estes nomes offensivos, sêjam considerados os exercitos Francezes, na Hespanha, em nenhum outro ponto de vista mais do que ladroens, e assassinos; e naõ sêjam chamados por outro nome, todas as vezes que fôr necessario mencionallos.

9°. Esta ordem será communicada ao commandante das tropas nacionaes, aos capitaens generaes das provincias, aos governadores das fortalezas, e a todos os chefes de corpos, columnas moveis, destacamentos, e commandantes de guerrilhas. Será communicado por estes aos generaes do inimigo aquem estiverem oppostos, e se trabalhará pela fazer circular entre os soldados Francezes, para que elles possam julgar, com seus proprios olhos, das medidas que nós somos obrigados a adoptar pela inconsiderada temeridade de um louco.

10°. A presente ordem será outrosim impressa em Francez e Hespanhol, e circulada em toda a parte, assim dentro como fóra do Reyno, para que venha ao conhecimento de todos, e para que toda a Europa abhorreça a horrivel conducta destes inimigos do genero humano; e para que todas as potencias, os alliados, ou para melhor dizer os escravos da França, ja bastante desgraçados em terem os seus filhos, seus parentes, e seus amigos, nos exercitos Francezes, possam ver a inevitavel sorte que se lhe prepara pela crueldade de um monstro, que tendo falhado em seus planos de conquista, faz o ultimo esforço; querendo, sem duvida, persuadir-se a si mesmo, de que por estes meios naõ achará difficuldade em sugeitar uma naçaõ que nunca deixa de mostrar o superlativo desprezo com que olha para taes ameaças, e cuja grandeza d'alma se augmenta admiravelmente com os revezes; que o tyranno da França fique convencido para o futuro de que todas as suas forças, e as de seus alliados, estaõ longe de serem sufficientes para subjugar um povo, que tem jurado defender os seus direitos, e mantêllos com igual perseverança, e bravura.

S. M. tem ordenado que eu vos communique ésta Real Ordem, para que sêja publicada e circulada, e ao depois posta em execuçaõ. Cadiz, 15 de Agosto, de 1810.

(*Assignado*) EUSEBIO DE BARDAXI E AZARA.

GUAYANA.

Proclamaçaõ da Juncta de Governo, reconhecendo a Regencia de Hespanha.

Os Membros, que compoem a Suprema Juncta Governante desta provincia, em nome de nosso amado Rey Fernando VII., havendo-se ajunctado na salla Consistorial de Guayana aos 13 de Junho, de 1810, para o fim de deliberar sobre os differentes negocios relativos ao bem desta provincia, e de seus habitantes, e para o melhor serviço de S. M., sendo informados pelas gazetas da Regencia de

Hespanha, e das Indias, de 2 de Abril, e por outros papeis publicos, que se recebêram nesta capital, assim como pela Sedula Real de 24 de Fevereiro p. p. recebida pelo Reverendissimo Bispo desta Diecese, da feliz instalaçaõ do Conselho de Regencia, o qual com geral applauso foi reconhecido na ilha de Leon, e por todas as provincias de Hespanha, que se acham livres, como legitimo representante de nosso Rey D. Fernando VII; ésta Juncta, em nome da provincia que representa, desejando dar uma prova de sua fidelidade, e affeiçaõ ao seu legitimo Soberano, acordou que, sem perca de tempo sêja o dicto Conselho de Regencia reconhecido solemnemente, como unico depositario legitimo da Soberania de S. M. D. Fernando VII. por todas as authoridades desta Capital, e por seus habitantes, e ésta determinaçaõ se promulgará por proclamaçaõ; e se communicará de officio ao Reverendo Bispo, Governador, Intendente Geral da Fazenda, Commandante da artilheria Real, e a todos a quem pertencer. Resolve que se celebre uma Missa solemne, e Te Deum, em acçaõ de graças por taõ plausivel deliberaçaõ; ao que ésta Suprema Juncta assistirá, formada em corpo; assim como tambem os differentes Chefes, e Magistrados, desta capital; e finalmente se solemnizará o dia com descargas da artilheria, e com illuminaçaõ geral por toda a cidade desde as sette horas até as dez, domingo, dezesette do corrente. Guayana aos 14 de Julho, 1810.

(*Assignados*) Herris, Rosico, Godoy, Martines, La Rossa, Vergara, Ranago, Fray San Antonio, Fray Valle Manuel Moreno, Sec.

Buenos Ayres.

Ordenança da Junc a de Governo.

Desde o momento em que um juramento solemne fez a esta Juncta responsavel pelo importante encargo, que o povo julgou conveniente confiar-lhe, a anxiedade dos individuos que a compoem, tem sido incessante, em preencher as esperanças de seus concidadaõs. Entregue ao serviço do publico, com uma assiduidade, de que ha poucos exemplos; diligente em arranjar todas as medidas, que pódem segurar um resultado feliz, a Juncta observa com satisfacçaõ, que a tranquilidade de todos os habitantes manifesta a confiança, que elles pôem no zelo e vigilancia do novo Governo.

A Juncta confiaria igualmente na gratidaõ, com que seus trabalhos tem sido publicamente recebidos, porém a natureza provisional de sua nomeaçaõ, augmenta a necessidade de segurar, por todos os methodos convenientes, a confiança, que he devida á pureza de seus motivos.—A dexteridade, com que os mal intencionados interpretam falsamente as mais judiciosas precauçoens; as falsidades que o erro muitas vezes espalha, e de que sempre resultam males; o pouco conhecimento dos trabalhos que se conságram á felicidade publica; tem sido em todos os tempos o instrumento, que, affrouxando secretamente os apertados laços, que lîgam o povo aos seus representantes, produz finalmente aquella dissoluçaõ, que involve todo o paiz em irreparaveis calamidades.

Um exacto conhecimento dos procedimentos da Juncta; uma constante communicaçaõ publica das medidas, a que se tem recorrido, a fim de consolidar a grande obra que se principiou; uma sincera e franca manifestaçaõ dos obstaculos, que se oppôem ao fim proposto pela nomeaçaõ da Juncta; e dos meios que tem adoptado para os vencer; saõ deveres que incumbem ao Governo Provisional, e modos porque se naõ esfriará a confiança do publico; de outra maneira, teriam elles de se achar culpados, senaõ prestarem o auxilio de sua energia, e aconselharem aquelles, que naõ tem outro objecto mais doque sustentar com dignidade os direitos do Rey, e da Patria, que lhe fôram confiados. O povo tem o direito de ser informado da conducta de seus representantes; e a honra destes está empenhada em que todos sáibam, quanto elles detestam estes segredos e mysterios; que naõ servem senaõ para cubrir crimes.

¿ Porque estudarîam elles o encubrir ao povo as suas medidas, para consolidar a uniaõ sob o novo systema? ¿ Porque o conservarîam na ignorancia das relaçoens prosperas, ou adversas, que successivamente annuncîam a situaçaõ da Peninsula? ¿ Porque desejarîam elles involver a administraçaõ da Juncta, em um chaos impenetravel a todos os que naõ saõ seus membros? Quando um Congresso Geral exigir o lugar do Governo, que a Juncta Provisional tem em deposito, os seus Membros naõ hesitaraõ em o apresentar: entretanto he mais digno do corpo representativo confiar á opiniaõ publica a defeza de seus procedimentos; e que, estando todos interessados na decisaõ de sua sorte, ninguem ignore os principios politicos, que devem regular as suas resoluçoens.

Com éstas vistas determinou a Juncta, que se publicasse um Jornal cada semana, no qual se annunciem ao publico as novidades interessantes domesticas e estrangeiras, sem se embaraçar com aquellas materias que mui bem se fazem circular no *Semanario de Commercio.* Neste jornal se publicaraõ as communicaçoens officiaes da Juncta, com os outros chefes e governos; o estado das rendas reaes, e meios economicos para o seu melhoramento; ao mesmo tempo que uma communicaçaõ franca dos motivos que influem as suas principaes medidas, convidaraõ a informaçaõ daquelles que, por sua intelligencia, pódem contribuir para segurar um resultado feliz.

A utilidade das discussoens dos homens illustrados, que sustentam, e dirigem, o patriotismo, e fidelidade que se tem taõ gloriosamente patenteado, he maior agora do que quando o choque de opinioens podia envolver em obscuridade estes principios, que só os grandes talentos pódem restabelecer á sua primitiva clareza; e a Juncta para excitar mais geralmente os homens illustrados destas provincias a escrever sobre taõ importantes objectos, os estimularaõ por outros meios, que mostraraõ a confiança que pôem no seu zelo, e conhecimentos.

Todos os escriptos, relativos a este util fim, se poderaõ dirigir ao Sñr. Membro da Juncta D. Manuel Alberti, que terá o cuidado desta Repartiçaõ. O povo receberá ésta medida como uma sincera demostraçaõ do valor, que a Juncta pôem na sua confiança; e que a sua conducta he animada por nenhum outro espirito, senaõ pelo desejo de segurar a felicidade destas provincias.

(*Assignado*) MARIANO MORENO, Sec.

Buenos Ayres, 2 de Junho, 1810.

Extracto da Gazeta-Extraordinaria de Buenos-Ayres de 9 de Junho, 1810.

DECRETO REAL.

El Rey Nosso Soberano D. Fernando VII., e em seu Real nome e authoridade o Conselho de Regencia da Hespanha e Indias. Considerando a grande e urgente necessidade que ha, de que as Cortes extraordinarias se ajunctem, logo que os acontecimentos militares o permittirem ; e que a ellas assistam Deputados dos Dominios Hespanhoes da America e Asia, os quaes póssam digna e legalmente representar a vontade do povo no Congresso, de que depende o restabelicimento e fidelidade de toda a Monarchia, tem decretado o seguinte :

Haverá Deputados dos Vice-Reynatos de Nova-Hespanha, Peru, Sancta Fé, Buenos-Ayres ; e das Capitanias Geraes de Puerto Rico, Cuba, S. Domingo, Guatemala

Provincias do interior, Venezuela, Chili, e Philipinas. Havera um deputado para cada capital de um districto, nas differentes provincias. A eleiçaõ será feita pelo Ayuntamiento de cada capital, que nomeará, em primeiro lugar, tres individuos, naturaes da provincia; e propriamente qualificados, dos quaes se escolherá um por sorte, para ser o Deputado nas Cortes. As duvidas, que possam occurrer, relativamente ás eleiçoens; seraõ terminadas pelo Vice-Rey, ou Capitaõ-General da provincia, junctamente com a Audiencia. Quando o Deputado tiver recebido os seus poderes, e instrucçoens, procederá immediatamente para a Europa, pelo caminho mais breve, para a ilha de Majorca, aonde todos os Deputados Americanos esperaraõ a convocaçaõ das Cortes. Os Ayuntamientos Eleitoraes determinaraõ a somma, que se deve dar aos Deputados, para supprir ás suas despezas. Desde a sua chegada a Majorca até a conclusaõ das Cortes o sallario será seis pezos fortes por dia; que he o que se dá aos Deputados das provincias de Hespanha. Nas mesmas Cortes extraordinarias se estabelecerá ao depois a forma fixa, e constante, de eleger, supprir, e modificar, o que pela urgencia do tempo, e difficuldade das circumstancias, se naõ póde incluir neste Decreto. Vos o publicareis, e communicareis a quem a suá execuçaõ pertencer. Ilha de Leon 14 de Fevereiro, 1810.

(*Assignado*) XAVIER DE CASTAÑOS, Pr.

Ao Marquez de las Hormazas.

(Nota.) Com ésta proclamaçaõ, impressa em Cadiz, porém sem assignatura, ou prova de sua authenticidade, ou authoridade alguma, transmittio a Real Audiencia o seguinte officio, acompanhado de uma proclamaçaõ do Governador de Cadiz, tambem sem força ou authoridade.

EXCELLENTISSIMO SÑR. Os Fiscaes de S. M. apresentáram hoje ao Tribunal, os papeis impressos, que acompanham este officio, requerendo que elles fossem transmittidos a V. Exª. a fim de que se adoptassem as medidas convenientes neste lugar, para se jurar obediencia ao novo conselho Superior de Regencia dos Dominios de Hespanha e Indias, e para se elegerem os Deputados para as Cortes, que se devem convocar, e celebrar, como está decretado; e o Tribunal, considerando que éra justo, e necessario, que uma tal disposiçaõ tivesse o seu effeito, nos tem ordenado, com as mesmas esperanças, que vos transmittissemos os papeis impressos, prevenindo o caso de que por algum accidente naõ tenham ainda chegado a vossas maõs; e elles esperam que o vosso zelo pelos interesses de nosso augusto Soberano Fernando VII. produzirá o effeito que deve. Deus guarde a V. Ex[a]. muitos annos.—Buenos-Ayres, 6 de Junho, 1810.

(*Assignados*) MANUEL DE VELASCO.
MANUEL JOZE DOS REYES.

A S. Ex[a]. o Presidente e Membros da Juncta Governativa.

Minuta da Juncta.

Para rasolver sobre taõ importante ponto, como he o que nos mandou V. Ex[a]. dos Sñr[es.] Fiscaes, deseja a Juncta ser informada, o mais breve possivel, se vos tendes recebido algumas ordens certas para nós obrarmos legalmente no reconhecimento do Conselho de Regencia. Deseja tambem ser informada, se nos archivos da Real Audiencia ha algum exemplo de se haver reconhecido e jurado alguma authoridade Soberana, meramente em virtude de um papel impresso, sem outra authoridade ou prova de sua authenticidade. A Juncta deseja ser correcta, e que naõ haja demora; e deseja mais que haja uma sessaõ extraordinaria, a que os Fiscaes assistam. Deus guarde a V. Ex[a]. muitos annos.—Buenos-Ayres, 6 de Junho, 1810.

(*Assignados*) Cornelio de Saavedra. Dr. Joaõ Jozé Castelli. Manuel Belgrano. Miguel de Ascuenaga. Dr. Manuel Alverti. Domingos Mateu. Joaõ Larrea. Dr. Joaõ Jozé Passo-Sec. Dr. Mariano Moreno, Sec.

A Real Audiencia.

Resposta.

Ex$^{mo.}$ Sñr! Se o Tribunal estivesse em posse de algumas ordens officiaes, para o reconhecimento do Supremo Conselho de Regencia, elle as teria communicado immediatamente a V Exª. sem nada occultar, conservando como devîam aquella boa fé de sua instituiçaõ, que seus ministros sempre possuîram, e sempre possuiraõ: e se os papeis que fôram transmittidos a V. Exª. pelos Fiscaes, senaõ julgassem que eram sufficiente authoridade, bem assim como a gazeta publica da Regencia, que chegou pelos fins de Março, a notoriedade da instalaçaõ do Supremo Conselho de Regencia da Hespanha e das Indias, e o seu reconhecimento pela naçaõ, nós pensamos que, o conhecimento de V. Exª. das extraordinarias circumstancias dos tempos; e um desejo de consolidar a uniaõ com os que tem reconhecido o nosso Augusto soberano Fernando VII. vos tería induzido a prestar o juramento de fidelidade ao Supremo Governo, em lugar de duvidar de sua existencia, e que sobre informaçaõ menos authentica adoptarieis medidas, que, posto que naõ estrictamente conformes com as leis, saõ comtudo indispensavelmente exigidas pelas necessidades dos tempos.

O Tribunal tem satisfeito propriamente ao seu dever e responsabilidade, em o propôr assim a V. Exª.; cujo juizo pezando as circumstancias do caso, a sua importancia, e delicadeza, resolverá o que vós considerareis melhor, e mais conveniente ao serviço de S. M. Deus guarde a V: Exª. muitos annos.

(*Assignados.*) Manuel de Velasco. Manuel Jozé dos Reyes. Manuel de Vallota. Antonio Caspe e Rodrigues. A S. Exª. o Presidente e Membros da Juncta Governativa.

SUECIA.

Falla de S. M. Sueca, propondo á Dieta o Principe de Ponte Corvo (General Bernadotte) para hereditario da Coroa.

No periodo, em que se separou a ultima Dieta, depois de uma longa sessaõ, se manifestou o melhor prospecto de paz para a Suecia: depois de uma longa serie de severas desgraças, parece que se tem obtido para este Reyno uma tranquilidade permanente. Tres tractados de paz seguram os dominios, que restáram no fim de uma guerra destructiva; e um Principe generoso collocado juncto ao throno, promettia sustentar poderosamente a constituiçaõ formada pelos Estados do Imperio, e tudo promettia aos bem dispostos cidadaõs Suecos uma certa indemnizaçaõ pelas desgraças passadas. S. M. Real gostozamente participava da agradavel esperança, com que os seus fieis vassallos se consolávam a este respeito, quando um destes inesperados golpes, com que a providencia annihila as esperanças dos homens, destruio a nossa. O Principe herdeiro Carlos Augusto acabou, e a sua morte cubrio de lucto o futuro destino da Suecia. S. M. Real, com o espirito profundamente sentido, por uma perca taõ geralmente lamentada; e com tudo lembrado de sua Real obrigaçaõ; contemplou o estado dos negocios publicos, e se sentio inteiramente convencido de que, para a conservaçaõ da independencia do Imperio Sueco, éra indispensavelmente necessario, segurar, sem a menor demora, a successaõ ao throno; o que lhe pareceo ser o unico meio de preservar a tranquilidade do Imperio por um governo firme e sabio, estabelecido sobre as leis fundamentaes da constituiçaõ da nossa Patria. Profundamente penetrado destes sentimentos, percebeo S. M. com prazer, que a vóz do povo, igualmente capacitado da necessidade de uma prompta escolha do successor ao throno Sueco, alta e unanimemente se declarava a favor do Principe de Ponte Corvo. Brilhantes emprezas tem illustrado o seu nome como guerreiro, ao mesmo tempo que talentos eminentes o characterizam um dos mais habeis estadistas do nosso seculo. Universalmente estimado pela probidade de seu character, e brandura de seu genio, achou occasioens, ainda entre as desgraças da guerra, de mostrar a sua affeiçaõ á naçaõ Sueca, pela maneira amigavel, e cheia de bondade, com que tractou os officiaes Suecos, e soldados que as vicissitudes da guerra puzéram em seu poder. Todas estas circumstancias e consideraçoens naõ podiam deixar de fixar a attençaõ de S. M. e determinar a sua resoluçaõ, quando se tractava de propor um successor ao throno Sueco.

Comtudo S. M. Real naõ deixou, nesta importante occasiaõ de ouvir o parecer dos Estados do Imperio, e do commité secreto do Conselho de Estado, uma grande maioridade naquelles, e a unanimidade de opinioens neste, coincidîram perfeitamente com os sentimentos de S. M. neste ponto. S. M. Real pensa que, confiando a sorte futura de Suecia ao Principe de Ponte Corvo, a sua bem ganhada fama militar, segurará por uma parte a independencia do Estado, e por outra parte fará desnecessario que ellé entre em novas guerras: que o seu espirito forte, ensinado pela longa experiencia, manterá a tranquilidade nacional, e a boa ordem, e segurará aos nossos fieis vassallos o dilatado, e tranquillo gozo das bençaõs da paz; e ultimamente que seu filho removerá para o tempo futuro toda a incerteza de successaõ ao throno, que alguns lamentaveis acontecimentos passados tem feito ainda mais importantes a este paiz.

Por todas estas consideraçoens se julga S. M. Real obrigado a propor aos Estados do Imperio congregados, sua Alteza Serenissima, Joaõ Baptista Juliano Bernadotte, Principe de Ponte Corvo, para Principe da Coroa de Suecia, e successor de S. M. Real ao throno Sueco. S. M. Real deve, porem, expressamente accrescentar a reserva de que se o dicto Principe for escolhido pelos Estados do Imperio successor ao throno Sueco, deve elle na conformidade das leis fundamentaes do Reyno, antes que chegue ao territorio Sueco adoptar os dogmas do puro credo evangelico, e assignar uma similhante segurança como a que os Estados do Imperio formáram para o defunto Principe da Coroa. S. M. Real, tem assim cumprido com o dever que lhe prescreve a Constituiçaõ do Reyno; e espéra a resoluçaõ dos Estados. Praza a Deus que a escolha, que elles vám a fazer, segure a gloria e a prosperidade da nossa amada Patria, e preencha assim os mais vivos desejos que S. M. Real pode entreter. CARLOS.

COMMERCIO E ARTES.

Carta circular aos Negociantes Portuguezes em Londres.

SIRVA-SE V. M^{ce}. avizar aos Capitaens dos navios Portuguezes, que estaõ á carga no ponto de Londres (ou seus consignatarios,) que logo que tiverem *Clearance from the Custom-house*, ou despacho da sahida da Alfandega, o trágam a V. M^{ce}. junctamente com um manifesto da carga, assignado pelo capitaõ, conrespondente ao despacho ou Cockett d'Alfandega, o qual V. M^{ce}. mandará copiar, rubricará, e me remetterá.

V. M^{ce}. me avizará especificadamente do nome do consignatario, e capitaõ, que naõ responder ao seu avizo circular, ou recusar de se conformar a elle, para eu dar parte ao Governo de S. A. R. tanto no Brazil, como em Portugal, e nas ilhas. Deus guarde a V. M^{ce}. muitos annos. Londres, 16 de Agosto, 1810.

D. DOMINGOS ANTONIO DE SOUZA COUTTINHO.

Sñr. Joaõ Carlos Lucena, Agente e Consul Geral.

Consulado Geral de Portugal na Gram Bretanha,
Nicholas-lane, 22 d'Agosto, 1810.

Sñr.—Acima tem V. M^{ce}. a copia da carta, que o Illmo. e Exmo. Sñr. D. Domingos Antonio de Souza Couttinho, Embaixador Extraordinario, e Plenipotenciario de S. A. R. o Principe Regente de Portugal, foi servido dirigir-me, a qual V. M^{ce}. se servirá communicar a todos os Mestres de navios Portuguezes, que se acham actualmente aqui, e que chegarem á consignaçaõ da sua caza, a fim de se pôr em effeito a ordem de S. Exª.

Tenho a honra de ser De V. M^{ce}:

M^{to}..seu Ven$_{or}$. e Criado,

(*Assignado*) J. C. LUCENA.

Reflexoens sobre a carta acima.

Com quanto as intençoens de S. Exa. o Embaixador de S. A. R. em Londres pódem ter sido as melhores imaginaveis, nem por isso deixa a medida, que elle adoptou, de ser prejudicial ao commercio; illegal, a até mui nociva a S. Exa. mesmo.

He prejudicial ao commercio; porque he inventar mais uma dependencia, nos ja mui complicados despachos de um navio que sahe de Londres, obrigar o capitaõ ou consignatario a fazer segundo manifesto da carga ao consul, para este o rubricar, remetter ao ministro, &c.; o que naõ tem outro fructo senaõ causar mais uma demóra ao navio. O motivo de S. Exa. exigindo ésta copia do manifesto, he que remettendo-a ao Governador do porto a que o navio se dirige; por ella póssam obrigar lá ao capitaõ a metter na alfandega todas as fazendas incluidas no manifesto; conhecendo assim, se houveram algumas extraviadas ou subtrahidas aos direitos. S. Exa. naõ inclue nesta restricta medida os navios Inglezes, e por tanto dá aos estrangeiros uma vantagem, que nega aos naturaes, e, pondo aos seus navios restricçoens, que naõ poem aos Inglezes, accrescenta S. Exa. aos pobres negociantes Portuguezes mais esté flagello, quando deixa a porta aberta aos Inglezes para fazerem os extravios que quizerem. Se sua Exa. antes de adoptar esta medida se quizesse informar com alguem que soubesse das leis, e practica das alfandegas em Inglaterra, verîa que este trabalho, que elle deseja dar de novo aos capitaens, e consignatarios de navios he até um incommodo desnecessario aos mesmos fins a que S. Exa. se propoem; porque em Inglaterra se naõ despacha navio algum na alfandega, para fóra, sem que pela mesma alfandega se entreguem ao capitaõ os despachos do navio, em que se comprehende o manifesto da carga, authenticado, e sellado, de maneira, que serve exactissimamente para mostrar a carga que ha abordo; assim se preencheriam os fins de S. Exa. pedindo-se aos capitaens nas alfandegas do Brazil este manifesto original, para se conferir com a carga, sem ser precizo vexar mais os negociantes Portuguezes nos portos estrangeiros com novas dependencias; e he evidente que quantos mais obstaculos S. Exa. puzer ao Commercio dos Portuguezes, sem os pôr aos estrangeiros igualmente, maior he a desvantagem em que constitue os negociantes nacionaes.

Dizemos tambem que S. Exa. fez com ésta medida muito mal a si mesmo; porque ella se póde interpretar como uma prova da tendencia, ou inclinaçaõ ao despotismo, isto he, a assumir poderes, e jurisdicçaõ, que as leis lhe naõ concedem. ¿ Qual he a lei em Portugal que permitte a um Embaixador, n'uma corte estrangeira, a fazer, de seu motu proprio, regulamentos, sobre o commercio de seus compatriotas ? Nenhuma. Desafiamos a quem quer que sêja a citar tal lei se existe. E temos a certeza, que S. Exa. naõ teve nenhumas ordens da sua Corte a este respeito; sabemos isto, e portanto fallamos na materia affoitamente.

Como S. Exa. naõ tem jurisdicçaõ alguma, nem pequena nem grande, sobre as pessoas, ou propriedades dos vassallos Portuguezes, residentes, ou que transitoriamente se achem em Inglaterra; porque naõ ha lei que lha concêda, tudo quanto elle fizer a seu respeito, que naõ sêja prestar a sua protecçaõ, para com o Governo Inglez, a favor dos individuos de sua naçaõ, saõ actos puramente arbitrario . E supponhamos que os capitaens ou consignatarios, aqui em Londres, naõ queriam acommodar-se com o que S. Exa. dispoem; naõ tinha o ministro de S. A. R. nenhum meio legal de os obrigar a obedecer-lhe. Mas diz S. Exa. eu avizarei disso ao Governo de S. A. R. tanto no Brazil, como em Portugal, e nas Ilhas, &c.; isso he possivel; e, vista a natureza daquelle governo, poderá o Governador do lugar aqne o navio se dirige, para satisfazer a S. Exa. mandar prender, ou enforcar o Capitaõ, se assim lhe der na cabeça; mas tudo isso seraõ novos despotismos fomentados por S. Exa. porque Portugal naõ he Argel (por suas leis): para se mandar prender ou castigar uma pessoa he ne-necessario que essa pessoa tenha violado alguma lei, e neste caso naõ a havia; nem julgamos que S. Exa. tenha a infatuaçaõ de se julgar Legislador. Portanto quaesquer insinuaçoens que S. Exa. desse a este respeito aos governadores, sendo illegaes, e secretas, naõ poderiam ser chamadas senaõ intriga, ou vingança particular; e por isso estamos certos que S. Exa. nunca tal fará; e se os governadores nos portos Portuguezes, em consequencia de taes insinuaçoens de S. Exa. procedessem a qualquer castigo, obrariam um despotismo formal, do que no entanto ninguem se admiraria.

S. Exa. fez mal a si mesmo com similhante medida; porque S. Exa. pela sua graduaçaõ, sua familia, e suas bellas qualidades, tem sem duvida o direito de esperar que entrará para o Ministerio e Governo de sua naçaõ; e estes actos tendentes a mostrar uma inclinaçaõ ao poder arbitrario, e desprezo das leis, serviraõ de destruir-lhe inteiramente aquella popularidade, sem a qual he quasi impossivel ao homem publico o dirigir bem os negocios de uma naçaõ.

Exame do Tractado de Commercio entre as Côrtes do Brazil, e da Inglaterra. (Continuado de p. 197.)

Se o proemio deste tractado alegasse como razaõ de muitas de suas estipulaçoens, vantajosas sómente á Inglaterra, a dependencia em que o Governo Portuguez está do Governo Inglez, naõ sería necessario entrar no exame da falta de reciprocidade que em todo elle se observa. Se nos dissessem, por exemplo, que a Inglaterra he o unico apoio do Governo Portuguez; porque os Inglezes os estaõ soccorrendo com tropas, com emprestimos de dinheiro, com muniçoens, armas, esquadras, &c.; que estes beneficios saõ taõ grandes, e essenciaes; que, no estado actual das cousas, sem elles, os Portuguezes até deixaríam de ter o nome de naçaõ; e naõ tendo o Governo Portuguez com que retribuir a taõ assignalados favores, déra á naçaõ Ingleza as vantagens commerciaes, e naõ reciprocas, que se contém neste tractado; entaõ a falta de reciprocidade, no tractado, éra consequente com os factos, que a todos saõ patentes. Mas longe de se alegar isto com franqueza, insiste o negociador em querer mostrar que ha nelle uma perfeita reciprocidade de estipulaçoens; he logo o que, principalmente, nos devemos propor a mostrar; que naõ existe essa reciprocidade.

E júlgamos este nosso trabalho tanto mais necessario, quanto suppomos naõ somente que éstas asserçoens de reciprocidade, que naõ exitem, podem illudir o publico a respeito dos seus verdadeiros interesses; mas até presumimos, que o mesmo Negociador Braziliense he o primeiro illudido; e julgamos assim; porque existe em nossa maõ uma memoria apresentada a S. A. R. o Principe Regente de Portugal, pelo Conde de Linhares, acompanhando o primeiro projecto do tractado de Commercio com Inglaterra; em que o Conde, citando varios artigos do tractado, se esforça em mostrar as suas vantagens para Portugal; e até pretende mostrar com a authoridade de Smith, que a introducçaõ de todas as manufacturas Inglezas em Portugal; posto que arruine as fabricas Portuguezas, naõ he nociva ao reyno. Nós publicaremos a seu tempo este inconcebivel curioso papel; por ora só o citamos para provar, que a illusaõ da pretendida reciprocidade se estende até ao mesmo ministro Negociador de tractado; porque he incompativel com as ideas que nós temos de sua probidade, o suppor que elle se dispunha a enganar o seu Soberano em uma Memoria, que lhe apresentava particularmente, se o mesmo Ministro naõ estivesse persuadido das opinioens erroneas, que offerecia como verdadeiras.

Continuando a materia do artigo septimo, achamos, que naõ

obstante, que as palavras enunciem a mais perfeita igualdade de suas estipulaçoens a ambas as naçoens, com tudo ella naõ existe em muitos casos; e daremos alguns exemplos: 1º. Podem os Inglezes estabelecer-se em qualquer parte dos Dominios Portuguezes, e comprar e possuir bens livres de raiz; nenhum Portuguez póde possuir bens de raiz em Inglaterra, só alugados, ou aforados, naõ excedendo o afforamento o prazo de 99 annos: 2º. Pode o negociante Inglez abrir a sua loge de retalho, ou de atacado, em qualquer cidade, ou lugar dos Dominios de Portugal; mas nenhum Portuguez pòde abrir em Londres loge de qualidade alguma: 3º. Podem os Inglezes viajar livremente por todos os territorios de Portugal; os Portuguezes porém naõ pôdem ir, nem desembarcar, em Inglaterra, em parte alguma, sem uma licença da inspecçaõ dos Estrangeiros (Alien Office) a qual se nega mui frequentemente aos estrangeiros, sem ser necessario processo legal; porque ésta inspecçaõ dos estrangeiros he o unico caso em Inglaterra, em que por um acto do Parlamento se concede aos Ministros de Estado alguma jurisdicçaõ, independente dos tribunaes de justiça; e em outra parte deste numero se achara um exemplo de ella ser exercitada contra um Portuguez.

Art. 8. Este artigo he um dos exemplos do 4to. defeito, que ao principio enumeramos. Nos somos mui contrarios certamente aos monopolios; porém ligar-se um Soberano a naõ os estabelecer, em seu paiz, em virtude de uma convençaõ com outra potencia, quando por essa humiliaçaõ naõ obtem alguma vantagem da potencia com quem negocia, he o que julgamos mui digno de censura. Primeiramente os Inglezes poderaõ comprar todos os productos de Portugal a quem, e de quem quizerem, sem que em Portugal se possam estabelecer monopolios que affectem esta sua liberdade (salvo os 4 especificados) logo temos que por este tractado se invalidam, e destroem os privilegios da Companhia dos vinhos do Alto Douro ¿ e qual he a compensaçaõ que Portugal recebe por esta concessaõ? Que S. M. Britannica se obriga ao mesmo: mas em Inglaterra naõ ha monopolios, salvo o das patentes aos inventores; e estes estamos segurissimos que se naõ aboliraõ a favor dos Portuguezes. Em segundo lugar os termos da estipulaçaõ naõ obstam que se estabeleçam monopolios contra os naturaes, mas so estipula que se naõ estabeleçam contra os Inglezes; donde, qualquer monopolio, que se estabeleça em Portugal, vem a ser contra os nacionaes, deteriorando a sua condiçaõ relativamente aos Inglezes. Demaneira que se Governo Portuguez quizesse agora mudar o monopolio dos diamantes para os topazios, ou esmeraldas, ficariam estas pedras sendo monopolio para os vassallos Portuguezes, e genero livre para os Inglezes. Em exemplificado o deffeito 2.

Ar. 9. Estabelece a admissaõ de Consules, e mais agentes de commercio, e se refere á practica usual de todas as naçoens, a este respeito.

Art. 10. Neste artigo se concede aos Inglezes o direito de terem nos dominios de Portugal, em que residirem, seus juizes privativos nomeados por elles, para decidirem as causas em que elles fôrem parte. O Negociador deste tractado quiz até neste artigo fazer alguma apparencia de mutua vantagem, e supposto tivesse a modestia de naõ dizer claramente que havia estipulaçaõ reciproca para os Portuguezes, diz que ha uma compensaçaõ; e qual he o leitor que ouvindo a palavra compensaçaõ, espera ler na regra seguinte, que S. M. Britannica se obriga a fazer administrar a justiça aos Vassallos Portuguezes, em seus dominios, como o faz a todos os mais estrangeiros! Verdadeiramente naõ sabemos a que attribuir o que nisto ha de illusorio. Chamar compensaçaõ de um privilegio taõ notavel, como he o direito de nomear os seus juizes em dominios estrangeiros, á méra administraçaõ da justiça na forma usual de Inglaterra, he seguramente um insulto ao senso commum.

O Negociador Portuguez admitte aqui tacitamente, certa superioridade na legislaçaõ Ingleza, sobre a Portugueza, que nos obriga a julgar que podemos comprehender isto no 4° defeito. Diz o artigo que em compensaçaõ do privilegio concedido aos Inglezes de terem nos Dominios Portuguezes juizes de sua escolha, gozaraõ os Portuguezes nos Dominios de Inglaterra da protecçaõ que todos os estrangeiros ali gozam "pela reconhecida equidade da jurisprudencia Britannica, e pela singular excellencia de sua constituiçaõ." Destas expressoens ha o direito de inferir, que o Negociador Portuguez julga a legislaçaõ Ingleza taõ superior á Portugueza, que em compensaçaõ da importante vantagem que concede aos Inglezes, se contenta, para os seus, com a simples administraçaõ da justiça do modo ordinario. Nós negamos absolutamente o principio de que as leis Inglezas sejam de maior equidade que as leis Portuguezas, nem que a Constituiçaõ Ingleza sêja de mais singular excellencia do que a Constituiçaõ Portugueza. Mas he uma verdade conhecida a todos os Portuguezes, que a administraçaõ da justiça em Portugal he sugeita aos mais flagrantes abusos, e infracçoens das leis; da parte dos Magistrados, pelo arbitrio que estes na practica exercitam; e da parte do Governo, pela ingerencia dos Ministros de Gabinete nos procedimentos de justiça.

Em Inglaterra, pelo contrario, o Governo jamais se intromette no no curso legal da administraçaõ da justiça, sêja em materias crimes, seja em materias civeis; sómente, nos casos crimes, El Rey, depois de condemnado o reo, ou lhe remitte, ou commuta para menor, a pena. Se pois a justiça naõ he taõ bem administrada em Portugal, como em Inglaterra, queixem-se dos abusos da practica, e naõ da inferioridade das leis. Os magistrados em Inglaterra saõ todos homens independentes do Governo, até em suas promoçoens; e jamais se ve em Londres a dignidade da magistratura humilhada, fazendo andar aos juizes pelas audiencias dos Secretarios de Estado a requerer pensoens, habitos, ou promoçoens. A vida dos magistrados, e os seus procedimentos de justiça, saõ publicissimos, e as sentenças dadas perante todos que as querem ouvir, ao mesmo tempo, que todos os circumstantes, que assistem ao exame publico das testemunhas, saõ capazes de julgar, por estarem desta sorte taõ informados dos factos como os mesmos juizes, se a sentença he recta, se injusta. Em Porgal aonde, pelos procedimentos secretos, se deixa a porta aberta ás parcialidades, devem necessariamente occurrer as cabalas e intrigas, que nunca se origînam senaõ na obscuridade do segredo. Esta he a fonte principal dos abusos na administraçaõ da justiça, e naõ a inferioridade da legislaçaõ.

Mas alem disto ¿ naõ seríam os Ministros Portuguezes melhores patriotas, se em vez de fazer louvores á Constituiçaõ Ingleza, tractassem de por em pratica a Constituiçaõ Portugueza, principalmente no que ella se assemelha á Constituiçaõ Ingleza? Louvar a influencia que tem a bondade da Constituiçaõ Ingleza, na administraçaõ da justiça, e naõ imitar ou seguir os Inglezes, naquillo que faz o objecto do louvor, he uma inconsequencia imperdoavel, e sería entaõ melhor, que se ommittisse esse louvor, que só serve de mostrar o parallelo, cuja desvantagem está do lado de Portugal.

Que póde haver mais horroroso, na administraçaõ da justiça, do que a practica de delongar os processos, e ter os presos no tormento do segredo por tempo arbitrario, e sem sentença, nem ao menos interlocutoria? E entretanto naõ ha cousa mais commum na practica criminal em Portugal, naõ obstante as expressas providencias das leis, que mandam o contrario. Fallar da prosperidade de uma naçaõ, ou da felicidade dos individuos, quando ninguem póde dizer, que está seguro da sua pessoa, e dos seus bens, sem que tenha violado as leis; he usar de palavras pomposas, que naõ tem significaçaõ. O Inglez he livre porque só a lei o governa, e os principios fundamentaes da legislaçaõ Ingleza, de certo, naõ saõ melhores que os da legislaçaõ Portugueza.

Art. 11. Este artigo mostra a boa intelligencia, em que estávam, naõ só os dous Governos Contractantes, mas tambem os dous Ministros negociadores: aqui naõ ha nada de interesse publico; ésta estipulaçaõ explica-se inteiramente pela conveniencia individual.

Art. 12. A tolerancia, que se admitte neste artigo, a respeito dos vassallos Britannicos, he, em nossa opiniaõ, mais a beneficio dos Portuguezes do que dos Inglezes. Constanos ter sido suggerido isto pelo Governo Inglez, e faz tanta honra a quem o propos como a quem o recebeo. He verdade, que nem o artigo está concebido com a clareza necessaria; nem a admissaõ da tolerancia elevada ao gráo a que se devîa esperar. Mas tanto em uma como em outra cousa desculpamos inteiramente ao Negociador Braziliense, e mais ainda desculpamos ao Negociador Inglez; porque temos razaõ para prezumir, que se intrometteo nisto o Nuncio do Papa. E naturalmente se vîram os ministros obrigados a ceder alguma cousa á influencia do Nuncio, para poder obter ao menos parte do que desejávam.

Nós de certo naõ julgamos que ésta intervençaõ do nuncio, fazendo com que as igrejas dos Inglezes, nos dominios de Portugal, tenham a forma exterior de casas de habitaçaõ, e naõ tenham sinos, fosse suggerida por motivos de consciencia; mas sim pelo temor de que qualquer innovaçaõ, nesta materia, servisse de diminuir-lhe a suas rendas, consideraçaõ, ou influencia mundana, no Brazil. A razaõ de crer que a objecçaõ naõ vem de motivos de consciencia, he o vermos que, pelo artigo 23, se admitte em Goa a livre tolerancia de todas quaes quer seitas religiosas. Assim serîa peccado que o Christaõ Catholico tivesse a sua igreja no Rio de Janeiro, na mesma rua em que o Christaõ Protestante tivesse a sua capela com forma de templo; e naõ he peccado que em Goa o Christaõ Catholico tenha a sua igreja juncto á Mesquita do Mouro, ou á Synagoga do Judeo: logo, a menos que o Nuncio do Papa nos naõ prove, que elle tem uma consciencia no Rio de Janeiro, e outra em Goa, supporemos que a restricçaõ, por elle suggerida, n'este artigo, naõ veio por motivos de consciencia.

A estipulaçaõ do fim deste artigo, porém, sem duvida escapou a observaçaõ do censor; ou, talvez, ancioso de obter para os Portuguezes, em Inglaterra; uma liberdade que illiberalmente negava aos Inglezes em Portugal, estipulou uma vantagem ainda maior do que desejava; porque se estipula aqui, que os Portuguezes nos dominios de S. M. Britannica "gozaraõ de uma perfeita e illimitada liberdade de consciencia, em todas as materias de Religiaõ, conforme ao systema de tolerancia que se acha nelles estabelecido." Ora, segundo este systema de tolerancia estabelecido em Inglaterra, póde um Catholico Romano, mudar de Religiaõ, ou casar com uma mulher naõ catholica, e por tanto, se um Portuguez fizer isto em Inglaterra o faz legalmente, porque exercita a sua illimitada liberdade de consciencia, que por este artigo do tractado se lhe concede; e logo, ainda que volte, a Portugal o naõ pederaõ lá castigar por uma acçaõ que obrou legalmente. Assim nos parece que em sua ansia de obter para os seus uma liberdade, que naõ queriam conceder aos outros, lançáram a barra um pouco além da méta.

Julgamos que ésta parte do artigo, fazia parte de outras estipulaçoens mais liberaes, a favor da liberdade de consciencia, que fôram supprimidas; pois sabemos pelo tractado de Amizade entre a Inglaterra, e Portugal, da mesma data deste, e que nós publicamos em outra parte deste N°. que a intençaõ original éra abolir a Inquisiçaõ, medida que será mais util ao Brazil, do que pódem ser perniciosas, quantas estipulaçoens desvantajosas se acham neste tractado. Mas obstou-se a isto sempre com o pretexto de que, as ideas religiosas do povo naõ permittiam o melhoramento projectado de estabelecer a tolerancia.

Primeiramente nós negamos, que exista nos Portuguezes esse espirito de superstiçaõ, de que os estrangeiros os accusam, e que se admitte em certo modo agora pelo seu Governo, como desculpa de naõ admittir a tolerancia. A existencia do tribunal da Inquisiçaõ, que se custuma trazer em prova da superstiçaõ dos Portuguezes, naõ he devida á naçaõ mas ao Governo: este tribunal foi introduzido durante o reynado de um dos menos illustrados monarchas de Portugal, e naõ se tem sustentado por ser popular, mas porque o Governo o tem apoiado, até occultando ao povo as horrorosas maldades que tem commettido os Inquisidores, que se o povo as soubesse tería ja a muito feito extinguir o tribunal, e talvez infelizmente pelo methodo que lhe aponta Bielfeldt. No tractado a que alludimos promette S. A. R. de nunca o introduzir no Brazil; e até indirectamente da entender que o abolirá em Portugal.

Quando no reynado d'El Rey D. Jose se tractou de annihilar este tribunal, por causa de seus abuzos e maldades, offereceram os mesmos Inquisidores o reformar-se, e formalizáram novo Regulamento do Tribunal, que foi approvado por El Rey; e no proemio, que se faz em nome do entaõ Inquisidor geral, se acha uma descripçaõ tal dos procedimentos injustos daquelle tribunal, que parece incrivel, que, depois de similhante confissaõ, houvesse a mesma instituiçaõ de continuar a existir. Eis aqui um extracto, e só lembramos ao leitor, que he um Inquisidor Mor quem falla; e he o mesmo Governo, quem ajuda a occultar estes factos do povo, a quem os estrangeiros attribuem a continuaçaõ da existencia deste tribunal, por causa de sua superstiçaõ; ao mesmo tempo que he o Governo quem permitte, que continuem a ficar em segredo as practicas deste tribunal, e deixa aos homens, que se mantém, e vivem, dessas crueldades, expor ao povo o que fazem, como medidas que saõ proveitosas á naçaõ; e he evidente que a sagrada Religiaõ de Jezus Christo, cuja moral he fundada na razaõ, e cujos dogmas fôram mandados promulgar pelo Divino Mestre, pelos meios da persuasaõ, e da brandura, nada pode ter de commum com a existencia de um tribunal, cujos procedimentos se sustentam á força de ferro e fogo.

Depois de haver o Inquisidor Mór (Cardeal da Cunha) exposto a falta de jurisdicçaõ com que se procedeo na Inquisiçaõ a formalizar o Regimento, diz assim.

" Por força desta consideraçaõ, passando dos defeitos de jurisdicçaõ ao exame da substancia das disposiçoens estabelecidas no mesmo Regimento, achamos outros erros taes, e taõ perniciosos como saõ os seguintes."

" 1°. O de se negarem aos reos os nomes das testemunhas que os accusáram, os lugares, os tempos dos delictos, e todas as circumstancias, que lhes pudessem dar conhecimento individual das pessoas das referidas testemunhas; deixando assim os mesmos reos ás escuras, cegos, e privados da effectiva vista de seus accusadores, com uma violencia contraria aos direitos natural e divino, formalizados no cap. 3°. do Genesis, no cap. 1°. da causa possess. et propriet., na Ordenaçaõ liv. 1°. tt. 9. § 12; e em todas as mais disposiçoens de direito positivo, pelas quaes se está quotidianamente dando provimento no Juizo da Coroa aos opprimidos pelos juizos ecclesiasticos, com esta deshumana violencia."

" 2°. Erro he o de se haver procedido a relaxaçaõ, que he morte natural, confiscaçaõ de bens, e infamia até a segunda geraçaõ, por testemunhas singulares, sem o necessario concurso de tres identidades juridicas do facto, do lugar, e do tempo: tambem com outra violencia contraria aos direitos natural e divino, igualmente formalizados nos dous cap. 17, e 19 do Deuteronomio, determinando o segundo delles, que ninguem sêja condemnado pelo depoimento de uma só pessoa, por mais grave que seja o delicto; sendo ésta disposiçaõ divina a mesma de todas as bem entendidas leis humanas, quando se naõ tracta do crime de solicitaçaõ, ou indagaçaõ dos cumplices no confessionario, em cujo caso da indispensavel necessidade de naõ poder achar-se outra prova, se supre o defeito desta com as muitas e mui circumspectas cautellas, que fizéram com que até agora naõ padecesse algum solicitante innocente, ainda quando a respeito delles senaõ tracta da perda da vida, e dos bens; e havendo-se necessariamente seguido da falta da vista effectiva, juncta á singularidade das testemunhas, ficarem os miseraveis reos, ou obrigados á prova improvavel da negativa generica, e vaga, de que naõ judiáram, ou constrangidos a depôrem que se declaráram judeus, com todas quantas pessoas do seu conhecimento a memoria lhes póde fornecer."

" Absurdos deploravelmente manifestos, nas funestissimas tragedias dos Actos-da-fé de Evora do anno de 1563, onde se vio arruinada sem culpa a cidade de Béja; do outro Acto-da-fé da Cidade de Coimbra, no tempo do governo d'El Rey D. Felipe II. onde se amontoáram outros grandes estragos da innocencia da cidade de Bragança; do outro Acto-da fé de Lisboa, celebrado naõ ha muitos annos, no tempo do Inquisidor Geral Nuno da Cunha de Ataide, onde se publicáram com a sentença do famoso falsario Francisco de Sá e Mesquita, outras numerosas, e irremediaveis ruinas da innocencia; e ultimamente do Acto-da fé da mesma cidade de Lisboa, ha muito menos annos, no qual se publicou outro horrendo caso do innocente Prior do convento da Vidigueira, defuncto nos carceres."

" O 3°. erro foi de que, havendo os gentios Gregos e Romanos estabelecido os tormentos para os escravos somente, nos titulos do Digesto e Codigo, de questionib.

sendo Castella a primeira que adoptou aquellas disposiçoens nas leis 2ª. e 3ª. tt. 30, Partida 7ª; e Portugal, á sua imitaçaõ, na Ord. do liv. 5º. tt. 134, para constrangerem os homens livres, áquella cruel especie de averiguaçaõ dos delictos; por terem prevalecido contra ella os clamores da humanidade, e os juridicos sentimentos dos proffessores mais doutos; e por ter mostrado a experiencia, que sendo a fragilidade humana inferior á constancia que sería necessaria para tolerar as dores dos tormentos, vem os attormentados a confessar por se livrarem dellas, o que nunca fizéram nem ainda imagináram; de tudo isto se seguio antiquar-se, e abolir-se a dicta ordenaçaõ do liv. 5. tt. 134, pelo direito naõ escripto do custume contrario; e este procedimento cuja severidade abolio o fôro secular, como cruel, e enganoso, he o mesmo que pelo dicto Regimento se ordenou, e ficou practicando até agora em nome da Igreja, que como mãy piissima, e mãy de misericordia, nunca teve o direito de matar, ferir, e attormentar."

"Esta incompâtivel deformidade no fôro da bem entendida razaõ, naõ poderia haver tido outra conciliaçaõ, que naõ fosse a de se concordar o espirito da Inquisiçaõ com o do Gabinete, nos delictos de Estado, e conspiraçoens contra as pessoas Reaes."

"Nos Juizos da Inconfidencia so se permittem os tormentos nas conjuraçoens de muitos, em que he necessario extirparem-se todas as raizes de taõ nocivas pestes, até se extinguirem; porque sem isso naõ pódem ter segurança as pessoas e as vidas dos Monarchas, de que depende a conservaçaõ de toda a Monarchia; e que por este caso constitue uma indispensavel necessidade de prevalecer a segurança publica contra o commodo particular do delinquente atormentado. Nos juizos da Inquisiçaõ cessa inteiramente, do modo ordinario, aquella necessidade indispensavel, porque a Suprema Magestade Divina, ainda que he tantas vezes offendida, quantos saõ os innumeraveis peccados que contra ella se commettem, nunca póde ser lesa, nem posta em perigo, he sempre impassivel, sempre immutavel, e eterna, pela sua mesma natureza; e essencia divina: a que sómente podia ser alterada he a Religiaõ, se contra ella se levantarem novadores, e heresiarchas, que diffundam, e desseminem as suas perniciosas seitas; e, no caso (que Deus sempre desvie de nós) em que appareçam alguns reos daquellas pessimas qualidades, que tenham diffundido, e desseminado erros perniciosos, como o maior bem commum de todos os Estados he o conservarem a Religiaõ pura, illibada, e exempta de scismas e heresias; prevalecendo ésta necessidade publica contra o commodo particular dos taes suppostos scismaticos, e heresiarchas; depois de constar que elles fizéram sequazes dos seus erros, pódem e devem ser atormentados até declararem todas as pessoas que pervertêram, para se extinguirem estas venenosas plantas da vinha do Senhor, até as suas ultimas raizes."

" O 4o. erro foi o de se haver pervertido no Regimento referido a ordem da providencia, divina, e humana: pela primeira os peccadores verdadeiramente arrependidos, e perdoados fîcam puros, e limpos, de toda a macula dos peccados, que commettêram: pela segunda, os reos prezos, processados, e condemnados em penas pecuniárias, ou corporaes extraordinarias, que naõ saõ immediatas ás de morte natural, impostas por delictos, que naõ saõ famosos, depois de pagarem as condemnaçoens, ou de cumprirem os degredos, ficam taõ habeis e ingenuos como d'antes éram, e como o saõ todos os outros cidadaõs e habitantes das suas respectivas terras; por que as cadêas, introduzidas para custodia dos reos, naõ infâmam, sim os delictos porque saõ condemnados, quando saõ famosos: o que naõ obstante, com outra exorbitancia incompativel com o foro secular, e ainda mais incompativel com a benignissima indole da Igreja, tem bastado até agora que qualquer reo do Sancto Officio, e por qualquer delicto do seu conhecimento, fosse por elle prezo e processado, para ficar com infamia na sua pessoa, e na de seus descendentes, ainda depois de cumprir as penas que lhe saõ impostas, posto que fossem leves, e de nenhuma sorte immediatas á ultima de morte; procedimento que se faria incrivel, a naõ se achar taõ authenticamente manifesto."

" O 5°. erro foi de que, naõ havendo, nem podendo haver, outra ordem e forma de processos contra os vassallos de S. M., mais que as que prescrevem as leis do reyno, de tal sorte comprehensivas dos que contra ellas se fórmam, ainda nos juizos ecclesiasticos, que de faltar nelles á ordem estabelecida pelas dictas leis compete recurso para o juizo da coroa, em que he infalivel o provimento; fôram as mesmas leis preteridas e abandonadas no sobredicto Regimento, dando-se nelle nova ordem aos processos dos réos, sem mais authoridade que a do arrogante D. Francisco de Castro, que a ordenou, e estabeleceo; mas por isso mesmo insanavelmente nulla, e de nenhum effeito."

Poderiamos sem duvida levar estes extractos a um ponto maior; mas naõ pertence para aqui a discussaõ desta materia; o allegado será bastante para mostrar, quam justificavel he a medida da tolerancia, a que se oppoz sempre a Inquisiçaõ, pelo interesse que dahi resulta aos Inquisidores; e dos mesmos extractos se vê quanto mal deve ter causado ao reyno de Portugal, á prosperidade de seu commercio, e ao augmento de seus conhecimentos, a instituiçaõ de que se tracta.

He logo summamente para desejar, que o mesmo principio que fez adoptar, neste artigo do tractado, a tolerancia limitada, da religiaõ dos Inglezes, e illimitada de todas as religioens em Goa, faça extender este beneficio a todos os dominios Portuguezes, com a liberalidade que convem.

[*Continuar-se-ha.*]

MISCELLANEA.

Carta Regia, que escreveo o Serenissimo Sñr. Infante de Hespanha, D. Pedro Carlos, ao Secretario de Estado, e Presidente do Real Erario, o Conde de Aguiar.

CONDE de Aguiar Honrado Amigo e Parente. Ha mais de um mez que o Pagador da Marinha naõ recebe cousa alguma para as despezas desta repartiçaõ do exercito, do trem, das fortalezas, das obras publicas, do hospital, da casa Real, e outras annexas. ¿ Qual he a repartiçaõ com quem se tem practicado outro tanto? Quem he aquella a quem se naõ deo porçaõ alguma dos trezentos mil cruzados transportados na náo Conde; e isto a pezar de dizer na minha Secretaria o vosso Thesoureiro Mor, que mandava completar o pedido de Dezembro.

He aonde póde chegar o excesso por um lado, e a falta de contemplaçaõ pelo outro. Transportar a marinha o pagamento para as outras Repartiçoens; e naõ ser attendida nem com um só real desse transporte; e naõ ser attendida nem ainda mesmo depois de se haver proferido, o que deixo dicto, quando aliás tendo-se diminuido as despezas navaes, naõ obstante o accrescimo do armamento, e da maioria dos preços dos generos, se obsérvam augmentados outros ramos de despezas, consequencia innegavel do progresso das rendas publicas. Que naõ se mandasse dar á marinha tudo o que se lhe deve, effeito fôra das actuaes circumstancias, e como tal supportavel: que nada se lhe dê, quando ella merece a preferencia, e quando as mais estaõ recebendo, he um facto contrario áquella imparcialidade, e justiça, que se divîzam no vosso character. Que a Marinha merece uma certa preferencia he cousa que facilmente se próva. Com effeito ella acaba de salvar o Estado, e a Familia Real Portugueza, e acaba de salvar a vós mesmo. Ella he commandada por mim, sem ella naõ ha communicaçaõ com Portugal, com as colonias, e com os portos do Brazil; sem ella estes portos jamais se izentaraõ de um enchovalho; e a sua defensa será muito precaria; sem ella naõ haverá respeito que ligue as Colonias á Metropole; sem ella o commercio perecerá por falta de Comboys; pois repetir-se-ha o horroroso facto acontecido no navio Carrasco, e os mercantes seraõ todos tomados, e queimados, na forma das barbaras instrucçoens dadas aos commandantes Francezes. Ora sem commercio, ou com elle diminuto, quanto cahirá o rendimento das alfandegas, e quanto por consequencia o do Estado? Em summa, sem navegaçaõ, e sem marinha que a proteja, cahiremos de todo nas maõs dos estrangeiros, os quaes em tal caso naõ deixaraõ de vir-nos a tractar assim como tem sido, e saõ sempre, as naçoens indolentes e fracas. Amigo Conde; perguntára eu ¿ D'onde vem á Inglaterra o poder que tem? e d'onde nos veio o que ja tivemos? ¿ D'onde as conquistas deste immenso e preciosissimo Brazil, nosso actual refugio? d'onde em fim nos poderá resultar outro igual, outro maior poder? Cumpre-me ainda reflectir-vos, que a féria de Março está ainda por pagar; que pelo atrazamento destes pagamentos, inferiores alias aos conrespondentes na praça; encontro difficuldades, cada vez maiores, em conservar artistas, que saõ obra do trabalho de muitos annos, e uma vez distrahidos, ou perdidos, he quasi impossivel restaurallos. Vós sabeis os esforços que fez Athenas para attrahîllos, e conservallos; escuso ponderar-vos as inevitaveis, grandes, e pessimas consequencias, que devem resultar-nos, se practicamos o contrario. Ora de mais a mais a Monçoens vaõ passando, e os comboys da Europa e Asia naõ podem partir por pagamento; vai acontecer o mesmo ao Correio que me requeresteis, outro tanto deverá succeder á fragata de que se carece no Pará, no Parà aonde a nossa marinha acaba de practicar o que todos sabem, no Pará e Cayenna, que naõ pódem deixar de ser agora um incentivo dos mais fortes, para as attençoens de um inimigo tal como Bonaparte. Nestes termos naõ estranheis que exija de vós uma resposta, por escripto, a tantas cartas que sobre este objecto vos tenho dirigido, e uma resposta, naõ em termos geraes, mas sim a mais satisfactoria, positiva, e concludente, que vos for possivel dar-me; na intelligencia de que os pagamentos demorados quasi duplicam a despeza; e a falta delles, experimentada até ao presente, tem sido a mola real dos movimentos violentos, que me tenho visto precizado a empregar, para adquirir e sustentar braços, e forças, e artes navaes; mas agora vai suspender-se o proprio pagamento do capim, e até será impossivel concertar a náo Conde, na forma da expressa e Real vontade, de meu muito amado e prezado Sñr. e Tio o Principe do Brazil, e irá parar ás lamas; o Principe Real ficará quasi inutil, a Meduza, o Golphino, e a Invencivel ja mais serviraõ.

Quartel General da Marinha, 29 de Maio, 1809.

Novidades deste mez.

Caracas.

Carta official do Governo Inglez ao Brigadeiro general Layard, Governador de Coraçaõ.

Londres, Downing Street, Junho 29, 1810.

Sñr—Recebi, e puz na presença d'El Rey, a vossa carta e suas inclusas—S. M. me ordena significar-vos a sua Real approvaçaõ de vossa conducta em havereis mandado aqui o vosso ajudante de campo o Cap. Kelly, com a noticia dos acontecimentos que recentemente occurrêram na provincia de Venezuela.—Eu julgo que he da maior importancia que o Cap. Kelly volte para Coraçaõ com a menor demora possivel; e que vós sêjais instruido sobre a linha de conducta, que, nas circumstancias referidas na vossa carta, quer S. M. que vós adopteis em seu nome.—O grande objecto, que S. M. tem tido em vista, desde o primeiro momento em que se recebeo neste paiz a noticia da gloriosa resistencia da naçaõ Hespanhola, contra a tyrannia e usurpaçaõ da França, foi auxiliar, por todos os meios, que estaõ em seu poder, este grande esforço de um valoroso, leal, e espirituoso povo; e segurar, sendo possivel, a independencia da monarchia Hespanhola, em todas as partes do Mundo.—Em quanto a naçaõ Hespanhola perseverar na sua resistencia aos invasores, e em quanto se puder conservar uma racionavel esperança de bom successo a final na causa de Hespanhola, S. M. julga que he do seu dever, segundo todas as obrigaçoens da justiça, e da boa fé, o desanimar qualquer procedimento, que possa ter o effeito de separar as provincias Hespanholas, na America, da Metropole na Europa; porque a integridade da Monarchia Hespanhola, fundada sobre os principios da justiça, e da verdadeira politica, he tanto o objecto de S. M., como de todos os leaes, e patrioticos Hespanhoes. — Se, porém, contra os anxiosissimos desejos de S. M. e contra o que elle ainda continua a pensar que saõ bem fundadas esperanças, os dominios Hespanhoes na Europa fôrem condemnados a submetter-se ao jugo do inimigo commum; sêja em consequencia de força actual, ou de algum compromisso, que lhes deixe unicamente a apparencia de independencia; acontecimento este que S. M., confiando na experimentada energia e patriotismo do povo Hespanhol, naõ póde considerar de maneira alguma provavel, S. M. se sente obrigado pelos mesmos principios, que tem influido a sua conducta durante os ultimos dous annos, na causa da naçaõ Hespanhola, a dar todo o auxilio ás provincias da America, que a possam fazer independentes da Hespanha Franceza; e offerecer assim um lugar de refugio áquelles Hespanhoes, que, dedignando-se submetter-se aos seus oppressores, podem olhar par a America como para o seu natural azylo, e pódem conservar os restos da Monarchia para o seu infeliz Soberano, se ja mais a sua sorte permittir que, em taes circumstancias, elle possa obter a sua liberdade. S. M. declarando assim explicitamente os motivos, e principios de sua conducta, renuncia a todas as vistas de territorio ou acquisiçaõ para si.—S. M. observa com satisfacçaõ, pelos papeis que lhe fôram transmittidos, que os procedimentos em Caracas parece terem sido originados, em grande parte, na crença de que, em consequencia dos progressos do exercito Francez no Sul da Hespanha, e da dissoluçaõ da Suprema Juncta Central, a causa do Estado na Metropole estava desesperada.

Elle espera, por tanto, que logo que ali se souber correctamente o estado actual das cousas, o reconhecimento geral da Regencia por toda a Hespanha, e os incessantes esforços dos Hespanhoes, em defeza do seu paiz, debaixo daquella authoridade; os habitantes de Caracas se resolveraõ a voltar ás suas connexoens com Hespanha, como parte integral da Monarchia Hespanhola.—S. M. he levado particularmente a entreter ésta expectaçaõ, considerando que a Regencia, agora estabelecida em Cadiz, parece ter adoptado os mesmos sabios, e generosos principios a respeito das provincias na America, que fôram previamente seguidos pela Suprema Juncta, isto he de estabelecer a connexaõ entre todas as partes da Monarchia Hespanhola em pé o mais liberal, olhando para as provincias Americanas como parte integral do Imperio; e admittindo-as, em consequencia, a ter lugar nas Cortes do Reyno.—S. M. confia que a mesma generosa, e illuminada politica, que dictou estas medidas, levará o Governo de Hespanha a regular a communicaçaõ das provincias Americanas, com as outras partes do Mundo, sobre taes bases, que contribuiraõ para a sua prosperidade crescente, e ao mesmo tempo augmentaraõ tòdas as vantagens, que a Metropole pode justamente esperar tirar delles.—S. M. espéra que ésta exposiçaõ de seus sentimentos vos habilitará a regular a vossa conducta sem difficuldade em qualquer communicaçaõ que julgáreis necessario ter com as provincias contiguas da America Meridional. E como S. M. tem ordenado que se communicasse uma copia desta carta ao Governo de Hespanha, elle naõ pode ter objecçaõ a que vós façais qualquer uso da confissaõ destes sentimentos, todas as vezes que vos parecer queassim o requerem as circumstancias.

Rio da Prata.

Reposta do Cabildo de Montevideo á carta circular da Juncta de Buenos Ayres.

Em consequencia da carta de 27 de Mayo, se ajunctou o Conselho; e depois de uma longa discussaõ foi determinado, que este territorio se unisse cordialmente com a capital de Buenos Ayres, para sustentar os interesses da Patria, e os sagrados direitos de nosso legitimo Soberano Fernando VII. Entretanto que as cousas assim se achávam resolvidas, chegou o brigue Novo Philipe, que sahio de Cadiz aos 9 de Março, e trouxe a noticia da installaçaõ do Conselho do Regencia, reconhecido por todas as provincias da antiga Hespanha; assim como por Inglaterra e Portugal. O mesmo vaso nos trouxe informaçaõ da grande probabilidade de um bom successo contra os invasores Francezes. Nestas circumstancias, clamou o povo altamente porque se reconhecesse o Conselho de Regencia; e, na effusaõ de sua alegria, pediram que este acto publico fosse solemnizado com descargas de artilherìa, repique de sinos, illuminaçoens, e a celebraoraçaõ de Te Deum. Convîmos nesta petiçaõ taõ geralmente apoiada, e o Deputado, que se vos intentava mandar, foi desonerado deste dever; suspendendo-se toda a deliberaçaõ ulterior, até que sejamos informados do que vós determinaes, em consequencia destas felizes novidades, e do estabelicimento da Regencia. Deus vos guarde muitos annos, &c. Monte-Video, 6 de Junho, 1810.

CHRISTOVAÕ SALVANIA.
PEDRO VIDAL, &c.

Ao Presidente e Membros do
Governo Provisional de Buenos Ayres.

Replica da Juncta de Buenos Ayres ao Cabildo de Monte-Video.

Parece, pela communicaçaõ de V. S., do Ministro da Marinha, e do commandante em chefe; que havendo-se ajunctado a mais respeitavel parte do povo, e sendo informada dos procedimentos nesta capital, se intentava concorrer inteiramente com o que aqui se fez; mas que ao momento em que se nomeou o Deputado, para nos informar de tal concurrençia; entrar a nesse porto o brigue Philipino, que trouxe a favoravel noticia dos bons successos dos exercitos Hespanhoes, e da installaçaõ do Conselho de Regencia em Cadiz, em consequencia do que se suspendêram as medidas, até que soubesseis a determinaçaõ desta Juncta, e desta Capital, depois de se haver aqui recebido a noticia daquelles acontecimentos.

A Juncta naõ recebeo noticias officiaes, nem informaçaõ alguma por via authorizada, que a persuadisse a alterar as suas decisoens; e desta resoluçaõ tem dado parte a S. M. por um official de respeitabilidade, que tem instrucçoens de communicar o mesmo a qualquer Governo legitimo, que achar estabelecido em Hespanha. Convocou tambem os Deputados de todos os districtos, para decidir da qualidade de poder que he digno de representar o nosso Augusto Monarcha Fernando VII.; nem ésta Juncta vé como, se a perigosa situaçaõ da Metropole tem melhorado depois da mudança das authoridades para Cadiz; ou se se tivesse recebido noticia official da formaçaõ de um Governo regular, reconhecido pela Monarchia, taes circumstancias pudessem destruir o fundamento da Juncta Provisional; visto que, pela condiçaõ de sua installaçaõ, tem jurado reconhecer qualquer authoridade Soberana, que se estabelecer legitimamente em Hespanha.

As respostas officiaes, á Real Audiencia, sobre este particular, e que a Juncta tem feito publicar, e acompanham o presente officio, dará a V. S. uma completa idea da precauçaõ com que nós temos obrado, em taõ delicada materia, e vos convencerà, que fazer depender o nosso reconhecimento á Metropole dos principios que ella mesma tem estabelecido, e reconciliar estes com os direitos e dignidade da nossa patria, naõ he oppor-se, mas sim supportar os justos privilegios do Soberano Poder.

A Juncta recommenda a V. S. o reflectir nas circumstancias, que conduziram á sua installaçaõ. O principal motivo foi a sua duvida a respeito da legitimidade do Governo, vendo que a Juncta Central, cujos membros andávam fugitivos, e que éra desprezada pelo povo, e insultada por seus mesmos subditos, e a quem se imputava, abertamente, traiçaõ; nomeára um conselho de Regencia, em meio da convulsaõ, na pequena ilha de Leaõ, sem ajunctar os votos do povo sobre este importantissimo objecto. Se olhamos para as maximas fundamentaes do direito da gentes, ou para o direito estabelecido no nosso mesmo paiz, a Juncta naõ tinha direito de allienar o Poder Soberano, que se lhe tinha confiado; elle he de sua propria natureza intransmissivel; e naõ póde passar para outras maõs, excepto debaixo de sancçaõ da pessoa porquem foi originalmente transferido.

Este mesmo Conselho de Regencia tem declarado, que o povo da America he livre; e que deve ter actualmente parte na representaçaõ da Soberania. He justo que por fim gozemos das vantagens, que d'antes se nos negavam; e que possuamos uma porçaõ da investidura do poder Soberano, especialmente havendo-se repetidas vezes proclamado, que a America he parte mtegral da Monarchia. Serîa summamente desarrazoado, que um minutissimo ponto na geographia, a ilha de Leon, determinasse, sem mais exame, a sorte destas immensas Regioens.

A incerteza da legitimidade da authoridade existente em Hespanha, juncta ao imminente perigo aque aquelle Reyno estava exposto, por causa da sua occupaçaõ pelo inimigo, produzio aquella geral anxiedade, que occasionou a installaçaõ desta Juncta Provisional; a fim de que o povo pudesse ser governado por pessoas, em quem descançasse confiadamente; até que um Congresso geral, consistindo de Deputados das provincias, dicidisse estas importantes questoens. A Juncta naõ se atreve a julgar anticipadamente desta decisaõ, mas nesta situaçaõ naõ ve cousa alguma que possa impedir a sua uniaõ, e fraternidade com Monte-Video. Vós no vosso estabelicimento reconhcesteis o Conselho de Regencia; nós no nosso naõ o reconhecemos, e talvez a vossa determinaçaõ será confirmada por vossos representantes, quando elles se ajunctarem no Congresso Geral, e a nossa por nossos representantes; porem no em tando os interesses de ambos os estabelicimentos, e os direitos do nosso commum Soberano requerem que nos estejamos em paz e amizade um com outro.

Ambos nós reconhecemos o mesmo Principe; ésta Juncta tem jurado fidelidade a Fernando VII.; e está prompta a morrer pela protecçaõ de seus direitos Se El Rey nomeou a Regencia, naõ póde haver questaõ para o povo decidir; mas na falta da authoridade Real, só o povo póde eleger a Regencia; e no caso presente ainda se naõ deo esta Augusta Sancçaõ. He ésta materia de grande delicadeza, e que se naõ deve decidir senaõ com summo cuidado; e nenhum districto se deve arrogar o determinar cousas, que só podem executar-se por todo o paiz. Durante a conrespondencia deste Supremo Governo com o Embaixador Hespanhol, residente no Rio de Janeiro, se recebeo noticia official de que a Juncta Central tinha ultimamente declarado, que a Regencia do Reyno se devolvia a D. Carlota Princeza do Brazil, e V. S. naõ póde deixar de conhecer, os serios males, que resultarîam, se, em virtude desta nomeaçaõ assim officialmente communicada, nós jurassemos, e reconhecessemos aquella Princeza, como apossada da regencia.

O que he da maior importancia vem a ser, que nós todos permaneçamos fieis vassallos de nosso Augusto Monarcha Fernando VII.; que preenchamos o nosso juramento de reconhecer aquelle Governo em Hespanha, que for legitimamente estabelecido, e que consideremos o exame disto como um objecto de ponderaçaõ; e façamos que o resultado deste exame sêja o principio porque se regule a nossa conducta. No entanto estreitemos mais os laços da uniaõ, redobremos os nossos esforços para soccorrer a nossa desamparada Metropole, defendamos os seus direitos, obedeçamos as suas leis, celebremos as suas victorias, e deploremos as suas desgraças; façamos o que fizeram as Junctas provisionaes do Reyno, antes da installaçaõ da Juncta Central, quando naõ havia representante do Soberano por quem pelejávam, e comtudo naõ eram nem menos heroicos, nem menos dispostos a reconhecer um poder Supremo, todas as veses que elle fosse legitimamente constituido. Deus guarde a V. S. &c. Buenos Ayres, 8 de Junho, 1810.

(*Assignados*) Cornelio de Saavedra. Dr. Joaõ Jozé Castelli. Manuel Belgrano. Miguel de Ascuenaga. Dr. Manuel de Alberti. Domingos Mateu. Joaõ Larrea. Dr. J. J. Passo, Secretario. Dr. M. Moreno, Secretario.

HESPANHA POR FERNANDO VII.

Carta do Supremo Conselho de Regencia de Hespanha a Indias a S. M. El Rey das duas Sicilias.

Senhor. Os generosos esforços dos Hespanhoes a favor de seu legitimo Rey, merecem todo o agrado do magnanimo coraçaõ de V. M. O usurpador do throno de V. M. quiz usurpar tambem o de seu Augusto Sobrinho. Tempo era ja de que a Europa despertasse da degradaçaõ, em que havia sido submergida pelo espirito de umas perversas facçoes, e que os povos, reconhecidos a seus legitimos Soberanos, voltassem suas armas contra os impostores que os querîam tyrannizar. Hespanha naõ podia supportar o jugo nem tolerar o insulto. Porém, Senhor, esta naçaõ leal, esta naçaõ religiosa e nobre, naõ está todavia satisfeita com a sua constancia: quer dar novas provas ao tyranno de que he irreconciliavel com a sua dominaçaõ; de que sustentará seu juramento, de antes morrer, que ser victima da sua desenfreada ambiçaõ. Deseja, pois, o Governo que Rege esta vasta Monarchia, em nome de Fernando VII ; que um Principe da Augusta Casa de V. M commande um Exercito Hespanhol, para promover sedicçoes no interior da França, e arrancar da fronte do Chefe que a opprime o insanguentado diadema. O Serenissimo Senhor Duque de Orleans, este Principe Illustre por seus conhecimentos e acçoens Militares, e enlaçado com uma Filha de V. M., he o mais a proposito para satisfazer nossos desejos. Nós lhe offerecemos o commando de um exercito na Catalunha, e nas outras Provincias onde convenha a sua Presença, para conseguir os altos fins a que aspiramos. Mereça o beneplacito de V. M. esta offerta, filha do nosso patriotismo, da nossa Fidelidade a nosso Rey, e do nosso Respeito para com a Augusta Casa de V. M. entaõ. se a Providencia coroar o empenho do Esclarecido Filho de V. M. teremos nós o immenso prazer de haver aproveitado esta occasiaõ de dar a V. M. uma prova da nossa veneraçaõ, e de haver contribuido, por este meio á salvaçaõ da affligida Europa. Deos guarde a V. M. muitos e felices annos. Real Ilha de Leaõ 11 de Março de 1810. Senhor. Aos Reaes Pés de V. M. Xavier de Castanhos, Presidente. Francisco de Saavedra. Antonio de Escano. Miguel de Lardizabal e Uribe.

Carta do Supremo Conselho de Regencia de Hespanha e Indias ao Serenissimo Senhor Duque d'Orleans.

Serenissimo Senhor. A naçaõ Hespanhola alçou o seu grito contra a injusta aggressaõ de Bayona, e jurou unanimemente conservar a sua independencia, ou morrer por seu legitimo Soberano D. Fernando VII. Nem os revézes das armas, nem a fortuna do Tyranno, tem podido afracar sua constancia. Arde em todos os coraçoens o amor á patria, á religiaõ, ao Monarca, e arderá; porque jamais podem emigrar deste heroico territorio os sentimentos da honra, e lealdade. V. A. desejou combater nos exercitos Hespanhoes, e defender a causa de sua Augusta Familia. Este taõ generoso desejo ficou frustrado um dia pelo imperio das circumstancias; porêm desvanecidos agora felizmente todos os obstaculos, que entaõ se presentavam, o Supremo Conselho de Regencia convida a V. A para o commando de um Exercito na Catalunha. O enthusiasmo dos esforçados e illustres habitantes desta Provincia, se exaltará extraordinariamente ao ver um Principe, parente do nosso bom Rey, participando com elles das fadigas da guerra, e conduzindo-os á victoria, e á immortalidade com o auxilio da Providencia. Reyna em Catalunha a memoria dos triunfos alcançados pelos inclitos antepassados de V. A.; a V. A. pois pertence conservar o verdor de tantos Laureis. Terrivel he o empenho, trabalhosa a lucta, e tenáz o inimigo; porém grande he tambem o odio dos Hespanhoes para com o usurpador, ardente o amor a seu legitimo Soberano, energica a sua inclinaçaõ á independencia. Este povo pelejará constantemente com V. A., e lhe fará ver que jámais principe algum ha defendido uma causa mais nobre e justa com uns soldados taõ resolutos a defendella. ¡ Oxalá que V. A. possa alçar a sua voz desde os Pirinéos á frente de nossas armas vencedoras, prometter a liberdade á opprimida França, salvar o throno de seus abusos, restabelecer a ordem na Europa, e proclamar o triunfo da virtude sobre as ruinas da tyrannia, e da immoralidade! Em todo o caso V. A. haveria enchido os deveres do seu Augusto Nascimento: os Principes saõ os defensores naturaes dos direitos dos Povos. Nós nos damos o parabem de haver tido esta occasiaõ de manifestar a V. A o nosso affecto á sua Pessoa, e a nossa admiraçaõ para com as suas heroicas prendas.

Deos guarde muitos e felices annos a vida de V. A. S. Real Ilha de Leaõ, 4 de Março, de 1810. Serenissimo Senhor. Xavier de Castanhos, Presidente. Francisco de Saavedra. Antonio de Escaño. Miguel de Lardizabal Uribe.

Hespanha pelos Francezes.

Sitio d'Almeida.

Paris, 11 *de Septembro.*—O Principe de Esslingen fez abrir diante de Almeida na noite de 15 de Agosto; um falso ataque, dirigido contra o norte da cidade, attrahio a attençaõ dos sitiados para aquella parte. Dous mil trabalhadores tiráram partido desta circumstancia para abrir a primeira parallela na profundidade de tres pes, em uma linha de mais de 500 toesas, a despeito das difficuldades que resultávam da natureza do terreno que he pedregoso, e da necessidade de cubrir-se com gabioens a todo o momento. Entre os 18 e 19, ainda que o fogo do inimigo éra muito activo, e parecîam insuperaveis os obstaculos que os rochedos apresentávam ao abrimento das trincheiras, se acabou a parallela, e se fizéram saltar os rochedos com o petardo. Entre os 20 e 25, se erigîram 11 baterias. Durante a noite de 24 se abrio a segunda parallela no rochedo, a menos de 150 toesas da praça. O terrivel fogo da fortaleza naõ nos permittio mantella durante o dia; mas na noite seguinte acabàram os mineiros de profundar e alargar as trincheiras com o petardo: tambem se acabou na mesma noite de montar e guarnecer as baterias. Aos 26 ás cinco horas da manhaã abrîram o seu fogo contra a fortaleza onze baterîas, montadas por 65 peças d'artilheria, os sitiados respondêram ao fogo com vigor, mas pelas quatro horas da tarde mitigou o seu fogo: às sette uma de nossas bombas fez arrebentar o principal armazem de polvora da praça; a explosaõ foi terrivel. A' partida do correio tinha o fogo das nossas baterias redobrado vigor.

Carta ao Principe de Neufchatel e Wagram.

Sñr.—No meu ultimo despacho tive a honra de vos informar, que, aos 26, a fortaleza de Almeida respondeo ao nosso fogo até as quatro da tarde, e que entaõ cessou inteiramente; que ás sette houve na fortaleza uma consideravel explosaõ; e que a conflagraçaõ se conservou, durante a noite, pelas nossas bombas, e obuzes. Este estado das cousas me determinou a intimar ao Governador que se rendesse, hontem pela manhaã. Elle enviou-me alguns officiaes a pedir cessaçaõ de hostilidades. Eu fiz-lhes saber os termos de capitulaçaõ, de que tenho a honra de vos mandar uma copia, junctamente com a minha intimaçaõ. Assim está Almeida na posse de S. M. o Imperador e Rey. Entramos na praça esta manhaã ás 9 horas. A guarniçaõ ficou prisioneira de guerra, e será conduzida á França. Achamos nas baterias da praça 98 peças de artilheria, e 17 que necessitam reparos; 300,000 raçoens de biscoito; 100,000 raçoens de carne salgada; e grande quantidade de outras provisoens. Julgo ser do meu dever o dizer alguma cousa a V. A. da disposiçaõ da guarniçaõ. O Marques d'Alorna, General de Divisaõ, Portuguez, e varios outros Generaes, ou Officiaes superiores de sua naçaõ, empregados no exercito Francez, se approximaram á fortaleza, em quanto continuàvam as negociaçoens. Foram reconhecidos dos muros da praça por grande numero de seus compatriotas, que expressáram altamente a sua satisfacçaõ em se verem livres do jugo Inglez; a qual satisfacçaõ se augmentou muito quando soubéram, que o Imperador tinha empregado no seu serviço, e em varias graduaçoens os officiaes Portuguezes que estávam em França; e que longe de os ter reduzido ao estado de humiliaçaõ, que os Inglezes lhes fazem sentir ao presente, elle os admittio à honra de pelejar ao seu lado, em suas grandes campanhas. Os horrores commettidos pelos Inglezes saõ deploraveis; córtam o trigo, destroem os moinhos, casas, e fazem um deserto deste infeliz paiz, que fôram chamados para defender. Elles viólam assim o direito das gentes e da guerra. Esta naçaõ está acustumada a nada respeitar; o seu interesse do momento he unicamente a sua lei. Foi a divisaõ de Loison do corpo do Duque de Elchingen que fez o cerco de Ciudad Rodrigo, e de Almeida. As duas outras divisoens deste corpo, as tres divisoens do segundo corpo, e a tres divisoens do corpo do Duque de Abrantes, ainda naõ déram fogo a um só fuzil. O Duque de Abrantes está em Ledesma; o General Regnier commanda o segundo corpo está em Zarza Mayor. Os soldados gozam boa sande, o exercito està bem provisionado, e arde em desejos de ensinar aos Inglezes o que nós ja ensinamos à divisaõ de Crawfurd. O Imperador póde estar seguro da bravura e disposiçoens do exercito, assim como do meu zelo, e respeituosa devoçaõ.

Tenho a honra de ser, &c.

(*Assignado*) MASSENA, General Principe de Esslingen,
Commandante em Chefe do exercito de Portugal.

Forte da Conceiçaõ,
28 de Agosto, 1810,

Copia da intimaçaõ a Almeida.

Campo diante d'Almeida, 27 de Agosto, 1810.

Senhor Governador! A praça d'Almeida está em chamas, toda a minha artilheria de bater lhe faz fogo, e o exercito Inglez naõ póde vir em vosso soccorro. Rendei-vos portanto á generosidade dos exercitos de S. M. o Imperador e Rey; eu vos offereço termos honrosos. Para vos decidir a aceitallos considerai o que aconteceo em Ciudad Rodrigo, o deploravel estado em que está agora aquella cidade, e as desgraças que se guardam para Almeida, se vós prolongareis uma inutil defensa.

Recebei, Snr. Governador, as seguranças da minha alta consideraçaõ.

(*Assignado*) Massena.

Capitulaçaõ concedida em nome de S. M. o Imperador dos Francezes e Rey da Italia Protector da Confederaçaõ do Rheno, &c. &c. pelo Marechal Principe de Esslingen Commandante em Chefe do exercito de Portugal ao Snr. Governador de Almeida, para o rendimento desta praça ás tropas de S. M.

Artigo I. A guarniçaõ será prisioneira de guerra, com as honras de guerra; isto he, marchará para fóra com as suas armas, as quaes depositaraõ na explanada da praça. As milicias voltaraõ para suas casas, depois de ter depositado as suas armas; a guarniçaõ naõ servirá durante a presente guerra, contra a França ou seus alliados.

Artigo II. Os officiaes de todas as descripçoens, e os soldados conservaraõ, aquelles as suas espadas, e estes a sua bagagem sómente.

Artigo III. Os habitantes gozaraõ de sua propriedade, e naõ seraõ inquietados por causa de suas opinioens.

Artigo IV. Os armazens militares, e artilheria ficaraõ á disposiçaõ do exercito Francez, e seraõ entregues ao commandante da artilheria.

ARTIGO V. Os petrechos, caixas, &c. seraõ entregues aos commissarios Francezes nomeados para este effeito.

ARTIGO VI. Os planos e memorias da fortaleza seraõ entregues ao Commandante dos engenheiros do exercito Erancez.

ARTIGO VII. Os doentes do exercito Inglez e Portuguez, logo que se restabelecerem seguiraõ o destino da guarniçaõ.

(*Assignados*) MASSENA, Principe de Esslingen, &c.
GUILHERME COX, Governador d'Almeida.

Campo diante d'Almeida, 27 de Agosto, 1810.

Lista dos provimentos que se acháram na praça d'Almeida.

20. Alqueires de farinha, 300,000 raçoens de biscoito, 600 fanegas de trigo, 700 de centeio, 2.000 de milho, 500 quintaes de arroz, 400 arrobas de provisoens salgadas, 12 quintaes de carne salgada em barris; 34 toneis de vinho, de 700 garrafas cada um, 2 pipas d'agoa ardente, perto de 200 garrafas, 20 pipas de vinagre, 50 fanegas de feijaõ, 2 000 fanegas de cevada, 300 fanegas de farellos, 300 quintaes de palha, 5.000 quintaes de lenha, e cerca de 1.000 cobertores.

INGLATERRA.

Exercito Inglez em Portugal.

Londres, 18 *de Septembro.* Domingo pela manhaã recebeo o Lord Liverpool um despacho de S S. o Tenente General Lord Wellington, Cav. do Banho, &c. datado de Celorico, aos 29 de Agosto, 1810. Eis aqui um extracto.

O inimigo abrio o seu fogo sobre Almeida, tarde na noite de sabbado, ou domingo pela manhaã, 26 do corrente, e sinto ter de accrescentar, que elle obteve posse da praça cedo no decurso da noite de 27. Naõ tenho noticias, em cujo credito possa descançar, a respeito da causa do rendimento. Ouvio-se uma explosaõ nos nossos postos avançados, e eu observei, na segunda feira, que a torre da Igreja estava destruida, e muitas casas sem telhados. Eu tinha uma communicaçaõ telegraphica com o Governador, porém infelizmente o tempo me naõ permittio usar della no domingo, nem durante grande parte da segunda feira, e éra obvio; que o Governador estáva em communicaçaõ com o inimigo.

Depois de estar seguro do rendimento da praça, movi a infanterîa do exercito outra vez para o vale do Mondego, conservando uma divisaõ sobre a cidade da Guarda, e os postos avançados da cavallaria em Alverca. O inimigo attacou hontem de manhaã os nossos piquetes duas vezes, mas fracamente, e fôram repellidos os assaltantes: porém de tarde elles obrigáram Sir Stapleton Cotton a recolher os seus postos para este lado de Fraxedas. O capitaõ Lygon, do regimento 16 de Cavallaria ligeira, foi ferido de manhaã, e dous homens dos dragoens Reaes, na tarde. Um piquete do regimento carregou uma parte da infanterîa e cavallaria do inimigo, com galhardia e bom successo, e tomou alguns prisioneiros.

O segundo corpo, commandado pelo general Regnier, naõ tem feito movimento de importancia, depois que tive a honra de escrever a V. S. a minha ultima. Uma patrulha porém, pertencente a este corpo, se encontrou com um esquadraõ de dragoens, que consistia de uma companhia do regimento 13 Inglez, e uma companhia do 4°. Portuguez, pertencente ao corpo do tenente-general Hill, e debaixo do commando do capitaõ White do 13; e todos fôram tomados, á excepçaõ de um capitaõ, e um soldado, que ao depois se soube tinham sido mortos. Incluo a copia da conta do Brigadeiro-general Fane, ao tenente-general Hill, sobre esta acçaõ, que parece ser de muito credito para o capitaõ White, e para as tropas alliadas. Na Estremadura se naõ tem feito movimento algum de importancia, depois que escrevi a minha ultima a V. S. Ao norte, moveo o inimigo um pequeno corpo de infanteria e cavallaria, aos 20, na direcçaõ de Alcanizas; porém o General Silveira se dirigio a elles de Bragança, e elles se retiráram immediatamente.

Escalos de Cima, 22 de Agosto, 1810.

SNR! Tenho a honra de vos participar, que uma companhia do regimento 13 de dragoens ligeiros, e uma do regimento 4º. de Dragoens Portuguezes, formando um esquadraõ debaixo do commando do capitaõ White, do 13; achando-se em Ladoeira, ésta manhaã, se encontrou com uma patrulha de dragoens do inimigo, consistindo de um capitaõ, dous subalternos, e cousa de sessenta homens. Felizmente pôde o cap. White alcançallos, carregou sobre elles immediatamente, e derrotou-os: o resultado foi tomarem-se prisioneiros dous tenentes, tres sargentos, seis cabos de esquadra, um trombeta, e cincoenta soldados, e perto de cincoenta cavallos. O Capitaõ tambem ficou prisioneiro, mas escapou-se a pé durante a confusaõ.

Julgo-me feliz em poder dizer, que isto se fez sem perder um so homem de nossa parte. Seis do inimigo ficáram feridos. O Cap. White expressa a sua obrigaçaõ ao Major Vigoreux, do regimento 38, que foi com elle de voluntario, e ao alferes Pedro Raymundo de Oliveira, commandante da companhia Portugueza (que diz fizéra o seu dever extremamente bem, e mostrara muito valor): e tambem ao tenente Turner, do 13 de dragoens-ligeiros, a cuja actividade, e coragem, elle se confessa obrigado por alguns dos prisioneiros. Eu espero que tudo será considerado merecedor da approvaçaõ do Commandante em chefe. Tenho a honra de ser, &c.

(*Assignado*) H. FANE.

Ao Tenente General Hill.

PORTUGAL.

Particularidades da Expediçaõ de Puebla de Sanabria.

Illmo. e Exmo. Sñr.: Tenho a honra de remetter a V. Excellencia para ser presente a S. A. R. a relaçaõ do Marechal de Campo Francisco da Silveira Pinto da Fonseca, sobre as operações que conduziram à tomada do Batalhaõ Suisso do inimigo, em o Castello de Puebla de Sanabria; e a relaçaõ que o General ajuncta do combate de um esquadraõ do regimento 12 com o inimigo, que he igualmente brilhante, tanto pela conducta do commandante, como pelo valor da tropa. Julgo ser justo, conforme o poder que S. A. R. se servio confiar me, nomear pela sua conducta sobre o campo da batalha o Alferes Manoel Gonçalves de Miranda, para ser Tenente do Regimento de Cavallaria N° 12, e eu espero que pela relaçaõ que faz o seu Commandante o Capitaõ Francisco Teixeira Lobo, que Suas Excellencias julgaraõ que elle o merece. Juncto com a carta do General Silveira vaõ os mappas dos prizioneiros, e feridos dos dous partidos, tanto na acçaõ com a Cavallaria, como na tomada do Batalhaõ Suisso. O General Silveira me tinha informado em uma carta anterior, que a força deste ultimo consistia em 400 homens, inclusos 9 officiaes.

Tenho a honra de remetter para ser presente a S. A. R. uma Aguia, Estandarte do inimigo, Troféo do Marechal de Campo Silveira, e das suas valorosas tropas de Tras-os-Montes. Deos guarde a V. E. Quartel-general da Lagiosa, 19 de Agosto de 1810.

G. C. Beresford, Marechal e Commandante em Chefe.
Sñr. D. Miguel Pereira Forjaz.

Ilmo. e Exmo. Sñr.: Tenho a hora de mandar apresentar a V. E. o detalhe circumstanciado da expediçaõ sobre Puebla de Sanabria; e de mandar entregar a V. E. a Aguia tomada ao inimigo.

Os meus desejos saõ Ill.mo e Ex.mo Sr debaixo das sabias ordens de V. E. ter occasiões em que possa mostrar a V. E. a vontade que tenho de servir bem a Sua Alteza Real.

Digne-se V. E. de acceitar os protestos da minha veneraçaõ, respeito, e submissaõ. Deos guarde a V. E. Quartel General de Bragança 14 de Agosto de 1810.

Ill.mo e Ex.mo Sr. Marechal Beresford.

De V. E. Subdito muito obediente.

(*Assignado*) Francisco da Silveira Pinto da Fonseca.

Parte que ao Illustrissimo e Excellentissimo Senhor Marechal Beresford, Commandante em Chefe do Exercito Portuguez, dá o Marechal de Campo Francisco da Silveira Pinto da Fonseca da operaçaõ que fez sobre Puebla de Sanabria.

No dia 29 de Julho ás seis horas da tarde tive em Bragança a noticia de que ás 11 horas de manhaã tinham entrado os inimigos na Puebla de Sanabria; tendo sido uma hora antes evacuada pelas tropas Hespanholas, que a guarneciam, commandadas pelo General D. Francisco Taboada Gil, com o qual eu tinha ajustado de assim o fazer, sendo atacado em força superior.

As 7 da tarde do mesmo dia fiz sahir um esquadraõ de cavallaria desta praça, a fim de fazer um reconhecimento; com o qual foi o Coronel Wilson: á meia nòite do mesmo dia sahi eu com uma brigada de milicias pelo caminho da Avelleda, seguindo a mesma marcha do esquadraõ.

No dia 30 de manhaã se aproximou o Coronel Wilson a Puebla de Sanabria, e reconheceo que a força que existia dentro da praça era pequena; porque ja parte da que tinha baixado sobre ella, se tinha retirado para Momboy: e naõ tendo noticia para onde se tinha retirado a tropa Hespanhola, me veio dar parte, e nos recolhemos nesse dia para esta praça, deixando partidas sobre o caminho, que da Puebla se dirige a ella.

No dia 31 tive noticia, que o General Taboada se tinha retirado sobre as Portillas de Galliza, aonde existia com parte da sua tropa.

No dia 1.° de Agosto participei áquelle General, que no dia 2 marchava sobre a Puebla, de Sanabria: que quizesse baixar com a sua tropa, ao que elle assentio; pois taes eram as suas idéas.

No dia 2 ás 5 horas da tarde fiz marchar um esquadraõ para o povo de França, e que descançando ahi algum tempo, se dirigisse de noite para Pedralva, onde receberia as minhas ordens; e que a 2.ª Brigada de Milicias seguisse o mesmo caminho. Que o 4.° esquadraõ, e a 1.ª Brigada fossem descançar ao povo de Varga, e que ao amanhecer estivessem no de Lobeissos adiante de Pedralva, aonde receberiaõ as minhas ordens. Eu me dirigi a Pedralva, aonde pouco depois chegou o 1.° Esquadraõ, que naquella mesma noite mandei postar adiante de Lobeissos. Pouco tempo depois veio ter comigo, mandado pelo General Taboada, um seu Ajudante e o Coronel de Benaventi, dando-me parte de ter chegado o mesmo General com 800 a 1000 homens de infantaria, e que pensavam, que o inimigo estava em força em Momboy: conviêmos em que ao amanhecer do dia 3 nos adiantassemos sobre a Puebla de Sanabria, fazendo a minha esquerda a tropa Hespanhola.

No dia 3 ao amanhecer estavamos immediatos a Puebla, e entaõ se veio unir comigo o General Taboada: immediatamente mandei entrar alguns Caçadores no Forte em frente da Puebla, que estava evacuado, donde principiáram a fazer fogo de mosquetaria sobre a Praça, a que esta respodeo com fogo de mosquetaria, e artilheria: mandei passar a Cavallaria á outra parte do rio Fera, e que postasse avançadas sobre o caminho, que se dirige a

Momboy: no mesmo instante entráram tropas Hespanholas e Portuguezas dentro na Praça ao primeiro recinto, debaixo do fogo inimigo, o qual se recolheo ao segundo recinto, e castello. Todo o dia se passou em se fazer fogo de parte a parte: mandei um Parlamentario á Praça, intimando ao governador que se rendesse, ao que respondeo que tinha gente e muniçoes para se defender até á ultima extremidade, e que esperava muito cedo ser soccorrido por tropas do Marechal Massena.

No dia 4 ás 10 horas da manhaã foi a avançada de Cavallaria atacada por um Esquadraõ de Cavallaria inimiga da força de 65 a 70 cavallos. O Esquadraõ, que commandava o Capitaõ Teixeira, seria de igual número; mas tinha-se-lhe unido uma partida do 4.° Esquadraõ, que commandava o Alferes Manoel Gonçalves de Miranda: o resultado desta acçaõ o mostra a copia N.° 1, que he á parte que me deo o mencionado Capitaõ Teixeira: N. 2, a perda que tivemos nella: N. 3, a perda que teve o inimigo. Continuou-se em todo o dia o fogo sobre a Praça; e se tomou uma casa pegada ás portas, de donde se intentou abrir uma passagem para a Praça; mas o inimigo a pôde abater, sendo morto um Soldado do regimento de Villa Real. As portas da Praça foram queimadas; mas o inimigo as tinha por dentro tapado de pedra fortemente.

No dia 5 estabelecêmos uma bateria, e de donde lhe démos alguns tiros com uma peça de 3, e um obuz; mas este se impossibilitou aos primeiros tiros.

No dia 6 tinha mandado ir de Bragança uma peça de calibre de 6; mas por ser de ferro, e arrüinada, pouco effeito fazia. As 9 horas da manhaã me deo parte a avançada, com a qual se tinham já unido 100 homens de infantaria Hespanhola, commandados por D. Joaõ de Ugartemendia, e trinta e tantos cavallos de uma guerrilha, commandada por D. Joaõ de Aguirre, que inimigo se adiantava em força: mandei que a cavallaria se postasse atraz do povo do Outeiro, e eu metti em batalha a mais tropa sobre o Rio Tera, e fiz adiantar pela minha direita, um corpo de caçadores do monte a uma eminencia da direita do rio. A tropa Hespanhola vigiava sobre a Praça; e o resto postada sobre o meu flanco esquerdo. O inimigo vinha na força de 400 cavallos, e de 3 a 3:500 infantes: fez alto immediatamente ao povo do Outeiro, menos de um tiro de balla da nossa avançada; logo que o General Serras reconheceo a nossa tropa, se poz em retirada para Momboy, o que fez precipitadamente. A nossa vanguarda tornou a adiantar-se adiante de Outeiro, e as suas avançadas ao pé de Asturianos, á vista das do inimigo, que nessa noite se retirou para diante de Momboy.

No dia 7 se continuou a fazer fogo sobre a Praça, a que esta respondia com bastante de mosquetaria, e poucos tiros de peça.

No dia 8 chegou uma peça de 12, que mandei ir de Bragança, que principiou a fazer fogo; mas por ser de ferro, e arruinada pouco effeito causou. Tive noticia que o General Serras tinha sido reforçado com dous batalhões Italianos, vindo de Benavente, Leaõ, e Astorga, e com 600 cavallos, que no dia 5 tinhaõ passado em Zamora.

No dia 9 arrebentou uma mina que se tinha feito juncto ás portas da Praça; mas com mui pequeno effeito; pois botou abaixo só a face da cortina: depois disto o General Taboada fez uma intimaçaõ á Praça, e o Governador pedio uma conferencia, que se fez com elle no arrabalde da mesma Praça naquella noite, e para responder ás ultimas proposições pedio uma hora de tempo que se lhe concedeo; findo o qual deo a sua resposta; e a final se concluio a Capitulaçaõ á uma hora da noite, conforme a copia N.º 4: a relaçaõ N.º 5, mostra a perda que tivemos até áquelle dia de mortos e feridos, e a N.° 6, a que tiveraõ os inimigos de mortos e feridos dentro na Praça.

Na manhaã do dia 10 sabio a guarniçaõ Franceza, e depôz as armas na explanada defronte da nossa tropa: 417 homens perdêram os inimigos na Puebla de Sanabria entre mortos, prisioneiros, e alguns que passáram para o nosso Exercito no tempo do assedio: perdéram 60 Dragões e igual numero de cavallos, contando os mortos e prisioneiros, como mostra a relaçaõ N.° 3. Todas as armas, as poucas municiçóes que tinham, e uma aguia, estandarte do batalhaõ. A Puebla de Sanabria estava guarnecida com 9 peças de bronze de grande calibre. Nada quiz do tomado na dicta Praça; tudo cedi em favor da tropa Hespanhola, a excepçaõ da aguia, por pensar que esta seria a vontade do Illmo e Exmo Sr. Marechal Beresford.

O valor, sangue frio, zèlo, e actividade, que em toda esta expediçaõ mostrou o General D. Francisco Taboada Gil, me servio de exemplo: igualmente o seu Estado-Maior, e o Coronel de Benavente: os mais officiaes que vi, e a tropa, me mostráram o zêlo, com que se empregam na causa commum.

Toda a cavallaria e tropa de milicias se portou muito bem: entre estes tiveram occasiaõ de se distinguir na Cavallaria o Capitaõ Francisco Teixeira Lobo, os Alferes Manoel Gonçalves de Miranda, Alvaro de Moraes Soares, que servia de Adjudante, Manoel Machado Falcaõ, que ficou levemente ferido, e Antonio Caetano Pavaõ: destinguindo-se muito o Sargento da 5.ª Companbia Domingos José, e o da 1.ª Manoel Borges, e o Soldado da 8.ª Companhia Manoel Antonio Marcelino, que me seguram matára cinco Francezes.

Nas milicias teve occasiaõ de se distinguir o Major de Villa Real Antonio da Mota, que foi dos primeiros que entrou na Praça na frente de duas companbias do seu regimento, mostrando muito valor; pelo que os recommendo a V. E. como dignos de recompensa.

O meu Estado Maior, e officiaes a elle unidos me satisfizeram, cumprindo com os seus deveres.

Logo depois da sahida dos prisioneiros da Praça, dei ordem á minha vanguarda se retirasse, o que ella principiou a executar a tempo que o General Serras nos vinha a atacar na força de 700 a 800 cavallos, e de 4 a 5000 infantes, e duas peças de artilheria, conforme as partes que na noite antecedente me tinham dado: neste tempo chegou de Lamego o Coronel Wilson, a quem encarreguei a retirada da cavallaria sobre o caminho da Campissa, e eu me retirei com a infanteria sobre as alturas de Calabor, com a intençaõ de ahi esperar o inimigo se me seguisse, por ser terreno aonde a cavallaria era quasi inutil.

O General Taboada com a tropa Hespanhola se retirava para as Portillas: o inimigo nos seguio em grande força de cavallaria até Pedralva, e dahi se adiantou um piquete de 50 cavallos sobre a estrada da Campissa, e alguns Caçadores sobre a retaguarda da infanteria. Verificou se a nossa retirada sem nenhuma perda de bagagens, muniçoes, ou homens, mais do que 2 soldados de cavallaria, que por ficarem extraviados foram mortos pelo inimigo, o qual immediatamente se retirou sobre a Puebla de Sanabria, e seguidamente sobre Momboy.

Tal fói o detalhe da operaçaõ sobre a Puebla de Sanabria, á excepçaõ de pequenos acontecimentos, e das operações da tropa Hespanhola, que portando-se muito bem no todo, só podem ser annunciados em detalhe pelo General Taboada, que a commandava, e fazia obrar.

Espero merecer a approvaçaõ do Illmo e Exmo Senhor Marechal Beresford; pois os meus fins foram sempre naõ ser batido por força superior, e pouco a pouco costumar ao fogo as tropas que tenho a honra de commandar, e que saõ poucas as que tem entrado nelle.

Quartel General de Bragança, 14 de Agosto, de 1810.

(*Assignado*) FRANCISCO DA SILVEIRA Pinto da Fonseca.

N°. I. Illmo. e Exmo. Senhor: Tendo noticia ás 8 horas da manhaã do dia de hoje, que um corpo de cavallaria inimiga se aproximava, naturalmente com o designio de me surprender, ou atacar; vendo a disposiçaõ dos meus officiaes e soldados resolvi-me a prevenillo eu mesmo marchando com o meu esquadraõ pela estrada real, que se dirige a Momboy; e ordenando ao Alferes Manoel Gonçalves de Miranda marchasse pela direita torneando huns tapados, e atacasse o inimigo pela retaguarda. Encontrei o inimigo pouco adiante de Outeiro junto a um prado, que fica á direita da estrada, e sem perder tempo me arrojei sobre elle com a espada na maõ, ao mesmo tempo que o Alferes Miranda lhe cahe sobre a retaguarda: o inimigo carregado com tanto vigor desconcerta-se, perde a ordem em que vinha, e toda a acçaõ se torna em uma escaramuça individual, que se decidio em hum momento, toda a nosso favor. O inimigo vendo o vigor, com que era atacado, quer fugir, mas já era tarde, e ou mortos, ou prisioneiros todos ficáram no campo, á excepçaõ do Commandante e cinco ou seis Soldados, que cuidando logo em salvar-se podéram escapar-se.

Naõ posso assaz encarecer o valor dos officiaes e soldados nesta acçaõ, todos se comportáram de um modo que naõ he facil distinguillos, sem embargo o meu dever, e a minha honra me obrigam a fazer especial mençaõ do Alferes Manoel Goncalves de Miranda, que com 30 cavallos do 4°. Esquadraõ, com que se me tinha unido, se arrojou vigorosamente sobre o inimigo; do Alferes Alvaro de Moraes que servia de Ajudante, e dos Alferes Antonio Caetano

Pavaõ, e Manoel Machado Taliaõ, que combatêraõ valorosamente, ficando este levemente ferido em uma maõ.

Entre os officiaes inferiores o sargento Domingos da 5a., companhia, e Manoel Borges, da 1a., merccem grande louvor, assim como alguns soldados que mostráram o mais extraordinario valor, de que darei parte a V. Exa. O inimigo vinha atacar-me com hum pequeno esquadraõ de 70 cavallos: ficáram mortos no campo 2 officiaes, e 28 soldados, e vaõ apparecendo mais por entre as searas: tomáram-se 40 cavallos, alguns bastante feridos, e 30 prisioneiros que remetto á presença de V. Exa. Da nossa parte naõ houve senaõ um alferes, e um soldado feridos.

Esta acçaõ em que tambem tiveram parte dous filhos meus, em que naõ fallo por serem filhos, deve dar ao inimigo uma boa idea dos nossos soldados.

Deos guarde a V. Exa. Outeiro, 4 de Agosto.—Illmo. e Exmo. Senhor Francisco da Silveira Pinto da Fonseca.—Francisco Teixeira Lobo, Capitaõ.

N. 2. Relaçaõ da perda que teve o esquadraõ commandado pelo Cap. Francisco Teixeira Lobo, no combate do dia 4 do corrente.—Feridos: 1 official subalterno; 2 sargentos; 1 soldado.—Mortos: 1 cavallo.

N. 3. Relaçaõ da perda que teve o inimigo no combate do dia 4 do corrente, com o esquadraõ commandado pelo Capitaõ Francisco Teixeira Lobo.—Mortos: 2 officiaes, 26 soldados;—Prisioneiros: 30 soldados.—Tomados; 40 cavallos, e mortos 9. N. B. dos prisioneiros morrêram 7, feridos, antes de poderem chegar aos hospitaes de Bragança. Dos cavallos tomados 6 viéram feridos, e em um estado taõ miseravel, que se abandonáram no campo da Puebla.

N. 4. Capitulaçaõ feita pelos Sñres. Generaes do exercito Portuguez e Hespanhol, D. Francisco Taboada e Gil, commandante das tropas de S. M. C. e Francisco da Silveira Pinto das de Portugal, com o commandante do batalhaõ Suisso ao serviço do Imperador dos Francezes Mr. Jozé de Graffericed, que guarnecia a praça de Puebla de Sanabria.

Artigo I. A guarniçaõ sahirá da praça ás 4 da manhaã de dez do corrente, tambor batente, e com as honras da guerra, entregando as armas á porta da praça.

II. Conservar-se-haõ as equipagens, e cavallos aos senhores officiaes, e aos soldados suas mochillas.

III. Entráram as tropas Hespanholas na praça, ésta noite, e se entragaram as muniçoens, por conceder-se descanço ésta noite.

IV. Em attençaõ a compor-se ésta guarniçaõ de tropa Suissa, e ésta naõ estar nas circumstancias da Franceza, concede-se que passe ao Porto da Corunha a embarcar para os seus Cantoens, debaixo da palavra de honra de naõ tomar as armas contra as naçoens alliadas.

V. Os doentes seraõ tractados, e assistidos, com toda a humanidade, e auxilios, que fôrem necessarios.

VI. Seraõ conduzidos por tropa de linha com toda a segurança, para que naõ póssam ser molestadas suas pessoas, dando-se-lhes a assistencia e bagagens, que fôrem precisas.

VII. O commandante da tropa Suissa formará duas capitulaçoens iguaes a ésta, para os Generaes Portuguez e Hespanhol.

VIII. Os Generaes se obrigam a cumprir tudo o estipulado nesta capitulaçaõ.

Quartel General da Puebla de Sanabria sobre a brecha, á uma da noite do dia 9, aos 10 de Agosto, de 1810.

(*Assignado*) J. de Graffericed, Chefe do Batalhaõ.

N. 5. Mappa dos mortos, feridos, prisioneiros de guerra, e extraviados, que teve a divisaõ do Marechal de Campo Francisco da Silveira Pinto, na expediçaõ de Puebla de Sanabria, desde o dia dous do corrente, em que sahio de Bragança até o dia 10 em que se recolheo ao mesmo lugar. — Mortos: cabos, anspeçadas, e soldados 10: — Feridos: 1 capitaõ, 1 subalterno, 3 sargentos e furrieis; 37 cabos, anspeçadas, e soldados.

Graduaçaõ e nomes dos officiaes feridos. Capitaõ do Regimento de milicias de Bragança Joaõ Antonio Borges. Alferes do regimento de cavallaria N°. 12, Manuel Machado Falcaõ.

N. 6. Perda do inimigo em Puebla de Sanabria:—Mortos: officiaes 1; sargentos 1; soldados 17;—Feridos: officiaes 1; sargentos 2; soldados 22.

O resto da guarniçaõ que capitulou foi entregue ao General Taboada para a fazer transportar para a Corunha. Quartel general de Bragança 14 de Agosto, 1810.

(*Assignado*) FRANCISCO DA SILVEIRA.

Illmo. e Exmo. Sñr. He com o maior prazer que eu communico a V. E. para ser presente a Suas Excellencias os Senhores Governadores do Reyno, a entrega de um batalhaõ Suisso, que se achava no Castello de Puebla de Sanabria, ás tropas commandadas pelo Marechal de Campo Francisco da Silveira Pinto da Fonseca, como se mostra pela sua Carta juncta.

Suas Excellencias veraõ que as condiçóes consistem, em que os prisioneiros sejaõ enviados á Corunha, e em naõ servirem mais contra os Alliados; e eu naõ posso deixar de approvar plenamente o que fez a este respeito o Marechal Silveira. Para nós a vantagem he a mesma, que seria se elles tivessem ficado prisioneiros de guerra, ou se tivessem rendido á discriçaõ, e as circumstancias do Marechal Silveira eraõ críticas; o inimigo commandado pelo General Serras avançava com força superior, estando mesmo á vista dos nossos postos avançados. A conducta do Marechal Silveira merece todo o louvor, tanto pela intelligencia, e ousadia com que principiou a empreza, como pelo modo e prudencia com que seguio nella e a terminou; retirando-se em boa ordem á vista do inimigo, trazendo comsigo a preza. Suas Excellencias perceberáõ que o successo desta empreza póde ter as mais felizes consequencias nesta parte da Peninsula.

Por uma carta posterior de 11 do corrente o Marechal Silveira me informa, que a guarniçaõ do Castello de Puebla de Sanabria era um batalhaõ Suisso composto de 400 homens inclusos 9 officiaes, e que a força do General Serras, que vinha oppôr se-lhe, era de 500.000 homens, nos quaes se comprehendiaõ mais de 800 de cavallaria. O Marechal Silveira acrescenta, que além daquella guarniçaõ enviou para o Porto 50 desertores, que tinhaõ passado do exercito inimigo para elle.

Deos guarde a V. E. Lagiosa 14 de Agosto de 1810 — Guilherme Carr Beresford, Marechal Commandante em Chefe.—Illmo. e Exmo. Sñr. D. Miguel Pereira Forjaz.

Illustrissimo e Excellentissimo Senhor: Dou parte a V. E. que a guarniçaõ da Puebla de Senabria, composta do Batalhaõ N°. 3 Suisso, neste momento se rendeo por Capitulaçaõ, sendo a principal condiçaõ o ser conduzida á Corunha para passar ao seu paiz, quando houver occasiaõ, sem poder mais pegar em armas contra as 3 nações Alliadas. O General Serras está á vista das minhas avançadas: tem mais de 800 cavallos e 4000 infantes. Eu vou a cobrir Bragança nas montanhas immediatas. Assim que possa remetterei a V. E. a Capitulaçaõ, e o detalhe de todo o succedido.

Deos guarde a V. E. Quartel-General de Senabria, ás ás 2 horas da manhaã do dia 10 de Agosto, de 1810.—De V Exa. Illustrissimo e Excellentissimo Senhor Marechal Beresford.—Subdito muito obediente—Francisco da Silveira Pinto da Fonseca.

Quartel General da Lagiosa, 3 de Agosto, de 1810.

ORDEM DO DIA.

O Illustrissimo e Excellentissimo Senhor Marechal Beresford, Commandante em Chefe do Exercito, foi obrigado a retardar por causas particulares o dar a saber a parte, que tiveram as tropas Portuguezas no combate de 24 de Julho na ponte de Almeida. Os dois batalhões de caçadores Nos. 1 e 3 entraram neste combate. A respeito da conducta do batalhaõ N°. 3, a opiniaõ he geral: ella foi exactamente a mesma, que a das tropas Inglezas, o combate foi dos mais activos, e o batalhaõ mostrou-se digno do nome Portuguez. Ao Tenente Coronel Elder, Commandante do Batalhaõ, aos Officiaes, e aos Soldados do mesmo dá o Senhor Marechal os seus agradecimentos, e plena approvaçaõ.

Corrêram vozes muito fortes contra a conducta do batalhaõ N°. 1, a respeito do qual o Senhor Marechal mandou proceder a mais seria investigaçaõ, afim de punir rigorosamente aquelles, que tivessem dado máo exemplo; porém naõ só teve o grande prazer de vir no conhecimento de que naõ havia a menor necessidade disto, mas tambem que estas vozes eraõ muito injustas achando ter-se portado o batalhaõ com valor, e do modo que o Senhor Marechal tem justo fundamento para exprimir a sua satisfacçaõ pela maneira, com que elle se houve, e sobre tudo o seu Commandante o Tenente Coronel Jorge de Aviller Juzarte, e o Major J. H. Algêo, e repete S. Excellencia, que está satisfeito com a conducta deste corpo.

O Senhor Marechal naõ póde prescindir nesta occasiaõ de servir-se do poder, que S. A. R. o Principe Regente Nosso Senhor, por Graça ao seu exercito, foi servido conferir-lhe, de dar immediatamente um posto aos Officiaes, que se distinguirem com particularidade, e pela brilhante conducta que teve no referido combate o Alferes do Batalhaõ de Caçadores N°. 3, Antonio Correia Leitaõ; o Senhor Marechal o nomea Tenente, contando antiguidade, e tendo vencimento correspondente desde o referido dia 24.

O Senhor Marechal faz saber ao exercito, que só por uma conducta particularmente brilhante, e distincta, he que um premio tal póde ser ganhado, e rogará a S. A. R. se digne fazer pôr em grandes caracteres nas Patentes de todo o Official, que adquirir assim um posto—PROMOVIDO POR BOA CONDUCTA NO CAMPO DE BATALHA.— Nesta recompensa taõ distincta o Senhor Marechal será avaro, e ella valerá por isso mais quando se alcançar; porém dar-se-ha por feliz se for muitas vezes obrigado a distríbuilla, e assegura ao Exercito Portuguez, que elle o vigia em toda a parte muito escrupulosamente, e sente um prazer infinito de naõ ter até agora senaõ que louvar assim a sua boa disposiçaõ e dezejos, como os effeitos destas causas nos differentes choques, que os corpos, e destacamentos tem já tido com o inimigo, presagio lisongeiro do que a Naçaõ deve esperar.

Ajudante General MOZINHO.

Ordem do dia de S. Excellencia o Snr. Marechal General Lord Wellington, do 1 de Agosto, de 1810, para o Exercito Britannico.

N°. I. As ordens, e regulamentos seguintes devem-se observar no que respeita ás communicações com os postos avançados do inimigo.

II. Nunca se deverá mandar um Parlamentario ao inimigo sem ordem para esse fim do Commandante em Chefe.

III. Naõ se deverá mandar carta, ou communicaçaõ alguma por qualquer Parlamentario, que for mandado pelo Commandante em Chefe, sem que ella seja primeiramente mandada aberta ao Quartel General.

IV. Os Parlamentarios do inimigo devem ser recebidos

pelo Official, que commandar o primeiro posto, a que elles chegarem, o qual receberá o Parlamentario, ou Official, que com elle vier, e receberá delle a carta, ou communicaçaõ que trouxer, dando-lhe o recibo della, e logo o tornará a mandar para os seus póstos.

V. O modo indiscreto, com que algumas communicações se tem feito ao inimigo a respeito das posições deste exercito, e outras circumstancias, fazem estas ordens absolutamente necessarias, e o Commandante em Chefe espera que os Officiaes Commandantes dos piquetes avançados, que houverem de receber qualquer parlamentario, limitaraõ a sua conversaçaõ inteiramente ao objecto de que se tractar, isto he, da carta ou recado do inimigo, e a mandarem voltar immediatamente o official, que a trouxer.

Quartel General da Lagiosa, 4 de Agosto, de 1810.

ORDEM DO DIA.

Determina o Illustrissimo e Excellentissimo Sñr. Marechal Beresford, Commandante em Chefe do exercito, que a ordem acima de S. E. o Sñr. Marechal General Lord Wellington, relativa á communicaçaõ com os postos avançados do inimigo seja exactamente observada pelo Exercito Portuguez.

Determina mais o Sñr. Marechal, que de todos os officios das diversas repartições do Quartel General, no caso de naõ terem resposta, se dê immediatamente parte da recepçaõ delles á pessoa, de quem elles forem.

Ajudante General MOZINHO.

Officio do Excellentissimo Senhor G. C. Beresford, ao Excellentissimo Senhor D. Miguel Pereira Forjaz.

Illustrissimo e Excellentissimo Sñr: Tenho muita satisfacçaõ de communicar a V. E. a excitante disposiçaõ dos póvos de toda esta parte do Reyno, mostrando por toda a parte o maior zelo, e lealdade em a defensa do Reyno, e a maior detestaçaõ do inimigo commum, que por toda a especie de violencia, e excessos o merece bem da sua parte. Em todos os lugares o povo prefere o deixar as suas casas, e povoações do que ser obrigado debaixo de quaesquer circumstancias a dar soccorros ao inimigo, mostrando assim o maior amor da Patria. Os paisanos tambem se lhe oppóem por toda a parte onde podem, e eu remetto a V. E. o detalhe do que aconteceo em estes ultimos dias por uma tropa de guerrilhas dos nossos contra o inimigo. Eu dei toda a qualidade de soccorro com algumas armas á companhia agora formada debaixo do commando do denominado Jozé Ribeiro, ao qual pela sua conducta e patriotismo, eu dei o posto de Alferes, e uma ordem de commandar esta Companhia de cem homens de guerrilha.

Estas gentes aqui me apresentaram as bestas que haviam tomado, as quaes eu lhe dei para venderem em seu proveito.

Deos guarde a V. E. Quartel General da Lageosa, 7 de Agosto, de 1810. Guilherme Carr Beresford — Sñr. D. Miguel Pereira Forjaz.

Parte dada por Jozé Ribeiro Leitaõ.

No dia 25 de Julho vieraõ 15 Francezes a Villar Maior e tomando as armas Jozé Ribeiro Leitaõ com varios paisanos pôllos em fugida, obrigando-os a deixar varios trastes, e perseguio-os meia legoa.

Jozé Ribeiro Leitaõ animou o povo a que se oppozesse aos Francezes, e dous dias depois tornando a apparecer 25 dragões inimigos e a querer entrar em Villar Maior, resistio-lhe o povo commandado pelo dito Jozé Ribeiro, matou-lhe dous soldados, e obrigou os outros a retirarem-se a toda a pressa.

Neste tempo deo parte ao Excellentissimo Senhor Marechal Beresford, que louvou muito a sua conducta contra o nosso inimigo commum, e deo-lhe toda a authoridade de levantar gente para lhe resistir, e toda se prestou da melhor vontade.

No dia 3 de Agosto tendo informaçaõ que viera outra vez o inimigo ás Aldêas visinhas de Villar Maior, partio daqui Jozé Ribeiro pelas Aldêas de Arifana e Malhadaçorda, com alguns paisanos, e ajuntáram-se-lhe outros destes lugares com a tençaõ de atacar os Francezes que eraõ de infantaria e cavallaria. Estavam alguns a roubar na Quinta do Jardo, mas fugiram logo que os nossos se approximaram, fazendo pouca resistencia. Foram-se reunir aos outros que estavaõ pelos moinhos do Coa, aonde a junctavam o que pilhavam nas Aldêas visinhas. Os paisanos os perseguíram até ali, aónde em um sitio chamado S. Caetano lhes matáram 25 homens entre elles um official, e tomáram-lhes 6 cavallos, 5 mulas, e armas, deixando um cavallo morto; tomáram-lhe tambem muita farinha e varios trastes, como caldeiras, &c. &c., que na sua fugida se viram obrigados a deixar. O resto dos inimigos que seriam cento e tantos se retiráram com a maior precipitaçaõ pelos montes.

Illmo. e Exmo. Sñr.: Tenho a honra de remetter a V. E. para ser presente a Suas Excellencias os Governadores do Reyno uma carta do Brigadeiro General Fane, remettendo-me a do Coronel Christovaõ da Costa, Commandante do 1. Regimento de Cavallaria, dando a relaçaõ de um combate, que teve este corpo com uma partida do inimigo em o dia 3 deste mez, sendo este um outro exemplo do valor dos Soldados Portuguezes, e mostrando que em toda a occasiaõ elles desempenharáõ bem os seus deveres.

Deos guarde a V. E. Quartel General de Lagiosa 12 de Agosto de 1810. W. C. Beresford, Marechal e Commandante em Chefe. Sr. D. Miguel Pereira Forjaz.

Escalos de Cima, 8 *de Agosto, de* 1810.

Senhor. Tenho a honra de vos remetter a inclusa relaçaõ, (a fim de ser apresentada ao Marechal Beresford, Commandante em Chefe) que me foi dirigida pelo Coronel Christovaõ da Costa de Ataide Teive, Commandante do 1°. regimento de cavallaria, em que se menciona a acçaõ, que teve lugar sexta feira passada, entre uma patrulha de cavallaria inimiga, e parte daquelle regimento.

O resto da patrulha, que se pôde escapar, cuja fortuna deveo á ligeireza dos seus cavallos, foi perseguida ainda meia legoa além de Penamacor.

Julgo que este primeiro encontro, que teve o dicto regimento, ha de merecer a approvaçaõ de S. E. o Sr. Marechal Beresford.

Tenho a honra de ser, &c.

Ao Major Arbuthnot. H. FANE, Brigadeiro General.

Illustrissimo Senhor. Achando-me com parte do regimento de cavallaria N°. 1, acampado em Tinalhas, no dia 3 do corrente pelas 2 horas da manhaã me foi dirigido um officio do Quartel General de Sarzedas, em que me ordenava o Excellentissimo General Hill, fizesse sem perda de tempo um movimento sobre a minha frente, na direcçaõ de Lardosa e Atalaia: assim o executei; e naõ tendo colhido noticia alguma sobre a marcha da appariçaõ do inimigo deste lado, caminhava lentamente, se bem que com todas as seguranças, quando de repente na altura, que avista aquella ultima Aldea, fui informado pelos meus acladores que havia alli Francezes, que parecia quererem-se escapar; reforceî hum tanto a guarda da frente, e a fiz avançar com toda a presteza; ordenei á mais tropa que me seguisse, e em breve foram elles alcançados além da povoaçaõ, e se travou a peleja com o maior ardor. O inimigo batendo-se em retirada foi constantemente arrojado para lá donde devidem as estradas de Catraõ e Penamacor ja com alguma perda, até que chegando o corpo principal bem de pressa, sendo investidos por todos os lados, foram obrigados, uns a pôrem-se em precipitada fuga, outros que tenazmente se defendiaõ, a renderem-se aos nossos, que a tiro de pistolla, e a golpe de sabre pareciam leões embravecidos: fizemos 14 prisioneiros sobre o campo, aonde lhe ficáram tambem alguns mortos. Da nossa parte houve hum soldado com uma ferida na cabeça, que naõ he de perigo, e outro raspado levemente em uma perna de uma bala; tivemos tambem um cavallo morto. Os cavallos apanhados aos Francezes capazes de serviço conservam-se no regimento; e os seus armamentos, e mais despojos os tenho concedido a quem julgo com mais direito á preza. O inimigo era em força de 50 a 60 caçadores do regimento.

Deos guarde a V. S. Lardosa, 7 de Agosto, de 1810.—Illustrissimo Senhor Brigadeiro General Fane —Cristovaõ da Costa de Ataide, Coronel.

Extracto de um Officio de Lord Wellington, dirigido ao Illustrissimo e Excellentissimo Senhor D. Miguel Pereira Forjaz, do seu Quartel General de Celorico, em data de 10 *de Agosto, de* 1810.

O inimigo naõ tem feito na frente deste exercito movimento de importancia desde que eu me dirigi a V. E. no 1°. do corrente. Elle continua a manter a sua posiçaõ diante de Almeida, tendo hum pequeno corpo desta banda do Coa, cuja direitura se acha em Pinhel, tendo a maior parte deste exercito postado nas visinhanças de Almeida: igualmente naõ tenho recebido noticias, sobre as quaes eu possa confiar que elles pertendem fazer preparaçoes em ordem para o cerco de Almeida. O corpo de Regnier, que ao principio appareceo em Naves Frias, e depois em Salvaterra, ha delle passado hum destacamento de infantaria e cavallaria a través das montanhas de Valverde e Sillicos para Penamacôr, o que aconteceo a 31 de Julho quando ao mesmo tempo occupáram Zibreira. Hei sido informado pelo General Hill, de que o 1°. regimento de cavallaria Portugueza commandado pelo Coronel Christovaõ da Costa cahio sobre uma partida de cavallaria pertencente a este destacamento Francez, e que haviaõ estado em Atalaia a tres do corrente. O dito coronel os perseguio até ás visinhanças de Penamacôr, matando ao inimigo 12 homens, e fazendo 18 prisioneiros. Naõ recebi ainda o detalhe desta refrega, a qual o Tenente Ganeral Hill me menciona que ha servido de muito credito ás tropas Portuguezas, naõ podendo ainda reportar-me a nossa perda. As ordenanças Portuguezas naquella parte do Paiz, haõ igualmente cahido sobre um destacamento do inimigo, do qual haõ morto 25 homens.

Regnier havia mandado um destacamento a través do Tejo apparentemente com o fim de segurar os botes naquelle Rio, cujo destacamento occupou um posto fortificado no Lugar, em que se juncta o Rio del Monte com o Tejo; este posto foi atacado pelo Brigadeiro D. Carlos de Hespanha, o qual elle tomou, perdendo o inimigo 150 homens entre mortos, feridos, e prisioneiros.

No Norte da Hespanha os Francezes tem avançado e tomado posse de Puebla de Sanabria, a 29 de Julho com hum destacamento de cavallaria e infantaria, de cujo Lugar o General Hespanhol Taboada se havia com antecedencia retirado. O General Silveira tinha feito hum movimento além de Bragança com alguma infantaria e 200 homens de cavallaria. Este General me informa por carta de 4 do corrente que a sua cavallaria havia naquella manhaã destroçado aquella, que o inimigo por alli conservava, havendo tomado 40 prizioneiros, e taõ sómente escapando-lhe 2 officiaes, e 1 soldado. Quando elle me escreveo na tarde daquelle dia 4, o destacamento do inimigo de infantaria estava apertadamente envolvido no dito Lugar de Puebla de Sanabria pelas forças, que elle General commanda em juncçaõ com as que commanda o General' Taboada.

A Casa da Supplicaçaõ baixou a Portaria seguinte.

Constando por differentes vias, e ultimamente pela Carta Original interceptada N°. 1., e o Officio do Encarregado dos Negocios de Sua Magestade Catholica nesta Capital N°. 2. que o Marquez de Alorna se acha em Hespanha para auxiliar a invasaõ das tropas Francezas neste Reyno, onde ja esperava entrar o anno passado. Manda o Principe Regente Nosso Senhor, que se proceda a sequestro em todos os Bens do dicto Marquez, pelo Juizo Competente, e que elle seja processado na conformidade das Leis, servindo de Corpo esta Portaria, e ajunctando-se ao mesmo processo naõ só os dictos papeis N°. 1. e 2.; mas tambem a carta N. 3. copiada de outra do sobredicto Marquez interceptada, e remettida pelo Marechal Beresford, Commandante em Chefe, com a sua Carta N°. 4, e as duas Cartas do referido Marquez N°. 5., copiadas dos originaes (igualmente interceptadas) e remettidas pelo Marechal General a Mr. Villiers, Enviado Extraordinario, e Ministro Plenipotenciario de Sua Magestade Britanica. O Chanceller da Casa da Supplicaçaõ, que serve de Regedor, o tenha assim entendido, e o faça executar. Palacio do Governo, em 25 de Junho, de 1810.

Com as Rubricas dos Senhores Governadores do Reyno.

Reflexoens sobre as novidades deste mez.

AMERICA.

Esta parte do Mundo continûa a mostrar o mais interessante aspecto, quer se considere a sua independencia da Metropole Europea em um ponto de vista philosophico, quer n'um ponto de vista politico.

A impossibilidade de governar bem provincias taõ distantes, e taõ extensas, como saõ as da America do Sul, relativamente á Metropole na Europa, he uma verdade que tem sido reconhecida em todos os tempos; e olhando para o pessimo systema de Governo que a Hespanha adoptou para as suas colonias, que naõ éra nem mais nem menos do que um despotismo militar; a admiraçaõ he que as ligaçoens entre a Metropole, e as colonias, pudessem existir até agora.

O primeiro politico, que conhereo a necessidade de emancipar as colonias Hespanholas do Governo da Metropole, foi o Imperador Carlos Quinto; naõ porque as colonias naquelle tempo nascentes, lhe apresentassem as difficuldades de governo, que a sua extensaõ de territorio, grandeza de populaçaõ, e pezo de riquezas hoje em dia patenteam; mas porque Carlos Quinto preveo as difficuldades futuras; e os incommodos a que a Metropole se verîa obrigada a submetter, para conservar as colonias em sugeiçaõ. Naõ se seguio porém a opiniaõ politica, sabia, e justa, do Imperador, nem éra possivel seguir-se sendo elle succedido pelo ambicioso Felipe II., taõ avaro de dominios, e de governo, quanto a sua crueldade, fanatismo, e vicios pessoaes, o faziam indigno da coroa que herdara. Mas esta doutrina de Carlos Quinto da necessidade de fazer independente as colonias da America, continuou a prevalecer em Hespanha entre os melhores politicos, posto que nunca se puzesse em practica. A emancipaçaõ da America tem sido considerada como indispensavel, e como inevitavel, por illustres politicos e sabios escriptores, como saõ o Cardeal Alberoni, Mr. Turgot, Arthuro Young, o Principe de Nassau, o Almirante Estaing, o Abbade Raynal, e muitos outros; posto que differissem quanto ao modo de se verificar esta independencia, ou de a pôr em practica; porque qualquer plano que se propuzesse tinha seus inconvenientes para a Metropole, e para as mesmas colonias. Um acontecimento imprevisto, naquelle tempo, tal qual he a occupaçaõ da Hespanha pelos Francezes, e prizaõ de seu Rey, levou as provincias da America a estabelecer, Governos provisionaes á imitaçaõ das provincias da Metropole. He impossivel que nenhum homem, que reflicta, deixe de conhecer, que estes Governos provisorios tendem a uma alteraçaõ directa na constituiçaõ da monarchia Hespanhola, considerada a respeito do systema colonial; porque o mesmo acto da Juncta Suprema de Hespanha, que declarou, posto que somente em theoria, que os dominios Americanos eram parte integrante da Monarchia; e a mesma declaraçaõ da actual Regencia, em Cadiz, que está prompta a admittir nas Cortes Geraes do Reyno os deputados da America, prova que todo o mundo reconhece a necessidade de alterar o systema colonial.

Mas qual naõ he a admiraçaõ do politico observador, vendo que o conselho de regencia na Hespanha, que apenas he obedecido pela ilha de Leon, e mal mesmo até pela cidade de Cadiz, se atreve, em contradicçaõ com seus principios, a querer dictar a ley ás vastas provincias da America, e em vez de concordar com ellas sobre o modo mais suave e conveniente de effectuar as alteraçoens, que essa mesma regencia suppoem inevitaveis, fulmina bloqueios, e castigos contra Caracas, como se tivéra em sua maõ o immenso pôder de Carlos Quinto, o qual ainda assim o naõ julgava sufficiente para tamanha empreza. Medidas desta natureza ou provém de uma infatuaçaõ cega, que necessariamente deve ser fatal aos que estaõ della imbuidos, ou resulta das intrigas dos monopolistas Europeos, que havendo gozado até aqui do privilegio exclusivo de serem os factores geraes de todas as producçoens da America, trabalham, com sua influencia, por conservar pelo mais tempo possivel estes lucros injustos, naõ obstante que por essa luta pereça o Estado.

A independencia das colonias, necessaria, e inevitavel, naõ podia ser feita se naõ por um de dous modos; ou por consentimento, e acordo do Governo da Metropole, ou por uma rebeliaõ das colonias; As circumstancias actuaes da Europa, porém, produzîram este resultado por uma terceira hypothese, que foi a annihilaçaõ do Governo Metropolitano, o que, por uma consequencia espontanea, tornou as Americas emancipadas; bem como o filho familias pela morte de seu pay se acha naturalmente *sui juris.* A Hespanha com a prisaõ de seus Monarchas, e familia Real, ficou em completa anarchia; erigiram-se algums homens asi mesmo em governo, para pôder resistir ao inimigo invasor; mas porque algumas provincias querem obedecer a este governo que se nomeou a si mesmo; naõ se segue que todas sêjam obrigadas a fazello; he sem duvida conveniente que haja um Governo Central, para dirigir todos os negocios da Monarchia da Hespanha, e mui principalmente para se oppor ao inimigo; mas seguramente naõ he para a pequena ilha de Leon o arrogar a si o poder dictatorio de dizer ás colonias immensas desta monarchia; fechai os vossos portos a todas as naçoens, e vinde só a este porto a negociar, posto que nos nem podemos dar consumo, nem temos com que comprar vos os vossos productos.

Se a America Ingleza, tendo unicamente uma populaçaõ de dous milhoens, e quinhentos mil habitantes, resistio a doze milhoens d'habitantes dos tres reynos unidos de Inglaterra, Escocia, e Irlanda, e seus auxiliares; como se pode suppor que a America Hespanhola, que só na provincia de Caracas tem tres milhoens de habitantes, naõ possa resistir ao fraco governo que reside em Cadiz?

As Colonias de Hespanha continuarîam sugeitas á metropole, simplesmente por uma submissaõ voluntaria; ou, para nos explicarmos assim, por mera cortezia; porém quando os poucos Europeos, que tem as redeas do governo, quizerem expedir ridiculos decretos, que mostram a sua fraqueza, e ao mesmo tempo suas más intençoens, naõ faraõ mais do que irritar os Americanos Hespanhoes, e allienallos de si mais e mais.

Pelas noticias que damos do Rio da Prata a p. 290 se vê que os habitantes de Buenos-Aires, posto que assumissem as redeas do Governo, e nomeassem uma Juncta Suprema Governativa, interina, até que o Governo de Hespanha se organizasse; com tudo deixáram em seu pleno poder e juridicçaõ a Real Audiencia, ou tribunal supremo de judicatura, e mais funccionarios publicos. Os membros da Real Audiencia, naturaes todos da Europa, entráram a machinar a annihilaçaõ da Juncta; naõ sò pelas representaçoens que publicamos a p. 290, mas até por meios ocultos; a consequencia foi, que os naturaes do paiz, que estaõ de posse do Governo, depuzéram de seus lugares a todos os Europeos, e mandaram-nos para a Europa; declarando porém sempre a sua adhesaõ ao Governo legal que se estabelecer na Hespanha, em nome de Fernando VII. unico monarcha que reconhecem; se porém a Regencia de Cadiz, em vez de conciliar os seus interesses com ésta Juncta de Buenos-Ayres, procurar irritalla com decretos insultantes, e inefficazes, a consequencia será que os Americanos do Rio-da-Prata romperaõ esses mesmos laços que ainda agora querem conservar com a Metropole, e a independencia será completa. Assim parece que as medidas que os Europeos adoptam, sendo dictadas pela paixaõ, e naõ pela prudencia, só tendem a accelerar, e pôr fóra do seu alcance, os effeitos, que serîa de seu interesse retardar, ou dirigir, visto que he impossivel o impedillos.

Quando se considèra que a Hespanha, alem de naõ pôder subministrar á America artigo algum necessario, he dessa mesma America de quem recebe os soccorros pecuniarios que a habilîtam a continuar a guerra, naõ se póde attribuir a altivez, com que a Regencia de Cadiz falla aos Americanos, senaõ a um orgulho sustentado pelos prejuizos, que excitará o desprezo, e a indignaçaõ de todos os habitantes do novo mundo. Nem prova nada o alegar-se contra isto os procedimentos do Mexico e da Havana; estes naõ fôram dictados senaõ pelos Hespanhoes Europeos, que ali residem, que occupam os principaes empregos, e que possuem as redeas de

Governo; porém logo que estes Europeos queiram levar os seus principios de adhesaõ á Europa Hespanhola ao ponto de dizer, como disse o Arcebispo do Mexico, que prestaria obediencia a todo e qualquer Governo, que governasse na Hespanha Europea, isto fará ver aos Americanos Hespanhoes, que a disposiçaõ de taes homens he obedecer a Bonaparte, se as suas armas forem bem succedidas na Hespanha, e nesse caso os Americanos, abrindo os olhos, poraõ fim ao Governo dos Europeos em sua terra.

Eis aqui um papel authentico que acabamos de receber da America, e que muito illustra o que temos dicto.

Circular do Enviado Hespanhol, residente na Corte do Rio de Janeiro, dirigida aos Governadores e outras personagens das Colonias Hespanholas, na America Meredional.

Ha tres dias que se recebêram aqui as lugubres noticias das ultimas desgraçadas occurrencias em Buenos Ayres. A mesma Juncta que ali se chama Provisional de Governo, m'as communicou com toda a solemnidade. Como devo suppor a V. bem instruido dellas, e por outra parte vaõ extrahidas no documento juncto, me abstenho de molestallo com a sua repetiçaõ. Observarei somente, que a sua tendencia parece dirigir-se mais a promover as vistas ambiciosas de Bonaparte, que os direitos de Fernando VII., que se pretendem defender. He indubitavel que as resoluçoens daquelle povo e Cabildo: partem da supposiçaõ falsa de se achar subjugada a Peninsula, e que lévam com sigo o germen da divisaõ talvez em seu ultimo resultado, da confusaõ, da desordem, e da anarchia, que sabemos de officio procura promover de mil modos, neste precioso Continente o devastador de toda a Europa. Se se queria ajudar á Peninsula; e defender os sagrados direitos, como se pretende, de nosso amado Monarcha ¿ para que se priva de todo o mando a quem o tem representado com tanta dignidade, zelo, e acerto? para que se aranca de suas maõs o bastaõ que empunhara em virtude de uma nomeaçaõ feita por uma authoridade reconhecida por legitima?

Estou firmemente persuadido, que se tem surprendido, com falsas impressoens, a muitos homens de boa fé; e creio que alguns dos mesmos que compôem o supposto novo Governo se ácham neste caso. He bem notorio que Buenos-Ayres tem estado, ha alguns annos a ésta parte, minado pela divisaõ, e pelos partidos; tambem se sabe que entre os homens de bem que compoem a massa geral da povoaçaõ daquella distincta, e apreciavel capital, se contam desgraçadamente varios espiritos ardentes, e inquietos; alguns halucinados por theorias seductoras, ainda que constantemente reprovadas pela experiencia, e outros estimulados pela esperança de elevar suas fortunas sobre as ruinas dos demais. Com estes materiaes em seu seio, os resultados pódem ser fataes. As consequencias de mudanças desta natureza saõ incalculaveis, e os que daõ o primeiro movimento naõ saõ ao depois senhores de detêllo, ou dirigîllo. A assemblea constituinte em França, talvez a mais illustrada, e virtuosa, que ja mais existio, ou existirá, se achou neste lamentavel caso; pelo que os homens em dignidade, e de prudencia, os proprietarios, e todos os interessados em conservar a ordem, devem por sua propria vantagem oppor-se a éstas perigosas innovaçoens. A fidelidade verdadeira a nosso amado Monarcha, e o affecto, gratidaõ, e sympathia por nossa desgraçada patria as repróvam e condemnam.

Com tudo, como interessados em propagar especies falsas sobre o verdadeiro estado de nossa Peninsula, poderaõ fazer titubear, com suas desfiguradas relaçoens, ainda pessoas do patriotismo mais puro, situadas de um modo pouco favoravel, para que a verdade penetre até elles, crî ser de minha obrigaçaõ illustrallos, e consolallos com uma relaçaõ concisa, mas veridica da situaçaõ favoravel de nossos negocios em Hespanha, segundo as ultimas noticias, que achará na proclamaçaõ juncta. Longe de estar subjugada a Peninsula, existe: existe com gloria, e naõ se duvida ja que existirà com independencia.

A lealdade bem conhecida de V. me faz esperar que lerá a exposiçaõ annexa, com interesse particular; e que penetrado de quam importante será a sua circulaçaõ para contrastar os esforços perfidos dos agentes de Bonaparte, a promoverá por todos os meios possiveis, particularmente dirigindo copias a todas as authoridades subalternas de sua jurisdicçaõ. Rio de Janeiro, 20 de Julho, 1810.

MARQUEZ DE CASA YRUJO.

Brazil.

Por varias vezes temos tido occasiaõ de reflectir na confusaõ, e desordem da administraçaõ daquelle paiz; e agora publicamos a p. 313 um documento, que naõ só próva a pouca harmonia, que existe nas differentes repartiçoens publicas; mas o máo emprego que se faz das rendas publicas. He necessario confessar que as queixas do Infante D. Pedro saõ justissimas; porque extrahirem de Portugal trezentos mil cruzados, transportados na náo Conde, e naõ caber disto cousa nenhuma para as despezas da marinha, nem ainda para o concerto dessa mesma náo, he, como diz o Infante, até onde pode chegar o excesso e a falta de contemplaçaõ.

Mas ésta pouca uniaõ nos homens publicos, este desprezo ás formidades legaes continua de um modo que assusta. Nos tocamos no nosso N°. passado o caso de um Consul Portuguez para Liverpool, que naõ fôra admittido pelo Embaixador de S. A. R. aqui em Londres, ora este Consul apresentou uma patente lavrada na Corte do Rio de Janeiro, e expedida pela Secretaria dos Negocios Estrangeiros, cujo Ministro, sendo irmaõ do Embaixador aqui em Londres, he de suppor que estaría em mui boa harmonia com elle: entre tanto, naõ quer o Embaixador admittir o Consul que lhe apresenta a patente, e dá em razaõ, que teve ordem de seu irmaõ para nomear Consul para Liverpool, e que ja nomeou um. Como pois se póde explicar este facto, de expedir o Conde de Linhares ordem a seu irmaõ para nomear um Consul, e nomear elle ao mesmo tempo outro, senaõ suppondo que aquella repartiçaõ, porque se expedîram éstas ordens contradictorias, está conduzida com a maior confusaõ e desarranjo? Este mesmo Consul parece agora querer desejar, que se explique o que nós dissemos no nosso N.° passado de ter elle apresentado antes desta questaõ, outra patente de Vice-Consul; e segundo elle naõ chegou a ter a patente assignada, posto que obtivesse com effeito a nomeacaõ do Governo de Lisboa; mas isto he questaõ de nome; e quanto á anxiedade de querer mostrar éstas explicaçoens, naõ próva senaõ uma abjecçaõ servil; que estamos quasi certos de nada lhe aproveitará a seus fins. Mas nem assim se nega o facto mais importante da segunda patente.

A consequencia desta confusaõ nas repartiçoens superiores he sempre a oppressaõ dos subditos, que ficam depois sem meios de recurso contra quem os opprime. O Vice-Consul de Liverpool Sousa, de quem fallamos no nosso N.º passado, deshouve-se com o Embaixador de S. A. R.; e principiou talvez a desavença porque o Vice Consul Sousa fez uma denuncia ao Ministro, sobre o modo porque se vendia a Urzella da Fazenda Real em Liverpool. D. Dominigos, em vez de inquirir se a denuncia éra verdadeira, ou falsa, deo á parte accusada o nome do accusador, o qual se queixou que D. Domingos punha assim um obstaculo a que ninguem tornasse a denunciar-lhe alguma malversaçaõ nestas administraçoens da Fazenda Real. Depois disto este accusador, antes de se examinar se o que elle dizia era ou naõ verdade, he tirado do lugar de Vice Consul; e porque fez alguma duvida a ceder, em quanto se lhe naõ mostrava ordem de seu Soberano, que revogasse a patente porque elle servia, recebeo uma carta do Embaixador, datada de 18 de Julho p. p., que assumindo um tom de arrogancia e superioridade, que lhe naõ competem; porque em fim um Embaixador naõ tem jurisdicçaõ nenhuma, nem pouca nem muita, sobre os seus compatriotas, e só ignorantes, ou aduladores, he que lhe pódem prestar obediencia ou submissaõ, outra que naõ sêja o respeito de cortezia, devido ao Ministro de seu Soberano; com ésta arrogancia, lhe diz, que se naõ lhe obedecesse immediatamente passava a solicitar do Governo Inglez os actos de rigor para o castigar. O primeiro absurdo destas expressoens he um Minstiro Portuguez solicitar actos de rigor contra um seu compatriota; elle naõ está aqui para solicitador de castigos; esse officio he o do accusador publico; elle está aqui para proteger os seus compatriotas, ainda mesmo os culpados, em toda a extençaõ que as leis do paiz lhe permittirem. O segundo absurdo he dizer, que solicitaria do Governo Inglez o castigo da quelle homem: castigo suppoem crime; e se aquelle sugeito tinha commettido algum crime he aos tribunaes, e naõ ao Governo, aquem pelas leis Inglezas compete o infligir a pena.

Depois desta ameaça recebeo o Vice Consul Sousa uma ordem da Inspecçaõ dos Estrangeiros, para sahir peremptoriamente de Liverpool: conjecturou Souza, que esta violencia tinha sido solicitada pelo seu Ministro, e como naõ tinha feito crîme algum, que merecesse aquelle tractamento, expoz a sua conducta ao Governo Inglez, do qual recebeo a satisfactoria resposta de que podia voltar a residir em Liverpool; e por tanto ficou sem effeito aquella fulminante ameaça.

Devemos aqui reflectir na justiça do procedimento do Governo Inglez, logo que foi informado do verdadeiro estado do caso, porque este procedimento he de summa importancia para todos os Portuguezes que vem a Inglaterra. Pelo artigo 7º do tractado de Commercio, que agora se acaba de publicar, tem os Portuguezes, o livre e inquestionavel direito de viajar e residir, nos territorios da Inglaterra, sem que se lhe ponha o mais leve impedimento ou obstaculo: e suppondo, que o Governo Inglez faltava ao ajustado neste artigo, e punha algum impedimento á residencia, estada, ou passagem de algum Portuguez em Inglaterra, éra do dever do Ministro de S. A. R. proteger a esse Portuguez, e reclamar pela execuçaõ do tractado; mas como pódem os Portuguezes esperar que as outras naçoens os respeitem ou cumpram com as suas estipulaçoens, quando os seus mesmos Ministros Portuguezes saõ os que solicitam a infracçaõ dos tractados, em oppressaõ dos individuos. O Governo Inglez podia responder neste caso, que a estipulaçaõ do artigo de que se tracta era a favor dos Portuguezes e que por tanto elles tem direito a renunciar a esse beneficio; e que se o seu Governo renuncia ao cumprimento da estipulaçaõ, mais ainda, se solicita a sua infracçaõ, naõ he da competencia do Governo Inglez forçar aos Portuguezes a que recebam uma protecçaõ a que elles renuncîam. Nem obsta que se diga que os individuos Portuguezes naõ renuncîam a este beneficio, nem solicitam a infracçaõ da estipulaçaõ do tractado; porque o Governo Inglez naõ tracta com os individuos, mas sim com o Governo Portuguez; e se o representante desse Governo naõ se oppoem, antes solicita, o naõ cumprimento das estipulaçoens, naõ tem os individuos que appellar para o Governo Inglez; para o seu se devem voltar. Mas neste caso o Governo Inglez teve commiseraçaõ do ex Vice Consul Portuguez de Liverpool; e vendo-o desamparado, e até perseguido pelo seu mesmo Governo, lhe extendeo a sua naõ solicitada protecçaõ, e consentio que continuasse a viver em Liverpool.

Para se entender a infelicidade, pois lhe naõ podemos dar outro nome, de um Portuguez, em naõ se poder aproveitar da concessaõ deste artigo 7.º se deve considerar que a disposiçaõ do artigo he absoluta, e naõ se refere, como se faz em outros artigos deste tractado, ás leis do paiz: assim, posto que pela lei intitulada Allien-act, sêjam obrigados os estrangeiros em Inglaterra a apresentar-se a inspecçaõ que para elles se estabeleceo (providencia desconhecida nas leis de Inglaterra antes da revoluçaõ Franceza) com tudo vê-se clarissimamente, pela forma da estipulaçaõ deste artigo, que os Portuguezes farîam uma excepçaõ da regra; e ésta concessaõ naõ éra gratuita; porque a mesma gozam os Inglezes no Brazil, em toda a extensaõ maginavel. Chamo a este caso uma infelicidade dos Portuguezes; porque podendo elles gozar deste beneficio que lhe concedeo a generosidade Ingleza, he o seu mesmo ministro quem maneja, que os Portuguezes estêjam taõ dependentes da Inspecçaõ dos estrangeiros em Londres como os demais estrangeiros sem differença; e até solicitou a infracçaõ deste artigo em fazer expulsar o Vice Consul Souza de Liverpool, cáusando por isto um exemplo, e aresto, de que os Ministros Inglezes se valeraõ ao depois, se quizerem fazer alguma violencia a algum Portuguez; porque se o Ministro Portuguez quizer entaõ alegar a disposiçaõ deste artigo, contra uma ordem expedida em virtude do Allien-act, com muita razaõ lhe podem responder os Ministros Inglezes, que pelo seu mesmo consentimento, no caso do Vice Consul de Liverpool, este artigo do tractado naõ serve de excepçaõ ao Allien-act. Nos julgamos que este he um dos mais conspicuos exemplos de que he falsissima a asserçaõ que serve de disculpa aos que governam Portugal; isto he que Portugal he mui pequeno para figurar entre as naçoens; exaqui um caso em que o Monarcha de Portugal he bastante poderozo para proteger os seus vassallos nos paizes estrangeiros; pois a concessaõ estava feita pelo tractado; mas saõ as vistas estreitas, e peculiares dos seus ministros, as que fazem perder aos Portuguezes uma vantagem que, pequeno como he o pôder de seu Monarcha, ja a tinham effectivamente alcançado.

E se a estipulaçaõ deste artigo naõ izenta os Portuguezes das disposiçoens do Allien-act; quando os Inglezes gozam nos dominios de Portugal a mesma liberdade de residencia que possuem na Inglaterra; entaõ naõ ha differença entre um Portuguez, e um Francez, aos olhos do Governo Britannico, pelo que respeita este artigo do tractado; e portanto o papel em que taes palavras se escrevêram serîa igualmente util se ficasse em branco.

França.

Ainda que pareça estárem os Francezes gozando de muita tranquilidade interna; ao menos de um socego e boa ordem tal, qual gozam os escravos das gales, que aferrolhados ao banco, pucham todos pelo remo em grande harmonia, debaixo do azurrague do arraes; com tudo o Gram-Desposta da França dá continuadamente signaes de temor e alvoroço, mui naturaes ao seu poder despotico, e usurpado. O decreto que transcrevemos abaixo, he sem duvida uma próva de sua inquietaçaõ, e de que o Imperador Napoleaõ se naõ fia de ninguem para admissaõ de estrangeiros na França senaõ de si mesmo, pois os passaportes devem ser assignados de seu punho.

Decreto Imperial.

Artigo. 1.° He expressamente prohibido a todos os navios, que navegam com licenças, o receber abordo passageiros para Inglaterra, ou trazer de Inglaterra passageiros para a França; a menos que tenham passaportes assignados pela nossa maõ.

2.° Todo o passageiro que se achar abordo de navio munido de licenças, indo ou vindo de Inglaterra, sem passaporte assignado por nos, será prezo.

3.° Todo o vaso, que contravier á presente ordem, será posto em sequestro á sua chegada, e se nos dará conta disso.

Agosto 28. (*Assignado*) NAPOLEAÕ.

Victor Hugues foi segunda vez absolvido pelo Conselho de revisaõ, e portanto restituido á gráça do Imperador.

Em uma carta do General Massena ao Principe de Neufchatel, em que se referem mais algumas particularidades sobre a tomada de Almeida, diz o conquistador, que em vez de mandar para a França os prisioneiros Portuguezes, como tinha estipulado pela capitulaçaõ, adoptou a medida de fazer servir no seu exercito contra Portugal, o regimento Portuguez N. 24; e assim tambem algumas milicias e artilheiros que pediram ficar ao serviço da França. Eis aqui como estes Vandalos modernos guardam a palavra de honra, que se deve observar nos ajustes e convençoens feitos em tempo de Guerra! He verdade que Massena se atreve a dizer que algumas milicias, que segundo a capitulaçaõ podiam retirar-se a suas casas pedîram ser empregadas pelo exercito Francez, em concertar estradas &c. He possivel que alguns miseraveis procurassem este refugio, para ter que comer, principalmente sendo seduzidos pelo traidor Marquez d'Alorna, e outros Portuguezes de sua estofa, que accompanham o exercito Francez; porém nem o mesmo Massena se atreve, a dizer que o regimento de linha 24 tal pedîra; he logo uma barbaridade, só digna de Francezes, obrigar aquelle honrado regimento a servir contra os seus mesmos compatriotas. A vontade porém com que este regimento ficou unido ao exercito Francez se conhece bem das expressoens da carta de Massena, onde elle diz "que naõ empregará este regimento, senaõ em serviço juncto a si; de maneira que os possa ter sempre debaixo dos olhos." Isto só he um elogio tacito á fidelidade daquelle regimento.

Hespanha.

No decurso deste mez recebemos noticias de varios pequenos combates na Hespanha, os quaes pela maior parte se decidîram a favor dos Hespanhoes. Estas acçoens, posto que sirvam para mostrar o valor dos Hespanhoes, eo que a naçaõ he capaz de executar, sendo bem dirigida, com tudo nada tem de decisiva; porque he claro que a perca ou ganho de um ou mais destes pequenos combates nada decidem sobre a questaõ principal da independencia da Hespanha. A organizaçaõ de um Governo geral para a Monarchia, fundado sobre bazes verdadeiramente legaes; e disposto a obter o fim primario da felicidade dos povos, deverîa ter sido o primeiro cuidado dos Hespanhoes: logo depois um plano geral de levar a diante a guerra, em combinaçaõ com o Governo Inglez. Eis aqui o systema que, apoiado sobre a boa vontade dos povos, promettería a infalivel expulsaõ dos Francezes da Peninsula. Porém a Juncta Central, nomeada unicamente para facilitar a uniaõ, e concerto das differentes Junctas das Provincias, erigio-se a si mesma em Suprema, assumio o poder executivo, e promettendo que ésta medida serîa temporaria; e se convocariam as Cortes do reyno para se estabelecer uma forma legal, e conveniente de Governo, illudio constantemente as suas promessas, e em vez de cuidar da defeza da naçaõ, o seu principal objecto, como hoje todos confessam, foi o projectar planos para segurar em sua maõ o poder que havîam usurpado. A Regencia, nomeada por aquella Juncta naõ póde deixar de conhecer a illegalidade de sua nomeaçaõ, e com tudo naõ tem procurado o ajunctamento dos Deputados da naçaõ, que saõ unicamente os que pódem e devem determinar a forma de Governo, que devem ter, na ausencia do Soberano. He verdade que as circumstancias da Regencia saõ muito menos favoraveis, que éram as da Juncta; porque naquelle tempo havia muitas provincias na Hespanha, que, estando livres do jugo do inimigo, podîam nomear francamente os seus deputados para as Cortes; hoje como se póde obter uma nomeaçaõ legal de Deputados da Catella, d'Aragaõ, de Valencia, d'Andaluzia, da Biscaya, &c. estando estes paizes na posse dos Francezes; mas em fim ésta reuniaõ dos Deputados feita do melhor modo possivel, tantas vezes promettida á Hespanha, e nunca executada, he e foi sempre uma medida de absoluta necessidade.

Quanto ao comportamento da Juncta, a respeito de suas colonias na America, he desapprovado por todos os homens sensatos. E agora chegam noticias da America Septemptrional, pelas quaes se sabe que as Floridas, se declarâram independentes, e pedîram a protecçaõ dos Estados Unidos. Este espirito universal de independencia na America deveria ter ensinado a Juncta a seguir outra linha de Conducta

A nomeaçaõ do Duque d'Orleans, para chefe de um exercito na Catalunha, se suppôem ser uma medida da Regencia para fortificar o seu partido, com as connexoens do Duque: mas ainda que nisto haja muito interesse particular; nós suppomos ésta uma medida de alguma utilidade nacional.

Inglaterra.

A gazeta da Corte de 25 de Septembro contém a relaçaõ circumstanciada da tomada de Amboyna, capital das ilhas Molucas; e alem desta importante colonia tomâram os Inglezes posse das ilhas de Saperona, Harouka, Nasso-Lant, Bouro, e Manippa.

Como a França tem usado de todos os meios possiveis, e experimentado todos os expedientes imaginaveis, para annihilar o commercio Inglez, que cada vez prospéra mais, a tomada destes estabelicimentos da India lhe servirá de mais uma prova de que a oppressaõ, com que Bonaparte tracta o continente, naõ serve de modo algum para a ruina de Inglaterra, que he o fim primario a que elle se propoem. Tanto mais opprime o Governo Francez as naçoens que tem subjugado, tanto maior he a prosperidade que accresce á Inglaterra.

O Coronel Bolivar, Deputado do novo Governo de Caracas, ao Governo Britannico, voltou ja para o seu paiz, tendo concluido com a Inglaterra os arranjamentos necessarios para a boa intelligencia entre os dous Governos; e para a communicaçaõ commercial entre os dous paizes; donde se segue, que a ordem de bloqueio da Regencia de Cadiz deve ficar nulla, a menos que essa Regencia naõ se disponha a interceptar tambem os navios Inglezes que entrarem em Caracas, e por consequencia o começar hostilidades contra a Inglaterra; medida, certamente, que ninguem aconselhará á Regencia de Hespanha.

Portugal.

Consideraremos as novidades deste mez, relativas ao reyno de Portugal, em dous pontos de vista: um pelo que diz respeito ao civil, e outro pelo toca ao militar.

1°. A Regencia do Reyno foi de novo organizada, como dicemos no nosso N°. passado; mas pela proclamaçaõ que transcrevemos a p. 263 se verá, que as pessoas que tem voto na Regencia (como Governadores do Reyno) naõ saõ exactamente as que nos dissemos no nosso N°. 27; porque, como entaõ declaramos, naõ estavamos ainda de posse da informaçaõ authentica que hoje temos. Os tres Governadores que entráram de novo, alem do Ministro Inglez, saõ o Principal Souza, o Conde de Redondo, e o Sr. Ricardo Raymundo Nogueira.

Como a biographia dos homens publicos he de summa importancia, para a intelligencia dos motivos, e causas das medidas que se adoptam pelos Governos; daremos uma idea do character dos tres Governadores que entram de novo.

O Principal Souza he natural que fosse nomeado pela influencia de sua familia; porque he irmaõ de um dos secretarios de Estado, o Conde de Linhares: do seu character publico nada ha que dizer, pois nunca servio emprego nenhum; chegou ao supremo posto, sem serviços, e sem ser experimentado em nenhuma das situaçoens subalternas: do seu character particular fallaremos com precauçaõ; e portanto unicamente referiremos delle duas anecdotas, que o daraõ a conhecer aos Brazilianos, que saõ dos nossos leitores aquelles aquem a nossa obra principalmente se dírige. 1ª. Quando morreo o Senhor de Pancas, que tinha cazado, depois de velho, com uma irmaã do Principal Souza, este, para extinguir a casa, porque sua irmaã naõ tinha tido filhos, assumio o character de delator, e denunciou o morgado de Pancas como pértença da Coroa: representou ao Principal Souza a familia herdeira do Morgado, que éra a casa de D. Manuel de Vilhena, a injustiça, e a indignidade deste proceder; porque naõ só este ecclesiastico, o Principal Souza, tinha de apparecer nos tribunaes de justiça como denunciante, character que sempre foi reputado vil; mas que o Mundo dirîa que para se extinguir o morgado e casa de Pancas, foi preciso que o ultimo possuidor casasse na familia delle Principal Souza, o qual pelo lucro de gozar do rendimento das fazendas durante a sua vida, porque este he o premio que se paga ao delator segundo a lei, se expunha a uma infamia de facto aos olhos de toda a nobreza. O Principal fechou os olhos a isto, e foi adiante com a denuncia; mas como a sua delaçaõ éra injusta perdeo vergonhosamente a causa; porque o morgado foi para a familia a quem pertencia; e o Principal Souza so ganhou a fama de ser um denunciante, a quem a lei naõ chama infame, mas a quem o custume olha com vistas mui despreziveis. 2.ª Quando o Conde de Linhares, entaõ Ministro dos negocios do Ultramar em Lisboa, quiz mandar lavrar as Minas de ferro em S. Paulo no Brazil, oppoz-se a ésta idea com todas as suas forças o Principal Souza, allegando, que naõ se devia confiar ferro á gente do Brazil, e que antes seu irmaõ mandasse abrir as minas de ferro da Africa; porque o ferro no Brazil era cousa mui perigosa; naõ prevaleceo o o que elle disse, e fôram adiante as ideas do Conde de Linhares; mas se as desgraças da Europa arrojarem no Brazil com o Principal Souza, que conhêcam os Brazilianos, o amigo que neste homem tem.

O Conde do Redondo he o outro novo Governador. Este fidalgo acaba de servir de Presidente do Erario, e Presidente da Juncta do Commercio; e em tanto quanto vaõ as nossas informaçoens, desempenhou as suas obrigaçoens com a honra que convem ao seu nascimento de Nobreza; e com a popularidade, e boa aceitaçaõ do publico, que todo o homem empregado deve desejar.

O terceiro, em ordem, he o Senhor Ricardo Raymundo Nogueira; este sugeito foi Lente da Faculdade de leis na Universidade de Coimbra; e se jamais alguma nomeaçaõ para os lugares publicos em Portugal recahio em um homem sabio; em um homem de moral irreprehensivel; em um homem que sempre gozou da estimaçaõ geral daquelles que tivéram a honra de ser seus discipulos, a felicidade de ser seus collegas, ou o prazer de ser seus amigos, he sem duvida que no recahio no Senhor Ricardo Raymundo Nogueira; a quem saõ applicaveis os epithetos, que podem characterizar a melhor escolha: e nós sentimos um prazer sem mixtura, quando offerecemos a taõ illustre character o tributo ao merecimento, que nossa humilde penna he capaz de prestar.

Em tanto pois, quanto a qualidade individual das pessoas, que estaõ á testa do Governo, póde contribuir para a boa administraçaõ dos negocios publicos, julgamos que a actual Regencia de Lisboa conresponderá aos seus fins. Porém naõ basta isto; ha certos males, certos abusos, que he precizo remediar, e que as pessoas mais bem intencionadas á testa do governo naõ remediaraõ; em quanto a fonte da desordem se naõ estancar: entendemos por isto o poder arbitrario, o desrespeito as formalidades da lei, e á segurança do individuo. Por exemplo; logo depois que entráram em funcçaõ os novos Governadores, se mandáram degradados dous ecclesiasticos de probidade e character, sem se alegar outro motivo, nem fazer outro processo, senaõ dizer que elles tinham sido mandados sahir da Corte em outro tempo, quando S. A. R. o Principe Regente estava em Lisboa; posto que nem tivessem culpa alguma, nem se lhes fizesse outro processo senaõ uma intriga secreta. Attribue-se esta violencia agora ao Principal Souza, e toda a probidade do resto de seus collegas naõ foi bastante para lhe obstar ¿ que resposta tem isto ? Naõ ha outro remedio senaõ cortar pela raiz os procedimentos arbitrarios, que saõ a principal causa da annihilaçaõ da energia nacional em Portugal; e o verdadeiro motivo que faz necessarios taõ grandes esforços da parte de seus generosos alliados, para pôder salvar aquelle reyno; submergido com o pezo destes e d'outros similhantes despotismos. Em uma palavra, prosperidade nacional; e administraçaõ de Governo arbitraria, saõ cousas incompativeis, naõ pódem existir junctamente.

Seja-nos licito apoyar a nossa opiniaõ com a de uma Gazeta Ingleza ministerial (Morning Post, de 29 de Agosto) onde se acha o seguinte paragrapho." A characteristica nacional dos Portuguezes, sempre foi o valor, como elles tem mostrado nas suas conquistas estrangeiras, e na defeza de seu pequeno reyno portantos annos, contra o poder superior da Hespanha. A corrupçaõ do seu Governo, que ha annos a ésta parte tem minado todas as fontes de energia, e paralizado todos esforços, está agora em grande gráo refreado pela influencia Britannica nos seus conselhos; e nestas favoraveis circumstancias temos razaõ de expectar, e esperamos, que elles faraõ o seu dever. Se o fizerem Portugal naõ se perde."

Em Portugal nunca se pensou em dar aos males da naçaõ outro remedio, senaõ o tomar cuidado que naõ chegassem aos ouvidos do Soberano éstas iniquidades de seus Ministros, perseguir a todos os homens, que se julgávam ter alguma idea de leitura, ou de desejar instrucçaõ á naçaõ; e prohibir por todos os meios possiveis, que o Povo se instruisse, lendo os jornaes do tempo, ou os livros que correm impressos, e de cujo beneficio se aproveita toda a Europa; dous exemplos disto bem tocantes, e conhecidos universalmente por todos os habitantes de Lisboa; saõ, um o prohibir o Intendente da Policia, Manique, que se naõ lessem nos Caffés gazetas de qualidade alguma, nem ainda a mesma gazeta do Governo Portuguez, que imprimiam os officiaes da Secretaria de Estado, debaixo da immediata inspecçaõ do Governo: outro, o de se dar licença a um homem, que quiz introduzir em Lisboa uma livraria circulante; para que pudesse fazer circular os livros da sua livraria, mas sómente aos estrangeiros residentes em Portugal, e por forma nenhuma aos nacionaes. Este horroroso exemplo prova a todas as luzes o designio systematico, com que o Governo queria conservar os povos na ignorancia; e causou o maior escandalo a todos os estrangeiros, que sabendo desta ordem naõ podîam deixar de olhar para os Portuguezes com o mais profundo desprezo, vendo que se lhes permittia a elles uma facilidade de instruir-se, que se denegava aos habitantes em seu proprio paiz. A livraria de que fallo éra a que estava, na mesma escada do Agente do paquete a S. Francisco.

Nos publicamos a p. 352 uma portaria do Governo á Rellaçaõ, para fazer processar o Marquez d'Alorna. E se dissermos, que naõ esperamos ver este processo ultimado, com os devidos fins da justiça, haõ de queixar-se que dizemos demasiado; mas quando temos a experiencia a nosso favor, que outra cousa podemos dizer; eis aqui a prova.

Extracto da Sentença profferida contra o Conde da Ega.

Por tanto e o mais dos autos, julgam provado o delicto de Lesa Magestade, e alta traiçaõ, em que tem incorrido os reos Ayres Saldanha Albuquerque Couttinho Mattos Noronha, e D. Juliana sua mulher, que fôram Condes da Ega, haõ os dictos reos por desauthorizados de todos os titulos, e honras, e prerogativas de que gozáram; e os condemnam a que morram morte natural para sempre cruelmente; ficando a sua memoria infame, e damnada na forma da lei. E visto estárem auzentes os haõ por banidos, e mandam ás justiças do mesmo Sñr. appellidem contra elles toda a terra para serem prezos, ou para que cada um do povo os possa matar naõ sendo seu inimigo. Outro sim os condemnam no perdimento de seus bens para o fisco, e camara Real, com as consequencias estabelecidas na Ordenaçaõ do Liv. 5°. tt. 6°. § 9 e seguintes. Lisboa, 10 de Abril, de 1810.

Ora cuidará alguem que isto, que diz ésta sentença, foi cumprido logo: assim cuidámos nós; mas naõ ha tal; poz-se-lhe uma pedra em cima; fez-se muita bulha, para tapar à boca ao povo, prendêram-se e mandáram-se degradados muitos homens innocentes, sem se lhe fazer processo, nem sentença, nem mesmo accusaçaõ de crime, e com ésta injustiça se fez vêr ao povo, que se queriam castigar os máos; mas o Conde da Ega, cujo castigo, até pela ordenaçaõ do Reyno do L. 5. tt. 6. § 10, naõ precisava alguma sentença, mais que proceder á confiscaçaõ de seus bens, escapa. Os Governadores do Reyno promettem em sua proclamaçaõ fazer administrar a justiça, com igualdade, aos grandes, e aos pequenos; mas nós naõ queremos palavras, queremos factos; os que fôram degradados sem culpa, sem processo, e sem sentença, estaõ ainda morrendo à fome nos seus degredos; e os bens do Conde da Ega, do Marquez d'Alorna, e d'outros grandes, cujo crime he notorio, estaõ em maõs dos conrespondentes de seus donos, que pelas leis do Reyno naõ tem direito a possuillos.

2°. *Vamos ao Militar.* Asseguram-nos que a relaçaõ seguinte, he exacta; mas quando naõ esteja preenchido o estado completo; devemos suppor, que anda por perto.

Mappa das forças militares actualmente em Portugal, segundo o seu estado completo.

24 Regimentos de infantaria a 1.550 -	37.200
12 Dictos de cav. a 594 - - -	7.128
6 Batalhoens de Caçadores a 528 - -	3.768
Leal Legiaõ Luzitana - - -	2.267
4 Reg. d'artilheria a 1.200 - -	4.800
4 Dictos - - a 1.148 - -	4.592
	59.755
48 Regimento de Milicias a 1.148 - -	52.848
	112.603
Exercito Inglez - - - -	30.000
Total - -	142.603

Em Portugal naõ ha uma só pessoa que duvide, de serem os Inglezes, os que puzéram o Reynno neste brilhante estado de defeza em que se acha; e agora em Inglaterra, depois das acçoens em que tem entrado os Portuguezes, ja ninguem duvîda que haja na naçaõ espirito de heroismo, coragem, e até sciencia militar, em tanto quanto as circumstancias passadas o podem permittir. Ora, isto posto, se a naçaõ Portugueza ate aqui naõ tinha feito o que agora faz, ¿ de quem éra a culpa?

O Marechal de Campo Silveira merece um dobrado agradecimento de sua naçaõ; primeiro, pelo serviço immediato que lhe tem feito em bater o inimigo, segundo, por ter demonstrado practicamente com a sua espada, que os soldados Portuguezes tem valor, e que entre elles ha chefes dotados de coragem, prudencia, e sciencia militar. Que prazer naõ devem ter os Portuguezes, vendo que no dia quarta feira 29 de Agosto se apresentou ao Governo em Lisboa a primeira Aguia Franceza, que se fez prisioneira em Portugal; e que ésta captura foi feita por um official Portuguez, e só com tropas Portuguezas? Eia senhores jornalistas Inglezes; os *ciganos* naõ hîam a fugir quando aprisionáram esta Aguia! Este chamado *rebanho de carneiros* tem mostrado que sabe investir, quando he bem commandado: e se o que obra a primeira acçaõ se póde dizer que dá o exemplo ao que obra em segundo lugar, naõ se escandalizaraõ os que tanto escrevêram contra o character Portuguez, sem conhecer as causas da falta de energia que censuravam, se nos lhe dissermos, que quando as tropas Inglezas auxiliares tomarem as Aguias aos Francezes, o que seguramente esperamos que aconteça, naõ faraõ mais que imitar o exemplo que ja lhe déram os Portuguezes; a primeira Aguia Franceza, que foi apresentada aos pes do Governo Portuguez, foi trazida por um chefe Portuguez, e commandando somente milicias Portuguezas; a felicidade de serem os primeiros, lhes produz uma gloria, que ja ninguem lha tira.

Houve alguma duvida se todos os batalhoens de Caçadores se haviam portado igualmente bem na acçaõ de 24 de Julho na ponte d' Almeida; mas a ordem do dia do Marechal Beresford, que publicamos a p. 344 mostra o motivo dessa duvida, e a completa justificaçaõ de todos os corpos que entráram no combate.

Ex aqui outra ordem do dia do mesmo Marechal, que serve de illustraçaõ ao character Portuguez.

Quartel-general da Lagiosa, 11 de Agosto.

Ordem do dia. O Illustrissimo e Excellentissimo Sñr. Marechal Beresford, commandante em chefe do exercito acaba de receber a informaçaõ da acçaõ de tres do corrente, entre uma parte do regimento de cavallaria. N.º 1. commandada pelo Sñr Coronel Christovaõ da Costa d'Attaide Teîve, em pesoa, e uma partida de cavallaria Franceza, juncto da Atayla na Cova da Beira. A carga que deo o referido Sñr. Coronel contra o inimigo, decidio instantaneamente a acçaõ; e a conducta das tropas, que estávam debaixo de suas ordens, mostrou, assim como se tem mostrado em todos os encontros, que tem tido as tropas Portuguezas com o inimigo, que ao valor natural, e nacional destas só faltava a disciplina, para lhe assegurar a victoria. O resultado desta acçaõ foi, que, sendo 60 os inimigos, houvéram 10 a 20 mortos; 14 prisioneiros, e quasi outros tantos feridos, e aquelles que se escapáram, o devêram á velocidade de seus cavallos: da nossa parte naõ houve mais do que dous ou tres homens levemente feridos.

O Sñr. Marechal roga ao Sñr. Coronel Christovaõ da Costa d'Ataide Teive, aos officiaes, e Soldados, que entráram na acçaõ, que recêbam a sua approvaçaõ, e agradecimentos pela conducta que tivéram.

Adjutante-General MOSINHO.

Depois disto só nos resta dizer que serîa uma decidida mjustiça nos Portuguezes negar ao Marechal Beresford os justos elogios que elle merece, pelo zelo, actividade, e discriçaõ que tem mostrado em organizar o exercito Portuguez; porque se o valor he dos Portuguezes que combatem, a disciplina he devida ao chefe que os commanda; aquelle sem ésta serîa de maior perda que proveito.

Norte de Europa.

A nomeaçaõ de Bernadotte para Principe da Coroa em Suecia; foi o principio da desenvoluçaõ dos planos de Bonaparte pelo que respeita ao Baltico. Logo depois que o decrepito Rey de Suecia proclamou a eleicaõ de Bernadotte; as gazetas Francezas proclamáram a esse Rey em estado de enfermidade, tal que naõ podia supportar o pezo do Governo; em outros termos quer isto dizer; que elle deve renunciar a corôa, para fazer lugar a Bernadotte, e senaõ quizer attender á insinuaçaõ, á força o obrigaraõ a condescender com ella.

Bonaparte fez marchar um corpo de 50.000 homens para tomar posse dos portos do Baltico; e El Rey de Dinamarca, assustado com esta medida recusou peremptoriamente a faculdade de que entrassem em seus territorios 25.000 Francezes que se dirigîam ao Holstein; mas ¿ que póde fazer agora esta recusaçaõ da Dinamarca, quando ésta Potencia, em consequencia de suas humiliaçoens se tem mettido completamente debaixo do poder da França? Como os motivos da França saõ a total exclusaõ do commercio Inglez no Baltico, propoem-se o Governo Dinamarquez, a publicar um edicto, pelo qual exclua de seus portos todos os navios que naõ tiverem uma licença Franceza; mas pouco sabem os ministros da Dinamarca do character de Napoleaõ, se esperam que estes sacrificios o faraõ parar em sua carreira.

O mais notavel he, que os rumores que chegam do Continente convem todos em que se approxima a epocha de rompimento entre a França e Russia, e agora conhecerá o illudido Imperador Alexandre o que tem ganho com a sua politica.

CORREIO BRAZILIENSE

DE OUTUBRO, 1810.

Na quarta parte nova os campos ara,
E se mais mundo houvéra la chegara.
CAMOENS, C. VII. e. 14.

POLITICA.

Colleccaõ de Documentos Officiaes relativos a Portugal.

CARTA REGIA.

CLERO, Nobreza, e Povo: Eu o PRINCIPE REGENTE vos envio muito saudar. Sendo o mais essencial dos Paternaes cuidados com que tanto me desvelo em procurar a felicidade geral, e o bem dos meus vassallos, naõ só estabelecer aquelles principios de pública administraçaõ, de que deve resultar o maior bem, mas ainda, e muito particularmente o fazer conhecer ao meu povo a justiça, em que os mesmos principios saõ fundados; julguei dever-vos dirigir a exposiçaõ de alguns planos, que tenho adoptado para procurar a felicidade de todas as partes da minha monarchia, e para combinar com indissoluvel nexo os interesses de cada uma dellas com o todo; he propriamente este objecto que vos desejo fazer conhecer com a presente Carta Regia, que vos servirá de nova prova, naõ só do amor que vos tenho como bom Pai, mas ainda de que um só momento naõ deixo de occupar-me de vós, posto que distante, e que o interesse de todos os meus vassallos está sempre presente aos meus olhos, e merece toda a attençaõ dos meus paternaes cuidados. Obrigado, pelas imperiosas circumstancias de que infelizmente guardareis por longos annos a mais triste lembrança, a separar-me por algum tempo de vós, e a transportar a Sede do Imperio temporariamente para outra parte dos meus dominios, em quanto naõ ha meio de parar a torrente devastadora da mais illimitada ambiçaõ, foi necessario procurar elevar a prosperidade daquellas partes do imperio livres da oppressaõ, a fim de achar naõ só os meios de satisfazer aquella parte dos meus vassallos, onde vim estabelecer-me; mas ainda para que elles podessem concorrer ás despezas necessarias para sustentar o lustre, e esplendor do throno, e para segurar a sua defensa contra a invasaõ de um poderoso inimigo. Para este fim, e para crear um imperio nascente, fui servido adoptar os principios mais demonstrados de saã economia politica, quaes o da liberdade, e franqueza do commercio, o da diminuiçaõ dos Direitos das Alfandegas, unidos aos principios mais liberaes, de maneira que, promovendo-se o commercio, podessem os cultivadores do Brazil achar o melhor consummo para os seus productos, e que dahi resultasse o maior adiantamento na geral cultura, e povoaçaõ deste vasto territorio do Brazil, que he o mais essencial modo de o fazer prosperar, e de muito superior ao systema restricto, e mercantil, pouco applicavel a um paiz, onde mal podem cultivar-se por ora as manufacturas, excepto as mais grosseiras, e as que seguram a navegaçaõ, e a defensa do Estado. Nem mesmo em taes momentos me esqueci de ligar entre si as partes remotas da monarchia, e de procurar segurar aos meus vassallos do reyno todo aquelle bem que podiam de mim esperar; e conhecendo que no reyno as manufacturas deviam prosperar, isentei-as debaixo dos mais liberaes principios (do que aquelles que antes eraõ adoptados) de todo e qualquer Direito de entrada nos portos dos meus dominios. Os mesmos principios de um systema grande, e liberal do commercio saõ muito applicaveis ao reyno, e só elles, combinados com os que adoptei para os outros meus dominios, he que poderaõ elevar a sua prosperidade áquelle alto ponto a que a sua situaçaõ, e as suas producções parecem chamallo. Estes mesmos principios ficam corroborados com o systema liberal de commercio que, de acordo com o meu antigo, fiel, e grande alliado Sua Magestade Britannica, adoptei nos tractados de Alliança, e commercio, que acabo de ajustar com o mesmo Soberano, e nos quaes vereis que ambos os soberanos procurámos igualizar as vantagens concedidas ás duas naçoes, e promover o seu reciproco commercio de que tanto bem deve resultar. Naõ cuideis que a introducçaõ das manufacturas Britannicas haja de prejudicar a vossa industria. He hoje verdade demonstrada que toda a manufactura que nada paga pelas materias primeiras que emprega, e que tem fóra parte disto os quinze por cento dos direitos das alfandegas a seu favor, só se naõ sustenta, quando ou o paiz naõ he proprio para ella, ou quando ainda naõ tem aquella accumulaçaõ de cabedaes, que exige o estabelecimento de uma semelhante manufactura. O emprego dos vossos cabedaes he por agora justamente applicado na cultura das vossas terras, no melhoramento das vossas vinhas, na bem entendida manufactura do azeite, na cultura dos prados artificiaes, na producçaõ das melhores lans, na cultura das amoreiras, e producçaõ das sedas, que ja vos mostrei pelos meus esforços paternaes, serem comparaveis ás melhores da Europa ; successivamente depois ireis adiantando as manufacturas que nunca até aqui no reyno, a pezar dos gloriosos esforços dos Senhores Reis meus predecessores, prosperáram ao ponto que deviam pelo systema restricto, que se adoptou, e entaõ conhecereis que esta industria na apparencia tardia, he a unica solida, e a que toma fortes raizes, e que, progredindo pelos devidos passos intermediarios, chega ao maior auge, e lança entaõ aquelles luminosos raios, que ferem os olhos do Vulgo, e que ainda a homens de superiores luzes fizerám crer que as manufacturas eram tudo, e que para conseguillas, o sacrificio da mesma agricultura era util, e conveniente. Para fazer que os vossos cabedaes achem util emprego na agricultura; e que assim-se organize o systema da vossa futura prosperidade, tenho dádo ordens aos governadores do reyno, para que se occupem dos meios com que se poderaõ fixar os dizimos, a fim que as terras naõ soffraõ um gravame intoleravel; com que se poderaõ minorar, ou alterar o systema das jugadas, quartos, e terços; com que se poderaõ fazer resgataveis os fóros, que tanto pezo fazem ás terras, depois de postas em cultura; com que poderaõ minorar-se, ou supprimir-se os foraes, que saõ em algumas partes do reyno de um pezo intoleravel, o que tudo deve fazer-se lentamente, para que de taes operações resulte todo o bem sem se sentir inconveniente algum. A diminuiçaõ dos direitos das Alfandegas ha de produzir uma grande entrada de manufacturas estrangeiras; mas quem vende muito, tambem necessariamente compra muito; e para ter um grande commercio de exportaçaõ, he necessario tambem permittir uma grande importaçaõ, e a experiencia vos fará ver, que, augmentandose a vossa agricultura, naõ haõ de arruinar-se as vossas manufacturas na sua totalidade; e se alguma houver que se abandone, podeis estar certos, que he uma prova que esta manufactura naõ tinha bases solidas, nem dava uma vantagem real ao estado.

Além das facilidades concedidas pelas isenções de direitos, ás fabricas do reyno, tambem lhe conservei o de approvizionarem as minhas tropas; no que vereis a minha particular attençaõ a dirigir sempre o systema liberal, adoptado para o fim de sustentar, e promover a industria dos meus vassallos. Assim vereis prosperar a vossa agricultura; progressivamente formar-se uma industria sólida, e que nada tema da rivalidade das outras nações; levantar-se um grande commercio, e uma proporcional Marinha, e vireis a servir do deposito aos immensos productos do Brazil, que cresceraõ em razaõ dos principios liberaes, que adoptei, de que em fim resultará uma grandeza de prosperidade nacional de muito superior a toda aquella que antes se vos podia procurar, a pezar dos esforços que sempre fiz para conseguir o mesmo fim, e que éram contrariados pelo vicio radical do systemar estrictivo, que entaõ se julgava favoravel, quando realmente era sobre maneira damnoso á prosperidade nacional. A experiencia do que succedeo sempre ás nações, que na practica mais se adaptáram aos principios liberaes, que tenho abraçado, affiançam a verdade destes principios, e naõ temais que jámais vos venha damno do que o vosso pay, e o vosso Soberano manda estabelecer entre vós; persuadindo-vos que com os olhos sempre applicados a tudo o que póde promover a vossa felicidade, jámais deixará de obviar a qualquer inconveniente, que possa resultar dos principios que manda estabelecer; guiado pela experiencia das nações, que merecem servir de modélo ás outras. Taes saõ os votos do vosso Soberano, que vos deseja uma grande futura felicidade, na certeza que cumprireis exactamente as Reaes Ordens, que a tal respeito mando executar pelas competentes authoridades. Escrita no Palacio do Rio de Janeiro em sette de Março de mil oitocentos e dez. PRINCIPE Com Guarda.

Para o Clero, Nobreza, e Povo.

Proclamaçaõ.

Portuguezes: Sendo a desgraçada perda da Praça de Almeida de pouca importancia para a grande Causa da Salvaçaõ da Patria, he por extremo sensivel em razaõ da morte de uma parte de seus Gloriosos Defensores, e da infelicidade dos outros, que se achaõ prisioneiros do inimigo. O Governo lamenta profundamente este acontecimento; mas elle só deve servir de augmentar a sua energia, de inflammar o Patriotismo da naçaõ, e de lhe inspirar o mais vivo desejo de vingar o sangue de seus irmaõs. Estes saõ os sentimentos do Exercito, que jurou novamente arrojar do Territorio Portuguez os Salteadores que se atrevêram a pizallo: estes saõ os sentimentos de toda a naçaõ cada vez mais unida, e mais empenhada em um conflicto, em que se interessa a nossa independencia, e a nossa gloria. Wellington, filho da Victoria, á frente dos Exercitos: o Illustre Beresford dirigindo as nossas tropas, que lhe devem a sua organizaçaõ, e disciplina: Soldados valorosos, povo fiel, e que votou sustentar a causa do Principe, e da Patria até á ultima extremidade: eis-aqui, Portuguezes, as muralhas que nos defendem, e que um Exercito de escravos, a quem a miseria, e a deserçaõ destroe continuamente, nunca poderá forçar.

Os movimentos de nossas tropas saõ da competencia exclusiva dos Generaes; e toda a ingerencia de qualquer outro individuo em objectos desta natureza, he criminosa, irregular, e absurda: medidas energicas conteraõ a todos nas raias das suas respectivas obrigaçóes. Os Governadores do reyno ratificáram o juramento de salvar a Patria, e a Patria será salva. Palacio do Governo, em 6 de Septembro, de 1810.

Bispo Patriarca Eleito.
Marquez Monteiro Mor.
Principal Souza.
Conde do Redondo.
Ricardo Raymundo Nogueira.

Portaria.

O Desastre acontecido na Praça de Almeida, que motivou a sua perda, foi menos sensivel ao Real Animo de S. A. R. pelas suas consequencias militares, do que pela infelicidade dos Valorosos Guerreiros, que foram sepultados nas ruinas causadas pela terrivel explosaõ do armazem da polvora, e pelo destino dos que cahiram prisioneiros no poder do inimigo. O mesmo Senhor conciliando a sua Piedade com a sua inflexivel justiça, he servido determinar:

I. As familias de todos os que fallecêram no cerco de Almeida, pertencem á Patria, e ficaraõ percebendo os soldos, que percebîam seus defuntos Maridos, Pais, ou irmaõs, quando estes fossem cabeças da familia, sendo os dictos soldos pagos pelas thesourarias mais proximas á sua residencia.

II. As pessoas das familias dos prizioneiros de guerra, que se acharem nas mesmas circumstancias, ficaraõ recebendo meio soldo na fórma acima declarada.

III. O Real Coraçaõ de S. A. R. naõ lhe permitte acreditar que algum de seus Fieis Vassallos se esquecesse da qualidade de Portuguez até o ponto de passar para o serviço dos infames inimigos da sua Patria: e até se lisongeia, que se algum violentado pela força, houver tomado este triste partido, será unicamente com tençaõ de melhor aproveitar a occasiaõ de se restituir a este Reyno. Suspende por tanto Sua Alteza Real os justos effeitos da sua justiça: concede um mez de termo a estes desgraçados, contado da datada presente portaria, para se apresentarem neste Reyno, com a comminaçaõ de que naõ voltando no dicto termo, naõ só se suspenderá o soldo, que as suas familias ficam percebendo em quanto se considerarem na classe dos prisioneiros de guerra, mas seraõ considerados como traidores, e processados como taes com todo o rigor das Leis, e na conformidade dos Decretos expedidos sobre esta materia.

O Secretario do Governo encarregado dos Negocios da guerra fará publicar immediatamente a presente Portaria, e a communicará ao Marechal Commandante em Chefe do Exercito, para a fazer constar, e dar á sua devida execuçaõ. Palacio do Governo em seis de Septembro de mil oitocentos e dez.

Com cinco Rubricas dos Senhores Governadores do Reyno.

Portaria contra o Marquez de Alorna.

Tendo visto S. A. R. com horror e mágoa do seu Paternal Coraçaõ o infame procedimento de D. Pedro de Almeida, Marquez de Alorna, que esquecido do seu nascimento, e das distinctas Mercês, com que o mesmo Senhor o havia honrado, se declarou contra a sua Patria, e Senhor natural, lançando-se com o inimigo, achando-se empregado no attaque contra estes Reynos, e tendo procurado pelos meios da força, e da seducçaõ alienar os animos dos fiéis Portuguezes, affectando ser General Portuguez para melhor os illudir; espalhando Proclamações sacrilegas, e destinadas a seduzir o Povo, e a Tropa, a quem convida ao serviço Francez, para a levar a morrer desgraçadamente nas injustas guerras desta Potencia, do mesmo modo que já practicou com os infelizes, que o acompanháram para França no tempo do intruso Governo, para irem perecer pelo ferro, pela miseria, e pela fome, longe de suas familias, nos Campos da Alemanha: manda o Principe Regente Nosso Senhor declarar o dicto Pedro de Almeida Réo de Lesa Magestade de primeira cabeça; e procedendo sobre a notoriedade do facto como convêm em taõ atroz, execrando, e abominavel delicto, o manda privar de todos os Titulos, Honras, e Dignidades, e atê do Nome Illustre de Portuguez, de que se fez indigno:

determina que se considere como banido, para que cada um do povo o possa matar sem crime, e offerece o premio de mil moedas de ouro a quem o apresentar vivo, ou morto, e o perdaõ do seu crime, no caso que seja complice. Manda outro sim que o Chanceller da Casa da Supplicaçaõ faça queimar dentro em vinte e quatro horas as Proclamaçoes por elle espalhadas, e assignadas por sua maõ, pelo Executor da Alta Justiça, para cuja entrega se expediraõ as ordens necessarias ao Intendente Geral da Policia; e para que chegue a noticia de todos, manda o mesmo Senhor que a presente Portaria se affixe em todo o Reyno nos lugares do custume, e se leia em alta voz no acto em que se queimarem as dictas proclamações, ao qual deve assistir o Ministro que pelo mesmo Chanceller for nomeado. S. A. R terá o mesmo procedimento a respeito de todos os outros traidores, que saõ complices do dicto infame Pedro de Almeida, assim que na sua Real Presença se verificar o seu crime. Assim se castigam os Traidores! Palacio do Governo em 6 de Septembro, de 1810.

Com cinco Rubricas dos Senhores Governadores do Reyno.

Pela Intendencia geral da Policia se mandou affixar o seguinte

EDICTAL.

Lucas de Seabra da Silva, do Conselho do Principe Regente Nosso Senhor, Fidalgo Cavalleiro da Sua Real Casa, Commendador da Ordem de Christo, Desembargador do Paço, Chanceller da Corte e Casa da Supplicaçaõ, Intendente Geral da Policia da Corte e Reyno, &c.

Faço saber, que tendo constado nesta Intendencia de uma maneira indubitavel, que os inimigos deste Reyno, condando menos na força dos seus Exercitos do que no manejo da intriga, tem feito circular por algumas partes proclamaçōes e outros papeis insidiosos; procurando com artificiosos sophismas illudir os simples, aterrar os fracos, e animar os preversos, a fim de conseguirem pela traiçaõ, e por meio da desconfiança entre os Póvos, o que naõ poderaõ jámais conseguir contra o valor e heroismo da naçaõ Portugueza, e dos seus generosos Alliados; e convindo á segurança deste Reyno, e crédito da lealdade Portugueza evitar a circulaçaõ de taõ infames sediciosos papeis, determino o seguinte:

I. Toda a pessoa que tiver em seu poder proclamaçōes dos Generaes Francezes, ou quaesquer papeis incendiarios, espalhados pelos seus Agentes, a fim de suffocar a energia dos naturaes deste Reyno, e destruir a concordia e uniaõ, que felizmente subsiste entre elles e seus Alliados, he obrigada a entregallos em Lisboa ao Desembargador da Casa da Supplicaçaõ Jeronymo Francisco Lobo, meu Ajudante; e nas Provincias aos Corrgedores das Comarcas, ou Magistrados de vará branca, mais proximos do lugar da sua residencia.

II. No reverso dos mesmos papeis se declarará no acto da entrega o nome do apresentante, e o dia della para constar a todo o tempo das pessoas, que por obedidiencia a esta Ordem deixam de ficar incursas nas penas abaixo estabelecidas no § V. Esta declaraçaõ será feita pelo ministro acceitante sem intervençaõ de qualquer official de justiça.

III. A entrega será feita em Lisboa no Termo de vinte e quatro horas, e nas provincias no termo de quarenta e oito horas, depois de ser este affixado em cada um dos lugares públicos.

IV. Os Ministros das Provincias remetteraõ os papeis, que lhe forem apresentados, ao referido Desembargador no Correio immediato á sua recepçaõ.

V. Toda a pessoa que retirar qualquer dos ditos papeis

ou proclamações além do termo assignado no § III., ou os divulgar, ou der copias delles, será havida e processada como fautor dos inimigos deste Reyno.

VI. A obrigaçaõ da entrega comprehendende naõ sómente os papeis impressos; mas todas e quaesquer copias extrahidas delles.

VII. Os Ministros Criminaes de Lisboa, Corregedores, Juizes de Fóra, e Ordinarios do Reyno averiguaraõ as pessoas, em cujo poder forem vistos quaesquer dos dictos papeis, e daraõ disso conta todos os Correios na Intendencia Geral da Policia, a fim de se ordenarem os devidos procedimentos no caso de culpa.

E para que assim se cumpra na conformidade das Ordens do Principe Regente Nosso Senhor, mandei lavrar o presente que será affixado em todos os lugares publicos deste Reyno, para que ninguem possa allegar ignorancia. Lisboa, 6 de Septembro, de 1810.

LUCAS DE SEABRA DA SILVA.

RIO DA PRATA.

Officio de Lord Strangford, Ministro de S. M. B. na Corte do Rio de Janeiro, á Juncta Governativa de Buenos Ayres.

Ao receber a mui apreciavel carta de V. SS. de 28 de Maio, tive o mais vivo sentimento por me ver privado de ordens positivas da minha Corte, para dar o maior expediente ao importante negocio que V. SS. me recommendam. Sem embargo, o respeitavel nome do Sñr. D. Fernando VII. em que se afiançam aquellas resoluçoens, assim como o merito, e acreditada honra dos sugeitos que compoem essa dignissima Juncta Governativa (a que se ajunctam as urgentes circumstancias do dia) me determînam a communicar com ella com o mesmo respeito, e attençaõ como se estivéra formalmente reconhecida. Em virtude disto, respondendo a V. SS. digo, que me foi summamente agradavel, o inteirar-me da moderaçaõ com que V. SS. se tem conduzido em taõ arduo assumpto, naõ menos que dos heroicos sentimentos de lealdade e amor a seu Soberano que manifestam ; por tudo tributo a V.SS. os meus mais attentos parabens.—Novamente me vejo na precisaõ de manifestar a V. SS. que me he doloroso naõ me achar authorizado para declarar os sentimentos da minha Corte sobre o assumpto presente, e naõ duvido confessar, que ignoro absolutamente quaes saõ, ou seraõ para o futuro, suas ideas : no entanto, como um particular que se interessa quanto he possivel na felicidade desse vasto continente, tomo a satisfacçaõ de rogar a V. SS. hajam a bem de evitar todas, e até as mais pequenas, relaçoens com os Francezes, ou seus emissarios, e tambem com todos aquelles que prudentemente se suspeite que pódem ter connexoens com a França ; e mui particularmente devem V. SS. apartar de si aquelles que tem causado as desconfianças geraes (ainda que naõ as dessa capital) pois julgo que sobre este particular saõ por extremo zelozas as Cortes nossas alliadas.—Nos mesmos termos sou obrigado a pedir a V. SS., que guardem entre si a mais estreita uniaõ e concordia, naõ duvidando, que a politica e character que taõ dignamente os distingue, lhes dictará o uso das providencias mais opportunas, a fim de impedir que se dê o menor motivo de queixa a seus vizinhos.—Tenho a satisfacçaõ de poder garantir as intençoens pacificas desta Corte, com quem tive ja reiteradas conferencias sobre este assumpto, e devo, em obsequio ao distincto apreço que V. SS. me merecem, dizer que ésta Corte se mortificou bastante pelas expressoens da proclamaçaõ do Ex$^{mo.}$ Cabildo de 22 do mez proximo passado. V. SS. pòdem descançar que naõ seraõ incommodados de modo algum, sempre que a conducta dessa capital for consequente, e se conserve em nome do S^{r}. D. Fernando VII. e de seus legitimos successores.—Com a minha Corte prometto a V. SS. que practicarei os officios mais dignos do respeito e consideraçaõ com que vos communico, e que me exercitarei gostoso em fazer apparecer a vossa conducta no gráo mais brihante, a fim de que o meu Governo se instrua da honra de V. SS. e quanto saõ dignos, da boa causa que mantem, e da segurança com que deve contar El Rey D. Fernando VII. de que, ainda perdida a Hespanha toda, existem nessa parte da America heroes, que energicamente defendem os seus direitos, e os da Monarchia Hespanhola.— Ainda que a carta de V. SS. me pareceo extremamente concisa, para me informar, segundo eu desejava, individualmente, eu me sinto animado dos mais vivos sentimentos de lhe ser util; e em virtude disto aproveito esta opportunidade de offerecer a V. SS. a sincera amizade com que tenho a honra de ser, Sn^res. De V. SS.

Com a maior attençaõ e respeito

Seu obedientissimo servidor

Rio de Janeiro, 16 de Junho, 1810. *(Assignado)* STRANGFORD.

Proclamaçaõ do Exmo. Cabildo de Buenos Ayres aos Vizinhos daquella Cidade, em sua casa consistorial, para a abertura do Congresso Geral, que se fez no dia 22 *de Maio, de* 1810.

FIEL E GENEROSO POVO DE BUENOS AYRES! As ultimas noticias dos desgraçados successos de nossa Metropole communicadas ao publico por ordem deste Superior Governo, entristecêram sobre maneira o vosso animo, e vos tem feito duvidar de vossa situaçaõ actual, e de vossa sorte futura. Agitados por um conjuncto de ideas, que vos tem suggerido a vossa lealdade e patriotismo; tendes esperado com ansia o momento de combinallas para evitar toda a divisaõ; e os vossos Representantes, que vélam constantemente sobre a vossa prosperidade, e que desejam com o maior ardor, conservar a ordem, e a integridade dos dominios, debaixo da denominaçaõ do Sñr. D. Fernando VII. tem obtido do Ex$^{mo.}$ Sñr. Vice-Rey livre permissaõ de reunir-vos em um Congresso. Ja estais congregados : fallai com toda a liberdade, porém com a dignidade que vos he propria ; fazendo ver que sois um povo sabio, nobre, docil, e generoso. O vosso principal objecto deve ser precaver toda a divisaõ, radicar a confiança entre o subdito e o magistrado, affiançar a vossa uniaõ reciproca, e a de todas as demais provincias, e deixar expeditas as vossas relaçoens com os Vice-Reynatos do Continente. Evitai toda a innovaçaõ ou mudança, pois geralmente saõ perigosas e expostas á divisaõ. *Naõ vos esqueçais de que tendes quasi á vista** *um vizinho, que attenta á vossa liberdade, e que naõ perderá nenhuma occasiaõ no meio da menor desordem.* Tende por certo que naõ podereis por agora subsistir, sem a uniaõ com as provincias interiores do Reyno, e que as vossas deliberaçoens seraõ frustradas, se naõ nascem da lei, ou do consentimento geral de todos aquelles povos. Assim pois meditai bem sobre a vossa situaçaõ actual, para que naõ succeda que o remedio, para precaver os males que temeis, accelere a vossa destruiçaõ. Fugi sempre de tocar em qualquer extremo, que nunca deixa de ser perigoso; desprezai medidas estrepitosas ou violentas, e seguindo um caminho medio abráçai aquelle que for mais simples, e mais adequado, para conciliar, com a nossa actual segurança, e a da nossa sorte futura, o espirito da lei, e o respeito aos magistrados.

---

* Marcamos em italicos éstas palavras, por julgar-mos serem as que allude Lord Strangford na carta precedente, como motivo de mortificaçaõ á Corte do Brazil. (Nota do Editor.)

(*Assignados*) Joaõ Joze Lezica. Martin Yaniz. Manuel Mansilla. Manuel José de Ocampo. Joaõ de Llano. Jaime Nadal y Guarda. André Domingues. Dr. Thomaz Manuel Anchorena. Santiago Gutierrez. Dr. Juliaõ de Leyva. Licenciado D. Justo José Nunez, Escrivaõ Publico e do Cabildo.

A Juncta Provisional Governativa das Provincias em nome de Fernando VII. publicou a seguinte instrucçaõ para servir de regra no methodo dos despachos, e ceremonial dos actos publicos.

1°. A Juncta se congregará todos os dias na Real Fortaleza, onde será a residencia do Senhor Presidente, e durará a sua reuniaõ desde as 9 da manhaã até as duas da tarde, e desde as cinco até as oito da noite.

2°. Todos os assumptos governativos, e de fazenda, se tractaraõ ante ella pelas secretarias respectivas.

3°. O departamento de Fazenda, na Secretaria, correrá a cargo de Doutor Joaõ Jozé Passo; e o departamento do Governo e guerra a cargo do Dr. D. Máriano Moreno.

4°. Nos decretos de substanciaçaõ, respostas dentro da capital, assumptos leves, e de urgente despacho, bastará a assignatura do Presidente, authorizada pelo respectivo Secretario.

5°. Nos negocios que devem decidir-se pela Juncta, a formaraõ quatro vogaes com o Presidente; porém nos assumptos interessantes, e de alto governo deveraõ concorrer todos precizamente.

6°. Nas representaçoens e papeis de officio se dará á Juncta o tractamento de Exª. ; porém os vogaes naõ teraõ tractamento algum, em particular.

7°. As armas faraõ á Juncta as mesmas honras que aos Excellentissimos Senhores Vice-Reys, e nas funcçoens de meza se guardará com ella o mesmo ceremonial.

8°. O Senhor Presidente receberá em sua pessoa o tractamento e honras da Juncta como Presidente della; os quaes se lhe tributaraõ em toda a occasiaõ.

9°. Os assumptos do patronato se dirigiraõ á Juncta nos mesmos termos que aos Senhores Vice-Reys, sem prejuizo das extensoens a que legalmente condusa o successivo estado da Peninsula.

10°. Todo o vizinho poderà dirigir-se por escripto ou de palavra a quaesquer dos vogaes, ou á mesma Juncta e communicar quanto julgar conveniente á segurança publica, e felicidade do estado.

Dr. MARIANO MORENO, Secretario.
Buenos-Ayres, 28 de Mayo, 1810.

HESPANHA POR FERNANDO VII.

Decreto da Suprema Juncta Central, sobre a convocaçaõ das Cortes, no 1 *de Março, de* 1810, *o qual posto que naõ fosse posto em execuçaõ foi communicado á Regencia, e lhe tem de algum modo servido de regra.*

El Rey, e em seu Real nome a Suprema Juncta Central da Hespanha e Indias. Tendo sido o meu principal cuidado ajunctar a naçaõ Hespanhola, nas Cortes Geraes, e Extraordinarias, em ordem a que ellas, representando os individuos de todas as classes, qualidades, e ordens do Estado, depois de haver indicado os meios de expulsar o inimigo, que taõ perfidamente invadio, e taõ cruelmente dessolou algumas das provincias; houvessem, com a devida consideraçaõ de regular o que fosse mais conveniente para dar estabilidade a constituiçaõ; e alem disto, o que desse pureza, e toda a perfeiçaõ possivel á legislaçaõ civil, e criminal do Reyno, e aos differentes ramos de administraçaõ publica. Para estes fins, por meu Real Decreto de 13 do mez passado, eu ordenei, que a minha dicta Juncta Central se mudasse de Sevilha para a Ilha de Leaõ, em ordem a que pudesse convenientemente preparar os negocios para o alcance de taõ grandes designios.

(Seguia-se uma longa serie de artigos sobre esta materia, dos quaes os mais importantes saõ os seguintes.)

Os Grandes do Reyno, que naõ forem chefes de suas familias naõ seraõ admittidos nas Cortes; nem os que forem menores de 26 annos de idade; nem os Prelados, ou Grandes, que estiverem processados por qualquer crime, nem os que se tiverem submettido ao Governo Francez.

Em ordem aque as provincias da Asia e America (que por causa da brevidade do tempo naõ pódem ser representadas por deputados de sua nomeaçaõ) naõ fiquem inteiramente excluidas das Cortes, a Regencia formará uma Juncta Eleitoral, composta de seis pessoas de character, naturaes daquelles dominios, os quaes escolheraõ dos residentes em Hespanha, nascidos no mesmo paiz, quarenta pessoas, tiradas á sorte, de cujo numero 26 seraõ escolhidos da mesma maneira; os quaes 26 representaraõ nas Côrtes aquelles extensos territorios.

De igual maneira se obteraõ deputados pelas provincias occupadas pelo inimigo; nomear-se-haõ 18 por cada provincia, quatro dos quaes ficaraõ nomeados.

Para que os trabalhos preparatorios procedam sem obstrucçaõ, se nomeará uma deputaçaõ das Cortes, consistindo de oito pessoas, seis naturaes de Hespanha, e dous da America, cujo dever será manejar as formalidades das Cortes, em ordem a que a attençaõ do Governo se naõ desvie dos importantes negocios em que se deve empregar.

As Junctas das Cortes existiraõ debaixo destas distincçoens; a Juncta das arrecadaçoens e collectas dos meios de sustentar a guerra; a Juncta das Finanças; a Juncta de Legislaçaõ; a Juncta de Instrucçaõ Publica; a Juncta Ecclesiastica; e a Juncta Ceremonial.

Quando se abrir a sessaõ, as Cortes de dividiraõ em dous

estados; um do povo, composto dos deputados das provincias de Hespanha e America, e outro dos Nobres, composto de Prelados, e Grandes do Reyno.

As proposiçoens, que em meu Real nome fizer a Regencia ás Cortes, seraõ examinadas primeiro na assemblea popular; e, sendo approvadas por ella, seraõ depois transmittidas aos Nobres, e por elles reconsideradas.

O mesmo methodo se observará a respeito das proposiçoens que se originarem em cada um dos Estados, as quaes seraõ transmittidas de um para outro para re-examinaçaõ.

As proposiçoens, que se naõ approvarem por ambos, seraõ nullas.

As proposiçoens, approvadas por ambos, seraõ mandadas á Regencia para sua sancçaõ.

A Regencia sancçionará a proposiçaõ assim approvada; a menos que, por graves e ponderosas razoens, o naõ julgue conveniente.

Em taes casos a Regencia deve voltar a proposiçaõ ás Cortes, com uma clara explicaçaõ dos seus motivos para a regeitar.

Se a proposiçaõ, assim voltada, naõ for approvada por dous terços em cada assemblea, será regeitada, e naõ se poderá tornar a discutir senaõ no ajunctamento futuro das Cortes.

Sendo approvada por dous terços, será outra vez mandada para a sancçaõ Real.

Sendo assim voltada, a Regencia dará a sua sancçaõ em tres dias; mas se a naõ der, passado este tempo, ficará sendo parte do direito publico, e annunciado como tal.

A Regencia poderá assignar o tempo, em que as Cortes devem findar; porém naõ antes da expiraçaõ do termo de 6 mezes depois de sua installaçaõ.

Durante o tempo em que as Cortes estiverem desempenhando as suas funcçoens, a Regencia continuará no pleno exercicio do poder executivo. As Cortes portanto limitaraõ os seus deveres ao exercicio do poder legislativo, que propriamente lhe pertence, sem admittir discussoens sobre o executivo; e distrahir por este meio a sua attençaõ das serias occupaçoens, em que se deve empregar. Dirigiraõ inteiramente as suas vistas á formaçaõ das leis, e á introducçaõ de reformas saudaveis; á correcçaõ dos abusos do Governo antigo, e ao melhoramento do presente estado da naçaõ; e ás precauçoens para sua futura segurança, prehenchendo deste modo os seus altos e importantes deveres. Real Ilha de Leaõ, 29 de Janeiro, 1810.

(*Assignados*) Arcebispo de Laodicea. Marquez de Astorga. Valdez. Marquez de Villel. Jovellanos, &c.

HESPANHA PELOS FRANCEZES.

Proclamaçaõ de S. M. C. (José Bonaparte) Rey de Hespanha e das Indias, aos Americanos Hespanhoes, e naturaes das Indias occidentaes.

AMADOS VASSALLOS, E QUERIDO POVO! Ainda que, por causa das circumstancias, que tem produzido os inimigos da vossa prosperidade, da vossa paz, e da vossa segurança, vos achais submergidos em um mar de difficuldades, trabalhos, e perigos; he com tudo a vós a quem se dirige a nossa paternal palavra. Vos, nossos amados vassallos, que estaes evidentemente enganados, e illudidos por falsas novidades, e egregias falsidades, que os audazes rebeldes destes nossos reynos de Hespanha, e os crueis perseguidores da raça humana, estes Inglezes, vos tem transmittido; considerai, com particular cuidado e attençaõ, o que deveis fazer. Escutai a vóz da virtude, da verdade, e da honra. Sabei que a rebelde e perversa Juncta procura somente enganar-vos, e despojar-vos de toda a riqueza e thesouro que vós possuis, em ordem a fazer-vos mais submissos e humildes a seus sanguinolentos mandados, e vistas hypocritas, e atraiçoadas. Estai seguros de que os Inglezes por sua parte trabalharaõ por despojar-vos do vosso ouro e felicidade, somente em ordem a manter com elle uma guerra que tem provocado, cuja tendencia e fim he annihilar-vos. Considerai, reflecti, e ponderai tudo isto; e se a vossa decisaõ imparcial naõ vos submette ao nosso paternal, e justo Governo; Eu em todo o caso vos aconselho de unir-vos todos em um corpo como bons, e affeiçoados irmaõs, e declarar-vos livres, e independentes de todas as naçoens do Mundo. Aboli inteiramente aquelle iniquo, barbaro, e fanatico Governo, debaixo do qual tendes gemido e soffrido tanto tempo. Lançai por terra a inhumana e infernal Inquisiçaõ. Dai ao Mundo illustres provas de honra, valor, e tolerancia. Promulgai justas, sabias, e saudaveis leis. Abri os vossos olhos para os vossos proprios interesses. Desfazei resolutamente a fatal aliança que existe entre vós e os Inglezes, cujos inalteraveis fins saõ aproveitar-se de vossas preciosas minas, que o seio de vossos ricos territorios contém. As suas vistas, ha alguns annos a ésta parte, estaõ fixas neste objecto. Usai portanto da vossa maior habilidade, para prevenir que elles realizem os seus vîs, e injustos designos. Com igual cuidado, e vigilancia, guardai-vos de pretendidos tractados de commercio, e amizade, que outras naçoens vos possam offerecer de entamar com vosco. Ficai firmes, constantes, e determinados a manter, o sabio e feliz Governo, que houvereis de escolher; todos unidos debaixo da mesma bandeira, vivei socegados, e felizes. Mostrai ás outras naçoens um exemplo de sabedoria, valor, justiça, e felicidade; e vós obtereis o meu paternal cuidado e affeiçaõ. Dado no nosso Real Palacio de Madrid aos 22 de Março, 1810.

(*Assignado*) EU EL REY JOSE'.

França.

Decreto Imperial: datado do Palacio das Thuilherias aos 23 de Septembro, de 1810.

Napoleaõ, Imperador dos Francezes, Rey da Italia, Protector da Confederaçaõ do Rheno, Mediador da Confederaçaõ Suissa: Desejando segurar o pagamento de todos os atrazados do Governo da Hollanda, anteriores á sua uniaõ com o Imperio Francez temos decretado, e decretamos o seguinte.

Titulo I. Atrazados dos serviços ministeriaes da Hollanda.

Art. 1. Os 24 milhoens devidos pelo Ministerio da Hollanda, por serviços feitos antes de 1810, comprehendendo a soma de 2:700.000 francos, decretados, mas naõ pagos, seraõ reembolsados, e liquidados na forma aqui prescripta.

Titulo II. Liquidaçaõ dos atrazados dos serviços Ministeriaes.

2. Estabelecer-se-ha em Amsterdam um Conselho de Liquidaçaõ, presidido por um Maitre-de-Requests, do nosso conselho de Estado.

3. Todos os atrazados de dividas por serviços feitos, e naõ pagos, seraõ revistos, e liquidados, antes do 1°. de Julho, de 1811.

4. Todos os mezes, principiando do 1°. de Novembro, proximo futuro, remetterá o Archi-Thesoureiro ao nosso Ministro de Finanças, para ser submettida á nossa approvaçaõ, uma conta do estado de liquidaçaõ do mez precedente.

5. O nosso Ministro de Finanças transmittirá a conta do estado de liquidaçaõ, que tiver sido approvada, ao nosso Ministro do thesouro publico, o qual fará com que se paguem as dividas da dicta conta em bilhetes, chamados Bilhetes-do-Syndicado de Hollanda.

Tit. III. Dos Bilhetes de Syndicado da Hollanda.

6. O nosso Ministro do Thesouro fara executar 24:000.000 de bilhetes do Syndicado da Hollanda, de 500 francos cada um; elles seraõ assignados pelo Secretario do Syndicado.

7. Estes 24:000.000. de bilhetes seraõ divididos em quatro series de 6:000.000 cada uma; e cada serie pagavel de anno a anno, principiando do 1°. de Janeiro de 1812 na proporçaõ de 500.000 francos por mez.

8. Os Bilhetes do Syndicado de Hollanda seraõ conformes aos modelos aqui junctos.

9. Seraõ dados em pagamento aos credores. Os pagamentos se faraõ, na Hollanda, pelo pagador das desepzas mixtas. A primeira distribuiçaõ dos Bilhetes do Syndicado, será a favor daquelles que possuirem ordens naõ pagas sobre o thesouro da Hollanda.

10. Os Bilhetes do Syndicado da Hollanda seraõ recebidos em pagamento dos atrazados das contribuiçoens.

Titulo IV. Do Syndicado da Hollanda.

11. Formar-se-ha em Amsterdam um Syndicado de 30 membros, á frente dos quaes estará o nosso Conselheiro de Estado Apelius.

12. O Syndicado será encarregado do pagamento dos bilhetes do Syndicado da Hollanda, ao periodo de seu vencimento; para este fim vigiaraõ, e accelleraraõ as receitas de todas as contribuiçoens atrazadas, até o 1°. de Janeiro, de 1810; e especialmente os pagamentos, que resultarem da ratificaçaõ dos registros, até a somma de 24:000.000.

13. O Syndicado da Hollanda terá uma caixa particular em que se depositará o producto dos atracados da contribuiçaõ. Podera por maioridade de votos do Conselho conceder algum tempo aos devedores, quando houver mais fundos do que saõ necessarios para pagar os bilhetes.

Poderà igualmente empregar parte do excesso dos atrazados cobrados, em accelerar o pagamento dos bilhetes por anticipaçaõ e antes do seu vencimento. O Conselho ajustará, em uma conferencia, a serie, ou secçaõ de series de bilhetes do Syndicado, que se aproveitaraõ desta anticipaçaõ de pagamento.

14. Reservamos para nos o decretar se ha alguma occasiaõ em que nos deva ser apresentada a conta definita, relativa aos restos devidos alem de 24:000.000.

Titulo V. Do pagamento dos juros ou atrazados da divida publica.

15. A somma de 30 milhoens, em se que avaluam os juros e atrazados da divida publica da Hollanda, desde 1 de Julho, 1809; até 22 de Outubro, 1810, será paga em bilhetes, de 500 francos cada um, admissiveis em pagamento dos bens da Coroa (domains) Imperiaes da Hollanda, ou da redempçaõ dos dizimos de bens da Coroa (domains) da mesma origem.

16. Deduzir-se-ha das nossas rendas de bens da Coroa, a somma annual de 200.000 francos, destinados a servir de hypotheca para o pagamento dos juros destes 30 milhoens.

17. Crear-se-haõ pelo nosso thesouro publico ordens para o pagamento em semestres de 500 francos, pela somma de 30 milhoens, importe dos dictos juros; estas ordens seraõ admissiveis em pagamento dos bens da coroa, e dizimos desses bens na Hollanda; seraõ entregues aos credores a quem se devem juros da divida publica, pelo Pagador das despezas varias, em cada cidade principal do Departamento.

18. O Director de nossos bens da coroa e suas rendas, na Hollanda, formarà uma lista dos bens de raiz, e dizimos dos bens da coroa, que se venderaõ; e o pagamento será feito em ordens do nosso thesouro publico, conforme ao artigo antecedente.

19. Os dictos bens da Coroa seraõ vendidos em almoeda, os predios rusticos, e os dizimos de bens da Coroa seraõ postos na proporçaõ de 25 vezes a somma do seu rendimento annual: e os predios urbanos a 16 vezes a sua renda annual.

20. As ordens admissiveis em pagamento dos dictos bens da Coroa, seraõ transferiveis por meio de endorses. Cada uma destas ordens vencerá, se naõ for empregada em comprar bens da coroa antes do fim do anno de 1811, 4 por cento, pelos annos de 1812, e 1813, estes juros se tiraraõ primeiro do producto dos 1:200.000 francos das rendas deduzidas das despezas geraes.

21. O nosso Ministro das Finanças nos dará conta mensal do importe das vendas dos bens da coroa, vendidos, ou remîdos dos dizimos, em execuçaõ das ordens acima.

Titulo VI. Pagamento de varios outros creditos.

22. A nossa caixa de amortizaçaõ da França reembolçará, no tempo determinado, as letras de cambio pagaveis pelo Thesoureiro de Amsterdam para o serviço dos annos de 1808 e 1809, que importam em 6:600.000 francos; incluindo 172.000 francos pelo emprestimo feito pelo Thesouro da Hollanda sobre varias hypothecas, e a somma emprestada sobre o deposito do cravo, e que monta a 1:515.000.

23. As 1:920.360 libras de cravo, que estaõ nos armazens do Estado da Hollanda, se devem por á disposiçaõ da caixa de amortizaçaõ, que successivamente terá cuidado de o vender pelos termos mais vantajosos. Com o producto das vendas se reembolçará das sommas dos avanços, que deve fazer na execuçaõ do artigo acima.

24. O nosso primo o Principe Archi-Thesoureiro, e Tenente General na Hollanda, e o nosso Ministro de Finanças, e o Thesouro ficam encarregados da execuçaõ deste decreto.

(*Assignado*) NAPOLEAÕ.

COMMERCIO E ARTES.

Exame do Tractado de Commercio entre as Cortes do Brazil, e da Inglaterra.

[*Concluido de p.* 312.]

Artigo 13. Este artigo estipula o estabelicimento dos paquetes; mas refere-se, quanto ás particularidades a outra convençaõ futura. He assim que, depois de esperar-mos dous annos por este tractado, que devia regular as relaçoens commerciaes, entre a Inglaterra e o Brazil, nos achamos a cada passo referidos a novos tractados futuros; de maneîra que se nos abre um prospecto de uma serie interminavel de tractados, os quaes esperamos naõ trágam com sigo paga a cada um dos ministros que os assignar; do contrario poucas seraõ as rendas publicas, só para pagar aos negociadores de tantos tractados.

Art. 14. Que o negociador Braziliense conviesse neste artigo, naõ nos admira; porque em um Governo arbitrario, onde a vontade do do Ministro he lei, importa pouco o que se escreve, ou imprime, com o nome de leis; visto que meia folha de papel, com o nome de Avizo da Secretaria de Estado, he capaz de abrogar, e annihilar os cinco livros das Ordenaçoens em pezo, e todos os volumes das extravagantes; e assim pouco importa que as leis, ou os tractados, na parte que tem de ser executados pelo Governo, sêjam expressos em termos vagos e genericos, ou em termos especificos e determinados. Mas o que nos admira he, que o Negociador Inglez conviesse tambem na estipulaçaõ deste artigo, nos termos vagos em que se comprehende. Expliquemo-nos.

A estipulaçaõ do artigo propoem-se a declarar quaes saõ os delinquentes, que passando de uma naçaõ a outra, devem ser entregues por aquella onde se refugiarem; e estipulam os negociadores, que os crimes incluidos nesta estipulaçaõ sêjam, Alta-traiçaõ, Falsidade, e *outros crime de uma natureza odiosa.* Estas palavras saõ nullas por serem demasiado vagas; porque *outros crimes de uma natureza odiosa*, naõ saõ definidos em nenhuma lei; e assim deve ficar ao arbitrio de alguem o julgar se o crime, porque se pede a entrega do criminoso, he ou naõ de natureza odiosa ; e esse alguem será talvez o ministro de Estado, o qual julgará que o crime de que se tractar he ou naõ de natureza odiosa ; segundo o seu humor e capricho ; visto que, pela estipulaçaõ naõ está adstricto a nenhuma regra pará o julgar.

Donde se segue, que, supposto a estipulaçaõ pareça absolutamente reciproca ; na practica nunca o póde ser, pela differente natureza dos Governos ; porque no Brazil, logo que o Ministro Inglez exigir a entrega de qualquer criminoso, e o Secretario de Estado do Brazil estiver disposto a concordar com elle em, que o crime em questaõ he de *natureza odiosa*, sem mais formalidade lhe mandou entregar a pessoa reclamada, e obteve o Ministro Inglez o seu fim. Pelo contrario em Inglaterra, onde nenhum Secretario de Estado, graças a Deus, se póde intrometter nos procedimentos legaes da administraçaõ da justiça, se o Ministro Portuguez reclamar um criminoso debaixo do pretexto, que a natureza do crime he odiosa, e o Secretario de Estado o mandar effectivamente prender para o entregar ; tem o prezo o recurso de obter logo um *writ* de *habeas corpus* ; este grande paladio da liberdade Ingleza ; em virtude do qual será esse prezo apresentado, sem remissaõ, ante os Juizes do tribunal chamado King's Bench, os quaes examinando de plano as circumstancias do caso, e achando que a ordem de prisaõ fôra dada em consequencia de uma estipulaçaõ vaga, e por um crime indefinito, mandaraõ immediatamente soltar o prezo, ainda que a ordem de prisaõ fosse assignada por El Rey. Assim, em consequencia da natureza do Governo Inglez, e da justiça de suas leis, será impossivel ao Ministro Portuguez o obter em Inglaterra, pela estipulaçaõ deste artigo, o que em virtude della mesma póde exigir o ministro Inglez no Brazil. Aqui em Inglaterra responderá o Governo a uma applicaçaõ deste genero ; " Eu naõ posso entregar o criminoso que se me pede porque as leis mo naõ permittem, e eu naõ sou superior a ellas ;" lá no Brazil, naõ podendo o Secretario de Estado dar essa resposta ; porque os avisos de Secretaria saõ superiores (pela practica, e pela theoria dos que governam) a todas as leis, segue-se que haõ de convir com que o ministro Inglez quizer. A necessidade que ha de definir bem as leis principalmente as criminaes em um Estado bem regulado, e livre por consequencia, como he a Inglaterra, tem sido demonstrada por todos os jurisconsultos ; porque uma lei feita em termos vagos, que deixa ao poder do Governo o dar-lhe a interpretaçaõ que quizer ; pode bem comparar-se com as leis que promulgou Caligula, mandando-as escrever, (como diz Dio Cassius) em letrinha muito miuda, e collocando a taboa em pilares mui altos, de maneira que se naõ podiam lêr; assim se a este acto de Caligula se chamava arbitrario pela difficuldade de poder o cidadaõ saber a lei porque havia de ser castigado; que nome se poderá dar a uma lei em termos vagos, que he impossivel a ninguem o saber os casos que comprehende.

E para que os nossos leitores Brazilienses vejam quanto se attende na jurisprudencia Ingleza á letra da lei, e á especifica definiçaõ dos crimes, lhes mencionaremos um exemplo. Pelo Estatuto 14, Geo. II., cap. 6. se determinou que furtar ovelhas, ou *outro gado* fosse crime de morte; e os Juizes todos assentáram, que as palavras *outro gado*, sendo vagas, naõ podíam constituir pena capital; assim ficou somente sendo crime de morte o furtar ovelhas; pelo que foi precizo depois fazer outro Estatuto, que foi o 15 Geo. II., cap. 36; que extendeo a pena de morte especificadamente ao furto de bois, vacas, touros, bezerros, bezerras, carneiros, &c. tudo pelo seu nome. Os nossos negociadores naõ julgáram que valia a pena cançár-se com estas bagatellas; mas a consequencia será, que a sua estipulaçaõ vaga se deve reputar nulla nos tribunaes Inglezes.

Os Artigos 15 e 16 estipulam a admissaõ de toda a qualidade de productos, e manufacturas Inglezas nos Dominios de Portugal; pagando os direitos na alfandega de 15 por cento *ad valorem.* Introduz-se depois o artigo 17, em que o Governo Portuguez se obriga a ser hourado comprador a respeito dos Inglezes; isto he se obriga a pagar logo, e pelo preço estipulado pelos proprietarios, os artigos que tomar aos negociantes Inglezes, e fica responsavel pelas perdas que lhe causar. E dahi passa-se ao artigo 18, em que se concede o privilegio aos negociantes Inglezes de poderem ser assignantes na Alfandega; e ultimamente vem o artigo 19 a estipular a convençaõ reciproca aos artigos 15 e 16.

Examinaremos primeiro os artigos 17, e 18; e ao depois junctamente os artigos 15, 16, e 19, que saõ correlativos.

Art. 17. Este artigo, pelo qual o Negociador Inglez merece certamente os agradecimentos dos negociantes de sua naçaõ, he um conspicuo exemplo do defeito 4°; porque, estipular expressamente, que, se S. A. R. o Principe Regente de Portugal quizer para o seu uso alguns artigos importados para os seus portos, os haja de pagar logo, pelos preços estipulados com os proprietarios, ou he uma estipulaçaõ escusada, ou suppoem que o Governo Portuguez he capaz de commetter a violencia de tomar aos particulares os seus bens, e naõ lhos pagar, ou pagar-lhes tarde, e mal. Mêtta o

Governo Portuguez a maõ na sua consciencia, vêja se tem commettido esses actos, e conhecerá se teve razaõ, como nós dizemos, o Governo Inglez em se acautellar desta forma, sêja ou naõ sêja a estipulaçaõ uma confissaõ sub-entendida, da pouca exactidaõ dos pagamentos, e desempenhos de sua palavra no Governo Portuguez. A declaraçaõ annexa ao artigo, nos parece igualmente justa, e pela mesma razaõ. Portem-se bem, e ja ninguem os suspeitará de falta de cumprimento com aquelles deveres, que se qualquer individuo desprezasse o menos que lhe succederia, éra de naõ haver quem quizesse ter contas com elle.

O art. 18. concede aos Inglezes o direito de serem assignantes nas alfandegas Portuguezas; e na forma do systema de utilidades apparentes reciprocas, diz o artigo; que o mesmo receberaõ os Portuguezes nas alfandegas Inglezas, em tanto quanto possa ser justo ou legal. Nos explicaremos a que se estendem as palavras, *em quanto possa ser justo ou legal;* isto he nada, pela palavra nada; porque, segundo as leis Inglezas, ninguem recebe tal favor de ser assignante na alfandega; nem cousa que a isso se assemelhe. Logo esta estipulaçaõ reciproca a favor dos Portuguezes he nulla de sua natureza; e portanto, ou o Negociador Braziliense he ignorante dos regulamentos das alfandegas de Inglaterra, pois naõ sabe que esta estipulaçaõ lhe naõ aproveitava de nada; e nesse caso naõ se devia metter a negociar tractados sobre materias de que éra ignorante; ou sabia isto; e entaõ, admittindo uma estipulaçaõ illusoria, que sabia ser nulla; se dispunha a enganar os Portuguezes; apresentando-lhes neste artigo uma estipulaçaõ nulla, debaixo da apparencia de vantagem mutua. Nós de boa vontade deixamos ao Negociador a escolha da alternativa.

Se no Governo Portuguez houvessem homens, que desejassem ser informados das materias sobre que se propôem legislar, achariam que, supposto naõ se pudesse obter em Inglaterra a mesma vantagem para os Portuguezes, de serem assignantes na alfandega, ha outras pequenas utilidades, que os negociantes Portuguezes poderîam gozar, e que naõ gozam agóra; e que naõ sería difficil obter do Governo Inglez, em compensaçaõ do privilegio concedido aos Inglezes de serem assignantes na Alfandega. Nós lembraremos uma, por exemplo, que sería o direito de poderem os Portuguezes abrir conta com o Banco de Inglaterra, como fazem os negociantes Inglezes; o que lhe facilitaria muito o gyro de seus capitaes pelos descontos de letras, &c; o que ao presente naõ podem fazer, e assim se acham em condiçaõ mui inferior aos negociantes Inglezes; porque um Negociante Inglez, que tem cem mil libras de fundos, abrindo conta com o banco, e tendo ali um credito de cem mil libras; negocía com duzentas, e ganha em proporçaõ; ao mesmo tempo que o negociante Portuguez, que naõ pode ter esse credito no banco, posto que tenha o mesmo fundo de cem mil libras; deve negociar com um gyro ametade menor que o Inglez, e por consequencia, aliás em iguaes circumstancias, naõ póde ter senaõ ametade dos lucros. He pois o conhecimento destas localidades do commercio que podería habilitar o negociador Braziliense a estipular vantagens para os seus, que fossem proximamente reciprocas ás que concede aos estranhos.

Artigos 15, 16, e 19. Pelo artigo 15, e 16 se admittem nos portos de Portugal todos os artigos de producçaõ ou manufactura Ingleza, pagando os direitos de 15 por cento: e pelo artigo 19, em que vem a chamada reciprocidade, se admittem nos portos Inglezes todos os artigos de producçaõ ou manufactura Portugueza, pagando — pagando o que? ¿ os mesmos 15 por cento para ser a estipulaçaõ reciproca? naõ Sñr.: pagando o que paga a naçaõ mais favorecida ¿ e quanto será isso que paga a naçaõ mais favorecida pelas suas manufacturas, que importa para a Inglaterra? Nada menos que o valor todo das fazendas; porque saõ confiscadas. Assim; estipula-se que os Inglezes introduzam em Portugal todas as suas manufacturas pagando o direito de 15 por cento; e em reciprocidade disto, seraõ confiscadas todas as manufacturas Portuguezas, que vierem a Inglaterra.

Se algum Corypheo defensor do Governo Portuguez, desses alugados para escrever em seu elogio, e contra nós, puder mostrar que nesta estipulaçaõ ha vantagem reciproca, quando uns pagam 15 por cento de direitos, e os outros perdem a fazenda, seremos obrigados a confessar que os Snr^es. Grandes em Portugal empregam para seus elogiadores homens de raro talento.

Poderaõ dizer aqui que era escusado estipular especificamente o direito de 15 por cento sobre as manufacturas Portuguezas importadas em Inglaterra; porque Portugal naõ tem artigos de manufactura que venda aos Inglezes. Respondemos a isso; primeiro, que ainda que os Portuguezes naõ tivessem manufacturas que trazer á Inglaterra, essa estipulaçaõ salvaria ao menos a honra apparente do tractado, pondo de uma parte, senaõ vantagens iguaes, ao menos palavras iguaes: em segundo lugar dizemos, que ha algumas manufacturas, e poderá haver outras, que venham de Portugal a Inglaterra. Por exemplo, se neste tractado estivesse a estipulaçaõ verdadeiramente reciproca, de pagarem as manufacturas de uma naçaõ nos portos da outra os mesmos direitos, naõ tería um Portuguez de ver confiscados uns poucos de palitos de dentes que lhe viéram de Lisboa; nem o outro de ver apprehendido o tabaco em rolo que lhe veio do Brazil, por vir untado com mel; operaçaõ a que na alfandega se chamou manufacturar.

He verdade que nem ainda estabelecendo igualdade de direitos, ficariam as vantagens reciprocas, visto a grande quantidade de manufacturas que os Inglezes pòdem levar para os dominios de Portugal, e as quasi nenhumas que de lá podem vir para a Inglaterra; mas ao menos uma tal igualdade nas palavras, faría apparecer a estipulaçaõ com uma face decente. Porém da maneira que se concebe o artigo vem a dizer, que os Inglezes levem aos dominios de Portugal todas as manufacturas que quizerem pagando 15 por cento de direitos, e que os Portuguezes tragam á Inglaterra todas as manufacturas que quizerem para serem confiscadas; isto he levar as cousas a um ponto taõ ridiculo, que naõ haverá um Portuguez de senso, que se naõ envergonhe de se ver governado por ministros taes, quaes os que formalizáram similhante tractado.

Art. 20. Este artigo he nova restricçaõ ao commercio Portuguez em Inglaterra: porque pelo artigo antecedente se naõ póde trazer a Inglaterra producto algum de manufactura Portugueza, e por este artigo 20 se excluem tambem alguns productos de creaçaõ, que saõ importantissimos no Brazil; taes saõ o assucar, café, e outros artigos similhantes aos productos das colonias Britannicas.

Art. 21. Estipula, a desvantagem reciproca á do artigo antecedente; naõ se admittindo nos domînios Portuguezes producçoens das Indias Occidentaes como assucar, e café, nem generos das Indias orientaes. He evidente, que ésta prohibiçaõ existia pela natureza da cousa, sem ser necessaria estipulaçaõ; porque nunca o habitante Inglez das Indias occidentaes poderia levar o seu assucar ao Brazil, onde o ha melhor, e mais barato; assim nem ainda mesmo nesta estipulaçaõ, que he verbalmente reciproca, as vantagens e desvantagens saõ iguaes.

Art. 22. Comprehendemos este artigo no defeito 4°; porque se S. A. R. o Principe Regente de Portugal acha, que lhe convem o estabelecer Sancta Catherina em Porto Franco, pedia a dignidade de sua Corôa como Soberano, que o fizesse por um Decreto seu, ou lei, e naõ por um artigo de tractado, em que se obriga a fazello a uma Potencia estrangeira, a qual estipulando esta obrigaçaõ, se naõ obriga a si em cousa alguma mutuamente.

Art. 23. Fazemos exactamente a mesma observaçaõ. Hum Soberano deve ser o Senhor em seus dominios, quem lhe aoeuselha estes actos de humiliaçaõ compromette a sua honra, e alta dignidade.

Art. 24. Este artigo volta com a mesma apparencia de reciprocidade, a confirmar os direitos que ambas as naçoens possuîam nos portos uma da outra nas Indias orientaes; os direitos que os negociantes Inglezes gozávam nos portos Portuguezes da India, saõ bem sabidos, principalmente depois da sua amigavel occupaçaõ de Goa, que se menciona no art. 5°. do tractado de paz e amizade de 19 de Fevereiro, de 1810 (veja-se o Corr. Braz. vol. v. p. 276.) Os direitos que gozávam os negociantes Portuguezes nos portos Britannicos da India, se conheceraõ pelo que dicemos no N°. 25, vol. iv. p. 593.

Art. 25. Estipula a aboliçaõ da Feitoria Ingleza, ficando porém os negociantes Inglezes gozando individualmente dos mesmos direitos e privilegios, que tinham existindo a Feitoria; logo naõ cedem nada do que tinham, extinguindo-se a Feitoria. E Portugal, *mui reciprocamente* se obriga a naõ pôder soffrer companhia alguma de commercio, que restrinja, embarasse, ou affecte de modo algum o commercio dos vassallos Britannicos. Assim Portugal, impondo-se a si mesmo estas restricçoens, pelas quaes até extingue virtualmente a companhia dos vinhos do Porto, e outras de que o Governo Portuguez tirava proveitos immediatos, estipula para si nada mais do que a extincçaõ do nome Feitoria, que tinham os Negociantes Inglezes; os quaes mui sabiamente cederam o nome, para ficar com os privilegios. Deus os ajude; tem quem os saiba governar bem, devem aproveitar-se. O Governo Inglez naõ póde, nem deve, cuidar dos seus interesses, e dos das outras naçoens; cada um deve olhar por si.

Art. 26. Aqui nos vemos outra vez remettidos a novos tractados futuros, e revisaõ dos passados. Pensava todo o Mundo, que estes dous annos, empregados em negociaçoens, tinham sido bastantes para refundir todos os antigos tractados de commercio, em um, e addir-lhe o que fosse necessario; mas daqui somente tîram os negociantes Portuguezes promessas de novos tractados.

Art. 27. Declara que a liberdade de commercio, annunciada pelo presente tractado, se extende a todos os generos, menos á propriedade dos inimigos. O leitor conhecerá facilmente, que ésta amplitude, e generalidade, he diametralmente opposta ás muitas restricçoens, que se acham no corpo do tractado; e assim naõ vemos nisto senaõ uma pomposidade de expressoens sem significaçaõ.

Art. 28. Declara o que se entende por generos de contrabando de guerra; e comprehende aquelles, que o direito das gentes na Europa tem admittido como taes; assim se alguma cousa precisava de pouca explicaçaõ éra a enumeraçaõ dos artigos aqui mencionados; por ser isto materia em que todas as naçoens convem.

Art. 29. O custume barbaro de pertencer ao Senhor Suzerano do paiz, os restos dos navios, ou suas cargas, que vem ter ás costas; tem justamente sido considerado como centrario ao direito natural, á hospitalidade, e a humanidade devida aos naufragados. Em Portugal se abolio expressamente esse custume, alias geral na Europa, pela ordenaçaõ do Liv. ii. tt. 32.; Em Inglaterra porém supposto estêja muito mitigado por varias Estatutos, que se tem feito desde o tempo de Henrique I. a ésta parte, com tudo ainda isto naõ ésta abolido com a mesma amplitude que em Portugal; porque em Inglaterra, ainda mesmo agora, os restos dos navios naufragados, e sua carga pertencem a El Rey; mas pelo Estatuto feito em tempo de Ricardo I. só se entende a lei no caso de que perêçam todas as pessoas abordo; e para approximar isto mais á equidade, basta que se salve do navio qualquer cousa marcada, por onde se conheça quem he o dono, ou seus herdeiros em primeiro e segundo gráo, provando o direito dentro de anno e dia: e os rendimentos que resultam dos naufragios saõ muitas vezes concedidos aos Senhores Donatarios das terras (*)

Daqui se vê que a excepçaõ, mencionada na segunda parte deste artigo, he toda a favor de Inglaterra, e naõ de Portugal; porque em Portugal naõ tem El Rey nada com os naufragios; senaõ que o Almoxarife he obrigado a arrecadar o que se póde salvar para o entregar a seu dono. E em Inglaterra, ha casos ainda em que El Rey, ou o Donatario da terra, tem direito aos bens naufragados. He verdade que se promette a aboliçaõ ou modificaçaõ desta lei; mas em quanto se naõ abole ou modifica, a estipulaçaõ he a favor da Inglaterra.

(*) Veja-se Blackstone Commentarios sobre as leis de Inglaterra Liv. i. cap. 8.

E aqui naõ podemos deixár de louvar a delicadeza do Negociador Inglez, que promettendo o melhoramento destas leis Inglezas, deduzidas de um custume verdadeiramente barbaro, se explicou em termos geraes para salvar a honra da sua naçaõ; demaneira que, quem lê o artigo naõ acha nelle se he a Inglaterra, ou se he Portugal, que tem ainda que melhorar a sua legislaçaõ nesta parte; quando toda a melhoria, que se carece, he na lei Ingleza, visto que a Portugueza está o mais perfeita que se póde desejar.

Art. 30. Este artigo estipula a exclusaõ de piratas dos portos das potencias contractantes. Isto he conforme ás leis tanto de Portugal como de Inglaterra; e segundo a practica de todas as naçoens civilizadas.

Art. 31. Este artigo estabelece o que deve practicar-se, no caso em que haja rompimento entre as duas Potencias, a respeito das pessoas e bens dos vassallos de uma das Potencias, que se achar nos dominios da outra. Estipulaçoens desta natureza se encontram em muitos tractados, e o seu quebrantamento he igualmente frequente; e na verdade, estipularem as naçoens em tempo de paz, o que fará uma á outra quando vierem a estar em guerra, he de mui pouco proveito: ha, e deve haver, na guerra direitos que respeitar, e estipulaçoens a que attender; mas ao momento que uma naçaõ declara a guerrar pórta-se como se dicessem:

Hic pacem, temerata que jura relinquo.

Art. 32. Este artigo repette, e explica a estipulaçaõ do 1o. que este tractado terá uma duraçaõ illimitada; sobre isto ja dicemos o que basta para mostrar a tendencia nociva de similhante estipulaçaõ; passaremos por tanto a examinar a restricçaõ ou modificaçaõ que isto parece ter no seguinte.

Art. 33. Aqui resérvam as partes contractantes o direito de examinar e rever os differentes artigos deste tractado, passado o termo de 15 annos; e a isto se ajuncta na segunda parte do artigo, que a estipulaçaõ, a que objectar qualquer das partes contractantes, e desejar emendada, será considerada como suspendida no seu effeito, atè que a discussaõ sêja terminada. Parece do que neste artigo se lê, que o Negociador Braziliense se temia, de algum modo, das funestas consequencias que traz com sigo, a perpetuidade das estipulaçoens deste tractado que temos mencionado, e assim procurou dar-lhe o correctivo de o sugeitar á revisaõ passados 15 annos: mas o artigo está enunciado por tal maneira, que aparte contractante que está em posse das vantagens, naõ poderá ser obrigada a ceder dellas; porque o tractado as naõ extingue no fim de 15 annos, unicamente permitte que passado aquelle periodo se poderaõ emendar ou addicionar. Assim; supponhamos, por exemplo que o Governo no Brazil, deseja mudar o direito de 15 por cento, que págam as fazendas Inglezas, impondo o direito de 30 por cento; segundo o theor deste artigo fica suspendida a estipulaçaõ até se concordar em outra cousa; mas a Inglaterra, que está em posse da vantagem de pagar o direito de 15 por cento, tem o direito de pedir um equivalente, pela desvantagem a que se submette de pagar os 30, no caso de que aceite a proposiçaõ. Outro porém sería o caso, se no fim dos 15 annos as estipulaçoens ficassem extinctas, e sem vigor; porque entaõ ja a Inglaterra naõ tinha direito algum de pedir compensaçaõ ou equivalente, por vantagem, que renuncie; visto que, se o tractado cessasse, naõ ficava a Inglaterra de posse de vantagem alguma das que nelle se lhe concedem. Eis aqui a grande differença entre o cessar de todo, e cassar-se a estipulaçaõ; ou suspender-se simplesmente o seu effeito até se fazer novo arranjamento. Diraõ que nesse caso de insistir a Inglaterra em nova vantagem como equivalente da que perder, pôde o Governo do Brazil instar, no que propoem, e ficando suspendido o estipulado, contentar-se com isso e naõ entrar em nova estipulaçaõ. Mas o obrar deste modo sería procurar um subterfugio, contra a expressa letra, e sentido do tractado; porque naõ se ajustou que se evadissem, por meio de delongas, os artigos que se desejassem corrigir; mas sim se convencionou que se suspendesse o seu effeito, até a discussaõ final; e obrar pelo meio das dillaçoens, sería substituir a chicana, e a tergiversaçaõ, á lizura e á rectidaõ. Uma naçaõ poderosa usarîa talvez impunemente, a respeito de outra mais fraca, de um expediente desta natureza; mas quando uma naçaõ inferior em forças, e taõ inferior como actualmente se acha a Portugueza a respeito da Ingleza, quizesse faltara seus ajustes com esta evasaõ, manifestamente contrária ao estipulado, verîa que os injuriados

Non ex jure manu consertum, sed mage ferro
Rem repetunt.

LITERATURA E SCIENCIAS.

Exame dos artigos historicos e politicos, que se contém na collecçaõ periodica intitulada Correio Braziliense ou Armazem Litterario, *no que pertence somente ao Reyno de Portugal. Quinto Volume, que comprehende o dicto exame em duas cartas, relativas aos Numeros* 13, *e* 14 *do dicto Correio Braziliense. Lisboa, Na Impressaõ Regia,* 1810. *Com licença do Dezembargo do Paço.*

OS nossos leitores estaraõ ja preparados, pelo que temos dicto em nossos numeros precedentes, a naõ esperar uma analyze circumstanciada da Obra que annunciamos; visto que temos dicto assas sobre ella, para dar a nossos leitores uma idea do que contém, e dos principios que sustenta. O A. continua a combater-nos neste volume, com a mesma moderaçaõ com que o fizera nos outros; moderaçaõ, que se nos faz mais conspicua, pela comparaçaõ deste A. com o exfrade, author das *Reflexoens sobre o Correio Braziliense.*

Na Carta X. principia o A. dizendo, que no nosso N°. 13 a p. 635, " se encontra uma escusada, e ja convencida repetiçaõ de invectivas contra o Governo Portuguez, para lhe attribuir o abatimento, ou annihilaçaõ do character e do espirito nacional." He o nosso principio; que o character nacional dos Portuguezes está abatido; e que o seu Governo he quem tem a culpa disso. A primeira parte a deduzimos de ver, que a naçaõ tem soffrido, em tempos modernos, injurias dos estrangeiros, e injustiças dos nacionaes, taõ notaveis, que devîam provocar o seu resentimento, e tudo se tem soffrido com admiravel paciencia; ensinando-nos a historia, que por muito menores motivos terîam os antigos Portuguezes mostrado a sua justa indignaçaõ;

expondo tudo quanto o homem honrado he capaz de arriscar, para obterem reparaçoens dos males. A segunda parte a deduzimos de ver, que o Governo tem progressivamente supprimido os estabelicimentos em que se estribava a liberdade nacional; e tenazmente defendido outros, que tendîam á sua destruiçaõ, por exemplo a Inquisiçaõ, e creado outros de novo com o mesmo fim, por exemplo o Intendente de Policia; e he bem sabido em Politica e Legislaçaõ, que quando o Governo de alguma Naçaõ destroe o espirito de liberdade nos individuos, á proporçaõ que os acustuma á escravidaõ, lhe imprime os vicios dos escravos, e extingue as virtudes do homem livre. Se nós julgassemos que os Portuguezes tinham chegado a este extremo, naõ nos cancariamos em escrever para elles. As virtudes moraes podem encontrar-se tanto em um escravo, como em um homem livre; mas as virtudes civicas (que saõ as de que tractamos) saõ incompativeis com a pessima das pessimas situaçoens do Mundo, a escravidaõ. Um escravo poderá ser charitativo, como um homem livre; mas um escravo naõ arriscaria a vida pela simples gloria de salvar a Patria, ¿ que Patria, se o escravo a naõ tem?

Se a observaçaõ, portanto, nos tem mostrado, que á proporçaõ que se hîam supprimindo em Portugal as instituiçoens favoraveis á liberdade, ía tambem diminuindo o patriotismo e character nacional; nada ha mais natural, do que atribuirmos este effeito áquella concommitante causa. Ora como a suppressaõ da quelles estabelicimentos favorareis a liberdade, e favorecimento dos que lhe saõ oppostos he obra do Governo, claro está que ao Governo, e naõ á naçaõ he a quem todos estes males se devem attribuir.

Diz o A. (p. 195) que á nossa censura precede um documento, que produzimos para abono deste mesmo character, que suppomos tantas vezes extincto; e continua dizendo "Eu naõ me demorarei a ponderar a contradicçaõ, que se involve nesta declamaçaõ fatigante e usada." Naõ duvidamos que o A possa chamar fatigante á nossa proposiçaõ; porque necessariamente o deve fatigar ouvir fallar, e ler escriptos contra os abusos de um Governo, em que elle tem parte, e portanto disso tira proveito; mas quanto à contradicçaõ, que acha em nós produzir-mos um documento em prova do bom character Portuguez, ao mesmo tempo que asseveramos que o Governo tem, por meio de certos estabelicimentos, tractado de extinguir esse mesmo character, podemos sem duvida explicar-nos assim, sem perigo de nos contradizer-mos.

Quando dizemos, que o Governo Portuguez tem conseguido opprimir a liberdade nacional, e proporcionalmente tem extinguido o espirito de Patriotismo, que animava os antigos Portuguezes; naõ queremos fallar senaõ comparativamente. Se nós julgassemos que os Portuguezes tinham chegado a este extremo, naõ nos cançariamos, como dicemos, em escrever para elles. Nos naõ diriamos, por exemplo, que o habitante de Constantinople he taõ escravo como o Africano, que he escravo dos Portuguezes no Brazil; e naõ obstante naõ hesitariamos em chamar a esse Constantinopolitano um escravo do Gram Sultaõ. Igualmente naõ queremos dizer que o Governo Portuguez deseje supprimir as acçoens de valor, quando nellas tenha interesse; por exemplo para defender a esse Governo, contra um invasor estrangeiro ¿ mas favoreceria o mesmo Governo as vistas de um homem que ou com seus esforços pessoaes, ou com a sua penna, trabalhasse por sustentar as liberdades da naçaõ contra os attaques dos inimigos internos?

Diz o A. (p. 196) que " lhe he forçoso reflectir na estudada perseguiçaõ, com que se renovam as queixas contra a Inquisiçaõ, contra o desuso das Cortes, e contra a diminuiçaõ da influencia popular." Naõ negamos, que estudadamente perseguimos esse desuso das Cortes, essa diminuiçaõ da influencia popular, &c.; porque justamente a essas causas, he que attribuimos a decadencia da Naçaõ; e he logo natural que insistamos em perseguir taes abusos.

Sobre a Inquisiçaõ diz o A. (p. 197) "A Inquisiçaõ tem um Regimento, que regulou ajustadamente os seus procedimentos; e pede a justiça, e a boa fé, que se naõ confundam os abusos, com a administracçaõ ordenada desta parte da jurisdicçaõ, &c."

O A. cita na nota a esta passagem a data da confirmaçaõ do ultimo Regimento da Inquisiçaõ; que he do 1°. de Septembro de 1774; e nós no nosso N°. passado a p. 308 demos alguns extractos do proœmio do mesmo Regimento. Agora explicaremos aqui aos nossos leitores os motivos do nosso silencio a respeito da Inquisiçaõ, de que tanto se tem admirado alguns de nossos conrespondentes. O tractado de paz, e amizade, entre a Inglatetra e Portugal, que publicamos no nosso N° passado a p. 273 e estipula que se naõ receberá o tribunal da Inquisiçaõ no Brazil; estava em contemplaçaõ ha muito tempo, e nós sabiamos, por informaçaõ de conrespondentes mui fidedignos, e intelligentes, que a aboliçaõ, mais ou menos qualificada, deste tribunal, faría parte do tractado; desejamos por tanto esperar até a sua aboliçaõ, para termos de que louvar o Governo, e entaõ mostrariamos o que he este tribunal, em suas proprias côres; a nossa moderaçaõ portanto, atê aqui, foi unicamente em contemplaçaõ do Governo Portuguez, a quem respeitamos em tudo aquillo que elle merece respeito, e tal éra este caso, em que elle se nos representava como meditando uma importante reforma, na aboliçaõ do perniciosissimo tribunal da Inquisiçaõ. Estes tem sido os nossos motivos; e naõ (como alguns de nossos conrespondentes nos tem supposto) o temor de que o publico nos supposesse parcial, attacando uma instituiçaõ de quem nos julgarîam que estavamos pessoalmente offendidos. Se estivessemos persuadidos que o bem do publico pedia, que houvessemos fallado desta materia antes; tello hiamos feito sem hesitaçaõ; importando-nos mui pouco o que diriam alguns homens assalariados para nos attacar pessoalmente, ao mesmo tempo que a experiencia nos convence do nenhum damno que nos produzem esses seus attaques. Agora pois, que nos parece que convem, e em lugar opportuno, tractaremos desta materia da Inquisiçaõ por extenso e por agora só diremos ao nosso A., que, contra este tribubunal, temos naõ só o abuso de administraçaõ, mas o erro essencial de origem. Os que "escandalosamente offendem e ultrajam a Religiaõ, e o culto que se professa em publico," como se exprime o A. a p. 197, devem ser castigados, e sempre o fôram em todas as naçoens civilizadas; mas dahi se naõ segue, que o Governo Portuguez possa, ou deva, chamar culto publico á ridicula crença das feiticeiras, e occupar com a mais estupida formalidade um tribunal aparatoso, condecorado com os mal collocados epithetos de Sancto, e Sagrado, para queimar viva uma velha que leo a *buena-dicha*; isto desacredita a todo o Governo; e imputando-se taes feitos á Religiaõ do paiz, se produz ainda outro mal maior, e he que assim se mixturam as frivolidades e ignorancia do Governo, e seu Tribunal, com as verdades da Religiaõ, e se dá motivo aos incredulos de ridiculizar estas achando-as involvidas com aquellas.

Alem disto, entendamo-nos; ou o A. suppoem que a Religiaõ Christaã he uma instituiçaõ divina; ou politica. No primeiro caso, nem o Evangelho, nem a practica dos primitivos christaõs, permittio nunca outro castigo aos que violavam as leis divinas ou ecclesiasticas, senaõ as censuras da Igreja, das quaes a maior he a exclusaõ do criminoso da participaçaõ dos mysterios, ao que se chama escommunhaõ. No segundo caso, naõ vemos senaõ a doutrina de Machiavel, expressa no cap. 12. dos seus discursos sobre as Decadas de Tito Livio; doutrina que he incompativel com a verdadeira felicicidade dos povos; porque o conhecimento da verdade he o unico meio de produzir a felicidade nacional: e doutrina que he execrada por todos os verdadeiros christaõs, que saõ consequentes em sua crença.

O A. por tanto deverîa pensar, que, sustentando elle estes principios de Machiavel, e sendo conhecidamente apoiado, e mandado escrever pelo Governo Portuguez, compromette com taes declaraçoens os que o empregam, e portanto deverîa nesta parte ser um pouco mais circumspecto; porque em fim a doutrina expressa em suas paginas 197, e 198, he exactamente o que diz Machiavel nos seus cap. 12, 13, e 14, da citada obra.

Quanto ás Cortes do Reyno, diz o A. p. 199, que "tem dado ja, nas precedentes cartas, a attençaõ que lhe parece devida a este objecto politico; considerando-o, naõ debaixo do aspecto de uma felicidade ideal, mas pela maneira, em que aquelle plano de representaçaõ Nacional póde ser empregado com proveito na felicidade dos Povos. Para dar-lhe esta direcçaõ ficou reservada nas camaras do Reyno a representaçaõ Nacional, que he exercitada pelo modo mais util aos Povos, e menos sugeito aos inconvenientes de outros ajunctamentos. He V. mesmo, diz o A., que conhece o proveito desta regulaçaõ, quando a aconselha, entre as medidas, lembradas para aperfeiçoar a administraçaõ do Estado do Brazil. ¿ E como esquece taõ facilmente o que tem adoptado com deliberaçaõ e escolha ?"

Nos desejamos a conservaçaõ do estabelicimento das Camaras no Brazil, á imitaçaõ das de Portugal, naõ sómente pelo estabelicimento em si, cuja jurisdicçaõ apenas passa de fazer algum pequeno regulamento municipal; mas porque pela existencia destas camaras, se origina a nomeaçaõ de procuradores para representar os Povos nas Cortes. A camara, sem exercitar direitos, seria uma instituiçaõ taõ inutil, como as Cortes se naõ fizessem mais do que impôr, ou confirmar os tributos impostos pelo Governo, taes instituiçoens, assim reguladas, para servirem de instrumento ás intençoens e planos de um ministro astuto, saõ peiores que inuteis, saõ nocivas. A representaçaõ dos povos nas Camaras, que nos desejamos, he a que resultar da escolha livre dos vizinhos, para que dessa Camara sáia, por outra escolha livre, um procurador do povo nas cortes; tal era o custume antigo de Portugal; e tudo o mais he illusorio. Naõ somos por tanto inconsequentes, quando desejamos as Camaras eleitas pelo povo no Brazil, e ao mesmo tempo as Cortes em Portugal; estas instituiçoens estaõ taõ longe de serem incompativeis uma com outra, que uma resulta necessariamente da outra.

Deixamos de boa vontade as pretendidas refutaçoens que nos faz o A. sobre as nossas observaçoens a respeito da lei do Erario, e regulamentos de finanças no Brazil; como resposta final, apresentamos o facto do Soberano do Paiz do ouro, e dos diamantes, pedindo como de esmola aos a Negociantes Inglezes (facto acontecido neste presente mez de Outubro, de 1810) uma subscripçaõ para resgatar de Argel os marinheiros, que se tomaram a bordo de uma fragata desse mesmo Soberano, que pede 600.000 libras emprestadas á Inglaterra para os seus gastos ordinarios; e que do Brazil naõ tem mandado soccorros pecuniarios para o sustento da guerra em Portugal; ora chamem a isto boa administraçaõ das finanças!

Vamos às observaçoens do A. sobre as reflexoens que fizemos a respeito da lei de Policia, renovada no Brazil. Diz o A. p. 213. "Eu naõ duvido que V. conheça perfeitamente a ordem destes procedimentos (processos criminaes e de Policia) mas he necessario que o publico, para o qual nos ambos escrevemos tenha ideas exactas em um assumpto taõ serio, e em que o character dos Soberanos, dos Ministros de Estado, e dos Magistrados, se representa com todo o odio do despotismo, da ferocidade, e da ignorancia." O A. devia aqui lembrar-se de excluir o nome do Soberano, assim como nos fazemos; porque conhecendo os limites do escriptor publico, exceptuamos sempre de nossas censuras o sublime character de uma pessoa, a quem somente se nomea em occasioens de louvor; mas o nosso A., tomando por empreza defender tudo quanto favoresse o despotismo, acha decente tudo quanto lhe serve ao seu fim; assim embrulha com a pessoa do Soberano os vicios do Governo que nos attacamos, a ver se á sombra de um escapam os outros: naõ lhe valerá porém o velho e conhecido subterfugio; sabemos separar a pessoa respeitavel, dos abusos criminosos.

O A. nos suppoem instruido nos processos criminaes. He verdade: conhecemos a sua theoria; e infelizmente a sua practica; e por isso julgamos que o A. poderá com isto agradar aos despostas a quem defende; mas seguramente o publico instruido tomará por um insulto ao senso commum, o citar o A. as leis que todos conhecem, para provar que os factos saõ conformes a ellas; quando naõ ha Portuguez que deixe de saber o contrario. Arrisca-se o A. a citar p. 233 as leis de 5 de Março, de 1790, com as que excita, as de 6 Dezembro, de 1612, e a de 19 de Outubro, de 1764, para mostrar que se naõ fazem aos prezos processos arbitrarios. O A. neste caso merece talvez alguma severidade; porque elle naõ póde ignorar que quem escreve este paragrapho testemunhou por quatro annos a violaçaõ dessas leis, que o A. com pouca candidez cita para comprovar a practica: e atreve-se a escrever em Lisboa, onde todos quantos passaõ pela frente da Cadêa do Limoeiro vem com seus olhos as victimas do poder arbitrario, os miseraveis prezos, que cubertos de immundicie, acabrunhados pela fome, e opprimidos pela deshumana maõ de um carcereiro cruel, acustumado a viver da oppressaõ e desgraça da humanidade, pedem com altos, e incessantes gritos, esmolas aos que passaõ em frente daquella hedionda cadêa. Os passageiros isto vem, mas oculta-se-lhe o peior, e saõ as horrorosas prisoens dos segredos. Defender estes procedimentos abominaveis, he peversidade sem desculpa, alegar, contra á sua existencia, as leis que os prohibem, he negar a verdade conhecida por tal; dizer que quem nota estes factos insulta o Soberano, e querer cubrir com a capa da Magestade os facinorosos, semelhantes aos que falsificam a firma d'El Rey para commetter fraudes.

Eis aqui um facto, que prova o modo porque se executam as leis criminaes em Portugal; e depois disto, como podem allegar os defensores do despotismo as leis que taes crueldades prohibem, e cuja existencia ninguem nega?

Certo homem, que pelo nome naõ perca, geralmente conhecido dos carcereiros, e prezos da cadea do Limoeiro pelo nome de Romeiro, andava, na guerra com a França antes do tractado de Amiens, commandando um Corsario Napolitano no Mediterraneo, quando lhe chegou a noticia de se haver declarado a guerra entre Portugal e a França; este homem, Portuguez de nascimento, movido pelo natural amor da Patria, determinou passar-se a Portugal, deixando os interesses que tinha, para vir offerecer os seus talentos ao serviço de seus nacionaes; assentando que, como homem experimentado no serviço da Marinha, poderîa ser util aos seus nesta occasiaõ. Naõ achou porém melhor meio de transportar-se, com brevidade, e segurança, do que atravessar a França e Hespanha, disfarçado em habitos de romeiro, e dizendo que vinha da Romaria de N. S. do Loreto. Como passou por juncto dos exercitos Francezes foi-lhe necessario vir apresentando os seus passaportes a diversos Generaes, que lhe rubricávam os seus papeis, ou lhe dávam novas licenças, para continuar a sua viagem; mas isto deo occasiaõ aque o official General Portuguez, que commandava a fronteira por onde o Romeiro entrou em Portugal, o suspeitasse de ser Francez: pelo que o mandou prender e remetter ao Chanceller ou Governador da Rellaçaõ do Porto, o qual, julgando este um negocio de policia, o remetteo para Lisboa ao Intendente Geral da Policia, para que este decidisse da verdade de suas declaraçoe s. Ao tempo em que entregáram o prezo Romeiro na Cadêa do Limoeiro lhe disséram os carcereiros, que ali havia uma ordem geral, para que todos os prezos, que áquella cadêa chegassem á ordem do Intendente Geral da Policia, que éra entaõ Manique, fossem mettidos logo de segredo, se na ordem de prizaõ naõ viesse outra cousa declarado. Em consequencia foi este homem posto de segredo; e, ou porque o Intendente naõ fizesse caso de lêr a carta de guia, que lhe remettêram do Porto, ou por outro motivo; esteve este miseravel conservado dous annos no segredo, sem que pessoa alguma se lembrasse perguntar por elle; e como naõ tinha em Lisboa, nem parentes nem amigos, que requeressem a sua soltura, ficou em total esquecimento. No fim dos dous annos, os guardas da cadêa, compadecidos ja de sua desgraça; e ouvindo-lhe muitas vezes contar a historia de seus infortunios, que se havîam principalmente originado nos desejos que tinha de ser util á sua naçaõ, pedîram a um dos mais validos espioens do Intendente, um insignificante homem chamado Aleixo, que fora Alcaide em Almada, que orassse a favor daquelle infeliz: com effeito ao outro dia voltou o mesmo espiaõ, e trouxe a ordem de soltura do prezo, e disse, que o Intendente naõ sabia que tal homem ali se conservava; assim foi o prezo solto sem outra forma de processo, nem ao menos ser perguntado.

Dirá o A. que um tal facto só poderîa acontecer com Manique, homem taõ ignorante das leis, como amigo do despotismo; mas os muitos exemplos desta natureza, agora mesmo practicados, próvam, que taes procedimentos se naõ limîtam a Manique; e naõ será difficil o conhecer, que taes abusos naõ tem remedio na mudança da pessoa do despota. Um Intendente será mais ou menos arbitrario; mas todas as vezes que lhe for permittido prolongar as prizoens, principalmente as de segredo, conforme o seu arbitrio, e caprixo; tal poder servirá sempre de instrumento ás paixoens, ou á ignorancia ja do mesmo Intendente, ja de seus subalternos. E para se ver a má fé com que o A. cita as leis de Portugal, que prohibem as prizoens arbitrarias; basta que o leitor se lembre, que o A. escrevia ésta refutaçaõ de nossos principios a tempo que o seu nunca-assas-louvado-Governo conservava, nas prisoens da Inquisiçaõ, ao Rocio, as pessoas de quem fallamos no nosso N°. 14. p. 501 e que estivéram prezas oito mezes; e ao depois degradados para varias partes do reyno, sem processo, e sem sentença. O A. devia portanto conhecer que, com estes factos diante dos olhos, o povo de Portugal fará tanto caso da sua citaçaõ das leis; como os magistrados de Policia fazem da sancçaõ e palavras dessas mesmas leis. Assim nós nunca dissemos que naõ houvessem essas leis, mas queixamonos de uma que abre a porta á sua infracçaõ; tal he a lei de policia; e queixamonos mui principalmente do apoio particular, que do Governo recebem esses infractores das leis criminaes.

O A. na sua carta x. p. 227, se admîra, que nós attribuamos os males que soffrem os povos no Brazil "naõ á obra da natureza, ou da sua situaçaõ, mas sim á obra daquelles, que saõ incumbidos de promover a sua felicidade, e da dureza das leis por que saõ governados." Assenta o A. que ésta doutrina he arriscada, e que (p. 288) he em nos um desaffogo, sustentar ésta doutrina, e inculcarmonos ao mesmo tempo como zelosos defensores de S. A. R. e verdadeiros amigos de sua gloria, e da prosperidade de seus povos.

Que a nossa doutrina he arriscada, para os que se interessam em sustentar os abusos, naõ duvidamos; mas esse risco sendo verificado naõ resultará senaõ em gloria do Soberano que fizer as reformas uteis, e em utilidade dos povos que dellas tanto necessitam. Nós seguramente naõ podemos attribuir á obra da natureza, e da sua situaçaõ, os males que padecem os povos do Brazil; porque os examinamos de perto, e conhecemos a sua origem; se tal dicessemos, alem de faltar á verdade, de que estamos persuadidos, pintariamos o estado de desgraça dos povos como irremediavel, e por consequencia como um estado de desesperaçaõ; ao contrario, apontando a origem do mal, mostramos aos povos, que os seus males saõ remediaveis. Attribuimos os abuzos de poder taõ geraes no Brazil, e de que neste Nº., no lugar conrespondente, apparecem novos exemplos, naõ sò ao máo character dos ambiciosos que procuram os empregos publicos; mas a certos estabelicimentos, e certas leis, que facultando aos individuos as occasioens de obrar arbitrariamente, e faltar com impunidade ao respeito das leis divinas e humanas, tentam assim as paixoens dos homens, sempre inclinados a abusar do seu poder. As leis fôram excogitadas nas sociedades civis, para abrigar os fracos, ou ignorantes, contra as oppressoens dos mais fortes, ou dos mais astutos; e se por màs instituiçoens vem a existir no Estado uma classe de pessoas, que se pódem evadir aos castigos das leis, he preciso cortar o mal pela raiz, abolindo essas instituiçoens que favorecem a impunidade.

Quando, avançando estas doutrinas dizemos, que fallamos tanto a favor dos direitos do Soberano como dos povos, he porque estamos persuadidos, como muitas vezes temos repettido, que o interesse do Povo, e o do Soberano he um, e o mesmo. O Soberano de um povo rico, e feliz, he tambem rico, e feliz. O Soberano de um povo pobre, e desgraçado, he igualmente pobre e desgraçado. Logo servimos a um e outro quanto apontamos a origem dos males, para que se remedeiem. E quando os interessados nesses abusos trabalham por ocultar a verdade, ja usando de suas prepotencias em impedir que a verdade, e as queixas dos infelices cheguem ao Throno, ja pagando a escriptores mercenarios, que representem ao mundo os vicios dos que governam, como virtudes admiraveis; e carreguem de opprobrios a todos os que se lhe oppoem; ja usando de outros meios que nunca faltam ao rico e poderoso ¿ que meio teriamos nós de fazer parar essa torrente de males senaõ publicando-os ao Mundo, para que chegue á noticia de todos os que podem influir nas reformas uteis, e mostrando a verdadeira origem dos males, que tanta gente se interessa em occultar?

O A. aqui cita outra vez (p. 229) as muitas leis que tem providenciado a emenda de certos abusos, de que nos queixamos; e assenta, como fez a respeito das leis de policia, que a existencia da lei basta para povar, que ella se naõ infringe.

Para os nossos leitores no Brazil, nada diremos a este respeito; elles conhecem practicamente, taõ bem como nos aqui lhe podiamos explicar, o modo porque os seus Governadores e Magistrados respeitam as leis; mas para os nossos Leitores em Inglaterra, diremos alguma cousa; posto que esta questaõ só lhe seja curiosa, e naõ immediatamente interessante.

Um Governador do Brazil, no Maranhaõ ou Pará por exemplo, naõ conhece superior em sua jurisdicçaõ; e as suas ordens, e mandados, saõ postos em execuçaõ com o terror do poder militar. Supponhamos que o Governador de um destes lugares, violando as leis que lhe ordênam de bem administrar a justiça, atropella os direitos de um individuo; naõ ha para onde recorrer. Dirá o nosso A. que vá ter á corte, recorra immediatamente ao Soberano, e agora la está elle no Brazil. Primeiramente isto suppoem que o individuo offendido, alem da offensa recebida, se quer expor a deixar a sua casa, a sua familia, os seus bens, para îr atraz de uma vingança, que elle naõ sabe quando ou de que modo virá; principalmente lembrando-se que ainda nunca nenhum Governador do Brazil foi castigado por males que commettesse no seu Governo, contra os povos. Depois disto a viagem do Maranhaõ para o Rio de Janeiro he da primeira difficuldade ; basta lembrar, que a via mais breve, e mais segura para as cartas, he virem do Maranhaõ aqui a Ingtaterra, e irem daqui depois para o Rio de Janeiro. Acresce a isto que o mesmo Governador offensor pode impedir ao seu subdito offendido, que saia do seu lugar para se ir queixar á Corte. E agora ¿ que remedio tem o individuo, quando vencendo todas as difficuldades chega á Corte! Acha a maior parte dos Cortezaõs da opiniaõ do nosso A., isto he; que naõ convem fazer publicos áos povos estes defeitos dos que governam ; porque isso faz perder aos subditos a subordinaçaõ, e assim o mais que se faz he, se se julga o espirito do povo demasiado irritado, mandar mudar o Governador, substituindo-o por outro, que muitas vezes he taõ máo ou peior ; e que, quando o naõ sêja, vai com as mesmas tentaçoens para obrar mal ; que saõ o proveito de suas iniquidades, e a esperança da impunidade, fundamentada na experiencia de seu predecessor.

O remedio logo, que nos propomos, naõ he tirar um desposta e mandar outro ; nós julgamos absolutamente necessario cortar o mal pela raiz ; isto he abolir o despotismo militar, e introduzir uma administraçaõ de justiça independente das armas, de sua natureza incompativeis com os direitos do cidadaõ, e fazer assim, que a authoridade do Soberano seja respeitada em suas leis, e a felicidade dos povos attendida como fim primario do Governo.

Diz o A. (p. 241) fallando dos acontecimentos de que os innocentes sêjam punidos de envolta com os criminosos, que he " a taxa da imperfeiçaõ humana, que toda a sabedoria dos legisladores, e toda a prudencia dos Governos naõ pódem evitar." He claro que, naõ obstante todas as precauçoens que as leis podem excogitar, para remediar que os poderosos naõ abusem de seu poder, opprimindo aos seus inferiores, naõ basta algumas vezes parar atalhar a malicia industriosa; mas de isso assim ser naõ se segue que se deixem de por os freios que a prudencia humana suggere; e que a experiencia das naçoees civilizadas tem mostrado ser util, para prevenir o abuso do poder. De que um perverso astuto foi capaz de illudir da lei naõ se segue, que se devam abandonar por intiteis todas as leis.

Em conclusaõ, o deposito de um poder arbitrario, ainda nas maõs de um homem sabio e virtuoso, he uma tentaçaõ que o convida a obrar mal, e nas maõs de um homem máo, he um engenho de tormento para os infelizes, que tem a desventura de lhe ficarem ao capto.

Allegar contra isto que esses homens, a quem se concede o poder arbitrario, saõ mandados pelas leis a que naõ usem delle senaõ conforme ás regras da justiça; uma vez que se naõ estabelece o modo de obrigar pela força a obedecer a essas leis, he o mesmo que desejar impedir ao salteador que naõ roube os viandantes, pelo meio do conselho de um homem virtuoso; a lei que prohibe a acçaõ má sem sanccionar o castigo, que se deve seguir á sua violaçaõ, e o modo de prevenir que esse castigo se possa evadir, he uma lei imperfeita, e de nenhuma utilidade; e citar taes leis para desmentir os factos; ou he demasiada ignorancia; ou conhecida má fe no produzir os argumentos.

MISCELLANEA.

Projecto de Constituiçaõ, que se propoem adoptar o povo na Florida occidental; procurando a protecçaõ dos Estados Unidos.

QUANDO a Soberania e independencia de uma naçaõ tem sido destruidas por traiçaõ ou violencia; os laços politicos, que unîam os seus differentes membros fîcam dissolvidos. As provincias distantes, naõ sendo ja favorecidas, ou protegidas pela metropole, tem o direito de instituir para si aquella forma de governo, que elles julgarem mais conveniente para a sua segurança, e felicidade. O legitimo Soberano da Hespanha, junctamente com os seus reynos hereditarios na Europa, cahîram no dominio de um tyranno estrangeiro, por meio da traiçaõ, e da força illegal; portanto se devolve naturalmente ao povo das differentes provincias daquelle reyno, collocadas pela natureza alem do alcance do Usurpador, o direito de providenciar á sua segurança. A fidelidade que devîam, e preserváram com tanta fidelidade ao seu legitimo Soberano, naõ pode ser transferida para o destruidor da independencia do seu paiz.

Pelo que, nós o Povo da Florida occidental exercitando o direito, que incontestavelmente se devolve a nos, declaramos, que naõ devemos fidelidade, pleito, nem homenagem ao presente Imperante da naçaõ Franceza, nem a algum Rey, Principe, ou Soberano, que elle possa collocar sobre o throno da Hespanha; e nós por todos os meios que estiverem em nosso poder resistiremos sempre a qualquer usurpaçaõ tyrannica sobre nós, de qualquer genero que ella sêja, e séja quem for o que o exercitar para este fim; e em ordem a providenciar mais efficazmente contra a usurpaçaõ de nossos direitos, e preservar a tranquilidade domestica, e segurar as bençaõs da paz, liberdade, e administracçaõ imparcial da justiça; ordenamos, e estabelecemos o seguinte:

Art. 1. As leis, usos, e custumes, atequi observados na administraçaõ da justiça, e na determinaçaõ dos direitos de propriedade, ficaraõ em pleno vigor, e força, em tanto quanto a situaçaõ do paiz o permittir; até que sêjam alteradas ou abolidas na forma abaixo providenciada.

Art. 2. Todos os contractos legaes, até agora ajustados, e convencionados, seraõ obrigatorios para ambas as partes, conforme a verdadeira intençaõ, e sentido dos contractantes.

Art. 3. Os officiaes de Milicias conservaraõ as suas patentes, os Alcaides, e Syndicos, das differentes divisoens, continuaraõ no exercicio dos deveres de seus respectivos officios, tendo a mesma jurisdicçaõ que de antes tinham; e até que sêja de outra maneira providenciado pela authoridade legitima.

Art. 4. O Povo escolherá immediatamente um Governador, um Secretario, e tres conselheiros de Estado, os quaes entraraõ a servir no dia do mez de deste presente anno de 1810; depois de terem, uns na presença dos outros, prestado juramento de desempenharem fielmente as obrigaçoens dos seus respectivos empregos; e exercitar os poderes, que lhe saõ concedidos, conforme o seu melhor entender, e para o bem do povo.

Art. 5. O Supremo poder executivo será investido no Governador; o qual será tambem commandante em chefe de toda a força militar da republica, e fará com que as leis sêjam fiel, e imparcialmente executadas: Elle, por conselho e consentimento dos tres Conselheiros de Estado, ou pela maioridade delles, terá o poder de nomear, e dar patentes a todos os officiaes civis, e militares, cuja nomeaçaõ naõ he outrosim aqui providenciada, e de revogar a seu arbitrio as patentes dos magistrados inferiores, que se acham agora nos seus officios, ou que ao diante fôrem nomeados por elle.

Art. 6. O poder legislativo será investido nos tres conselheiros de Estado, ou na maioridade delles; mas nenhum acto, ou resoluçaõ, passado por elles, terá força ou authoridade de lei, sem que sêja primeiro approvado pelo Governador.

Art. 7. O Conselho legislativo se ajunctarà de tempos a tempos; mas o Governador terá o poder de os convocar quando julgar conveniente, em qualquer outro tempo; e fazer assim com que se publiquem as leis e regulamentos, que se fizérem para o bom governo da republica.

Art. 8. Os tres conselheiros de Estado seraõ conservadores da paz, em toda a Republica, decidiraõ de todas as causas, e acçoens, civis e criminaes, que se intentarem pelos individuos, ou por parte da Republica, e fôrem submettidas á sua decisaõ. Para este fim elles, ou a maioridade delles formaraõ tribunal quatro vezes no anno, no tempo, e lugar, que a lei determinar, e quando estiverem em sessaõ para este fim, teraõ, e exercitaraõ a mesma jurisdicçaõ, tanto original como de appellaçaõ, que ate aqui se tem exercitado pelas supremas authoridades do Reyno, e a sua decisaõ será final.

Art. 9. O Governador, por conselho, e com o consentimento do Conselho legislativo, ou maioridade delle, terá o poder de declarar guerra, impor tributos, regular o commercio, dispor das terras do publico, conceder licenças de residencia a emigrantes, estabelecer regras para a naturalizaçaõ de estrangeiros, formar tractados, ou entrar em confederaçoens com outros Estados, estabelecer tribunaes inferiores de justiça, providenciar a defeza commum, e commum felicidade; e em geral fazer todos aquelles actos, e estabelecer todas aquellas leis, e regulamentos que forem necessarios, e conducentes para a segurança, e prosperidade da republica. Comtanto porém, que se naõ faça lei alguma, que tenha effeito retrogrado, ou que affecte de qualquer maneira as obrigaçoens dos contractos; e comtanto tambem, quem nenhum homem sêja privado da vida, liberdade, ou propriedade, sem um processo imparcial, em que tenha a faculdade de examinar todas as testemunhas contra elle, e produzir as testemunhas de sua defeza.

Art. 10. Será da obrigaçaõ do Secretario de Estado guardar e conservar os actos, e leis, que fizer o Legislativo, e os procedimentos do Governador na sua repartiçaõ do executivo. O Secretario guardará tambem os registros publicos; tanto os que agora existem em ser, como os que para o diante houver; e o sello da Republica; e fornecerá copias de todos os registros publicos sob sello da Republica, sendo para isso requerido.

Art. 11. O Governador e Conselho legislativo, faraõ ajunctar; todas as vezes que julgarem conveniente, com tanto que naõ sêja em periodo mais remoto do que tres annos, contados do tempo em que entrarem no exercio dos seus respectivos empregos, uma convençaõ de Delegados, escolhidos pelo povo, na maneira prescripta pela lei, e junctos em Baton Periges, terá ésta Convençaõ plenos poderes para formar uma Constituiçaõ para o bom Governo desta Republica, e para estabelecer a sede futura do Governo, e declarar em que tempo os poderes aqui concedidos cessaraõ, e terminaraõ: a até esse tempo, a sede do Governo será em Baton Rouge.

Art. 12. O Governador receberá o salario annual de pelos seus serviços; e cada um dos tres Conselheiros de Estado o salario annual de pelos seus serviços; e o Secretario de Estado receberá o salario annual de junctamente com os proes e precalços do officio, que lhe forem concedidos por lei. A compensaçaõ de todos os officios inferiores será determinada e fixa pela legislatura, e nenhum official deste Governo exercitará officio algum, sob algum Estado estrangeiro, nem delle recebera titulo ou pensaõ alguma.

Art. 13. Quando apresente Declaraçaõ e Ordenança for approvada pela maioridade de todos os habitantes, dentro do territorio de——terá o seu completo effeito e operaçaõ nesse districto; e junctamente com as leis, e regulaçoens, feitas em sua conformidade, e será a lei suprema do paiz, e se extenderá a todos os demais districtos ou lugares nas Floridas occidental e oriental, em que for approvada, e assignada pela maioridade do povo, e para dar ao mesmo immediata operaçaõ, e effeito, as seguintes pessoas aqui designadas para os diversos officios respectivos, e plenamente authorizadas, saõ requeridas a que exercitem o poder, e cumpram com os deveres dos mesmos.

Nós o Povo, approvamos, e confirmamos a seguinte declaraçaõ, e ordenança, em todas as suas partes, e para a sustentar mutuamente obrigamos uns aos outros as nossas vidas, nossos bens, e nossa honra nacional.

Novidades deste mez.

INGLATERRA.

Exercito Inglez em Portugal.

Downing Street, 6 de Outubro, 1810.

Recebeo-se na Secretaria do Lord Liverpool um despacho de que o seguinte he copia; foi dirigido a S. S. pelo Tenente General Lord Visconde Wellington, e he datado de Gouvea aos 5 de Septembro, de 1810.

MY LORD!—Incluo uma carta do Coronel Cox, governador que foi d'Almeida, dirigida ao Marechal Beresford, e contém uma copia da capitulaçaõ d'Almeida, e relaçaõ das circumstancias, que occasionáram, o breve rendimento daquella praça. Era impossivel esperar que o Coronel Cox continuasse a defeza da praça, depois da infeliz occurrencia, que elle menciona; e julgo-me feliz em poder acrescentar, que todas as contas que tenho recebido dos officiaes e soldados das milicias, que viéram para o interior em consequencia da capitulaçaõ, concorrem em applaudir a conducta do Governador, durante o cerco, e a infeliz situaçaõ em que por fim se achou. He certo que, até a explosaõ do armazem da praça, a guarniçaõ susteve pouca perca, e estava com muitos espiritos, e animada pelo exemplo do Governador, e confiança que nelle punham estávam determinados a defender-se até o ultimo.—Tenho a honra de incluir a copia de uma carta, que recebi do Marechal Beresford, em que se acha a carta do Coronel Cox; ao que tenho de accrescentar que os dous officiaes mencionados naquella carta, o Tente Rey, e o Major de artilheria, entrâram no serviço da França, e este ultimo foi promovido ao posto de Coronel. Estou tambem informado de que sendo mandado pelo Governador ás linhas do inimigo, para negociar a capitulaçaõ, depois de ter informado o inimigo da infeliz situaçaõ da guarniçaõ, naõ voltou para a praça quando as hostilidades recomeçáram, e continuou nas linhas do inimigo.—Tenho a honra de ser, &c. (*Assignado*) WELLINGTON.

Extracto da carta do Marechal Beresford ao Visconde Wellington, datada de Moimenta da Serra, em 4 de Septembro, de 1810.

Tenho a honra de transmittir a V. S. a copia da Carta, que recebi do Coronel Cox, Governador que foi d'Almeida, e uma copia da capitulaçaõ da quela praça. Qualquer que fosse o pezar com que testemunhamos a inesperada queda daquella praça, ignorantes, como entaõ éramos, da causa disto; julgo que a circumstancia, que se refere na carta do ex-Governador, da infeliz perca de toda a sua muniçaõ, e das ruinas que soffreram a praça, e as fortificaçoens; e perca na guarniçaõ pelos effeitos da explosaõ, provará sufficientemente a impracticabilidade de uma defensa dilatada. Sinto dizer, que a conducta do Tn^e. Governador (Tenente Rey) Francisco Bernado da Costa e Almeida, e do major, commandante da artilheria, Fortunato Jozé Barreros, augmentou as difficuldades causadas pela explosaõ. O primeiro até o principio do fogo do inimigo se conduzio com muito zelo, e propriedade; más começando o fogo se fechou nos armazens de prova de bomba; e depois da explosaõ, obrigado do medo, e para evitar que houvesse mais fogo, aproveitou-se da consternaçaõ, e confusaõ, que sempre existem em taes casos, para embaraçar as tentativas do Governador, em sustentar-se ao menos algum breve tempo mais. O major d'artilheria parece que se portou bem durante o sitio; mas depois da explosaõ, parece que ajunctou traiçaõ á cobardia, e para ganhar o favor do inimigo lhe communicou o verdadeiro estado da guarniçaõ, e que naõ tinham muniçoens, o que fez com que o Marechal Massena recusasse os termos que pedio o Governador. Até este infeliz acontecimento da explosaõ do armazem, parece que a guarniçaõ estava em bons espiritos, e na melhor disposiçaõ possivel, e na resoluçaõ de defender a cidade, e que elles unamimente referem, que a conducta do Governador isto lhes inspirou; porque todos os officiaes e soldados daõ os maiores applausos ao seu assiduo zelo, e actividade, animando a todos com o seu exemplo. V. S. verá que éra de pouca consequencia, a qualidade de capitulaçaõ que poderia obter a guarniçaõ; porque he obvio que o inimigo a naõ observaria, em quanto fosse o seu interesse quebrantalla, o que testemunha haver elle detido por força, e contra os termos da capitulaçaõ, sette officiaes, e duzentos homens de cada um dos tres regimentos de milicia, que estávam na guarniçaõ; e isto com o objecto de os formar, em um corpo de gastadores. Os officiaes e soldados dos regimentos de milicias, desde o primeiro até o ultimo continuáram a recusar o entrar voluntariamente no serviço do inimigo, e os sette officiaes e duzentos homens de cada regimento fôram detidos violentamente. Taes saõ as circumstancias que viéram ao meu conhecimento da conducta da guarniçaõ de Almeida, e que julguei necessario communicar a V. S.

Downing Street, 14 de Outubro, 1810.

Recebeo-se na Secretaria de Lord Liverpool um despacho, de que o seguinte he copia: foi dirigido a S. S. pelo

Tenente General Lord Visconde Wellington, Cav. do Banho, e datado em Coimbra aos 30 de Septembro, de 1810:—

My Lord! Em quanto o inimigo avançava de Celorico e Trancozo sobre Vizeu, as differentes divisoens de milicias, e ordenanças se empregávam nos seus flancos, e retaguarda; e o Coronel Trant, com a sua divisaõ, attacou a escolta com a caixa militar, e reserva de artilheria, juncto ao Tojal, aos 20 do corrente.—Elle aprisionou dous officiaes, e mais cem prisioneiros, mas o inimigo ajunctou uma força na frente e retaguarda, que o obrigou a retirarse para o Douro.—Ouço, que a communicaçaõ do inimigo com Almeida está completamente cortada, e elle possue unicamente o terreno, sobre que está o seu exercito. Os meus despachos de 20 do corrente vos teraõ informado das medidas que tenho adoptado, e que estávam em via de colligir o exercito nestas vizinhanças, para prevenir que o inimigo tomasse posse desta cidade.—Aos 21, a guarda avançada do inimigo se adiantou para Sta. Comba Daõ, na confluencia dos rios Criz e Daõ, e o Brigadeiro General Pack, se retirou atravessando o primeiro, e se unio ao Brigadeiro General Crawford em Mortagoa, havendo destruido as pontes nestes dous rios. A guarda avançada do inimigo cruzou o Criz, havendo concertado a ponte aos 23; e todo o 6° Corpo se ajunctou do outro lado do rio; e eu portanto retirei a cavallaria pela serra de Bussaco, á excepçaõ de tres esquadroens; porque o terreno naõ éra favoravel ás operaçoens desta arma.——Aos 25 cruzáram o rio os corpos 6°. e 2°., na vizinhança de Sta. Comba Daõ, e a divisaõ do Brigadeiro General Crawfurd, e a brigada do Brigadeiro General Pack, se retiráram para a posiçaõ que eu tinha fixado para o exercito, no cimo da serra do Bussaco. Estas tropas fôram seguidas neste movimento pelo total dos corpos de Ney e Regnier (o 6°. e 2°.) porém fôram conduzidas pelo Brigadeiro General Crawfurd com grande regularidade, e as tropas tomáram a sua posiçaõ sem padecer perca notavel. —O 4°. de Caçadores Portuguezes, que se retirára de noite das outras tropas, e os piquetes da 3ª. divisaõ de Infanteria, que estávam postados em Sto. Antonio do Cantaro, debaixo do Major Smith do 45, se attacáram com a avançada do corpo de Regnier, na tarde, e o primeiro mostrou aquella firmeza e galhardia, que ao depois manifestáram as outras tropas Portuguezas.—A serra de Bussaco he uma cordilheira, que se extende desde o Mondego na direcçaõ do norte, obra de oito milhas. No ponto mais alto da cordilheria, cerca de duas milhas do seu fim, esta o convento e quinta de Bussaco. A serra de Bussaco está unida, por um tracto de terra montanhosa, á serra da Caramula, que se extende ao nordeste alem de Vizeu, e separa o vale do Mondego, do vale do Douro, á esquerda do Mondego. Quasi em uma linha com a serra do Bussaco ha outra cordilheira da mesma descripçaõ, chamada a serra de Murcella, cuberta pelo rio Alva, e connexa por outros tractos montanhosos com a serra da Estrella.—Todas as estradas que se dirigem de Leste para Coimbra passam por alguma destas serras; saõ muito difficeis para a passagem de um exercito; porque a approximaçaõ do cimo da cordilheira por ambos os lados he montanhosa.— Como todo o exercito do inimigo estava sobre a cordilheira do Mondego, e como éra evidente, que elle intentava forçar a nossa posiçaõ, o Tenente General Hill cruzou o rio, por um pequeno movimento para a esquerda, na manhaã de 26, deixando o coronel Le Cor, com a sua Brigada, sobre a serra de Murcella, para cubrir a direita do exercito; e o major-general Fane, com a sua divisaõ de cavallaria Portugueza, e o 13 de dragoens-ligeiros em frente do Alva, para observar, e ameaçar os movimentos da cavallaria do inimigo sobre o Mondego. A excepçaõ disto todo o resto do exercito estava juncto na serra de Bussaco, com a cavallaria Britannica em observaçaõ na planicie, na retaguarda da esquerda; e caminho que vai de Mortagoa para o Porto, pelas terras montanhosas que unem a serra do Bussaco com a serra de Caramula.—O 8°. corpo se unio ao inimigo em nossa frente aos 26, porém naõ fez attaque algum sério nesse dia. As tropas ligeiras de ambas as partes se attacáram por toda a linha.—A's 6 da manhaã, no dia 27, o inimigo fez dous attaques desesperados sobre a nossa posiçaõ, um na direita, outro na esquerda do mais alto ponto da serra. O attaque sobre a direita foi feito por duas divisoens do segundo corpo, por aquella parte da serra que occupava a terceira divisaõ de infanteria. Uma divisaõ de infanteria Franceza chegou ao cimo da cordilheira, e foi entaõ attacada com a maior galhardia pelo regimento 8°., commandado pelo Tenente Coronel Wallace, e regimento 45, commandado pelo Tenente Coronel Meade; e pelo 8°. regimento Portuguez commandado pelo Tenente Coronel Douglas, dirigido pelo Major General Picton.—Estes tres corpos avançàram á bayoneta calada, e expulsáram o inimigo do vantajoso terreno, que tinha obtido. A outra divisaõ do segundo corpo attacou mais alem pela direita, na estrada que vai de S^{to.} Antonio do Cantaro, tambem na frente da divisaõ do Major-General Picton. Esta divisaõ foi repulsada, antes que pudesse chegar ao cimo da cordilheira, pelo regimento 74, commandado pelo Tenente Coronel French, e pela brigada de infanteria Portugueza, commandada pelo Coronel Champelmond, dirigindo o Coronel Mackinnon. O Major General Leith tambem se moveo para a sua esquerda, para sustentar o Major General Picton, e ajudou a derrotar o inimigo neste posto, pelo terceiro batalhaõ dos Royals, e 1°. e 2°. batalhoens do regimento 38.

Nestes attaques os Major-Generaes Leith, e Picton, os Coroneis Mackinnon, e Champelmond do serviço Portuguez, que ficou ferido, o Tenente Coronel Wallace, o Tenente Coronel Meade, Tenente Coronel Sutton do regimento 9 Portuguez, o Major Smith do regimento 45, que infelizmente foi morto, o Tenente Coronel Douglas, e Major Birmingham do 8 regimento Portuguez, se distinguîram. O Major-General Picton participa, sobre os regimentos 9 e 21 Portuguezes, commandados pelo Tenente Coronel Sutton, e pelo Tenente Coronel Bacellar, e a artilheria Portugueza, commandada pelo Tenente Coronel Arentchild. Tenho tambem de mencionar de uma maneira particular a conducta do Cap. Dansey do regimento 88. O Major-General Leith participa a boa conducta do Royals, 1o. batalhaõ do 9, e 2o. batalhaõ do 38; permitta-me V. S. que lhe segure, que nunca testemunhei mais galhardo attaque do que o que fizéram os regimentos 38, 45, e 8o. Portuguez; sobre a divisaõ do inimigo, que alcançou a cordilheira da serra. Sobre a esquerda attacou o inimigo, com tres divisoens de infanteria do 6o. corpo, aquella parte da serra occupada pela divisaõ da esquerda, commandada pelo brigadeiro-general Crawfurd, e pela brigada de infanteria Portugueza, commandada pelo Brigadeiro General Pack. Uma divisaõ de infanteria somente fez alguns progressos para o cimo do monte, mas foi immediatamente carregada com a bayoneta pela Brigadeiro-General Crawfurd, com o 48, 52, e 95 regimento, e o 3o de Caçadores Portuguezes, e repellida para baixo com immensa perca. A brigada de infanteria Portugueza do Brigadeiro-General Coleman, que estava de reserva, se moveo para diante, para sustentar a direita da divisiaõ do Brigadeiro General Crawfurd, e um batalhaõ do 19 regimento Portuguez, commandado pelo Tenente Coronel Maclean, fez uma galharda e bem succedida carga sobre um corpo e outra divisaõ do inimigo, que se esforçava por penetrar na quella parte. Neste attaque o Brigadeiro-General Crawfurd, o Tenente Coronel Beckwith do 95, e Barclay do 52, e os officiaes commandantes dos regimentos combatentes, se distinguîram. Alem destes attaques as tropas ligeiras dos dous exercitos pelejáram por todo o dia 27; e o 4°. de caçadores Portuguezes, e os regimentos 1°. e 16., dirigidos pelo Brigadeiro General Pack, e commandados pelo Tenente Coronel do Rego Bonito, Tenente Coronel Hill, e Major Armstrong, mostráram grande firmeza, e gallantaria. A perca sustida pelo inimigo neste attaque de 27 foi enorme. Ouço que o General de divisaõ Merle, e General Maucun ficáram feridos; e o General Simon feito prisioneiro pelo regimento 52; e tres coroneis, 33 officiaes, e 250 homens. O inimigo deixou mortos, sobre o campo de batalha, dous mil homens; e ouço dos prisioneiros e desertores, que a perca em feridos he immensa. O inimigo naõ renovou o seu attaque, excepto pelo fogo sobre as tropas ligeiras aos 28, porém moveo um grande corpo de infanteria, e cavallaria, em marcha sobre a estrada, que vai de Mortagoa para as montanhas que correm na direcçaõ do Porto. Julgando provavel que trabalhasse por voltar a nossa esquerda, por este caminho, havia ordenado ao Coronel Trant, que marchasse, com a sua divizaõ de milicias, para o Sardaõ com a intençaõ de que elle occupasse estas montanhas; porém infelizmente elle tinha sido mandado pela via do Porto pelo official General, que commanda no norte; em consequencia de um pequeno destacamento do inimigo haver tomado posse de S. Pedro do Sul; e, naõ obstante os esforços que elle fez para chegar o tempo, naõ alcançou o Sardaõ senaõ aos 28 pela noite, depois do inimigo estar de posse do terreno. Como éra provavel, que, no decurso da noite de 28, o inimigo trouxesse todo o seu exercito sobre ésta estrada, pela qual evitaria a Serra de Bussaco, e chegarîa a Coimbra pela estrada real do Porto, e assim ficaria o exercito exposto a ser cortado da quella cidade, ou a entrar em uma acçaõ geral sobre terreno menos favoravel; e como eu tinha reforços na minha retaguarda, inclinei-me retirar-me da serra de Bussaco. O inimigo partio das montanhas ás 11 da noite de 28, e fez a marcha que se esperava. A sua guarda avançada estava hontem em Avelans, no caminho do Porto para Coimbra; e se vio todo o exercito em marcha pelas montanhas: o que eu commando, porém, estava ja na baixa entre a serra de Bussaco, e o mar, e todo elle, á excepçaõ da guarda avançada, está hoje na esquerda do Mondego. Ainda que pela infeliz circumstancia da demora do Coronel Trant, em chegar ao Sardaõ, eu temo que naõ possa obter o objecto, que tinha em vista, quando passei o Mondego, e occupei a serra do Bussaco, naõ sinto que o tenha feito. Este movimento me offereceo uma favoravel occasiaõ de mostrar ao inimigo, a descripçaõ das tropas de que este exercito se compoem, e trouxe as recrutas Portuguezas a uma acçaõ com o inimigo, pela primeira vez, em uma situaçaõ vantajosa; e ellas mostráram, que naõ tem sido perdido o trabalho que com ellas se tem tomado; e que saõ dignas de combater nos mesmos renques com as tropas Britannicas, nesta interessante causa, que ellas daõ as melhores esperanças de salvar. Em todo o tempo do combate sobre a serra, e em todas as marchas antecedentes; e nas que ao depois se fizéram, todo o exercito se tem conduzido na forma mais regular. Consequentemente todas as operaçoens se executáram com facilidade, os soldados naõ soffrêram privaçoens, naõ passáram por fatigas desnecessarias, naõ se perdêram armazens, e o exercito está mui cheio de espiritos. Tenho recebido em todo o serviço o maior adjutorio, dos Officiaes Generaes, e do Estado-Maior. O Tenente General Sir Brent Spencer me prestou o auxilio que a sua experiencia o qualifica a darme, e estou particularmente obrigado ao Ajudante e Quartel Mestre General, e aos officiaes de suas repartiçoens, e ao Tenente Coronel Bathurst, e Officiaes de meu Estado Maior pessoal, ao Brigadeiro General Howarth, e a artilheria, e particularmente ao Tenente Coronel Fletcher,

Cap. Chapman, e officiaes dos Engenheiros Reaes. Devo igualmente mencionar Mr. Kennedy, e os Officiaes do Commissariato, cuja repartiçaõ tem sido conduzida com o melhor successo. Naõ faria justiça ao serviço, nem aos meus sentimentos individuaes, se naõ aproveitasse ésta occasiaõ de levar a attençaõ de V. S. ao merecimento do Marechal Beresford. A elle exclusivamente, sob o Governo Portuguez, he devido o merecimento de ter levantado, formado, disciplinadó, e apetrechado o exercito Portuguez, que agora se mostrou capaz de pelejar, e derrotar o inimigo. Tenho alem disto recebido delle, em todas as occasioens, todo o auxilio, que a sua experiençia e habilidades, e conhecimento deste paiz o pôem em estado de prestar-me. O inimigo naõ fez movimento na Estremadura, ou provincias do norte, depois que escrevi a V. S. a minha ultima. As minhas ultimas noticias de Cadiz saõ de 9 do Corrente. Ajuncto o mappa dos mortos e feridos do exercito alliado, nos dias 25, 26, 27, e 28, do corrente. Mando este despacho pelo meu Ajudante-de-campo o Cap. Burgh, a quem, com vossa licença, refiro a V. S. para os ulteriores detalhes, e o recommendo á attençaõ de V. S. Tenho a honra de ser, &c.

(Assignado) WELLINGTON.

Extracto da rellaçaõ dos mortos e feridos.

Exercito Inglez. Mortos: 1 major, 1 capitaõ, 2 tenentes, 1 alferes, 5 sargentos, 97 soldados. Feridos: 3 tenentes-coroneis, 4 majores, 10 capitaens, 16 tenentes, 1 alferes, 21 sargentos, 3 tambores, 434 soldados. Extraviados: 1 capitaõ, 1 sargento, 29 soldados.

Exercito Portuguez. Mortos: 4 capitaens, 2 subalternos, 1 sargento, 1 tambor, 82 soldados. Feridos: 1 coronel, 1 major, 5 capitaens, 18 subalternos, 9 sargentos, 478 soldados. Prisioneiros e extraviados: 2 sargentos, 18 soldados.

PORTUGAL.

Copia do Officio do Excellentissimo Senhor Lord Visconde Wellington ao Excellentissimo Senhor D. Miguel Pereira Forjaz.

Illmo. e Exmo. Senhor: O inimigo abrio o seu fogo contra a Praça de Almeida por alta noite do dia Sabbado, ou mui cedo na manhá de Domingo passado, 26 do corrente mez; e tenho sentimento em ter de accrescentar que elle ha conseguido a posse da Praça no decurso da noite do dia 27 do presente mez.

Naõ devo occultar a V. E. que este desafortunado acontecimento tem sido para mim sensivel; mallogrando o que devia esperar, attendida a maneira com que a guarniçaõ se achava provida com todos os objectos necessarios para a defensa da Praça, e o respeitavel estado das suas fortificações, e o bom espirito e coragem, que eu havia entendido do Governador, que a guarniçaõ mostrava ter; por todos estes motivos eu tinha esperanças que esta Praça se havia de manter até ás ultimas extremidades, quando eu naõ tivesse tido uma opportunidade de a soccorrer: e que em todo o caso teria demorado o inimigo, até um remoto periodo da Estaçaõ.

Naõ tenho intelligencias, sobre as quaes eu possa decidir, respectivas á causa por que se ha rendido: alguns prisioneiros feitos hontem relataõ, que o deposito do Castello (o qual comtudo era de prova de bomba) fôra pelos ares na noite de Sabbado; que no decurso de Segunda feira o Governador tinha pedido o capitular; com as condições de que a Praça serîa entregue ao inimigo, mas que seria permittido á guarniçaõ, e habitantes da Praça, virem-se unir a este exercito; cuja proposta havendo sido recusada; e que tendo o fogo novamente principiado, o Governador se tinha sustido tanto tempo quanto lhe duraram as muniçōes restantes, até que faltando-lhe estas se havia rendido na manhaã d'hontem ; tendo o inimigo depois disto offerecido aos soldados da guarniçaõ o tomallos para o serviço do Imperador, ou remettellos para França como prisioneiros de guerra, cuja ultima offerta foi acceita pela guarniçaõ.

Esta relaçaõ merece credito, como vinda de um inimigo; e tanto se confirma, que, tendo eu tido uma opportunidade de observar que havia cessaçaõ de hostilidades, desde a 1 hora da tarde atê ás 9 da noite da segunda feira, tinhaõ depois desta hora tornado a começar o fogo até perto das duas da manhaã, quando totalmente cessou outra vez.

Hum grande estrondo tinha igualmente sido ouvido nos nossos postos avançados, havendo eu observado na Segunda feira que o campanario da Igreja daquella Praça estava destruido, e muitas das casas sem tectos.

Espero que esta relaçaõ seja achada correcta em todos os seus mais essenciaes pontos, e dar-me-ha a maior satisfaçaõ igualmente achar, que a perda de Almeida, e a transferiçaõ para o inimigo dos petrechos militares e provimentos, que a mesma Praça continha, naõ ha sido occasionado por erros do Governador, ou da sua guarniçaõ.

Eu tinha tido uma communicaçaõ telegraphica com o Governador; porém no Domingo, ou durante a maior parte do dia de Segunda feira e a tempo que a atmosphera aclarou neste ultimo dia, foi conhecido que o Governádor se achava em communicaçaõ com o inimigo.

Considerada a posiçaõ em que eu havia ajunctado o Exercito taõ perto daquella Praça, he para lamentar que eu naõ tivesse uma opportunidade para verificar a sua situaçaõ, depois da perda do seu deposito.

O inimigo atacou hontem por duas vezes os nossos piquetes ; porém fizeraõ este ataque debilmente ; em ambos foram repulsados ; de tarde porém obrigáram ao General Sir Stapleton Cotton a puxar os seus postos para a banda de cá de Freixedas; nestas refregas da manhaã foi ferido o Capitaõ dos Dragões ligeiros No. 16, chamado Lygon, assim como de tarde ficáram feridos 2 soldados do regimento dos Reaes Dragoes.

Hum piquete deste regimento fez hum valente e denodado ataque sobre uma partida de infantaria e cavallaria do inimigo; foi bem succedido o resultado, e fizeraõ-se alguns prisioneiros.

O 2o. Corpo commandado pelo General Regnier naõ tem feito movimento algum de importancia desde a ultima parte que transmitti a V. E. Huma patrulha comtudo das que pertencem a este Corpo encontrou-se com um Esquadraõ de Dragões; que consistia em parte dos do Regimento Britanico No. 13, e do Regimento Portuguez No. 4, pertencente ao Exercito do commando do General Hill, e cujo Esquadraõ commandava o Capitaõ White, do mesmo Regimento 13; este encontro teve lugar a 22 do corrente mez, e o seu resultado foi que a patrulha do inimigo foi toda tomada, á excepçaõ do Capitaõ e 1 Soldado, os quaes hei depois ouvido que foraõ mortos Remetto a copia da parte, que a este respeito ha dado o Brigadeiro-General Fane ao General Hill, respectiva a esta refrega, a qual sem duvida tem sido do maior credito e prova de bravura do Capitaõ White, e das tropas alliadas, que nella tiveram parte.

Naõ ha havido movimento algum, ou cousa de importancia occorrida na Extremadura desde a minha ultima parte, que dirigi a V. E. respectiva aos acontecimentos da campanha em que nos achamos.

No Norte da Hespanha o inimigo moveo a 20 para Alcaniças um pequeno Corpo de infantaria e cavallaria; porém o General Silveira marchou de Bragança na sua direcçaõ; em razaõ do que o inimigo se retirou immediatamente.

As minhas ultimas noticias de Cadiz chegaõ a 16 do corrente; hei por esta occasiaõ sabido que o General Graham estava a ponto de mandar de Cadix 2000 homens, com direcçaõ ao Tejo. Nada extraordinario havia occorrido naquellas paragens. Alverca 29 de Agosto. Tenho a honra de ser com estima e respeito de V. E.

Illmo. e Exmo. Sr. D. Miguel Pereira Forjaz.

(*Assignado*) WELLINGTON.

Officios do General Beresford de 27 e 28 ás 7 e meia da manhaã: extrahido da Gazeta de Lisboa, de 3 de Septembro.

Na manhaã de 26 souberam os nossos Exercitos que o inimigo rompêra o fogo contra a Praça de Almeida. Na tarde de 25, e na manhaã de 26 naõ se podia alcançar com a vista o que se passava em Almeida pela obscuridade da atmosphera. Das 2 para as 3 da tarde do dia 26, que aclarou mais o tempo, se destinguio um fogo muito vivo de parte a parte. No dia 27 se observou que o fogo continuava menos activamente, até perto das 2 da tarde. Parou depois: entre as 10 horas e a meia noite se repetia com muita violencia, e depois se naõ houvio mais um tiro.

Officios de 29.

Almeida cahio na maõ do inimigo a 28. O inimigo até 29 naõ tinha feito movimento algum geral. Na noite de 25 para 26 voou o grande deposito da polvora em Almeida, e houveram mais algumas outras explosões de polvora em consequencia das bombas lançadas pelo inimigo. Aquelle accidente arruinou meia villa, perdendo-se muitos artilheiros, e he natural que se perdes se tambem muita parte da guarniçaõ. Tudo isto causou taõ geral consternaçaõ, que o Governador pela falta de polvora se vio obrigado a entrar em ajustes com o inimigo no dia 27. Elle pertendia que a guarniçaõ se unisse ao nosso exercito, e fosse permittido aos habitantes sahirem igualmente; porem Massena lho recusou, ameaçando repetir o fogo se naõ se rendessem prisioneiros de guerra. Com effeito o fogo se repetio na noite desse dia. A Praça se rendeo na manhaã de 28, depois da sua guarniçaõ ter empregado o resto da polvora. O inimigo lhe propôz a escolha de ficar ao serviço do Imperador, ou ser enviada á França prisioneira. Naõ houve um só homem que naõ preferisse o marchar para a França prisioneiro. He um grande exemplo, e faz muita honra á naçaõ, muito mais se considerarmos que o maior numero eraõ milicianos. Todas estas noticia constáram por prisioneiros, que se fizeram depois. Assim Almeida perdeo-se por um accidente, e naõ por culpa da guarniçaõ, ou pelo valor do inimigo. Para este acontecimento foi necessario a combinaçaõ taõ extraordinaria como imprevista da desgraça da explosaõ, e do estado da atmosphera justamente nos dois dias em que durou o fogo; pois que de outra fórma poderia Lord Wellington ter sabido aquelle extraordinario acontecimento, que punha a Praça na necessidade de ser immediatamente soccorrida, (o que elle naõ podia suppôr sem aquelle conhecimento) e tendo já feito um movimento para a frente com todo o seu exercito nos dias anteriores, era natural que houvesse obrigado os inimigos a levantar o sitio ao menos pelo tempo sufficiente para se tomar, a respeito da Praça e guarniçaõ, o partido que parecesse mais conveniente.

Lisboa, 8 *de Septembro.*

Por officio do Marechal Beresford, datado do Quartel-General de Moimenta da Serra em 4 do corrente, consta que a Perda da Praça de Almeida foi occasionada pela desgraça acontecida ao armazem da polvora, e que pelas informações mais escrupulosas tomadas dos Coroneis de milicias, e outros officiaes, que foram da guarniçaõ, as tropas até aquelle accidente se comportáram pelo melhor modo possivel, e as milicias naõ mostraram menos valor que as tropas de linha: que pela unanime informaçaõ de officiaes e soldados, a conducta do Governador Cox merece os maiores elogios: elles o representam como incansavel, naõ deixando jamais os parapeitos; e elle tinha de maneira ganhado o amor e estima da guarniçaõ, tanto a officiaes como a soldados, e lhes tinha inspirado uma tal confiança, que a naõ ser a desgraça acontecida á polvora, o attaque de Almeida haveria causado grande perda tanto de tempo como de homens ao inimigo: que havendo procurado o inimigo seduzir por todas as maneiras, e servindo-se muito principalmente para este infame projecto dos Portuguezes, que o acompanham, os officiaes e soldados prisioneiros, lhe constava ja que se tinhaõ recusado honrada, e briosamente a taõ indigna proposiçaõ (alem dos officiaes Inglezes o Governador Cox, o Major Hawitt, e o Capitaõ Foley) o Major Manoel Paulo Cobreiro, e o Capitaõ José Pedro de Mello. Que elle participa com o maior prazer que os primeiros Tenentes de Engenharia Antonio Elizeo Paula de Bulhões, e Joaquim Pedro Pinto de Souza, e o segundo Tenente José Feliciano Farinha, que todos tambem recusaram aceitar o serviço Francez, se escapáram já do inimigo, e estaõ presentemente no seu Quartel-General: que a firmeza e patriotismo destes officiaes merecem que o mesmo Marechal os recommende a S. A. R. para receberem algum signal da sua approvaçaõ por uma conducta taõ honrada, e propõe que sejaõ recompensados, dando a cada um uma graduaçaõ no seu Corpo.

Vem este officio acompanhado da Carta do Governador Cox e da Capitulaçaõ, que adiante vaõ copiadas: e sobre a execuçaõ da dita Capitulaçaõ faz o Marechal a reflexaõ seguinte:

" A naçaõ Portugueza conhece já a clemencia, e a moderaçaõ Franceza; e a conducta do inimigo sobre está Capitulaçaõ mostrará, que a sua boa fé em nada tem mudado depois que foi lançado fôra de Portugal. He concedido ás milicias pela capitulaçaõ o poderem voltar para suas casas, o inimigo, pelo meio dos Portuguezes traidores, que com elle estaõ, dos quaes o Marquez d'Alorna he o mais activo Ex-Portuguez, naõ havendo podido com toda a sua arte e intriga persuadir a um unico miliciano, ou official ou soldado, que com elle servisse, recorreo ao seu argumento ordinario quando tem o poder, que he: *se o naõ quizessem por vontade, que o fariaõ por força:* e contra as estipulações da Capitulaçaõ elle tem actualmente detido por força, para fazer um corpo de pioneiros, sete officiaes e duzentos homens de cada regimento de milicias."

Carta do Brigadeiro General Cox a S. E. o Marechal Beresford, datada de Aldea do Bispo, a 30 *de Agosto, de* 1810.

Coube-me em sorte a penosa obrigaçaõ de informar a V. E. que eu fui reduzido á necessidade de entregar a fortaleza de Almeida, que tinha a honra de governar, a 27 do corrente, ás 10 da noite, em consequencia da desgraçada explosaõ do grande armazem de polvora, no Castello, e dos pequenos armazens contiguos a elle, por cujo horrivel accidente eu fiquei privado de toda a minha artilheria, e munições de mosquetaria, à excepçaõ de um pequeno numero de cartuchos, que estavaõ em alguns depositos do serviço das baterias, e trinta e nove barris de polvora, que estavaõ depositados no laboratorio: mais de metade do destacamento de artilheria, grande quantidade de soldados de infantaria, além de varios dos habitantes foraõ destruidos pelos effeitos desta terrivel explosaõ; muitas das peças ficáram desmontadas nas baterias; as obras foram notavelmente arruinadas, e uma geral consternaçaõ se espalhou entre as tropas e habitantes.

Nesta triste situaçaõ recebi uma Carta do Marechal

Principe de Esling, Commandante em Chefe do Exercito Francez de Portugal, propondo que entregasse a Praça ao Exercito Francez debaixo das suas ordens, sobre as condições honrosas, que me concederia; eu lhe respondi, que desejava saber as condições que propunha: entaõ me foram transmittidos os artigos de que tenho a honra de mandar a V. E. uma copia; os quaes, depois de usar de todos os meios que eu podia, para alcançar condições mais favoraveis, vim a acceitar, com uma excepçaõ em favor dos regimentos de milicias Portuguezas.

Espero que a minha conducta nesta critica occasiaõ obtenha a approvaçaõ de V. E., e que eu fique justificado, pelas circumstancias, aos olhos do meu paiz.

Lisboa, 28 de Septembro.

Extracto do Officio do Excellentissimo Senhor Lord Visconde Wellington, ao Excellentissimo Senhor D. Miguel Pereira Forjaz.

O segundo Corpo do Exercito do inimigo, debaixo do commando do General Regnier, passou outra vez para as bandas do Norte, e chegou ao Sabugal, e Alfaiates a 12 e 13 do corrente mez. A 15 o inimigo se moveo com grande força de cavallaria, infantaria, e artilheria para a cidade da Guarda, e isto pela terceira vez; passou as alturas, e entrou no Val do Mondego, obrigando a nossa partida de observaçaõ, que ficou na dita Cidade, ás ordens do Capitaõ Cockas do regimento de dragões ligeiros, N°. 16, a retirar-se sobre a Serra. No mesmo dia uma columna forte passou as alturas de Alverca (que fórma a esquerda da Cordilheira da Guarda) e Maçal do Chaõ; fazendo alto no Braçal, igualmente no Val do Mondego; e o 8°. Corpo, ás ordens do General Junot, passou o rio Coa por porto de Vide.

O Tenente General Sir Stapleton Cotton retirou a cavallaria Britannica por Celorico para o Val do Mondego no dia 16; e o inimigo partindo de Alverca, e Guarda no mesmo dia, entrou naquella Villa; entrando igualmente no mesmo dia em Trancoso o 8°. Corpo.

Os inimigos em lugar de seguir a retirada, que fizeram as tropas Britannicas por Celorico para o Val do Mondego, e pela esquerda deste Rio, marcháram directamente por Jejua para a ponte de Fornos, chegando a sua guarda avançada naquella noite á referida Villa de Fornos. Este movimento foi seguido nos dias seguintes, fazendo passar todas as tropas do 2°. e 6°. Corpos pela pónte de Fornos havendo sahido de Celorico; á excepçaõ da guarda avançada do Corpo primeiramente mencionado, que havendo protegido no dia 11 a passagem da retaguarda da columna, verificou ella a sua passagem por outra ponte, que se acha situada mais para baixo neste Rio: huma pequena partida entrou em Viseu hontem. As intenções do inimigo em fazer estes movimentos saõ apparentemente para obter posse de Coimbra em ordem a aproveitar-se dos recursos, que a dicta Cidade e suas visinhanças lhe offerecem; porêm os movimentos, que antecedentemente eu tinha feito, me pozéram em estado de retirar o exercito, sem difficuldade, de uma posiçaõ, na qual eu naõ considerava assentado arriscar uma acçaõ, e tambem de cobrir Coimbra contra qualquer attaque, que podia fazer um pequeno Corpo a esta Cidade; e espero poder frustrar os designios do inimigo.

Depois da acçaõ do dia 11 de Agosto, que teve lugar na Extremadura, da qual hei já dado parte a V. E[a]., o Marquez de la Romana ha conseguido tomar ao inimigo dous destacamentos, um nas visinhanças de Cordova, e o outro a tempo que marchava ao soccorro da Guarniçaõ, que o inimigo tem no Castello de las Guardias; e as guardas avançadas do dito Marquez chegáram a tres legoas de Sevilha. Porém o Marechal Mortier reunio o seu corpo, e marchou desde Sevilha em força, o que obrigou o Marquez de la Romana a se retirar para a Extremadura.

No dia 14 a cavallaria Hespanhola se bateo com a do inimigo perto da Fonte de Cantos; a Brigada Portugueza ás ordens do Brigadeiro-general Madden se achava em Calçadilha. Depois da acçaõ que durou uma consideravel parte do dia, em que a cavallaria Hespanhola abandonou em confusaõ o campo, vejo que o Brigadeiro-general Madden, tendo avançado, cahio sobre o inimigo com a mais decisiva e effectiva maneira, desbaratou-o e perseguio-o até os seus canhões, matando, ferindo, e tomando alguns prisioneiros, e salvou aos Hespanhoes. O Marquez de la Romana, de quem hei recebido a relaçaõ deste successo menciona em termos mui relevantes a conducta do General Madden, assim como a das tropas Portuguezas, debaixo do commando deste official, as quaes diz que tem excitado, e causado a admiraçaõ de todo o seu exercito.

Devo aproveitar-me desta occasiaõ para mencionar a V. E. o quanto devo á cavallaria Britannica, que commanda o Tenente-general Sir Stapleton Cotton.

Desde os ultimos de Julho ella só ha feito o serviço dos postos avançados; naõ estando jámais o inimigo fóra da sua vista, isto he da parte della; e em todas as occasióes ha sido taõ grande a sua superioridade, que o inimigo naõ faz uso da sua cavallaria, menos que naõ seja mantida e ajudada pela sua infanteria. O regimento de Hussares N°. 1°. commandado pelo Coronel Arentschildt particularmente tem tido muitas opportunidades de se distinguir, e he de justiça, que eu ao mesmo tempo mencione o zelo, e intelligencia com que os deveres do serviço dos postos avançados tem sido executados pelo Capitaõ Krauckenberg, e o Alferes Cordemann do regimento 1.° de Hussares; e pelo muito Hon. Capitaõ Cocks do regimento de Dragões ligeiros N.° 16. Nada de importancia tem occorrido no Norte: as minhas ultimas Cartas de Cadix chegam á data do 1.° do corrente mez. Quartel-general de Lorvaõ, 20 de Setembro, de 1810. Tenho a honra de ser, &c.

(*Assignado*) WELLINGTON.

Officio do Marechal Beresford ao Ministro da Guerra.

Illmo. e Exmo. Senhor: Tenho a maior satisfacçaõ de annunciar a V. E. para conhecimento de S. A. R., que o exercito combinado debaixo das ordens de S. E. o Marechal General Lord Visconde Wellington bateo o exercito inimigo commandado pelo Marechal Massena em a tentativa, que elle fez contra a nossa posiçaõ sobre as alturas do Bussaco. Como S. E. o Marechal General dará, para serem submettidos a S. A. R., todos os detalhes sobre o que respeita aos movimentos e disposições, que conduziram a esta brilhante victoria, eu me limitarei ao que respeita á conducta particular das tropas de S. A. R., que se cobriram de gloria, e se mostráram dignos émulos dos seus companheiros de armas do Exercito Inglez, e dignos herdeiros da gloria dos seus antepassados.

Tendo o inimigo em o dia 25 adiantado os seus póstos avançados, até á parte debaixo da nossa posiçaõ sobre a montanha, nesse mesmo dia alli se estabeleceo, e durante o 26 alli reunio a força total dos seus tres corpos de exercito. A's 6 horas da manhaã do dia 27 elle atacou por dous pontos differentes a nossa posiçaõ com fortes columnas, e o maior vigor do fogo durou, pouco mais ou menos, duas horas e meia; e os corpos Portuguezes que se distinguiram foram todos aquelles, que tiveram a felicidade de estar nos pontos attacados, sendo estes os corpos seguintes.

A brigada 9 e 21 debaixo das ordens do Coronel Champalimaud, e depois que este foi ferido, do Tenente Coronel Sutton. O regimento 8 commandado pelo Tenente Coronel Douglas. A brigada 1 e 16 de linha, e o 4º. batalhaõ de caçadores, debaixo das ordens do Brigadeiro-general Pack. A brigada 7 e 19 e caçadores Nº. 2 ás ordens do Brigadeiro-general Colman. Os batalhões de caçadores Nº. 1 e 3 com a divisaõ ligeira Ingleza, e o batalhaõ 6 da brigada do Brigadeiro-general Campbell. Duas brigadas de artilheria commandadas immediatamente pelo Major Arentschild, e duas de 3 postadas mais á esquerda.

A unica differença que houve em a conducta de todas estas tropas consistio nas occasiões, que se offerecêram a cada corpo de se darem a conhecer, podendo este ser chamado um dia glorioso para o nome Portuguez, havendo as suas tropas adquirido pela sua conducta, tanto a admiraçaõ, como a plena confiança do exercito Inglez. A conducta do regimento 8, debaixo das ordens de Tenente Coronel Douglas, e onde o Major Birmingham se distinguio muito, lhe adquirio a gloria com dous regimentos Inglezes de desalojarem o inimigo com a baioneta das alturas, que elle havia ganhado, e lhe fizeram pagar caro a sua vantagem momentanea. Os regimentos 9 e 21 merecêram a completa approvaçaõ do Major-general Picton, e merecem muito louvor o Coronel Champalimaud, o Tenente Coronel Sutton, que commandou a Brigada depois da ferida do primeiro, e o Tenente Coronel José Maria de Araujo Bacellar Commandante do Regimento 21.

O Brigadeiro General Pack merece os meus agradecimentos, assim como os Corpos, que estiveram debaixo das suas ordens, e os seus Commandantes, os Tenentes Coroneis Hill, e Luiz do Rego, e o Major Armstrong. A conducta do batalhaõ de Caçadores N°. 4 merece ser particumente mencionada, assim pelo seu valor em o attaque, como pela constancia com que sustentou por todo dia o fogo do inimigo. O batalhaõ de caçadores N°. 1 commandado pelo Tenente Coronel Jorge d'Avilez se comportou extremamente bem, e este official merece todos os meus elogios. O batalhaõ N°. 3 debaixo do commando do Tenente Coronel Elder se distinguio muito particularmente, e ajunctando á sua reputaçaõ de disciplina a do seu valor, he impossivel que haja nada melhor que este batalhaõ. A brigada do brigadeiro General Colman 7 e 19, e caçadores N°. 2 merece tambem todo o elogio pela sua conducta, e que sejaõ nomeados os seus commandantes os coroneis Palmeirim, e José Cardoso de Menezes Sottomaior, e o Tenente Coronel Nixon; e particularmente cinco companhias do regimento 19, as quaes, debaixo das ordens immediatas do Tenente Coronel, fizeram um attaque de bayoneta sobre o inimigo, o qual he particularmente mencionado por todos os officiaes dos dous Exercitos, que o viram, como uma cousa perfeita, tanto pela sua disciplina, como pelo valor que mostráram.

O batalhaõ de caçadores N°. 6 da brigada do brigadeiro General Campbell, e commandado pelo Tenente Coronel Sebastiaõ Pinto, se comportou igualmente muito bem, e merece os meus agradecimentos.

Duas brigadas d'artilheria de 9 e 6, debaixo das ordens pessoaes do Maior Arentschild se distinguiram tambem muito, supportando com constancia durante toda a batalha o fogo de 14 peças de artilheria, e causando debaixo deste uma grande perda de homens ao inimigo, e desmontando-lhe tres das suas peças, e fazendo-lhe saltar dous carros de munições. Duas outras brigadas de artilheria 3 merecem tambem a minha approvaçaõ. Todos os officiaes e soldados destes corpos saõ dignos de que eu leve á presença de S. A. R. a sua boa, e excellente conducta, que teria feito honra aos soldados mais aguerridos, porque pela confissaõ de todos os officiaes Inglezes elles mostráram assim o valor, como a disciplina. Em quanto as tropas que naõ entraram em acçaõ directa, eu lhe observei o mais ardente desejo de se medirem com o inimigo, e segundo as apparencias elles teraõ brevemente a occasiaõ. Mas com uma conducta tal, que as tropas Portuguezas mostráram na batalha do Bussaco, auxiliada com o valor conhecido do Exercito Inglez, naõ podemos deixar de prever favoravelmente o resultado da nossa lucta actual, e que o inimigo pagará caro a devastaçaõ, e crueldades que elle tem commettido em Portugal.

Naõ posso deixar nesta occasiaõ de reconhecer os importantes serviços, que em toda a occasiaõ recebi dos talentos, e zelo do Quartel Mestre General do Exercito o Coronel d'Urban; e eu tenho toda a razaõ de estar contente do Ajudante General Brito Mozinho, e do meu Secretario militar o brigadeiro Lemos, que me acompanháram durante a batalha; e tambem de todo o Estado Maior da minha pessoa.

Ajuncto o mappa da perda do Exercito de S. A. R. em a batalha do dia 27. A do inimigo deve ter sido immensa pelos dictos dos prisioneiros e dos feridos, que o inimigo abandonou depois, quando fez o seu movimento sobre a nossa esquerda. Elle deixou sobre o campo de batalha mais de dous mil mortos, e varios Generaes foram feridos. O General de Brigada Simon foi feito prisioneiro, e os officiaes, que tomámos, dizem que os Generaes Merle, Lacune, e Grandorge estaõ feridos.

Deos guarde a V. E. Quartel General de Coimbra, 30 de Septembro, de 1810.

W. C. Beresford.

Marechal e Commandante em Chefe.

Sñr. D. Miguel Pereira Forjaz.

Quartel General de Alcobaça 5 de Outubro de 1810.

Illmo. e Exmo. Senhor. Tendo o inimigo movido para diante em força a sua guarda avançada da frente de Coimbra, na tarde de 30 do mez passado, e na manhaã do 1°. do corrente mez, pensei acertado o retirar a guarda avançada do exercito alliado para a banda de cá do Rio Mondego no mesmo dia 1°. do corrente, e continuar a retirar o principal corpo do exercito.

Na retirada da Cavallaria Britannica de Fornos o Capitaõ Kraukenberg do regimento 1 de Hussares, e o Capitaõ Cockes do regimento 16 de dragoens ligeiros atacou e carregou ao inimigo; nesta refrega ficou ferido o Capitaõ

Kraukenberg, porem sou mui feliz em poder dizer que o foi levemente.

Continuei a retirada desta parte do exercito pelas estradas de Soure e Pombal para Leiria, perto de cuja Cidade chegou toda a 3 do corrente, e fez hontem alto; estando os postos avançados em Pombal. O Tenente General Hill retirou-se com o corpo do seu commando pela estrada do Espinhal sobre Thomar, onde chegou hontem.

A guarda avançada do inimigo chegou hontem a Redinha, fazendo retroceder do Pombal aos nossos piquetes pela tarde; havendo eu tido intelligencia de que o 8°. corpo d'Armée estava em Condexa, e as outras Tropas na banda de cá do Rio Mondego.

Tenho por conseguinte neste dia continuado a retirar-me; e a nossa guarda avançada ficará hoje na banda de cá de Leiria.

Com pequenas excepçoẽs, as Tropas se tem continuado a conduzir com grande regularidade; e naõ tem soffrido fadigas.

O exercito está agora em uma distancia, naõ mui grande, da posisaõ em que me proponho a receber o inimigo, e o nosso exercito se acha cheio dos melhores espiritos.

Por todas as informaçoẽs que hei recebido, o inimigo soffre os maiores incommodos. Os habitantes das villas e lugares haõ universalmente abandonado as suas moradas, levando comsigo tudo quanto podem transportar, e que poderia ser util para o inimigo; e por isto mesmo os habitos e costumes de roubar, que ha tanto tompo tem sido animados e promovidos nos exercitos do inimigo, saõ impedidos de derivarem vantagem alguma dos poucos recursos, que os habitantes do paiz possaõ ter-lhes deixado por motivo de os naõ poderem transportar.

Nada de importancia ha occorrido no Norte, ou nas

Provincias do Sul da Hespanha, desde que ultimamente officiei a V. E. sobre as operaçóes da presente campanha.

As minhas ultimas cartas de Cadix saõ datadas a 22 do mez de Septembro.

Tenho a honra de ser com consideraçaõ e respeito.

De V. E.

Muito attento e fiel Servo.

(*Assignado*) WELLINGTON.

Ill. e Ex. Sr. D. Miguel Pereira Forjaz.

P. S. Hei sabido que o General Graindorge e o General Foit, ambos pertencentes ao 2°. corpo, ficaram feridos na acçaõ de 27 do mez passado; como tambem o foram aquelles officiaes, que mencionei no meu antecedente officio; accrescendo agora, que o General Graindorge ha depois morrido em resulta das suas feridas.

FRANÇA.

Extrácto do Moniteur, de 24 de Septembro.

Paris, 23 de Septembro. S. M. o Imperador passou revista a alguns regimentos. A Legiaõ Portugueza appareceo tambem na Parada. S. M. ordenou que ella se formasse em um circulo, e fallou ao officiaes, subalternos, e soldados. O General Carcome, que commanda os Portuguezes, explicou o que S. M. dice. O Imperador informou-os de que estava satisfeito com a sua conducta na ultima campanha, tanto pelo que respeita ao valor como á disciplina; que observa com prazer, que durante toda a campanha nem um só soldado tinha desertado, que desejava perguntar-lhes se tinham inclinaçaõ de voltar para Portugal; que elle julgara necessario informallos de que alguns de seus compatriotas, que eram enganados pelo artificio dos Inglezes, tinham tomado armas contra a França, que os Inglezes tinham circulado um rumor, de que elles estávam todos mortos. S. M. naõ pôde concluir esta falla. Arrebentáram as acclamaçoens de todas as filleiras "mandai-nos para Portugal — nos desenganaremos os nossos concidadaõs—nos os informaremos de como temos sido tractados no vosso serviço. As vossas aguias naõ tem tropas mais fieis; nos traremos todos os nossos compatriotas aos vossos illustres estandartes." Depois destas expressoens, os officiaes, subalternos, e soldados juráram todos fidelidade, com o ardor e impeto, que he a characteristica de homens nascidos em climas meredionaes.

Acabada a parada, que durou quatro horas, o Imperador deo audiencia, na salla dos Marechaes, aos officiaes Hollandezes e Portuguezes. Entrou entaõ em conversaçaõ com elles, dos quaes um fallou por todos. Protestou outravez a sua fidelidade. Nos seremos em Portugal, disse elle, o que temos sido na Alemanha! Os nossos compatriotas aprenderaõ, com orgulho e gratidaõ, aconfiança que S. M. tem posto em nós, quando tantas vezes no campo de Ebensdorff, naõ tivesteis outra guarda senaõ a Legiaõ Portugueza. Nos os informaremos de que o poder da França he tal, que nada lhe pode resistir no Continente, Inglaterra o sabè melhor que ninguem; porém o seu monopolio deve ser saciado com sangue e desgraça."

Reflexoens sobre as Novidades deste Mez.

AMERICA.

A revoluçaõ desta parte do Mundo continûa seguindo os progressos, que saõ naturaes á mudança de ideas, que se observa em todos os povos da America. A p. 421 publicamos o projecto de Constituiçaõ da Florida, em que ha muitos defeitos a notar; e tomando-o simplesmente como um esboço; naõ he necessario analizallo com miudeza; he porêm interessante a leitura deste papel; porque elle mostra o tropel de ideas, que se apresentam áquelles povos, livres do despotismo, que os oprimia; e ao mesmo tempo quasi sem saber usar de sua liberdade, por estarem faltos das balizas da experiencia, e liçaõ reflectida, e combinada, que até agora naõ podiam gozar. O

Governo, ou provincia, de Sta. Fe unio-se já ao de Caracas, e parece que os povos ao Sul do rio da Prata, estaõ pela mesma opiniaõ de Buenos-Ayres; posto que Montevideo, e suas dependencias sêjam de opiniaõ opposta; e que a Cidade de Cordova, estêja unida a Linieres, contra Buenos Ayres: este chefe porém tem sido desertado por seus sequazes ao ponto de naõ ter com sigo senaõ um corpo de 200 ou 300 homens, contra o qual marchâram de Buenos Ayres 2.000 homens, e atè se diz que está ja preso, e Cordova inteiramente submettida ao Governo de Buenos Ayres. O Governo de Hespanha parece agora estar prompto a fazer concessoens a America, mas he de temer, que isto venha demaziado tarde; porque naõ obstante a moderaçaõ que tem mostrado os Americanos em suas resoluçoens; o partido Europeo tem usado de demasiada violencia: a dizer tudo, tem patenteado um furor intempestivo, que ao mesmo tempo que mostra os desejos de vingança, patentea a fraqueza e impossiblidade de os pôr execuçaõ. Por exemplo a Regencia de Cadiz declára a provincia de Caracas em estado de rebeliaõ, e de bloqueio; e ao mesmo tempo que ésta medida levaria a Regencia de Cadiz até á necessidade de aprisionar os mesmos navios Britannicos, que vaõ commerciar aos portos de Caracas; naõ tem essa Regencia de Cadiz, como bem sabem os de Caracas, uma marinha de guerra sufficiente para se protejer a si mesma.

Supponhamos que a Regencia de Cadiz, tomando as declaraçoens de Caracas como ellas sôam, reconhecia a Juncta da quella provincia, no mesmo pé em que se olha para a Juncta de Sevilha, de Galiza, &c. isto he reconhecia a Juncta de Caracas, uma como corporaçaõ nomeada pelo povo para govenar o paiz, durante a auzencia do Monarcha, que todos elles reconhecem: nesse caso, a Regencia de Hespanha, legitima, ou naõ legitima, podia communicar com a Juncta de Caracas, assim bem como com as outras Junctas do Reyno; e combinar com todas o modo de mandarem os seus procuradores para as Cortes, onde todos de acordo determinassem sobre o que convem ao governo da toda a Monarchia. Caracas, declarada rebelde, e por consequencia naõ sendo admittida ao governo geral da Naçaõ, seguirá o impulso de vingança, que ainda que naõ sêja justo, he sempre natural em taes occasioens, e se declarará em naçaõ independente, o que até aqui naõ tinha feito; isto quando o governo da Hespanha naõ tem força, nem meios de subjugar com violencia aquella provincia.

Em Buenos Ayres aconteceo um erro, igual a este da Regencia de Cadiz. Os cabeças da revoluçaõ, erigindo uma Juncta de Governo, deixâram em sua authoridade a Audiencia, ou Tribunal Supremo de

Justiça, e até o Governador ficaria em seu lugar, se a populaça, irritada com os despotismos, de que toda esta classe de gente he criminosa, naõ pedisse a sua demissaõ.

Os Ouvidores da Audiencia, porém, em vez de conciliar ésta nova Juncta com os interesses da Metropole, entráram a adoptar as medidas mais violentas que as circumstancias lhes permittiram, para que a Juncta annihilasse a sua existencia; e se submettesse á Regencia de Cadíz recemestabelecida. Unindo-se a isto, que o partido Europeo na Cidade de La Paz, havendo ganhado a superioridade sobre o partido Americano, fez enforcar os naturaes do paiz, que tinham tido parte na nomeaçaõ de sua Juncta, naõ havia couza mais natural do que era temer a Juncta de Buenos-Ayres uma igual sorte, e oppor-se ou para melhor dizer defender-se, contra a vingança segura da Audiencia, caso ella tomasse a ascendencia; e nem assim recorrêram ás medidas de sangue, como fizéram os Europeos, em La Paz, contra os seus antagonistas Americanos; pelo coutrario contentáram-se em Buenos-Ayres com mandar sahir do paiz estas pessoas, que lhe machinávam a sua ruina. Era logo de esperar que os Hespanhoes Europeos, imitando este exemplo de moderaçaõ, buscassem o conciliar os povos de Buenos Ayres por medidas brandas; mas o Embaixador Hespanhol no Rio de Janeiro fulminou uma proclamaçaõ; e carta circular contra aquelles povos; que alem de servir de index da fraqueza de seu Governo, attrahio sobre si o desprezo do novo Governo de Buenos Ayres, que lhe mandou responder pela gazeta da quella Cidade, com um sarcasmo, e ironia, que mostram evidentemente quam enganado estava aquelle Ministro, e quam differentes fôram os effeitos de sua proclamaçaõ, aos resultados que elle esperava. As provincias de Salta e Tucuman, escreveram á Juncta de Buenos Ayres, unindo-se a ella; a primeira em carta de 20 de Junho de 1810; e a segunda em carta de 26 de Junho, de 1810.

BRAZIL.

As repetidas queixas, que temos feito sobre a continuaçaõ do systema actual de Governo no Brazil; e a nossa exposiçaõ sobre as suas funestas, e inevitaveis consequencias, caso estes males se naõ remedèiem efficazmente, naõ tem até aqui obtido senaõ duas respostas; uma, que he falso o que dizemos do despotismo, e arbitrariedade no Governo do Brazil; e para nos contradizer, se nos alegam com as leis em contrario, Outra resposta he, quando apontamos os factos individuaes, nomeando as pessoas, dia, e circumstancias dos crimes de que nos queixamos, que essas cousas se naõ devem dizer ao publico porque saõ perigosas. Como se naõ fosse mais perigoso o apoiar as injustiças, tanto na practica como na theoria dos escriptos, do que fallar contra os abusos, mostrando que se naõ devem tolerar.

Como quer que seja, uma vez que nos contradizem, quando fallamos em geral do espirito de despotismo porque se administra o Governo do Brazil, julgamos necessario justificar-nos, alegando factos particulares; e se nos disserem outra vez que isto he perigoso; e que temem as consequencias de nós assim escrevermos; respondemos, que emendem o vicio radical, e ja naõ haverá despotismos, e nós naõ teremos que dizer essas verdades.

Fallando do ex-Governador do Maranhaõ D. Francisco de Mello Manuel da Camara, cuja conducta furiosa fazia crer aos seus desgraçados subditos, que a mudança de Governador, qualquer que elle fosse, sería allivio; dicemos que naõ éra a mudança de um despota para outro o que se necessitava, o abuso do poder he uma tentaçaõ em todos os homens, e se o successor de um Governador máo se porta bem he cousa de mero acaso; mais, ainda que todos os Governadores se portassem muito bem, isso naõ provava senaõ a virtude dos individuos, e nada éra a favor do systema vicioso de Governo; e provemos com o exemplo do Maranhaõ.

O successor do Camara, e actual Governador do Maranhaõ, he um chamado D. Jozé Thomaz de Menezes, cuja administraçaõ tem feito chamar boa á do furioso Camara; e em fim os factos deste provam naõ ja o desejo de opprimir os povos pela utilidade individual que dahi lhe provenha; mas uma effusaõ do espirito de despotismo, que olha para os subditos como entes de uma ordem inferior, e sendo de origem nobre, posto que pobre e esfarrapado, assenta que até calcando aos pés os que tem por inferiores, lhes faz uma honra que lhe devem agradecer.

O ouvidor do Maranhaõ Jozé da Motta de Azevedo (de cujo caracter individual se diz muito bem) fez-se obnoxio ao Governador; porque um perverso naõ pode viver em bons termos com um homem honrado, e a consequencia foi, que o Governador com o pretexto o mais frivolo; isto he de que o Ouvidor lhe naõ entregára em pessoa, mas lhe mandara entregar, uma carta para o Governador, que recebera de um amigo incluida em outra sua; com este simples pretexto manda prender o Ouvidor, mettello a bordo de uma canoa, com sua mulher e filhos, e attirou com toda esta familia degradada pelo rio Itapicuru acima, até os desertos do interior, sem causa, sem processo, sem sentença, até sem limitar tempo ao desterro desta familia innocente. Supponhamos que o Ouvidor tinha commettido um crime ¿ devia ser castigado sem outro processo mais do que esta ordem summaria do Governador, que faría vergonha a um Baixá do Cairo? Diraõ que podia haver certo principio de emulaçaõ entre éstas duas personagens; porque o Ouvidor tambem he um dos Grandes da terra. Vamos a outro exemplo, que he com um dos pequenos.

Petiçaõ ao Governador.—Diz Joaõ Jozé da Costa, Mestre do navio Tigre, que elle vindo de Londres, pertende seguir viagem para onde sahio; e porque naõ póde matricular a Tripulaçaõ do dicto navio na Intendencia da Marinha por falta de capellaõ e Cirurgiaõ, que naõ trouxe por naõ haver no referido porto, e tendo feito nesta Cidade toda a deligencia pelos ajustar naõ os tem achado; por cuja razaõ—Pede a V. Exa. sêja servido dispensar-lhe o dicto capellaõ, e cirurgiaõ, vista a falta que ha por terem hido nos navios que tem sahido—E receberá merece—*Despacho*—Espere pelo capellaõ e cirurgiaõ, assim como esperaria por carga, ou por qualquer apresto necessario para a navegaçaõ. Palacio de S. Luiz do Maranhaõ 20 de Julho, de 1810. (Com uma caranguejola que suppomos ser a firma do tal Governador.) *Replica.* Illmo. e Exmo. Snr. O Supplicante, com todo o respeito, e submissaõ, torna a representar a V. Exa., que naõ havendo de sua parte culpa, ou ommissaõ, em naõ trazer capellaõ e cirurgiaõ, em o navio de que he mestre, attenta a este respeito a qualidade do porto de donde sahio; e naõ havendo absolutamente nesta Cidade algum capellaõ nem cirurgiaõ, que queira embarcar, a pezar de estar o supplicante prompto a dar as soldadas que pedissem, quando os houvesse, parece que por taõ justificados motivos merece que V. Exa. o attenda; e muito principalmente, sendo baldada a esperança do Supplicante; porque naõ havendo na terra para poderem embarcar os dictos officiaes, quaesquer outros que apparêçam, nunca podem ser senaõ com a obrigaçaõ de alguns navios que venham de fóra, e nos quaes necessariamente haõ de voltar; vindo assim o Supplicante a soffrer entretanto prejuizo irreparavel; e pois que lhe éra impossivel trazer do porto de Londres capellaõ onde os naõ ha Catholicos Romanos, que embarquem, nem cirurgioens Portuguezes, pelo que—Pede a V. Exa. que a vista do exposto, e de naõ haver nesta cidade capellaõ, nem cirurgiaõ algum por haverem embarcado em os navios que tem sahido, haja porbem dispensar os dictos officiaes e receberá merce.

Segundo despacho. A esses prejuizos se expoem todo o commerciante, assim como aos lucros provenientes da caristia dos fretes, ou de outro qualquer genero do Commercio. Palacio de S. Luiz do Maranhaõ 26 de Julho, de 1810. (Com a mesma cyphra ou rubrica.)

Segunda Petiçaõ. Diz Joaõ Jozé da Costa, Mestre do navio Tigre, que elle se acha prompto para seguir viagem nas presentes aguas, e como naõ acha cirurgiaõ para levar, razaõ porque naõ pode matricular a sua tripulaçaõ, assim requer a V. Exª. haja porbem dispensar-lho, visto naõ os haver—Pede a V. E. haja por bem mandar o que for servido—E receberá merce. *Despacho.* Depois de assignar volte para se lhe differir. Palacio de S. Luiz do Maranhaõ 3 de Agosto, de 1810.—(Depois de assignado sahe o segundo despacho) He falso dizer o Supplicante estar prompto o seu navio, ao mesmo tempo que confessa faltar-lhe o cirurgiaõ. Palacio de S. Luiz do Maranhaõ 4 de Agosto, de 1810.—(Com a chamada rubrica.)

As observaçoens sobre a arrogancia, e tom de oraculo, com que este Governador dá os seus despachos, saõ mui obvias; e para melhor o dar a conhecer aos nossos leitores, copiamos os documentos por extenso, que fôram trazidos em original á Inglaterra, para provar aos seguradores, que os motivos das demoras, e consequentes percas do navio, naõ fóram procedidas nem do vento, fogo, mar, &c. nem de outras quaesquer clausulas das que se custumam inserir nas apolices de seguro; mas sim do despotismo de um Governador, que, qual outro Sancho Pança, na sua ilha dos Lagartos, quer governar em tudo, a torto, e a direito, e se lhe replicam, grita que he o Snr. Governador, e que hade ser obedecido. E se as petiçoens, e despachos que temos copiado, naõ bastam para characterizar o Snr. Governador, eis aqui a copia de uma carta que elle escreveo a um official de marinha; e depois passaremos, a ponderar as consequencias importantes, que resultam ao Commercio do Brazil, destes despotismos do Governo.

Illmo. Snr. Francisco Antonio Marquez Giraldes.

Hontem que os negocios me permittîram alguma vacante, abri as cartas que V. S. me tem dirigido, e vendo o seu requirimento que acompanhava uma dellas, o despachei, e lho remetto incluso. Quando V. S. aqui chegou, depois de naufragado, naõ tive outra contemplaçaõ com sua pessoa, mais que a devida á sua qualidade, e á de commandante da fragata, que aqui me conduzio, tendo-a proporcionalmente com os seus companheiros do naufragio. Fiz o que pude a todos nas suas tristes circumstancias, participando-as ao Ministro competente, e distinguindo-os de V. S. na hospedagem, que gostosamente lhe franqueei nesta casa. Naõ estou arrependido de o ter feito, apezar do dissabor que tenho, em ver que V. S. tomasse os meus officios, como em obsequios a seu tio Conde d'Anadia, quando vivo. Bem verdade he que os recebi daquelle Ministro de Estado, depois que com elle me embarquei para o Brazil; mas se V. S. consultasse o meu character, as minhas naturaes propensoens, nunca pensarîa, que eu me prostituisse desse modo, pois taes serîam os meus procedimentos se eu pensasse, que algum vassallo por mais characterizado que sêja, sirva de influir na minha fortuna, ou que haja algum Soberano, que possa fazer a minha desgraça.—Se o nosso póde concorrer para aquella, ésta só dependerá da minha conducta, que por favor do Ceo naõ póde ser denegrida á face dos homens, ainda que contra mim se conspire todo o inferno.—Eu ja naõ vejo a V. S. na quellas indicadas circumstancias, depois de pôr em execuçaõ o diabolico plano, com que se embarcou de transporte no bergantim Vulcano. Embora sêja o seu Commandante (que V. S. chama Interino, como se houvesse alguem que fosse effectivo por algua patente) esse official das pessimas qualidades, que me aponta; a elle foi encarregada a commissaõ, que V. S. quiz fazer desgraçada. Se foi bem ou mal confiada por mim naõ póde algum vassallo disputallo neste Governo, sem a nota de rebelde; e fóra delle, naõ estando competentemente authorizado tem os de insolente e temerario, visto que eu unicamente respondo pelas minhas deliberaçoens ao Soberano, que aqui me constituio. E naõ podendo eu partir do principio triste, que V. S. me expóem, de que o dicto commandante he igualmente co-reo do crime porque o prendêra á ordem do seu Almirante General, so lhe digo, que admittido esse principio para julgar-se invalida a sua prizaõ, nunca haveria chefe, que pudesse prender os que estaõ debaixo do seu commando, por que estes sempre affectam que aquelle os provocára.—Acabar de perder uma fragata, ser transportado á Córte para la justificar-se; e antes disto amotinar a embarcaçaõ do transporte: saîr de minha casa com tençaõ manifesta por palavras para deitar uma maõ usurpadôra sobre o commando, que dizia pertencer-lhe; fingir necessidade de saîr de bordo para marchar por terra a entregar a S. A. R. os officios do Intendente de Cayenna, como se taes officios (que sempre me fôram ocultos) perdessem de seu valor se aqui me fossem entregues para remetêllos: insultar de palavras, e tolher por obras a authoridade de um Commandante militar á face de seus subditos, e em lugar taõ melindroso, qual he uma embarcaçaõ de guerra, que navega com multidaõ de gente transportada: e finalmente julgar-se além de tudo isto acredor ás attençoens do Governo, em cujo territorio se perpetráram tantos insultos, e sobre tudo, pretender premios de S. A. R. e bençaõs do Sñr. Almirante General; eis aqui quanto se vê na Marinha Portugueza, practicado por V. S. depois que se fez delinquente, ou quando menos suspeitoso, pela perda da fragata Andorinha.—Se isto naõ he demasiada soberba, ou nimio amor proprio em V. S. ao menos será obra de um coraçaõ depravado, que acustumado a naõ ter horror ao crime, ja toma o vicio por virtudes. Com tudo darei lugar a temperança em suppollo retirado de similhante depravaçaõ, sempre que me lembre do seu nascimento, e da sua educaçaõ: pelo que espéro que S. A.R., vendo os officios que nesta occasiaõ tenho recebido de V. S., e informado de pessoas, que zelosas do seu serviço communiquem com V. S. de ordem Regia, lhe disculpe tanta indiscriçaõ, tantos excessos, e tanta cede de amotinar uma embarcaçaõ de guerra, depois de ter perdido outra.—A' vista de tudo isto nem eu podia nem devo receber a V. S. como d'antes, nem taõ pouco permittir-lhe a relaxaçaõ de uma prizaõ feita á ordem de uma pessoa, que V. S. tanto respeita (e eu tambem como vassallo que sou de seu Augustissimo Tio) que a coloca a par do Soberano, quando diz Augusto Nome, Augusta Pessoa. E como só por favorecer a V. S. alongando-o da desgraça que o espera, he que affectei consentir similhante prisaõ no meu territorio, onde naõ posso reconhecer authoridade independente, nem igual, e só superior á minha, que he a do Principe Regente N. S., pois do contrario faria duvidosa a minha fidelidade a S. A. R., quero desentender-me do mesmo que exprobo a V. S. nesta carta particular; para naõ ver-me na dura necessidade de prendêllo, processallo, e punillo, visto a faculdade que tenho para condemnar expressamente na Juncta de Justiça a todo o militar pelo crime de desobediencia, e rebeliaõ practicadas no districto deste Governo. — Deus guarde a V. S. muitos annos Maranhaõ 14 de Julho, de 1810. De V. S.

Compadecido servidor que naõ he seu inimigo.

D. JOSE' THOMAZ DE MENEZES.

Esta carta, que difficultosamente achará paralello nos annaes do quixotismo, merecia simplesmente o desprezo com que devem ser tractados os actos deste novo Sancho; que nos seus delirios de soberba suppoem o lugar de Governador da sua ilha do Maranhaõ, proximo logo depois do Deus todo Poderoso; mas as consequencias das opinioens deste phrenetico; e o que peior he os principios fundamentaes de Governo, sobre que elle estriba os seus despotismos, produzem resultados de males mui sérios, para os povos que tem a desgraça de de viver sob tal regimen.

¿ Como he possivel que o negociante do Brazil possa entrar em competencia com o negociante estrangeiro, quando o navio Portuguez he obrigado a estar parado no porto do Maranhaõ por falta de capellaõ, em quanto o navio Inglez, vem e volta á Inglaterra com sua carga duas ou mais vezes? Alem destas percas para os proprietarios dos navios Portuguezes, que tudo conspira a pôr em situaçaõ inferior aos navios estrangeiros, resulta daqui um motivo mui forte para que todos prefiram carregar em um navio Inglez, e naõ no Portuguez; porque o navio Inglez, estando carregado, partio logo para o porto de seu destino, e o Portuguez está sugeito a ficar detido com a carga a bordo; e ninguem deseja ter a suá fazenda empatada pelo capricho do Governador, quando se póde livrar desses despotismos mettendo-a a bordo de um navio Inglez. Outra desvantagem, que estes despotismos trazem á navegaçaõ Portugueza, he o augmento do premio dos seguros; porque em um navio Portuguez, alem dos riscos commums aos navios Inglezes, ha o outro de ser o navio detido, e perder a monçaõ das aguas, marés, e ventos, como alega o Cap. do Tigre, no caso que temos presente. E nestes termos, favorecendo-se constantemente a navegaçaõ estrangeira, e fazendo-se todas as violencias aos navios nacionaes, que servem para desanimar a navegaçaõ, em breve veraõ os Braziliános extincta a sua marinha mercante, e por consequencia verá o Governo do Brazil acabada a sua Marinha de guerra.

Diraõ, que ha uma lei que obriga os navios Portuguezes a trazer capellaõ, e cirurgiaõ; mas essa lei suppoem que ha sacerdotes, e cirurgioens no porto donde sahe o navio; do contrario a lei obrigaria a um impossivel, ou prohibiria indirectamente a navegaçaõ. Nem he de suppor que o motivo de obediencia á estricta letra da lei, possa ser quem influa este despota, que se atreve a dizer nesta carta "que se o seu soberano pode bem concorrer para a sua fortuna, a sua desgraça só dependerá de sua conducta." E tractando de uma nomeaçaõ sua diz, que " se foi ou naõ bem feita naõ póde algum vassallo disputallo no seu Governo, sem a nota de rebelde." E em um tom, de que naõ achamos cousa analoga, nem ainda no Governador Sancho Pança, porque este naõ suppunha que a sua jurisdicçaõ se extendia fóra da sua ilha; acrescenta isto; " e fóra delle (isto he fóra do Maranhaõ) naõ estando competentemente authorizado, tem os de insolente, e temerario, visto que unicamente respondo pelas minhas deliberaçoens ao Soberano, que aqui me constituio." Este homem pois que se naõ suppoem responsavel nem á decencia, nem á opiniaõ publica, e só teme os castigos do Soberano; he claro que naõ podia por demasiado escrupulo, na obediencia da letra la lei, trabalhar pela fazer executar, quando a sua practica éra phisicamente impossivel, e moralmente perniciosa ao Estado; porque supposto elle se julga satisfeito com dizer ao negociante, que sofra a perca que resulta de seu despotismo, com tudo bem se vê que estas percas dos negociantes da naçaõ, que produzem ganho conrespondente aos das naçoens estrangeiras, saõ perca real ao commercio geral da naçaõ; mas o Governador do Maranhaõ, dir-nos-haõ, naõ entende disto: he mui verdade, mas ¿ para que fazer depender a sorte dos individuos, e a prosperidade da naçaõ, do caprixo, e da ignorancia de um individuo?

A lei que obriga os navios a trazer capellaõ, tem uma excepçaõ expressa, e he acerca dos navios, que navegam para os mares do norte. E alegando um proprietario de navios com ésta excepçaõ legal ao Governador do Maranhaõ, respondeo com inquirir, quem éra o letrado que apontára a lei ao negociante, para lha citar na petiçaõ; porque o queria mandar prender. Em fim reduz-se a questaõ a estes simples termos; naõ ha sacerdotes que queiram embarcar de Capellaens nos navios; naõ quer o Governador que saîa navio algum sem capellaõ; ergo naõ pode haver navegaçaõ Portugueza; e por consequencia, este ramo importantissimo de industria hade necessariamente caír nas maõs dos estrangeiros.

Eis aqui uma amostra do como vam as cousas no Brazil. Nós desejáramos ver como se refuta a authenticidade destes factos, ou como se pódem negar as concluoens, que delles deduzimos.

França.

O imperador dos Francezes segue progressivamente uma serie de medidas a favor do despotismo, que talvez naõ ache parallelo na historia de alguma naçaõ civilizada; e que seguramente devem terminar em sua ruina, logo que algumas circumstancias favorarvis á causa da humanidade, fizerem bambalear o seu poder.

A instituiçaõ de uma Universidade Imperial, unica fonte, e direcçaõ exclusiva de todas as sciencias, no Imperio Francez, foi como nòs entaõ observamos, e como prevêram todos os homens de reflexaõ, o primeiro passo para agrilhoar as sciencias; seguio-se dahi o plano para senaõ imprir nada de obras elementares, sem licença do Imperador; e ultimamente um regulamento para que naõ haja outras imprensas senaõ as imprensas Imperaes.

Ao systema rigidissimo de policia, que ja havia em França, accresce agora um systema de espionagem domestica, porqne por um decreto datado em Fontainebleau aos 3 de Outubro; se determina que todos os creados de servir sêjam registrados na policia, e tenham uma carta assignada pelo Intendente, onde se declare o nome do creado, e do amo; e tempo porque se ajustou a servir.

Nos estamos persuadidos, que este systema de despotismo, de oppressaõ, e ruina de todos os principios sociaes, naõ pode durar muito tempo; porque he absolutamente incompativel, com o estado actual dos conhecimentos na Europa; mas se fosse possivel a Buonaparte continuar por longo periodo a fazer reynar as suas maximas ou por si, ou por outros, sem duvida chegarîam os Francezes ao estado de ignorancia e falta de civilizaçaõ, em que se áchan agora os negros do interior de Africa, e naõ hesitamos em dizer, que se alguma naçaõ ja mais mereceo este exemplar castigo da Omnipotente Providencia, he sem duvida a naçaõ Franceza; pelos males que tem accumulado a toda a Europa; e pelo sangue innocente que tem derramado, sem dahi tirar proveito algum nem para si, nem para outra naçaõ alguma.

Publicamos a p. 451, a falla de Buonaparte á Legiaõ Portugueza, em Paris; e supposta replica daquelles Portuguezes; he apenas necessario dizer, que o corpo da Legiaõ Portugueza tal naõ respondeo. e que aquillo he uma das custumadas farças com que os Francezes impõem ao Mundo; porque ninguem ignora, que, se exceptuarmos o Marquez d'Alorna, e outros grandes depravados, que so respeitam o Soberano em quanto este nome lhe serve para cubrir os seus despotismos, e crimes; e sò servem a naçaõ, em quanto desta podem absorver ordenados, e rendas bastantes para lisongear seus vicios; excepto, dizemos, homens desta estoffa, naõ haverá Portuguez que deseje tirar as armas contra os seus nacionaes, para pôr no throno um estrangeiro, que se tem mostrado constantemente o flagello de todas as naçoens, e o tyranno de todos aquelles a quem governa.

Temos gazetas da França até o dia 24 de Outubro, e ainda entaõ naõ havia em Paris noticias officiaes do exercito de Massena; o que prova, que se a communicaçaõ do exercito de Massena naõ está de todo cortada, esta pelo menos muito difficil. Tinha porém chegado a Paris uma conta da batalha do Bussaco, dada pelo General Drouet que commanda o 9° Corpo de exercito em Hespanha; onde a impostura he igual á ignorancia de quem escreveo tal conta: diz o Francez, que a batalha de Bussaco foi meramente uma refrega de postos avançados em que Massena tomou 700 prisioneiros, e ao depois em Coimbra os doentes, e muniçoens do exercito de Lord Wellington. Estas falsidades seriam mui bem conhecidas, ainda sem a circumstancia declarada nesta mesma carta de que o mensageiro, mandado por Massena com as novas de sua chamada victoria, ia viajando com uma escolta, e por isso ainda naõ tinha chegado com os despachos officiaes.

HESPANHA.

A situaçaõ militar da Hespanha, pelo que diz respeito ás tropas invasoras, promette agora mais esperanças do que em nenhum outro periodo da revoluçaõ; e para demonstrar esta proposiçaõ daremos o estado actual dos exercitos da Hespanha no principio deste mez.

A Biscaya tem por Governador Francez o General Thouvenot, com uma divisaõ distribuida em seis guarniçoens. Os patriotas nesta provincia pouco podem fazer, pela sua proximidade á França; mas o general Renovales, veio para a Galiza, e ali prepara os planos, e meios de organizar a insurreiçaõ das tres provincias da Biscaya.

Nas Asturias commanda o general Francez Bonet, com uma divisaõ: aqui ha varias guerrilhas de patriotas.

A Galiza está livre dos Francezes; e tem naõ só um pequeno corpo de tropas bem organizadas; mas prepara-se a dar auxilios aos Asturianos, e ate ao Reyno de Leaõ.

A porçaõ do Reyno de Leaõ, que fica ao norte do Douro, e constitue o 6° governo Francez, he guarnecida pela divizaõ de Kellermann. As tropas patrioticas constam de algumas guerrilhas, nas vizinhanças de Valladolid.

Na Navarra commanda o general Dufour, com uma divisaõ completa, e um corpo de 7.000 homens; porém èstas tropas precisam estar divididas pelas guarniçoens das praças e cidades, de maneira que Dufour se naõ acha assas forte para attacar as guerrilhas commandadas por Espoz, e Mina.

O general Dorsene, com uma divisaõ, occupa Castella a velha; e aqui saõ as guerrilhas mui numerosas, e os seus principaes chefes Merino, Salazar, e Amor.

Aragaõ está occupado pelo general Souchet, com o 3° corpo, repartido em 3 divisoens que subiraõ a 20,000 homens, mas parte destas tropas se acham na Catalunha e Valencia; porque he parte deste corpo o que faz o cerco de Tortoza. O chefe mais consideravel de guerrilhas em Aragaõ he Villacampa.

Catalunha esta occupada pelo 7o. Corpo, ás ordens do general Macdonald, e naõ obstante os reforços recebidos do 3o. corpo, naõ saõ éstas tropas bastantes para o serviço, que tem a fazer. O general patriota O'Donnell acaba de obter sobre as tropas Francezas uma brilhante vitoria aos 14 de Septembro, cujo resultado foi ficar prisionerio o general Frances Schwartz, 2 coroneis, 56 officiaes, e 1.183 soldados; 16 peças de artilheria de varios calibres, grande quantidade de espingardas, espadas, cartuxeiras, muniçaõ, mantimentos, &c. e mantando e ferindo ao inimigo 200.

Valencia, tem duas divisoens do 3o. Corpo, que fazem o cerco de Tortosa; mas se naõ ha nesta provincia muitos inimigos, tambem as partidas patrioticas naõ saõ taõ numerosas como poderîam ser.

Murcia está inteiramente livre de Francezes, e o porto de Carthagena, se occupa unicamente de seu commercio.

Castella a nova, e Andaluzia saõ onde se acha o forte do exercito Francez da Hespanha; mas he taõbem aqui onde as guerrilhas saõ mais numerosas, e conduzidas com maior regularidade, por chefes destemidos ao ultimo ponto, taes saõ Joaõ Martin o Empecinado, Francisquete, o Medico, e outros.

Os tres corpos, 1o. commandado por Victor, 2o. por Sebastiani, e 5o. por Mortier fazem a guerra na Andaluzia. Victor conduz o cerco de Cadiz; Sebastiani oppoem-se a Blake; e Mortier ameaça a Estremadura.

Os Corpos 2o. commandado por Regnier; 6°. ás ordens de Ney; e 8o. sob Junot formam o exercito de Portugal, que Massena dirige.

Desta exposiçaõ se vê; que se a Hespanha por Fernando VII. naõ têm exercitos formaes, tem comtudo uma taõ grande quantitade de homens armados em campo, que daõ occupaçaõ a todo o exercito Francez, o qual, sendo obrigado a distribuir-se em guarniçoens, se enfraquece por todas as partes, e apenas podem communicar-se entre si; porque as guerilhas saõ sempre bastante fortes para interceptar os correios, e avizos, impedir lhe os comboys de mantimentos; e fazer-lhe sempre precária a posse do lugar em que existem.

Quanto ao civil; parece que os Hespanhoes tem por fim cedido aos gritos da razaõ, e convocado as Cortes do Reyno, para formar um Governo legitimo. A primeira sessaõ foi a 24 de Septembro, e nomeáram para Presidente D. Ramon Lazaro de Dou, deputado da Catalhuna, e homem de reputaçaõ entre os Hespanhoes: elegêram para secretarios Evaristo Perez de Castro, e Manuel Luxam. Naõ julgamos que ésta assemblea possa em breve remediar todos os males, que uma serie de despotas, desde Felipe II. até Godoy, trouxe a toda a monarchia Hespanhola; ha males que naõ tem ja remedio algum, há outros que requerem longo tempo para sua cura; e ha outros que exigem antes de sua cura, que os Hespanhoes aprendam a theoria, e practica de Governo; o que até aqui naõ podia a naçaõ saber; porque lhe era prohibida a leitura dos livros bons, e a discussaõ dos negocios publicos; nas cortes se agitou ja a liberdade da impressa, e portanto a discussaõ livre: esta communicaçaõ de ideas deve polir e melhorar as ideas dos Hespanhoes instruidos, e fazellos cada dia mais capazes de dirigir os negocios de sua naçaõ.

A prova de seus talentos, e a necessîdade de os aproveitar com a instrucçaõ, se prova do que elles tem ja feito. Por exemplo, declaram que as Cortes, como compostas dos deputados da naçaõ, representam a soberania nacional, a quem tudo, e até o poder executivo, que agora exercita a Regencia, deve obedecer. Este principio he admittido por Locke, Montesquieu, e quasi todos os mais Authores de bom nome, que tem tractado da origem do Governo: porém quando estas mesmas Côrtes de Hespanha concordam, como decláram, na continuaçaõ da forma Monarchica de Governo; e reconhecem a pessoa do monarcha em D. Fernando VII., nenhum direito tem de assumir a si o titulo de Magestade, como fizéram: no Governo Monarchio, que he o que elles tem, e decláram que querem continuar a ter, todos os poderes Magestaticos residem no Soberano; e a auzencia ou presença deste, nem ainda a sua morte, naõ transfere estes poderes ao povo, unicamante se suspende o seu exercicio ate que cesse o impedimento do soberano, ou ate, se elle he morto, que se declare o seu successor; em uma palavra, como no Governo Monarchico os direitos Magestaticos residem só no Monarcha, naõ podem estes volver ao povo, nem a seus deputados, em quanto se naõ abolir essa forma de Governo.

Outra confusaõ de ideas, occasionada, quanto a nós, pela inexperiencia dos Hespanhoes, he o chamarem *Deputados supplentes* a certos homens nomeados para membros das Cortes, como Deputados de certas provincias, que actualmente os naõ nomeáram, ou porque estaõ na posse do inimigo; ou porque a sua distancia naõ da tempo a que se enviem. Esta ficçaõ, segundo a qual os reys de Hespanha, e de Portugal acabáram com as Cortes, he fundada no principio errado de que as Cortes saõ uma *representaçaõ* das differentes ordens da naçaõ; isto naõ he assim: as Cortes saõ uma assemblea composta de *actuaes procuradores* dos povos, e a differença destas denominaçoens consiste nisto; que os representantes da naçaõ pódem naõ ser nomeados por ella; assim algumas vezes os reys da Hespanha nomeavam, para a cerimonia da acclamaçaõ, representantes do povo, que em nome do mesmo povo os reconhececem. Pelo contrario os Procuradores dos povos, para o serem legitimamente, he necessario que sêjam nomeados, mediata ou immediatamente, pelo Povo. Os authores que tem defendido, e ainda hoje defendem, o abuso com que os Reys de Hespanha puzéram em desuso as Cortes, dizem que a representaçaõ nacional foi conservada nos diversos tribunaes que os Monarchas crearam, e que consultam, em vez de consultar as Cortes; mas esse nunca foi o fim desta instituiçaõ, nas antigas naçoens, que, estabelecendo-se na Hespanha, lhe déram a forma de Governo d'onde se deduzîram as Cortes; o Rey póde fazer reprezentar a naçaõ naõ só por uns poucos d'homens de sua escolha, mas por uma estatua, se isso lhe convie; mas tal representaçaõ nunca será uma assemblea de procuradores dos povos, por elles nomeados, que he o que constitue as Cortes.

Notamos por agora estes defeitos para mostrar, que o genio dos Hespanhoes, sem o conhecimento practico dos principios de Governo, que o despotismo ate aqui lhe naõ permittia ter, mal pode alcançar os seus fins; mas se esta medida das cortes naõ pode remediar tudo, pode comtudo fazer muito; e mais do que ésta nenhuma medida he util, porque naõ ha duvida, que as discussoens, e a mutua communicaçaõ de ideas vigora as faculdades, dá energia ao espirito, e produz a emulaçaõ. A prudencia humana póde apenas prever o fim da actual revoluçaõ na Hespanha; porém he certo, que o entrar a naçaõ no conhecimento de seus direitos, e no exercicio (mais ou menos bem entendido) de suas funcçoens publicas, deve excitar o orgulho nacional, e arraigar mais o odio dos individuos, contra a sugeiçaõ e escravidaõ a um tyranno; e despota estrangeiro.

Inglaterra.

Ha tempos nos tem cahido em sorte a agradavel tarefa de recordar, cada mez, uma nova victoria á Inglaterra. Neste numero temos de annunciar a tomada da ilha de Bourbon aos Francezes, captura que dispôem o caminho para a reducçaõ da ilha de França, plano que estando concluido expulsará inteiramente os Francezes das Indias Orientaes, assim como os tem ja expulso de todo das Indias occidentaes. A tomada da ilha de Bourbon, se effectuou por capitulaçaõ aos 20 de Julho, tomando posse da ilha, o Ten. Cor. Keating, e Comodoro Rowley.

Todo o homem amigo da humanidade, e que aprecia como deve as vantagens da sociedade civîl, naõ póde deixar de regosijar-se vendo o progressivo augmento da prosperidade da Inglaterra; unico paîz da Europa, onde o homem naõ geme debaixo de tyrannia do despotismo Francez; e onde o cidadaõ goza da liberdade de sua pessoa; e da propriedade de seus bens.

Italia.

Roma.

Bonaparte tem querido ultimamente dar provas de sua saã consciencia, pagando dîvidas atrazadas; pelo decreto de 23 de Septembro providenciou o pagamento das dividas da Hollanda; e por outro decreto de 10 de Agosto manda pagar a divida publica dos Estados de Roma, cujos juros chegam a 2:500.000 francos, apropriou para este fim um capital de 50 milhoens de bens da corôa; e pôs ésta propriedade á disposiçaõ de uma administraçaõ, composta de um director, dous adjunctos, e um conselho de 30 membros; todos credores dos extinctos Estados de Roma; foi nomeado Director o Principe Gabrielli, e adjunctos os Principes de Santa Croce, e Savenio Benucci.

Napoles.

Joachim Murat, actual rey de Napoles, depois de fazer duas vaãs tentativas para passar com a sua flotilha á ilha de Sicilia, foi obrigado a desistir da empreza; e com a mais ridicula gasconada, despedindo as tropas que tinha juncto para esta empreza, lhes diz em uma proclamaçaõ, que a invasaõ da Sicilia está por ora adiada; nos accrescentamos, que o estará, em quanto a Inglaterra possuir a superioridade que tem no mar, e a influencia que tem na Silicia.

Portugal.

Negocios Militares. Ao momento critico, em que espéram todos uma batalha decisiva entre Lord Wellington e Massena, julgamos importante publicar as rellaçoens officiaes do que se tem passado no exercito, desde a tomada de Almeida, até o seu actual acampamento na linha de defeza entre Peniche e Villa Franca de Xira. No nosso N°. passado publicamos a rellaçaõ da tomada de Almeida, dada pelos Francezes: neste No. p. 426 publicamos a conta deste mesmo acontecimento dada por Lord Wellington, Marechal Beresford, e Governador Cox, segundo as rellaçoens authenticas, que apparecêram na gazeta da Corte em Londres; e depois damos a p. 439 o despachos do Marechal Beresford ao Governo Portuguez, noticiando-lhe as circumstancias da perca de Almeida; e como este despacho, he datado de Moimenta da Serra em 4 de Septembro, que he a data da Carta que o Marechal Beresford escreveo a Lord Wellington, he manifesto que em ambos os despachos se devîam notar as mesmas circumstancias; e na verdade saõ éstas cartas concebidas quasi nas mesmas palavras; a excepçaõ de se omittir na carta do Marechal Beresford ao Governo Portuguez, que se publicou na Gazeta de Lisboa, uma importante circumstancia; e he, que o Tenente Rey da praça Francisco Bernardo da Costa e Almeida, e o commandante da artilheria Fortunato Jozé Barreros, se bandeáram com os Francezes e atraiçoáram a Praça. A ommissaõ de taõ importante parte do despacho na gazeta de Lisboa, quando se publicou officialmente na de Londres, he nova prova do pouco credito que merecem as publicaçoens da gazeta de Lisboa; e se ommittiram isto para salvar a ignominia dos parentes ou amigos daquelles indignos officiaes; julgamos isto um grande acto de injustiça; porque tanto se devem publicar as acçoens heroicas dos que bem servem a patria, para seu louvor; como os actos criminosos dos que saõ infieis para seu vituperio e castigo.

O resto dós despachos de Lord Wellington aos Governos Inglez e Portuguez, que se acham neste N°. indicam com sufficiente clareza a marcha de retirada dos exercitos alliados, desde a perca de Almeida até a batalha de Bussaco; e desde este acontecimento ate á sua chegada as linhas entre Peniche e Villa Franca, que agora occûpam.

A batalha do Bussaco estabeleceo por tal maneira o credito do valor Portugez, que os jornalistas, ainda mesmo os mais prejudicados contra a naçaõ, saõ obrigados a confessar a existencia da quella coragem entre os individuos, que foi sempre a characteristica da naçaõ Portugueza nos tempos passados. Naõ ha duvida que sómente ao Governo Inglez he devido o merecimento da organizaçaõ do exercito, e quanto a sua disciplina o Marechal Beresford, e mais officiaes Inglezes tem o duplo merito de executar éstas ordens, e de vencer as difficuldades da intriga e da innacçaõ, que o Governo do paiz lhe apresentava, mas qualquer que sêja o merecimento do Governo Inglez, e os esforços de seus generaes, tudo isso sería nullo, se os individuos da naçaõ naõ tivessem coragem natural, de que os seus commandantes pudessem fazer uso. Se a batalha do Bussaco, por tanto, naõ produzir outro resultado util, produz seguramente este, que serve de provar ao Mundo uma verdade, que nós temos tantas vezes repettido; isto he, que a naçaõ Portugueza, he ainda, como foi d'antes, capaz de grandes feitos, que só preciza, ou quem a governe bem, ou quem a deixe obrar sem arrastar cadêas. A acçaõ em que commandava o Brigadeiro Madden, juncto a Fonte de Cantos, he mais outra prova do que dizemos; e o Marquez de la Romana, em sua proclamaçaõ ás tropas, procura excitallas á coragem, propondo-lhes como exemplo digno de sua imitaçaõ, a coragem, e comportamento dos Portuguezes nesta acçaõ.

Tem-se, ha alguns dias a esta parte, altercado muito sobre o numero das tropas alliadas, e inimigas em Portugal. Nos naõ temos nenhuma razaõ para duvidarmos da exactidaõ do calculo, que publicamos no nosso N°. passado: e ao numero das tropas Inglezas temos razaõ para suppor que se lhe devem addir mais dez mil.

Negocios Civis. Enumeramos acima entre os merecimentos do Governo, e Officiaes Inglezes, no arranjo dos negocios de Portugal, o trabalho de vencer as intrigas inherentes a um Governo, onde tudo que interessa aos que governam se póde manejar em segredo. Naõ desejamos entrar por agora mui profundamente neste topico, e nos reservamos para tempo opportuno; mas convem dizer, que este incommodo tem crescido depois que o Principal Souza entrou para o Governo. A confusaõ, que tem cauzado este Ecclesiastico, depois que entrou para a Regencia, he mui notavel; por exemplo, havendo-se decidido a instancias de Lord Wellington, que se preparassem accommodaçoens para as muitas pessoas, que, segundo o seu systema de despovoar as terras por onde tem de passar o inimigo, se devem recolher em Lisboa: o Principal Souza para arrogar a si o merecimento de ser elle, quem mandasse fazer o caldo para os pobres, cuidou em assignar o avizo expedido ao Dezembargador Sachetti em nome do Governo para este fim.

Ora he evidente que os avizos devem ser passados e assignados por um Secretario de Estado, e naõ pelos Governadores, que só assignam os Decretos, e muito menos devem taes papeis ser assignados por um so Governador ; nos naõ sabemos se aluem em Portugal terá dicto ao Principal o que se pensa sobre isto ; mas a opiniaõ he commum, que esta confusaõ, e intromettimento do Principal, foi para fazer apparecer o seu nome, juncto a uma ordem ou medida, que parecia charitativa; e até cuidaram em fazer-lhe repetir o nome na gazeta de Lisboa, onde se ve bem quanto ali veio forçado o apparecer um dos Governadores do Reyno como Secretario.

Mas entre outros actos que de injustos passam a crueis; foi o mandar apprehender o Governo a muitas pessoas, e sem mais formalidade de processo do que *sic volo sic jubeo*, metêllos de segredo: embarcállos a bordo de uma fragata, e mandállos presos para a ilha Terceira. Attribue-se tambem ésta medida ao Principal Souza, e naõ he difficultoso de o conjecturar a quem conhece este padre, vendo no numero dos degradados o Senhor de Pancas, a quem o Principal quiz tirar o morgado, como dissemos no nosso Nº. passado; e vendo os dous ecclesiasticos, que o mesmo Principal fez exterminar de Lisboa, logo que entrou no Governo; vendo muitos homens honradissimos; por exemplo Jose Aleixo Falçaõ, cuja probidade, virtudes sociaes, e domesticas, nos naõ trocáramos por quantos Roivides tem nascido no mundo, sem exceptuar o que mandou afogar as duas parteiras no Pará; vendo, dizemos, tantos homens de bem perseguidos de envolta com homens de character suspeitoso, e com pessoas indignas de estimaçaõ. Mas nos naõ conhecemos a razaõ porque a maldade desta medida sirva somente de reproche ao Principal Sousa; porque, ainda admittindo, o que nos naõ admittimos, que a sua disposiçaõ sêja taõ sanguinaria como a de um Robespierre, elle naõ he só o que governa, e os homens bons, que com elle obram, e saõ consentidores, ou approvadores de suas medidas, merecem seguramente, neste caso, igual ou maior censura.

Naõ nos demoraremos aqui em reflectir sobre a illegalidade do procedimento; porque basta perguntar ao A. do Exame dos artigos historicos do Correio Braziliense ¿ que he feito das muitas leis que nos citou no seu vol. v. para nos provar, que naõ havîa em Portugal procedimentos de justiça arbitrarios? Porém como naõ ha tyranno no Mundo, que naõ cubra os seus despotismos com as palavras vagas *circumstancias actuaes*; e com a razaõ evasiva da necessidade de precaver os males do Estado, e prover á salvaçaõ publica, que dizem elles está primeiro do que todas as formalidades de justiça; he necessario mostrar-mos, que nem essa razaõ especiosa póde agora cubrir este acto arbitrario.

Naõ emprehendemos a defeza destes prezos, nem em geral, nem individualmente fallando; antes, para tudo dizer-mos, ha entre elles homens, (segundo se nos diz em nossas informaçoens particulares) de character pouco respeitavel, e em quem as provas de crime recahirîam sobre a suspeita de conducta. Taes homens suspeitos naõ devem ser empregados pelo Governo; e, se as suspeitas saõ vehementes, até o Governo tería o direito de os mandar sahir do Reyno dentro em certo prazo: mas degradar, prender, castigar, he procedimento, que so deve recahir em crime provado; o contrario he proceder como a justiça d'Argel. Todos os philosophos, e homens prudentes, que arguem o Governo dos Argelinos de despotismo, e que por isso o aborrecem; naõ dizem que algumas vezes naõ recaîam os castigos, que o Dey manda impor em homens verdadeiramente criminosos, e máos; mas, por mais criminoso que sêja o reo, o Dey sempre fica sendo um despota injusto, quando impoem a pena, sem preceder a prova, e sem ouvir o condemnado.

Todos os prezos fôram apprehendidos com o maior estrondo, e postos incommunicaveis; familias dessoladas, mãis sem filhos, mulheres sem maridos, filhas sem pais; tudo isto no meio da miséria e consternaçaõ em que se acha Portugal; nada moveo a dureza dos coraçoens de pedra, que movêram a perseguiçaõ. E agora ¿ fôram elles consequentes em tractar como culpados esses que chamávam taes? Naõ: dos prezos, os que tivèram empenhos, como la se chama em Portugal, tivéram permissaõ para vir da ilha Terceira para Inglaterra; os que naõ tivéram empenhos la ficáram, condemnados á prizaõ, e sabe Deus ao que mais. Em uma palavra, todos se supposéram reos de crimes taõ enormes, que merecîam o mais ignominioso tractamento; todos se julgáram com os crimes taõ provados, que naõ éra necessario processo; e com tudo uns fôram mandados para o Ceo, outros para o Inferno (perdoe-me o Leitor o attrevido da comparaçaõ; porque viver debaixo do Governo livre de Inglaterra, ou debaixo do despotismo do Governador de uma ilha de Portugal, tem tanta differença, que nos naõ lembra outra comparaçaõ senaõ Ceo e Inferno, *si licet in parvis exemplis grandibus uti.*)

Dir-nos-haõ os Snr^es.^ Governadores, que as provas dos crimes éram taõ evidentes, que naõ foi precico ouvir aos accusados, nem seus advogados: ¿ Sim? ¿ E tambem as provas da innocencia dos que viéram para Inglaterra seriam taõ evidentes, que para elles se libertarem naõ foi precizo ouvir a seus accusadores? e nesse caso ¿para que viéram para Inglaterra forçadamente; porque naõ ficáram em Portugal em suas casas?

Se esta diversidade de tractamento, he uma offença manifesta contra a justiça distributiva, bem pode conjecturar o Governo Portuguez as consequencias funestas, que uma atrocidade desta natureza deve produzir, no espirito dos povos, em taõ importante crisis. Lembramos tambem aos Snres. do Governo, que para se justificarem para com a naçaõ, e para com o Mundo, naõ basta mandar ao Ex-frade escrever, que o Redactor do Correio Braziliense he um malvado, e mandar ao Dezembargador, que escreva em palavrinhas brandas, que ha taes, e taes leis, que prohibem os despotismos; porque sêja qual for a *malvadice* do Redactor do Correio; e seja qual for a determinaçaõ das leis, o facto do despotismo he o mesmo; e queremos ver quem, e como se justifica. Se nos disserem que o Governo Portuguez naõ tem de dar satisfacçaõ a ninguem, e pode fazer la o que bem lhe parecer; respondemos; bem aventurado he quem vive neste torraõ de terra Inglez, livre de um paiz tal qual aquelle, onde, depois de o Governo opprimir um individuo, diz que naõ tem de dar satisfacçoens a ninguem.

Vaõ os Governos da Europa com esse systema, e tiraraõ sempre da guerra com a França (ou com a Turqia, se os Turcos emprehenderem o mesmo) um resultado igual ao que até agora se tem observado. Os Francezes tem achado na Inglaterra uma opposiçaõ mais efficaz, e sincera, da parte dos povos, do que em nenhum paiz do continente. ¿Porque? porque o Inglez tem que perder; ninguem ignora a fabula do jumento, e do Ladraõ; e quem a naõ sabe, sente a verdade que inclue o apodo.

CORREIO BRAZILIENSE

DE NOVEMBRO, 1810.

Na quarta parte nova os campos ara,
E se mais mundo houvéra la chegára.

CAMOENS, C. VII. e. 14.

POLITICA.

Collecçaõ de Documentos Officiaes relativos a Portugal.

Pelo Juizo do Fisco e Camera Real dos Auzentes do Reino se mandáram affixar os seguintes

EDICTAES.

O Doutor Joaquim Gomes Teixeira, Cavalleiro professo na Ordem de Christo, do Desembargo do Principe Regente N. S., Desembargador da Casa da Supplicaçaõ, e Juiz do Fisco e Camera Real dos Ausentes do Reino, pelo dito Senhor que Deos guarde.

FAÇO saber a toda a pessoa que souber de bens, e rendas das casas do Marquez de Ponte de Lima, Marquez de Loulé, Conde de S. Miguel, Gomes Freire de Andradc; e D. José Carcome Lobo, que se achaõ militando a soldo da França, tanto por titulo de arrendamento, pinhora, hipotéca, e administraçaõ, como a ganhos, os venhaõ delatar a este Juizo, com a cominaçaõ de incorrerem nas penas que as Leis impóem a quem occulta, ou esconde semelhantes bens. E para que chegue á noticia de todos, mandei passar o presente que assignei. Lisboa, 10 de Septembro, de 1810. Manoel José de Sousa e Silva o sobescrevi. Joaquim Gomes Teixeira.

EDICTAL.

O Doutor Joaquim Gomes Teixeira, Cavalleiro professo na Ordem de Christo, do Desembargo do Principe Regente N. S., Desembargador da Casa da Supplicaçaõ, e Juiz do Fisco e Camera Real dos Ausentes do Reino, pelo dito Senhor que Deos guarde.

Faço saber a toda a pessoa que souber de bens, e rendas de Pedro de Almeida, que foi Marquez de Alorna, tanto por titulo de arrendamento, penhora, hipóteca, e administraçaõ, como a ganhos, os venhaõ delatar a este Juizo, debaixo da pena de incorrer nas que as Leis impóem a quem occulta, ou esconde semelhantes bens. E para que chegue á noticia de todos, mandei passar o presente que assignei. Lisboa, 10 de Septembro, de 1810. Manoel José de Sousa e Silva o sobescrevi. Joaquim Gomes Teixeira.

Pelo Juizo da Inconfidencia se mandou affixar o seguinte Alvará de Edictos.

O Doutor Antonio Gomes Ribeiro, do Conselho de S. A. R. Desembargador do Paço, e juiz da Inconfidencia.

Faço saber que Mandando-se pela Regia Portaria de 14 do presente mez e anno, e Aviso do dicto dia expedido pela Secretaria de Estado dos Negocios do Reyno, que fosse avocado o Processo no estado em que se achasse no Juizo da Correiçaõ do Crime da Corte e Casa, relativo a Pedro de Almeida, Marquez que foi de Alorna, para se sentencear neste Juizo em Junta, breve e summariamente, pela verdade sabida, com os Adjuntos que me foram nomeados na dita Portaria; de cujo Processo, Proclamaçaõ, e mais Papeis junctos, consta o infame procedimento do dicto Pedro de Almeida; que associado ao Exercito inimigo intenta contra a segurança do Estado; e visto estar o dicto Réo ausente se faz necessario a Citaçaõ, que ordena seja por Edictos de 60 dias na fórma decretada na Ordenaçaõ Liv. 5°. Tit. 126, em observancia do que se passou este, pelo qual Hei por Citado, e chamo a Juizo o dito Pedro de Almeida, Marquez que foi de Alorna, para que venha alegar em sua defeza o que lhe convier no Processo que se vai a formar pela dicta culpa findos os dictos 60 dias. Affixando-se este, e outro de igual theor nos lugares publicos e do costume; pena de ser havido por Citado, e se proceder á sua Revelia até final Sentença. E mando a qualquer dos Porteiros dos Auditorios desta Corte a quem este se apresentar affixem os ditos dois Alvarás na fórma do costume, lançando os Pregões da Lei, passando a competente Certidaõ. Dado em Lisboa, em 20 de Septembro, de 1810. E eu Luiz Gomes Leitaõ de Moura o sobescrevi. Antonio Gomes Ribeiro. Alvará de Edictos de 60 dias, pelo qual he Citado Pedro de Almeida, Marquez que foi de Alorna, na forma acima declarada.

EDICTAL.

Lucas de Seabra da Silva, do Conselho do Principe Regente Nosso Senhor, Fidalgo Cavalleiro da Sua Real Casa, Commendador da Ordem de Christo, Desembargador do Paço, Chanceller da Corte e Casa da Supplicaçaõ, Intendente Geral da Policia da Corte e Reyno, &c.

Exigindo os deveres da humanidade que se prestem todos os soccorros áquelles, que abandonando as suas terras vem buscar na Capital asylo contra a tyrannia dos inimigos deste Reyno; e sendo incompativel com os deveres da Policia, que se deixem perecer estes infelizes, expostos a calamidade de huma Estaçaõ chuvosa: determino o seguinte :—

I. Nenhum proprietario de Casas, que se achem desoccupadas, póde negallas aos habitantes das Provincias, que se recolhem a esta capital pelo sobredito motivo.

II. Os alugueres destas casas seraõ regulados pelo preço do ultimo arrendamento sem o menor augmento; e quando o dono tenha recebido preços maiores, os restituirá no termo de vinte e quatro horas.

III. Todo o Proprietario, que por evitar esta judicial coacçaõ tirar os escritos das suas propriedades, perderá todo o direito que lhe compete a exigir alugueres; as casas seraõ dadas de graça ás familias pobres, até ao proximo Natal, e pagará tanto quanto for o preço do aluguer correspondente a beneficio das familias pobres.

IV. Os Ministros Criminaes dos Bairros procederaõ summariamente no conhecimento dos referidos excessos, naõ obstante quaesquer privilegios em contrario; porque todos devem cessar na mais urgente de todas as causas.

V. Fica a cargo dos Ministros supradictos fazer alojar em casas desoccupadas as familias indigentes, e cuidar no no seu abrigo, entendendo-se a este respeito com o Desembargador Conselheiro Bernardo Xavier Barbosa Sachetti, para isso authorizado por Sua Alteza Real.

VI. Todas as diligencias que a este respeito se praticarem, seraõ de graça, á excepçaõ das que se fizerem para a imposiçaõ de penas impostas aos Proprietarios comprehendidos no §. III. E todo o Official de Justiça, que praticar o contrario, será punido com tres mezes de Cadêa.

Para que o referido chegue á noticia de todos mandei affixar o presente de mandado de Sua Alteza Real o Principe Regente Nosso Senhor. Lisboa, 8 de Outubro, de 1810. LUCAS DE SEABRA DA SILVA.

PORTARIA.

Sendo presente ao Principe Regente N. S. que entre as Pessoas fugidas das terras, a que se foram aproximando os inimigos, ha algumas Raparigas que naõ sabem de seus Pais e Mãis, e se acham em total desamparo, com risco da sua honestidade: manda S. A. R. que os Juizes dos Orfaõs desta Capital e seu Termo tratem da sua accommodaçaõ; e se for necessario as distribuam pelas familias honradas, que se prestarem pela sua caridade a recebellas até apparecerem seus Pais ou Mãis; mandando affixar Relaçoens diarias destas desamparadas nos Lugares Publicos: Ordena outro sim que o Chanceler da Casa da Supplicaçaõ o tenha assim entendido, e o faça executar. Palacio do Governo em 10 de Outubro, de 1810.

Com as Rubricas dos Senhores Governadores do Reyno.

AVISO.

Constando ao Principe Regente N. S. que se vam levantado os preços de muitos generos da primeira necessidade, sem attençaõ aos trabalhos e urgencias das pessoas que se vem retirando do inimigo na conformidade das Ordens dos Generaes: he Servido que o Senado da Camera acautéle qualquer excesso que tenha havido a este respeito; e Ordena que os sobreditos generos naõ excedaõ o preço por que se vendiaõ no 1°. do corrente mez de Outubro. O que V. Exc. fara presente no mesmo Senado para que assim se execute. Deos guarde a V. Exc. Palacio do Governo em 8 de Outubro de 1810. Joaõ Antonio Salter de Mendoça. Senhor Marquez Monteiro Mór.

EDICTAL.

Tendo-me authorizado o Principe Regente N. S. para fazer as despezas necessarias das Rendas do Senado da Camera, em accudir com o alimento preciso para a numerosa gente desamparada que tem vindo de fóra; me authoriza tambem para accommodar parte da mesma gente pobre nas Casas dos Proprietarios, ou penhoradas pela Fazenda Real que se acharem desoccupadas, servindo igualmente para este fim, as Casas na Praça d'Alegria que foram do Commissario Geral da Bulla, e da parte do Convento dos Camillos que se acharem desembaraçadas. Pelo que toda a Pessoa que estiver nas circumstancias de se dever aproveitar do piedoso effeito desta Paternal Providencia, me requerera logo, para eu haver de a pôr em execuçaõ. Lisboa, 9 de Outubro, de 1810. Bernardo Xavier Barboza Sachetti.

EDICTAL.

Lucas de Seabra da Silva, do Conselho do Principe Regente Nosso Senhor, Fidalgo Cavalleiro da Sua Real Casa, Commendador da ordem de Christo, Desembargador do Paço, Chanceller da Corte e Casa da Supplicaçaõ, Intendente Geral da Policia da Corte e Reyno, &c.

Faço saber, que sendo presente a S. A. R. que hum grande número de pessoas que desamparam as suas habitações, para se subtrahirem á barbaridade do inimigo, desejaõ passar á margem esquerda do Téjo, por terem ahi maior commodidade para a sua subsistencia; Foi o Mesmo Senhor Servido determinar que as ditas pessoas o possam livremente fazer sem que se lhes ponha impedimento: Devendo porém regular-se esta liberdade, debaixo de principios, que naõ compromettaõ a segurança publica, e que naõ de occasiaõ a que os passageiros se vaõ alli expôr á incommodidade de naõ acharem predios senaõ por preços excessivos, e de se lhes difficultar a passagem com extorsões escandalosas: Determina o seguinte:

1 Todas as pessoas que passarem á margem esquerda do Téjo se apresentaraõ no termo de vinte e quatro horas

perante os Magistrados das differentes Terras onde forem residir, declarando os seus nomes, occupações, naturalidades, número dos individuos de suas familias, e dia em que deixaram as suas Terras. Estas declarações seraõ tomadas de graça, e remettidas todos os Correios sem a menor falta, á Intendencia Geral da Policia.

II. Nenhum proprietario de Casas poderá recusar a estas familias, as que estiverem por alugar, tendo a este respeito plena observancia o que se acha determinado pelo Edictal que de mandado de S. A. R. mandei affixar na data de 8 do corrente.

III. Os Arráes das Embarcações, naõ excederaõ as taxas que se achaõ estabelecidas nos Portos do Sul do Téjo pelas Posturas das Cameras; e quando pratiquem o contrario lhe seraõ impostas as Coimas declaradas nas mesmas Posturas.

IV. E porque os mesmos Arráes e Patroens das Embarcações, para melhor segurar os excessivos preços que costumaõ extorquir, exigem pagamentos adiantados; fica-lhe prohibido o cobrarem cousa alguma antes de chegarem aos Portos a que se destinam, debaixo da pena de hum mez de Cadêa; e na mesma pena incorreraõ quando por esta causa maltratem algum Passageiro, naõ merecendo pelo facto, hum mais severo procedimento Criminal.

V. Os officiaes de Justiça de uma e outra margem do Téjo, e as Patrulhas da Policia, que vigiaõ os Caes desta Capital faraõ executar o que acima fica determinado neste Edictal.

VI. Os Juizes de Fóra e Ordinarios das Terras do Sul do Téjo estabeleceraõ com as Cameras os Acordãos necessarios, para que com o pretexto desta emigraçaõ, se naõ vendaõ por excessivos preços os generos necessarios para a subsistencia das Familias, que a necessidade obriga a procurar hum azilo contra a tyrannia do inimigo.

E para que do referido se naõ alegue ignorancia; este

Edital será affiixado nesta Capital, e nas Terras da margem direita do Téjo. Lisboa, 10 de Outubro, de 1810. Lucas de Seabra da Silva.

HESPANHA.

Actas das Cortes.

D. Fernando VII. pela graça de Deus Rey da Hespanha e das Indias, e em sua auzencia, e capitaveiro, o Conselho de Regencia authorizado ad interim ; faz saber a todos os que as presentes virem, que, nas Cortes geraes e extraordinarias, convocadas na Real Ilha de Leon, se resolveo e decretou o seguinte :

Os Deputados, que compoem este congresso, e que representam a naçaõ Hespanhola, se decláram legitimamente constituidos em Cortes geraes e extraordinarias, e que nelles reside a Soberania nacional.

As Cortes geraes, e extraordinarias da naçaõ Hespanhola, convocadas na Real Ilha de Leon, conformando-se totalmente com a vontade geral, pronuncíam na maneira mais publica, e energetica, reconhecem, jûram, e de novo proclámam, como seu unico, e legitimo Soberano, ao Sñr. D. Fernando VII. de Bourbon, e declάram nulla, e de nenhum valor, ou effeito, a cessaõ da Corôa que se diz ter sido feita em favor de Napoleaõ; naõ somente por causa da violencia, que acompanhou estes injustos, e illegaes actos, mas principalmente por causa de nisto faltar o consentimento da naçaõ.

Naõ sendo conveniente que os poderes Legislativo, e Judicial, estêjam unidos, as Cortes geraes e extraordinarias declάram, que ellas resérvam para si o exercicio do poder legislativo, em toda a sua extençaõ.

As Cortes geraes e extraordinarias declάram, que as pessoas, a quem ellas delegárem o poder executivo, na auzencia do nosso legitimo, e amado Rey e Senhor D. Fernando VII., saõ responsareis á naçaõ, durante o tempo de sua administraçaõ, conforme ás leis.

As Cortes geraes e extraordinarias authorizam os individuos do Conselho de Regencia, para que elles, debaixo da mesma denominaçaõ, e no entanto, até que as Cortes escolham um Governo mais conveniente, exercitem o poder executivo.

O Conselho de Regencia, obrando debaixo desta authorizaçaõ, anteriormente declarada, reconhecerá a Soberania nacional das Cortes, e jurará obediencia ás leis, e decretos, que dellas emanarem; e para este fim passará immediatamente, sendo-lhe este decreto notificado, á salla das Sessoens das Cortes que esperam pela execuçaõ deste acto, e estaõ em sessaõ permanente.

Fica declarado, que a formula de reconhecimento, e juramento, que deve prestar o Conselho de Regencia, he a seguinte; " ¿ Reconheceis vós a soberania da naçaõ representada pelos Deputados destas Cortes geraes e extraordinarias? Juraes vós obedecer aos seus decretos, leis, e constituiçaõ que se hade estabelecer, conforme aos sagrados fins para que se unîram, e ordenar que sêjam observadas, e fazer com que sêjam executadas? Conservar a independencia, e integridade da naçaõ? A Religiaõ Catholica Apostolica Romana? O Governo Monarchico do Reyno? restabelecer sobre o throno o nosso amado Rey D. Fernando VII. de Bourbon? e obrar em todas as cousas pelo bem do Estado? Que Deus vos ajude se assim o fizereis! mas se o contrario, sereis responsavel a naçaõ segundo as leis.

As Cortes geraes extraordinarias determinam que ao presente, todos os tribunaes, e cortes de justiça, estabelecidos no reyno, continûem a administrar justiça conforme ás leis.

As Cortes geraes e extraordinarias confirmam, pelo presente, todas as authoridades civis, e militares, de qualquer classe que sêjam.

As Cortes geraes e extraordinarias decláram, que as pessoas dos Deputados saõ inviolaveis, e que contra os Deputados se naõ podem trazer ou intentar acçoens algumas, por alguma authoridade, ou individuo, excepto nos termos que se estabelecerem nos regulamentos geraes que se vam a formar ; e para cujo fim se nomeará um commité.

O Conselho de Regencia será informado disto, e passará immediatamente á salla das sessoens dasCortes, para prestar o juramento indicado, defferindo a publicaçaõ e circulaçaõ deste decreto, no Reyno, até que as Cortes indiquem como deve ser feito, o que se declarará com a brevidade possivel.

(Assignados) Ramon Lazaro de Dou, Presidente.
Evaristo Peres de Castro, Secretario.

Real Ilha de Leon 24 de Septembro, 1810 ; ás 11 horas da noite.

Por segundo Decreto, datado de 25 de Septembro, ordenáram as Cortes, que se lhes desse o tractamento de Magestade ; e o tractamento de Alteza ao poder executivo. A publicaçaõ das leis, que emánam das Cortes deve fazer-se na seguinte maneira :

" D. Fernando VII., pela graça de Deus Rey de Hespanha, e das Indias, e na sua auzencia, e captiveiro o Conselho de Regencia, authorizado ad interim ; faz saber a todos os que as presentes vîrem, que nas Cortes geraes e extraordinarias, convocadas na Real Ilha de Leon, tem sido resolvido e decretado o seguinte, &c.

Memorial, dirigido pelo Conselho de Regencia ás Cortes geraes e extraordinarias.

Senhor ! O Conselho de Regencia naõ deseja cousa alguma com maior ardor, de que convencer a naçaõ do profundo respeito que sente pelas leis; e do proprio desempenho das arduas funcçoens, que tem sido commettidas ao seu cuidado. Guiados os membros de Regencia por este principio, que será sempre a norma de sua conducta; naõ hesîtam um momento, em prestar o juramento de obediencia ás leis, e aos decretos que emanarem das Cortes, na conformidade da copia do Decreto, que V. M. dirigio ao Conselho por uma deputaçaõ.

Neste mesmo decreto, pelo qual V. M. reserva para si o poder legislativo, em toda a sua extençaõ, se ordena, que o Conselho de Regencia, no entanto, até que as Cortes elejam um Governo, que sêja mais conveniente, exercite o poder executivo, debaixo de responsabilidade á naçaõ, segundo as leis. O Conselho de Regencia naõ póde dar um só passo, na difficultosa carreira da authoridade que se lhe confiou, sem saber d'ante maõ os precisos limites da responsabilidade a que aquelle decreto o sugeita; porque, como póde regular-se por elle ¿ se o Conselho naõ sabe a latitude, nem os limites porque he circumscripto? ¿ Se naõ se indica clara, e distinctamente, quaes saõ as obrigaçoens do poder executivo, e quaes saõ os poderes que se lhe concedem? Sem ésta clara e precisa distincçaõ, a responsabilidade, expressa no decreto, ficará sem effeito; porque a linha de separaçaõ, entre ambos os poderes, naõ está determinada por nossas antigas leis, nem tambem o estaõ as fadades peculiares a cada um destes poderes: assim o Conselho de Regencia se achará entre dous extremos, e no perigo de esbarrar contra um delles; naõ obstante tudo quanto possa fazer para o evitar; ja exercitando algumas vezes uma authoridade, que póde, na opiniaõ das Cortes, naõ ser comprehendida nos attributos do executivo; e ja, outras vezes, ommittindo, pelo mesmo respeito ás leis, o usar da quelles poderes, que necessariamente se incluem na idea de governo executivo, cujo livre e prompto exercicio he agora, mais do que nunca, necessario, por causa das circumstancias do Estado. A'proporcaõ que estas circumstancias imperiosamente exigem, que haja uma rapida e continuada communicaçaõ, entre as duas authoridades, em ordem aque ellas possam contribuir, por seus combinados esforços, á salvaçaõ da patria, assim tambem deve ser da maior importancia, que o modo de proseguir este objecto sêja fixo e estabelecido por um Decreto.

O Conselho de Regencia, portanto, espera a declaraçaõ de V. M.;—primo, quaes saõ as obrigaçoens annexas á responsabilidade, imposta pelo dicto decreto; e quaes saõ os poderes distinctivos, que estaõ confiados ao executivo. Secundo; que regra ou ordem se deve seguir nas communicaçoens, que necessaria, e contínuamente devem ter lugar, entre V. M. eo Conselho de Regencia.

(Assignados) FRANCISCO DE SAAVEDRA.
XAVIER DE CASTAÑOS
ANTONIO DE ESCAÑO.
MIGUEL DE LARDIZABAL E URIBE.

Decreto Real em resposta ao Memorial da Regencia.

As Cortes geraes, e extraordinarias declâram, que no decreto de 24 de Septembro deste anno se naõ fixâram os limites aos poderes proprios do executivo, e que, até que as Cortes formem um Regulamento, que os prescreva, exercite todo aquelle poder que for necessario, para a defeza, segurança, e administraçaõ do Estado, nas presentes criticas circumstancias; e tambem, que a responsabilidade, que o Conselho de Regencia requer, exclue somente a absoluta inviolabilidade, que pertence á sagrada pessoa d'El Rey. A respeito do modo de communicaçaõ, entre o Conselho de Regencia e as Cortes, até que se estabeleça um mais conveniente, se seguira o modo agora adoptado. O que será communicado ao Conselho de Regenica, em resposta ao seu Memorial de 26 do corrente mez. Dado na Real Ilha de Leon, ás 4 da manhaã de 27 de Septembro, de 1810.

(*Assignados*) Ramon Lazaro de Dou, Presidente.

Evaristo Peres de Castro, } Secretarios.
Manuel Luxam, }

França.

Resumo da Ordenaçaõ geral, para a organizaçaõ dos Departamentos da Hollanda.

Palacio de Fontainebleau, 18 Outubro, 1810.

Napoleaõ, Imperador dos Francezes, Rey da Italia, &c. Considerando, que os Departamentos da Hollanda tem um systema de imposiçoens, inteiramente differente do Imperio, que se naõ póde mudar para introduzir o systema Francez em em 1811, senaõ fazendo com que as nossas finanças soffram uma perca consideravel.—Considerando, outro sim, que as pessoas empregadas na administraçaõ da finanças na Hollanda, tem necessidade dos seus empregos para sustentar as suas familias, e que ellas nos tem dado boas provas do seu zelo, e da sua probidade; e que serîa necessario, com tudo, demittir a maior parte delles, se introduzisse um novo systema, antes que elles tivessem tempo de o estudar; e que ha nos Departamentos da Hollanda atrazados dos annos passados, bem como do anno corrente; que o livro da divida publica ainda naõ está formado, e se naõ póde formar antes do anno de 1812; tendo, portanto, resolvido estabelecer progressivamente um systema de finanças no nosso Imperio, nos Departamentos da Hollanda, e contentar-nos, para 1811, com introduzir taes mitigaçoens, que estes Departamentos tenham de pagar taxas menos pezadas do que paragàram nos annos precedentes:—temos ordenado, e ordenamos, decretado, e decretamos a seguinte organizaçaõ para o anno de 1811.

Titulo I.

O governo geral dos Departamentos da Hollanda, he organizado na maneira seguinte: 1. Um Governador Geral, Gram-dignatario do Imperio: 2, um Conselheiro de Estado, Intendente geral de finanças, e interior: 3, um Mestre de Request, para ter o cuidado dos diques, cannaes, e estradas: 4, um Mestre de Request, director do thesouro central. 5, um Mestre de Request, director principal das alfandegas: 6, um director da divida publica: 7, um director de policia.

Haverá um secretario para as ordens do Governador geral, e um Guarda dos archivos. O Governo geral terá a sua sede em Amsterdam. O Governador geral terá as mesmas prerogativas, que se estabelecêram no nosso decreto de 24 de Fevereiro de 1808, para o Governador geral do departamento alem dos Alpes. Os generaes, commandantes das duas divisioens militares da Hollanda, naõ pódem fazer movimento algum de tropas, em consequencia de suas ordens. Nos casos em que tiverem recebido ordens directas, sobre este ponto, do nosso Ministro-da-guerra, teraõ cuidado de informar dellas ao Governador, antes que as tropas se ponham em movimento. Naõ obstante porém, quando nos julgarmos conveniente formar as tropas dos departamentos de Hollanda em um corpo de exercito, elle contuinará a gozar das honras militares em Amsterdam, mas cessara de intervir no que respeita ao movimento das tropas. As nomeaçoens para os empregos sob o Governo, e na administraçaõ de finanças, que naõ saõ nomeados por nós, lhe seraõ submettidas pelo Intendente geral. Elle terá uma inspecçaõ geral sobre todas as cousas que dizem respeito aos estabelicimeutos e obras publicas; e uma impecçaõ particular das operaçoens relativas á formaçaõ do livro da divida dublica, liquidaçaõ dos atrazados dos serviços ministeriaes, e sobre o Syndicado da Hollanda, creado pelo nosso decreto de 23 de Septembro passado. Dar-nos-ha directamente conta, ao menos uma vez cada mez, dos progressos dos differentes corpos dos departamentos, e cidades. O Conselheiro de Estado, Intendente geral de finanças e do Interior, exercitarà as funcçoens assignadas ao Intendente geral de finanças nos departamentos alem dos Alpes, pelo nosso decreto de 31 de Julho, de 1806. Como Intendente de finanças será encarregado de tudo o que diz respeito á organizaçaõ das contribuiçoens publicas, para a sua distribuiçaõ, exacçaõ, e cobrança. Elle receberà as suas ordens do Ministro de finanças. Como Intendente do Interior, será encarregado do que diz respeito ao modo de comptabilidade, receitas e despezas das cidades; exercitará a superintendencia immediata das prisoens, depositos de mendigos, estabelicimentos de charidade, ou outros estabelicimentos publicos de qualquer genero que sêjam. O Mestre de Request encarregado do cuidado dos canaes, e diques, exercitará todas as funcçoens assignadas ao director do *Waterstraedt.* Elle se conresponderà com o nosso Ministro do Interior, por meio do nosso director geral das pontes e calçadas. Elle formará parte do nosso corpo de pontes e calçadas. Residirá em Amsterdam e frequentemente viajará pelos departamentos. Quando succeder estar em Paris, tomará o seu assento no conselho das pontes e calçadas O Mestre de Request, director da caxa central conresponderá com o Ministro do thesouro, e naõ obrará nada, senaõ com sua ordem. O Director da divida publica exercitará as mesmas funcçoens, que o antigo Director da divida publica na Hollanda. Elle se conresponderá com o nosso Ministro das finanças, e naõ fará couza alguma senaõ por sua ordem. O Director da policia exercitará as mesmas funcçoens, que estaõ assignadas ao director de policia nos departamentos alem dos Alpes, &c. pelo nosso decreto de 24 de Fevereiro de 1808. O Secretario das ordens exercitará as funcçoens prescriptas nos artigos 12 e 15 do nosso decreto de 24 de Fevereiro, de 1808, relativo á organizaçaõ dos departamentos alem dos Alpes. O Guarda dos Archivos exercitará as funcçoens prescriptas no nosso decreto de 23 de Mayo, 1805.

Titulo II.

Declara o Palacio de Amsterdam Palacio Imperial.

Titulo III.

Manda empregar a lingua Hollandeza juncto com a Franceza, nos tribunaes, actos de administraçaõ, de notarios, e instrumentos particulares.

Titulo IV.

Divide o territorio da Hollanda em sette departamentos; a saber, Zuyderzee, bocas do Meuse, Issel Superior, bocas do Issel, Friseland, Ems occidental, e Ems oriental.

Titulo V.

Dis respeito á organizaçaõ administrativa, o quinto capitulo que se intitula "Commercio," diz o sequinte.

Estabelecer-se-haõ cammaras de Commercio em Amsterdam, Rotterdam, Embden, e outras cidades, onde for necessario este estabelimento, sendo authorizado por nos sobre o relatorio do nosso Ministro do Interior. Oito deputados seraõ chamados para o conselho de commercio, instituido pelo nosso decreto de 27 de Junho, de 1810. Os Mestres dos portos de Commercio que exercitam as funcçoens, designadas nos nossos decretos, debaixo do titulo de capitaens do porto, seraõ nomeados, sobre um relatorio do nosso ministro da Marinha, e estaraõ debaixo de suas ordens.

Titulo VI.

Regula a organizaçaõ judicial. O capitulo 6 refere-se aos tribunaes de commercio, e estabelece um em cada uma destas cidades; Amsterdam, Utrecht, Haarlem, Haia, Rotterdam, Dort, Arnheim, Zwoll, Lewarden, Groningen, e Ebden.

Titulo VII.

Conserva-se a divida de Hollanda em sua integridade; porém se pagará somente a terça parte dos seus juros, como se ordena no 3° artigo do decreto de 1 de Julho, 1810. Será encarregada da formaçaõ do Grande Livro, uma commissaõ composta do Director da divida, e de tres administradores. Os seus trabalhos seraõ dirigidos por tal maneira, que findem antes do 1° de Janeiro, de 1813.

Os atrazados da divida publica, até 30 de Junho, de 1809, seraõ carregados sobre os fundos providenciados para as despezas de 1810. Os juros desde o 1° de Janeiro, de 1809, ate 22 de Septembro, de 1810, seraõ pagos segundo o que se acha prescripto no decreto de 23 de Septembro proximo passado. Os juros contados de 22 de Septembro, de 1810, seraõ pagos aos 22 de Março de 1811, e 1812. Para este fim, se separará do producto das taxas da Hollanda, e em preferencia a todo o outro serviço, a somma de 25 milhoens, destinados, ao pagamento dos juros da divida publica da Hollanda.

As pensoens civis e ecclesiasticas seraõ pagas da mesma forma que as do imperio. Seraõ liquidadas em preferencia pela commissaõ da divida publica, que mandará relaçoens das mesmas ao Intendente geral de Finanças, em ordem a serem transmittidas ao Ministro de Finanças, e submettidas á approvaçaõ do Imperador, antes do 1° de Janeiro, de 1811.

Os tributos, ao presente estabelecidos no territorio Hollandez, continuaraõ a ser cobrados por todo o anno de 1810, juncto com os atrazados dos annos passados, conforme as leis que regulam os mesmos.

Em consequencia, a liquidaçaõ da contribuiçaõ territorial desde o anno de 1806, continuará progressivamente, até que os pagamentos acabem inteiramente. O producto desta liquidaçaõ, se applicará ao pagamento das despezas atrazadas de 1810, e annos precedentes, relativamente á parte da quelle producto, que pertence aos dictos annos, e conforme ao estabelecido no decreto de 23 de Septembro.

Dos tributos que se supprimiraõ, e dos que se continuaraõ a cobrar.

Do 1° de Janeiro de 1811, se supprimiraõ os seguintes tributos; a saber, o tributo sobre os moveis; o do sabaõ; o da carne; o do papel sellado sobre artigo de commercio e luxo.

O seguintes tributos continuaraõ a ser cobrados desde o mesmo periodo.

Secçaõ I. taxas directas.

1. Tributo territorial, como se estabeleceo pela lei de 20 de Janeiro, de 1807: 2. Tributo pessoal, reduzido a metade da proporçaõ fixa pela lei de 11 de Abril de 1807: 3, Tributo sobre os creados, cavallos, gado vacum, e ovelhum, cervos; segundo as leis de 11 de Março, e 9 de Mayo, de 1806, e 8 de Janeiro, de 1807, e 22 de Abril, de 1809.

Secçaõ II. taxas indirectas.

1° Tributo sobre as successoens, no pé que se estabeleceo nas leis de 4 de Outubro, e 29 Dezembro, de 1806; exceptuando os augmentos impostos sobre as rendas, e effeitos á custa da França, e dos paizes, que lhe estaõ unidos, os quaes cessaraõ de affectar as heranças, que se originárem de mortes succedidas desde 31 de Dezembro, de 1810. 2° Os direitos do papel sellado sobre instrumentos publicos, e patentes, segundo as leis de 28 Novembro, e 2 de Dezembro de 1805. Proceder-se-ha logo á revisaõ da tarifa e nomenclatura dos instrumentos publicos, sugeitos a estes direitos; para o fim de os regular segundo as formas judiciaes, que se haõ de introduzir na Hollanda, em consequencia de sua uniaõ ao Imperio. 3° Os direitos sobre cartas, segundo as leis existentes.

Taxas consolidadas continuadas.

1° O direito sobre os moinhos de trigo; o qual porém se reduzirá de 108 a 72 florins por last de graõ ou trigo. O preço do paõ, composto em todo, ou em parte, de farinha, será reduzido na mesma proporçaõ, começando do 1° de Janeiro, de 1811. 2° Tributo sobre o carvaõ de terra. 3° Sobre o sal, na proporçaõ de 2 decimos por kilograma. 4° Sobre Liquores espirituosos, agoardente, genebra, e todos os mais de manufactura estrangeira ou domestica, na proporçaõ de 24 florins por barril. Este tributo se divide em duas partes; o de distilaçaõ, e o de consumo: o primeiro será o mesmo que se pagar no interior do Imperio. 5° O tributo sobre o carvaõ, e sobre os artigos de ouro, e prata. 6° Tributo sobre tonnelada, e navegaçaõ interna. 7° Tributo sobre os vinhos, segundo as leis existentes. 8° O papel sellado para as quitaçoens dos differentes impostos. Estes diversos tributos seraõ classificados debaixo da denominaçaõ de direitos consolidados.

III. Portas.

O serviço das portas será organisado nos novos departamentos, segundo as leis Francezas.

IV. Da Loteria.

A antiga Loteria Hollandeza se conservará provisionalmente. Os planos de cada loteria seraõ enviados ao nosso Ministro das Finanças, em ordem a ser por nos approvados.

V. *Direitos da Alfandega.*

Secçaõ 1ª importaçaõ, e exportaçaõ.

Do 1° de Janeiro, de 1811, as leis, decretos, e regulaçoens do Imperio, sobre as importaçoens, e exportaçoens, seraõ postas em execuçaõ nos novos departamentos, com as excepçoens abaixo mencionadas.

Secçaõ 2ª. Do estabelicimento e organizaçaõ dos officiaes da Alfandega.

Os officiaes da Alfandega na Hollanda seraõ encarregados do serviço relativo ás importaçoens de fóra, e exportaçoens para paizes estrangeiros; assim como tambem das exportaçoens, e importaçoens da Hollanda para os departamentos do interior, e destes para a Hollanda. A respeito de todas as mercadorias sugeitas a direitos sobre o consumo interno na Hollanda, se continuaraõ a observar as mesmas formalidades, que estaõ em vigor, para o fim de que sêjam artigos de commercio.

As Alfandegas da Hollanda seraõ divididas, em quatro subdivisoens, das quaes os lugares principaes seraõ Amsterdam, Rotterdam, Dockum, e Embden.

A divisaõ de Rotterdam comprehenderá Dort, as ilhas separadas pelo Volkerak; destas ultimamente unidas ao districto de Antwerpia, e á costa do mar do norte até Haarlem inclusivamente. A de Amsterdam comprehenderá a costa do mar do norte; desde Haarlem até o Zuyderzee, as ilhas de Texel, Vlieland, e as costas do Zuyderzee, até Elburg, exclusivo deste lugar. A de Dockum comprehenderá a costa de Zuyderzee, desde Elburg; a do mar do norte até Delfzyl inclusivamente; e as ilhas de Terschelling, Ameland, e Schrernsmonikood. A de Embden se extenderá desde Delfzyl, seguindo a costa de Dollart, as do mar do norte, e de Jahe, até a extremidade da costa de Hollanda: a sua terra fronteira se extenderá desde Newstadt até Vollen sobre o Ems. Os Directores em Rotterdam, Amsterdam, Dockum, e Embden, estaraõ debaixo da superintendencia do Mestre de Request, que residirá em Amsterdam, e terá o titulo de *Director em Chefe.*

O Director em chefe estará debaixo das ordens immediatas do Director geral, e se conformará exactamente com todas as suas instrucçoens. Elle as transmittirá aos Directores inferiores, conresponderá com elles sobre todos os pontos do serviço ; e dará conta de todas as operaçoens ao nosso Director geral ; o qual, porém, poderá por si mesmo conresponder-se com os directores inferiores sempre que o julgar conveniente. O Director em chefe dará conta ao Intendente geral de Finanças, do producto dos direitos da alfandega, e lhe fornecerá os documentos necessarios.

Secçaõ 3ª. Da importaçaõ do tabaco para a Hollanda, e da sua exportaçaõ para a França.

A importaçaõ do tabaco manufacturado, defóra, he prohibida na Hollanda. O tabaco extrangeiro, em rama, será sugeito aos direitos, que agora paga na Hollanda. O tabaco em rama de toda a qualidade poderá ser importado da Hollanda para a França, pagando os direitos da tarifa Franceza. O tabaco manufacturado na Hollanda pode tambem ser admittido : mas além dos direitos impostos sobre o tabaco em rama, pagará tambem o de manufactura. O dicto tabaco pode somente entrar em França pelas alfandagas que ao depois se apontaraõ. O dicto tabaco em rama, e manufacturado, depois de ter pago o direitos de importaçaõ, na alfandega onde entrar, será conduzido com licenças, aos entrepostos mais proximos á arrecadaçaõ onde se cobram os direitos consolidados. O tabaco póde ali demorar-se oito dias, durante os quaes se lhe porá a marca da alfandega. Pargar-se-ha aos officiaes dos direitos consolidados 11 decimos por kilograma, cubrindo os direitos sobre manufactura, de licença do fabricante, e da primeira venda. O tabaco em rama e manufacturado, logo que entrar, será sugeito aos mesmos regulamentos que o tabaco de origem Franceza. O tabaco em forma de cigarros naõ pode ser introduzido nos departamentos do Imperio.

Secçaõ 4ª. Da exportaçaõ das cervejas da Hollanda para a França.

As cervejas da Hollanda naõ podem entrar para o interior, senaõ pelas arrecadaçoens nomeadas; e pagando nas alfandegas um direito de dous francos por hectolitre.

Secçaõ 5ª. Da farinha, paõ, biscoito, e sua importaçaõ para a Hollanda.

O Graõ, paõ, e biscoito, que dos departamentos do Imperio entrar para os novos departamentos, que hoje constituem a Hollanda, pagaraõ o direito sobre a moenda do trigo; o paõ e biscoito defóra pagaraõ os direitos que ate aqui se cobravam.

Secçaõ 6ª. Do graõ, farinha, e ervilhas, e sua exportaçaõ da Hollanda.

A exportaçaõ cessará, quando o preço do hectolitre subir a 24 francos, nos mercados do departamento dos dous Nethes; ou quando for prohibida, por decretos especiaes. Quando a exportaçaõ naõ he prohibida o trigo e ervilha pagaraõ o direito de exportaçaõ regulado segundo ésta escala: a saber—Quando o preço do trigo naõ subir, no departamento dos dous Nethes, a 15 francos por quintal metrico, 2 francos: a 19 francos dicto, 2 francos 50 cents; a 20 francos dicto, 6 francos: a 23 francos dicto, 8 francos: a 24 francos, será suspendida a exportaçaõ. Os graõs chamados miudos, e ervilha seca pagaraõ somente metade dos direitos, contidos na escala acima.

Secçaõ 7ª. Da circulaçaõ do trigo e farinha na Hollanda.

A circulaçaõ do trigo, farinha, e paõ, no interior dos departamentos da antiga Hollanda, será inteiramente livre, conforme a lei de 21 Prairial, anno 5°.

Secçaõ 8ª. Haverá um deposito para o producto e mercadoria estrangeira, naõ prohibida, em cada um dos portos de Amsterdam, Rotterdam, e Embden. Estes depositos seraõ regulados conforme os mesmos principios dos que se estabelecêram em França.

Secçaõ 9ª. Do transito das fazendas.

As fazendas que forem admittidas ao deposito de Amsterdam, poderaõ ser despachadas em transito para a Alemanha, e Suissa pela navegaçaõ do Rheno. As condiçoens deste transito, os direitos a que saõ sugeitas as fazendas, que tiverem este privilegio, seraõ designados em um decreto futuro.

Seçcaõ 10ª. Da nacionalidade dos navios.

Do primeiro de Novembro proximo futuro, em diante, haverá uma lista, em cada porto, dos navios que possuem as condiçoens necessarias, para os habilitar a serem considerados como nacionaes pelas leis da Hollanda; os dictos navios teraõ immediatamente todos os privilegios de navios Francezes. Para o futuro, em ordem a que os navios possam ser considerados como nacionaes, tanto na Hollanda como na França, devem possuir todas as condiçoens prescriptas pelas leis e decretos do nosso Imperio.

O 8°. titulo, que diz respeito á organizaçaõ militar, estabelece na Hollanda duas novas divisoens militares, dous corpos de artilheria, dous de engenheiros, &c.

O 9°. titulo forma a Hollanda em um so districto maritimo.

O 9°. titulo, manda conservar a organizaçaõ, que actualmente existe sobre o culto Catholico, e clero Protestante.

O 12°. titulo poem ás ordens do Director geral de policia, quatro commissarios geraes de policia, os quaes, alem de suas outras funcçoens, saõ encarregados da inspecçaõ da linha de alfadegas.

O titulo 13°. determina que, do primeiro de Janeiro de 1811 em diante, todas as contas, que formarem parte de um systema geral de contabilidade na Hollanda, seraõ decididas pelo tribunal das contas em Paris. A camara de contas, que ao presente existe na Hollanda, he prorogada até o primeiro de Janeiro, de 1812.

O titulo 15°. e ultimo, manda continuar a pagar os dizimos e rendas de terras na Hollanda, segundo as leis actuaes; e faz alguns regulamentos sobre o modo de remir éstas imposiçoens.

LITERATURA E SCIENCIAS.

Historia geral da invasaõ dos Francezes em Portugal, e da restauraçaõ deste Reyno, escripta por Jozé Accursio das Neves. Tomo I. Lisboa, 1810.

O VOLUME, que temos ante nós, he divido em 26 Capitulos, que occupam 345 paginas em 8° pequeno, com um indice dos capitulos, que expoem o summario das materias que nelles se contém. Começa o author por dar um esboço da situaçaõ geral da Europa, antes da invasaõ de Portugal pelos Francezes; e toca de passagem nas causas da revoluçaõ actual das naçoens Europeas. Eis aqui como elle se explica a p. 19.

"A mesma maõ, que o derribou do throno, (falla de Luiz XVI.) foi a que abalou todos os governos; foi a revoluçaõ, e naõ o poder da França, a que destruio o systema politico da Europa. He nas lavas deste volçaõ, que a geraçaõ presente deve procurar a origem das suas calamidades: he o resultado da grande luta, em que se acham empenhados os Soberanos, e os povos, o que deve fixar o destino das geraçoens futuras; e he portanto nesta epocha, que as naçoens Europeas devem começar a sua historia moderna."

Nos convimos exactamente com o A. nesta idea, mas serîa para desejar, que o A. nos declarasse o que elle entende pela *Revoluçaõ*, a que attribue o abaio de todos os governos, assim bem como o da França. Concordam todos os escriptores, que a revoluçaõ he quem tem abalado todos os governos da Europa ; mas uns entendem por este termo revoluçaõ ; unicamente a rebeliaõ dos povos da França contra o seu Monarcha ; outros entendem pelo termo de revoluçaõ da França, a mudança de ideas sobre Governo, e sobre a sociedade civil, as quaes sendo, no nosso seculo, mui differentes do que éram ao tempo da invazaõ dos Godos, e do estabelicimento do systema feudal, naõ podiam ajustar-se com os Governos, que dátam daquella epocha ; e que retém, com as ideas de hoje, o systema de entaõ. A elucidaçaõ deste ponto, requeria uma liberdade de pensar, e de escrever, que o A. naõ póde seguramente gozar em Portugal ; assim evade elle a questaõ a p. 11. por este modo.

" O quadro horroroso da revoluçaõ Franceza tem sido o objecto de muito bons pinceis, uns tem seguido como historiadores a sua marcha sanguinolenta, outros como philosophos se tem demorado em fazer pinturas energicas de suas atrocidades. O meu plano he differente : eu me limitarei a tocar aquelles factos, que tem uma relaçaõ immediata com a invasaõ dos Francezes em Portugal."

Ninguem poderîa esperar, que um escriptor, em Portugal, se atrevesse a desenvolver os erros dos gabinetes da Europa nesta revoluçaõ de que se tracta ; e muito menos, que um Portuguez, em Portugal, e dependente da Corte ousasse notar falta alguma de um Governo despotico, que, somente com um *fiat*, lhe póde até annihilar a existencia. Esta consideraçaõ basta para fazer ver o credito que merecem obras desta natureza, escriptas em tal paiz ; e a difficuldade em que se acha o escriptor, tendo de narrar os factos de maneira, que, sem ommittir verdades essenciaes ao fio da narraçaõ, se explique de modo que naõ attraha sobre si o rayo da vingança. A existencia deste perigo se prova; por isto, que o A., além de naõ achar a menor falta, em nenhuma das pessoas poderosas; julgou necessario fazer a seguinte protestaçaõ, p. 15.

" Julgo naõ ter offendido nem o mais levemente ao meu Augusto e amado Soberano; aos seus respeitaveis Ministros, e ás illustres Personagens, que no seu Real nome compôem hoje o Governo de Portugal; mas se eu me engano, principio por supplicar-lhes o perdaõ desta culpa involuntaria. . . . . ."

Depois disto seguramente ninguem póde esperar, que, no caso de haverem commettido algumas faltas esses homens, que mais tem figurado na catastrophe de Portugal, sêja o A. quem as aponte. Daremos disto um exemplo.

Um dos factos mais notaveis na historia de Portugal durante ésta revoluçaõ; foi o tractado de paz assignado em Paris, por Antonio de Araujo e Azevedo; e que naõ foi ratificado pela corte de Portugal: exaqui o que diz o A. sobre este assumpto.

" Achavam-se vedados os meios de conciliaçaõ entre Portugal e França; e pareceo uma grande felicidade o achar-se em Paris Antonio de Araujo e Azevedo, que acabara de servir como Ministro Plenipotenciario da Corte de Portugal na Hollanda. Com elle se principiáram negociaçoens, e, sendo nomeado plenipotenciario de S. M. F. juncto á Rep. Franceza, concluio com effeito um tractado deffinitivo entre os dous governos, que naõ chegou a fazer-se publico: éram taes os sacrificios que a Corte de Portugal naõ julgou conveniente o ratificallo. Póde julgar-se, quanto esta recusaçaõ do ministro Portuguez devia accender a animosidade do Governo Francez; mas duas cousas concorrêram para livrarem Portugal do perigo, e dos sustos, a renovaçaõ das hostilidades no Continente, e a celebre expediçaõ de Bonaparte, que, apoderando-se de Malta, sem constar ainda do seu verdadeiro destino, tomou o caminho do Nilo, em lugar de voltar para as Hespanhas, como se receava."

Ao temor de desagradar a alguns Conselheiros, e Ministros de Estado, atribuimos a omissaõ do A., neste exemplo, deixando de mencionar circumstancias da primeira importancia, para se entender o facto desta negociaçaõ em Paris. Diz o A., que pareceo uma grande felicidade achar-se Antonio de Araujo e Azevedo em Paris; mas como foi elle ali ter? Eis aqui o que o A. provavelmente sabia muito bem; mas que se naõ attreveo a desenvolver; e sem ésta explicaçaõ nem se póde entender como se entamou a negociaçaõ; nem se póde explicar como ella se fez infructifera.

Antonio de Araujo naõ se achou accidentalmente em Paris, como o A. parece indicar, dizendo; " pareceo felicidade achar-se em Paris;" este sugeito foi positivamente mandado a Paris, pelo Governo Portuguez, a tractar desta negociaçaõ; e exaqui como ella começou, por uma acçaõ criminosa em si, mas que produzio resultados de que se devia aproveitar o Governo Portuguez, e que só fôram malogrados em consequencia da intriga, da inveja, e da corrupçaõ da Corte de Lisboa.

Era Antonio de Azevedo Ministro Plenipotenciario de S. M. F. na Hollanda; quando Pichegru, invadindo aquelle paiz, entrou na Haya. O Governo da Hollanda retirou-se, e o Corpo Diplomatico, que se achava acreditado juncto a elle, seguio-o, como éra o seu dever. Araujo, em vez de fazer o mesmo, deixou-se ficar; mais, convidou o General Republicano para um jantar em sua casa; o convite foi aceito depois de obtida a permissaõ do Governo Francez; e neste jantar se fizeram mutuas proposiçoens de paz. Araujo informou a Corte de Lisboa do canal que tinha aberto para negociar; em consequencia disto recebeo plenos poderes, e ordem de ir ter a Paris, e ali entamar os negociaçoens de paz. Este acto de Antonio de Araujo, de naõ seguir o Governo Hollandez juncto ao qual estava acreditado; e de convidar para um jantar de cerimonia um General inimigo, podia ser o effeito do patriotismo, em querer aproveitar a occasiaõ de servir aos seus, abrindo a porta a uma negociaçaõ, que entaõ éra muito para desejar; porque as victorias dos Francezes, atropelando toda a Europa, fazîam apreciavel uma acommodaçaõ com esta naçaõ, ainda á custa de sacrificios; poderia tambem Araujo ser impellido a esta medida pelo desejo de figurar, em um tractado com a França; pois he bem sabido, alem de outros premios, quanto lisongea a ambiçaõ dos Ministros Diplomaticos, o ver o seu nome juncto a um tractado, que tem de circular por todo o Mundo, e ser transmittido á posteridade: mas, fossem quaes fossem os motivos de Araujo, a acçaõ, de se deixar ficar entre os inimigos do Governo perante quem elle estava acreditado, e convidar o seu General para um juntar de cerimonia, he criminosa. O Governo Portuguez, porém, aproveitando-se deste incidente, e authorizando Araujo a ir ter a Paris, para o fim de negociar um tractado, sanou o que havia de máo nos primeiros procedimentos; e naõ ha outra cousa a considerar no fio da historia senaõ o progresso da negociaçaõ.

O A., porém, contenta-se com dizer que "pareceo felicidade achar-se Antonio de Araujo em Paris;" deixando em silencio a importantissima circumstancia deste facto; que he, o modo, e causas, da sua jornada a Paris.

He o A. igualmente cauto, em desenvolver o motivo, porque se frustrou a negociaçaõ; e se contenta com dizer que "o tractado se naõ chegou o fazer publico;" e que "éram taes os sacrificios, que a corte de Portugal, naõ julgou conveniente o ratificallo." Este tractado foi taõ publico, que se acha em muitas das gazetas Inglezas do tempo, e quanto ao serem arduas as suas condiçoens, considerado o tempo em que fôram estipuladas, he isso taõ avesso da verdade, que comparando-se este tractado, com o que se assignou depois em Madrid, se vê bem que os serviços de Antonio de Araujo, em executar as instrucçoens que se lhe déram, mereciam bem differente premio do que tivéram.

O extraordinario modo, porque se rompeo a negociaçaõ, he tambem digno de que o A. o naõ passasse em silencio; o governo Portuguez deixou de mandar a resposta da ratificaçaõ, ou naõ ratificaçaõ do tractado, dentro do tempo que o seu Plenipotenciario tinha ajustado em Paris. Em consequencia foi Araujo mandado despejar a cidade, como ministro; e elle preferio demorar-se como particular; talvez esperando que lhe chegasse a resposta de Lisboa: neste intervallo foi prezo; porque de Lisboa transpirou, que os presentes que elle tinha feito a certo impostor, que se representava como agente do Directorio, eram effectivamente dados a membros do Governo Francez. Luiz Pinto de Souza, entaõ Ministro dos Negocios Estrangeiros em Lisboa, participou este acontecimento ao Corpo Diplomatico como uma infracçaõ do direito das gentes, sem com tudo mencionar a horrorosa intriga do conselho de Estado, que fez naõ só desapprovar a vantajosa negociaçaõ de Araujo; mas impedir que se mandasse a resposta dentro do periodo mencionado, comprommettendo assim a honra nacional: e o A. se naõ suppoem obrigado a mencionar, nem ainda levemente taõ importantes circumstancias.

O nosso, A. naõ deixa tambem de possuir certa tinctura de parcialidade, que ajudará a diminuir o credito de sua obra interessante; e exemplificaremos isto na descripçaõ do caracter do actual Conde de Linhares. Naõ reparando na denominaçaõ de Conde, que o A. sempre lhe confere, contra a ordem chronologica, referindo historicamente factos acontecidos, antes de que este titulo fosse concedido a D. Rodrigo de Souza Couttinho; porque esta anticipaçaõ na ordem dos acontecimentos, que alguns attribuiraõ a lisonja servil, póde talvez ser o effeito de nimia civilidade no A.; naõ podemos deixar de notar o modo porque o A. descreve ésta personagem.

" Ministro infatigavel, (diz o A. p. 40) taõ vasto nos grandes objectos, como minucioso e exacto nos pequenos, experimentado no manejo dos negocios publicos, dotado de grandes luzes, de uma inteireza incorruptivel, e de um patriotismo exaltado, éra o homem que a natureza tinha talhado para ajudar o Soberano, e dirigir o ministerio em taõ criticas circumstancias. As suas vistas abraçáram desde logo todas as partes da administracçaõ publica, que lhe foi confiada. . . . . . ."

Nos sentimos um verdadeiro prazer em apoiar, com nossa opiniaõ, a verdade destas assersoens, ao menos até certa extensaõ; e avançamos mais, que dos ministros, que S. A. R. agora possue no Brazil, nenhum reune tantas qualidades estimaveis como o Conde de Linhares; porém quando o historiador, pertendendo mostrar o character de um homem publico do seu tempo, ajuncta todas as virtudes que o seu heroe possue, sem indicar nem por factos, nem por opiniaõ, os vicios ou fraquezas do individuo, pinta um anjo, e naõ um homem, faz uma caricatura, e naõ um retrato: e de certo os vicios do Conde de Linhares, naõ saõ menos conspicuos que suas virtudes. Esta parcialidade se faz mais notavel quando se observa, que o A., retrocedendo a periodo anterior áquelle de que está historiando, produz sobre a scena um irmaõ deste Ministro (p. 26) com muitos elogios, sendo elle um homem, cujo governo fez tanta gente desgraçada no Pará, que sua memoria será odiada pelo povo, em quanto seu nome ou feitos forem lembrados, e a p. 37 força outra vez sobre o publico os louvoures desta familia, mencionando (apenas a proposito) o nome do pay deste Ministro, que morreo em Madrid, cheio de desgosto, pela desapprovaçaõ que a Corte de Lisboa deo ao tractado que elle negociou com Hespanha em 1777; em que pela ignorancia de D. Francisco Innocencio de Souza Couttinho (se he que naõ houvéram outros motivos) fez a Corte de Portugal estipulaçoens taõ desvantajosas, que até se fez passar a linha de demarcaçaõ entre Portugal, e Hespanha, nas fronteiras do Paraguay, por cima de povoaçoens Portuguezas, e por lugares desconhecidos no paiz, o que mostrando a falta de conhecimentos topographicos do Ministro; que negociava sobre aquelles paizes, causou uma confusaõ interminavel, aos commissarios que se nomeáram depois, para demarcar a linha de limites entre as duas naçoens naquellas fronteiras.

O Capitulo V, em que o A. começa a historia da campanha em Portugal em 1801, contém informaçaõ original, que se naõ acha em outra alguma obra; porque naquelle tempo, nem se deixavam imprimir, nem ler jornaes, em Lisboa, onde se colligissem as noticias do tempo: e o A. trabalha por merecer credito em sua narraçaõ, porque se mostra judicioso na escolha que faz de suas authoridades; como se colhe, entre outros lugares, do que diz na nota a p. 67.; e he clara e concisa a sua exposiçaõ do tractado de Badajoz p. 64; e supposto que o A. naõ dê as integras destes interessantissimos documentos officiaes, com tudo diz sobre elles quanto baste para se conhecer o pouco merecimento que teve o negociador Portuguez neste tractado, onde tudo cedeo áo poder, a instigaçoens do terror; o que o A. naõ hesita em chamar (p. 65) "horroroso sacrificio." Naõ éra logo esta negociaçaõ, a que podia, com decencia, alcançar para o negociador o grande premio de um titulo de Visconde.

O A. com muita razaõ censura El Rey de Hespanha, e pôem na melhor luz imaginavel (p. 67) a conducta do Principe Regente de Portugal, em mandar para a Hespanha um exercito auxiliar, que obrou contra a França na Catalunha. Nada he mais justificavel do que a conducta de S. A. R. nesta occasiaõ, auxiliando o seu alliado, em consequencia dos empenhos, que havia contrahido pelos tractados anteriores ; e nada mais ingrato, e mais injusto do que unir-se El Rey de Hespanha aos Francezes, quando estes queriam guerrear Portugal, por causa desse mesmo auxilio dado à Hespanha.

A p. 85, achamos mencionado um notavel facto, que he a existencia de um partido Francez, em Lisboa, organizado por Lannes, "para lançar os alicerces da dominaçaõ de Bonaparte." He notavel que asseverando-se publicamente em Lisboa este facto, em uma obra da natureza desta que mencionamos, licenciada, como todas o saõ, pelo Governo Portuguez, naõ tenha este descuberto os cabeças desta intriga ; porque nós naõ julgamos que o cozinheiro Jozé Bovier ; ou o copeiro Fellipe Bernardin, ou o relogeiro Pedro Bougar, que os Governadores, ultimamente, mandaram prezos, com outros, para a ilha Terceira, sêjam os sabios cabeças de tal conspiraçaõ ; nem os chefes de um partido, que se propoz a formar o Embaixador da França.

Do Capitulo XI. em diante tracta o A. mais immediatamente da ultima invasaõ dos Francezes, e começa por esta maneira.

"As proposiçoens intimadas á corte de Portugal pela das Thuillerias, de acordo com a de Madrid éram as seguintes : 1ª. fechar todos os Portos de Portugal á Inglaterra ; 2ª. a apprehensaõ pessoal de todos os Inglezes residentes em Portugal ; 3ª. a de todas as propriedades Inglezas."

Parece incrivel, que depois de proposiçoens desta natureza, taõ injustas, como insultantes, houvessem ministros no Gabinete de Portugal, que hesitassem no seu voto ; e que o passo, que se tomou por necessidade, se naõ adoptasse logo por escolha ; regeitando sem controversias, todas as proposiçoens da França, e retirando-se a Corte, com todas as suas riquezas, para qualquer parte do Imperio Portuguez, livre do perigo da invasaõ; e oppor logo aos Francezes toda a resistencia que fosse possivel.

A conducta da Corte de Portugal foi o contrario disto; contemporizou-se com os Francezes; passou-se pela humiliaçaõ de condescender com as proposiçoens da França; porque se fecháram os portos aos Inglezes apprehenderam-se algumas de suas pessoas, e bens; e só quando se vio que nem todos estes horrorosos sacrificios bastávam, se salvou a Corte, havendo ja passado pela obediencia do jugo. He claro que se a retirada fosse feita, sem soffrer a humiliaçaõ de se ter concedido aquellas desarrazoadas, e atrozes condiçoens, Portugal naõ soffreria mais do que soffreo.

O A. querendo justificar estes procedimentos contra a Inglaterra (a p. 151) diz " O Principe Regente se promettia sem duvida, e com solidos fundamentos, achar meios de salvar a sua honra, e a sua justiça, compromettidas na apparencia com estas providencias, na generosidade do ministerio, e da naçaõ Britannica, ou o que he mais provavel, em um novo sacrificio pecuniario, para indemnizar aos lesados. Alem disso os Inglezes depois das participaçoens que se lhes fizéram, tinham tido muito tempo para se pôrem a salvo com as suas propriedades que pudessem liquidar; e éra por tanto de esperar, que naõ importarîam em grande quantia as que se achassem em Portugal."

O publico julgará até que ponto este raciocinio do A. consegue o justificar a Corte de Lisboa; principalmente, dizendo o mesmo A. a p. 152, que " estas providencias naõ produziram outro effeito que o de implicarem Portugal por alguns dias, com ambos os partidos."

A p. 159 diz o A. " Por uma fatalidade, que custa muito a explicar o Principe Regente naõ foi exactamente informado, no tempo em que o devêra ser, das marchas do inimigo: ja este pizava o territorio de Portugal; e ainda em Lisboa se suppunha que elle estava em Salamanca." Eis aqui como um ponto historico de primeira importancia deixa de ser examinado; ao mesmo tempo que o A. assevéra a p. 171; que "O golpe tinha apanhado a S.A.R. taõ desprevenido, que dous ou tres dias antes tinha profferido com toda a satisfacçaõ, que, com as providencias que havia dado, estava em fim tranquilo da parte dos Francezes." Naõ obstante isto, diz o A. a p. 233, que "S. A. R. tinha sido informado das marchas dos inimigos, e sabia tanto das suas intençoens perfidas, que no decreto de 26 de Novembro fez publico aos seus vassallos, que elles se dirigîam muito particularmente contra a sua Real Pessoa, e com tudo conservando-se no Tejo até o dia em que a vanguarda do exercito Francez chegou a Sacavem, naõ só naõ deo providencias algumas para a defeza, mas deixou em pé as recommendaçoens, que fizéra ao Governo naquelle decreto, para o fazer aquartellar, e tractar como um exercito alliado."

Para entender o motivo destas differentes exposiçoens deve o leitor observar, que o nosso A. aqui tracta de desculpar a conducta dos Governadores do Reyno, que S.A.R. nomeou para governar em sua auzencia; e assim os desculpa com a observancia das ordens do Soberano, julgando que elles *naõ deviam* e *naõ podiam* resistir directa ou indirectamente aos attentados dos Francezes; e entretanto que assim lisongea os vivos, e poderosos, naõ inquirindo sobre os culpados nesta ignorancia do Governo que diz haver; attaca o defunto Patriarcha, e os Bispos do Reyno (de quem nem depende nem se teme) porque prestáram aos Francezes a mesma obediencia que os Governadores; ex aqui as suas palavras p. 292.

"Conheço que a resistencia naquella epocha serîa provavelmente, naõ só inutil, mas fatal aos Portuguezes; e naõ chamarei traiçaõ ou perfidia o que sómente foi fraqueza; mas em taes circumstancias naõ éra melhor que os pastores da Igreja guardassem o silencio? Posso eu considerar conforme ás maximas do Evangelho, o engrandecer os tyrannos com louvores, pregar subordinaçaõ aos destruidores do altar, usurpadores do throno, e devastadores da naçaõ? Poderei eu ja mais olhar como uma virtude o pertender suffocar os esforços heroicos de um grande povo, se elle os fizesse para sacudir os ferros e restituir-se ao legitimo governo do seu Soberano? A tyrannia forcejará sem duvida para consagrar uma similhante doutrina, que sería o mais firme apoio do seu poder, mas a justiça e a humanidade reclamaraõ sempre contra ella, e convidaraõ os homens áquelles esforços sublimes, tanto mais heroicos, quanto mais arriscados, sem os quaes uma naçaõ, uma vez encadeada, ja mais conseguiria os meios de recobrar a sua independencia."

Nós naõ podemos julgar racionavel, que o A. applique estes principios, para reprovar a condescendencia dos Prelados do Reyno, em obedecer, e recommendar obediencia aos conquistadores, ou usurpadores; e naõ os applicam ao mesmo tempo aos Governadores, e Nobres da naçaõ, que mostraram a mesma aquiescencia. Se o decreto do Soberano, que mandou receber bem os Francezes, serve de disculpa aos Governadores; ¿ porque naõ aos Prelados do Reyno? A fraqueza póde desculpar aos ecclesiasticos, que como ministros da paz; por habito, por educaçaõ, e por principios, devem ser timoratos, e estremecer ao pensamento dos horrores da guerra. Mas essa fraqueza tem o nome de covardia, e he reputada crime, nos militares, e nos nobres, a quem a patria honra, premeia, e designa, para o fim primario de sua defeza, expondo-se aos perigos, inevitaveis, e conhecidos, que traz com sigo o estado da guerra. Nos differimos do A. na opiniaõ de que "a resistencia naquella epocha sería provavelmente naõ só inutil, mas fatal;" porém se o raciocionio do A. serve de justificar os Governadores do Reyno; entaõ taõbem justifica completamente o proceder dos ecclesiasticos, que recommendavam obediencia aos usurpadores, naquella epocha.

O character de Novion, chefe da guarda de policia (p. 276) he outro exemplo do modo porque o A. louva e vitupéra a mesma acçaõ, em quanto convem aos seus fins. Novion organizando a guarda de policia, reduzindo os povos de Lisboa a rebanho de escravos, para favorecer as vistas do despota practico Manique, infelizmente apoiado por um bom Ministro, mas que tem o grande defeito de ser um despota theoretico; he tudo isto muito bom. Esta mesma oppressaõ servindo aos fins dos Francezes, he pessima, e Novion um malvado. Em nossa opiniaõ Novion éra um infame ministro do despotismo, tanto servindo a Manique, como a Junot; e o ter deixado a Portugal, e unido-se aos Francezes, naõ he senaõ a demonstraçaõ do seu character de algoz; e uma prova de que serivrîa quem quer que lhe pagasse, para opprimir a quem quer que fosse. He taõbem este facto uma liçaõ para os Soberanos: o Governo de Portugal estava tranquillo: e o Intendente da policia inventou falsas representaçoens de conspiraçoens, para intrigar a naçaõ com o Soberano: excogitou-se esta nova guarda de policia, instrumento de escravidaõ dos povos, em toda a parte onde tem apparecido; e as intençoens despoticas, dos que tal medida aconselharam, se provam bem pela escolha que fizeram, para chefe, de um estrangeiro, que demonstrou, com sua conducta o seu pessimo character. O comportamento pois de Novion, nem foi inconsequente; nem deve admirar.

O A. alem desta cosntante inclinaçaõ aos grandes, dos quaes naõ acha algum, em quem note uma só falta, durante todo o periodo que comprehende a sua historia, desce tambem a cortejar os prejuizos populares os mais ridiculos; e por tanto fallando dos ajunctamentos do povo miudo no Monte de Sta. Catharina, que Junot mais de uma vez mandou dispersar, guarda um profundo silencio sobre o Sebastianismo, que se incluia nestas assembleas, cujo principal emprego éra, olhar para a esquadra Ingleza, que bloqueiava o porto.

Com igual respeito aos prejuizos da naçaõ introduz os pedreiros livres, fallando das pessoas que foram cumprimentar a Junot em Sacavem, ao tempo de sua chegada, e se explica assim, (p. 206.)

" Foi neste dia, que recebeo os deputados, que lhes enviáram os Governadores do Reyno, e de que tambem ja fallei; e igualmente o fôram buscar de seu proprio marte (com bastante magoa o direi) alguns Portuguezes degenerados, pela maior parte pedreiros livres. . . . ."

Se com effeito os pedreiros livres em Lisboa fizessem este acto de adulaçaõ ao General Francez, naõ tinham feito mais que imitar os Governadores do Reyno; e, como diz o A., obedecer ás intençoens do Soberano, que mandava bem receber estes hospedes. Mas antes que tomemos o o facto por verificado, temos direito a preguntar, como conhece este A. os que saõ pedreiros livres, sem elle o ser; e mais como sabe, que esses Portuguezes degenerados éram pedreiros livres pela maior parte; ou a que vem aqui o notar, que esses degenerados pertenciam a essa sociedade? Talvez o A. offuscado com os triangulos, e mais insignias dos Framaçons, tome tudo isto por talismans de feiticeiros, como elle com muita graça faz julgar aos Francezes (p. 282) das sobrepelizes dos clerigos.

Esta questaõ dos pedreiros livres em Portugal, he uma das que lançam mais ridiculo sobre a naçaõ, e mostra o estado de ignorancia em que se acham os Portuguezes. Os homens, que ali se chamaõ a si mesmos Framaçons, apenas entendem os principios da ordem, ou sociedade a que pertencem; e grande numero delles (talvez a maior parte) nem ao menos seríam admittidos a loge alguma, em outro paiz do Mundo, pela ignorancia em que se acham até dos principios elementares da maçoneria ; em fim saõ tanto pedreiros livres, ou framaçons, como eram medicos antes da reforma da Universidade de Coimbra, os que estudavam anatomia em um carneiro, e naõ obstante a sua crassa ignorancia da Medecina, obtinham a sua carta-de-formatura. O governo Portuguez, persegue a estes homens, e instiga a populaça contra elles, sem que esse Governo tambem saiba, nem o que he framaçoneria, nem até que ponto sêjam framaçons esses que persegue. Os escriptores de Portugal, taes como o nosso A., avançam tudo quanto lhes parece nesta materia, sem outras noçoens mais que as que extrahem de Barruel, obra que naõ merece credito senaõ no paiz dos Sebastianistas. Assim, a respeito desta controversia, reputamos aos Portuguezes, Framaçons, Governo, e escriptores, um ajunctamento de cegos, disputando sobre cores, e findando a disputa em pancadas, dando, a torto, e a direito nos de seu partido, e do contrario, e vozeando todos ao mesmo tempo em algazarra.

Tal he o estado da literatura Portugueza, licenciada pelo Dezembargo do Paço, dirigida pelas grandes luzes da Inquiziçaõ, e approvada pelo Ordinario.

COMMERCIO E ARTES.

Portugal.

DECRETO.

Havendo Eu, por justos motivos, Determinado no Decreto de 28 de Janeiro do anno passado, que as Fazendas, e Mercadorias, que viessem de Lisboa e Porto, e tivessem lá pago os Direitos estabelecidos, fossem isemptas de pagar os regulados, na conformidade da Carta Regia de 28 de Janeiro, e Decreto de 11 de Junho, de 1808, para poderem ter concurrencia com os Generos, que vem em direitura dos Portos Estrangeiros, e sendo conforme a indefectivel justiça, que costumo praticar com todos os meus fieis Vassallos, que o mesmo se verifique do modo por ora possivel com as Mercadorias, que tendo entrado nas Alfandegas, deste Estado, e pago os Direitos determinados na referida legislaçaõ novissima, saõ depois exportados para Portugal, por terem lugar, e serem correlativas as razões que motiváram a mencionada Resoluçaõ, contheuda no Decreto de 28 de Janeiro do anno passado; hei por bem, em quanto naõ estabeleço providencias mais amplas e geraes sobre este importante objecto. Ordenar que todas as Mercadorias, que tendo entrado, e pago Direitos nas Alfandegas do Estado do Brazil forem exportadas para Portugal, paguem nas Alfandegas competentes o que deverem, abatendo-se o que constar por documentos legaes haverem pago nas deste Estado do Brazil. O Conselho da Fazenda o tenha assim entendido, e o faça executar com os Despachos necessarios. Palacio do Rio de Janeiro em 7 de Agosto, de 1810.

Com a Rubrica do Principe Regente Nosso Senhor.

AVIZO.

Illustriss. e Excellentiss. Senhor.

O Principe Regente N. S. foi servido nomear a V. E. Administrador Geral do Real Erario, conservando o lugar de Membro do Governo destes Reynos: E porque com este Lugar se faz incompativel o exercicio de Presidente da Real Junta do Commercio, Agricultura, Fabricas, e Navegaçaõ destes Reynos, e seus Dominios: houve por bem nomear para a dita Presidencia a Cypriano Ribeiro Freire. O que participio a V. E. para sua intelligencia por Ordem de S. A. R. Deos guarde a V. E. Palacio do Governo, em 17 de Outubro, de 1810.

JOAÕ ANTONIO SALTER DE MENDONÇA.

Senhor Conde do Redondo.

Brazil.

DECRETO.

Sendo-me presente, que para mais prompta expediçaõ do Commercio nacional, e estrangeiro, e melhor, e mais segura arrecadaçaõ dos Reaes direitos, he indispensavel fazer-se o despacho por estiva de muitos Generos, que vem a Alfandega desta Cidade: hei por bem ordenar se ponha em administraçaõ, e faça em meza separada o despacho de todos os Generos descritos na relaçaõ que baixa com este, assignada pelo Conde de Aguiar, do Conselho de Estado, Presidente do Meu Real Erario: e mando, que na dita alfandega se observe inviolavelmente o decreto de onze de Janeiro de mil setecentos cincoenta e um, que regulou os despachos por estiva na alfandega de Lisboa, em tudo o que fôr applicavel, e em quanto eu naõ for servido dar sobre este objecto outra mais ampla providencia; fazendo-se os mesmos despachos taõ somente pelo administrador, escrivaõ, e dois feitores, que eu fôr servido nomear, alem dos guardas que fossem necessarios; vencendo o administrador de ordenado annual, pago pela Minha Real Fazenda, um conto e duzentos mil reis, o escrivaõ, oitocentos mil reis, sem que possaõ levar salario, ou emolumento algum das partes, por qualquer despacho da referida meza, na conformidade do mencionado decreto: sendo os bilhetes necessarios para a sahida, ou entrada das fazendas, rubricados pelo Administrador, e assignados pelo escrivaõ, e por um dos feitores, que seraõ substituidos interinamente nos seus impedimentos, por outros officiaes da alfandega, que o juiz della julgar mais habeis, a fim de naõ parar o expediente, e se poder conseguir a maior brevidade, e segurança nos despachos de similhante natureza. O Conselho da Fazenda o tenha assim entendido, e faça executar com os despachos necessarios, por este decreto sómente, sem embargo de quaesquer leis, regimentos, ou disposições em contrario. Palacio do Rio de Janeiro, em doze de Abril de mil oitocentos e dez.

Com a Rubrica do PRINCIPE REGENTE N. S.

Relaçaõ dos Generos, a que em observancia do Real Decreto de doze de Abril de mil oitocentos e dez se deve dar despacho por estiva na alfandega do Rio de Janeiro.

Ferro em barras. Dito em panellas. Dito em caldeiras. Dito em grades. Dito em ancoras. Dito em pregos. Dito em enxadas. Dito em cravos. Dito em foices. Dito em arcos. Dito em verguinha. Dito em fregideiras. Dito em pàs. Chumbo em barras. Dito em municaõ. Dito em lançoes. Cobre em chapas. Dito em caldeiras. Dito em lambiques. Tutenaga, ou azem. Manteiga. Queijos. Toucinho em jacazees. Linho em rama. Estopa da terra. Farinha em barricas. Farinha em surrões. Carvaõ de pedra. Pedras do Porto para Moinho. Pedras das Ilhas para Atafonas. Cebollas em restias. Alhos em restias. Selhas de Aço. Caixões de dito. Barriz de Banhas. Fio de Algodaõ. Fio de Purrete. Fio de Vella. Cerdas de linho. Sellins. Arreios. Caixas de Folha de Flandes. Obras feitas da mesma Folha. Pederneiras. Pós de Sapatos. Esteiras de Angola. Esteiras de Lisboa e Porto. Safras para Ferreiro. Fumo. Azeitona. Carne de balça. Passas. Figos. Paios. Prezuntos. Peixe Salgado. Bacalháo em Barriz. Dito em Caixões. Pipas de Vinho do Porto. Barriz de dito. Pipas de Vinagre. Pipas de Vinho das Ilhas. Agoa ardente das ditas. Pipas de Vinho de Lisboa. Pipas de Vinagre da dita. Pipas de Vinho do Cabo. Pipas de Azeite doce. Pipas, e Barriz de Azeite de Angola. Quartolas de Cerveja em Caldo. Dita em garrafas. Caixas de Licôres. Barriz de Genebra. Frasqueiras de dita. Vinho de Cidra. Vinho engarrafado. Couros em Cabello. Meios de Solla. Atanados. Couros de Cabra. Couros de Viado. Fardos de Couros de Nutra. Ditos de Cavallinho. Surroes de Laã. Ditos de clina, ou cabello. Marquetas de Sebo. Caixas de Quina. Caixas de Vellas. Cabos de Linho. Amarras de Linho. Ditas de Piassaba. Viradores da dita. Bettas de embê. Barriz de Breu. Barriz de Alcatraõ. Barriz de Pixe. Barriz de Verniz. Barriz de Termentina. Agua Raz. Agua forte. Pipas de Oleo. Barriz de dito. Botijos de dito. Barricas de Vidros. Caixas de Conservas Caixas de Sabaõ. Barriz de Sal. Barriz de Enxofre. Barriz de Alvaiade. Barriz de Azarçaõ. Barriz de Gesso. Barriz de Vermelhaõ. Archotes. Moitões. Liaças de Vimes. Sandalo em achas. Sacas de Algodaõ. Mólhos de Vassouras, ou Escovas. Gigos de Louça. Cómmodas. Mezas. Cadeiras. Canapés. Ballas de Papel. Seges. Carrinhos. Surrões de Matte, ou Jacazes. Môs de Ferreiro. Ditas para barbeiro. Remos. Mastareos. Taboado.

Os Generos, a que se dá sahida por estiva, saõ como o Café por exportaçaõ, que he em grande quantidade, e todos os mais, que naõ saõ de sello, que pela sua qualidade de miudezas, se lhes dà sahida por estiva.

Tambem os de Sello quando o cazo o pede, por avarias, ou molhados para beneficio, com obrigaçaõ de voltarem para se lhes fazer despacho, e pôr-se-lhe o competente sello. Palacio do Rio de Janeiro em doze de Abril de mil oitocentos e dez. CONDE DE AGUIAR.

Mapa de Importaçaõ que fez Portugal Inglaterra, Feitorias da Costa d'Africa e Portos do Brazil sobre a Bahia em todo o anno 1809.

		Quantidade	Importam
*Anniages - - -	an	32.496	3:899.520
Alcaltraõ e Pixe - -	Br.	281	2:810.000
Asso - - - -	qq^s	360	3:600.000
Bacalhao - - - -	a	132.241	132:248.000
Baetas - - - -	Cos	173 447	78:051.150
Baetoens - - -		51.289	41:031.200
Bombazinas - - -		746	223.800
Bretanhas de Hamburgo - -	ps	10.875	21:750.000
Bert^a. de França - - -		626	2.504.000
D. de algodaõ 4 V. - -		3.046	2:132.200
Brins - - - -		321	2:568.000
Bronze - - - -	tt	410	123.000
Breu - - - -	qs	543	3:258 000
Cambraias - - -	p	20	200.000
Cambrainhas - - -	Vs	355.433	177:716.500
Cambraetas - - - - -	ps	320	640.000
Cabos - - - -	qs	1.340	26:800.000
Cassas - - - -	Vs	129.575	38:872.500
Camelaõ - - -		710	213.000
Calhamaco - - -		2.522	302.640
Cazemiras - - -	Cos	5.195	4:156.000

MERCADORIAS GERAES DA EUROPA.

		Quantidade	Importan
Chumbo - - -	a	10.486	7:864.500
Cobre - - -	tt	148.044	35:530.560
Constança - - -	Vs	260	104.000
Cres - - - -	ps	9.934	35:703.000
Chitas - - -	Cos	1:006.883	161:101.280
Chapeus - - -		10.465	15:697.500
Couros (1) - - - -		28.292	56:584.000
Droguetes - - -		8.723	2:616.900
Durantes - - -	ps	610	5:490.000
*Drogas - - -			49:855.856
Esguioens - - -	Vs	124.294	37:288.200
Estamanha - - -	ps	27	135.000
Eerrages - - -			14:098.000
Farinhas - - -	a	29.864	44:796.000
Ferro - - - -	qs	8.796	43.980.000
Filo - - - -	Cos	2.400	960.000
*Folha de Flandes - -	Cxs	66	1:326.000
Fustaõ - - -	Cos	213.964	42:792.800
Garras - - -	ps	6.588	26:352.000
Cangas - - -	Cos	9.753	1.365.420
Lataõ - - -	a	973	3:172.000
Lapim - - -	Cos	373	111.900
Lenços - - -		428.574	64:286.100
Lilas - - - -	Cos	6.347	1:904.100
*Lonas ½ a - - -	ps	231	161.700
Loiça - - - -			1:530.000
Manteiga - - -	tt	191.059	30:569.440
Meias de seda - - -	ps	1.285	1:285.000
Meias de algodaõ - -		22.300	11:150.000
Meias de Laia - -	Durs	46	165.600
Musselinas - - -	Cos	2.785	1:002.600
Chales - - -		3.678	2:942.400
Olandas cruas - - -	Cs	2.500	400.000
Panos - - - -		59.156	59:156.000
Papel - - -	R	4.283	8:566.000
Passas - - -	a	114	570.000

MERCADORIAS GERAES DA EUROPA.

		Quantid.	Import.
Peluccas - - -	Cs	1.714	1:028.400
*Polvora (2) embargada -	Bar		
Quina - - -	tt	2.266	1:812.800
Queijos - - -		32.490	5:198.400
Rapaõ - - -	Cos	22.612	6:795.600
Riscado de Hamburgo - -	ps	260	1:300.000
Retina - - -	Cos	1.434	173.600
Riscado de algodaõ - -		51.416	6:169.920
*Ruoens de Cofre - -	Vs	34.172	6:834.400
Sarjas - - -	Cos	7.570	2:271.000
Sedas - - - -		8.775	6:142.500
Serafinas e Saetas - -	ps	500	5:000.000
Silesias - - -	ps	4.396	1:318.800
Traçados - - -		588	1:176.000
*Tre - - - -	V	2.760	662.400
Tripe - - - -	Cos	3.661	1:647.450
Vidros - - -			1:810.000
Velbutes - - -		96.685	30:879.200
			1:394:327.836

MERCADORIAS FABRICAS PRIVILEGIADAS.

Baetilha - - -	Cos	7.763	2:328.700
Chapeus finos - - -		9.521	23:802.500
Chitas - - -		105.028	42:011.200
Drogas - - -			3:260.000
Fustaõ - - -		100	50.000
*Galaõ e fio de Ouro - -	on	1.080	324.000
Gunigoens - - -	ps	1.470	3:528.000
Lenços - - -		6.913	2:073.900
Louça - - -			2:750.900
Panos da Covilhaã - -	Cos	2.959	2:071.300
Papel - - - -	Rmas	296	592.000
Rapaõ - - - -	Cos	1.080	324.000

MERCADORIAS FABRICAS PRIVILEGIADAS.

		Quantid.	Import.
Sal - - - -	Moios	690	2:070.000
Seda - - - -	Co	19.379	19:379.000
Silesias - - - -		229	91.600
Tafeta - - -		13.447	5:378.800
Talhas - - - -	V	288	144.000
Vidros - - -			3:220.000
			115:235.200

MERCADORIAS PROPRIAS DE PORTUGAL.

		Quantid.	Import.
Azeite - - - -	Pas	233	23:300.000
Agoardente (3) - -		700	56:000.000
Agoa de quina - -	Bot.	2.724	2:724.000
***Barbante** - - -	a	3.924	11:772.000
Bolacha - - -		2.334	4:668.000
Burel - - - -	Vs	4.023	804.600
Chapeus grossos - -		34.30	17:015.000
***Carruages** - - -			3:000.000
Cobertores - - -		625	937.500
Cordovoens - - -	Duz	212	2:120.000
Estopas - - - -	Vs	10.248	2:459.520
Marroquins - - -	Duz	53	530.000
Meias de linha - -	pes	1222	733.200
***Linhas** - - -	Mos	15.202	30:404.000
***Panos da Serra** - -	Vs	1.500	300.000
Pelicas - - -	Duz.	203	609.000
Pano de linho - - -	Vs	339.066	135:626.400
Prezuntos - - -	a	893	2:679 000
Rapé - - -	tt	1.184	1:184.000
Retros - - -		238	833.000
Sera - - - -		12.423	4:969.200
Tafetas - - -	Cos	479	287.400
***Trem** - - -	Vs	63.012	3:150.600
Vinhos (4) - -	P	3.159	252:720.000
Vinagres - - -		9	225.000
			5[illegible]:051.420

DAS FEITORIAS D'AFRICA E AMERICA.

Costa da Mina,

Escravos	7.452	745:200.000
Panos -	-	4:100.000
Ouro -	-	15:887.200
		765:187.200

Rio Grande do Sul, e da Prata.

Carne Salgada	633:600.000
Sebo - -	193:000.000
Farinha e queijo -	2:000.000
	827:600.000

(1) Dos Rios Grande, e da Prata.

(2) Reprezada na Fortaleza do Mar.

(3) De Portugal, e Portos do Mediterraneo em Navios Portuguezes e Estrangeiros.

(4) Dos Mesmos Portos e Navios.

* N. B. De Monte Video e Buenos Ayres tem vindo uma porçaõ grande de pezos que se ignora; porque se naõ dá entrada n' Alfandega, e he livre a importaçaõ.

MERCADORIAS D'ASIA.

		Quantid.	Import.
Baftas - - -	ps	7.189	20:129.200
Canela - - -	tt	3.072	1:843.200
Cassas - - -	ps	576	6:912.000
*Cadea Balage. - - -		97.136	87:421.500
Cadea de Surre. - - -		5.796	4:636.800
Chá - - -	tt	26.215	26:215.000
Chitas - - -	ps	100	320.000
Chitas de Damaõ - - -		20	30.000
Cormandus - - -		646	1:938.000
Demetins - - -		91	237.000
Ermetins - - -		2.053	7:185.500
Cangas - - -		85.848	85:848.000
Garrás - -		18.442	73:768.000

MERCADORIAS D' ASIA.

		Quantid.	Import.
Gozenás		3.352	11:732.000
*Iolas		8.484	23:755.200
Lenços		96.332	19:266.400
Linhas de Surr.e	ps	23.546	23:546.000
Louça		-	1:190.000
Maraguganges	ps	75	187.000
Mamodis		1.456	4:368.000
*Morins		330	792.000
Panos de Gentio		606	545.400
Do. de Cafre		590	300.000
Pimenta	tt	138.245	22:119.200
Porcolos	ps	4.281	8:562.000
*Sanas		1.410	4:935.000
Zuarte		1.310	5:240.000
			443:058.900

REZUMO 1809.

Mercadorias Geraes da Europa	1:394:327.836
Do. proprias de Portugal	559:051.420
Do. das Fabricas previlegiadas	115:235.200
Do. da Azia	443:058.900
Da Costa da Mina	765:187.200
*Do Rio Grande do Sul, e da prata	1:008:686.000
	4:285:546.556

REZUMO 1808.

Mercadorias Geraes	815:074.890
Do. Portugal	66:825.740
Do. Fabricas previlegiadas	30:371.950
Do. de Azia	378:709.780
Costa da Mina	602:392.600
Rio Grande	454:600.000
	2:347:947.960

Mapa dos Navios que entráram e sahiram do Porto da Capitania da Bahia em 1809.

	Entraram.	Sahiram.
Alagoas	28	5
Angola	1	2
Abadia	1	0
Aracaty	1	0
Avana	1	2
Buenos Aires	9	0
Belmonte	1	1
Cadiz	2	2
Caravellas	10	6
Cabo Frio	1	0
Calhao de Lima	1	0
Cananea	1	0
Capitania	6	4
Corolipe	6	1
Costa da Mina	22	27
Cotinguiba	51	35
Gibraltar	10	18
Goiana	1	0
Ilha do Principe	1	0
Ilha da Madeira	4	3
Inglezes	58	39
Ita[illegible]urú	1	0
Jar[illegible]a	1	0
Lisboa	31	17
Monte Video	10	0
Parati	1	0
Pará	1	3
Paranaguá	1	1
Pernambuco	21	18
Porto	6	6
Porto de Pedras	1	0
Rio Grande	71	100
Rio de Janeiro	39	38
Rio de S. Fran^co. do Norte	6	6
Rio de S. Fran^co. do Sul	6	2
Rio Real	2	0
Sta. Catharina	1	0
S^to. Antonio Grande	5	4
Santos	3	3
S. Matheus	6	2
Serg^e. d' 'El Rey	4	5
S. Thome	1	0
Torre	1	1
Villa do Prado	1	1
Cabo Negro	0	1
Campos dos Oitacazes	0	1
Cataluna	0	1
Camorogipe	0	1
Inhambupe	0	1
Laguna	0	1
Liverpool	0	11
Maranhaõ	0	7
Santa Helena	0	1
S^to. Antonio Merim	0	3
	439	380

FRANÇA.

Por Decreto do Imperador dos Francezes, datado de Fontainebleau, aos 18 de Outubro, de 1810, se estabelecem novas providencias, para impedir a introducçaõ de mercadorias Inglezas no Continente. As muitas regulaçoens, que comprehende este Decreto se dirigem ao fim primario, que se declara no seguinte.

Titulo VI.

Do modo porque se hade dispor das mercadorias adjudicadas á conficaçaõ.

Secçaõ 1ª. Das fazendas prohibidas.

Art. 25. As mercadorias, adjudicadas a serem confiscadas, naõ seraõ daqui em diante expostas á venda. Os nossos Gram-Provostes, e os Procuradores geraes dos nossos tribunaes Supremos dos Provostes, faraõ um inventario das dictas fàzendas, com a avaluaçaõ dos seus preços ordinarios, nos paizes estrangeiros; e este será submettido á approvaçaõ do nosso Ministro de finanças.

Art. 26. Elles procederaõ entaõ a queimar, ou a destruir de outra maneira, as mesmas fazendas; do que se formará um processo verbal.

Art. 27. A somma, que deverá ser distribuida entre os officiaes da alfandega, e outros que assistirem e ajudarem ao acto de apprehensaõ das mercadorias prohibidas, confiscadas, e queimadas, será regulada pelas sobredictas avaluaçoens; e sera paga, como uma despeza e pecial, pelas rendas ordinarias da alfandega.

Decretos similhantes a estes se tem publicado na Prussia, Dinamarca, e outros lugares sugeitos á influencia Franceza; e para os lugares onde ha tropa Franceza se publicou o seguinte Decreto.

Fontainebleau, 19 de Outubro, 1810.

Napoleaõ, &c. · Tendo considerado o 4º· e 5º· artigos do nosso decreto de Berlin de 28 de Novembro de 1806, temos decretado, e decretamos o seguinte.

Art. 1° Todas as mercadorias, de qualquer sorte que sêjam, procedentes de manùfacturas Inglezas, e que saõ prohibidas, existindo a este momento ou nos eutrepostos reaes, ou nos armazens, ou alfandegas, de qualquer descripçaõ que sêjam, seraõ publicamente queimadas.

2. Para o futuro todas as mercadorias prohibidadas de manufactura Ingleza; procedentes de nossas alfandegas, ou de tomadias, seraõ queimadas.

3. Todas as mercadorias prohibidas de manufactura Ingleza, que se acharem na Hollanda, no Graõ Ducado de Berg, nas Cidades Hanseaticas, e geralmente desde o Mein até o mar, seraõ confiscadas ou queimadas.

4. Todas as mercadorias Inglezas, que se acharem no nosso Reyno de Italia, debaixo de que qualquer titulo que séja, seraõ confiscadas, e queimadas.

5. Todas as mercadorias Inglezas, que se acharem nas nossas Provincias Illiricas seraõ confiscadas e queimadas.

6. Todas as mercadorias Inglezas, que se acharem no Reyno de Napoles, seraõ confiscadas, e queimadas.

7. Todas as mercadorias Inglezas, que se acharem nas provincias de Hespanha, occupadas por nossas tropas seraõ confiscadas, e queimadas.

8. Todas as mercadorias Inglezas que se acharem nas cidades, e no alcance dos lugares occupados por nossas tropas, seraõ confiscadas, e queimadas.

(Assignado) NAPOLEAÕ.

(Attestado) O DUQUE DE PLACENCIA.

Principe Archi thesoureiro, e Tenente General do Imperador e Rey.

MISCELLANEA.

Novidades deste mez.

America.

Decreto da Juncta de Caracas.

A suprema Juncta conservativa dos direitos de Fernando VII. nestas provincias de Venezuela.—Se os sacrificios, que a generosa naçao Britannica tem feito, a favor do infeliz monarcha, cujos direitos Venezuela defende e conserva, merecem a gratidaõ de todos os bons Hespanhoes, Caracas tem alem disso outras obrigaçoens sagradas, mais immediatas e imperiosas, para provar a sinceridade com que as retribue; e por outra parte; tem motivos de esperar da Gram Bretanha aquella protecçaõ que pode assegurar a sua existencia politica, sem influir directa, ou indirectamente, nas suas instituiçoens domesticas. Agricultura e Commercio saõ os dous polos de nossa prosperidade; porém o systema politico do outro hemispherio, aonde se devem consummir as nossas producçoens, tem dado á Gram Bretanha uma influencia taõ poderosa sobre as relaçoens mercantis em geral, como saõ grandes os deveres a seu respeito, que nos impôem a nossa gratidaõ, e a nossa posiçaõ geographica, a nossa adolescencia politica, a nossa industria, restricta pela oppressaõ que temos soffrido. Tantos obstaculos á nossa prosperidade naõ se podem vencer sem protecçaõ; e esta se naõ pode obter sem a reciprocidade de sacrificios. Em vaõ abriremos os nossos portos a outras naçoens, quando só ha uma que empunha o tridente de Neptuno; em vaõ cultivaremos o rico territorio que possuimos, quando somente uma pode levar as nossas producçoens, ou permittir que ellas cheguem aos mercados da Europa; e em fim, em vaõ nos armaremos para defender as nossas casas da rapacidade Franceza, quando uma naçaõ somente pode proteger a immensa extensaõ das nossas costas de toda a oppressaõ estrangeira. Uma distincçaõ commercial a favor de uma naçaõ, que tem tanto em seu poder, e que tanto deseja favorecer os nossos esforços, he o que ao presente nos póde obter estas necessarias, e complicadas attençoens: e o Governo, accedendo a este sacrificio, o fez unicamente com o fim de merecer para a America Hespanhola, por mais fortes titulos, sacrificios similhantes aos que a Inglaterra fez pela Hespanha Europea. A nossa liberalidade naõ póde ser desentendida, quando se vê que nos abrogamos, a favor deste respeitavel alliado, as ordens porque a Regencia, prohibindo o nosso commercio estrangeiro, adoptava os meios de privar ultimamente a Gram Bretanha das vantagens que nos lhe apresentamos, em retribuiçaõ da quella que nos promette a sua protecçaõ; e em reconhecimento de tudo o que ella tem feito em ajuda dos nossos valorosos compatriotas na Europa. A nossa liberdade está ao ponto de vir a ser o escudo da nossa segurança; e igualmente a nossa indignaçaõ patriotica será o rochedo sobre que todos os planos se quebraraõ, quando naõ corresponderem á liberalidade de nossos designios, e se, como naõ esperamos, tentarem tirar algum partido da nossa situaçaõ.—Em conformidade destes principios inalteraveis de franqueza, moderaçaõ, e dignidade civil, e submettendo á consideraçaõ do corpo conservativo dos direitos de Fernando VII. que foi installado, e ao que os nossos deputados juncto a S. M. B. possam ter directamente estipulado, as medidas provisionaes requeridas pelas circumstancias, a Juncta Suprema tem agora accedido á proposiçaõ, que em nome de S. M. B., e em consequencia dos despachos transmittidos de Londres aos 29 de Junho proximo passado, o Governador de Coraçaõ lhe fez, pelo Senhor Coronel Robertson, secretario do dicto Governador, concendo-lhe a favor da naçaõ Britannica, o abatimento de um quarto dos didireitos agora actualmente recebidos nas nossas alfandegas, dos estrangeiros, sobre as suas importaçoens, e exportaçoens; seguros de que, nas respeitaveis qualidades, que distinguem o character do Sñr. Robertson, e nos seus benevolos sentimentos a favor do nosso estabelicimento, Venezuela tem um penhor addicional, alem dos que estaõ seguros pela alta origem de sua missaõ.—Conforme a estas medidas, a Juncta Suprema tem requerido, de sua parte, que nas Colonias Inglezas, a respeito dos nossos navios mercantes, se observe aquella conrespondencia reciproca, que he dictada pela generosidade de nossos sentimentos. Os nossos navios devem gozar nos portos Britannicos das Antilhas, os mesmos privilegios, e tarifa dos direitos, que ha para os Inglezes; e que depois da publicaçaõ deste decreto se pode introduzir, debaixo da nossa bandeira, fazendas de todas as qualidades, compradas no nosso territorio, ainda que naõ sêjam producto do nosso paiz, em tanto quanto naõ saõ prohibidas em navios Britannicos.—Estas condiçoens de equidade fôram aceitas pelo Sñr. Robertson, authorizado pelo seu Governo para este fim; e a Juncta Suprema está segura, que a liberalidade, com que tem obrado a favor do commercio Britannico, obterá para o nosso os mesmos privilegios na ilha de Coraçaõ, que varios individuos tem gozado, ainda quando estàvam sugeitos a um systema menos liberal, do que aquelle que agora existe; no entanto espera da Côrte de Londres aquella aprovaçaõ, que a natureza dos nossos procedimentos, e a favoravel opiniaõ de nosso deputado, nos segura. Este decreto será executado pelo Secretario do Thesouro, e communicado a todos a quem competir. Dado no Palacio do Governo de Caracas aos 3 de Septembro, de 1810.

(*Assignados*) TOVAR PONTE, Presidente.
LOPES MENDES, Vice-presidente.
Por Ordem. JOSE THOMAS SANTANA, Secret.

Rio da Prata.

Proclamaçaõ dos commandantes da expediçaõ militar auxiliadora das provincias interiores, aos habitantes das povaçoens do Vice Reynato de Buenos Ayres.

Irmaõs e compatriotas! Quando, pelo consentimento unanime, e pela acclamaçaõ universal de Buenos Ayres, se proclamou a Juncta Provisional Governativa, que hoje rege com tanta sabedoria, como prudencia, nem ao menos se havia suspeitado, que as provincias de sua dependencia opporîam o mais leve impedimento as interessantes vistas, que déram o merecimento á sua installaçaõ. O interesse reciproco dos povos, a confraternidade e uniaõ, que taõ estreitamente os ligava, e a dignidade da sagrada causa, em que se defendia unicamente o vacilante patrimonio de nosso desgraçado rey Fernando, tudo concurria a segurarnos, que serîa recebida a sua erecçaõ pelas provincias de sua dependencia, com geral prazer e acclamaçaõ; porém equivocadamente naõ mettemos no calculo, a desmedida ambiçaõ dos que tinham a redea do Governo dos povos; porque crêmos que estávam intimamente unidos á sua causa, e naõ aos seus interesses particulares.

Sabei pois amados irmaõs que a vergonhosa oppressaõ em que vos tem posto esses miseraveis despotas, que tanto a seu arbitrio dispoem da vossa sorte, presente, e furura, tem penetrado até o mais profundo do sensivel coraçaõ da Juncta de Governo da capital de Buenos Ayres; e que, ao primeiro rumor de vosso infame abatimento, se jurou naquella povoaçaõ a recuperaçaõ absoluta de vossos sagrados direitos, ainda que sêja á custa do sangue de seus mais heroicos habitantes. Nos somos o orgaõ da vontade daquelle povo, fiel, e generoso. As tropas do nosso commando estaõ mui persuadidas da dura vexaçaõ, que vos impoem o poder arbitrario dos que indignamente vos reduzem á escravidaõ, e voluntariamente se tem offerecido para despedaçar os aneis da cadêa de ferro com que querem perpetuar vossas miserias. Naõ he o vosso sangue por que clamam estas aguerridas hostes, he sim o sangue dos que atrevidamente ousáram subjugar a vossa liberdade natural. Tambem naõ buscam o daquelles magistrados e chefes, que, verdadeiros pais dos povos que lhe obedecem, emprégam a sua influencia em assegurar os direitos del Rey pela uniaõ intima das provincias, que igualmente o reconhecem e respeitam. A pessoa de um bom chefe será respeitada, e a Juncta se comprazerá em ver encarregado aos seus conhecimentos, e experiencia, a felicidade de um povo, por cujo bem se interessa. Buscamos a uniaõ, a concordia, e a paz. Dezejamos ver restabelecida a tranquilidade, que quer fazer desapparecer d' entre vós o governo feroz dos tyrannos. Temos protestado derramar até a ultima gota de sangue, para conservar illesos os direitos de nosso Monarcha desgraçado, e naõ consentirmos que se abuse de seu augusto nome, para entregar-nos como servos a uma denominaçaõ estranha. Estai persuadidos com firmeza, que he vosso inimigo capital, o que tractar de desunir-vos de nos: crede, que vossas familias, e vossas propiedades seraõ sagradas, e que a licença militar jamais attentará contra o menor dos vossos bens. Viemos como irmaõs, e naõ como conquistadores. O nosso exercito esperará em campanha a todo o individuo que quizer acolher-se ao pavilhaõ, e abrigará ao que, fugindo da oppressaõ, e escravidaõ, se escudar com os nossos arraiaes. Vinde pois, todos vós os que abrigareis em vossos peitos o amor a nosso amado Soberano, e todos os que, ultrajados pela injusta violencia, que vos impoem a ambiçaõ dos que vos opprimem, conservais em vosso coraçaõ o desejo da ordem, da paz, e da unidade, taõ indispensavelmente necessarias para sustentar os vossos direitos, e os da sagrada, e alta causa, que tao dignamente defendemos. A felicidade inalteravel da America consiste em nossa uniaõ reciproca. Concorrei de vossa parte a um fim taõ importante; e fareis a felicidade permanente das geraçoens futuras, que abençoaraõ a vossa heroica constancia, a vossa fidelidade, e o vosso ardente patriotismo.

HESPANHA.

Extractos das gazetas de Cadiz, em que se referem os procedimentos das Cortes.

Outubro 4. O general Vellaba apresentou um plano relativo ao augmento, e outras ordenaçoens sobre a cavallaria; o que se reservou para ser ao depois discutido. Capmany observou que, sendo a lingua Hespanhola assas copiosa, se devîam regeitar todas as expressoens estrangeiras, especialmente expressoens Francezas, de que estas ordenaçoens abundàvam, pelo que reprovava elle as palavras *marcha, movimento, assemblea, sessaõ, missaõ, retiro, garantia, honrado, e barreira*, em termos Francezes; oppoz-se a algumas por causa de sua significaçaõ, e a outras por causa do sentido que se lhe applicava; concluio a sua falla dizendo; "Sñr^es. devemos viver e morrer como Hespanhoes."—O deputado Mexia subio á tribuna, e se queixou da falta de exactidaõ da gazeta chamada *El Conciso*, no modo em que publica as deliberaçoens deste Congresso, e do pouco respeito que o dicto papel mostra a seus membros.—Tenreiros pedio, que os seus debates fossem somente sobre a guerra, e meios de exterminar os seus inimigos. O Presidente replicou, que este era um dos grandes objectos dos seus trabalhos, e um fim que somente se podia obter pelos meios regulares.—Um Membro propos, que se lêssem alguns regulamentos de policia, que parecîam ser uma ordem das Côrtes, a fim de que, depois de comparados com os antigos, se preferissem os que melhor parecessem.—O Presidente ordenou, que se retirasse o publico, ao meio dia; e a sessaõ continuou até as quatro e meia da tarde.

Outubro 5. Mexia propos certos regulamentos, a respeito das notas do banco; a fim de distinguir as que circulávam nas provincias livres, das outras; mas naõ se tomou sobre isto resoluçaõ, Capmany se queixou igualmente da inexactidaõ do *El Conciso*, e da sua falta de respeito aos Deputados Nacionaes. Por este motivo suggerio Peres de Castro o expediente de admittir uma publicaçaõ periodica, proposta por Oliveiros, de que serîa Edictor um official do collegio militar, cujo rendimento se applicarîa a este util estabelicimento; esta proposiçaõ foi approvada. — Oliveiros recommendou a translaçaõ das Côrtes para Cadiz, indicando a igreja de S. Philippe, como o local mais proprio; mas sobre ésta importante moçaõ nada se resolveo.—Examinâram-se outra vez as ordenanças, sobre o que se debatêo mais de duas horas. O zeloso Gonzales exclamou "que debatessem somente sobre a guerra e justiça." Na conclusaõ se ajustou, que as sessoens extraordinarias fossem desde as 8 até as 10 da noite, as quaes serîam inteiramente occupadas com as desejadas ordenanças. — Oliveiros declarou, que por informaçaõ de Cadiz sabia, que o Governo executivo tinha expedido ordens, para prohibir discussoens sobre as Côrtes em ajunctamentos publicos.—As Cortes passâram uma resoluçaõ, para que se indagasse da Regencia ésta materia.

Outubro 6. A sessaõ principiou com uma petiçaõ do Cardeal, para que se lhe concedêsse prestar juramento; e depois de algumas deliberaçoens, por causa das actuaes circunstancias; foi-lhe isto concedido. — Resolveo-se que se intimas e á Regencia, que as Cortes desejavam, que os seus actos fossem regularmente publicados, em uma gazeta.

Outubro 7. O Conde de Noronha pedio licença para fallar, e examinando-se os seus motivos por dous deputados, foi resolvido, que se ouvisse o que elle tinha a dizer, em particular, a uma hora da tarde. Mexia propos alguns regulamentos commerciaes, que se deviam submetter a uma Juncta, em que dous membros de Cadiz, e um igual numero de Americanos fossem incorporados. O Congresso concedeo uma commissaõ para este fim, comprehendendo tambem agricultura, artes, e sciencias; porém omittio a circumstancia da proposiçaõ. Flerreta queixou-se da violaçaõ do segredo, que se observava a respeito das cartas que se abrîam no correio. Huerta exclamou contra este procedimento, e sustentou que este éra o peior periodo para adoptar similhante medida, quando as provincias devîam necessariamente communicar objectos de importancia aos seus deputados, que éra muito proprio, que se occultassem ao poder executivo. O publico se retirou á uma hora da tarde, e os debates continuáram secretos até ás quatro horas.

Outubro 8. Hoje se lêram várias memórias relativas a diversos ramos das rendas publicas; e um projecto appresentado por Arguelles, sobre a liberdade da imprensa, fructo dos trabalhos da commissaõ, encarregada deste assumpto. Nada se decidio a final, mas a naçaõ se pode lijongear; porque se ouvirá a opiniaõ de todos os homens illustres. Na verdade he uma reflexaõ contra o espirito humano, que haja alguem assas atrevido para escrever contra a liberdade da imprensa; sómente para tal individuo naõ deve ella ser livre. A resposta do poder executivo, sobre a pergunta feita pelas Côrtes, a respeito da ordem mencionada por Oliveiros, no 5º dia das sessoens, foi lida. A Regencia nunca prohibio discussaõ alguma sobre as Côrtes, e a unica cousa, que se póde imputar aos agentes, e ministros do Governo, he o vigiar sobre os seus calumniadores.

Outubro 9. O cardeal de Bourbon prestou o juramento, depois do qual o Presidente lhe fallou nos seguintes termos:—" O sangue, que corre em vossas veias, assim como a vossa purpura, vos recommendam a ésta assemblea"—Intituio-se uma meza de secretarios, composta de cinco membros, para cujo emprego seraõ preferidos os officiaes do exercito, que naõ estaõ em estado de soffrer as fadigas da campanha. Nomeáram-se tambem tres deputados para investigar, e referir os merecimentos dos canditatos.—O Presidente mencionou haver recebido varias cartas anonymas, queixando-se do vagar nas operaçoens das cortes. Elle ordenou que o publico se retirasse ao meio dia; e a sessaõ continuou até ás tres.

Outubro 10. Um deputado de La Mancha prestou o juramento na forma usual. Peres de Castro fez mençaõ de um plano defensivo, para esta ilha, apresentado pelo general Galluzzo; e de outro a respeito da cavallaria, pelo marquez del Palacio: ambos fôram remettidos á commissaõ de guerra para serem examinados. Leo-se tambem uma carta circular do Sñr. Llorente, inspector geral de saude publica, a respeito de seu estado presente. Declarou que o numero de doentes éra mui pequeno; e a fim de socegar os temores, que tinham procedido de malfundados rumores, accrescentou, que o numero das molestias contagiosas éra extraordinariamente pequeno.

Outubro 13. Oliveros, um dos mais zelozos membros deste augusto congresso, e deputado pela Extremadura, leo um memorial, em que descrevia com as mais vivas côres, a desordem em que os Francezes deixam aquelles districtos, que abandonam, os innumeraveis males que os seus commissarios tem causado pelas suas requisiçoens de homens, e provisoens; o estrago de todos os recursos; e as miserias, em particulár, dos cultivadores da terra, que tem de supportar os exercitos do inimigo, e o seu; a decadencia das manufacturas de pannos communs, em consequencia de serem os fabricantes despojados dellas sem que, se lhe pague, a fim de vestir os differentes exercitos; As consequencias de tudo isto, saõ a pobreza, nudez, e uma fome geral, se naõ se adoptarem medidas proprias. Propoz elle entaõ aquellas medidas, que lhe pareceo serem convenientes, para o fim de serem transmittidas aos respectivos commissarios de guerra, finança, &c.; concluindo com propor a nomeaçaõ de uma commissaõ, para regular, e organizar as Provincias ; o que póde prevenir a repetiçaõ dos males que tem soffrido, e reparar os passados do modo possivel. Considerando éstas materias como urgentes, e que exigem que se lhes de a preferencia a outras, passáram um decreto para este fim.

Outubro 14. Em uma sessaõ anterior, havia Argueles apresentado um projecto de lei, sobre a liberdade da imprensa, que comprehendia; primò, os limites desta liberdade, e as penas aos transgressores ; e secundò, a nomeaçaõ de uma Juncta de homens sabios, com o titulo de *supremo Conselho Protector da liberdade da imprensa*, a fim de a proteger do despotismo ministerial, e da tyrannia. Acordou-se que se imprimisse este plano, e se distribuissem copias entre os Deputados, a fim de que elles pudessem considerar o ponto com madureza, e se preparassem para o discuitir. Hoje se leo o plano: Tenreiro oppoz-se a elle alegando, que naõ éra proprio discutir taõ importante materia, sem a concurrencia dos deputados que ainda faltávam. —" O que! (replicou outro membro) sem a sua presença se installáram as Cortes; sem a sua presença recobrou o povo Hespanhol a sua soberania, acontecimento este que formará uma era em nossos annaes, e he possivel, que para um negocio de tanta importancia tenhamos de esperar por uns poucos de deputados?—" Mas a discussaõ naõ estava fixa para hoje." Estava, repplicáram varios individuos; o que foi affirmado tambem pelo Presidente. " Nos naõ estamos preparados, repplicou outro; depois do que Luxam subio á tribuna, e leo o plano. Tenreiro levantou-se outra vez, elle declamou contra a liberdade da imprensa, e a representou como a origem da ruina dos imperios. (Elle naõ se permittia, porem, o olhar para o imperio Britannico, que he sustentado pela liberdade da imprensa.) Exprimio-se alguma desapprovaçaõ, porém Tenreiro continuou a fallar, até que por fim a desapprovaçaõ foi geral. Argueles subio entaõ á tribuna. Elle mostrou, que a falta de communicaçaõ livre de ideas, tinha dado ao tyranno armas para a nossa destruiçaõ; que os Inglezes, scientes das cavilosas artes dos que intentam opprimillos, daõ franqueza á penna, e liberdade a imprensa; elles desenvolvêram e estabelecêram os seus principios; elles rompêram o veo ás ciladas de seus inimigos, e refutaram os seus sophismas; o seu povo foi instruido, e naõ ficou exposto á illusaõ: por taes meios se uniram todos, e se fizéram invenciveis. O contrario aconteceo aos Hespanhoes; privada do seu livre curso, a sciencia ficou estagnada; o sabio ficou mudo, o ignorante éra enganado; e daqui procedêram as divisoens, desuniaõ, e ruina da naçaõ, e a exaltaçaõ do inimigo. Mexia fallou depois, e, com exquisita erudiçaõ, e animada eloquencia, provou, que a escriptura sagrada, a nossa veneravel religiaõ, a historia, e a razaõ, favorecîam a liberdade da imprensa.—Resolveo-se, que se continuasse a discussaõ no dia seguinte.

Outubro 15. A's dez horas da manhaã prestáram as tropas o juramento ás Cortes, no campo da Torrealta, em presença do general Lapeña, o concurso de povo éra immenso, o espectaculo lindo; e o enthusiamo de todos tanto soldados como paizanos, era igual.

Outubro 16. Leo-se o decreto que passou nas Cortes hontem, sobre os direitos que reclamam os Americanos, em que se declarou, que os dominios Hespanhoes, em ambos os hemispherios, fórmam uma só monarchia, uma só naçaõ, uma só familia; e que os vassallos por nascimento, nos dominios Europeos, e Ultramarinos, saõ iguaes em direitos aos da Peninsula; deixando, como pertencente ás Cortes, o discutir as medidas relativas á prosperidade dos que ficam alem dos mares, assim como sobre a forma da representaçaõ nacional, e numero de seus membros, em ambos os hemispherios, declarando tambem, que, em todas estas provincias transatlanticas onde tem avido alguma commoçaõ, haverá um acto geral de esquecimento do passado a seu respeito, desde o momento em que reconhecerem a authoridade soberana que reside na Metropole.

Outubro 18. Leo-se uma carta em que a Juncta da estremadura felicitava as Cortes, &c. Transmittiram-se varios projectos, e memorias ás respectivas commissoens. Seguiose a discussaõ sobre a liberdade da imprensa, sem alguma censura, que imitasse o Tribunal Supremo, que nunca tomou sobre si censurar livro algum antes de ser impresso.—Mexia leo um artigo da gazeta, que mencionava " que Buonaparte tinha decretado, que houvesse só uma gazeta, da qual serîa censor o Prefeito:" e accrescentou, que as Cortes naõ devîam desejar o assimilhar-se a Buonaparte. Argueles pronunciou um elogio, sobre o discurso de Muños Torrero, na discussaõ antecedente sobre esta materia, e refutou Llaneras. Observou elle, que o melhor modo de corrigir o homem, éra a liberdade da imprensa; e mencionou, que durante o ministerio de Godoy, quando havia censores, se levantávam altares á lascivia, &c. Desafiou a todos para dicessem, se tres seculos de desordens originadas na liberdade da imprensa, podîam produzir taõ grandes males, como os que se tinham soffrido pela falta della.—Llaneras fallou contra ella, observando, que naõ era o unico caminho, por que uma naçaõ chegava á distincçaõ, nem o unico meio de saber a opiniaõ publica. Golfin foi pela liberdade da imprensa; porque elle a julgava justa, util, e necessaria. Combateo a opiniaõ de Llaneras, observando que desde a invençaõ da arte de imprimir, se tem dado mais publicidade á nossa religiaõ. Outro deputado fallou tambem a favor, observando, que tudo estava concordado em substancia. Valcarcel, que tambem supportou esta liberdade, desejou que se puzesse a votos se a questaõ estava sufficientemente debatida. A discussaõ porém continuou, e Creus leo um plano em que propoz, que as Cortes permittissem a impressaõ de obras politicas sem censor; ao menos, que se houvesse um censor, a submissaõ a elle fosse voluntaria da parte do author. Tenreiro dice, que se naõ podia duvidar, que esta liberdade produzia illuminaçaõ; mas que taõbem pormeio della se introduzîam mil erros. Elle julgou que serîa proprio consultar as Universidades, os Bispos, e o Sancto Tribunal, que tanto abhorrecia os Francezes. Que, na Galiza, e Catalunha, ésta liberdade naõ serîa bem recebida, que de dez milhoens de habitantes, na Hespanha, naõ mais do que 100.000 éram por ella; e que assim se formaria uma má opiniaõ das Cortes. Insistio em que os erros se introduzîam como veneno, e que os philosophos tinham enchido o Mundo de trevas; que os verdadeiros sabios éram poucos em numero, e tinham sido suffocados pelos primeiros; que a Hespanha tinha chegado ao cumulo de sua gloria, sem a liberdade da imprensa; e sem ella, tambem, tinha levantado a sua vóz contra o oppressor. Elle repettio o que o clero da França disse ao seu rey:" que esta fatal liberdade tinha introduzido em Inglaterra uma infinidade de seitas, que enchêram a ilha e o thorno de horrores, e que um dia destruirá a constituiçaõ de que se glorîa, como se perdeo a da França; que éra melhor ser grosseiro e bom, do que sabedor e máo, como os Francezes; que o poder executivo sempre tinha a maior influencia sobre a imprensa, ainda quando ella era livre; de maneira, que a imprensa, e sua liberdade, o serîam como o Governo.—Muñoz Torrero observou, que os Inglezes tinham como um principio fundamental, e um direito declarado da naçaõ, o vigiar sobre os agentes que ella nomea; que este direito era exercitado por meio da imprensa, de tal modo, que sendo publico o que se faz ne

Parlamento, o mais obscuro individuo póde fallar o que pensa, e illuminar ao mesmo tempo oParlamento, e a naçaõ. Prouvera a Deus, que nunca se tivera dicto dos pulpitos, que a Deidade inspirara Carlos IV. a pôr o poder nas maõs de Godoy, quando lhe deo o Almirantado, e quando a liberdade da imprensa existia somente para taes asserçoens· Elle naõ fallava somente dos homens doutos, mas de toda a naçaõ, que tinha o direito de declarar as suas opinioens. Isto naõ éra uma theoria sem practica, mas o que se achava ja estabelecido pela Constituiçaõ de Inglaterra. Era o mais grosseiro erro o dizer, que a naçaõ naõ tinha o direito de declarar as sua sopinioens, e com tudo que os seus deputados possuiam este direito ; que quando Fernando chegasse, possuiria maior força do que o poder executivo ; e entaõ se naõ houvesse opiniaõ publica, nem meios de a estabelecer, elle podia destruir, quando quizesse, as Cortes da naçaõ, como Godoy havia feito ; porque naõ havia opiniaõ publica, nem meio de a estabelecer livremente. Elle mostrou, que os Bispos Francezes naõ fazîam o seu dever ; e entre outras provas mencionou a de 70 delles se acharem presentes a um festim, que deo o Conde de Aranda. O melhor, e mais forte baluarte contra o vicio, éra a educaçaõ moral, e religiosa dos cidadaõs. Elle distinguio a tolerancia civil e religiosa dos Inglezes, da quella liberdade da imprensa que elle desejava estabelecer. Naõ he somente o sabio que forma a opiniaõ publica, mas sim todos os cidadaõs. Estas ideas éram geraes em Salamanca, Madrid, Badajoz, e em muitos outros lugares. Aqui observou Montes, que na Galiza a medida serîa recebida com prazer.) Torrero concluio, observando, que o exercito era a favor da liberdade da imprensa ; accrescentando, que naõ tinha deduzido ésta opiniaõ dos direitos dos homens, mas dos principios que elle tinha pezado.—Argueles disse, que ainda suppondo a opiniaõ de que a Galiza era contra a liberdade da imprensa, e ainda que as cortes se enganassem suppondo que a opiniaõ geral éra a seu favor; com tudo era indispensavel concedêlla; porque somente por ella se póde averiguar a opiniaõ geral. Morros observou, que isto éra um negocio de consciencia, e devia ser decidido pelos theologos, e sanctos padres; que o Concilio de Trento, nas suas secçoens 18 e 19, pronunciou contra a liberdade de imprimir, ainda livros que tractassem de politica, e das artes liberaes; e que o Concilio de Latraõ prohibio todo o genero de livros, que naõ tivessem tido revisaõ previa; que as Cortes naõ deviam promulgar uma declaraçaõ, contraria a tantos regulamentos anteriores, &c. Morales repplicou, que a bulla, citada por Morros, fallava somente de livros de hereges conhecidos por taes. Oliveros observou, que os padres dos primeiros seculos da Igreja clamávam pela liberdade de escrever; porque a impressaõ era entaõ desconhecida; a maior perseguiçaõ da Igreja foi em tempo de Juliano, que prohibio todos os seus livros. Que ao presente na grande perseguiçaõ da Igreja Franceza, éra prohibida ésta liberdade; que na Hespanha se estávam estabelecendo loges de framaçons, que destruirîam a religiaõ; que intrigas negras se formávam na escuridaõ; e que, se naõ fosse pelo povo, arrebentaria uma revoluçaõ em Madrid em 1793, que terîa inundado o reyno de sangue; que se se naõ estabelecesse ésta liberdade, virîam a ficar superiores aquellas pessoas que affectam republicanismo para obter poder, e fazeremse reys, duques, grandes, &c.; e que em fim por meio da liberdade da imprensa éra a Inglaterra uma naçaõ moral, e firme. Propoz-se entaõ a votos, se o ponto da liberdade politica da imprensa estava sufficientemente discutido, e unanimemente se concordou, que sim. Discutio se entaõ se os votos serîam publicos ou particulares. Houve sobre isto varias opinioens; e ainda que Argueles era de opiniaõ, que se dessem os votos na forma ordinaria, levantando a maõ os que approvassem, outros deputados se mostráram desejosos que os votos fossem em particular; porque serîam mais livres. Debateo-se isto algum tanto, e ainda que se recorreo a todos meios, para sustentar ésta opiniaõ, com tudo Luxam se levantou e observou, que éra o desejo da naçaõ Hespanhola, que todos fossem heroes; que ella requeria firmeza, e constancia, naõ sómente nos que eram a favor da liberdade da imprensa, mas nos que éram contra ella; que a naçaõ olharia com o mesmo aspecto aquelles que heroicamente davam o seu voto pela liberdade da imprensa, e aquelles que, por virtude e constancia votavam contra ella, visto que ambos obrávam igualmente pela consciencia do seu dever, e éram iguaes a seus olhos. Pos-se entaõ a questaõ a votos, e foi quasi unanime que se dessem os votos em publico.

Outubro 19. Procederam as côrtes a votos sobre a questaõ da liberdade da imprensa; o que se fez em publico; e se perguntou a cada deputado, por seu nome, a sua opiniaõ. Contando-se os votos o resultado foi, que a *liberdade politica da imprensa* foi approvada por 70 votos contra 32, dos quaes somente 9 votáram contra ella pelo presente.

Outubro 27. A sessaõ deste dia foi secreta.

Outubro 28. Entráram na salla os Senhores D. Pedro Ágar, o Marquez del Palacio, e D. Jozé Maria Puig, nomeados para o executivo, a fim de prestarem seus juramentos. O Senhor Agar prestou o juramento na forma do custume; seguio-se o Marquez del Palacio, que jurou os dous primeiros artigos da formula, e ao terceiro accrescentou. "Eu juro, sem prejuizo ao juramento que ja tomei a El Rey Fernando VII." A assemblea, e o publico ficáram admirados. O Presidente observou, que este acto naõ admittia mais palavras do que as prescriptas, "Eu reconheço e juro;" mas que se o Marquez naõ estava instruido na formula, que se lhe repettisse. Consequentemente o secretario leo-a segunda vez, e o marquez observou, que o ponto era delicado, e um negocio de consciencia ; que elle naõ recusava prestar o juramento, mas que tinha feito aquella addiçaõ para acquietar a sua consciencia. Causou isto alguma discussaõ, e houve quem lembrasse, que se devia prender o Marquez ; elle intentou escapar-se, mas segurâram-no ; e se prodedeo á installaçaõ da Regencia, entrando os seus membros, acompanhados por doze deputados, na casa da camara, com quatro deputados e um secretario. O Secretario Luxam deo parte de se haver installado a Regencia ; havendo-se lido os dous decretos das Cortes para este fim ; o 1°. declarava que as Cortes, em consequencia dos repetidos requirimentos dos Membros da Regencia, pedindo a sua demissaõ, accordâram em conceder-lha, e nomear em seu lugar os outros senhores ali designados, que eram os senhores D. Joaquim Blake, D. Gabriel Ciscar, e D. Pedro Agar ; e para supprir os lugares dos dous primeiros, que estávam auzentes ; nomeáva o segundo decreto os Senhores Puig, e Marquez del Palacio. O incidente do Marquez del Palacio fez com que se nomeasse em seu lugar ao Marquez de Castellar !

Outubro 28. Reasumindo-se o debate sobre o incidente do Marquez del Palacio, Argueles disse, que os procedimentos do Marquez requerîam a seria attençaõ das Cortes, tanto porque elle tinha offendido aquelle congresso, e a naçaõ, como por causa da prevalencia dos mesmos sentimentos que o Marquez descubrira ; que fôra somente o echo de outras pessoas, as quaes, por meio de papeis anonymos, e baixos ardiz, disseminávam entre o publico ideas contrarias aos direitos da naçaõ declarados, e sanccionados pelas Cortes ; que as Côrtes sabîam muito bem de certas pessoas, que se naõ atrevîam a descubrir em publico como fez o Marquez ; e em lugar de se aproveitar da liberdade da imprensa, e publicar as suas opinioens a fim de que se possam discutir, e refutar, abusam do seu credito individual, e da quasi excessiva brandura das Cortes, e do augusto nome do Rey, e seus direitos, circulando secretamente escriptos facciosos, que tendîam a negar a soberania da naçaõ. ¿ Porque disse o Marquez, " sem prejuizo do juramento, prestado a Æl Rey Fernandò VII. ?" As Cortes no mesmo decreto, em que declarávam a soberania da naçaõ, reconhecêram como Rey a D. Fernando VII. Os direitos do Rey estaõ agora mais consolidados do que nunça; porque d' antes se fundamentávam sobre bases naõ solidas, e se confundîam com o despotismo, e vontade arbitraria. A soberania da naçaõ he um direito imprescriptivel: isto naõ he doutrina nova na Hespanha: he reconhecido, e estabelecido pelos nossos escriptores nacionaes; logo ¿ porque se pretende attribuir ás Cortes um espirito de inovaçaõ, e democracia? Longe de nos a democracia, e o republicanismo; toda a naçaõ, e os seus deputados, ámam a monarchia, e o monarcha, mas elles naõ pódem permittir que se confundam os direitos da naçaõ, e se obscurêçam pelos do rey; e por tanto tem dado áquella o que lhe pertence, sem privar a este do que lhe toca. Assim formaraõ uma sabia, e duravel constituiçaõ, que fixará a linha de demarcaçaõ entre os dous direitos, ao mesmo tempo que os consolida. Estes sentimentos das Cortes, e da naçaõ, naõ saõ os de algumas pessoas, que fundam as suas esperanças, e a sua fortuna no despotismo do Governo. Se nós tivessemos uma constituiçaõ, nem o rey estaria agora captivo, nem a naçaõ á borda do precipicio ¿ Podem as Cortes deixar que a naçaõ se renda ao despotismo? Poderá talvez ser necessario que as Cortes, que até aqui tem procedido com taõ,commedidos e brandos passos, dêm terriveis provas de sua firmeza e justiça! Ao presente, o Marquez cessou de merecer a confiança publica, e naõ deve ser Regente; e, para tomar conhecimento desta materia, se deve nomear uma commissaõ de juizes. O Sñr. Oliveros (Conego de San Isidro em Madrid) disse, que pois se tractava de consciencia, pertencia aos ministros de consciencia o fallar sobre este ponto; e que os escrupulos do Marquez éram sem fundamento; que se sentia taes escrupulos tinha uma consciencia fraca e erronea, que os sanctos Padres, e antigos Christaõs, tinham obedecido sempre aos supremos póderes, ainda que pagaõs. Elle lembrou que os Christaõs Francezes, temerosos de que fosse contra os seus deveres, o juramento, que delles requeria o Directorio, consultaram o Papa Pio VI. o qual lhes aconselhou prestar o juramento requerido ¿ que diria o Papa ao Sñr. Marquez? Capmany disse; o Marquez del Palacio nos tem admirado, escandalizado, e injuriado; na minha opiniaõ a sua conducta hoje, o fez reo de traiçaõ contra a naçaõ ¿ se elle tinha escrupulo de consciencia, porque o naõ mencionou antes? ¿ porque reservou a declaraçaõ de suas duvidas para o critico momento de um acto taõ solemne e taõ publico? Garcia Herreros, sustentando a doutrina da Soberania da naçaõ, observou, que as naçoens existîam antes dos reys, os quaes fôram creados por ellas, e para ellas; que felizmente naõ estavamos agora em via de soffrer um rey arbitrario, que pudesse dar pasto aos seus caprichos á custa da naçaõ; que quando Fernando VII., voltasse, receberîa o reyno com a constituiçaõ que se lhe desse, e que acautelaria que elle pudesse fazer os males, que seus predecessores tinham feito; que a felicidade da naçaõ era o supremo objecto, e que o rey era creado para a naçaõ; e naõ a naçaõ para o rey; que esta doutrina era taõ verdadeira, que, se, para felicidade da naçaõ, fosse necessario que Fernando VII. morresse victima inocente, elle se devia sacrificar (Isto excitou grande sussurro, de maneira que o Presidente tocou a campainha, e ordenou o silencio.) Villa Gomez declarou, que a proposiçaõ de Garcia Herreros éra blasphemia, e mui injuriosa a El Rey. O Presidente disse da cadeira, que elle naõ cria, que o Sñr- Garcia Herreros tivesse alguma intençaõ de fallar injuriosamente da sagrada pessoa d' El Rey; do contrario elle naõ o soffreria, naõ somente como Presidente, mas como deputado, como soldado, como um dos ultimos Hespanhoes

O debate continuou, e se decidio, que o Marquez del Palacio ficasse excluido da Regencia, nomeando-se outro em seu lugar. O marquez continuou em prizaõ, em sua casa.

Outubro 29. Hoje entre outra variedade de negocios se discutiram os artigos 12 e 13 do projecto de lei sobre a liberdade da Imprensa.

PORTUGAL.

Noticias officiaes do exercito alliado.

Officio do Excellentissimo Senhor Lord Viconde Wellington ao Excellentissimo Senhor D. Miguel Pereira Forjaz.

Illustrissimo e Excellentissimo Senhor: O Exercito continuou a sua retirada pelas estradas de Alcobaça, e Rio-Maior; e o Corpo do commando do Tenente General Hill pela de Santarem. O movimento daquella parte do Exercito, que se acha debaixo do meu immediato commando, foi coberto pela cavallaria Britannica, debaixo do commando de Sir Stapleton Cotton; quando o movimento das tropas do commando do Tenente General Hill foi protegido pela cavallaria Portugueza, e pelo Regimento Britannico de Dragões ligeiros, commandadas uma, e outra cavallaria pelo Marechal General Fane.

A cavallaria Britannica teve diversas occasiões, em que se pôde distinguir como o fez, sobre o que transmitto a V. E. inclusas as partes, que hei recebido do General Sir Stapleton Cotton, devendo eu ao mesmo tempo mencionar que sou sensivel ás obrigações, que devo áo Corpo desta arma.

O mesmo Corpo seguia immediatamente a nossa Guarda avançada de infantaria, commmandado pelo Brigadeiro General Crauford.

A 8 do corrente principiáram as chuvas, que usualmente cahem nesta parte da estaçaõ do anno no Reyo de Portugal, e haõ continuado desde entaõ em grande abundancia, o que ha provavelmente augmentado as difficuldades do inimigo, e demorado os seus progressos.

Elle ha mostrado algumas tropas na frente do nosso flanco direito, assim como ha patrulhado com uma grande divisaõ de cavallaria e infantaria, até Sobral de Monteagraço, no dia 11 do corrente, fazendo retroceder, e cahir para traz aos nossos piquetes de cavallaria e infantaria.

Uma grande divisaõ de infantaria, que hei entendido ser a guarda avançada do 8° Corpo, se moveo sobre Sobral na tarde do dia 12, e de cujo lugar o Tenente General Sir Brent Spencer retirou a guarda avançada da sua divisaõ, e o inimigo continua a existir naquelle mencionado lugar.

O inimigo tambem atacou hoje os piquetes da divisaõ do General Cole, ao pé do Sobral, porém naõ teve muito effeito este seu ataque: Tenho sabido com a maior satisfacçaõ, que as tropas Portuguezas da brigada do Coronel Hervey, composta dos Regimentos 23 e 11, outra vez se haõ destinguido nesta occasiaõ; o Coronel Hervey ha infelizmente ficado ferido, porém espero que o haja sido levemente.

Logo que eu tenha acertado e conhecido a linha das operaçọ̃es do inimigo tomarei a linha de defensa, que hei escolhido para o nosso Exercito; e como considero que tenho todos os motivos, e razões, para esperar um bom successo, por isso me proponho a trazer as cousas a um exito, e a contender pela possessaõ, e independencia do Reyno de Portugal, em uma das fortes posiçoes, que se encontram nesta parte do mesmo paiz.

O Marquez de la Romana marchou a 8 do corrente para Campo-Maior a fim de se vir unir a este Exercito, e tomar parte na nossa fortuna. Tudo está tranquillo no Norte de Portugal: Hei ouvido que hum dos destacamentos das tropas do commando do General Bacellar, commandado pelo Coronel Wilson, estava de posse do Bussaco a 6 do corrente, igualmente se diz, que o Coronel Trant ha entrado em Coimbra; porém como todos os habitantes tem deixado os seus lugares, e o tempo mao, que tem havido, tem tornado impraticavel a communicaçaõ por mar, naõ posso por estes motivos, por agora, conseguir noticias correntes daquella parte deste Paiz.

As minhas ultimas relações de Cadiz chegam até a data de 4 do corrente.

Tenho a honra de ser com sentimentos de estima, e respeito.

De V. Ex[a.] O mais attento e fiel servo WELLINGTON.
Ill[mo.] e Ex[mo.] Sr. D. Miguel Pereira Forjaz.

Quartel General da Ajuda 13 de Outubro de 1810.

Copia de um Officio do Marechal General Lord Wellington ao Excellentissimo Senhor, D. Miguel Pereira Forjaz.

Illustrissimo e Excellentissimo Senhor: Depois do Officio que dirigi a V. E[a.] na data de 13 do corrente, o inimigo se tem occupado principalmente em reconhecer as posições, que as nossas tropas occupam, e em fortalecer as suas; para effectuar o primeiro objecto tem escaramuçado com as tropas, que se acham nos nossos Postos avançados, as quaes sempre se tem conduzido muito bem.

A 14 atacou o inimigo, com infantaria apoida por artilheria, a um pequeno destacamento do Regimento 71, que formava a guarda avançada da Divisaõ do commando do Tenenente General Sir Brent Spencer, perto do Sobral de Monteagraço, e isto com o fim de cobrirem um dos seus reconhecimentos feitos pelas suas partidas. O nosso destacamento, tendo na sua frente ao Honrado Tenente Coronel Reynell, carregou sobre o inimigo, com a mais denodada bravura, fazendo-o recolher para o lugar mencionado.

Toda a força do 8º Corpo do Exercito Francez, e parte

da do 6° chegou comtudo naquella tarde ao Campo perto do Sobral, e em consequencia achei acertado retirar da situaçaõ avançada, que tinha occupado, a divisaõ do commando de Sir Brent Spencer.

As barcas canhoneiras no rio Tejo commandadas pelo Tenente Berkeley, com as quaes o Almirante Berkeley apoia a direita do Exercito, perto de Alhandra, tiveram igualmente acçaõ, e fizeram fogo ás partidas, com que o inimigo faz por aquelle lado os seus reconhecimentos, e por isto mesmo nos foram muito uteis os seus serviços.

Tenho ao mesmo tempo a satisfacçaõ de informar a V. Eª. que a participaçaõ, que lhe transmitti no meu antecedente Officio de data de 13 do corrente relativo á marcha dos destacamentos das tropas do commando do General Bacellar, se confirmou depois.

O Coronel Trant chegou perto de Coimbra a 7 do corrente, e immediatamente atacou os postos avançados, que o inimigo tinha fóra da Cidade, e aos quaes elle cortou e impedio de entarem na mesma Cidade, para a qual marchou com toda a rapidez, e tomou della posse. A resistencia, que o inimigo lhe fez, naõ durou muito. Tomou 80 Officiaes prisioneiros e 5.000 homens, a maior parte doentes e feridos. Tenho a honra de remetter inclusa a V. Eª. a Copia da parte, que o Coronel Trant deo ao Marechal Beresford, assim como a de uma Carta, que o mesmo Marechal, com o motivo deste successo, me enviou.

No dia seguinte chegou a Coimbra o Brigadeiro General Miller, e o Coronel Wilson com os destacamentos do do seu commando. Elles fizeram depois disto perto de 350 prisioneiros, soldados que se haviam extraviado dos seus Regimentos, na marcha que o inimigo fazia, com o intuito segundo dizem, de procurar alimento.

O Coronel Wilson tem depois disto avançado com uma guarda de infantaria e cavallaria para Condeixa, ao mesmo tempo que o Brigadeiro General Miller está em Coimbra.

Envio a V. E$^{a.}$ inclusa a Copia de uma Carta do Marechal Beresford, relativa a estes acontecimentos.

Um destacamento da Guarniçaõ de Peniche, mandado fóra pelo Brigadeiro General Blunt, foi igualmente bem succedido, fazendo 41 prisioneiros apanhados na retaguarda do Exercito inimigo, matando ao mesmo tempo 9, além do numero dos prisioneiros. O Tenente Coronel Waters, que empreguei com pequenos destacamentos de infantaria e cavallaria, tambem na retaguarda do inimigo, fez igualmente muitos prisioneiros.

As difficuldades que o inimigo experimenta em procurar subsistencias, o que he devido a elles por haverem invadido este Paiz sem o apoio de Depositos, e sem que adoptassem medidas para segurarem a sua retaguarda, ou as suas communicaçoes com Hespanha, os tem posto na necessidade de que os seus Soldados se extravîem com o fim de procurarem com que se mantenham, e por isto mesmo naõ passa dia sem que venhaõ desertores e prisioneiros.

Tudo permanece tranquillo no Norte de Portugal, segundo as ultimas partes que recebi.

As minhas ultimas noticias de Cadix chegam até á data de 4 do corrente mez. Tenho a honra de ser, &c.

Ill$^{mo.}$ e Ex$^{mo.}$ Senhor D. Miguel Pereira Forjaz.

(*Assignado*) WELLINGTON.

Quartel General de Peronegro em 20 de Outubro, de 1810.

Copia da Carta do Excellentissimo Senhor G. C. Beresford a S. E. o Marechal General Lord Wellington.

Quartel General do Forte doSobral, 17 de Outubro, de 1810.

My Lord: Tenho a honra de dizer a V. E$^{a.}$ que pelas cartas do Brigadeiro General Miller escriptas em Coimbra fui informado, de que as nossas tropas do Norte tinhaõ entrado na dicta Cidade a 8 do corrente. Parece que o Coronel Trant (de quem ainda naõ recebi cartas) foi o primeiro que entrou naquella Cidade com as tropas do Porto, e que o Brigadeiro General Miller, e o Coronel Wilson com as tropas do Minho, e com a cavallaria, seguiram o inimigo na linha da sua marcha, para o nascente da Serra de Caramulo.

O Brigadeiro General Miller tinha aprisionado 350 homens do Exercito inimigo, que tinhaõ ficado extraviados, e que andavam roubando; e ainda continuavam a apparecer mais alguns. O Coronel Wilson com a sua guarda avançada entrou em Condeixa a 10 ou 11 do corrente.

Os prisioneiros foram mandados para o Porto.

(Assignado) G. C. Beresford.

A S. E^a. Lord Visconde Wellington.

Casal Cochim, 20 de Outubro, de 1810.

My lord: Depois de ter remettido a V. E^a. a informaçaõ, que me tinha enviado o Brigadeiro General Miller, relativa á retomada de Coimbra, recebi do Coronel Trant uma relaçaõ mais circumstanciada deste acontecimento, cuja copia tenho a honra de transmittir inclusa para informaçaõ de V. E^a.

O número de prisioneiros, declarado na informaçaõ do Coronel Trant, parece que he maior do que se julgava pelas primeiras participações, tendo o Brigadeiro General Miller ajunctado uns 300 ou 430, que andavam roubando nas visinhanças de Coimbra, os quaes se devem a juntar ao número dos que foram aprisionados pelo Coronel Trant.

As circumstancias, e a maneira com que o Coronel Trant retomou Coimbra, he uma nova prova da actividade e prudencia, com que elle tem sempre satisfeito as instrucções, que se lhe tem dado; e naõ duvido que a sua conducta mereça a approvaçaõ de V. E^a.

Tenho a honra de ser, &c. &c.

(Assignado) G. C. Beresford.

A Lord Wellington.

Copia da Carta do Coronel Trant, a S. E. o Marechal Commandante em Chefe. Coimbra 7 de Outubro de 1810.

Senhor: Tenho o maior prazer de informar a V. E^a. que hoje felizmente entrei em Coimbra, tendo sómente soffrido a perda de muito poucos homens entre mortos e feridos.

Na minha Carta de 6 do presente mez tive a honra de vos informar, que fazia tencaõ de me dirgir á Mialhada no decurso daquelle dia, a fim de me reunir aos corpos, que se achavam debaixo do commando do Brigadeiro General Miller, e do Coronel Wilson, e combinar um ataque contra esta Cidade; porém quando alli cheguei fui informado de que os dictos corpos se tinham demorado, pela falta de soccorros, nos districtos junçtos ao Bussaco, os quaes se acham inteiramente exhaustos, naõ podendo tambem a cavallaria alcançar rapidamente, por motivo das fadigas que tinha experimentado nas suas primeiras marchas.

A unica alternativa que me restava, a fim de prevenir que em Coimbra se tomassem algumas medidas de defeza, achando-me a tres pequenas legoas de distancia desta Cidade, era encaminhar-me para Coimbra, sómente com a minha divisaõ, onde era muito provavel que ainda se ignorasse a minha chegada á Mialhada.

Por tanto ao meio dia principiei a minha marcha, levando na vanguarda um esquadraõ de cavallaria, commandado pelo brioso Official o Tenente Doutel, cujo nome já em outra occasiaõ levei ao conhecimento de V. E. Este esquadraõ hia apoiado por 200 homens de tropas ligeiras. O regimento de Coimbra teve o lugar de honra, na frente da columna de infantaria. O meu plano de ataque era entrar em Coimbra por dous differentes pontos ao mesmo tempo; uma divisaõ pela estrada do Porto, e a outra, separando-se da columna logo que passasse os Fornos, devia ganhar as alturas, que ficam ao nascente desta Cidade; e entrar pelo arco de Santa Anna dirigindo se ao Loreto; mas este plano devia sómente ter lugar, no caso que o inimigo se encontrasse nas suas portas.

Em pequena distancia dos Fornos no caminho da Mialhada encontrei um destacamento do inimigo á esquerda desta villa, e principiando o fogo puxei a cavallaria para os Fornos, e felizmente lhe cortei toda a communicaçaõ com Coimbra. Este destacamento inimigo se entregou, depois de ter perdido alguns homens; e naõ encontrando outra alguma guarda inimiga, ordenei que a cavallaria se dirigisse a galope pelas estradas principaes, e que atravessando a Ponte do Mondego seguisse a estrada de Lisboa, a fim de lhe interceptar toda a communicaçaõ com o exercito; o que foi executado com o melhor espirito e bizarria pelo Tenente Doutel, perdendo somente um dragaõ que foi morto. Ordenei que as divisões de infanteria se encaminhassem para os sitios mais principaes da cidade, onde houve resistencia durante uma hora, em que tivemos sómente 2 homens mortos, e 25 feridos, entrando neste numero o Coronel Serpa do regimento de Penafiel: este coronel commandava a primeira brigada, cuja conducta he digna da approvaçaõ de V. E. A maior força do inimigo, que se achava estacionada em Santa Clara, da outra parte do Mondego, fez por algum tempo um fogo irregular sobre a nossa cavallaria quando passava a ponte; porém o official Francez, que alli commandava, logo que observou que o Tenente Doutel tinha atravessado a ponte, propôz capitulaçaõ; eu fui avançando até o convento, naõ admittindo outra alguma proposiçaõ, que naõ fosse a do inimigo se entregar á discriçaõ, promettendo-lhe com tudo a minha protecçaõ contra os insultos dos paisanos. As tropas depozeram as armas, e se retiráram.

Tenho razaõ para julgar que o numero dos prisioneiros excede a 5.000, dos quaes 4.000 estaõ em marcha para o Porto, incluindo uma companhia inteira das guardas da Marinha do Imperador. Foram tomadas 3.500 espingardas, e quasi todas estavam carregadas, por onde se póde julgar o numero dos soldados, que se achavam em estado de um serviço defensivo.

Tenho feito distribuir estas armas pelas ordenanças do paiz. Naõ encontrámos artilheria; mas fizemos apprehensaõ de uma quantidade de bois, e carneiros, que o inimigo tinha junctado para subsistencia das suas tropas; o que nos serve de grande soccorro para as nossas tropas. Entre os prisioneiros se julga que haverá o numero de 80 officiaes. O Commissario Ordenador em Chefe Mr. Flandin, que fazia as vezes de Governador, ficará doente em Coimbra. Pela natureza do attaque conhecerá facilmente V. Eª. a difficuldade que havia em obrigar os soldados, e paisanos armados, a que naõ saqueassem os prisioneiros; e sinto dizer que os paisanos commetteram alguns actos de violencia, porém julgo que sómente 600 a 800 Francezes he que foram victimas do seu resentimento. Devo observar que nada pode exceder o estado de miseria, em que encontrei esta Cidade. O inimigo naõ contente de a ter saqueado em toda a extensaõ, roubando tudo quando encontrava, tinda lançado fogo a algumas casas, e amontoado nas ruas, na maior desordem, todos os provimentos, que o exercito naõ pôde levar com sigo; por tanto naõ se podia esperar que perto de 800 soldados, naturaes desta Cidade e das suas visinhanças, acompanhados pelos seus miseraveis parentes, e conhecidos, podessem ser testemunhas pacientes de uma scena devastadora, em que as suas propriedades tinhaõ sido destruidas por um modo taõ injusto, e escandaloso; todavia peço a V. Exª. queira persuadir-se, que se fez todo o esforço possivel para proteger os Francezes; que cahiram em nosso poder, e depois dos primeiros movimentos consegui livrallos de insultos.

Como os corpos do Brigadeiro General Miller, e do Coronel Wilson chegaraõ aqui a manhaã, proponho-me deixar uma das minhas brigadas, e marchar com o resto da minha divisaõ, como escolta, para o Porto; pois he tal a animosidade do Povo daquelle paiz, excitado pela ultima passagem do exercito Francez, que considero a minha presença absolutamente necessaria, e em particular nos districtos entre o Mondego e o Vouga.

Ultimarei esta informaçaõ segurando a V. Exª. que o valor das tropas nesta occasiaõ mereceo os maiores creditos; naõ me sendo possivel fazer elogios particulares quando todos se distinguiram briosamente.

Tenho a honra de ser, &c.

(Assignado) NICOLAO TRANT.

A S. Exª. o Marechal Beresford.

Extracto de um officio do Marechal General Lord Wellington dirigido ao Ex.mo Sr. D. Miguel Pereira Forjaz.

Illustrissimo e Excellentissimo Senhor: O inimigo continua a occupar as mesmas posições, (na frente deste exercito) que communiquei a V. Exª. que elle occupava no meu antecedente officio de data de 20 do corrente mez.

Tem com tudo destacado algumas tropas para as bandas de Santarem, tendo a 23 marchado para o mesmo lugar o General Loison com a divisaõ do seu commando; e parece, pelas participações que fez o Official Commandante de Abrantes, em data de 24 do corrente, que um Corpo inimigo de infanteria e cavallaria entrou em Thomar naquelle dia.

As informações que colhi dos prisioneiros e desertores, que foram trazidos para este exercito, todas concorrem a verificar as relações constantes das difficuldades e miserias, que o inimigo soffre, em razaõ da grande escacez de viveres de toda a espeeie.

Igualmente relatam que o inimigo estava ajunctando e preparando materiaes para construir uma ponte sobre o rio Tejo, porém tendo nós, como temos, uma boa vista daquelle rio, dos differentes pontos, da posiçaõ que occupa este exercito, e tendo officiaes, e diversos individuos empregados na margem esquerda do mesmo rio com o fim de observarem os movimentos do inimigo, naõ me tem sido possivel até aqui descobrir o lugar onde se trabalha nesta obra, ou aonde poraõ no sobredicto rio esta ponte, no caso de effectuarem a sua construcçaõ.

Mostra-se ao mesmo tempo o inimigo muito ancioso por conseguir o ajunctar barcos, e para este fim procurou a 24 do corrente desalojar uma partida de ordenanças do lugar da Chamusca, fazendo-lhe fogo com artilheria, em ordem a obter a posse de alguns barcos, que se achavam junctos do referido lugar, porém naõ teve effeito este intento.—Para as bandas do Ramalhal, e Obidos, tem-se limitado e apertado as correiras dos destacamentos do inimigo de tal forma, que elle na realidade naõ possue terreno algum do paiz, excepto aquelle em que está postado o seu Exercito.

Pelas ultimas partes do General Silveira, da data de 17 do corrente, se mostra que tudo permanecia tranquillo nas Fronteiras do Norte, naõ tendo ao mesmo tempo o dicto General ouvido ou recebido relações, que lhe fizessem constar a marcha de tropas na Castella.

As partidas de guerrilhas se tinham tornado mais atrevidas, e emprehendedoras do que eram usualmente, e se haviam ajunctado nas vizinhanças de Valladolid nos principios do mez de Outubro, até o numero de 1.500 com o fim de tomarem um comboi de dinheiro das contribuições, que o inimigo havia imposto no paiz ; foi com tudo mallogrado o intento das referidas guerrilhas.

As minhas ultimas noticias de Cadiz chegam á data de 4 do presente mez.

Tenho a honra de ser com estima, e particular consideraçaõ D. V. Exª. muito attento e fiel servo

Illmo. e Exmo. Sñr. D. Miguel Pereira Forjaz.

(*Assignado*) WELLINGTON.

Quartel General de Pero-negro, 27 de Outubro, de 1810.

Cartas do General Cotton ao Lord Visconde Wellington.

Leiria, 6 *de Outubro, de* 1810.

My lord: O inimigo atacou os meus piquetes juncto a Pombal hontem pelas 6 horas da manhaã, e os obrigou a retirar sobre a primeira estrada. Eu fui reconhecer o inimigo com o esquadraõ dos dragões ligeiros N°. 16, e percebendo que elle tinha força, assim em infantaria como cavallaria, mandei mais dous esquadrões de cavallaria ligeira, e um dicto de hussares, determinando-lhes que aproveitassem a primeira occasiaõ favoravel de procurar o inimigo antes que lhe chegasse a sua infantaria. Isto foi executado de uma maneira briosa pelos piquetes dos Reaes dragões N°. 14 e 16, tomando-lhes 60 homens.

O inimigo teve neste attaque muitos mortos e feridos, e se retirou para o seu parque de 6 peças de artilheria, onde tambem tinha uma reserva de cavallaria.

Os esquadrões acima mencionados se retiráram entaõ na melhor ordem, carregando sempre sobre a vanguarda da columna inimiga com grande successo, durante a sua retirada até ao rio, quasi duas milhas.

Depois de passar o rio, eu fui sustentado pelo Capitaõ Bull com duas peças de artilheria; mas depois retirei as tropas em boa ordem para Leiria, para cuja posiçaõ eu tinha mandado a cavallaria, segundo as instrucções que naquella manhaã havia recebido do Quartel Mestre General.

Naõ tenho expressões para louvar a briosa, e admiravel conducta, que os officiaes e soldados mostraram nesta occasiaõ, e felizmente posso dizer, que a pezar do fogo de artilheria inimiga que soffreo a tropa, a nossa perda foi muito insignificante, sendo a do inimigo consideravel entre mortos e feridos.

Naõ podêmos trazer muitos prisioneiros (supposto que bastantes houveram nos differentes attaques) em razaõ da nossa retirada, porém a maior parte delles estavam feridos e desmontados.

Naõ posso deixar de recommendar a V. Exa. o Tenente Coronel Elley, cujos serviços contribuiram muito para a boa ordem, com que se retiraram as nossas tropas, e peço licença para vos dizer que recebi grande soccorro do Capitaõ Marquez de Trondall, e dos mais individuos do meu Estado Maior. Tenho a honra de ser, &c.

(*Assignado*) STAPLETON COTTON.

P. S. Eu vos envio 3 officiaes, e 20 dragões com os seus cavallos prisioneiros.

A S. Exa. Lord Visconde Wellington.

Quinta da Torre, 9 *de Outubro*, *de* 1810.

My lord: Tenho a honra de informar á V. Exa. da boa conducta do Capitaõ Murray dos dragões No. 16, que hontem, quando me retirei para Alcoentre, deixei juncto a Rio Maior commandando um esquadraõ.

A cavallaria inimiga tendo avançado repentinamente sobre o Capitaõ Murray na direcçaõ de Alcoentre, ordenei a este official que atacasse os tres esquadrões, que o inimigo tinha naquella Villa: o dicto capitaõ sómente com parte do dicto esquadraõ executou a minha ordem, com o maior espirito e coragem, matando e ferindo muitos dos inimigos e fazendo muitos prisioneiros, e alguns cavallos; e os mais se pozeram em fugida.

Tenho a fortuna de accrescentar que nós naõ perdemos nem soldados nem cavallos, á excepçaõ de um que foi tomado pelo inimigo. Tenho a honra de ser, &c.

(*Assignado*) STAPLETON COTTON.

A S. Exa. Lord Visconde Wellington.

Carregado, 9 *de Outubro*, *de* 1810.

My lord: A cavallaria inimiga avançou esta manhaã á Quinta da Torre, aonde eu a impedi até que foi soccorrida por tres batalhões de infantaria e artilheria ; entaõ eu retrogradei com tres regimentos de cavallaria sobre a planicie, em cujo flancos o inimigo tinha poucas partidas de cavallaria e infantaria, e naõ me seguio com a sua cavallaria pezada.

Segundo as instrucçoes que tinha recebido, retirei os regimentos para este ponto, e mandei que alguns destacamentos de Hussares, e dos dragões N°. 16 observassem o inimigo. A infantaria inimiga ficou perto da Quinta da Torre, e a sua cavallaria pezada desfilou na direcçaõ de Abrigada.

O inimigo deixou um piquete sustentado por um forte esquadraõ em frente do Bosque; eu mandei o Capitaõ Cocks dos dragões N°. 16 com alguns soldados daquelle regimento, e alguns hussares a fim de atacarem o piquete, fazendo-o sustentar por um esquadraõ de hussares do Capitaõ Ally. Estes officiaes atacáram o inimigo com o maior valor e successo, e naõ tivemos perda alguma. Todo o esquadraõ e piquette inimigo teriaõ sido tomados se naõ fossem soccorridos por infantaria.

Um official, 19 soldados, e 16 cavallos foram tomados, e uma grande parte dos esquadraõ inimigo ficou morto ou ferido.

Tinha ordenado que um esquadraõ dos reaes dragões estivesse prompto para sustentar o referido ataque, porem em razaõ de uma equivocaçaõ (na occasiaõ em que os hussares se retiravam com os prisioneiros) avançou e recebeo algum fogo da infanteria inimiga, e por isso teve 2 homens, e cavallos mortos, e alguns feridos.

Tenho a honra de ser, &c.

(*Assignado*) STAPLETON COTTON.

A. S. Exa. Lord Visconde Wellington.

PORTARIA.

Tendo concorrido a esta capital grande número de pessoas, que desampararam as suas habitações, para se subtrahirem á barbaridade do inimigo, cuja residencia se faz pezada, em razaõ do extraordinario consummo de viveres; havendo outro sim, entre as dictas pessoas, muitas que desejaraõ passar á margem esquerda do Téjo, por terem ahi maior commodidade para a sua subsistencia. O Principe Regente N. S. He servido conceder licença a todas as pessoas para se poderem transportar á margem esquerda do Téjo, sem que alguem lhes ponha impedimento. O Intendente Geral da Policia o tenha assim entendido para a sua publicaçaõ, e execuçaõ. Palacio do Governo, em 8 de Outubro, de 1810.

Com as Rubricas dos Senhores Governadores do Reyno.

Pela Secretaria do Almirantado se affixou o seguinte

EDICTAL.

Sua Alteza Real o Principe Regente Nosso Senhor manda intimar a todos os Capitães de Navios Nacionaes e Estrangeiros, que elles seraõ obrigados a receber a quarta parte dos passageiros e volumes, que para elles o Governo destinar. Regulando-se o frete racionavel que se lhes devera satisfazer, ou pelos mesmos particulares, ou por conta do Governo. Secretaria do Conselho do Almirantado 15 de Outubro, de 1810.

ANTONIO PIRES ALVARES DE MIRANDA.

Tarifa sobre o Pagamento dos Passageiros e suas qualidades.

Para o Rio de Janeiro e Bahia	1 qualidade	120.000
	2 dita - -	30.000
Pernambuco, Maranhaõ, e Pará	1 qualidade	100.000
	2 dita - -	24.000

Madeira e Açores - - - -	1 qualidade	30.000
	2 dita - -	10.000
Gibraltar e Cadiz - - -	1 qualidade	15.000
	2 dita - -	5.000
Inglaterra - - - - - -	1 qualidade	60.000
	2 dita - -	20.000

O Frete dos Volumes será pago pela Tarifa da Praça.

Secretaria do Conselho do Almirantado, 16 de Outubro, de 1810.

ANTONIO PIRES ALVARES DE MIRANDA.

PROCLAMAÇAÕ,

Os Governadores do Reyno de Portugal e dos Algarves.

Portuguezes: A marcha do Exercito Inimigo, que já debilitado pela penuria, e pelas passadas perdas, obedece de mao grado ás ordens despoticas do seu tyranno, nos annuncia uma proxima Batalha. O numero, e valor, já provado, do Exercito combinado, sua formidavel posiçaõ, e a impaciencia, com que as tropas clamam pelo combate, tudo nos promette um successo feliz, e glorioso. O Deos dos exercitos abençoará as nossas armas, e nos dará uma completa victoria. Os Governadores do Reyno, o Marechal, o exercito, e toda a naçaõ, assim o esperam, e tem todos os motivos de o esperar. He porém necessario, que nesta occasiaõ vos acauteleis contra os falsos rumores, que póde espalhar a malicia, ou a timidez. Naõ vos assuste a passagem de Tropas, a chegada de Feridos, o continuado giro de transportes, e outros movimentos, que saõ necessaria consequencia das operaçoes da Guerra. Naõ acrediteis noticia alguma, que naõ for annunciada pelo Governo, de cuja franqueza tendes tido tantas provas: elle dará as providencias para castigar os malevolos, que se atreverem a espalhar falsas vozes, com a severidade que exigem as circumstancias. Portuguezes, socego, confiança, obediencia, e seremos felizes. Palacio do Goverrno treze de Outubro de mil oitocentos e dez.

Bispo Patriarcha Eleito.
Principal Sousa.
Carlos Stwart.
Marquez Monteiro Mor.
Conde de Redondo.
Ricardo Raimundo Nogueira.

PORTARIA.

Tendo o Principe Regente Nosso Senhor encarregado os Governadores do Reyno de pôr em cautela as Munições terrestres, e navaes, os Reaes Archivos, as preciosidades da Coroa, e os Cofres públicos, se os successos da Guerra fizessem que o inimigo se aproximasse á capital; e verificando-se presentemente este facto, posto que todas as combinaçoens sejaõ a favor da nossa justa causa, e lhes dem as mais bem fundadas esperanças de annunciar ao Público uma victoria gloriosa: comtudo, devendo respeitar religiosamente as Ordens do Soberano, tem resolvido dar as providencias opportunas para a sua execuçaõ. E podendo acontecer que alguns particulares por um excesso de prevençaõ queiraõ tambem depositar as suas preciosidades em lugar seguro, fazem os Governadores do Reyno saber, que elles tem destinado a náo Vasco da Gama, e a fragata Fenix, para receberem a seu bordo todo o dinheiro, prata, joias, e mais preciosidades, que quaesquer pessoas ahi quizerem depositar; assim como poderaõ fazer o dicto deposito em qualquer das embarcações de Guerra Inglezas, surtas neste Porto, pagando o premio do costume. He outro sim permittido ás pessoas, a quem a proximidade de uma batalha pode causar susto, o retirárem-se da Capital. O Governo, á vista da superioridade do Exercito combinado, da pericia dos Generaes, e do valor das Tropas, naõ julga haver presentemente motivo algum de receio ; mas tendo promettido annunciar sempre a verdade á naçaõ, lhe faz saber a sua determinaçaõ a este respeito, e offerece aos timidos os meios apontados. Palacio do Governo em quatorze de Outubro de mil oitocentos e dez.

Com as Rubricas dos Governadores do Reyno.

Achando-se presentemente nesta cidade um grande numero de pessoas, que nella se refugiáram para escapar ao furor do inimigo, entre as quaes ha muitos individuos, que estaõ nas circumstancias de ser recrutados para a tropa de linha ; e exigindo o estado actual deste reyno, que todos os vassallos habeis tomem as armas em defeza da patria : he o Principe Regente Nosso Senhor servido ordenar, que todas as pessoas, que se acharem com os requesitos necessarios para o dito serviço, passem a assentar praça no Deposito de Val de Pereiro, dentro de oito dias, contados das publicaçaõ da presente Portaria; e apresentando-se voluntariamente no dicto tempo, receberá cada um tres mil e duzentos reis de gratificaçaõ. Passado o mesmo espaço de oito dias as Authoridades encarregadas do Recrutamento procederaõ a recrutar os referidos sujeitos, que estiverem nas devidas circumstancias. As Authoridades Civis, ou Militares, a quem o conhecimento desta pertencer, lhe daraõ a sua devida execuçaõ. Palacio do Governo, em 17 de Outubro, de 1810.

Com as Rubricas dos Senhores Governadores do Reyno.

Extracto de um officio do Exmo. Snr. Marechal General Lord Wellington, datado de Pero negro a 3 de Novembro de 1810, dirigido ao Illmo. e Exmo. Snr. D. Miguel Pereira Forjaz.

Naõ tenho observado alteraçaõ alguma na posiçaõ, que occupa o inimigo, ou mesmo no numero destes, depois que transmitti a V. Exa. o meu despacho de data de 27 do mez passado.

Tem comtudo o inimigo sobre a margem do Téjo um consideravel corpo de tropas, principalmente de cavallaria, postadas entre Santarem e Punhete, tendo eu motivos para crer que a divisaõ da infantaria do commando do General Loison naõ tem marchado na direcçaõ daquelles pontos, como mencionei a V. Exa. no meu accusado Despacho.

Alguns dos Corpos, que fórmam a sobredita divisaõ, tem de certo permanecido nos acampamentos, que o inimigo tem na frente deste exercito.

O mesmo inimigo puchou atraves do Zezere para cima de Punhete algumas tropas, principalmente de cavallaria com o intuitu, apparentemente, de reconhecerem as estradas daquella direcçaõ, assim como as fortificaçoes de Abrantes; porém concluo que as chuvas, que tem havido nos ultimos dias, teraõ augmentado as agoas naquelle rio, e que as referidas tropas se teraõ outra vez retirado.

Dizem geralmente todos os desertores que o inimigo continua a soffrer as maiores miserias em razaõ da falta de viveres. As partes dos desertores e prizioneiros tem uniformemente sido as mesmas desde que o inimigo no principio occupou o terreno, sobre o qual o seu exercito se acha agora postado; he certo porém que se taes participações fossem verdadeiras até o gráo, que desde o principio se inculcava, naõ poderia ter o inimigo presestido na sua posiçaõ tanto tempo quanto o tem feito.

He impossivel formar uma estimativa da quantidade de viveres, que elle achou nos lugares e terreno que occupa; porém he certo que naõ póde tirar nenhuma de qualquer outra parte do Paiz, pois que de todo se acham de posse as nossas tropas.

A guarniçaõ de Peniche, e a de Obidos, cujo ultimo lugar o Capitaõ Fenwick, pertencente ao serviço Portuguez, tem ha pouco occupado, debaixo das ordens do Brigadeiro-general Blunt, assim como a cavallaria Britanica, continuam a manter uma destruidora guerra na retaguarda da Ala direita do inimigo. Envio inclusa V. Ex^a^. a copia de uma carta, que me ha transmittido o Marechal Beresford sobre os effeitos destas operaçõoes do Brigadeiro-general Blunt, e do Capitaõ Fenwick.

O General Silveira, em data de 19 do mez passado, me participa que tinha ouvido que o General Bonet tinha evacuado as Asturias, e que se suppunha se tinha encaminhado para a Biscaia.

Tenho cartas da Estremadura e Castromarim de data de 27 de Outubro, mencionando que Mortier com o corpo do seu commando continuava a existir em Sevilha em um estado de inefficiencia, tendo muitos doentes.

As minhas ultimas noticias de Cadix chegam á data de 28 do mez passado.

Tenho a hOnra de ser com consideraçaõ e respeito

D. V. Ex[a]. muito attento e fiel servidor,

(*Assignado*) WELLINGTON.

Illmo. e Exmo. Sr. D. Miguel Pereira Forjaz.

Caputaria, 3 *de Novembro*, *de* 1810.

My Lord: Tenho a honra de vos remetter a inclusa relaçaõ, extrahida das que tenho recebido do Brigadeiro-general Blunt, na qual se declara o numero dos mortos, e prisioneiros feitos ao inimigo pelo destacamento, que o dito Brigadeiro-general mandou de Peniche a Obidos debaixo do commando do Capitaõ Fenwick, além dos feridos, cujo numero chega a 160 homens, que naõ poderaõ ser conduzidos por causa do mao estado em que se achavam.

Approveito esta occasiaõ para observar a V. Exa. o grande zêlo, e pericia do Brigadeiro-general Blunt, fazendo occupar a Villa de Obidos, quando a principal força do inimigo tinha passado por alli; e o mesmo Brigadeiro dá o maior louvor ao Capitaõ Fenwick. pela sua actividade, e conducta no commando deste pequeno destacamento, que elle fez sahir de Peniche debaixo das suas ordens.

Tenho a honra de ser, &c.

(*Assignado*) G. C. BERESFORD.

A. S. Exa. Lord Visconde WELLINGTON.

Relaçaõ dos mortos, feridos e prisioneiros, que fez o destacamento commandado pelo Capitaõ Fenwick, na Villa de Obidos.

Outubro 27	1 Sargento.	19 Soldados prisioneiros.
Novembro 1°.	. . .	5 Ditos ditos.
		7 Ditos mortos.
Total	1	31

N. B. Tomáraõ-se ao inimigo 46 bois, e 200 camas do Hospital; e tambem dois cavallos. N°. 1°. de Novembro.

Reflexoens sobre as Novidades deste mez.

AMERICA.

A p. 227 publicamos uma proclamaçaõ dos officiaes,que commandam a expediçaõ dirigida de Buenos-Ayres, ás provincias do interior, por ella se vê, que, ao menos a lingoagem, quando naõ sêjam os sentimentos, dos cabeças da revoluçaõ, he conforme aos interesses dos povos; entretanto que o governo da Hespanha, cujo interesse he o conciliar as suas colonias, nada efficaz tem decretado a este respeito.

A Juncta de Buenos-Ayres publicou a conta da receita e despeza dos dinheiros pûblicos, na gazeta de Buenos-Ayres de 19 de Julho deste anno; por onde se vê que a receita desde o tempo de sua installaçaõ ate 4 de Julho, foi 615.394—7⅛; a despeza foi 391.120—6; e o remanescente 224.274—1⅛

Isto naõ póde deixar de ser uma consolaçaõ para os povos, que até aqui estávam acustumados a naõ ouvir o seu governo de Hespanha fallar-lhes na receita e despeza publica, senaõ quando tinha de impor-lhes os tributos, sem que jamais o povo soubesse, se o dinheiro juncto era applicado para os justos fins dos interesses publicos, ou se para cevar a cubiça de Godoy, e de seus infames associados.

De Caracas publicamos ap. 524 um interessantissimo documento, pelo qual se vê, que o Governo Inglez tem entrado em ajustes commerciaes com o novo Governo de Caracas, e que este concedeo a favor dos negociantes Inglezes, a reducçaõ da quarta parte dos direitos de importaçaõ, e exportaçaõ, que actualmente se cobram nas alfandegas daquelle paiz.

A guerra civil, que nós sempre tememos na America Hespanhola, está effectivamente começada. A expediçaõ, que sahio de Buenos Ayres contra o partido de Linieres, succedeo em prendèllo, e reduzio Cordova á obediencia da capital: este vencimento abre inteiramente a communicaçaõ, entre Buenos Ayres, e a costa do Peru; he mui natural de suppor, que as tropas mandadas a esta expediçaõ, quando se recolherem, passem a attacar o territorio de Monte Video, cujo Governador se mantem na resoluçaõ de naõ obedecer ao Governo de Buenos-Ayres. Eta operaçaõ trará a guerra para juncto das fronteiras do Brazil, por esta parte.

Ao norte, mandáram os Mexicanos, cujos cabeças saõ pela maior parte Europeos, um corpo de tropas, contra a Provincia de Maracaibo, que se unio ao Governo de Caracas; as tropas Mexicanas fôram derrotadas; mas julga-se que viraõ de Mexico novos reforços; e os de Maracaibo pedîram ja auxilio a Caracas, onde se tracta, ha muito, de organizar um bom exercito, com que supportem as suas medidas.

BRAZIL.

Se a importante materia da guerra em Portugal, e outros assumptos, nos tivessem deixado algum espaço; terîamos continuado a dar neste N°. exemplos practicos, similhantes aos que publicamos no N°. passado, do modo por que saõ governados os povos na quellas ferteis, ricas, e lindas provincias. Diremos porém alguma cousa, sobre a origem primaria da quelles males.

Temos observado por varias vezes, que a maldade, ou bondade de tempera dos governadores do Brazil, naõ tem senaõ uma influencia accidental, e indirecta, na felicidade dos povos; estes soffrem menos, he verdade, sendo o seu desposta um homem bom, ou prudente; e chêgam ao cumulo do martirio, quando o despota he um malvado, ou insensato: mas o systema continua o mesmo, e portanto a desgraça publica naõ cessa, n'um, e n'outro caso.

Um dos nossos conrespondentes do Rio de Janeiro, querendo darnos uma idea do Governo naquella Cidade, compara os tres Ministros de Estado actuaes, a tres relogios, destinados a servir de regular as horas em uma familia; um sempre muito adiantado, outro muito atrazado, e o outro inteiramente parado; parece daqui, que os males publicos se attribuem, no Brazil, á indole, e character dos que governam; mas nos somos de differente opiniaõ, e olhamos, explicando os factos, para a organizaçaõ do systema. O Governo do Brazil arranjou-se exactamente pelo Almanack de Lisboa, sem nenhuma attençaõ ao paiz em que se estabelecia. Mostra, por exemplo, o Almanack em Lisboa, um Desembargo do Paço, um Conselho da Fazenda, uma Juncta de Commercio, &c.; portanto, quer o Brazil careça destes estabelicimentos, quer naõ; erigio-se no Rio de Janeiro, logo que a Corte ali chegou, um Dezembargo do Paço, um Conselho da Fazenda, uma Juncta de Commercio, &c.; Precisa-se porém, pela natureza do paiz, um conselho de Minas, uma inspecçaõ para a abertura de estradas, uma redacçaõ de mappas, um exame da navegaçaõ dos rios; e muitas outras medidas proprias do lugar; mas nada disto se arranja; porque naõ apparecem taes cousas no Almanack de Lisboa. Mas ¿ remediar-se-hia isto, mudando os actuaes relogios? e substituindo-lhes outros? A nossa opiniaõ he que naõ; porque a substituiçaõ sería dos mesmos elementos; isto he, escolher-se-hiam para Ministros homens da mesma classe, que saõ conhecidos somente por serem Cortezaõs, e naõ por seus talentos, como Estadistas; porque os homens de sciencia, e naõ Cortezaõs, naõ tem modo algum de serem conhecidos, e chamados para o Governo de seu paiz. Examinemos pois o systema de escolha dos homens que tem ali o summo emprego da Republica. O Conselho de Estado.

Em Portugal julgam os fidalgos titulares, que lhes he ignominioso mandar seus filhos primogenitos á Universidade de Coimbra; de maneira que naõ ha fidalgo algum titular, que tenha gráos accademicos, senaõ os que os recebêram sendo filhos segundos, e que adquirîram os titulos depois. Ao mesmo tempo, os presidentes dos tribunaes mais importantes saõ ordinariamente tirados desta classe de homens, que se suppoem deshonrados se estudassem. Quando a revoluçaõ Franceza espalhou por todos os espiritos, na Europa, uma verdadeira revoluçaõ de ideas, e que os Ministros em Portugal conhecêram, que serîam involvidos no turbilhaõ, tractáram de formar um Conselho de Estado mais numeroso, onde se deliberasse, sobre os importantissimos negocios, que as circumstancias do tempo offerecîam á consideraçaõ de todos os Governos da Europa. Mas ¿ como se constituio este conselho, que devia remediar, ou prevenir, os males que se temîam ? ¿ Ouvîram-se os povos ; para saber o que elles desejávam, e contentallos ? Naõ. ¿ Procurarám-se os talentos, ou tractou-se de consultar os homens de conhecimentos ? Naõ. ¿ Que se fez ? Formou-se um Conselho de Estado, composto dos presidentes dos tribunaes ; isto he, daquelles homens, que por principios éram aversos aos estudos, por educaçaõ incapazes de meditar nas necessidades das classes inferiores da sociedade ; e por habito destituidos da energia do corpo, e espirito, que necessariamente se requeria nas pessoas encarregadas do arduo serviço, a que este Conselho se destinava : serviço tal, que o seu pequeno numero o naõ poderia executar, ainda que fossem todos os do Conselho de Estado hómens da mais consummada capacidade. Qual foi a consequencia. O dicto Conselho de Estado foi o foco das intrigas secretas, e cabalas particulares, nomeáram uma Juncta, a que chamáram Suprema, que se naõ fosse abolida terîa produzido males inconcebiveis ; em uma palavra, provou o Conselho de Estado á naçaõ, e ao Mundo, a incapacidade, em que o Governo estava, de remediar cousa alguma ; rompeo o veo, e produzio a ultima desgraça ; o reyno chegou a estar, como naçaõ, annihilado por algum tempo, devendo a sua resurrecçaõ unicamente á protecçaõ da Inglaterra.

Este he o mesmo Conselho de Estado, que passou ao Brazil, para lançar os fundamentos á quelle novo, e grande Imperio. ¿ Que se pode esperar ?

Façamos o contraste com a Inglaterra. Neste paiz, todos os nobres se applicam de tenra idade ás letras ; a maior parte delles vaî ás Universidades, obter os gráos accademicos ; e entram em concurrencia para os lugares da maior importancia, com os communeiros, que tem passado pelas mesmas provas. Mais ainda : as Universidades conferem a suas honras accademicas aos varoens illustres, e benemeritos da Patria, que naõ tem frequentado os seus estudos. Assim ; por exemplo ; o Almirante Sir Sidney Smith (bem conhecido na historia Portugueza de nossos tempos) obteve, ha poucos mezes, na Universidade de Oxford, o grão honorario de Doutor em leis; este heroe militar, procurando alcançar aquella honra, manifesta ao Mundo o respeito que tributa ás sciencias; e a Universidade, concedendo-lhe a Borla honoraria, reconhece o merecimento do heroe, mostrando que deseja honrar-se, com o receber em seu gremio.

Pode haver (nós sabemos que os ha, e conhecemos alguns) homens de talento, e conhecimentos em Portugal; mas naõ ha meio algum ordinario dé fazer mostrar, nem ao publico, nem ao Soberano, a sua habilidade. O homem dos maiores talentos possiveis, em Portugal, se naõ he cortezaõ ¿ como será conhecido? Em Inglaterra, poderîa duvidar-se entre a escolha de Pitt, e Fox, mas ninguem hesitava em reconhecêllos a ambos por abalizados politicos. Em Portugal, naõ ha um Parlamento, onde os homens de merecimento patenteem á naçaõ, e ao Mundo os seus talentos; e a via da escripta he taõ limitada como todos sabem, que as obras, sobre objectos politicos, mais expressam a opiniaõ dos censores do que a dos Authores; visto que ninguem se attreveria a por em escripto o seu pensamento, julgando que a sua opiniaõ éra opposta a do censor.

He pois a este vicio fundamental, que nos atribuimos os males do Governo do Brazil. Os lugares do Governo saõ huma especie de Monopolio. Os naturaes do Brazil, quando vinham a Portugal, eram olhados como estrangeiros pelo Governo, e como macacos pela plebe: agora está o Coverno no Brazil; e pela mesma razaõ podîam os naturaes do paiz olhar os Europeos como estrangeiros; mas nem um só dos compatriotas do Brazil tem sido promovido ao Conselho de Estado do paiz; estrangeiros em sua casa, e estrangeiros fóra della; isto prova, naõ só o monopolio de que fallamos; mas até a falta de senso commum nesses monopolistas; porque, ao menos para adoçar a boca ao povos do Brazil, poderîam ter nomeado um dos seus naturaes para o Conselho, escolhendo algum adulador, e parasita, de que o Brazil abunda tanto como qualquer outro paiz do Mundo; mas nem isto se tem feito; e vai em tres annos, que os estrangeiros ali fôram buscar abrigo; e qualquer que sêja a opiniaõ dos Europeos sobre a falta de talento, e de energia dos naturaes do paiz, todos devem confessar, que os Brazilianos naõ saõ cegos; a basta ter vista para conhecer a injustiça deste proceder; principalmente observando as circumstancias actuaes, entre a Hespanha e suas colonias.

FRANÇA.

Os arranjamentos, ao norte de Europa, seguem uma marcha naõ interrompida, a favor dos planos de Bonaparte, para impedir no continente o commercio Inglez. Os Soberanos, que até aqui intrigávam uns contra os outros em vez de unir-se para se deffender do inimigo commum foram derrotados separadamente, e todos se ácham agora demasiado fracos, para oppor resistencia alguã a seu oppressor. ¡ Que nobre excepçaõ naõ he a ésta regra Gustavo de Suecia! Este Monarcha acha-se vivendo em Inglaterra, como particular, debaixo do nome de Conde de Gothorp; o mais que delle poderaõ dizer seus inimigos he, que perdeo os seus Estados; mas foi porque succumbio a uma força irresistivelmente superior: seu successor tem ja resignado grande parte do seu poder, nas maõs de Bernadotte; e em breve perderá o resto; havendo perdido a honra, que ninguem disputará a Gustavo, de ser consequente, e valoroso. A Dinamarca brevemente perderá a independencia soberana, nominal, de que ainda está em posse; visto que concedeo aos Francezes permissaõ de entrarem o territorio Dimarquez com um corpo de 30.000 homens, divididos em pequenos destacamentos; ninguem pode deixar de ver, nesta medida, o principio das scenas, que Buonaparte representou na Hespanha com Carlos IV. A Hollanda acha-se formalmente incorporada com a França; e com todas as desvantagens, que póde ter um paiz que se incorpora a outro, por meio da Conquista. Nunca acreditáram os Hollandezes, o que a Inglaterra tantas vezes lhe representou; de que a alliança com a França éra mais prejudicial do que a guerra aberta; visto que as insidiosas protestaçoens de amizade dos Francezes, naõ éram mais do que passos para a escravidaõ da Hollanda. Referimos a p. 485 um longo, e tedioso documento, sobre ésta incorporaçaõ da Hollanda com a França, para que, á vista deste original fique manifesta a traiçaõ, crueldade, e ingratidaõ dos Francezes, para com os illudidos Hollandezes.—Por um decreto de Napoleaõ datado de Fontainebleau aos 12 de Novembro, 1810, se incorpóra á França o paiz do Valais, formando um departamento com o nome de Simplon. Esta usurpaçaõ he tambem feita no meio de uma profunda paz, e quando reynava entre a França, e o Valais, a melhor harmonia.

Naõ correm porém as cousas, na Peninsula, com taõ favoravel vento aos Francezes. O exercito de Massena se acha em tal posiçaõ em Portugal, que nem ao menos tem podido dar conta de si ao Imperador, desde a tomada d'Almeida: senaõ mandando ao general

Foy, com uma escolta de duzentos homens até Almeida. As unicas contas, que se tem publicado em Paris sobre este exercito em Portugal saõ; uma carta de Massena a Berthier, datada de Alemquer aos 3 de Novembro, em que menciona a grande quantidade de mantimentos que achou no paiz que occupa; e uma conta do general Drouet, que referia o que sabia de ouvir dizer; e promettia unir-se brevemente com a sua divisaõ a Massena; ate aqui naõ tem cumprido a sua promessa; nem Massena podido enviar seguros os seus despachos a Paris. O resto dos exercitos Francezes, na Hespanha, saõ obrigados a conservar-se nas differentes guarniçoens, que occupam, soffrendo continuamente insultos das pequenas partidas de patriotas, que os vexam por toda a parte. A situaçaõ por tanto dos Francezes, na Hespanha, he summamente difficultosa e precaria: os Hespanhoes naõ tem ainda um exercito organizado, capaz de sahir a campo, e emprehender operaçoens offensivas de maior extensaõ; porém se Massena for derrotado em Portugal, ao ponto de que o exercito Anglo Lusitano possa entrar na Hespanha, e servir ali de centro de reuniaõ a todas as guerrilhas Hespanholas, em breve se formará taõ grande corpo de exercito, que os Francezes se veraõ obrigados a retirar-se para alem do Ebro; e em lugar de assaltantes seraõ elles os attacados, Diraõ, que nesse caso Bonaparte mandará, para a Hespanha, uma parte dos 500.000 homens, que tem em armas, sufficiente para reduzir a Hespanha toda. Nós naõ julgamos, que os 500.000 homens de Bonaparte saõ sufficientes para manter em sugeiçaõ os paizes que elle tem subjugado. As suas conquistas fôram feitas com promessas de melhoramentos, a povos desgostosos de seus Governos, mas agora conhecem todos, pela practica, o que nenhum homem, instruido na liçaõ da historia, deixou de conhecer, pela theoria, desde o principio da infeliz guerra, que tem arruinado a Europas isto he, que toda a naçaõ que naõ tem assas virtude, e assas valor, para reformar os abuzos de seu Governo, ou os defeitos de sua legislaçaõ, se jamais chamar uma potencia estrangeira para lhe fazer este beneficio, nunca verá outro fim a taõ impolitica medida, senaõ o ser escrava da naçaõ, que promette o auxiliar as reformas interiores dos povos illudidos. As atrocidades de Bonaparte, para com as naçoens suas alliadas, saõ um desengano practico; que ninguem ignora hoje em dia; e por tanto, naõ podemos deixar de suppor, que um revez ás armas de Napoleaõ na Hespanha, será o signal de insurreiçaõ generallıssima contra elle na Peninsula, que mui provavelmente se extenderá a outras partes da Europa.

HESPANHA.

Os nossos leitores naõ deixaraõ de lêr, com muito prazer, o breve relatorio, que fazemos, dos procedimentos das Cortes em Hespanha. Ha nisto dous pontos mui essenciaes a observar; um he a nomeaçaõ de nova Regencia que tem de executar interinamente o poder executivo; outro he a determinaçaõ a favor da liberdade da imprensa. O executivo he composto das seguintes pessoas.

D. Joaquim Blake; D. Gabriel Ciscar; D. Pedro Agar. Nomeáram-se substitutos dos dous primeiros, que estávam auzentes, ao Sñr. Puig, e Marquez del Palacio, e porque este hesitou na formula do juramento foi prezo, e nomeado em seu lugar o Marquez de Castellar.

Quanto á liberdade da imprensa, nós naõ approvamos, nem podemos approvar, tudo quando se disse nestes debates, porém seguramente auguramos grandes beneficios á Hespanha desta medida; e naõ hesitamos em pronunciar este um dos beneficios do ajunctamento das Côrtes. Eisaqui o projecto de lei, sobre ésta materia ? que apresentou Argueles.

Projecto de Decreto sobre a liberdade da Imprensa.

Attendendo as Cortes Geraes e Extraordinarias a que a faculdade individual dos Cidadaõs, de publicar seus pensamentos, e idéas politicas, he naõ só hum freio do despotismo dos que governam, mas tambem hum meio de illustrar a Naçaõ em geral, e o unico caminho para chegar ao conhecimento da verdadeira opiniaõ pública, concordáram em Decretar o seguinte.

I. Todos os corpos, e pessoas particulares, de qualquer condiçaõ e estado que sejam, tem liberdade de escrevêr, imprimir, e publicar suas idéas sem necessidade de licença, revisaõ, ou approvaçaõ alguma, debaixo das restricções, e responsabilidades, que se mencionam no presente Decreto.

II. Por tanto ficam abolidos todos os actuaes Juizes de Imprensas, e a censura das obras, precedente á sua Impressaõ.

III. Os Authores e Impressores seraõ responsaveis pelo abuso desta liberdade, ficando sugeitos ás penas das nossas Leis, e ás que aqui se estabelecem, segundo a gravidade do delicto que commetterem.

IV. Os Libellos infamatorios, os Escritos calumniosos, os subversivos das Leis fundamentaes da Monarquia, os licenciosos, e contrarios á decencia pública, e aos bons costumes, seraõ castigados com a pena da Lei, e com as outras que aqui se estabecem.

V. Os Tribunaes Ordinarios entenderaõ na averiguaçaõ, qualificaçaõ, e castigo dos delictos, que se commetterem por abuso da liberdade da Imprensa.

VI. Todos os escriptos, sobre materias de Religiaõ, ficam sujeitos á prévia censura dos ordinarios Ecclesiasticos, segundo o que se acha estabelecido no Concilio Tridentino.

VII. A responsabilidade comprehenderá ao Author, e ao Impressor, com a differença de que o Author ficará sujeito a todo o rigor da Lei; e o Impressor soffrerá unicamente uma pena pecuniaria proporcionada ao excesso commettido. Debaixo do nome de Author fica comprehendido o Edictor, ou o que tiver facilitado o manuscripto original.

VIII. Os Authores naõ seraõ obrigados a pôr os seus nomes nos escriptos que publicarem; ainda que nem por isso deixam de ficar sujeitos á mesma responsabilidade. Por tanto deverá constar ao Impressor quem seja o Author, ou Edictor da Obra; pois do contrario, alem da pena que como Impressor lhe fica pertencendo, soffrerá a que se imporia ao Author, e Edictor, se fossem conhecidos.

IX. Os Impressores estaõ obrigados o pôr seus nomes, e o lugar, e anno da Impressaõ em todos os impressos, seja qual for o seu volume; tendo entendido que a falsidade em algum destes requisitos será castigada como a ommissaõ absoluta delles.

X. Os Authores, ou Edictores, que abusando da liberdade da Imprensa transgedirem o que se acha determinado, soffreraõ, naõ só a pena designada pelas Leis, segundo a gravidade do delicto, mas além disto, o mesmo delicto, e o castigo que se lhes impozer, seraõ publicados com os seus nomes na Gazeta do Governo.

XI. Os impressores de qualquer Escripto dos comprehendidos no artigo IV. seraõ castigados com penas pecuniarias, cuja quantidade será proporcionada ao delicto, naõ podendo ser nunca menos de 100 ducados pela primeira vez.

XII. Os Impressores de Obras que se declarem innocentes, ou naõ prejudiciaes, seraõ castigados com 50 ducados de multa, no caso de ommittir nellas seus nomes, ou algum dos outros requisitos indicados no artigo IX.

XIII. Os Impressores dos Escriptos que ficam prohibidos, que tiverem ommittido o seu nome, ou outra qualquer das circumstancias já mencionadas, soffreraõ, além da multa que se julgar correspondente, regulada pelo artigo XI., a mesma pena que pertence aos seus Authores.

XIV. Os Impressores de Escriptos sobre materias de Religiaõ, sem a previa licença dos Ordinarios, deveraõ soffrer a pena pecunaria que se lhes impozer, além das que, em razaõ do excesso em que incorrerem, se achem já estabelecidas pelas Leis.

XV. Para assegurar a liberdade da Imprensa, e conter ao mesmo tempo o seu abuso, as Cortes nomearaõ uma Juncta Suprema de Censura, que devera residir onde residir o Governo, composta de nove Membros, e por proposta destes outra similhante, em cada Capital de Provincia, composta de cinco.

XVI. Será da sua Inspecçaõ examinar as Obras, que se houverem denunciado ao Poder Executivo, ou ás Justiças respectivas; e se a Juncta Censoria de qualquer Provincia, julgar com fundamento que devem ser supprimidas, o executaraõ assim os Juizes, e faraõ recolher os Exemplares vendidos.

XVII. O Author, ou Impressor, poderá pedir copia da censura, e responder a ella. Se a Juncta confirmar a sua primeira censura, terá o interessado acçaõ de exigir, que passe a ser julgada na Juncta Suprema.

XVIII. O Author, ou Impressor poderá sollicitar da Juncta Suprema, que se examine primeiramente, e ainda segunda vez a sua obra, para o que se lhe entregará tudo o que se tiver actuado. Se a ultima censura da Juncta Suprema for contra a obra, será está supprimida sem mais exame; porém se a approvar, ficará desembaraçada a sua extracçaõ, e nenhum Tribunal a podera embaraçar.

XIX. Quando a Juncta Censoria de huma Provincia declare, que a obra naõ contém senaõ injúrias pessoaes, será supprimida pelo Tribunal, e o aggravado poderá intentar acçaõ de injurias, conforme se acha estabelecido pelas Leis.

XX. Ainda que os livros de Religiaõ naõ possam imprimir-se sem licença do Ordinario, naõ poderá este negalla sem prévia censura, e audiencia do interessado.

XXI. Porém se o Ordinario insistir em negar a licença, poderá o interessado recorrer com a censura por copia á Juncta Suprema, a qual deverá examinar a obra; e se a achar digna de approvaçaõ, communicar o seu parecer ao Ordinario, para que, mais illustrado sobre a materia, conceda a licença a fim de escusar recursos ulteriores.

O primerio ensaio desta liberdade, apparece em um dialogo impresso nas gazetas de Cadiz, em que os interlocutores saõ um pay e seu filho. Neste dialogo se justificam os membros, que votáram contra, na supposiçaõ de que obràram segundo os dictames de sua consciencia; a se louvam os que votàram a favor discutindo os seus motivos, com uma liberdade verdadeiramente philosophica; e tal que nos faz suppor, que a naçaõ Hespanhola, uma vez que sabe apreciar os dons da liberdade; e que se acha senhora de suas disposiçoens, naõ se submetterá facilmente ao despotismo do tyranno da Europa.

INGLATERRA.

O general Lord Wellington continua com os seus exercitos, nas posiçoens que tomou juncto a Lisboa; isto he estendendo-se de Peniche e Torres-Vedras até o Tejo em Alhandra. As divisoens se acham assim distribuidas; o quartel general está na quinta de Pero Negro, juncto a Encharadas; o marechal Beresford tem o seu quartel general perto do Sobral; o general Hill commanda a direita com o seu quartel general na Alhandra; o General Picton commanda a esquerda em Torres-Vedras; o general Leith com a guarda avançada, em Ribaldeira; e a Legiaõ Luzitana, commandada pelo valoroso Baraõ Eben está em Runa, á vista do acampamento Francez. Os Francezes occupam uma linha na mesma direcçaõ em frente do exercito alliado; mas o general Trant, com as milicias do Minho e Beira, está na sua retaguarda, em Ourem: e o general Bacellar em Obidos; em Abrantes ha uma guarniçaõ Portugueza de tres regimentos de linha, e algumas Milicias; assim estaõ os Francezes cercados em frente, flanco, e retaguarda. Naõ pertenderemos fazer especulaçoens sobre o motivo da inacçaõ destes exercitos, em sua taõ proxima situaçaõ, mas he indubitavel, que os Francezes estaõ reduzidos ao mais perigozo estado, e em breve veremos dissolvido o mysterio; entaõ appresentaremos factos á historia, em vez de arriscarmos agora conjecturas aos nossos Leitores.

Por uma carta de Lord Wellington, datada de Pero Negro em 10 de Novembro, e dirigida ao Lord Liverpool, diz "O inimigo reconheceo Abrantes aos 5 do corrente, e a cuberto desta operaçaõ moveo um pequeno corpo de cavallaria e infanteria para á Beira-baîxa, em direitura de Villa-velha, evidentemente com a intençaõ de obter posse da ponte sobre o Tejo, na quelle lugar.--Achâram-na porém destruida, e este destacamento voltou para Sobreira-Formosa.—Tenho uma carta do General Silveira de 3 do Corrente, de Trancoso. Elle Tinha os seus destacamentos sobre o Coa, e um delles (consistindo de um batalhaõ do regimento 24, que tinha estado de guarniçaõ em Almeida durante o cerco, e que o marechal Massena tinha participado ao Imperador, como havendo entrado voluntariamente ao serviço Francez) repellio os postos avançados da presente guarniçaõ de Almeida."

Deixamos de copiar as cartas officiaes de Lord Wellington, ao Governo Inglez, dando uma conta da campanha, porque no artigo das novidades de Portugal transcrevemos os officios deste general ao Governo Portuguez, e contendo quasi o mesmo sobre os movimentos do exercito nesta campanha, julgamos desnecessario a repetiçaõ. Desejariamos dar a carta do general Crauford, em que elle refuta, amplamente, a falsa conta de Massena sobre a acçaõ juncto a Almeida; mas he incompativel com os nossos limites neste No.

Naõ podemos porém deixar de alludir ás seguranças, que sempre mostrou ter Lord Wellington, de que o exercito Francez se acharia no maior aperto pela falta de mantimentos, em consequencia do systema judicioso adoptado pelo general Inglez, de devastar os lugares onde o exertito Francez tivesse de parar. Sabemos que Lord Wellington deo as suas ordens para este fim, com as mais estrictas recommendaçoens; e agora se faz manifesto, naõ só pelo officio de Massena, mas pelo que se deixa ver da carta do mesmo Lord Wellington de 3 de Novembro, p. 561, e mui principalmente pelo facto de continuarem os Francezes a subsistir onde se acham acampados; que elles achâram provisoens e mantimentos bastantes nos districtos de Torres-novas, Santarem, Riba-Tejo, Abrantes &c. e por consequencia as ordens de Lord Wellington naõ fôram executadas. Os Governadores do reyno saõ responsaveis ao publico; por uma falta desta natureza; e, ao menos aquelles, que se dizem ter sido de opiniaõ opposta ao bem pensado plano do general, nos fîcam sendo suspeitos de que por sua causa senaõ executáram, com exactidaõ, as ordens de Lord Wellington. Ao civil, e naõ ao militar, pertencia ésta execuçaõ.

A respeito dos exercitos Inglezes na Sicilia, temos um amplo detalhe do desembarque dos Francezes na quella ilha, communicado pelo general Stuart, em que se mostra bem a falsidade das representaçoens de Murat, sobre ésta expediçaõ. Naõ ha nada mais evidente do que o mao juizo com que se tentou este desembarque, e o peior modo porque se executou; basta observar, que as tropas Francezas desembarcáram, e embarcaram, sem artilheria, que as protegesse; e daqui resultou, que na retirada ficáram expostas, sem remedio ao fogo da infanteria Ingleza, e fóram obrigados a render-se todos os que naõ pudéram acolher-se aos botes com a celeridade necessaria. Damos o summario desta acçaõ no seguinte buletim official.

"Londres: Repartiçaõ de guerra 19 de Novembro, 1810, "Recebeo-se esta manhaã um despacho do Tenente-general Sir Joaõ Stuart, datado de Messina aos 22 de Septembro de 1810; em que se refere, que, ao amanhecer do dia 18 de Septembro, apparceo um grande corpo da flotilha do inimigo, preparando a tentar um desembarque entre Messina e Faro. Em quanto os seus movimentos atrahîam a attençaõ do principal corpo das forças Britannicas, effectuou o seu desembarque um destacamento commandado pelo general Cavinhac, junto a Santo Stephano, cousa de sette milhas para o Sul: este corpo consistia em obra de 3,500 homens, Corsos e Napolitanos, que tinham cruzado o estreito, em perto de 40 botes, e ganhado as costas de Sicilia antes de amanhecer.—Ao primeiro rebate, o major-general Campbell, marchou para o ponto ameaçado, aonde achou os atiradores Alemaens empenhados com o inimigo; e o regimento 21, e parte do 2º. Alemaõ, occupando o posto de Mili, para impedir o avanço dos Francezes sobre Messina, assim como sobre os montes que correm acima desta cidade. Quando amanheceo, percebeo este official que o inimigo ja estava nas montanhas, e se extendia desde ali até a praia, mas pouco depois principiou a mover-se, e os que estávam juncto aos botes começâram um precipitado embarque, em consequencia do vigoroso e repentino attaque, que lhe fez no seu flanco, com o segundo batalhaõ de infanteria ligeira, commandado pelo tenente coronel Fischer.—O major-general Campbell, observando este movimento de irresoluçaõ, avançou com o regimento 21, e o 2º Alemaõ, ao longo da praia; e assim obteve o cortar as tropas do inimigo, que tinham alcançado as alturas, alem dos que fôram abandonados pelos botes.—Tomanos cousa de 900 prisoneiros, incluidos um coronel, e dous officiaes do Estado-maior-general, e duas bandeiras da Legiaõ Corsica.—Alem destes perdeo o inimigo muitos homens em mortos, e feridos, principalmente nos botes, que largavam das praias. Dos Inglezes só ficâram feridos tres soldados.—O general Campbell falla em altos termos do comportamento dos tenente-coroneis Adam, e Fischer, e do tenente-coronel A'Court. Elle tambem refere o zelo e enthusiasmo, que mostrou a paizanagem das aldeas vizinhas, a qual veio, com a maior presteza, em auxilio das nossas tropas."

PORTUGAL.

Extracto da Gazeta de Lisboa de 29 de Outubro.

" Em consequencia das averiguaçoens de Policia se mostrou, que a residencia de alguns individuos neste Reyno podia ser prejudicial ao socego publico, em uma conjunctura taõ delicada como presente; pelo que, tomou o Governo a resoluçaõ de os remover interinamente de Portugal. Este procedimento se acha escandalosamente calumniado na gazeta Ingleza, denominada o Sol, de 2 do corrente, cujas asserçoens os Senhores Governadores do Reyno mandam desmentir, fazendo saber, que nem o Marechal General Lord Wellington, nem o Ministro Plenipotenciario de S. M. B., nem algum outro individuo, da dicta naçaõ teve alguma parte no referido procedimento, nem conhecimento anticipado delle; por isso que o mesmo procedimento naõ foi mais que um resultado das informaçoens, que fôram communicadas pela Policia. As outras noticias absurdas, sobre a conjuraçaõ, achados de armas, &c., saõ taõ notoriamente falsas que naõ merecem refutaçaõ. Similhantes delictos, se existissem, seriam castigados com penas mais graves, em observancia das leis, e para escarmento dos culpados."

Por mais respeito que tenhamos á maior parte dos individuos, que compoem o actual Governo de Portugal, naõ podemos deixar de reflectir em um defeito essencial, na formaçaõ de um corpo, a quem se entregou o sorte da naçaõ. Estrictamente fallando, a Regencia está nas maõs de um Triumvirato Ecclesiastico, que dá ja infelizmente palpaveis signaes, de que viraõ a Governar Portugal com as mesmas maximas da Inquisiçaõ. Nada éra mais facil de prever, do que a combinaçaõ dos tres ecclesiasticos, contra os dous leigos, que se acham na Regencia; e de facto, he o que ja acontece. Fallando desta Triple Uniaõ, naõ lançanos maõ do grande descontentamento, que se levantou contra o Sñr Ricardo Raymundo, em consequencia do despotismo practicado contra os sugeitos, que se degradáram, e mandáram ficar prezos nas ilhas; porque he natural, que aquelle atroz, e manifestamente injusto procedimento, excitasse em todos os homens de probidade um tal horror contra os fautores, e promotores, de tal medida, que em sua honrada paixaõ assaltassem menos devidamente este sugeito, em quem insistimos ainda em suppor o melhor character, até que apparecendo algum novo acto, que se accrescente á atrocidade, em que elle teve parte, nos vêjamos entaõ obrigados, a desdizer-nos dos elogios que lhe temos feito; ou a declarar, que aconteceo a este o que succede a muitos homens bons, a quem os empregos publicos enchem de soberba, vaidade, e ambiçaõ; e tornam inteiramente viciosos; mas, até essa prova, insistimos em o julgar um dos mais capazes membros da Regencia. O Bispo do Porto Patriarcha Eleito; posto que saibamos, hoje em dia, a seu respeito, mais do que sabiamos, quando notamos a sua conducta no Porto, continuamos a crêr, que os seus serviços, na restauraçaõ do Reyno, fôram mui efficazes. E o Principal Souza, naõ obstante que o julguemos de máos principios, maiormente em suas noçoens a respeito da America, e do Brazil, com tudo estamos bem longe de o julgar com a mesma severidade, com que o julga a maior parte das pessoas que o conhecem. Eisaqui portanto; que naõ temos razoens individuaes contra ésta maioridade da Regencia; quanto aos dous seculares; ou leigos como lhe chamaõ os ecclesiasticos; saõ dous homens de bom character; mas naõ será difficil aos nossos Leitores o conhecer, que naõ podem ser capazes de levar avante medida nenhuma, contra a maioridade de votos do tri umvirato Ecclesiastico.

He pois contra a medida desta escolha, de ter no supremo Governo da naçaõ uma maioridade de votos, em ecclesiasticos, e uma maioridade taõ facil em combinaçaõ, e taõ temivel nas consequencias, como a historia nos ensina, em um triumvirato. Se perguntarem ao Sñr. Ricardo Raymundo, que razaõ teve para ensinar em Coimbra, explicando direito patrio aos seus discipulos legistas, que o processo criminal findava com o castigo do reo; e agora quando está á testa do Governo praticar o opposto; pois principiou o processo dos infelizes, que mandou para as ilhas, pelo castigo dos accusados; que razaõ poderá dar desta manifesta contradicçaõ, entre seus principios theoreticos, e sua practica no Governo, senaõ a mesma dos Triumviros em Roma. Augusto sacrificou o honrado Cicero ao furor de Antonio; porque este triumvir, em retribuiçaõ a Augusto, lhe sacrificou outras victimas. Cêdo, diz todo o triumvir, em umas medidas, para poder obter outras de meus collegas: eis aqui o grande perigo de um triumvirato; ainda havendo nelle pessoas de boas intençoens.

Mas estes, e outros males, de um triumvirato qualquer, saõ ainda mais temiveis em um triumvirato ecclesiastico; encarregado do Governo civil de um Estado. As virtudes do claustro, naõ saõ as mesmas do throno; provaremos isto com um facto da historia Portugueza, incontestavel; qual he o infeliz reynado d'El Rey D. Sebastiaõ. Tractando-se de escolher mestres para El Rey, entaõ menor, fôram de opiniaõ os homens mais cordatos, que se naõ nomeassem ecclesiasticos, ou ao menos, que naõ fossem regulares, a fim de que naõ succede-se, que em vez de educarem a D. Sebastiaõ para rey, o educassem para frade. Tivéram porém alguns ecclesiasticos a ascendencia sobre o espirito do moço rey, e a consequencia foi, que lhe inspiráram o amor á castidade a um tal ponto, que o fizéram amar o celibato; e uma fanatica indisposiçaõ contra a religiaõ Mahometana, que custou a vida a El Rey, ao reyno a liberdade. Taes saõ os effeitos de um Governo de maximas ecclesiasticas; proprias do claustro, mas summamente deslocadas no throno.

O paragrapho da gazeta de Lisboa, por que começamos este artigo, he uma prova do que avançamos. Naõ precisavamos desta humilde, e submissa satisfacçaõ dos Governadores do Reyno, para sabermos que elles tinham obrado uma manifesta injustiça, em uma acçaõ summamente impolitica, mandando prender, degradar para a ilha Terceira, e ali encarcerar rigorosamente, muitos homens, que agora confessaõ os Governadores naõ terem commettido crime algum. Mas esta submissa declaraçaõ do gazeteiro de Lisboa, feita por ordem, prova que o homem injusto he taõ cruel, a respeito dos infelizes que lhe naõ podem resistir, como timido, e submisso, a respeito da quelles, que reconhece por superiores em forças.

Abaterem-se os Governadores do reyno, a mandar responder, com a authoridade do seu nome, ao dicto de um gazeteiro, como he o Edictor da gazeta Ingleza o Sol, he uma humiliaçaõ que os degradua de sua dignidade; se tal resposta éra necessaria, bastava que o gazeteiro de Lisboa respondesse ao gazeteiro de Londres, e naõ porem se os Governadores do Reyno de Portugal ao nivel em disputa, com um gazeteiro, éstas humildades fradescas, seraõ mui propriasde um franciscano, que, seguindo estrictamente os conselhos do evangelho, se lhe dessem um bofetaõ em uma face deveria offerecer a outra, para ser consequente em seus principios, porem em um Governo, que representa um Soberano, taes humildades saõ fóra de lugar; naõ he assim que se mantem a dignidade do throno: nem taõ pouco julgamos decoroso á magestade do Governo, ou consequente com a humildade conventual, o usar da palavra *desmentir*, que se lê naquelle paragrapho; *contradizer*, ou *corrigir*, conviria melhor á sublimidade do character dos Governadores, e á humildade de ecclesiasticos.

Más ja que os Governadores tentáram justificar com a authoridade do seu nome o character de Lord Wellington, e o Ministro de S. M. B. em Lisboa, que nenhum homem sensato disputou, deveriam dizer tudo; deveriam declarar, que o acto de despotismo, proveio dos Governadores; e o que houve de brando foi feito a instigaçaõ dos Inglezes. Mais ainda; o Ministro Inglez em Lisboa deo passaportes a alguns destes exterminados, para que pudessem vir para a Inglaterra; e os Governadores sonegáram a maior parte desses passaportes. Se a sua intençaõ era, como diz esse paragrapho da gazeta que transcrevemos, remover de Lisboa individuos, cuja presença podia perturbar o socego publico; que lhe importava ao Governo, que elles fossem para a ilha Terceira, ou para Inglaterra? ¿ Para que sonegáram os passaportes, dados pelo Ministro Inglez, a alguns individuos para vir ter a Londres? Esta sonegaçaõ foi aqui provada authentica, e publicamente; porque assim foi necessario para elles desembarcarem em Inglaterra.

A impolitica de darem motivo os Governadores do reyno, a que corressem em Lisboa os boatos de uma conspiraçaõ a favor dos Francezes, se prova bem pela rápida marcha que fez Massena, para Lisboa, mui provavelmente, instigado pelas noticias, que lhe chegáram a elle, como nos chegáram a Londres, de que havîa um grande partido em seu favor. Diraõ, que bom foi que se adiantassé Massena; porque por esse adiantamento se metteo nas difficuldades em que se acha; sêja assim; mas se, pelo contrario, elle fosse bem succedido em suas tentativas; naõ éram os Governadores do Reyno responsaveis por essa fatalidade, havendo dado a entender ao inimigo, com seus procedimentos, que havîa uma grande combinaçaõ a seu favor?

Mas olhemos a questaõ pela parte da justiça, e injustîça. Diz o gazeteiro;" que o Governo tomou a resoluçaõ de os remover interinamente de Portugal." ¿ Que? Chama-se remover interinamente a estes homens, o prendêllos, incommunicaveis de suas familias, embarcállos com todas as demonstraçoens de ignominia abordo de uma fragata Portugueza; pedir ao Almirante Inglez outra fragata para os comboyar; e mettêllos em horridas prisoens incommunicaveis quando chegáram á ilha Terceira; procurar embaraçar, que viessem para Inglaterra, aquelles mesmos que tinham passaportes do Ministro Inglez?

A naçaõ Ingléza tinha o direito de perguntar, e examinar, porque motivo estes homens éram perseguidos. Pela convençaõ de Cintra, boa ou má, os Inglezes se obrigáram a fazer com que nenhum Portuguez fosse punido, por suas opinioens politicas, antes da quelle periodo, logo o Governo Inglez tinha o direito de perguntar, e indagar do Governo Portuguez, se aquelles homens éram punidos por actos posteriores, se por anteriores a Convençaõ de Cintra.

Nós ja dissemos (no nosso No. passado) que naõ pertendemos justificar todos os transportados, nem nenhum delles em particular: alguns terîam vivido em bons termos com os Francezes; outros terîam comprazido com elles antes de conhecer suas maldades; mas; provouse que alguns delles fossem do mesmo sentîr depois da Convençaõ de Cintra? He publico em Lisboa (e nos he conhecido pela melhor authoridade que he possivel obter) que o Principal Souza, ficando por administrador da casa de seu irmaõ, o Conde de Linhares, em Lisboa, naõ obstante o decreto de Bonaparte, que mandava confiscar os bens dos fidalgos que acompanháram S. A. R. para o Brazil, nunca perdeo por confisco cousa alguma, nem pagou a menor contribuiçaõ aos Francezes, quando os demais Portuguezes geméram debaixo do jugo de suas estorsoens; e porque o Principal soube manejar os Francezes ao ponto de escapar de sua rapina, têllo-hemos por um homem suspeito? ¿ diremos que deve tambem ir para as masmorras da ilha Terceira. Naõ certamente. Pois entaõ o mesmo raciocinio devîa elle applicar aos mais que para lá mandou, a menos que lhe naõ provasse alguma couza, posterior á convençaõ de Cintra. Diraõ que alguns delles eram suspeitos, e naõ os desejávam em Lisboa: bem; por isso mandem-nos sahir; he este o ultimo termo de um acto de precauçaõ, posto que possa infelizmente ser injusto; mas naõ vilipendiar, degradar, encarcerar, arruinar inteiramente, homens, contra uem nada se prova nem se allega.

Os Portuguezes devem dar graças a Deus de ver introduzidos na Regencia dous Inglezes, principalmente um paizano como he Mr. Stwart; porque agora com difficuldade se renovaraõ estas scenas de despotismos. Quaes quer que sêjam os vicios de um Inglez, elle sempre sabe appreciar a segurança pessoal do individuo, bençaõ divina da Constituiçaõ Ingleza; e temos a mais confiada esperança, que, em quanto Mr. Stwart continnar na Regencia, naõ teremos de lamentar outra vez procedimentos desta natureza; posto que nos naõ julguemos satisfeitos de que elle naõ tenha indagado, e mostrado ao publico, que os miseraveis, que jazem nas masmorras da ilha Terceira, lá estaõ por factos posteriores á Convençaõ de Cintra, de que. Mr. Stwart he garante.

Voltemos agora os olhos, com complacencia, aos beneficios, que se devem á influencia Ingleza; porque o nosso fim he fazer, com que se naõ attribuam aos Inglezes as faltas do Governo Portuguez. O geneneral Romana desembarcou em Lisboa aos 22 de Outubro, trazendo com sigo um luzido exercito, que se unio ás tropas alliadas; ao mesmo tempo que por uma ordem do dia de 21 Outubro, o indefatigavel general Beresford, rigoroso em sua disciplina, declara que todo o official Portuguez, que se achar auzente do seu corpo, sem permissaõ do Marêchal será considerado como desertor.

Mandou-se publicar em Lisboa a conta dos donativos voluntarios, recebidos para a remissaõ dos captivos em Argel; e o modo porque essas sommas fôram empregadas, para satisfacçaõ do publico, em forma de conta corrente. Esta desmonstraçaõ he moda Ingleza, e serîa no systema Portuguez um preccado mortal, contra o segredo do Erario; mas sem duvida regosijou o publico, que assim soube o modo porque foi empregado o seu dinheiro; só assim podem obter os Governos a sancçaõ dos povos. Nos sempre esperamos estes melhoramentos da influencia Ingleza. Naõ podemos tambem deixar de dar os mais decididos elogios ao patriotismo dos individuos, que contribuiram voluntariamente: a somma juncta foi de 131:613.083 reis. Naõ ha occasiaõ opportuna, em que os individuos da naçaõ Portugueza se naõ mostrem dignos herdeiros da gloria de seus heroes antepassados. Os nossos limites naõ nos permittem refferir os nomes de todos, os que contribuîram, e serîa injustiça nomear alguns sem outros.

CORREIO BRAZILIENSE

DE DEZEMBRO, 1810.

Na quarta parte nova os campos ara,
E se mais mundo houvéra la chegara.

CAMOENS, C. VII. e. 14.

POLITICA.

Collecçaõ de Documentos Officiaes relativos a Portugal.

DECRETO.

TENDO consideraçaõ aos Serviços feitos pelos officiaes do Senado da Camara, e mais habitadores da Cidade de Macáo na China, mostrando a sua fidelidade naõ só em mandar a este porto um navio, com o fim de felicitar-me por occaziaõ da minha feliz chegada a este estado; mas muito principalmente pelos esforços, com que repelliram os piratas, que ameaçavam invadir aquella Colonia, além de terem prestado soccorros pecuniarios á Capital dos meus Estados da India: E querendo promover a prosperidade do commercio da quella cidade: Hei por bem determinar, que sejam izentos dos Direitos de entrada nas Alfandegas do Brazil os Generos, e Mercadorias da China, que se exportarem direitamente para os portos deste estado, e pertencerem aos meus vassallos Portuguezes, ou por sua conta forem carregados em navios nacionaes; ficando outrosim independentes da navegaçaõ para Goa, e sendo porém obrigados a enviar para ali annualmente o Barco das Vias, que faz a correspondencia com a metropole. O Conselho da Fazenda o tenha assim entendido, e o faça executar com os despachos necessarios. Palacio do Rio de Janeiro em treze de Maio de mil oitocentos e dez.

Com o Rubrica do Principe Regente, N. S.

CARTA REGIA.

Juizes e mais officiaes do Senado da Camara da Cidade de Macao: Eu o Principe Regente vos envio muito saudar. Sendo-me presente os bons serviços, que me tendes feito naõ só em mandar a este porto um navio com o fim de felicitar-me por occaziaõ da minha feliz chegada a este Estado; mas tambem pelos esforços com que procurastes, e fizestes repellir os Piratas, que ameaçavam essa Colonia, e por haverdes em outras muitas occaziões prestado uteis, e importantes soccorros pecuniarios á capital dos meus estados da India, em circumstancias apertadas, e arduas: E querendo dar-vos um publico, e perpetuo testemunho de quam agradaveis me tem sido todos estes distinctos serviços: Sou servido concedervos o titulo de — Leal — de que ficará gozando esse Senado perpetuamente. Escrita no Palacio do Rio de Janeiro em treze de Maio de mil oitocentos e dez.—Principe.—Para o Juiz, e mais officiaes do Senado da Camara da Cidade de Macáo.

AMERICA.

Extractos da Conrespondencia entre o Ministro Americano em Londres, e o Secretario dos Negocios estrangeiros.

Carta de Mr. Pinkney, Ministro Americano, áo Lord Wellesley.

Londres, Great Cumberland-place, 25 de Agosto, 1810.

My Lord! Tenho a nonra de representar a V. S., que recebi do General Armstrong, Ministro Plenipotenciario dos Estados Unidos em Paris, uma carta, datada de seis do corrente, em que elle me informa que o Governo de França revogou os decretos de Berlin e Milaõ, e que este facto lhe foi notificado officialmente por escripto, nas seguintes palavras. "Je suis authorisée a vous declarer, Monsieur, que les decrets de Berlin e de Milan, sont revoqués, e qu'a dater des premier Novembre, ils cesseront d' avoir leur effect."

Eu considero certo, que a revogaçaõ das ordens Britannicas em conselho de Novembro 1807, e Abril de 1809, e todas as outras ordens dellas dependentes, a ellas analogas, ou em execuçaõ dellas, se seguirá a isto como consequencia necessaria. E eu espero que V. S. me habilite, com a menor demora possivel, a annunciar ao meu Governo, que tal revogaçaõ já teve lugar.

Tenho a honra de ser com profunda consideraçaõ.

My Lord, De V. S.

Muito obediente creado,

(Assignado) WM. PINKNEY.

Ao Nobilissimo Marquez Wellesley.

Carta de Lord Wellesley a Mr. Pinkney.

Senhor! Tenho a honra de accusar a recepçaõ da vossa carta de 25 do Corrente.

Aos 23 de Fevereiro de 1808, o Ministro de S. M. na America declarou aos Estados-Unidos, o ardente desejo de S. M. em ver o commercio do Mundo restituido áquella liberdade, que he necessaria para a sua prosperidade; e a sua promptidaõ em abandonar o systema, a que elle fôra forçado, todas as vezes que o inimigo retractar os principios, que o fizéram necessario.

Tenho ordem de S. M. para repetir ésta declaraçaõ, e para vos segurar, que assim que tiver o seu effeito, em practica, a revogaçaõ dos decretos Francezes, e o commercio das naçoens neutraes for restituido á condiçaõ em que estava antes da promulgaçaõ daquelles decretos, S. M. sentirá a maior satisfacçaõ em deixar um systema, que a conducta do inimigo o compellio a adoptar,

Tenho a honra de ser, com a mais profunda consideraçaõ. Sñr.

Vosso obediente creado,

(*Assignado*) WELLESLEY.

Proclamaçaõ do Presidente dos Estados-Unidos.

Por quanto, pela quarta secçaõ do Acto do Congresso, que se passou no 1° de Mayo de 1810, intitulado "Um Acto relativo á communicaçaõ commercial, entre os Estados Unidos, ea Gram Bretanha, e França, e suas dependencias, e para outros fins;" está providenciado que, no caso em que ou a Gram Bretanha ou a França, antes do terceiro de Março proximo futuro, revogar ou modificar os seus edictos de maneira que deixe de violar o commercio neutral dos Estados-Unidos, o qual facto o Presidente dos Estados-Unidos declarará por proclamaçaõ; e se a outra naçaõ, dahi a tres mezes naõ revogar ou modificar os seus edictos em igual maneira; entaõ, a 3, 4, 5, 6, 7, 8, 9, 10, e 18, secçoens do Acto intitulado "Um acto para prohibir a communicaçaõ commercial entre os Estados-Unidos, e a Gram Bretanha e França, e suas dependencias, e para outros fins," findos os tres mezes desde a data da sobredicta proclamaçaõ, seraõ reestabelecidas, e postas em pleno vigor, e effeito, em tanto quanto respeita os dominios, colonias, e dependencias da naçaõ, que assim refusar, ou negligenciar o revogar, ou modificar os seus edictos na maneira sobredicta. E as restricçoens impostas por este acto, desde a data da tal proclamaçaõ cessaraõ, e discontinuaraõ, relativamente á naçaõ, que revogar, ou modificar os seus decretos, na maneira sobredicta."

E por quanto, se tem feito officialmente saber a este

Governo, que os edictos da França, que violáram o commercio neutral dos Estados-Unidos, tem sido revogados, de maneira que cessaram de ter effeito no primeiro do presente mez. Portanto, agora, EU JAIMES MADISON, Presidente dos Estados-Unidos, por ésta proclamo, que os dictos Edictos da França tem sido por tal maneira revogados, que cessáram no dicto primeiro dia do presente mez de violar o commercio neutral dos Estados-Unidos, e que da data desta em diante todas as restricçoens impostas pelo sobredicto acto cessaraõ, e discontinuaraõ, a respeito da França e suas dependencias.

Em testemunho do que fiz aqui affixar o sello dos EstadosUnidos, e assignei o mesmo com a minha maõ na cidade de Washington, aos 2 de Novembro do anno de Nosso Senhor 1810, e da independencia dos Estados-Unidos, trinta e cinco.

(*Assignado*) JAIMES MADISON,

Pelo Presidente R. SMITH, Secretario d'Estado.

(*Circular.*)

Repartiçaõ do Thesouro, 2 de Nov. 1810,

Senhor! Com ésta recebereis uma copia da Proclamaçaõ do Presidente dos Estados-Unidos, annunciando a revogaçaõ dos edictos da França, que violáram o commercio neutral dos Estados-Unidos, e que as restricçoens, impostas pelo Acto do primeiro de Maio proximo passado, cessaraõ, consequentemente, desde o dia de hoje, relativamente á França. Os vasos armados Francezes, portanto, podem ser admittidos nas enseadas, e agoas, dos Estados-Unidos, naõ obstante cousa alguma em contrario naquella lei.

Segue-se tambem que, se a Gram Bretanha, aos dous de Fevereiro, proximo futuro, naõ tiver revogado ou modificado em igual maneira, os seus edictos, que viólam o commercio, neutral dos Estados-Unidos; a 3, 4, 5, 6, 7, 8, 9, 10, e 18, secçoens do Acto intitulado "Um Acto para prohibir a communicaçaõ commercial, entre os Estados-Unidos, e a Gram Bretanha e França, e suas dependencias, e para outros fins;" seraõ, em conformidade do Acto acima mencionado, postas em plena força e effeito, em tanto quanto diz respeito á Gram Bretanha, e suas dependencias, desde o dicto dia 2 de Fevereiro, proximo futuro. A menos que antes desse dia vós recebais notificacaõ official, por éstaRepartiçaõ, de tal révogaçaõ ou modificaçaõ, vos desde, e passado esse dia, poreis em execuçaõ as sobredictas secçoens, que prohibem tanto a entrada dos navios Britannicos de toda a qualidade, nas enseadas e agoas dos Estados-Unidos, como a importaçaõ para os Estados-Unidos, de quaesquer artigos do crescimento, producto, ou manufactura dos dominios, colonias, e dependencias da Gram Bretanha, e de quaesquer artigos trazidos dos dictos dominios, colonias, e dependencias.

Sou, respeituosamente, Sñr.

Vosso obediente, &c.

ALBERTO GALLATIN.

Ao Collector dos direitos da Alfandega do districto de ———

AMERICA HESPANHOLA.

Proclamaçaõ da Suprema Juncta de Santa Fé de Bogatá.

A Suprema Juncta desta Capital, que naõ tem cessado por um momento de misturar as suas lagrimas com as de todos os homens bons, desde o periodo em que soube os acontecimentos da Cidade de Quito, e que em um momento de desesperaçaõ tinha julgado quasi perdida, dirigîo os seus trabalhos principalmente á salvaçaõ daquelle povo, e das victimas sacrificadas ao punhal; e naõ póde deixar de manifestar a sua dor á quelle generoso povo, que pagou taõ caro os seus primeiros passos para a liberdade. Oh!

Porque nos separa taõ grande distancia daquella cidade! Se nos ficassem proximos, fariamos pagar sua temeridade a esses governadores de Quito, a esses usurpadores da authoridade legitima do povo! Mil patriotas se offerecem hoje a marchar para aquella cidade, sem paga, sem remuneraçaõ, e sem outro premio mais do que a vingança de seus irmaõs. Receba a cidade, em suas lamentaçoens, ao menos esta consolaçaõ. Levante-se em Armas toda a America; e una-se em um grito geral de vingança; porque as suas perdas saõ quasi irreparaveis; Salinas, Morales, Quiroga ¿ quem te substituirá? Os Franklins, e Washingtons, da nossa revoluçaõ, naõ vivêram para ver o seu complemento. Esta eterna dôr se intrometterá sempre para futuro nos enthusiasticos extasis de nossa futura felicidade. E quando os nossos descendentes repettirem os gloriosos acontecimentos de nossa revoluçaõ; a lembrança destas veneraveis cinzas amargurará a narrativa. Quito, algum dia agradecido, erigirá estatuas á sua memoria; e a America se confessará devedora a elles de sua liberdade. Tomem os povos cuidado da posteridade, e a gratidaõ da patria fomentará os ramos, que nasceram de um tronco decepado pela fouce da tyrannia. Com tudo, nas expressoens enthusiasticas de nossa gratidaõ, se naõ esquecerá a Suprema Juncta das outras victimas do dia 12. Victimas cujos nomes seraõ transmittidos á posteridade. Sêjam sempre lembrados, aquelles que, n' um estado indefezo e na prizaõ, fôram sacrificados por uns covardes assassinos, que se naõ envergonháram de perpetrar taõ horrida façanha.

A Suprema Juncta decreta tres dias de luto solemne, como uma pequena demonstraçaõ de sua dor. Abrir-se-ha uma subscripçaõ a favor das viuvas, e orphaõs, reduzidos a ésta situaçaõ pelo dia dous de Agosto; o qual dia será daqui em diante solemnizado em anniversario, em que exprimamos a nossa dor. A Igreja purgará suas almas com ritos solemnes, incluindo os que perecéram em Quito, em Soccorro, e nas Planicies. Santa-Fé, 5 de Septembro, de 1810.

D. JOZE MIGUEL PEY, Vice Presidente.

Proclamaçaõ de D. Carlos Montufar ao Povo de Quito.

Habitantes de Quito! O fatal momento, tantas vezes temido pelo justo e recto, chegou em fim, e a desenfreada raiva de vossos infames tyrannos rasgou as entranhas de um inocente povo. As victimas sacrificadas á furia do brutal soldado, patenteam demasiadamente bem as feridas de uma Patria ensanguentada, e os assassinos de vossos concidadaõs seraõ a sanguinolenta capa, que se levará pelas Provincias para levantar a Patria á vingança. O terrorismo e a morte fôram as medidas a que recorreo um Governo destruidor; seja pois tambem o terror e a morte o nosso moto. Cadeas, e prisoens, tem sido os meios que elles usáram, para suffocar os gemidos da humanidade, que implorava remedio a seus males: sêjam tambem as cadeas, e as prisoens a sorte de nossos oppressores. Em vaõ um anjo da paz, trazido sobre as azas do desejo da Europa, derramou o balsamo em vossas feridas. Os tyrannos, sempre altivos, sempre insensiveis, se gratificam com um triumpho covarde. Chamamse asi mesmo pacatos; e elles saõ taõ pacatos como os tygres, com as prezas ainda tinctas no sangue de seus irmaõs. Infeliz povo; as vossas desgraças tem estimulado a branda natureza dos Americanos, e o fogo consumidor da vingança circula agora em suas veias. Levantai vossas humildes cabeças, largai o vestido de saco e as cinzas, e vede os heroes de vossa liberdade extendidos na poeira; victimas dos ferozes monstros, que o inferno vomitou para vossa destruiçaõ! Vede as ruas! Ellas estaõ cubertas com os corpos de vossos amigos; vossas mulheres affrontadas, vossos filhos mortos! Vede com pêjo a prostrada dignidade do homem, que vos condecorasteis com tantas honras o anno passado. Todo o paiz corre em vosso auxilio. Todos ardem no fogo de liberdade. Arrebentam heroes nas vossas ruas, e ja naõ existe um tyranno ao norte do nosso continente. As ensanguentadas cinzas de um Morales, um Quiroga, e um Salinas, apontam para as suas feridas, e gritam altamente vingança. Vinguemo-nos. Que o maculado sangue dos que os precipitáram no tumulo, tinja o chaõ, poluto pelos seus crimes e maldades.

Verdadeira copia, extrahida da carta de D. Carlos Montufar, de Popayan 20 de Agosto, 1810.

TORRES, Secretario.

Em consequencia da sobredicta communicaçaõ, a Suprema Juncta assegura á de Santa-Fé, que corresponde com ella em sentimentos, e dará todo o adjutorio para exterminar os barbaros authores de tantas atrocidades. A's tropas em Quito, e nas provincias vizinhas, mandam um convite geral, para que se subtráham á obediencia dos tyrannos daquelle infeliz terreno; e que para o descanço das almas das infelizes victimas, que tem sido sacrificadas ao despotismo se celebre Missa Solemne, e um funeral a que a Juncta assistirá, e todos os seus Membros traraõ luto carregado por tres dias. A Juncta se obriga a dar todos os passos que julgar mais convenientes, para fomentar e soster a sancta causa, commum a todas as provincias do nosso novo Reyno. Carthagena de Indias 15 de Septembro, de 1810.

JOZE MARIA GARCIA DE TOLEDO, Presidente.

Extractos da Proclamaçaõ da Provincia de Carthagena de Indias, ás outras Provincias do Reyno de Nova Granada.

A justiça de nossas queixas, a publicidade de nossas operaçoens, a franqueza, e solicitude com que temos tomado cuidado de as communicar a todos os cabildos do reyno, nos exonéram, charos Compatriotas, de fazer, uma relaçaõ prolixa das medidas, que temos peculiarmente adoptado para nos proteger contra os horriveis extremos do despotismo, ou da anarchia, em que a America Hespanhola deveria necessariamente ter cahido, desde o momento, ja mui provavel, da quasi total subjugaçaõ da Metropole, pelas armas do tyranno da Europa.

Mas este porto, como Atalaya situada na costa do mar, tem tido a opportunidade de saber, antes que alguma outra provincia do reyno, os progressos ou a remissaõ dos males, que a Peninsula soffre, e tem podido conduzir as suas operaçoens de maneira, que prevenio o ser involvida na mina que a ameaçava. Foi em consequencia disto, que, desde o tempo em que a Juncta Central mandou para ésta cidade um novo chefe, sem outro algum titulo mais do que uma simples ordem, se principiáram a manifestar os seus principios despoticos, a sua conducta oppressiva, e o seu conceito (publicamente proclamado) de que o terrorismo era o meio mais efficaz de conservar o povo quieto: desde aquelle mesmo tempo o nosso illustrissimo Cabildo principiou a restringîllo, e a fazer-lhe saber, que em consequencia das circumstancias em que a Hespanha estáva posta, e do temivel progresso do inimigo, a tranquilidade, e confiança do povo pedîam a adopçaõ de medidas de segurança, de que elle nunca se sentiria convencido, sem a participaçaõ das authoridades municipaes, em todos os ramos da administraçaõ publica, que eram exclusivamente conduzidos por elle. O Governador conveio em um systema prescripto, em substancia, pelas nossas leis municipaes; porém quebrou logo o juramento, porque se havia ligado; e teve a audacia de desmentir pela sua conducta, o reconhecimento, que, com apparente cordialidade, fizéra ante todo o povo, ajunctado na frente da Salla Consistorial.

Em consequencia destes procedimentos, cujo objecto éra tyrannizar os habitantes, o Illustrissimo Cabildo, e os nossos magistrados ordinarios, procedêram a pronunciar a sua deposiçaõ do Governo, e concordáram em o mandar outra vez para a Regencia, com uma succinta exposiçaõ das poderosas razoens, que os obrigáram a recorrer a uma taõ extrema medida.

(A proclamaçaõ passa depois a referir miudamente, o contentamento e confiança, que ésta medida produzio entre o povo, e os varios passos que deo o cabildo em consequencia disso. Sobre o systema de seu futuro Governo se explica a proclamaçaõ nestes termos.)

Que systema póde desejar um povo; que tem gemido debaixo do despotismo, e do ultimo desprezo de seus interesses e prosperidade, senaõ aquelle que pode unir as duas mais preciosas vantagens; a saber, gozar de uma liberdade assegurada pela lei; e ter faculdade de attender immediatamente por si mesmo, a todos os ramos de sua administraçaõ interna? O systema federativo he o unico que convem a um reyno, cuja populaçaõ está taõ dispersa, e que he de muito maior extensaõ do que toda a Hespanha.

(As vantagens deste systema saõ longamente expostas na proclamaçaõ, e se reduzem, segundo os seus principios, á mais facil, e expedita administraçaõ de justiça; e decisaõ dos processos: cada provincia medirá as suas necessidades pelos seus meios; e os planos para as estradas, e canaes, até aqui negligenciados, seraõ mais effectivamente postos em execuçaõ.)

Porém (continua a proclamaçaõ) naõ deixaraõ de haver disputas internas entre as provincias limitrophes, cada uma das quaes serîa só de persi fraca, e exposta a subjugaçaõ estrangeira; se uma federaçaõ de todas as provincias, por meio de deputados, que formem um corpo representativo, naõ constituir um centro commum de uniaõ, e de fortaleza; um corpo que exercite o poder legislativo em todas as materias de interesse geral; que ajuste as contribuiçoens, ou contingentes, que cada provincia deve fornecer, sêja em homens, sêja em dinheiro, para á defensa commum; e que estabeleça o poder executivo, com aquellas limitaçoens que se julguem necessarias.

(Saõ porém oppostos os authores desta proclamaçaõ, ao estabelicimento de um Governo Interino, fundando-se em que as differentes provincias saõ, ao presente, plenamente capazes de manejar os seus negocios interiores, e alem disso dizem elles.)

Uma forma interina de Governo, convocando um deputado de cada provincia, serîa fazer identicamente a mesma cousa que se tinha feito em Hespanha, pela formaçaõ da Juncta Central, e serîa em consequencia expor-nos a similhantes ponderosos inconvenientes. Todos aquelles que, lendo os jornaes e gazetas dos nossos tempos, particularmente as estrangeiras, tem seguido os passos da desastrosa irrupçaõ dos Francezes na Hespanha, estaõ habeis para julgar dos erros, e desordens, que se tem attribuido á Juncta Central, até mesmo pelo Marquez de La Romana, um de seus Membros; e que representaçoens lhe fez o Marquez Wellesley, Embaixador Britannico, a fim de que se adoptasse outra forma de Governo. Nestas, attribuia elle todos os desastres que soffre a naçaõ Hespanhola, aos vicios inherentes a um corpo de trinta membros, que nem se lhes podia chamar representantes da naçaõ, nem um executivo, que pela uniaõ de seus actos pudesse segurar o respeito, e obediencia, daquelles que tinham de executar as suas ordens.

(Sobre o local, em que se deve ajunctar o Congresso geral do reyno, pensam elles que Antioquia, ou Medellin, saõ os lugares proprios para este fim, pela sua situaçaõ e outras circumstancias, conclue a Proclamaçaõ deste modo.)

A cidade de Medellin, com uma populaçaõ de 16, ou 18 mil almas, a sua temperatura igual á de Guaduas, a sua posiçaõ quasi no centro do reyno, parece ser peculiarmente adaptada á assembea dos Deputados. As maneiras brandas, e pacatas, que distinguem a provincia de Antioquia, a fazem peculiarmente eligivel para a residencia de um corpo, a quem a tranquilidade, e plena segurança saõ especialmente necessarias, em tempo em que as condiçoens, e limites da federaçaõ das provincias, estaõ ao ponto de estabelecer-se.

Tal he a franca exposiçaõ do que a Provincia de Carthagena tem julgado necessario na presente crisis. Ella communica cordialmente as suas ideas ás outras provincias, naõ com o desejo de que séjam essas ideas implicitamente seguidas, mas para que ellas possam ser livremente examinadas por todos; e para que a mutua communicaçaõ de sentimentos possa ter lugar entre as provincias, a fim de que séja finalmente adoptado o systema, que seguir a maioridade.

(*Assignado*) JOSE MARIA GARCIA DE TOLEDO, Presidente.
JOZE MARIN REVOLTO, Sec.
GERMANO GUTIEREZ DE PINERS, Sec.

Carthagena, 19 de Septembro, 1810.

Florida Occidental.

Quartel General, Forte de Baton Rouge,
24 de Septembro, 1810.

Senhor! Em obediencia das ordens da Convençaõ, em data de 22 do corrente, eu ordenei ao Major Johnson, que ajunctasse toda a cavallaria que achasse prompta, e marchasse immediatamente para o forte de Baton Rouge; eu dirigî-me entaõ a Springfied, aonde achei 44 homens da companhia de granadeiros, commandados pelo coronel Ballanger, esperando as ordens da Convençaõ. A uma hora da manhaã do dia 23, nos unimos ao Major Johnson e

Cap. Griffith, com 21 homens de cavallaria de Bayon Sara, e na nossa marcha se nos uniram 5 ou 6 outros patrioticos senhores, ás quatro horas da mesma manhaã fizemos o attaque. As minhas ordens fôram que se naõ fizesse fogo até que se naõ recebesse algum tiro da guarniçaõ, e gritar, em Francez, e em Inglez, " Deponham as armas, e ninguem será offendido." Esta ordem foi estrictamente obedecida pelos voluntarios, até que recebêram uma descarga de mosquetaria do corpo da guarda, onde estava o Governador; a que os voluntarios respondêram vivamente. Naõ recebemos damno de nossa parte. Das tropas do Governador ficou ferido mortalmente o tenente Luiz Grand Pre; foi morto um soldado, e quatro mal feridos; tomamos 21 prisioneiro, entre elles o coronel Delassus, o resto da guarniçaõ vos tem sido refferida por James Neilson, que foi nomeado para esse fim.

Os varios e complicados deveres, que se devolvem sobre mim nesta occasiaõ, me impedem o dar uma relaçaõ mais circumstanciada. A firmeza, e moderaçaõ dos voluntarios, que fizéram o attaque, foi plenamente igual ás tropas mais bem disciplinadas; companhias inteiras correm todos os dias para os nossos estandartes; e a harmonia e patriotismo, que prevalece na guarniçaõ, deve ser agradavel a todo o amigo de seu paiz. Aceitai para vós e para o vosso corpo, as seguranças da minha mais alta estima e veneraçaõ.

(*Assignado*) PHILEMON THOMAZ,
Commandante em Chefe do Forte de Baton Rouge
e suas dependencias.

AUSTRIA.

Convençaõ entre Austria e França.

S. M. o Imperador dos Francezes, Rey de Italia, Protector da Confederaçaõ do Rheno, Moderador da Confederaçaõ Suissa ; e S. M. o Imperador de Austria, Rey de Hungria, e Bohemia ; Desejando consolidar o Estado de paz felizmente reestabelecido, entre Austria e a Confederaçaõ do Rheno, oblitérando na Alemanha ate os mesmos traços da ultima guerra, tem nomeado para Plenipotenciarios ; a saber ; S. M. o Imperador dos Francezes, &c., M. Joaõ Baptista Nompere, Conde de Champagny, Duque de Cadore, &c. seu Ministro dos Negocios Estrangeiros, e S. M. o Imperador de Austria, &c. M. Clemente Wenceslaus, Conde de Metternich, Winneburg, Ochsenhausen, &c. seu Ministro de Estado dos Negocios Estrangeiros, os quaes, havendo trocado os seus plenos poderes, concordáram nos seguintes artigos.

Artigo 1°. Em execuçaõ do tractado de Vienna S. M. o Imperador de Austria, e os Soberanos da Confederaçaõ do Rheno, levantaraõ, como se fez em França, os sequestros feitos de qualquer parte, antes, e durante a guerra passada ; e em consequencia daquella guerra, sobre propriedade possuida por titulo individual. Os proprietarios, quaesquer que sêjam, dentro do espaço de dous mezes depois da ratificaçaõ do presente acto, seraõ reestabelecidos no gozo da dicta propriedade, que lhe será restituida sem excepçaõ ou reserva, no estado em que se achava antes do sequestro.

Art. 2°. S. M. o Imperador dos Francezes, Rey da Italia, desejando obrar uma cousa agradavel ao Imperador de Austria, declara, que elle revoca o seu decreto de 24 de Abril, de 1809, que manda confiscar a propriedade dos ex-Principes, e ex-Condes do Imperio de Alemanha, e membros da Ordem Equestre, que se achassem culpados contra os artigos 7°, e 31° do Acto de Confederaçaõ.

Art. 3°. S. M. o Imperador, como Protector da Confederaçaõ do Rheno, informará todos os Estados Confederados da revogaçaõ pronunciada pelo artigo acima, a fim de que se possam levantar todos os sequestros, e que os ex-

Principes e Condes do Imperio Alemaõ, ou Membros da Ordem Equestre, póssam ser reestabelecidos, sem demora, na posse de sua propriedade, que lhe será restituida sem excepçaõ; e debaixo da garantia, dada pelo acto da Confederaçaõ do Rheno.

Art. 4°. Cada um dos Principes, Condes, e Membros, acima mencionados, declarará, antes do 1° de Julho, de 1811, se continua a acceder ao Regulamento estabelecido pelo acto da Confederaçaõ, e sugeito ao Soberano, que lhe he assignado por aquelle acto.

Art. 5°. No caso em que desejem ficar sugeitos á Austria, o que elles declararaõ por igual maneira, antes do 1° de Julho, de 1811, a propriedade immediata, que elles possuem nos territorios da Confederaçaõ, será por elles cedida a um membro de sua familia, que sêja igualmente sugeito á Confederaçaõ; ou trocada por outra situada na Austria, ou vendida.

Art. 6°. A cessaõ, de qualquer modo que tenha lugar, se completará dentro do espaço de seis annos do 1° de Janeiro, de 1810.

Art. 7°. Conforme ao artigo 27 do Acto de Confederaçaõ, aquelles principes, Condes, ou Duques do ex-Imperio Alemaõ, naõ teraõ permissaõ de dispor de sua propriedade, por qualquer preço que sêja, sem a ter primeiro offerecido, pelo mesmo preço, áquelles Soberanos, em cujos dominios estiverem sitas; e se dentro do espaço de seis mezes a offerta naõ for aceita, os dictos Principes, Condes, ou Estados, disporaõ, como quizerem, de sua propriedade, com as condiçoens com que fôram offerecidas.

Art. 8°. Os Principes, Condes, ou Estados do Imperio, que se fizéram subditos de Austria, continuaraõ a gozar dos direitos, que as leis do paiz concedem aos estrangeiros, de adquirir por compra, ou doaçaõ para depois da morte, propriedade immovel nos Estados da Confederaçaõ do Rheno.

Art. 9. A presente Convençaõ será ratificada, e as ratificaçoens troca as em Paris, dentro do espaço de um mez ou antes se fôr possivel. Dada em Paris, aos 30 de Agosto, de 1810.

(Assignado) CHAMPAGNY, Duque de Cadore.
Conde METTERNICH.

FRANÇA.

Decreto Imperial.

Palacio das Thuillerias, Nov. 18, 1810.

Napoleaõ Imperador dos Francezes, &c. &c. &c. Vendo o relatorio do nosso Ministro do Interior; e attendendo ao 3°. 5°. e 6°. Artigos do nosso decreto de 5 de Fevereiro, de 1810; a respeito da impressaõ, e venda de livros;—considerando que a reducçaõ, e estabelicimento do numero de impressores, deve necessariamente deixar imprensas, fundiçoens, typos, e outros materiaes de imprimir, na posse de muitos individuos, que naõ tem licença para imprimir; ou haõ de passar a outras maõs; e que he importante saber quem os tem, e o uso que delles se propoem a fazer. Tendo ouvido o nosso Conselho de Estado; temos decretado, e decretamos o seguinte.

Art. 1. Desde o 1 de Janeiro, de 1811, aquelles dos nossos subditos que deixarem de seguir o officio de impressor, e geralmente todos os que naõ seguirem o dicto officio, e que se acharem de posse, propriedade, ou detendo, imprensas, fundiçoens, typos, ou outros materiaes de imprimir, devem, dentro de um mez, fazer declaraçaõ dos dictos artigos, no departamento do Seine, ao Prefeito de Policia; e nos outros departamentos ao Prefeito. Deste arranjamento se exceptuam as imprensas de rollo, ou torculos, que servem para tirar copias.

Art. 2. O Prefeito de Policia em Paris, e os Prefeitos dos departamentos, transmittiraõ as dictas declaraçoens ao nosso Conselheiro de Estado, Director geral da imprensa e venda de livros, com a sua opiniaõ sobre as petiçoens, para liçenca de guardar as dictas imprensas, e materiaes, para o fim de continuar a usar delles; cujas petiçoens devem vir unidas ás declaraçoens.

Art. 3. O nosso Director geral da imprensa, e venda de livros, dara conta de tudo aos nossos Ministros do Interior, e Policia, sobre cujo relatorio nós decidirémos.

Art. 4. Os artistas de imagens, vestidos, e tapeçaria, saõ sugeitos ás disposiçoens contidas no 1°. artigo.

Art. 5. Os actos em contravençaõ do presente decreto seraõ punidos com prizaõ, desde seis dias, até seis mezes, e perseguidos, e provados, conforme aos regulamentos da seccaõ 2ª. titulo 8°. do Decreto de 3 de Fevereiro, de 1810.

Art. 6. O nosso Gram Juiz, Ministro de Justiça; e os nossos Ministros do Interior, e Policia Geral, saõ encarregados, cada um na sua repartiçaõ, da execuçaõ do presente decreto; que será inserido no buletim das leis.

(Assignado) NAPOLEAÕ.

PRUSSIA.

Decreto para a suppressaõ dos estabelicimentos Ecclesiasticos.

Nos Frederico Guilherme pela graça de Deus Rey de Prussia, &c. Considerando, que os designios porque as instituiçoens ecclesiasticas, e os conventos, foraõ até aqui dotados, naõ saõ conformes com os objectos, e necessidades dos presentes tempos. Considerando, que aquelles designios podem em parte ser melhor prehenchidos, per meios differentes;—que todos os Estados vizinhos tem adoptado as mesmas medidas;—que o punctual pagamento da contribuiçaõ á França, somente se póde offeituar por este expediente; e que por este meio podemos diminuir o pezo dos encargos nas propriedades particulares de nossos vassallos; decretamos o seguinte.

Art. 1º. Todos os Conventos, e outras instituiçoens ecclesiasticas, bailios, e commendas, quer da regiliaõ Protestante quer da Catholica, seraõ considerados deste dia em diante como propriedade do Estado.

Art. 2º. Todos os Conventos, &c. seraõ abolidos gradualmente, e se terá cuidado em fazer compensaçoens a todas as pessoas que agora os habitam, ou tem a elles direito.

Art. 3º. Desde o dia da data do presente Decreto, em diante, se naõ concederaõ annuidades, naõ se admittiraõ noviços, nem se instituirá pessoa alguma nos officios que lhe pertencem. Sem nosso consentimento naõ se fará mudança de propriedade, naõ se recolheraõ capitaes, naõ se contrahiraõ dividas, naõ se transferiraõ inventarios. Todos os contractos feitos em opposiçaõ a este decreto seraõ nullos, e invalidos.

Art. 4º. Nos providenciaremos a sufficiente recompensa dos principaes officiaes ecclesiasticos, e com o seu parecer, estabeleceremos pensoens aos sacerdotes das escholas; e tambem aos Conventos, que se emprégam na educaçaõ da mocidade, e cuidado dos enfermos; e soffrerem em suas rendas pela sobredicta medida, ou parecer requererem novos fundos.

(*Assignado*) FREDERICO GUILHERME.
(*Contra-assignado*) HARDENBURG.

Berlin, 16 de Novembro, 1810.

SUECIA.

Declaraçaõ de guerra contra a Inglaterra.

Nos Carlos XIII. &c. &c. &c. fazemos saber, que a fim de manter as nossas relaçoens com S. M. o Imperador dos Francezes, &c. &c. &c. nos movemos a declarar guerra, e a cortar todo o commercio, e outras communicaçoens, entre o nosso Reyno, e os Reynos Unidos da Gram-Bretanha e Irlanda; temos consequentemente ordenado, e por ésta ordenamos, e mandamos, que no caso, contra a nossa expectaçaõ, de que algum vaso, ou vasos Inglezes se achem ao presente em algum dos portos do nosso Reyno, tal vaso ou vasos sêjam immediatamente detidos. E, com a devida observancia ao que se tem ja legislado nos decretos promulgados a este respeito; ordenamos que nenhum vaso de guerra Inglez, navio mercante, e, sem excepçaõ, todos os vasos vindos da Gram-Bretanha, suas colonias, e Estados sugeitos ao seu immediato Governo, ou que tragam fazendas, do producto, ou manufactura, pertencente á coroa da Gram-Bretanha, ou seus subditos; naõ tenham permissaõ de entrar os portos Suecos, debaixo da mais severa responsabilidade.

E, em conformidade das medidas adoptadas nos outros Estados do Continente, contra a importaçaõ de fazendas coloniaes Inglezas, somos benignamente servidos ordenar, que taes fazendas se naõ dêvam exportar para lugares estrangeiros do Continente, de nenhuma cidade ou lugar do nosso Reyno, depois que este nosso benigno decreto for ali publicado.

Em conformidade do que, e como a quantidade de fazendas coloniaes, que agora se acham no Reyno, he sufficiente por algum tempo para as necessidades de nossos subditos, temos julgado necessario prohibir toda a importaçaõ para o Reyno de taes fazendas, ou bens coloniaes, de qualquer origem que possam ser, ou debaixo de qualquer bandeira que sêja.

E portanto, depois da publicaçaõ deste Decreto, nenhum vaso qualquer, carregado com productos coloniaes, terá permissaõ de entrar em alguma enseada Sueca. Quanto ao resto ordenaremos separadamente, que se faça uma devida, e cuidadoza investigaçaõ a fim de averiguar at que extensaõ tem sido illegalmente importadas para este reyno depois de 23 de April, fazendas Inglezas ou coloniaes, debaixo de qualquer bandeira que sêja; e entaõ ordenaremos como, e em que maneira, se disporá das dictas fazendas legalmente. E os officiaes maiores e menores, aquem isto respeita, prestaraõ a devida attençaõ, para que se execute o que se tem ordenado no primeiro e segundo artigos. Dado no Palacio de Stockholmo aos 19 de Novembro, 1810.

(*Assignado*) CARLOS.

COMMERCIO E ARTES.

Lisboa, 12 de Novembro.

O Tribunal do Senado da Camara fez affixar os seguintes:

EDICTAL.

CONSTANDO no Senado da Camara que do porto desta Cidade se pertende exportar para fóra do Reyno algumas partidas de azeite, em um tempo, cujas circumstancias exigem o maior abastecimento de generos da primeira necessidade para o provimento da Corte: o Senado da Camara prohibe a sahida, e embarque do mencionado genero sem licença sua, pena de perdimento delle para a Fazenda da Cidade, e accusador, havendo-o, na fórma do estillo. Affixando-se este para noticia publica do seu contheudo, de que a execuçaõ se encarrega aos almotacés das execuções. Lisboa, 9 de Novembro, de 1810.

FRANCISCO DE MENDONÇA ARRAES E MELLO.

EDICTAL.

O Senado da Camara em observancia da Real Resoluçaõ de 8 do corrente, tomada em Consulta de 7, manda publicar, que S. A. R. fora servido ordenar que na Casa da Moeda se aceitassem as peças de ouro, ou prata, que se pertendessem reduzir a dinheiro corrente, por aquelle valor a que o seu toque corresponder; sendo este um dos muitos meios porque o Mesmo Senhor Paternalmente se digna occorrer ao bem dos seus fieis vassallos que se tem refugiado nesta Capital. Lisboa, 10 de Novembro, de 1810.

FRANCISCO DE MENDONÇA ARRAES E MELLO.

Lisboa, 26 *de Novembro.*

A Real Juncta do Commercio fez affixar o seguinte

EDICTAL.

A Real Juncta do Commercio, Agricultura, Fabricas e Navegaçaõ baixou o Aviso do theor seguinte ; Ill. e Exc. Sñr. O Principe Regente N. S. foi servido determinar por Aviso expedido do Rio de Janeiro, em data de 6 de Agosto ultimo, que a expediçaõ da viagem da India se deveria fazer daqui em diante do Rio de Janeiro, para deste modo evitar a incerteza de se poder fazer esta expediçaõ de Lisboa, o que S. A. R. Manda participar á Real Juncta do Commercio, para que o faça constar onde convier. Deos guarde a V. E. Palacio do Governo em 16 de Novembro, de 1810. D. Miguel Pereira Forjaz. Sñr. Cypriano Ribeiro Freire. E para assim constar, se mandáram affixar Editaes. Lisboa, 21 de Novembro, de 1810.

JOSE ACURCIO DAS NEVES.

Lisboa, 23 *de Novembro,*

Pela Casa da India se affixou o seguinte

EDICTAL.

D. José Maria d' Almada Castro Noronha Lobo, Donatario das terras de Carvalhaes e Verde-Milho, Ilhavo, Ferreiros e Avelaãs de cima, Veador de Serenissima Princeza a Senhora D. Maria, Provedor da Casa da India e Mina, &c.

Faço saber, que por Aviso da Secretaria de Estado dos Negocios do Reyno, de 20 do corrente, usando o Principe Regente N. S. da sua Real Clemencia com os Proprietarios, e Consignatarios das Fazendas Inglezas de algodaõ, introduzidas por contrabando, e ainda naõ apprehendidas: he servido que as dictas Fazendas sejám admittidas a despacho na Casa da India, com o direito de 15 por cento, sendo manifestadas nella dentro de oito dias contados da data deste. E pela Repartiçaõ competente ordena, que dentro do dicto termo se naõ dêm buscas, nem se aceitem denúncias, e sómente se faça tomadia daquellas que se encontrarem em venda, ou se dirigirem para ella. E para que chegue á noticia de todos, e tenha o seu devido effeito, mandei affixar o presente. Casa da India a 21 de Novembro, de 1810.

D. JOSE MARIA D'ALMADA CASTRO NORONHA LOBO.

ESTADOS UNIDOS.

Copia de uma carta do Ministro do thesouro, em resposta a outra de um negociante.

Repartiçaõ do Thesouro, 13 de Nov. 1810.

Foi recebida a vossa carta de 10 do corrente. Todas as fazendas importadas dos dominios da Gram-Bretanha, e chegadas aos Estados Unidos, subsequentemente aos 2 de Fevereiro, seraõ, na minha opiniaõ, perdidas, conforme o providenciado na lei do 1°. de Maio, de 1810, se a Gram-Bretanha, na quelle dia, naõ revogar os seus edictos, na maneira contemplada naquelle acto. Segue-se que, se naõ se souber naquelle dia de tal revogaçaõ, as fazendas importadas, como fica dicto seraõ apprehendidas pelos officiaes das alfandegas; posto que sêja tambem certo, que se as revogaçoens tiverem tido lugar antes daquelle dia, naõ se incorrera em perda, e as fazendas devem, neste caso, ser restituidas, logo que o facto da revogaçaõ sêja sabido. O inconveniente da detençaõ das fazendas, neste caso, fica entendido; excepto pela intervençaõ das cortes de justiça, as quaes pódem ordenar uma restituiçaõ immediata da propriedade, sobre fianças idoneas, para receber o seu valor, e estar pela decisaõ final de tal corte de justiça.

Tenho a honra de ser respeituosamente, &c.

(*Assignado*) ALBERTO GALLATIN.

LITERATURA E SCIENCIAS.

Observaçoens sobre a prosperidade do Estado pelos liberaes principios da nova legislaçaõ do Brazil, por José da Silva Lisboa. Rio de Janeiro, 1810.

A MEDIDA que adoptou o Governo, no Brazil, de facultar de algum modo o commercio exterior, e industria interior, ainda que necessaria a existencia dos povos, habitantes daquellas vastas regioens, achou com tudo opponentes, nos monopolistas, e interessados nesses entraves, que legalmente se oppunham aos louvaveis esforços dos individuos, empregados em mesteres uteis a si, e á naçaõ. Foi encarregado ao habil Author da obra que annunciamos aqui, o justificar para com o publico a necessidade destas novas medidas; e do prefacio desta mesma obra se vê (p. 11) que o Governo do Brazil lhe incumbio este trabalho por um decreto datado de 23 de Fevereiro, de 1810. Começou o Author a cumprir a sua commissaõ, publicando os seus " Ensaios sobre o commercio livre do Brazil," de que demos ja aos nossos Leitores uma idea, no nosso v. ii. p. 474, e v. iii. p. 49, em continuaçaõ do mesmo trabalho, deo agora á luz estas observaçoens, que revemos.

Começa o Author a sua obra por um elevadissimo elogio ao Principe Regente de Portugal; primeiro, por suas maximas politicas em geral; e depois pelos beneficios que tem feito ao Brazil; as pessoas do seu ministerio recebem tambem a sua parte de louvoures; o Governo, e a naçaõ Britannica, entram em fim a participar do merecimento. Antes de passar adiante observaremos, que, se o A. nesta obra se propoz a mostrar ao Mundo, a grandissima liberdade que ha no Brazil de fallar a bem, e elogiar os Ministros, eo Governo, sem duvida alguma conseguio seu fim; porque, soffrendo o Governo do Brazil, que apparecesse esta obra, impressa por sua ordem, aonde naõ ha pagina em que se naõ encontrem profusos louvores, fica evidente, que náõ ha incenso de lisonja, que possa nausear aquellas pessoas; nem a sua modestia os fará córar; por mais que em sua presença se lhes entoem hymnos de louvor.

Dizendo, porém, que A. tem mostrado a amplissima faculdade de escrever no Brazil, quando se tracta de elogiar os que governam, naõ queremos daqui concluir cousa alguma contra o bem escripto da obra, cujo merito, ou demerito, depende de outras circumstancias, que aodepois veremos.

Estriba-se o primeiro elogio do Author, em ter o Governo, depois que se mudou para o Brazil, adoptado ali a mesma organizaçaõ civil de Lisboa, creando 1° Meza do Dezembargo do Paço, 2° Meza da Consciencia e Ordens, 3° Casa da Supplicaçaõ, 4° Erario Regio, 5° Conselho da Fazenda, 6° Conselho Supremo Militar, 7° Juncta do Commercio. (p. 11.)

Nos estamos taõ longe de suppor, que a adopçaõ destes estabelicimentos no Brazil seja um beneficio ao paiz, ou elles sirvam, como diz o A. " para dar unidade ao systema,"* que tiramos daqui a conclusaõ opposta, 1° porque alguns destes estabelicimentos éram mui pezados no reyno, e saõ inuteis no Brazil; taes saõ o Conselho da Fazenda, e a Meza da Consciencia e Ordens; o Conselho Supremo Militar, &c.; e 2° porque he um facto asseverado pela maior e melhor parte dos historiadores de Portugal; que uma das causas da decadencia do Reyno foi o estabelicimento dos tribunaes no tempo d'El Rey D. Joaõ III; logo está claro, que a introducçaõ desta medida no Brazil, naõ he um favor, que os povos tenham de agradecer ao Governo.

Tomemos por exemplo o Conselho Supremo Militar do Brazil, instituido agora á imitaçaõ do Conselho de Guerra de Lisboa, que fôra creado em 1643. Foi este tribunal entaõ estabelecido, estando o reyno em guerra, e tractando-se de organizar um exercito, que comprehendesse a maior parte dos homens do Reyno, capazes de pegar em armas; e estando os generaes empregados no actual serviço da campanha. Saõ estas circumstancias urgentes, e que exigem os trabalhos combinados de muitos homens. O Brazil porém está em situaçaõ mui diversa; porque as tropas saõ em numero taõ insignificante, que o simples General em chefe, com dous officiaes de secretaria, bastam para o expediente das patentes, promoçoens, e outros negocios de pouca monta, que um pequeno numero de tropas exige; o Brazil está quasi em paz, fallando comparativamente á epocha em que se estabeleceo o Conselho de guerra em Portugal; demaneira que os ordenados dos Conselheiros do Conselho supremo militar, a infinidade de appendiculos que isto traz com sigo, como secretarios, escreventes, porteiros, mensageiros, &c. &c. he um pezo ás finanças do Brazil, que faz ao povo um mal muito maior, do que podem ser uteis os serviços que tal tribunal póde fazer. O mesmo, ou mais forte ainda, he o motivo porque se naõ devia instituir no Brazil a Meza da Consciencia, que terá taõ pouca occupaçaõ, que todos seus negocios podîam ser despachados pelo Capelaõ Mor, ou Confessor d'El Rey, trabalhando no depacho um dia cada semana, com um dos Secretarios de Estado.

O segundo fundamento dos elogios do A. a seu Governo, he o estabelicimento de Policia; e para provar que he util este estabelicimento, cita a obra de Mr. Colquhoun sobre a Policia de Londres. Mas ainda que estes estabelicimentos se chamem Policia, em Inglaterra, e no Brazil, naõ tem entre si outra similhança se naõ a do nome; e differem na forma, nos fins, e nos effeitos. Na forma, porque aqui naõ ha em Londres um Intendente geral de Policia, e nenhum dos Magistrados de bairros, que estaõ incumbidos do que se chama policia, tem o direito de mandar prender despoticamente, como faz o Intendente de Policia em Portugal; aqui o magistrado naõ manda prender ninguem senaõ havendo accusador, que por tanto se exponha a ser immediatamente confrontado com elle em publico, e a soffrer a pena de perjurio se se provar sua falsidade. Nos fins; porque a policia aqui só serve de vigiar em que sejam protegidos os sagrados direitos dos cidadaõs; e que as suas casas de habitaçaõ sêjam azylos inviolaveis: o Intendente de Policia em Portugal, serve de andar inquirindo o que se faz nas casas particulares, principalmente o que se diz dos homens publicos. Nos effeitos; porque esta espionagem causa a desconfiança dos cidadaõs uns com os outros, e diminue portanto a affeiçaõ aos concidadaõs, e á patria; quando em Inglaterra, o cidadaõ que se vê protegido pela policia; que falla o que lhe parece, aonde quer que sêja, e que obra como lhe convem, com tanto que naõ ataque os direitos de outro individuo; abençoa a instituiçaõ de uma magistratura, d'onde nunca lhe provem oppressaõ, mas sim protecçaõ.

Daremos agora um exemplo das expressoens do Author, elogiando o seu Governo, no artigo Commercio (p. 20)" Tenho dicto (e nunca assás repetirei) que, pelo beneficio da franqueza do Commercio, que S. A. R. concedeo na immortal carta Regia de 28 de Janeiro, de 1808, os habitantes deste Estado devem levantar um monumento de eterna gratidaõ ao mesmo Augusto Senhor, consagrando-lhe os justos titulos de *Salvador do Brazil, e Libertador dos Povos.*"

Nós lêmos mais de uma vez, com muita reflexaõ, ésta, e outras similhantes passagens, apezar de nos ferir á primeira vista a mesma idea, sobre taes expressoens, que agóra temos; porque o respeito devido a um A. de ponderaçaõ, e luzes, nos faria hesitar na certeza de nossas conclusoens; mas arriscamos-nos a dizer, que estes sentimentos do A. involvem os mais errados principios da moral. Privar os habitantes do Brazil do direito, que elles tem de se applicarem a qualquer ramo de industria honesta, e principalmente ao Commercio, he fazer-lhes uma manifesta injustiça; portanto, se isto assim he, permittindo o Governo do Brazil, que os Brazilianos usassem de seu direito de commerciar, naõ lhes fez nenhum bem positivo, simplesmente se absteve de commetter um crime, que até aqui practicava: illustremos isto com uma comparaçaõ: o salteador de estradas, que vive de commetter actos criminosos, invadindo os direitos dos viajantes, extorquindo-lhes os seus bens; quando deixa de continuar nos seus roubos, abstem-se de commetter crimes, mas naõ vemos nisto uma acçaõ boa positiva, que mereça elogios, e gratidaõ desmesurada.

Alem de naõ ser a concessaõ de commerciar beneficio positivo aos povos do Brazil, mas uma abstençaõ do mal que se fazia com lho prohibir, ha outra consideraçaõ que he contra a idea de gratidaõ. O Governo Portuguez, quando se mudou de Lisboa para o Rio de Janeiro, deixou em poder dos Francezes, seus inimigos, os dous portos de Lisboa, e Porto, unicos com quem o Brazil negociáva em Europa; logo naõ podendo o Governo obter dali o que precizava, necessariamente havia recorrer aos outros portos, sobpena de se reduzir á ultima penuria; porque forçosamente havia ir ter á Inglaterra, para dali trazer os artigos de primeira necessidade, e para os pagar éra tambem preciso, que para ali mandasse os artigos de seu paiz, que os Inglezes necessitassem. Logo a abertura ou franqueza deste commercio, sendo uma medida que o Governo adoptou porque sem ella pereceria, podemos dizer que o fez, porque assim lhe fazia conta, e naõ sei que o povo fique obrigado a taõ estranha gratidaõ ao Governo, por este adoptar uma linha de conducta, que éra necessaria para conservar a sua existencia, como governo, e como individuos.

He porém notavel acharem-se, em uma obra como ésta taõ devota ao Governo, mas escripta por um homem instruido, próvas incontestaveis (por isso que saõ contra producentem) dos vexames que padece o commercio interior do Brazil. Ouçamos o A. a p. 30.

" He notorio que S. A. R. para dár complemento ao plano da franqueza do Commercio, exterior, e interior, reconhecendo a summa importancia da actividade do tracto das povoaçoens centraes, que naõ depende de systemas e caprichos dos outros Covernos, nem he sugeita a corsos do inimigo, nem exposto aos perigos maritimos, tem resolvido abolir varios obstaculos da circulaçaõ dos productos, e animaes necessarios ao trabalho, alimento, e commodos da vida, quando sêja compativel com as necessidades do Estado, tirando, ou diminuindo os registos, e direitos da passagem dos escravos, gado, ferro, sal, &c. que estorvando o gyro, e encarecendo taes artigos, diminuem a somma das riquezas, encurtam o supprimento do povo, e impossibilitam maior collecta, nos ramos mais importantes de geral Consumo." (nota do Author) " Ainda que até ao presente naõ se tenham publicado as sublimes e bemfeitoras providencias de S. A. R. sobre taõ importantes objectos, devemos brevemente esperallas da sua incommensuravel beneficencia."

" As difficuldades quasi insuperaveis, que na actual conjunctura, se oppoem ao melhoramento desta parte da Administraçaõ, pelas recrescentes urgencias do Erario, e o evidente damno no desfalque das rendas estabelecidas: talvez retardem a inteira execuçaõ de uma mercê de tanta consequencia á prosperidade publica: mas he de esperar que naõ esteja longe a epocha da satisfacçaõ universal nesses, e outros objectos naõ menos uteis, para ser coherente em tudo á liberal policia da livre e facil communicaçaõ dos povos, e do commodo transporte dos productos da geral industria a todas as partes deste continente, fazendo-se cessar quaes quer taxas, obices, embargos, e violencias de authoridade arbitraria. Devemos ter nisso a maior confiança, &c."

Esta passagem do A. pôem fóra de toda a duvida a existencia dos males publicos, no commercio interior do Brazil; o remedio o A. o deixa em esperanças, que suppoem bem fundadas; mas nisto differe taõbem a nossa opiniaõ; porque se *as violencias de authoridade arbitraria*, de que o A. se queixa, existissem sómente em consequencia de abusos antigos, que o Governo procurasse emendar por nova legislaçaõ; entaõ, deduziríamos daqui esperanças de melhora; mas naõ vemos essas reformas necessarias, e observamos disposiçoens novas, tendentes a impedir o livre curso do commercio interno. Sejam disso exemplo os Alvarás de 1 de Septembro, e de 8 de Novembro de 1808. Era prohibida a moeda de ouro no districto das Minas geraes; e daqui se seguia o grandissimo inconveniente de ser necessario fazer os pagamentos em ouro em pó; estes Alvarás agora terîam remediado o mal, simplesmente permittindo a circulaçaõ da moeda, nesta, como nas mais Capitanias do Brazil; mas naõ se contenta o Governo com dar essa franqueza; porque se prohibe absolutamente, pelo Alvara de 1 de Septembro § xi. toda e qualquer transacçaõ mercantil a troco de ouro em pó. E no alvará de 8 de Novembro § iii. se prohibe que girem os pesos Hespanhoes, ainda mesmo como genero de commercio. Demaneira que he a

Provincia de Minas privada de fazer permutaçoens do genero mais preciosso, que tem, e da unica prata que pode ter, que he a dos pezos Hespanhoes. Estas restricçoens próvam as ideas mesquinhas, que tem os homens de influencia da Naçaõ, a respeito da liberdade do Commercio, e da industria, e quanto o A. se engana em esperar de taes pessoas os melhoramentos que se necessìtam. Estes mesmos dous alvarás daõ uma próva da precipitaçaõ com que se adoptam as medidas de interesse publico; porque o Alvará de 8 de Novembro, no § 1, revoga o § 9 do Alvará de 1 Septembro do mesmo anno; assim uma legislaçaõ, que se chama perpetua, he revogada por outra perpetua, dous mezes depois. Se as leis naõ fossem feitas ao arbitrio do Ministro de Estado, que muitas vezes he estranho á matéria sobre que legisla; e naõ consulta se naõ algum amigo, que conhece, o qual, se he tambem ignorante da materia, faz o papel de um cego guiando outro cego; naõ aconteceria o ser preciso revogar uma lei, dous mezes depois de feita; As palavras, quero, mando, he minha vontade; naõ passe este pela chancellaria sem embargo da ordenaçaõ em contrario, &c. fazem ao vassallo obedecer, quando se acha a assignatura do Soberano annexa; porque o respeito ao Imperante, fosse a sua assignatura obtida como fosse, exige obediencia, e deve ser obedecida tal legislaçaõ; porêm he absurdo suppor, que internamente se respeitem leis, que se vem derogadas dous mezes depois de promulgadas; e nós mantemos, que similhantes conselheiros, com similhantes procedimentos, promovem o desrespeito ás leis e ao Soberano.

Os outros fundamentos do A. nos elogios ao seu Governo, saõ a industria, defeza, instrucçaõ, justiça, e religiaõ; objectos em que o A. diz terem havido, e esperarem-se os mesmos melhoramentos, que ao commercio.

A p. 51, lembra-se o A. do estabelicimento do Banco do Rio que, diz elle, " sendo bem administrado, como em

Inglaterra, equivale a ricas minas, e he Potosi de immensas riquezas, pois dará á naçaõ um credito publico inexgotavel, para constituir activos e rendosos todos os capitaes pecuniarios, antes mortos e improductivos por falta de emprego util." A impossibilidade de se verificar o que o A. espera, de produzir o Banco um credito publico inexgotavel; se conhecerá bem, lendo o que dicemos neste, vol. a p. 247, a onde narramos um facto, que mostra a pouca confiança que se pode ter em um Banco, cujos privilegios fundamentaes saõ invadidos, naõ ja pelo Governo do paiz, mas por um individuo, que o faz impunemente, a despeito das leis expressas; ¿ naõ he logo de temer, que, se o Governo achar interesse em violar outros artigos da lei de creaçaõ do banco, o faça igualmente? ¿ Quem ousará pedir-lhe contas se o Governo quizer apropriar a si os fundos do Banco? Visto que o Embaixador doPrincipe, em Londres, tirou, de sua authoridade propria, aos agentes desse Banco, propriedade que lhe pertencia! Naõ he assim que o Banco de Inglaterra adquirio o credito que tem. Todos julgam, que os fundos, que depositam no Banco em Londres, estaõ segurissimos; porque o Governo naõ tem parte alguma em sua administraçaõ; nem pode directa, ou indirectamente injuriar os interesses legaes do Banco. O iminente risco de que o Governo do Brazil desvie os fundos do Banco, para canaes que se naõ intentávam, he sempre contra o credito do banco; e vereficando-se, como se tem verificado no exemplo citado, este risco; julgamos impossivel o recobrar-se o credito publico do mesmo Banco.

Sobre o artigo iustrucçaõ, diz o A. isto, a p. 74. " Smith observa, que um povo instruido he sempre mais obediente, e morigerado, do que um ignorante, e estúpido. Quanto elle tem mais luzes, tanto he menos exposto ás illusoens do enthusiasmo, e superstiçaõ, e tanto he mais capaz de ver as queixas interessadas da facçaõ, e sediçaõ, e naõ se precipita a factos de insubordinaçaõ, e revolta. Elle sente que he mais respeitavel, e portantanto he tambem mais disposto a respeitar os seus legitimos superiores, e adquire habitos de ordem e virtudes moraes, e politicas. A segurança do Governo depende muito do favoravel juizo e confiança, que o povo tem na sua administraçaõ; e he da maior importancia, que tenha luzes para naõ julgar temeraria, ou caprichosamente.—" Foi elegantemente notado por um dos preheminentes genios da antiguidade, que a cultura das letras impedia a fereza de custumes:"

Ingenuas didicisse fideliter artes:
Emolit mores, et sinit esse feros.

" Por isso (continua o A.) S. A. R. naõ só tem mantido os estudos publicos de bellas letras, e da philosophia que havîam no Brazil, mas ja ordenou o estabelicimento de outros de alta literatura, para o ensino das sciencias mathematicas, e por um plano (que logo virá á luz) talvez o mais vasto, e mais bem harmoniado, de instrucçaõ publica, em todas as repartiçoens de milicia e marinha que nos saõ de necessidade immediata, &c." Menciona depois o A. que o Dr. Gardner fez algumas experiencias de eletricidade e galvanismo no Rio de Janeiro, a que fôram assistir muitas pessoas, e conclue assim " Ora os peitos se refrescam de esperanças; e o povo louva affectuosamente a seu Principe, que assim lhe faz vêr prodigios da natureza, e invençoens dos homens, de que antes nem tinha idea."

O Leitor decidirá, se o nosso Author falla aqui sério, ou se introduz engenhosamente a ironia: nos reflectiremos unicamente, que pela Palavra Principe, julgamos, que elle entende o Governo; ao menos nós sempre assim o entendemos, quando censuramos as medidas publicas.

Observaçoens sobre a franqueza da Industria e estabelicimento das fabricas no Brazil; por Jozé da Silva Lisboa. Rio de Janeiro 1810. *Na impressaõ Regia, Por ordem de S. A. R.*

O opusculo, que noticiamos aqui, he uma brochura de 70 paginas, em que seu Author, o mesmo da obra precedente, e cujo nome he bem conhecido na literatura Portugueza, se propoem a mostrar estas seis proposiçoens. 1ª. que em materia de fabricas he mais racionavel seguir o exemplo da America do Norte. 2ª. que o Brazil pode ainda por longo tempo ter muita industria e riqueza, sem estabelecer as fabricas refinadas, e de luxo, que distinguem a Europa. 3ª. que as fabricas, que por hora mais convem no Brazil saõ as que proximamente se associam á Agricultura, Commercio, e Navégaçaõ, e Artes da geral accommodaçaõ do povo. 4ª. Que naõ convem (por via de regra) dar privilegios exclusivos, aos que naõ saõ inventores, e introductores de novas machinas, e invençoens nas artes: mas he racionavel darem-se algums especiaes auxilios e favorecer aos primeiros introductores de grandes machinas, e manufacturas de muito dispendio, posto que ja assas conhecidas, em proporçaõ aos objectos de evidente proveito ao paiz. 5ª. Que toda a fabrica introduzida por espirito de rivalidade, e abarcamento, no designio de dimimuir a importaçaõ de fazendas estrangeiras tende a diminuir a exportaçaõ, e os mais proveitossos, e ja bem arraigados estabelimentos deste Estado. 6ª. A estabelidade do principio da franqueza de Industria, sendo consequente ao da franqueza do Commercio, he o meio mais efficaz de fazer introduzir e aperfeiçoar os mais uteis estabelicimentos, com maior rapidez, e incessantemente progressiva energia publica para a opulencia, e populaçaõ do Brazil.

O A. estabelece como baze de seus raciocinios, que dando-se liberdade á industria, ésta segue sempre os recursos naturaes da situaçaõ local, clima, e producçoens do paiz; e repetidas vezes alega com o exemplo dos Estados Unidos da America. Naõ podemos deixar de convir com o A. nos principios; mas temos muita duvida, em fazer delles a mesma applicaçaõ que elle faz; e decididamente naõ podemos admittir a comparaçaõ dos Estados Unidos como fazendo argumento para o Brazil. A industria prospéra em um paiz livre, á sombra da protecçaõ da liberdade; e naõ vigora n'um paiz despotico, sendo iguaes as outras circumstancias, em consequencia da oppressaõ do despotismo. O A. naõ se faz cargo de metter em seu calculo estes importantes elementos, e procede a raciocinar sobre os effeitos da industria no Brazil, com o exemplo practico dos effeitos da industria nos Estados Unidos.

A parte 1ª. deste folheto tracta "da practica da America do Norte, sobre a protecçaõ da industria, e estabelicimentos de fabricas:" depois (p. 21) dos elementos e estabelicimentos naturaes das fabricas, ou manufacturas, e da importancia de bem se distinguir a industria geral da industria particular, e protecçaõ do Governo, quanto ao interesse do Estado." Dahi dos requisitos essenciaes (p. 41) á introducçaõ, e prosperidade das fabricas; e enumera os requisitos necessarios á sua introducçaõ: 1° (p 42) Capitaes disponiveis: 2° (p. 48) vasta populaçaõ: 3° (p. 49) abundancia de subsistencia, e materias primeiras: 4° (p. 51) demanda effectiva dos artigos manufacturados: 5° (p. 53) Superioridade aos estrangeiros em barateza, e perfeiçaõ de obra: 6° (p. 54) diffusaõ da inteligencia: 7° (p 55) franqueza do commercio: 8°. (p. 57) privilegios, premios, e honras, aos inventores nas artes, e sciencias. Passa depois o A. a mostrar (p. 58) as artes, fabricas, e manufacturas, que existem, e estaõ em progresso na America do Norte, e que naturalmente mais convem ao Brazil, nas actuaes circumstancias. Ultimamente expoem o A. a doutrina de Mr. Say, sobre os privilegios de industria e fabricas.

Mostra o A. em toda a obra grande liçaõ dos economistas, e fundamentando-se em que naõ existem no Brazil os requisitos necessarios para o estabelicimento de fabricas, que tem enumerado, conclue, que no Brazil se naõ devem fomentar as manufacturas. Porem, ainda que sejam verdadeiros os factos, em que o A. estriba a sua theoria, parecenos que leva demasiado longe o seu systema de naõ admittir manufacturas: diz elle (p. 24) " que ainda na hypothese de que podessem ja prosperar no Brazil manufacturas em grande, e similhantes ás da Europa, o Estado terîa actualmente as seguintes certas, e graves perdas. 1: Naõ perceberîa os direitos das materias primeiras das fabricas, e os da exportaçaõ das obras manufacturadas, conforme o indulto do Alvará de 28 de Abril, de 1809. 2: naõ perceberia os direitos de igual quantidade de fazendas similhantes estrangeiras, que antes se importarîam, e que serîam excluidas pela concurencia das manufacturas nacionaes, suppondo-se melhores, ou mais baratas, e do gosto do povo. 3ª. Naõ comprarîam os estrangeiros tantos generos coloniaes, como antes poderiam, trazendo equivalentes de suas manufacturas, e portanto os nossos lavradores terîam proporcional falta de venda, perda de mercado, ou de valor de suas producçoens; e o Estado terîa tambem a conrespondente perda na diminuiçaõ dos dizimos, e impostos assentados sobre taes generos. Ora achando-se o Brazil, com tanta falta de exportaçaõ dos seus productos, e naõ podendo na actual conjunctura ser indifferente ao Soberano a diminuiçaõ de qualquer ramo da renda publica, todos os privilegios, e extraordinarios favores, que tendem a produzir mais ou menos aquelles damnosos effeitos, saõ contra o interesse geral, e contra a saã politica."

Supposto que a nossa opiniaõ sêja mui diversa da que exprime o nosso A., com tudo naõ intentamos aqui refutar ésta obra, mas sim dar aos nossos leitores uma idea della; e portanto contentamonos com dizer, que estes raciocinios do A. nos parecem um completo paralogismo, porque diz o A., que da introducçaõ das fabricas do paiz resultaria o perder o Estado os direitos que percebe das manufacturas estrangeiras: mas ¿ quem paga esse direito de importaçaõ? O consumidor do artigo importado; visto que o vendedor acrescenta no preço o que pagou de direitos; logo, o Estado póde cobrar esse direito do consumidor, quer a manufactura venha do estrangeiro quer sêja trabalhada no Brazil; e portanto naõ vemos porque sêja o Estâdo obrigado a perder essa renda; e alem de naõ perder esses direitos, ganha o dar emprego, e occupaçaõ a todas as pessoas que se emprégam nas fabricas; o que he, em todos os paizes, uma vantagem considerabilissima.

Tambem nos naõ parece concludente o que diz o A. de que, crescendo as manufacturas do paiz, deixarîam os entrangeiros de comprar as producçoens do paiz que recebem em troco de suas fazendas; porque, exemplificando isto no páo brazil, ou na madeira, que a Inglaterra precizar do Brazil, he evidente, que os Inglezes naõ trazem estes productos do Brazil simplesmente para se pagarem das fazendas que ali introduzem; pelo contrario, vaõ buscar esses procuctos porque precizam delles, e se os naõ puderem pagar em fazendas de sua manufactura, pagallos-haõ a dinheiro, ou de outra forma; donde, a exportaçaõ do Brazil naõ depende do que os estrangeiros para ali lévam; mas sim da necessidade que os estrangeiros tem dos productos do Brazil; ou para usar delles, ou para os vender ou trocar em outros mercados.

O A. dá a entender, que ja se sente o mal de naõ poder o Brazil exportar com vantagem os seus effeitos; mas isso provém justamente, naõ de que a Inglaterra naõ tenha manufacturas, e ainda dinheiro bastante para pagar por esses productos; mas de que a Inglaterra, pelas circumstancias actuaes da Europa, naõ preciza desses productos.

A. p. 55. Argumenta o A. que se naõ devem introduzir

as fabricas no Brazil; porque " he insensato estabelecer fabricas refinadas, em paiz naõ illuminado pelas sciencias." Nos convîmos exactamente com o A. no principio de que as artes devem ser ajudadas pelas sciencias; porém tiramos uma conclusaõ differente deste principio. O A. parece dizer; naõ ha sciencias no Brazil, logo naõ tenhamos fabricas; e nos lhe retorquimos assim; naõ ha sciencias no Brazil, logo introduzam-se, e favoreçam-se os homens sabios, para termos fabricas.

Notaremos, finalmente, uma passagem do A. a p. 60. " He notorio, diz elle, pelos papeis publicos, que havendo o Governo (nos Estados Unidos da America) erecto em 1791 um Banco de Estado, com privilegio dos accionistas, por vinte annos, sem todavia excluir os bancos particulares, aquelle adquirio tal credito, e pôde fazer aos interessados taõ bom dividendo, que no presente anno de 1810, estes offerecéram o donativo de dous milhoens e meio de dollars ao Governo, para lhes continuar o privilegio. Porque naõ nos será dado esperar iguaes resultados da franqueza de industria no Brazil, estando incomparavelmente em melhores circumstancias, sendo a divida publica quasi insignificante, e as nossas relaçoeus com os Inglezes taõ activas, e cordiaes?"

Responderemos a ésta pergunta do A. O Governo dos Estados Unidos tem fé publica; e portanto, naõ só os accionistas se persuadîram que os fundos, que empregáram em comprar acçoens do banco, estávam segurissimos; mas todos os individuos julgáram que o seu dinheiro estáva mais seguro sendo depositado no Banco, do que em suas proprias casas, ou nos banqueiros particulares; no Brazil he o opposto; e isto pela experiencia do passado; e pela practica actual.

Pela experiencia do passado, porque; na lei que compoz, e aprezentou ao Principe, D. Rodrigo de Sousa Couttinho, em 1796, para a creaçaõ de um Banco publico em Lisboa se acham estas palavras.

"Que sendo d'uma absoluta necessidade, o dar um seguro arrimo e baze ao credito Publico da Minha Real Fazenda, naõ só para procurar recursos convenientes ás difficeis circumstancias, em que se acha toda a Europa, mas para preparar meios saudaveis com que Eu possa em tempos mais socegados e felices vivificar todos os meus vastos e ferteis Dominos, procurando favorecer a introducçaõ de novas e productivas culturas, fazendo navegaveis os rios que correm pelos meos Estados, tirando dos mesmos canaes de irrigaçaõ, promovendo a applicaçaõ de machinas necessarias para maior, e mais louvavel emprego dos uteis braços que se empregam nas manufacturas; ampliando as Minhas Rendas Reaes, que só com taes recursos poderaõ ser inteiramente administradas, sem outro qualquer intermediario taõ pezado ao Meo Real Erario, como onerozo ao mesmo commercio, onde serve de accumular fortunas que mais fazem sentir a natural, e indispensavel desigualdade, que a ordem das cousas, e do mesmo commercio produz necessariamente. Tendo ouvido sobre esta taõ interessante materia o parecer dos Ministros do meo Gabinete; conformando-me com o que me representaram; Sou Servida ordenar o seguinte, para o futuro, e literalmente se executará."

Titulo I.

Do estabelecimento do credito Publico.

"Art. 1.—Para consolidar e corroborar o credito publico da Minha Real Fazenda determino e ordeno que daqui em diante fique declarado e constante, que ja mais em cazo algum por urgente que seja, se imporá nova taxaçaõ alguma sobre os juros Reaes de qualquer natureza que ella seja, ou ficaraõ sugeitos ao pagamento da Decima, ou de outro qualquer imposto, ou tributo antes estabelecido: empenhando tambem a Minha Sagrada, Inviolavel, Religiosa, e Real Palavra, afim que este principio, affiançado pelo util que delle rezulta ao Bem Publico, naõ possa ja mais ser violado de qualquer apparente pretexto que possa excogitar-se."

"Art. 2.—Declaro porem que naõ pertendo izentar da Decima os juros Reaes, que ate qui a pagaram, mas para que se naõ entenda para o futuro que estes juros ficaõ sugeitos a outras transacçoens, ordeno, que nos novos livros da sua contabilidade se escrevam logo com os juros reduzidos, e como se pagam afim que conste ficarem para o futuro naquelle estado izentos de toda e qualquer imposiçaõ, como as que novamente vaõ estabelecer-se, ou se achaõ já estabelecidas."

"Art. 3.—Declaro igualmente que ja mais debaixo de pretexto algum sera licito o fazer, ou permittir rebate algum do capital, ou dos juros de cabedaes emprestados á Minha Real Fazenda, excepto offerecendo a restituiçaõ do mesmo capital, e fazendo novo contracto; ficando livre aos capitalistas o retirarem o seu dinheiro, sem temor de serem violentados a obrarem differentemente."

"Art. 4.—Ordeno que daqui em diante os juros Reaes sejaõ pagos exactamente nas epochas que se acham fixadas, ja mais se demorem estes pagamentos por qualquer motivo, prescrevendo que daqni em diante os mesmos se façam com preferencia a todo e qualquer pagamento, excepto o da Tropa."

"Art. 5.—Determino que se proceda logo sem despeza alguma dos interessados á verificaçaõ exacta de tudo o que lhes deve a Minha Real Coroa, e que se formem tabelas com a ordem dos capitalistas, segundo as datas dos tempos em que se contrahiram as dividas, ou em igualdade de tempo, segundo a ordem alphabetica das letras iniciaes dos nomes dos capitalistas, para o fim, que daqui em diante se façam na mesma ordem os pagamentos dos juros Reaes, prohibindo expressamente que jamais se mande fazer pagamento algum de juros Reaes por avizo, ou Portaria em favor de algum capitalista em particular, e obrigando a Minha Real Palavra, que ja mais darei Decreto algum em contrario do que acabo de dispor e determinar."

"Art. 6.—Ordeno que desde logo se fixe o capital de 1 ou 2 por cento da nova divida, que mandar contrahir em Meu Real Nome, e para o Meu Real Serviço, para annualmente se applicar à amortizaçaõ, e extincçaõ da mesma, para cujo effeito anualmente se empregaraõ tambem os juros Reaes da divida que for ficando amortizada até a total extincçaõ do inteiro capital que forma a total divida. O mesmo ficarà practicando-se para o futuro em todos os emprestimos, que ou por necessidade, ou por utilidade publica eu for servida contrahir; considerando-se este principio estabelecido em Lei permanente para o futuro."

"Determino tambem que, pelo Presidente do Meu Real Erario, se me consulte os meios que poderá haver para estabelecer outro igual fundo para a amortizaçaõ da antiga divida, logo que as Minhas Reaes rendas excedam a despeza ordinaria, em consequencia das justas e louvaveis Providencias que tenho dado a este respeito."

Titulo II.
Do pagamento dos juros Reaes.

"Art. 1.—Sendo o primeiro objecto das Minhas Reaes Intençoens, e vistas, o corroborar em tal maneira o credito publico da Minha Fazenda em beneficio da mesma, e dos meus vassallos, que jamais possa elevar-se duvida alguma sobre a exacçaõ, e fidelidade do pagamento dos juros Reaes; e desejando igualmente abrir o caminho para que em consequencia do mais restabelecimento do credito publico se possa avivar a circulaçaõ geral do dinheiro, e outros effeitos por meio d'um Banco Real, que seria inutil crear antes de preparar tudo o que he necessario para a sua consolidaçaõ, e para o seguro e livre exercicio das faculdades, que ao mesmo se devem attribuir; sou servida por ora nomear quarenta negociantes da Praça de Lisboa, dos quaes trinta nacionaes, e dez estrangeiros; e confiar aos mesmos o pagamento de todos os juros Reaes, deixando-lhes a escolha do lugar, onde se ha de depozitar o cofre, em que ha de entrar o dinheiro para os sobredictos pagamentos, e ficando elles somente responsaveis das sommas que receberem do Meu Real Erario, no modo que vai abaixo declarado."

"Art. 2.—Para a fiel execuçaõ deste util plano, ordeno; que o Meu Real Erario faça immediatamente entrar para o cofre dos sobredictos negociantes no lugar que elles nomearem, e ao Tezoireiro por elles escolhido, todo o producto das novas imposiçoens até que se ache completo o valor total dos juros Reaes que os mesmos negociantes haõ de pagar; e o 1, ou 2 por cento da nova divida, que ficam destinados para a amortizaçaõ da Real divida, que mandei contrahir, e que seraõ pagos pelos sobredictos negociantes, que encarrego de toda esta operaçaõ ja indicada, e cujo effeito pelo tempo adiante será muito sensivel, fazendo-se a amortizaçaõ a juro composto."

"Art. 3.—Ordeno que o Presidente do Meu Real Erario naõ possa em cazo algum distrahir por qualquer motivo, urgencia, ou necessidade publica os fundos assignados para o cofre destes negociantes; e que no Erario Regio se naõ de entrada alguma ao producto dos novos impostos ate que naõ conste que os negociantes se acham inteirados do valor dos juros Reaes, que ficam encarregados de pagar e para cujo cofre entraraõ naõ so todo o valor do mesmo producto, se for necessario, mas tambem toda e qualquer quantia das outras Rendas Reaes, no cazo que o producto naõ chegue a preencher o valor dos pagamentos que ficam assim determinados."

"Art. 4.—Encarrego a estacorporaçaõ de negociantes, que se occupe desde logo de examinar, as vantagens que poderiam resultar ao Estado, á Minha Real Fazenda, e a elles mesmos da erecçaõ e creaçaõ de um banco publico de credito e circulaçaõ, composto de accionistas, e independente do meu Ministerio, e a cujo cargo ficasse naõ so o pagamento dos juros Reaes debaixo do mesmo systema que mando agora practicar, mas a fazer circular bilhetes de Banco pagaveis a vista, e ao portador, por cujo meio podesse descontar os effeitos da Minha Real Fazenda, como Padrões de juro Real, Apolices, os cambios dos negociantes; manter a contabilidade dos negociantes, que quizessem depositar no Banco o seu dinheiro; conservar em deposito o dinheiro que actualmente fica sem circulalaçaõ com grave damno Publico, e executar finalmente em grande todas as operaçoens de Banco, sem outro algum privilegio senaõ que na praça de Lisboa, e no Reyno, se naõ permitteria uma sociedade de Banco, que tivesse máis de seis socios: ordenando tambem que logo que elles mesmos, ou por si, ou com o soccorro de outros negociantes tiverem combinado um plano bem entendido a este respeito, e qual o dos outros excellentes estabelecimentos que existem, ou tem existido, entre as Naçoens mais illuminadas da Europa, o façaõ chegar á Minha Real Presença, a fim que eu o faça examinar, e mande executar o que me parecer ser conveniente ao Meu Real Serviço, e ao bem Publico, realizando assim os Maternaes Sentimentos, que me animam constantemente pela felicidade geral dos meus vassallos, e que saõ o fixo e firme objecto da Minha Real applicaçaõ. Pelo que Mando, &c."

E naõ obstante todo este galimathias; todo este empenho da "Sagrada, Inviolavel, Religiosa, e Real Palavra," a instituiçaõ do banco em Lisboa, naõ cumprio o que prometteo, e foi por fim extincto o dicto banco. Eis aqui porque dicemos, que a experiencia do passado, faz com que o banco dos Estados Unidos produza resultados felices, fundados na boa opiniaõ, que o povo tem da inteireza de seu Governo; o que naõ acontece no Brazil; porque palavras mais fortes, de promessas, das que se uzáram nesta lei do banco de Lisboa, naõ se pódem achar; e o modo porque as promessas se cumpriram, todo o Mundo o sabe.

Pela practica actual; resulta o mesmo; porque naõ obstante a solemnidade com que se prometteo aos Directores do Banco a administracçaõ dos contractos Reaes, a fim de que os lucros provenientes deste negocio pudessem attrahir accionistas, e depositarios ao Banco, foi esta essencial parte da lei de creaçaõ do Banco opposta pelo simples acto do Ministro de S. A. R. aqui em Londres; como temos provado em outros numeros, sem que disso até agora se tomasse cõnhecimento; sendo certo, que a diminuiçaõ do credito do Banco se naõ podía de forma alguma remediar, sem que se desse aos infractores da lei o mais exemplar, publico, e satisfactorio castigo, indemnizando ao Banco, de uma maneira conspicua, de todas as percas que lhe tivessem occasionado estes agentes do Governo..

MISCELLANEA.

Novidades deste mez.

AMERICA.

Relaçaõ da revoluçaõ em Santa Fé, em uma carta de um Membro da Juncta Superior, em Santa Fé, a seu primo em Soccorro, mandada por expresso, em nove dias, a Caracas.

Santa Fé, 24 de Agosto, 1810.

A'S 7 horas, ésta manhaã, succedeo um grandissimo acontecimento politico.—Oh! Feliz destino! Somos homens livres, e a perfeiçaõ de nossa emancipaçaõ, começada nesta provincia, está conseguida.

Verificou-se, antes de hontem, que alguns Europeos facciosos haviam resolvido em executar a fatal tragedia, de sacrificio de dezanove illustres Americanos, á sua furia. Na lista dos proscriptos, tenho eu a honra de ser o terceiro; Benites he o primeiro, e Torres o segundo. Este cruel intento plenamente provado (pelo indefatigavel zelo dos nossos Alcaides, Gomez um distincto Europeo, e o Meritissimo Rey Patricio) com o horrivel assassino, commettido nesta cidade pelo tyranno Valdez, despertou o entorpecido espirito do povo de Santa Fé. Na noite de 19, me tomou o povo debaixo de sua protecçaõ, e se eu o naõ tivesse impedido, elle terîa descarregado sobre a casa do Governo. Hontem, 20, entre as 11 horas, e meio dia, foi o povo á casa de D. José Llorete, situada na rua Real, e pedio supprimentos para o soccorro de Villa Vicencio ao que elle repplicou, que o naõ farîa; que tinha a Villa Vicencio, e a todos os Americanos em profundo desprezo. Ao momento em que éstas palavras fôram pronunciadas, os Morales, pay e filho, cahîram sobre elle, e se naõ se refugiasse na casa de Maroquin, serîa feito em pedaços pela raivosa populaça. A's duas horas da tarde, informáram, aos Alcaides, da conspiraçaõ, porém naõ os deixáram obrar: rompeo o povo as portas do cabeça da conspiraçaõ, e se naõ fosse pelo cuidado de alguns patriotas, que o cercáram, outros tantos punhaes o terîam penetrado, quantos fôram os que attacáram o infame Llorete, a quem trouxéram de sua casa com Trillo, e Maroquin; este ultimo porém, vestindo-se em vestido de mulher, pôde escapar, mas foi ao depois apanhado pelo Alcaide Gomez. O Vice Rey mandou sahir fóra as tropas, em auxilio dos officiaes civis. Eu estava entaõ em minha casa com uns poucos de amigos, quando o povo entrou, levou-me para o Cabildo, pedio as cabeças de Alva Friza, e outros, e insistio em que se libertasse Rosillo. A praça estava entulhada de gente, e naõ éra possivel passar pelas ruas. Eu subî á varanda da janella, e fui instantaneamente nomeado tribuno, ou deputado do povo, o qual insistio em que eu immediatamente lhe fallasse, vociferando applausos. Eu fiz lhe uma falla declaratoria de seus direitos; e, narrando fielmente a historia de sua escravidaõ, particularizei a dos dous annos passados. Mencionei lhes os perigos, a que tinhamos sido expostos, expuz-lhes os perigos e difficuldades dos tempos. Fui aqui interrompido com clamores, de que elles, desde aquelle instante, assumîam os seus direitos, e os manterîam com as suas vidas; que eu immediatamente annunciasse o acto de sua liberdade, nos termos declarados por meu patriotismo e conhecimentos, que eu lhes propuzesse deputados, que, unidos ao Cabildo, pudessem governar o interior, até que as provincias mandassem os seus deputados, de cujo corpo deviam ser excluidos os *intrusos*. Eu entrei na salla, e esbocei o Acto, e formei uma lista de 17 deputados; sahindo outra vez fóra, sobre a varanda, dirigî ao povo uma breve falla, e lî a lista; mas todos insistîram em que o meu nome estivesse á frente della, com mui lisongeiras expressoens de louvor; insistindo ainda na liberdade de Rosillo. Eu os apasiguei, e os assegurei de que, o primeiro acto do novo Governo serîa, a emancipaçaõ daquelle illustre homem. Fui attendido, e fui obedecido. ¡ Quam grande he o prazer de merecer a confiança de um povo livre!

Os Deputados, Prelados, Authoridades, &c.; chegáram ao Cabildo, e o Ouvidor, D. Joaõ de Jurado, por commissaõ de S. Excellencia. Taõ grande era a confusaõ, que se naõ ouvia uma palavra, o povo gritava, que se naõ éra verdade, que elles tinham a contender contra tyrannos, que lhe entregassem a artilheria. O Vice Rey a tinha ja entregue a D. José Ayala, que formou immediatamente, debaixo de suas ordens, uma companhia de cem cidadaõs. Pedîram tambem uma companhia para defensa da casa do Consistorio, commandada por Baray; o que foi concedido.

Ainda assim naõ cessou a desconfiança. Fez-se uma proposiçaõ para reconciliaçaõ, e immediatamente começáram os gritos. Pedi entaõ que se lêsse ao Povo o acto, assignado por S. Exª.; e sustentei que a assemblea naõ tinha direito de variar o acto do povo. O Syndico apoyoume, e o Ouvidor oppoz-se: eu assumi immediatamente o meu officio de Tribuno, avancei para o meio da Salla e declarei altamente, que se julgasse réo de alta traiçaõ, todo aquelle que se opposesse á installaçaõ da Juncta. Fui acclamado pelo povo: o Assessor do Cabildo declarou a mesma opiniaõ; e o mesmo declarou o Syndico, cujo voto foi o primeiro porque se clamou. Os quatro, que se declaráram pelo Vice-Rey, retiraram-se. Nove pessoas falláram divinamente. O Demosthenes Guterier fez-se immortal, como fez Torres, Pombilio, &c. O Povo estáva enthusiasmado. Jamais experimentou Roma ou Athenas, um momento de mais exquisita felicidade; nem jamais os seus oradores excedêram os que falláram no dia 20 de Julho, em Santa Fé.

Concordou-se unanimemente, que naõ existia poder algum, que pudesse invalidar o Acto dos Deputados do Povo, que os Membros prestassem o Juramento; e que se installásse a Juncta. O Ouvidor quiz informar disto ao Vice-Rey, mas o povo gritou "traidor, elle quer submetter a vontade do povo á opiniaõ de um individuo." Eu fiquei atonito de ouvir o povo expressar opinioens similhantes; e povo sem instrucçaõ. Estabeleceo-se a Juncta, e se unio ao Cabildo. Eu informei o povo do respeito que se devia a D. Antonio Amar, pela sua prudencia nestes acontecimentos; e que a politica requeria, que elle fosse elleito presidente." Viva Amar, "resoou de toda a parte" Elle naõ he tyranno, pois nos he proposto pelo nosso Deputado, sêja D. Amar o Presidente."

Foi uma deputaçaõ ter com sua Exª. ás tres horas da manhaã; consistia a deputaçaõ do Arcediago, do Padre

Omena, Torres, e Herrera, com o Ouvidor, que o informou do que havia passado. Elle recebeo com prazer a notificaçaõ, aceitou o cargo com que o povo o honrara; offereceo reconhecer a Juncta, e ser recebido ás nove horas, escusando-se naquelle momento, por estar indisposto. Em consequencia foi reconhecido pelo Cabildo, Governo Ecclesiastico, e Chefes Militares. O Vice-Rey, a Audiencia e alguns Prelados estávam ausentes Devemos ajunctarnos amanhaã ás nove horas, na primeira sessaõ, em que se estabeleceraõ firmemente todos os regulamentos. O povo naõ quiz receber o juramento de Samana, que resignou a vara com reluctancia. Quito grita contra, e Soccorro accusa estes perfidos malvados. Eu tenho acommodado o povo. Ha neste momento (oito horas da manhaã) quatro mil homens de cavallo, que entráram de Savannahas, e he impossivel ouvirem-se uns aos outros em minha casa. Toda a noite esteve o povo juncto as minhas janellas, dando vivas. Minha mulher e familia naõ pudéram fechar os olhos. Serîa ésta outra Troia, se o Vice-Rey se naõ comportasse como fez. Os sinos tocávam constantemente a rebate: toda a cidade estava illuminada; o povo tem andado a examinar todas as casas suspeitas, mas naõ se commettêram excessos. O povo ajunctou todas as armas, e muniçoens que pôde: tal he a situaçaõ em que estamos postos. A Deus charo primo. A constituiçaõ deve ser fundada sobre a base da liberdade, e as provincias convidadas a unir-se em uma forma geral de Congresso. Este tem sido o juramento solemne de todos. Ao meu charo paiz, Soccorro, ao seu valor, e ás suas desgraças, devemos ésta revoluçaõ. Viva Hespanha na America—o terror dos tyrannos. Dizei aos meus charos compatriotas, que eu os adoro; que nos somos livres pelo seu valor, e constancia; que sèjam tranquilos, mas vigilantes.

INGLATERRA.

O haver-se frustrado a negociaçaõ para a troca de prisioneiros, he taõ notorio; como a dezesperaçaõ que isto occasionou aos prisioneiros Francezes em Inglaterra, vendo que o seu Soberano recusava trocar homem por homem, e graduaçaõ por graduaçaõ. A seguinte carta, porém, he uma prova da disposiçaõ do Governo Inglez em acceder a uma accomodaçaõ humana.

Copia de uma carta, que por ordem do Governo Britannico se manda expedir pela repartiçaõ dos transportes, a todos os prisioneiros Francezes, que pedirem a sua soltura.

Meza dos Transportes, Londres.

SENHOR! Os Commissarios de S. M. na Meza dos transportes, recebêram a vossa carta, datada de —— e me ordênam informar-vos, que a determinaçaõ do Governo de S. M. he, naõ mandar official Francez algum para o seu paiz, até que o Governo Francez tenha solto alguns officiaes Inglezes, em troca pelo grande numero de officiaes, que tem obtido este favor do Governo Britannico; ou até que o Governo Francez tenha consentido em um parlamentario de troca, sobre a justa baze de homem por homem, e graduaçaõ por graduaçaõ, confor-me o uso das naçoens civilizadas, o que os Commissarios de S. M. tem frequentemente proposto; ainda que os seus esforços, em accelerar uma troca, tem sido sempre inefficazes.

Com tudo devo informar-vos, que se o Governo Francez mandar para Inglaterra um official de vossa graduaçaõ, em troca por vós, ou ainda mesmo certificar officialmente aos commissarios de S. M. Britannica, que á vossa chegada á França se soltará um prisioneiro Inglez de igual graduaçaõ, vós obtereis instantaneamente a vossa soltura.

Vos deveis ver, que, no presente estado dos negocios, somente o vosso Governo he a causa de vossa detençaõ neste paiz; porém se vós julgareis conveniente fazer alguma representaçaõ ao vosso Governo, podeis ficar descançado, que os Commissarios de S. M. fielmente a transmittiraõ.

Eu sou Sñr.

Vosso muito humilde

E obediente criado,

ALEX. MC LEAY, Secretario.

PORTUGAL.

Quartel General da Capataria, 9 de Novembro, de 1810.

Ordem do Dia.

Ainda que S. Exa. o Sñr. Marechal naõ faltou a dar parte a S. A. R. quando recebeo a informaçaõ da brilhantissima conducta da Brigada de cavallaria, composta dos regimentos No. 5 e 8, e dos Esquadrões do regimento No. 3, ás ordens do Sñr. Brigadeiro Madden no ataque de 15 de Septembro em Fuente de Cantos contra a cavallaria inimiga, em que derrotou esta, fazendo ao chefe, e aos officiaes e soldados do seu commando os elogios, que os conhecimentos e arranjos do primeiro, e coragem, e conducta de todos mereciaõ; e posto que algumas circumstancias tenhaõ sido causa do retardamento, que tem havido até aqui em noticiar ao Exercito aquelle ataque; S. Exa. naõ póde omittir para conhecimento do mesmo Exercito, o fazer agora mençaõ do referido ataque por ser taõ honroso para a naçaõ, e para naõ deixar de fazer justiça ao Sñr. Brigadeiro Madden, e ás bravas tropas do seu commando.

A cavallaria Franceza, depois de ter com a protecçaõ da sua infantaria vencido no primeiro instante a cavallaria Hespanhola (menor em numero), dirigio-se com 1.100 cavallos contra a Brigada do Sñr. Brigadeiro Madden, que se compunha de pouco mais de 700; mas pela disposiçaõ judiciosa, que faz o maior credito como official ao Sñr. Brigadeiro, e pela coragem bem secundada pela disciplina das tropas, e exemplo delle, o inimigo n'hum momento foi vencido e derrotado; e tendo deixado 200 homens mortos, vio-se obrigado a procurar a segurança do resto, na protecçaõ de 8.000 homens de infantaria com artilheria, até onde a cavallaria Portugueza o compellio.

S. Exª. naõ póde deixar de dizer, que rarissimas vezes acontece haver na guerra uma conducta mais brilhante; e o que a completou, foi que, tendo a Brigada carregado os fugitivos até á sua infantaria e artilheria, se tornou a formar, e fez a sua retirada com a maior regularidade, por um terreno, que nada lhe favorecia á vista de um inimigo taõ superior em força, e sem que elle se atrevesse a atacalla.

S. Exª. roga ao Sñr. Brigadeiro Madden que receba a sua approvaçaõ, e agradecimentos, e que tenha a bondade de os apresentar aos officiaes e soldados, que com elle combatêraõ, mostrando-se taõ dignos do nome Portuguez.

Ajudante-general MOZINHO.

LISBOA, 12 *de Novembro.*

Extracto de um Officio do Excellentissimo Marechal-general Lord Wellington, dirigido a S. Ex. o Sr. D. Miguel Pereira Forjaz, de Pero Negro, em dat a de 10 *do corrente.*

Illmo. e Exmo. Sr. Nao tem occorrido cousa alguma de importancia depois que transmitti a V. Ex^a^. o meu antecedente despacho da data de 3 do corrente. O inimigo fez a 5 do presente mez um reconhecimento sobre Abrantes, e debaixo do coberto desta operaçaõ moveo um pequeno corpo de cavallaria, e infantaria a travez da Beira baixa, para as bandas de Villa Velha, evidentemente com a intençaõ de obter a posse da ponte, que existia naquelle lugar sobre o Tejo; acharaõ-a comtudo destruida; voltando em razaõ disto estes destacamentos do inimigo pára Sobreira Formosa.

O maior número de barcos, que o mesmo inimigo pôde

ajunctar, tirando-os das differentes immediações, estaõ servindo na ponte que construíram no rio Zezere, a qual he assás má; e será, eu assim o espero, destruida.

Pelas minhas ultimas participações de Badajoz de data de 4 do corrente, vejo que o corpo do commando de Mortier ainda permanece em Sevilha, e que as tropas, que o compóem, se achaõ em um estado mui doentio.

Copia de um Officio, que S. Ex. o Marechal-general Lord Wellington dirigio do Cartaxo em data de 21 *de Novembro, de* 1810, *ao Excellentissimo Senhor. D. Miguel Pereira Forjaz.*

O inimigo se retirou da posiçaõ, em que se tinha sostido durante o mez passado, com a direita sobre o Sobral, e a esquerda postada sobre o Riba-Tejo: teve lugar esta retirada na noite de 14 do corrente, tomando a sua direita a direcçaõ da estrada de Alemquer, e Alcoentre, e a sua esquerda a estrada de Villa Nova, nesta disposiçaõ continuou nos dias seguintes a sua retirada para as bandas de Santarem.

O Exercito Alliado desfilou das posisões, que occupava, na manhaã de 15 do corrente, seguindo a marcha do inimigo, e a guarda avançada deste Exercito se achava já em Alemquer a 15 do presente mez; ao mesmo tempo que a cavallaria Ingleza com a guarda avancada se achava em Azambuja e Alcoentre no dia 16, e neste Lugar a 17.

Durante estes movimentos fizeram-se prisioneiros perto de 400 homens das tropas inimigas.

As tropas, que acima mencionei, foram seguidas na sua marcha pela divisaõ do commando de Sir Brent Spencer, e pela 5ª. divisaõ de infanteria commandada pelo Major-general Leith.

A 17 do corrente recebi participações do Major-general Fane, mandadas da margem esquerda do Tejo: por ellas me communicava que o inimigo tinha construido uma segunda ponte sobre o Zezere, tendo sido levada pelas enchentes a primeira que alli havia lançado. Avisa-me mais o mesmo General, de que o inimigo tinha naquelle dia mandado de Santarem para as bandas da Golegaã, um grande corpo de tropas. Immediatamente fiz passar o Tenente General Hill com o Corpo do seu commando para a margem esquerda do Tejo; embarcando para este fim em Vallada, nos barcos que para alli tinha mandado o Almirante Berkley, com o fim de coadjuvar, e facilitar as operações do Exercito.

A 18 do corrente a cavallaria Britannica, e a guarda avançada, achou a retaguarda do inimigo taõ fortemente postada na frente de Santarem, que foi impossivel poder atacalla com apparencia de feliz resultado; e ainda que sou informado pelos nossos postos da margem esquerda do Tejo, que o inimigo continúa a mandar tropas, e bagagens ao longo da estrada, situada na margem direita do Tejo, com direcçaõ ao Zezere, comtudo a sua guarda avançada continúa a suster-se no mesmo ponto, tendo nelle, e em Santarem, um sufficiente número de tropas, que o habilita a manter a forte posiçaõ de Santarem contra qualquer ataque, que eu podesse emprehender na sua frente.

Ao mesmo tempo as copiosas chuvas, que tem havido desde o dia 15 do corrente, tem destruido de tal modo as estradas, e enchido as Ribeiras e Vallas, que até ao presente tenho achado impossivel desalojar o inimigo da posiçaõ, que occupa em Santarem. O máo estado das estradas tem tambem sido a causa do inimigo se demorar por tanto tempo em Santarem.

A pezar do inimigo ter movido grandes Corpos de tropas, de Santarem para a outra banda do Nascente, naõ sei que tenha passado número grande de tropas para a outra banda do Zezere. Naõ posso por isto mesmo ter uma certeza de que a intençaõ do inimigo seja retirar-se inteiramente de Portugal: achando-se, como se acha, o seu exercito juncto entre Santarem e o Zezere, está em uma situaçaõ, que o habilita a procurar soster-se naquella forte posiçaõ, até que se lhe possaõ reunir os resforços, que sei existem nas Fronteiras.

Nada tenho recebido do General Silveira (que se acha nas Fronteiras da Beira Alta) de 9 do corrente para cá. Nesta data me informava dos movimentos de differentes corpos de tropas inimigas na Castella, os quaes eu suppuz fazerem ao todo 20.000 homens, apparentemente empregados em levantar contribuiçoes de viveres para o exercito de Portugal. Estas participações foram confirmadas por outras de data mais moderna vindas de Salamanca.

Tendo avançado das posições, em que me havia postado e nas quaes estava habilitado a trazer o inimigo a um ponto, e obrigallo a retirar, sem que se aventurasse sobre qualquer ataque; devo, por fazer justiça ao Tenente Coronel Fletcher, e á officialidade dos Reaes engenheiros, chamar a attençaõ de V. Exª. pela pericia e diligencia com que formáram as fortificaçoes, com as quaes tem posto as dictas posições taõ fortes, que tornaria qualquer ataque, feito naquella linha, occupada pelo Exercito Alliado, mui duvidoso ou inteiramente desavantajoso para o inimigo.

O Exercito Francez poderá ser reforçado, e poderá induzir-me a que eu ache outra vez acertado o expediente, no estado actual dos negocios da Peninsula, de voltar para as mesmas posições; porém naõ creio que possa ou dependa delle trazer contra nôs uma tal força, que possa tornar duvidosa a contenda. Devemos estas vantagens ao Tenente Coronel Fletcher, e á officialidade do Real Corpo dos Engenheiros, entre os quaes devo em particular mencionar o Capitaõ Chapman, o qual por repetidas vezes me tem já prestado os seus serviços.

No meu despacho de data de 20 de Outubro participei a V. Exª. que o Marquez de la Romana se havia unido ao

Exercito Alliado, nas posições fortificadas na frente de Lisboa, trazendo comsigo consideraveis destacamentos de tropas do Exercito Hespanhol do seu commando. O mesmo Marquez continua a permanecer entre nós, recebendo eu delle conselhos de mui alto apreço, assim como uma assistencia mui efficaz, e de valor na sua tendencia.

Durante o tempo que occupámos as posições já mencionadas, todo o serviço foi feito com a maior regularidade, e com satisfacçaõ minha, se bem que a força que as occupava era (como V. Exª. sabe) composta de differentes tropas, e de diversas Nações. Attribuo estas vantagens inteiramente ao zelo, que tem pela causa, em que estamos empenhados, os chefes, e officiaes generaes dos exercitos das differentes nações, e ás suas sabias disposições; e naõ duvido que a mesma cordialidade continuará a permanecer tanto tempo, quanto se julgue necessaria a uniaõ dos exereitos.

O Tenente General Sir Brent Spencer, e o Marechal Sir William Carr Beresford, e os officiaes do Estado Maior do Exercito tem continuado a prestar-me todos os serviços, que lhes saõ possiveis.

Quartel General do Cartaxo, 21 de Novembro, de 1810.

Tenho a honra de ser de V. Exª. &c.

(*Assignado*) WELLINGTON.

Illmo. e Exmo. Sñ. D. Miguel Pereira Forjaz.

Copia de um Officio, que S. Ex. o Marechal Commandante em Chefe W. C. Beresford dirigio do Cartaxo, em data de 23 de Novembro, de 1810, *ao Illmo. e Exmo. Sr. D. Miguel Pereira Forjaz.*

Illustrissimo e Excellentissimo Senhor; tenho a honra de remetter a V. Exª. com a maior satisfacçaõ a copia do officio incluso, que me dirigio o General Silveira com data de 15 de Novembro, em que SS. Ex^{as}. os Governadores do reyno veraõ a gloriosa acçaõ, que teve com os inimigos juncto a Pinhel, em que naõ só com forças inferiores os bateo completamente, causando-lhe consideravel perda entre mortos e prisioneiros; mas em que continúa a mostrar naõ só o bom comportamento, valor, e boa vontade das suas tropas, como tambem o distincto e glorioso modo, com que este general se emprega no serviço da sua Patria.

Deos guarde a V. Exª. Quartel General do Cartaxo, 23 de Novembro, de 1810.

W. C. BERESFORD,

Marechal e Commandante em Chefe.

Sñr. D. Miguel Pereira Forjaz.

Illustrissimo e Excellentissimo Sñr.: Hontem marchei sobre Pinhel: os inimigos se achavam nos Povos do Pereiro, Gamelas e Valverde: esta manhaã os ataquei pensando ser a sua força muito menor; mas, a pezar de serem 6 esquadrões e 3 de lanceiros, tive a felicidade de os bater completamente, sendo a sua infantaria em numero muito superior á nossa: foi o resultado ficarem no campo da batalha mais de 300 mortos, entre estes 8 ou 10 officiaes; bastantes prisioneiros, e entre elles 4 officiaes. Naõ posso ainda dar a V. Exª. o detalhe circumstanciado, o que farei; mas já tenho a satisfacçaõ de poder assegurar a V. Exª. o bom comportamento dos officiaes e soldados em geral. A cavallaria commandada pelo major aggregado Luiz Paulino nada me deixou a desejar, assim como os Caçadores Milicianos, e o Batalhaõ de infantaria N°. 24: o Major graduado Francisco Teixeira Lobo continuou a portar-se, como fez no dia 4 de Agosto na Puebla; tanto este como o Major aggregado Luiz Paulino fôram feridos levemente pelos Lanceiros. O Commandante da vanguarda o Coronel Antonio Manoel de Carvalho em tudo me satisfez. A minha perda foi mui pequena, e já me consta que houve soldado que ficou com 80 peças de despojo; pois foram mortos um Brigadeiro, e dois Gram-Majores.

Deos guarde a V. Ex[a]. Quartel General do Campo do Pereiro, pelas quatro horas da tarde do dia 15 de Novembro de 1810.

Ill. e Ex. Sñr. Marechal Beresford.

De V. Exª. subdito muito obrigado,

FRANCISCO DA SILVEIRA PINTO DA FONSECA.

Extracto de um Officio, que S. Ex. o Marechal General Lord Wellington dirigio ao Ex. Sr. D. Miguel Pereira Forjaz, do Cartaxo em 24 de Novembro, de 1810.

O inimigo naõ tem feito alteraçaõ de importancia na sua posiçaõ depois que dirigi a V. Ex. o meu antecedente Despacho da data de 21 do corrente. O ajunctamento e movimentos das nossas tropas nas partes da direita da posiçaõ de Santarem, apezar de continuarem as chuvas, e de irem por consequencia mui cheios os rios, tem causado ao inimigo algum ciume naquelle flanco; pois que a 22 do corrente trouxeram para aquelle ponto um grande número de tropas: com ellas fizeram recuar os piquetes até á ponte de Calhariz, onde, fazendo alto, o inimigo se retirou durante a noite.

Esta circumstancia, e as demais informaçóes, que tenho recebido, tendem a provar que algumas tropas inimigas tem outra vez voltado para as visinhanças de Santarem.

O inimigo occupa Punhete sobre a esquerda do Zezere.

Tenho verificado que nenhum destacamento de tropas inimigas passou as Fronteiras atravez da Beira baixa, excepto um de cavallaria e infantaria, de perto de 1500 homens, commandado pelo General Foix, sendo este destacamento aquelle, que annunciei a V. Ex. no meu Despacho de 10 do corrente ter voltado para Sobreira Formosa, depois de haver estado em Villa Velha, onde achou a ponte, que alli havia sobre o Tejo, destruida. Este mesmo destacamento marchou depois para Cuidad-Rodrigo.

Extracto de um Officio, que S. Ex. o Marechal General Lord Wellington dirigio ao Ex. Sr. D. Miguel Pereira Forjaz, em data de 24 de Novembro, de 1810. *De Cartaxo.*

Recebi noticias do General Silveira, cujas datas chegam até 16 do corrente. As avançadas dos Corpos do inimigo, tendo chegado a Pinhel, o dito General attacou, e repulsou os postos avançados a 14 do corrente, tomando 4 officiaes, e muitos soldados prisioneiros, e mattando e ferindo ao mesmo tempo muita gente ao inimigo. O General Silveira menciona que a perda dos nossos consistia em perto de 30 mortos, e quasi o mesmo número de feridos. Relata igualmente com mui fortes e vivas expressões a boa conducta da sua officialidade e soldados, particularmente os do regimento Portuguez N°. 24.

Remetto a V. Ex: inclusa a copia do officio do General Silveira em data de 16 do corrente mez.

Illustrissimo e Excellentissimo Senhor ;—Hontem tive a honra de participar a V. E. o resultado da acçaõ, que tive com o inimigo; ainda naõ posso dar a V. E. a parte circumstanciada; porque ainda me faltaõ as dos corpos; mas posso segurar a V. E. que a perda do inimigo foi ainda maior do que a que participei hontem, e creio que a nossa naõ passará de 25 a 30 homens, e que o número dos feridos será igual. Hontem depois da acçaõ o inimigo se reunio na planicie, que vai de Valverde para o Cabesso ; e eu reuni toda a Divisaõ no cimo daquelle Povo, e principiei a retirar-me sobre Pinhel, sem que o inimigo se animasse a picar a minha retaguarda ; porque elle estava persuadido que na acçaõ tinha entrado só huma parte da tropa, e que a maior parte da força se achava reunida no cimo da montanha, aonde tinha feito postar algumas peças para este fim : fiz descançar e comer a tropa em Pinhel até o Sol posto, entaõ a fiz retirar para cá do Rio Pega, e hoje a fiz vir para este Quartel: o inimigo entrou em Pinhel á meia noite, e immediatamente se dividio em duas columnas, uma que se encaminhava a Marialva, e outra ás Frixedas, ainda naõ pude virificar esta noticia.

Deos guarde a V. E. Quartel General de Trancoso 16 de Novembro de 1810.

De V. E. subdito muito obediente,

FRANCISCO DA SILVEIRA PINTO DA FONSECA.

P.S. Estou persuadido que o inimigo por estes dois ou tres dias, conforme o que dizem os prisioneiros, a naõ tirar a maior parte das guarnições de Almeida e Cidade Rodrigo, me naõ podem atacar com mais de 7000 homens.

Illustrissimo e Excellentissimo Sñr. Lord Wellington.

Extracto de um Officio, que S. Ex. o Marechal-general Lord Wellington dirigio ao Exmo. Sr. D. Miguel Pereira Forjaz, do Cartaxo em data do 1°. de Dezemrbo, de 1810.

O corpo de tropas inimigas, cuja guarda avançada se bateo com as tropos, que commanda o General Silveira, a 14 do mez de Novembro passado, passou para a esquerda, e apparaceo a 19 no Sabugal, no alto do Coa, donde tomou a direcçaõ de Belmonte e Fundaõ; e tomando pelas duas estradas, que se dirigem ao Zezere atravez da Beira Baixa, chegou a Cardigas no dia 25.

As ordenanças da Beira Baixa tem continuadamente perseguido, nestes movimentos, a retaguarda do inimigo, e lhes causaram bastante perjuizo.

Este destacamento de tropas inimigas consiste daquellas, qne sahiram de Portugal com o General Foix, o qual partio para Paris, e das tropas pertencentes aos tres corpos do exercito de Portugal, que tinhaõ ficado de guarniçaõ em Salamanca, Cuidad-Rodrigo, e Almeida, de 3 ou 4 batalhoes que tinhaõ sido destacados do 8°. corpo por ordem do imperador, e postos debaixo do commando do General Serras, para o fim de operarem sobre a Fronteira, e dos convalescentes do Exercito de Portugal, que fazem ao todo uma força de perto de 2.400.

He difficil de saber o numero certo deste reforço; porém julgo que naõ excede a 8:000 homenss

As tropas que formam o 9°. corpo tem occupado as guarnições e pontos na Castella, dos quaes foram tiradas as tropas, que ha pouco entraram em Portugal.

O inimigo continúa a manter-se em Santarem, cuja villa se tem tornado mais forte, de uma maneira consideravel: Elle tem igualmente fortificado um posto em Punhete, á esquerda do Rio Zezere.

Tem tambem reforçado as suas tropas nas immediações de Pernes e Alcanhede, na direita da posiçaõ de Santarem, mostrando que olham com o maior ciume todos os nossos movimentos naquella direcçaõ.

O tempo tem continuado a ser muito máo, desde o meado de Novembro, e os caminhos travessios estaõ impassaveis para a artilheria, e mui difficeis para a passagem da infanteria, ao mesmo tempo que os Rios e Vallas vaõ mui cheias.

Todas as noticias que recebo de Castella me seguram de que as guerrilhas trabalham com muita actividade, e que saõ mui bem succedidas contra o inimigo, tendo-o sido mais particularmente, ha pouco tempo.

Tenho a honra de ser, com consideraçaõ e respeito,

De V. Ex^{a}. o mais attento e fiel Servo,

(*Assignado*) WELLINGTON.

Ill. e Ex. Snr. D. Miguel Pereira Forjaz.

EDICTAL.

O Doutor Antonio Xavier de Moraes Teixeira Homem, Desembargador da Casa da Supplicaçaõ, Juiz Relator da

Commissaõ Criminal, creada por Decreto de 26 de Janeiro, de 1809, por S. A. R. que Deos guarde, &c.

Faço saber, que nos Autos Crimes, de que sou Juiz Relator, formados para serem sentenceados os Reos Portuguezes, que acompanháram o Exercito Francez, ajudando-o com suas forças e conselhos contra este reyno, se acham pronunciados os seguintes: D. José, filho do Marquez de Tancos; Pereira, ou Pereirinha, como lhe chamaõ no exercito Francez; Manoel Ignacio Martins Pamplona, e sua mulher D. Isabel das Rochas; Joaõ da Gama, que servio no Regimento de Vieira Telles; Joaõ Freire Salazar, que foi Escrivaõ em Pinhel; José Soares de Albergaria, filho de Francisco Soares de Albergaria; Francisco Taveira Cardozo, natural da Villa de Amarante; Joaõ Baptista Reycend, filho do Livreiro João Baptista Reycend, e sua mulher, que por falta de nome naõ perca; O Pitton, que foi Sargento de Cavalleria da Real Guarda da Policia; O Nobre, natural da Cidade de Béja, que foi Major de Cavallaria em um regimento do Alémtejo; Fortunato José Barreiros, que foi Major d'Artilheria, e se achava destacado em Almeida; João Pedro Salabert, que tinha na Cidade do Porto fabrica de chapéos; Antonio de Bintencourt, Major do Regimento de Milicias da Guarda, o Alferes Estevaõ Ribeiro de Carvalho; Manoel Joaquim Rodrigues da Fonceca, Ajudante dos Fieis na Praça d'Almeida. Pelo que em virtude do presente os chamo, e cito a todos, visto se acharem ausentes, para que no termo de 60 dias que correm da sua affixaçaõ, compareçaõ neste juizo a allegar suas defezas, sob pena de se proceder a suas revelias até lhe ser imposta a pena que merecerem, conforme as Leis, &c. Por este mando ao Porteiro deste Juizo José Rodriguez da Costa, cite, e chame os supplicados ausentes, e da noticia que tiver delles passe Certidaõ. Lisboa, 26 de Novembro, de 1810 annos. E, eu José Antonio Ribeiro Soares, Escrivão das Commissões, o subscrevi. Antonio Xavier de Moraes Teixeira Homem. Alvará de Editos de 60 dias, pelo qual saõ chamados, e citados os supplicados supra declarados.

Rio-da-Prata.

Ordem do dia. Buenos-Ayres, 13 *de Agosto, de* 1810.

Quando no concurso dos successos humanos se vê precisado um povo a romper os vinculos, que o ligávam a outro, he um dever de justiça que, pelo respeito ás opinioens dos mais homens, se manifestem os motivos, que conduzîram a esta separaçaõ. A capital de Buenos-Ayres, inseparavel das medidas de moderaçaõ que se tem proposto, tentou todos os meios legitimos de unir-se estreitamente a Montevideo, esperou que uma franca communicaçaõ corresse o veo ás imposturas com que a principio se desfigurou a sua conducta, guardou uma constante adhesaõ aos principios de fidelidade que tinha jurado, fez respeitar os direitos daquelle povo, e as relaçoens de interesse, que nos unîam a elle, e hoje em dia que se acha reduzida á dura necessidade de rompêllas, tem a satisfacçaõ de annunciar em sua conducta anterior uma justificaçaõ da actual; e na obrigaçaõ de sustentar a sua dignidade, e decoro, o principio legitimo das providencias efficazes, que tem resolvido oppor aos insultos, e hostilidades de Monte-Video.

Saõ ja demasiado notorios os motivos, que produzîram a installaçaõ da Juncta na Capital, e Monte-video naõ se devia oppor á substancia do projecto, pois com menores fundamentos manteve a suas Juncta de observaçaõ, que obteve approvaçoens da Corte, no acto de dissovêlla. As apologias que se escrevêram a favor daquella resoluçaõ, justificam a nossa, e uma cidade da graduaçaõ de Buenos-Ayres, naõ devia esperar resistencia da parte de uma povoaçaõ subalterna, que tanto tinha clamado pela integridade daquelles direitos, que nas circumstancias do dia authorizam os povos para similhante conducta.

Esta justa esperança regulou os primeiros passos da Capital, e abandonando todos os recursos menos proprios, da dignidade de sua empreza, fiou a uniaõ daquelle povo á notoria justiça da causa, e ás consideraçõens de um interesse reciproco, que se envolvîam nella. O primeiro impulso de Monte-video foi o que se tinha esperado: e a natureza, excitada pelo interesse commum, dictou uma concordia indissoluvel, quando a seducçaõ, e o engano naõ tinham ainda tido tempo para estender seus laços. He verdade que a tropa de marinha resistio desde o principio a uniaõ da capital; porém com tudo o povo ouvia aos vizinhos pacificos, e respeitaveis; e a Juncta terîa ficado reconhecida no primeiro congresso, se a chegada do bergantim Filipino naõ tivesse entorpecido aquelle acto.

Fizéram-se produzir deste vaso fabulas mal forjadas, que fôram desmentidas completamente em menos de 8 dias; e uma cadêa de victorias imaginarias foi o primeiro arbitrio que se poz em movimento, para fazer odiosa uma resoluçaõ, que em nada se oppunha aos triumphos da Peninsula, que todos efficazmente desejamos. Ao mesmo tempo que se recommendávam as vantagens de armas, se exigia o reconhecimento do Conselho de Regencia, que reside em Cadiz; e desentendendo-se das incertezas e duvidas fundadas, que exigem um circumpecto exame desta materia, se decidio a divisaõ da Capital; porque naõ lançava porterra o legal, e prudente partido, que acabava de adoptar, sem outra nova causa mais do que o exigrem-no assim os chefes de Monte-video.

Convencida seguramente a Capital de que a parte mais saã, e principal, daquelle povo desejava uma estreita uniaõ com a Capital, empenhou nisto todos quantos sacrificios podîam contribuir para a conseguir. O secretario D. Joaõ José Passo foi em pessoa, com poderes da Juncta para manifestar as suas intençoens, e alhanar os embaraços que se oppunham á Concordia de ambos os povos; porém uma continuada série de insultos á sua pessoa obteve o frustrar o precizo fructo de sua commissaõ. Recebeo-se com tropa antes de sua chegada áquelle povo, foi introduzido com um aparato tecido de precauçoens pueris, com o que se infundio a desconfiança nos desacautellados, e se sorprendeo a multidaõ, para que, suffocando os seus proprios sentimentos, se deixasse arrastar cegamente pelos que dávam direcçaõ áquelle movimento.

Todos sabem o resultado do congresso celebrado no cabildo de Monte-video. O Secretario expos nelle os ponderosos fundamentos, que tinham decidido a Capital á installaçaõ da sua Juncta; nem éra facil resistir lhes, nem se apresentava entre os contradictores algum sugeito capaz de sustentar uma discussaõ profunda sobre ésta materia: sem embargo o Commandante da marinha deo alguns gritos descompassados, na salla, estes fôram communicados ao povo por alguns officiaes do mesmo corpo, situados destramente em termos de poder transmittir o echo de seu chefe, e sem que até agora se saiba, qual foi particularmente o voto dos que concorrêram á sessaõ, se respondeo á Juncta, que Monte-video ficava separado da Capital, e quando ésta reconhecesse o Supremo Conselho de Regencia, se tractaria da uniaõ nos termos em que se devia verificar.

O acto de quebrar um povo subalterno os vinculos de dependencia que o ligam á sua Capital, he de summa importancia na ordem politica, e o crime de seus authores augmenta a entidade derivada da violaçaõ das leis, pelos gravissimos males a que fica exposta a sociedade. A distribuiçaõ de provincias, e reciproca dependencia dos povos que as fórmam, he uma lei constitucional do Estado; e, o que tractar de atacálla, he um refractario do pacto solemne, que jurou de guardar a Constituiçaõ ¿ que serîa da ordem publica se os povos subalternos pudessem resolver por si mesmos a divisaõ daquellas capitaes, que o Soberano tem estabelecido, como centro de todas as suas relaçoens?

A' escandalosa illegitimidade do acto se seguem consequencias da mais funesta transcendencia. Os povos da provincia dependem da capita, em suas relaçoens mais importantes; os negocios de commercio, as reclamaçoens de justiça, os soccorros pecuniarios, a provisaõ dos mais auxilios, que se derivam necessariamente da capital, e naõ pódem encontrar-se se naõ nella, saõ os meios ordinarios da felicidade, e conservaçaõ de todo o povo subalterno; e quebradas de um golpe por qualquer acontecimento, perecem mil familias, antes que por outros caminhos novos se possa reparar a sua falta. ¿ Com que terîa o Governo de Montevideo feito callar as queixas daquelle povo, se a Juncta tivesse castigado a sua desobediencia, com um absoluto rompimento de toda a communicaçaõ e relaçoens? O Commerciante que esperava fundos da Capital, o que necessitava della para o dispendio de seus effeitos; o navegante que por falta de soccorros via detida a sua viagem, e o seu navio em perigo, o afazendado sobre cujos fructos refluia a minoraçaõ das exportaçoens, o estrangeiro que fugia do porto, porque a falta de numerario e de consumo o repellîam d'ali; todos gritarîam contra os chefes, que occasionávam aquelles males; e terîa sido mais difficil, que o interesse geral ficasse sacrificado ao capricho de quatro homens, que naõ consultavam senaõ a sua conveniencia.

Naõ se occultou ao Governo da Capital que aquelle éra o meio justo, e seguro, de lançar por terra seus inimigos; porém o empenho de suster em todos os seus passos a dignidade, que caracteriza as grandes emprezas, lhe fez olhar com indifferença os seus proprios insultos; encomendou ao tempo, e á paciencia o desengano de um povo, a quem amava ternamente; conservou illesas até as menores relaçoens; e distinguindo ao mandante oppressor do vizinho opprimido, proporcionou a este todos os bens de uma franca communicaçaõ, sem tomar daquelle outra vingança mais que o desprezo de seus insultos, e ameaças. Se os chefes de Montevideo naõ nos tem merecido consideraçaõ alguma, os habitantes daquelle povo tem recebido de nós todos os obsequios da mais estreita fraternidade; vassallos de um mesmo Principe, naõ qûizemos encontrar um principio legitimo, que faça quebrar as estreitas relaçoens de sangue, e conveniencia, que nos unem; e o estrangeiro, que observava as nossas discordias, naõ vîa nellas senaõ a disconformidade dos chefes daquelle povo, conduzidos por um egoismo que desconhece as resoluçoens energicas, que devem distinguir o vassallo de um rey desgraçado.

Por mais vantajoso conceito que o Governo de Montevideo tenha formado de si mesmo, devîa crer inteiramente satisfeitos os seus direitos, e até os seus caprichos, com a impune independencia em que se tinha constituido; elle obrava por si só, o que devia implorar da capital; tinha sacudido a subordinaçaõ de um paiz subalterno; gozava da protecçaõ das leis para que tinha olhado com escandalo; e exercia o seu mando despotico sobre uns subditos, a quem naõ se fazîam sentir as privaçoens, que se seguiam á sua obediencia. A Capital tinha jurado fidelidade ao seu amado Monarcha, o Senhor D. Fernando VII, e a guarda constante de seus santos direitos; e desafia ao Mundo inteiro a que descubra, em sua conducta, um só acto capaz de comprometter a pureza de sua fidelidade, ou uma pretençaõ avançada capaz de irritar os direitos e delicadeza de Montevideo.

Ninguem se aventurava a esperar por algum tempo a terminaçaõ de nossos negocios; tinha-se dado conta delles á nossa Côrte, e o decurso de poucos mezes devîa proporcionar um resultado, que fixasse as nossas incertezas. ¿ Naõ éra o nome d'El Rey o que dava direcçaõ a todas as nossas resoluçoens? ¿ Naõ se via mantida a ordem publica, respeitadas as leis, guardada a segurança individual, premiado o merecimento, honrada a virtude, e perseguidos os delictos, sem que as riquezas servissem de reparo a seus perpetradores? ¿ Qual pois serîa o estimulo que podîa precipitar a Montevideo, qual o risco que corrîam éstas provincias, ou qual a jurisdicçaõ, com que os chefes daquella praça podîam emprender hostilidades, contra a Capital do Rio-da-Prata?

Ninguem se pôde persuadir, que o atordoamento daquelles chefes os precipitasse no extremo de se empenharem em uma conducta hostil contra a capital; necessitávam demasiado de seus pequenos recursos para se conservar a si mesmos, e suffocar os esforços dos bons patriotas, que gemîam debaixo da vergonhosa oppressaõ, a que a marinha os tinha reduzido, e naõ éra facil avançarem-se a uma responsabilidade arriscada, homens cujas vastas ideas se circumscrevem á continuaçaõ de seu soldo. Sem embargo, a causa dos povos he mui temivel para os que vinculam a firmeza de sua sorte á usurpaçaõ de seus direitos, e os chefes de Montevideo desenvolvêram uma actividade empenhosa, de que naõ vimos exemplos quando éstas provincias fôram atacadas por potencias inimigas.

O primeiro acto de hostilidades manifestas contra Buenos-Ayres, foi o pedir soccorros de tropas Portuguezas, e auxilios pecuniarios da Côrte do Brazil, para atacar-nos. Se a circumspecçaõ do Gabinete do Brazil naõ tivesse desprezado taõ avançada pretençaõ, ¿ quem poderîa calcular hoje em dia os males em que se verîam involtas éstas provincias? ¿Quem poderîa prever o ultimo resultado daquelle soccorro? ¿ E quem poderá graduar dignamente o grave crime de uns chefes subalternos, que introduzem no territorio d'El Rey tropas estrangeiras, para levar a guerra e a dessolaçaõ á capital, que reconhece, jura, e defende os direitos de seu Monarcha? Nada he mais provavel do que o ver-se renovada a mediaçaõ de Felipe, e a de tantos outros Principes, que se aproveitáram da imprudencia de povos debeis, que os chamáram a seu soccorro: porém, ¿ que importava aos chefes de Montevideo a conservaçaõ da terra, com quanto que segurassem a de suas pessoas, e empregos? Talvez o General Portuguez lhes continuaría suas antigas rendas, e se perdessem éstas, vingarîam o seu desar com ter envolvido o paiz em todo o genero de males; e ainda que se perdesse a esperança de repettir as campanhas no caffé do Marcos, se embarcarîam em seus barcos bem providos de muniçoens de boca, e buscariam outra regiaõ afortunada, aonde estabelecessem taõ importante colonia. Este éra o conselho que D. Santiago Linieres lhes remetteo com seu filho, e éra seguramente a resoluçaõ mais propria de homens finos, e delicados, que naõ devem envolver-se nas desgraças dos povos. O desengano do Brazil naõ mudou a conducta daquelles chefes; uma pequena convulsaõ poz em suas maõs toda a força, que deverîa ter-lhes arrancado a que usurpávam: os chefes dos corpos fôram prezos com ignominia, despojados das insignias militares, que tinham ganho á custa de tantas fadigas, fôram carregados de ferros, e de todo o genero de opprobrios; nada valêram os seus merecimentos pessoaes, nem a distincçaõ de suas familias, éstas éram do povo, e tinham tocado a tunica inconsutil da marinha; naõ mais valeo o respeito devido á gente do paiz, de que se compunha aquella força; os regimentos fôram debandados, os soldados repartidos entre outros corpos, e dispersos os principaes vizinhos; ficou a marinha senhora do povo, e este reduzido a seguir cegamente os caprichos de seus chefes.

Este transtorno (justo castigo do que se conduz levemente em emprezas grandes) poz á tropa da marinha em situaçaõ de despregar todas as suas vistas hostis contra Buenos-Ayres. No mesmo instante sahio uma partida de tropa para occcupar Maldonado: o coronel Vianna marchava á sua frente, e atravessou com ar marcial, para opprimir a nossos irmaõs, a mesma campanha, que a sua inexperiencia cubrio de nossos cadaveres, no attaque dos Inglezes. Maldonado naõ tinha outro crime, senaõ haver reconhecido a Capital; porém a Juncta tractava seriamente da prosperidade daquelle recommendavel povo; e este éra um erro politico, que naõ devia tolerar-se, em paizes aonde he perigoso o engrandecimento dos povos. Ao mesmo tempo sahio outro destacamento para a Colonia, e o capitaõ de navio, D. Joaõ Angel Michelena, veio com 150 homens para abrandar os sobresaltos do assustado Ramon.

A occupaçaõ do territorio da Capital, he um attentado que a Juncta naõ pôde olhar com indifferença, sem prostituir os primeiros deveres de sua representaçaõ. Um povo grande, esforçado, e generoso, éra provocado com insultos, que attacávam vivamente a sua honra e dignidade: os bons patriotas ardîam pelo desagravo de tamanha injuria, e os seus clamores naõ pudéram ser desattendidos por um governo, que deduz a sua principal gloria de naõ ter outros interesses, nem sentimentos senaõ os do justo povo, que lhe confiou a sua representaçaõ e direitos. Esta consideraçaõ poz a Juncta na necessidade de dar providencias efficazes e fortes, que, á custa de privaçoens proprias, fizessem sentir a seus contrarios o justo castigo de sua temeridade.

A ousadia, com que se attacavam os direitos e territorios da Capital, exigia uma deliberaçaõ prompta, e efficaz, e preparada pelo voto, e conspiraçaõ geral de todos os bons, devia a Juncta evitar aquella tardeza, que sempre tem sido a ruina dos Estados, e aquellas vistas, que a corrupçaõ dos costumes tem erigido em fortes barreiras, contra as emprezas energicas, e magnanimas " A Republica," diz Cicero na Oraçaõ 47 pro Sextio, " sempre he attacada bem, e sempre se defende mal. A razaõ consiste em que os viciosos, e conrompidos saõ sempre audazes, e se inclinam a fazer damno naturalmente, pondo-se em movimento, assim que vem occasiaõ, e os homens honrados, naõ se sabe por que fatalidade, obram sempre com infinita tardeza, e quasi como com repugnancia; naõ lhe fazendo impressaõ as desordens nos principios, e esperando que a necessidade os obrigue a tomar medidas para remediallos. A sua irresoluçaõ, e as suas dilaçoens, custumam ser a causa de sua ruina, pois quando por fim buscam algum remedio para que os deixem em paz, ainda que sêja com pouca honra, ordinariamente perdem tudo."

Naõ permitta o Ceo, que se possa algum dia fazer ao novo Governo o reproche, de tardança, ou lentitude, capaz de comprometter a segurança do povo: todo o sacrificio he pequeno, quando hade resultar em proveito da Patria; e o bom vizinho deve apreciar aquellas privaçoens que exigem a honra, e o decoro da communidade a que pertence. Em virtude disto tem a Juncta resolvido, que se córte toda a communicaçaõ mercantil, epistolar, ou de qualquer outra classe, das que até aqui tem ligado Montevideo com a Capital. Soffrer-se-haõ com ésta algumas privaçoens; porém os verdadeiros patriotas se submetteraõ a ellas gostosos pelo principio que as produz; e, por fortuna, o principal gravamem comprehenderá, os que tem fomentado a divisaõ, ou alegrado-se com seus progressos. Conheceraõ practicamente, que o Governo naõ os enganava, quando lhes propunha as vantagens da uniaõ, e os males incalculaveis, que se devìam seguir a um rompimento; e aprenderaõ, à sua custa, que ninguem póde offender impunemente os direitos da Communidade; e que o triste prazer de humilhar a uns concidadaõs, que nada tem querido senaõ o bem geral, debaixo da guarda segura dos direitos d'El Rey, devia produzir quebras aos que delles se alimentávam. Sobre estes principios tem fundamentado a Juncta a sua resoluçaõ, cuja observancia punctual deverá circumscrever-se aos artigos seguintes

1°. Fica desde hoje cortada toda a conrespondencia e

communicaçaõ com Montevideo, e territorio de sua dependencia.

2°. Nenhuma pessoa poderà passar áquelle territorio, nem escrever cartas, ou manter outro qualquer genero de communicaçaõ.

3°. Fica especialmente cortada toda a conrespondencia mercantil, entre os dous povos.

4°. Os vasos nacionaes, surtos naquelle porto, que devam conduzir cabedaes, ou fructos á nossa Peninsula, deveraõ passar á Enseada, aonde o poderaõ fazer livremente.

5°. O mesmo deveraõ practicar os vasos nacionaes, que viérem da Peninsula, e quizerem introduzir as suas carregaçoens, sem que, por nenhum titulo, se levem em conta os direitos pagos em Montevideo.

6°. Toda a pessoa residente, ou habitante em Montevideo, que quizer estabelecer-se nesta Capital, ou suas dependencias será recebida favoravelmente, e o Governo o auxiliará com uma decidida protecçaõ.

7°. Sendo verosimil que cheguem muitas familias de Hespanha, das que tem emigrado das provincias occupadas pelo inimigo, se lhes propôem, com sinceridade, e ternura, a que passem ao territorio désta capital, aonde receberaõ fraternal acolhimento ; e experimentaraõ o character generoso dos Americanos, e o doce prazer com que estes repartiraõ as commodidades do seu chaõ com uns irmaõs amados, a quem a desgraça faz dobradamente recommendaveis.

8°. O Governo garante ésta estreita uniaõ, e amizade com nossos irmaõs Europeos ; e a sua protecçaõ se extenderá a designar-lhes terrenos ferteis para sua cultura, auxilios para que se prôvam de casa, anticipaçoens de primeiros trabalhos, e um exercicio lucrativo em seus respectivos mesteres, artes, e proffissoens.

Buenos Ayres, 13 de Agosto, de 1810.
CORNELIO DE SAAVEDRA. Presidente.
DR. MARIANO MORENO. Secretario.

Reflexoens sobre as Novidades deste mez.

BRAZIL.

As relaçoens politicas entre o Brazil e as Colonias de Hespanha, saõ summamente importantes, a este momento, e de consequencias de grande extensaõ para o futuro. A ordem do dia de Buenos-Ayres, que publicamos a p. 642, declara authenticamente, que o Governador de Montevideo, Elio, mandára pedir á Corte do Rio-de-Janeiro auxilio de tropas para attacar Buenos-Ayres; o qual com tudo se denegou. Lord Holland, na falla que fez, na casa dos Lords, no dia 27 de Dezembro, sobre a questaõ da Regencia, asseverou, que o Governo Portuguez estáva fazendo marchar tropas para invadir as possessoens Hespanholas. Nos suppomos, que Sua Senhoria naõ fez aquella declaraçaõ sem boas informaçoens, e cremos na existencia do facto; porque elle combina com outras circumstancias, que tem vindo ao nosso conhecimento; taes saõ o character do actual Ministro Hespanhol, o Marquez de Casa Yrujo, no Rio-de-Janeiro; e as ideas de ambiçaõ mal entendida, de certo partido na Corte do Brazil.

Serîa com effeito para desejar, que os limites do Brazil se encerrassem, ao norte e ao sul, dentro dos grandes rios Amazonas e da Prata; porém havendo os Estadistas da Corte do Rio-de-Janeiro deixado perder a occaziaõ favoravel de obter este ponto, por uma negociaçaõ; emprehender agora tal objecto, por meio das armas, he medida da ultima imprudencia. Nem as finanças do Brazil, nem o descontentamento interno, causado pela ma forma de Governo das provincias, eu capitanias, nem a grande energia, que he de esperar empreguem em tal guerra as colonias Hespanholas, enthusiasmadas com as suas ideas de liberdade, nem o perigo de que essas ideas se communiquem, em caso de guerra aos povos do Brazil; pódem deixar de infundir grande temor de que o menor projecto de hostilidades contra a America Hespanhola, sêja productivo de males incalculaveis ao Brazil.

O territorio do Brazil, he taõ vasto, que toda a idea de o augmentar, he absurda; e a vantagem de ter os limites entre as duas naçoens claramente designados pelo Rio da Prata, naõ equivale aos riscos, e males, que se padeceraõ, tendo de obter essa vantagem com a força armada.

O tractado de Commercio, entre o Brazil e Inglaterra, vai arruinar seguramente grande parte do Commercio externo do Brazil; porém esse mal ja está feito, ja naõ tem remedio; o unico recurso, portanto, que tem agora o Brazil, he cuidar em augmentar a sua populaçaõ, e commercio interno; e se os Ministros do Brazil, com falsas representaçoens de chimericas victorias, persuadirem ao seu Soberano a que se empenhe em guerra com a America Hespanhola, levam-no visivelmente pelo caminho opposto ao seu maior interesse, que he augmentar a populaçaõ, e naõ o territorio do Brazil.

O augmento da populaçaõ no Brazil, podia ser mui rapido, se ali quizessem acolher os Europeos, que se refugîam da oppressaõ dos seus inimigos, com a protecçaõ efficaz, que os Estados Unidos da America daõ a todas as pessoas, que para ali imîgram. A Alemanha, a Hollanda, a Italia, a Hespanha, a Irlanda, tem dado vasto numero de habitantes aos Estados Unidos. ¿ E porque os naõ daria ao Brazil? He porém essencial, em um plano desta natureza, que a propriedade, e liberdade pessoal dos individuos sêja respeitada, em consequencia de leis fixas, e permanentes; e naõ de Decretos, e Alvaras, que um Secretario de Estado faz pela manhaã, e que outro Secretario de Estado dispensa por um Avizo, na tarde do mesmo dia.

Os rumores publicos mencionam o facto de prisoens, por crimes politicos, no Rio de Janeiro; e estes procedimentos, quando naõ saõ conduzidos com a maior prudencia, em vez de acabar com o mal, ordinariamente o exacérbam. Quando existe em um povo certo signal de descontentamento, o remedio naõ he seguramente opprimir, ou perseguir os primeiros descontentes de quem se lança maõ; por que ésta medida irrita, em vez de apaziguar os espiritos; o remedio proprio he indagar a causa do descontentamento; permittir que os descontentes mesmo se expliquem; e remover a causa; porque naturalmente se remove o effeito.

Nos naõ entendemos por isto, o caso de acto algum de opposîçaõ ao Governo; porque as queixas, que o povo faz sobre materias de administraçaõ; as representaçoens, os protestos mesmos, saõ actos que se devem interpretar, como tendentes a desapprovar a conducta dos Ministros do Governo; mas pelo contrario, logo que se practîca qualquer acto, em opposiçaõ ás ordens legitimas dos que Governam em nome do Soberano, he a offensa feita a este, he um acto de rebeliaõ, que naõ admitte desculpa, e que todo o Soberano pode, e deve castigar sem demora.

Esperamos portanto que o Governo do Brazil, com ulterior, e madura deliberaçaõ, conhecerá, que lhe he mais util o conservar a tranquilidade interna, do que empenhar-se em guerras externas, ou fazer conquistas desnecessarias.

Estados Unidos.

A communicaçaõ official entre o Ministro dos Estados Unidos, em Londres, e o Secretario de Estado Inglez, Lord Wellesley; que damos a p. 582; mostra as esperanças do Governo dos Estados Unidos, em obter da Inglaterra a revogaçaõ das suas ordens em conselho, sobre o commercio dos neutraes com a França; e da resposta do Marquez de Wellesley se conhece, que o Gabinete Britannico, naõ está disposto a acceder a estes desejos, em quanto naõ verificar a sinceridade das declaraçoens do Governo Francez. O Governo dos Estados Unidos, dando ao publico ésta conrespondencia, naõ apresentou a questaõ em toda a sua luz; porque o extracto, que se cita, da carta do Ministro Francez, dá a entender, que o Governo da França revoga os seus decretos de Berlin e Milaõ, absolutamente, desde o primeiro de Novembro em diante; quando pelo contrario; a revogaçaõ naõ he absoluta, mas condicional, e dependente de uma condiçaõ, a que o Governo Inglez naõ póde acceder; tal he o direito de declarar por bloqueados, aquelles portos contra quem manda algumas forças navaes. (Veja-se, o que dissemos sobre isto a p. 252 deste volume). A naçaõ Britannica, cujo poder e grandeza lhe provém de suas forças navaes, naõ póde renunciar este direito, ha tantos annos exercitado, sem perder a sua consideraçaõ politica na Europa.

O Presidente dos Estados Unidos procedeo, em sua proclamaçaõ, (p. 584) na supposiçaõ de que o Governo de França revoga sinceramente os seus decretos, e só requer a revogaçaõ das ordens Britannicas em conselho, quando o facto he, que alem da revogaçaõ das ordens em conselho, elle exige da Inglaterra a renuncia ao direito de bloquear portos, condiçaõ a que o Governo Inglez de certo naõ accede, e por consequencia naõ se verificara por este decreto a revogaçaõ dos decretos de Milaõ, e Berlin. Eis aqui as palavras da carta do Ministro Francez dos negocios estrangeiros, ao Ministro Americano em Paris, em data de 5 de Agosto.

" Os decretos de Berlin e Milaõ estaõ revogados, e desde o primeiro de Novembro, cessaraõ de ter vigor; bem entendido, que, em consequencia desta declaraçaõ, revogaraõ os Inglezes as suas ordens em Conselho; e *renunciaraõ aos novos principios de bloqueio, que elles tem tentado estabelecer*; ou que os Estados Unidos, conforme ao Acto que vós

(Ministro Americano) me communicasteis agora, façam com que os Inglezes lhes respeitem os seus direitos."

Como as ordens Britannicas em Conselho, fôram uma retorsaõ aos Decretos Francezes de Milaõ e Berlin, revogados estes, tinha o Governo da França, ou, para melhor dizer, o Americano, dreito de exigir da Inglaterra, a revogaçaõ das Ordens em retorsaõ; mas naõ seguramente de pretender alem disso a renuncia a outros direitos. A proclamaçaõ do Presidente he, na verdade, conforme ao Acto do Congresso; porque Bonaparte revogou o Decreto de Berlin, e o Presidente aleviou a prohibiçaõ de negociar com a França; mas certamente se as Ordem Britannicas em Conselho forem revogadas, tambem condicionalmente, he necessario que os Estados Unidos mostrem para a Inglaterra, a mesma promptidaõ em renovar o commercio com este paiz, que mostrâram para o renovar com a França.

Colonias Americanas de Hespanha.

Os procedimentos em Quito saõ de um character feroz: e produziraõ consequencias terriveis. He apenas crivel, que a imprudencia dos Europeos, que governávam em Quito, os levasse a soltar a soldadesca sobre os habitantes, e produzissem uma matança de quatro mil pessoas, homens, mulheres, e crianças. ¿ Que restorsaõ contra o partido Europeo, naõ adoptaraõ os do partido Americano? Pódem-se conjecturar as consequencias disto, pelo modo porque a provincia de Santa-Fè se explica (veja-se p. 586), e pelo furor, e vingança, que respira a carta de D. Carlos Montufar, que pnblicamos a p. 588.

Nós sempre fomos de opiniaõ, que a separaçaõ politica das colonias Americanas, de suas Metropoles Europeas, era um acontecimento, que devîa necessariamente resultar da natureza das cousas: que éra impractivavel impedillo; e qûe o unico expediente que devîam adoptar os cabeças de ambos os partidos, éra fazer com que esta separaçaõ se effectuasse pelos meios mais suaves, que fosse possivel, e com o menor detrimento para a metropole e para as colonias. Devemos dizer, que o partido Americano tem mostrado maior moderaçaõ, do que era de esperar de sua inexperiencia nos negocios politicos, ao mesmo tempo, que o partido Europeo tem empregado quanta violencia basta, para irritar a seus contrarios, e para mostrar sua fraqueza, em naõ poder verificar suas ameaças.

A pueril declaraçaõ de bloqueio, que fez o Governo de Hespanha contra Caracas, os procedimentos dos Europeos em Mexico; a influencia do Ministro Hespanhol, que se acha no Rio de Janeiro, sobre os negocios de Montevideo, tem feito tomar ás commoçoens dos Americanos um character bem diverso, do que ao principio tinham, e do que naturalmente continuaríam a ter por longo tempo, se o partido Europeo se tivesse sabido melhor conduzir. Ao principio, naõ se observava nos Hespanhoes Americanos senaõ um desejo de figurar no Mundo como os seus compatriotas de Europa, formando como elles Junctas, que governassem em nome de seu auzente Monarcha; pretendeo-se negar o direito que elles tinham de assim obrar, ameaçáram-se com a força armada; e a consequencia foi, que se lembráram ja de se fazer independentes. Os extractos de uma proclamaçaõ de Carthagena de Indias, que damos a p. 589, deixa fora de toda a duvida, o caminho que vaõ tomando os negocios na America Hespanhola; A quella proclamaçaõ tracta da escolha de um systema de Governo, da determinaçaõ de uma capital, &c., sem a menor referencia á Europa; e regeita a idea de um Governo interino.

As noticias particulares, ultimamente recebidas, dizem, que o mesmo tem acontecido em Lima, e todo o Perû, e Chili, que tractam de estabelecer seus Governos independentes, sem referencia á Europa Hespanhola.

As Floridas parecem seguir o mesmo destino, e a resistencia, que nesta provincia fez o partido Europeo foi taõ fraca, que so servio de peiorar a sua causa, como se vê pelo extracto a p. 593. Ultimamente a ordem do dia de Buenos Ayres (p. 642) acaba de mostrar o imprudente systema, que tem seguîdo os empregados Hespanhoes, a respeito de suas colonias; e quanto uma pequena moderaçaõ os poría em estado, naõ de impedir a independencia da America, porque isso ja naõ tem remedio, mas de tirar das colonias todo o auxilio, que as circumstancias permittissem obter; e que uma conducta impolitica tem feito perder.

Linieres foi, em fim, aprisionado juncto a Cordova, e fuzilado, por ordem da Juncta de Buenos-Ayres aos 26 de Agosto. soffrendo igual pena o Governador Conche, um Coronel Allende, e dous outros; porque o resto do partido de Linieres o havia abandonado inteiramente. O Bispo de Cordova, que se associara com este partido foi méttido em prizaõ, e encerrado em um Convento perto da quella Cidade.

FRANÇA.

Se ainda nos faltassem provas do terror, que assusta constantemente a Bonaparte, no meio de seu grandíssimo poder, ficariamos de todo convencidos da pouca firmeza de seu systema politico lendo o decreto (p. 597) que elle acaba de publicar, naõ só contra a liberdade da imprensa, mas até para a supressaõ deste incomparavel invento. Havia Bonaparte, ha alguns mezes, reduzido os impressores a um limitado numero; e agora, por este decreto, os infelizes impressores, a quem se prohibio o continuar a exercitar o seu officio, saõ obrigados a fazer uma declaraçaõ das imprensas, e mais materiaes de imprimir, que lhes ficassem em seu poder.

Estas restricçoens, á imprensa, saõ desculpadas com as mesmas razoens com que se pretendem justificar os demais Governos, que saõ contra a liberdade da imprensa; porem ¿quem naõ vê que os motivos de Napoleaõ, querendo suprimir a imprensa, saõ unicamente o impedir que se discuta em publico o que a todos importa, e assim se venha no conhecimento da verdade? Dizia um celebre philosopho, que naõ se lhe dava que a sua casa tivesse as paredes transparentes, para que todos vissem o que nella se passava; porque naõ havia em sua casa cousa má que occultar; assim igualmente um governo justo naõ tem que temer da liberdade da imprensa; o que se tême desta liberdade confessa que se acha culpado. Dizemos isto em geral de todos os Governos.

Que onde reyna a malicia está o receio.
Que faz imaginar no peito alheio
ou porque. Lusiadas c. ii. e. x.

Cuidam que seus enganos saõ sabidos,
E que haõ de ser por isso aqui punidos. e xxv.

Mas fallando em particular do actual Governo da França, parece quasi incrivel, que os Francezes se deixassem levar ao estado de naõ ver, nem ouvir, senaõ aquillo que o seu despota quizer: os Francezes, he verdade, nunca gozáram de muita liberdade nem de fallar, nem de obrar; mas com effeito agora estaõ reduzidos a um gráo de sugeiçaõ um pouco abaixo da classe de entes racionaes. Toda a naçaõ que naõ tem assas fortaleza, e virtude, para se oppor aos primeiros attaques com que o seu Governo atenta extinguir-lhe a liberdade, póde estar certa, que se verá reduzida á ultima abjecçaõ. He sempre or gráos que as naçoeus passam de livres a escravas, e os homens se reduzem ao que saõ agora os Franaezes; um rebanho de viventes, obrando como bestas, ou quasi machinas, aos acenos, e signaes, do seu despota, e oppressor.

HESPANHA.

Os negocios militares de Hespanha continuam em o mesmo plano de guerra de partidarios, e por consequencia sem factos notaveis, que exîjam mençaõ distincta, a naõ ser uma victoria que alcançou sobre Blake, o General Sebastiani, o qual se approximou a Algesiras, com um corpo de 8 ou 10 mil homens. O General Blake chegou a Cadiz para tomar posse do seu lugar na Regencia.

As cortes de Hespanha continuam as suas sessoens, occupando-se dos importantes objectos, que as circumstancias offerecem. Entre outras medidas se propoem mandar erigir um monumento de gratidaõ a El Rey da Gram Bretanha, pela protecçaõ que tem dado á Hespanha; projectam uma grande leva para o exercito; e pretendem fazer uma lei fundamental; para declarar nullo o casamento do Rey se for feito sem o consentimento das Cortes. Este artigo tem em vistas prevenir o plano, que se diz formára Bonaparte de casar El Rey Fernando VII. com alguma senhora de sua familia, e tornállo a mandar para a Hespanha; porque Bonaparte conhece agora mui claramente que lhe he mais facil governar uma corte, cujos principaes ministros sêjam de seu partido, ou por peita, ou por ignorançia, ou por temor; do que subjugar uma naçaõ, que conhece os seus direitos, e que se propoem defendellos á custa dos ultimos sacrificios.

Algumas Gazetas de Cadiz referem, que ha Deputados nas Cortes que se acham taõ pobres; que lhes faltam até os artigos mais necessarios á vida. Esta situaçaõ lhes faz honra; e ao mesmo tempo servirá de convencer aos Francezes, da pouca esperança, que devem ter, de conseguir uma submissaõ completa de homens, que saõ capazes de tudo perder, para conservar a sua independencia, e que sem ella naõ estimam, nem bens, nem fortuna, nem vida.

INGLATERRA.

A negociaçaõ para uma troca de prisioneiros entre a Inglaterra e França, concluio sem ter algum effeito, depois de grandes demoras, occasionadas pelas tergiversaçoens do Governo Francez. Os nossos limites naõ nos permittem o dar por extenso os documentos officiaes, que se publicáram a este respeito; porém a carta circular, que publicamos a p. 629, prova, alem de toda a duvida, a justiça do Governo Inglez, e a sinceridade de suas intençoens.

A questaõ importante, que se agita agora na casa dos Lords, e casa dos Communs, sobre o modo de conferir a Regencia do Reyno ao Principe de Gales, e a que dá lugar a deploravel molestia de S. M. Britannica, absorve inteiramente a attençaõ do Publico em Inglaterra. As leis Inglezas naõ providenciáram o caso actual; e portanto, de qualquer maneira, que procédam os Lords, e Communs, procedem a um acto a que as leis os naõ authorizam; e assim estabelecem um pernicioso exemplo de obrar sem authoridade de lei. A necessidade porém de obrar, justifica o acto; nisto todos convem; porém qual he o modo, que se asimelha mais com as providencias legaes, em outros casos analagos; qual he o partido que constitua um exemplo menos perigoso, para o futuro, de obrar sem authoridade de lei? Este he o grande ponto de disputa. Os ministros de Estado; que, na linguagem dos Estadistas Inglezes, se denominam Servos Confidenciaes de Sua Magestade; saõ todos de opiniaõ, que se proceda á nomeaçaõ de Regente, com poderes restrictos, por meio de um projecto de lei; a que, na linguagem tecnica do Parlamento, se chama *Bill.* Outros, porém, saõ de opiniaõ, que se proceda por uma Representaçaõ (*Adress*) ao Principe, pedindo-lhe que assuma a Regencia do Reyno, sem restricçoens; e desta opiniaõ saõ os Duques da Familia Real, como se vê dos seguintes importantes documentos. A casa dos Lords tem ja decidido; mas a casa dos Communs ainda naõ deliberou sobre o ponto essencial desta questaõ.

Copia do Protesto dos Duques Reaes, contra a proposiçaõ do primeiro Ministro, ao Principe de Gales, para se nomear Regente, com restricçoens e limitaçoens.

Quarta feita a noite 12 horas,
19 de Dezembro, 1810.

Senhor! Havendo o Principe de Gales convocado todos os ramos masculinos da Familia Real, e tendo-nos communicado o plano, que os Servos Confidenciaes de S. M. intentam propor aos Lords e Communs, para o estabelicimento de uma Regencia restricta, no caso de que a continuaçaõ da sempre-deploravel molestia de S. M. faça essa medida necessaria; Nos sentimos que he do nosso dever, entrar o nosso solemne protesto, contra medidas, que consideramos inconstitucionaes, por serem contrarias, e subversivas dos principios, que colocáram a nossa Familia sobre o throno deste Reyno.

(*Assignados*)	Frederico	(Duque de York.)
	Guilherme	(Duque de Clarence.)
	Eduardo	(Duque de Kent.)
	Ernesto	(Duque de Cumberland.)
	Augusto Frederico	(Duque de Sussex.)
	Adolpho Frederico	(Duque de Cambridge.)
	Guilherme Frederico	(Duque de Glocester.)

Ao Muito Honrado Spencer Perceval, &c. &c.

Replica do Primeiro Ministro.

Mr. Perceval tem a honra de accusar a recepçaõ de um protesto solemne, em nome de todos os ramos masculinos da Familia Real, contra as medidas, que os Servos Confidenciaes de S. M. pensáram ser do seu dever communicar a S. A. R. o Principe de Gales, como se intenta propor ás duas casas do Parlamento, para o estabelicimento de uma Regencia restricta, durante a continuaçaõ da sempre lamentavel indisposiçaõ de S. M.; e asseverando, que Suas Altezas Reaes considerávam éstas medidas, como perfeitamente inconstitucionaes, e contrarias, e subversivas dos principios que colocáram no throno deste Reyno a Real Familia de S. M.

Mr. Perceval sentio ser de seu dever o submetter esta participaçaõ, sem perca de tempo aos servos de S. M.; e lamentando elles profundamente, que a medida, que elles se julgam obrigados a propor, pareça a Suas Altezas Reaes que merece um character, taõ directamente contrario ao que os seus anxiosos esforços tem procurado dar-lhe, com tudo isso, tem elles ainda a consolaçaõ de reflectir, que os principios, sobre que tem obrado, obtivéram o expresso e concurrente apoio das duas casas do Parlamento, nos annos de 1788 e 1789; que éstas casas do Parlamento tivéram a alta satisfacçaõ de receber, por commando de S. M., depois do restabelicimento de S. M., os seus mais ardentes reconhecimentos, pelas provas addicionaes, que elles tinham dado de affeiçaõ, e adherencia á sua Pessoa, e do zelo, que elles mostráram, pela honra e interesses da Coroa, e segurança, e bom governo de seus dominios; e que a naõ interrompida confiança, que S. M. foi servido pôr, durante uma longa serie de annos, nas pessoas que propuzéram as medidas, que se fundamentáram nestes principios, dá direito aos Servos de S. M., como elles julgam, de concluir daqui, que estes principios, e medidas, tivéram a sancçaõ de sua Real approvaçaõ.

Downing Street, 20 de Dezembro, 1810.

A. S. A. R. o Duque de York, &c. &c. &c.

Naõ nos sendo possivel dar por extenso os debates na casa dos Lords, sobre ésta importantissima discussaõ, escolhemos, para dar uma idéa a nossos Leitores do modo porque se tractou este negocio, a falla de S. A. R. o Duque de Sussex, que votou contra a moçaõ dos Ministros; e fallou, com superior eloquencia, nestes termos.

"My Lords! Levanto-me naõ somente para approvar a Emenda da moçaõ original, mas igualmente para acautellar a Vossas Senhorias, a fim de que ouçam com suspeita qualquer suggestaõ, que venha da quelle lado da Casa, sobre uma materia de taõ grande importancia, que somente pode ser igualada pela magnitude da calamidade, que nos sobreveio, e que deo origem a esta ponderosa discussaõ:—Mais de oito semanas se tem passado, durante o qual longo periodo, ou a magistratura da Realeza tem estado suspensa, ou as funcçoens da quella authoridad fôram assumidas por um Committé de pessoas, que naõ tem o direito de exercitallas. Eu tenho vigiado com zelo, e anxiedade, em tanto quanto me tem sido possivel, todo o procedimento destes ex-Ministros de S. M.; resolvido de significar quando se offerecesse a occasiaõ, a minha mais decidida desapprovaçaõ de sua conducta. Vos tendes agora, my Lords, inserido nas minutas do vosso Committé secreto, muitos deploraveis e tristissimos factos; nos quaes eu até aqui deixei de fallar, pela affeiçaõ que tenho a meu Pay, e por delicadeza. Com tudo, Vossas Senhorias se lembraraõ, que, logo ao principio, eu me aventurei a exprimir a minha anxiedade, relativamente ao cuidado da sagrada Pessoa de S. M.; e naõ tería eu tocado neste ponto, sem razoens as mais urgentes. Porém agora que Vossas Senhorias estaõ de posse destes importantissimos, e afflictores pontos, Eu concebo que he do meu dever chamar para elles a vossa mais séria attençaõ. Infelizmente está ja demasiadamente provado o facto da infermidade do nosso benignissimo Soberano. Vos tendes igualmente em vossas minutas, o testemunho dos Medicos, quanto á certeza positiva de que naõ tem havido communicaçaõ pessoal entre o Soberano e seus Ministros, durante este periodo. os tambem possuis o conhecimento de que todos os individuos da Real Familia tem sido conservados fora da presença d' El-Rey: Podeis, entaõ, por um momento, My Lords, conceber, ou que

S. M. tem livre arbitrio, ou que tem arbitrio algum seu? ¿ Podeis vos permittir que se vos diga, que deveis ficar tranquilos, a respeito do estado dos negocios, porque os ex-Ministros de S. M. tem executado todas as medidas convenientes, que o aperto dos tempos requer; e que elles terîam aconselhado, se houvessem sido admittidos á presença do Soberano? ¿ He isto justificaçaõ de sua conducta? ¿ Pode isto servir de satisfacçaõ á anxiedade de Vossas Senhorias?—¿ Como podem Vossas Senhorias saber, se S. M. approvarîa, ou naõ approvarîa o Conselho, que lhe dessem os Ministros?--Nos naõ temos o direito; e por tanto naõ nos attreverîamos a examinar este ponto; mas, quanto a mim, My Lords, confesso ingenuamente, que naõ posso admittir taes conclusoens especulativas, ainda que creio, que tal he a linguagem, e o systema, sobre que se fúnda esta pôdre fabrica. My Lords, se eu entendo alguma cousa da Constituiçaõ da minha patria, os Ministros do Soberano, saõ uns poucos de homens, a quem El Rey chama para os seus conselhos, e portanto saõ denominados seus servos confidenciaes. Devem elles ouvir o prazer do seu Soberano, aconselhállo em todas as materias que dizem respeito á felicidade e interesses do povo, segundo o seu melhor entender, e juizo, e por estes procedimentos saõ responsaveis ao Parlamento. Em consequencia de suas representaçoens S. M. lhes ordena como devem obrar; e pela execuçaõ das Reáes Ordens, saõ elles igualmente obrigados a dar contas ao Grande Tribunal do Imperio. Agora pois, My Lords, ¿ podeis vos permittir-vos a persuasaõ, ou attrevem-se estes Ministros a asseverar, que elles tem obrado, como terîam aconselhado a seu Real amo, com quem elles naõ tem tido communicaçaõ pessoal; o qual naõ tem livre arbitrio, e se acha separado de todos os mais ternos laços da natureza? My Lords, se estes corajosos ex-Ministros tem obrado, elles usurpáram um poder, que naõ tinham direito de exercitar. Se se assustáram, se hesitáram, se esbarráram; e naõ obráram, entaõ, My Lords, elles saõ igualmente réos de traiçaõ, por consentirem que a Magistratura da Realeza ficasse suspendida por taõ longo periodo de tempo: porque he ésta uma situaçaõ, que a Constituiçaõ naõ pode nunca conhecer, e por consequencia naõ pode reconhecer. He este um choque o mais terrivel, o mais mortal, que jamais recebeo a Constituiçaõ, desde o periodo da Revoluçaõ. My Lords, o Soberano he uma corporaçaõ, de per si; elle nunca morre, goza de uma immortalidade politica. Portanto, tentando a destruiçaõ deste grande principio constitucional, estes ex-Ministros de S. M. commettéram um regicidio contra a Magistrarura da

Realeza. Nos temos sido levados a uma apathia por éstas oito semanas passadas. Temos sido confortados, divertidos, e visto as nossas esperanças frustradas, por estas bem vindas, mas infelizmente fallazes, noticias da prompta convalescencia de nosso amado Soberano. Nos temos sido desanimados, My Lords, pelos seus attaques á nossa sensibilidade. My Lords, eu sinto tanto, neste calamitoso objecto, como qualquer dos Nobre Lords nesta casa; sim, com a maior sinceridade, e verdade, posso accrescentar, que sinto mais; e igualmente com todos os meus parentes que aqui estaõ presentes, com quem somente contendo em rivalidade de affeiçaõ, e respeituosa adhesaõ ao nosso Soberano e pay, convencido de que taõ amigavel, e taõ amavel contenda, he, só de per si, capaz de radicar mais firmemente a uniaõ de nossa familia, como se provará convincentemente pela divisaõ de votos esta noite. Porém, My Lords, a minha sensibilidade naõ deve ter ascendencia sobre a minha razaõ, nem eu posso separar por um momento o bem da Constituiçaõ do bem d' El Rey. Elles estaõ taõ estreitamente unidos, e taõ intimamente ligados, que o que respeita um, affecta o outro. Portanto, eu presumo, que pelas medidas, que tem seguido os ex-Minsstros de S. M., a Constituiçaõ está arriscada; e meu Pay, e Soberano, deve estar na mesma perigosa situaçaõ. He, mantendo taes doutrinas, e proffessando estes principios, que exponho, que pelejo pela conservaçaõ da constituiçaõ Monarchica; e vigio os interesses da coroa com zelo mais ardente, desinteresse mais verdadeiro, e actividade maior, do que ja mais nenhum servo confidencial d' El Rey poderá reclamar ou pretender.— He para vòs, My Lords, que olho, para ser apoiado nesta ponderosa occasiaõ; porque se vòs tendes direito, e indubitavel direito tendes, de manter as vossas leis, e preservar a Constituiçaõ, contra as tentativas de qualquer facçaõ Ministerial, rompendo pelas limitaçoens do Poder Real, para vos se appélla, e eu appéllo para vos, para que preserveis sagrados, e acauteleis que naõ haja invasaõ nos direitos e prerogativas da coroa, por um Committé de homens de sua propria creaçaõ; porque na seguranca destes direitos, e prerogativas, estaõ os interesses do povo taõ essencialmente involvidos como o bem de Vossas Senhorias. Este he o caso actual, My Lords; porque pela conducta que estes Ministros tem observado em todo o negocio, me parece, que elles tem feito do Soberano um escudo, em vez de serem elles o escudo constitucional de seu Real amo. — Parece-me, My Lords, que elles se esforçam por tirar partido da conjunctura, para deprimir a coroa, e fazella o mais precaria, e electiva, que podem fazer; e levantar o seu poder delles, sobre as ruinas da Monarchia. —Se os Estados procederem por Projecto de lei (Bill) elles assumem o Legislar, sem a intervençaõ da authoridade Real; o que he uma violaçaõ da Constituiçaõ. Alem disto, se elles procederem por este pretenso acto de Legislatura, elles clamam o direito de eleger a pessoa, que por algum tempo tem de exercitar a Magistratura da Realeza: e se se admitte, que as duas Casas podem assim eleger a pessoa, que tem de exercitar por algum tempo a Magistratura da Realeza, será difficultoso ao depois, em algum periodo futuro, resistir-lhes á sua reclamaçaõ do direito de eleger uma pessoa, que exercite permanentemente a Authoridade Real.—Porém, my Lords, a obrigaçaõ e pacto social, que geralmente passa com o nome de Constituiçaõ, prohibe similhante invasaõ, e rendimento. As partes constituentes de um Estado, saõ obrigadas a manter a fé publica, umas a respeito das outras, e para com todos aquelles que deduzem algum interesse consideravel desta obrigaçaõ, e pacto; tanto quanto todo o Estado he obrigado a manter a sua fé com as outras Communidades separadas; de outra maneira, competencia, e poder, ficariam confundidos, e naõ restaría outra lei mais do que a vontade de uma força prevalescente. Sobre este principio se funda a successaõ da Coroa, que sempre foi o que agora he, uma successaõ hereditaria pela lei. Na linha antiga, êra successaõ por direito naõ escripto; na linha nova, ou linha da casa de Brunswick, por direito escripto, que opéra sobre os principios do direito naõ escripto, sem lhe mudar a substancia, mas somente regulando o modo, e descrevendo as pessoas.—My Lords, eu ouço fallar de restricçoens na Regencia. Digo, My Lords, que taes restricçoens naõ podem existir, naõ devem existir. Se vos sentis a necessidade que ha de haver um Regente, elle deve ter pleno poder, e naõ ser uma simples mascara, uma vaã representaçaõ da Realeza, que he o systema que os Ministros anxiosamente deséjam adoptar. Elle deve ser, My Lords, um Magistrado effectivo, com aquellas prerogativas que o direito naõ escripto de Inglaterra designa ao Rey, e que o povo dos Reynos Unidos tem direito de demandar. As leis tem frequentemente providenciado o remedio de uma Regencia, para a infancia de nossos Reys. Assim, se o Rey cahir em taõ desgraçada situaçaõ, que o assimelhe áquella posiçaõ; entaõ os Estados do Reyno pódem, pela paridade do caso, procurar o remedio, providenciado para o infante, e collocar o Poder em um Regente. E, como na fraqueza da infancia, um Principe tem sempre sido, em direito, a mesma pessoa como se fosse o Rey, que naõ tem, ou que por infelicidade naõ pode ter, livre arbitrio; portanto a vontade do Regente, he a mesma vontade do Rey; e consequentemente o poder deve ser o mesmo. Mas com ésta segurança, que no exercicio de suas importantes funcçoens, reconhece o Regente que o direito do Soberano reside em El Rey; e que elle Regente vem a ser o guarda-da-Coroa destes direitos.—My Lords, eu tenho profferido éstas opinioens minhas, por motivos de intima consciencia, de respeituosa affeiçaõ, e adhesaõ a meu Soberano, e pay: por sentimentos da mais ardente devoçaõ á Constituiçaõ de minha patria.—Por uma variedade de causas, My Lords, aconteceo, que eu residî mais de dezoito annos no Continente, durante o progresso desta terrivel e calamitosa Revoluçaõ. Para onde quer que fugi, seguio-me ésta Hydra. Eu observei, tanto quanto pude, os rapidos passos, que ella dava sobre toda a Europa; e a minha observaçaõ achou invariavelmente, que o constante e effectivo precussor da queda de todos os governos, foi, ou o pôr a Magistratura da Realeza em suspenso, e falta de reputaçaõ, ou inflamar, injuriar, e prejudicar o espirito dos povos contra o seu Soberano, e seus herdeiros.—Deus naõ permitta, My Lords, que eu prediga tal calamidade á minha patria; porêm, My Lords assento que he um sacratissimo dever meu, o avizar-vos dos perigos que vos cércam neste momento —Nos temos uma excellente Constituiçaõ, erigida sobre a base de uma gloriosa revoluçaõ, formada pela experiencia, e embelecida pelo tempo, e madura reflexaõ. Taõ magistralmente estaõ equilibradas as suas tres partes componentes, que se um dos tres ramos soffrer uma invasaõ, isto trará com sigo a queda dos outros dous, e assim se seguiria a total destruiçaõ desta admiravel fabrica; a mais sublime prova da misericordia da Providencia, e o mais nobre ensaio da sabedoria do homem.—Com os sentimentos que tenho neste momento, My Lords, naõ posso concluir de outra maneira, senaõ implorando a Vossas Senhorias, que prestem a sua mais séria attençaõ a um objecto, em que se interessam as partes vitaes da nossa Constituiçaõ; e citando as palavras de um sabio Lord, que servia de presidente, na passada similhante occasiaõ em 1788, "Que Deus se esqueça de mim, se eu me esquecer de meu Rey."—E a ésta pia, e fervente ejaculaçaõ, eu devo addir com igual devoçaõ;—Que Deus se esqueça de mim, se eu me esquecer da Constituiçaõ de minha Patria; Esta Constituiçaõ, que colocou a minha Familia sobre o throno destes Reynos; esta Constituiçaõ, que tem sido a nossa ostentaçaõ por tanto tempo; e a inveja de todas as naçoens que nos cércam; e que pela falta desta bençaõ, tem todas sido confundidas, em uma horrivel massa de anarchia, ruina, e desesperaçaõ; em quanto nos estamos seguros de revoluçoens, firmes como um rochedo; e como uma grande atalaya de liberdade civil, religiosa, e constitucional, no meio de um Mundo subjugado, e desolado: —Esta Constituiçaõ, pela qual a minha Familia se empenhou, que havia de viver, e morrer."

Norte da Europa.

A submissaõ dos Estados da Confederaçaõ do Rheno á vontade de Bonaparte se faz cada vez mais conspicua; todos estes potentados do Norte, grandes, e pequenos, á excepçaõ da Russia e Austria, tem adoptado o furioso decreto de Bonaparte, de mandar queimar as fazendas, ou manufacturas Inglezas, que se acham em seus territorios, ainda depois de terem pago os direitos das alfandegas. Com effeito se tem ja posto em execuçaõ éstas ordens, queimando-se publicamente em Bordeaux, Rotterdam, Darmstadt, e outros lugares varias fazendas Inglezas, que se confiscáram; he mui natural, que os officiaes da execuçaõ substituissem sacos de palha, em lugar da fazenda, que guardariam para si; porque em fim nenhum desposta he obedecido com sinceridade; mas como quer que sêja, essas ordens próvam a submissaõ á vontade do despota. Um dos factos mais curiosos, sobre o estado de vassalagem a Bonaparte, em que se acham esses chamados Soberanos, he a nova divisaõ territorial do Reyno de Saxonia; e, aô que parece do modo porque se enunciam estas mudanças em um artigo das gazetas, datado de Leipsic de 14 de Novembro, terá Saxonía de soffrer uma regeneraçaõ politica, e ser dividida em departamentos á moda Franceza; e admittir o Codigo Napoleaõ.

PORTUGAL.

Julvagamos ter dicto quanto era necessario, sobre o facto da deportaçaõ de muitos individuos para as ilhas, a fim de dar a conhecer o erradissimo systema de administraçaõ, que seguem os Senhores do Governo em Lisboa, punindo sem formalidade de processo; o que naõ sómente involve em si a idea de injustiça; mas áctualmente inclue nos castigos os culpados, e os innocentes. Porque, se naõ obstante as muitas formas, requisitos e verificaçoens juridicas, que a experiencia dos nossos maiores tem julgado necessario nos processos, criminaes, ainda assim acontece ser um inocente punido como culpado, de que ha muitos exemplos, nas historias dos tribunaes crimiraes de todas as naçoens; ¿que naõ acontecerá quando os castigos se infligem a mero arbitiro, sem ouvir a parte accusada; e simplesmente pela impressaõ que faz nos que Governam o dicto de um accusador, astuto e mal intencionado; ou ignorante e prejudicado?

Os Governadores doReyno porém accabam de dar-nos um exemplo, de se verificarem éstas nossas queixas; a respeito de algum dos deportados para as ilhas, e he isto o que nos obriga a tornar a fallar na matéria. Vamos ao caso.

Entre os deportados se achava um relojoeiro Suisso, por nome Pedro Borgar; foi tirado de sua cama, em Lisboa, pela uma hora na noite do dia 10 para 11 de Septembro, deixando sua mulher, e filhos, na ultima desolaçaõ; prezo, mettido de segredo, incommunicavel, e embarcado com outros infelices abordo da fragata, que os levou para a ilha Terceira. O Governador desta ilha, Ayres Pinto de Souza, com o despotismo proprio da maior parte dos funccionarios publicos Portuguezes,principalmente nas colonias, mandou encarcerar uns,com muito rigor, outros com menos rigor, outros ficáram soltos; e a este Pedro, de que fallamos, naõ o quiz receber absolutamente, remetteo outravez para Lisboa pela mesma fragata. Deixemos o despotismo do Governador neste modo de obrar, a sua desobediencia aos Governadores do Reyno, &c.; porque temos ja dado aos nóssos Leitores bastantes exemplos da anarchia em que as cousas se acham; vamos ao procedimento dos Governadores do Reyno. Chega o infeliz Pedro a Lisboa, fica a bórdo da fragata, no rio, muitos dias, por naõ se saber o que se havia fazer com elle, por fim desembarca prezo para a fortaleza de Cascaes; e dahi a algum tempo he expedido um Avizo ao Intendente da Policia de Lisboa, mandando soltar este homem, e dando-o por innocente.

He possivel, que a sensaçaõ, que nos fez o ver practidada taõ grande injustiça, com tantos homens, entre os quaes ha alguns, que sabemos de certo serem pessoas respeitaveis, bons patriotas, vassallos fieis, de moral irreprehensivel; nos induzisse a expressar-nos com alguma vehemencia contra os Governadores do Reyno; mas fossem quaes fossem as nossas expressoens ¿ fomos,ou naõ, correctos,chamando áquelle acto uma injustiça? ¿ Esta declaraçaõ dos Governadores da innocencia de Borgar, naõ he uma confissaõ, forma, da justiça de de nossas observaçoens?

A que deve Pedro Borgar a sua soltura? Naõ a providencias tempestivas dos Governadores, mas sim á desobediencia criminosa do Governador da ilha Terceira; porque se este homem executasse, como devia, as ordens dos Governadores do Reyno, ainda agora la estava o pobre Pedro, como la estaõ os outros. ¿ E quando foi solto? Depois de passar por taes trabalnos, que arrancando-o á sua samilia, e obrigando-o a vender até os instrumentos de seu officio de relojoeiro, reduzio a todos á mendicidade.

Orando, assim, pela causa deste homem, obscuro, e desvalido, naõ he só a sua infelicidade a que temos em vista; pois nem o conhecemos, nem temos com elle a menor relaçaõ directa ou indirecta; temos porém, principalmente, em vista a infelicidade de todos os individuos da naçaõ; porque he uma infelicidade; e grande infelicidade, estar vivendo no continuado susto de que se padeça igual violencia; visto que este exemplo prova, que, no systema actual, naõ ha rectidaõ de custumes, ou inocencia civil, que abrigue o individuo de taes calamidades.

Sêja-nos permittido reflectir aqui sobre um facto anterior, que he a justificaçaõ juridica de Pedro de Mello Breyner, um dos Ex-Governadores do Reyno; excluido do emprego de Governador do Reyno, *por parecer suspeito de adhesaõ áo interesse dos Francezes, por haver entrado no seu Governo.* Pedro de Mello, fundamenta a sua justificaçaõ nas suas intençoens; porque diz, que accitára empregos dos Francezes, para poder melhor servir o seu Soberano, e a sua Naçaõ. Naõ entraremos no merecimento das provas; porque a intençaõ dos homens, so póde ser materia de conjectura, inferida dos factos, e circumstancias; mas seguramenté Pedro de Mello he compleatmente victorioso, no argumento de retorsaõ contra os seus collegas, que continuáram no emprego, depois de elle expulso. Diz elle assim, em um paragrapho da petiçaõ que faz a S. A. R., pedindo-lhe permissaõ para se justificar.

" Se este simples facto (ter servido com os Francezes) fosse criminoso, os Membros da Regencia, que se declaráram desimpedidos, e que excluîram o supplicante, naõ deverîam ter tal procedimento, conhecendo, que haviam ficádo nos seus postos, exercendo suas funcçoens, e recebendo seus soldos."

" O Secretario, que se diz desempedido, naõ se atreverîa a dizer tal, se considerasse no referido, e se a ésta consideraçaõ ajunctasse a de que sendo Procurador da Coroa ja mais protestou contra algums dos actos, que a força Franceza obrigou a fazer contra V. A. R.; e se o justo temor, em que todos vivîam nesta capital, o embaraçou entaõ, depois que aquella cessou, depois que um exercito amigo, e vencedor, o afugentou, naõ póde ter lugar similhante escusa, e naõ consta ao Supplicante, que elle até agora fizesse similhante protesto."

" Nem póde achar-se differença alguma, em quanto a isto, entre o supplicante, e os que estaõ exercendo seus empregos, e que igualmente exercêram outros, que tinham, debaixo do Governo Francez. Se elles, á imitaçaõ de outros, tivessem pedido a demissaõ de seus postos, ou empregos, alguma sombra de razaõ terîam para excluir o Supplicante; mas se os conservaram, se os exercêram, se recebêram os seus soldos, se talvez assignáram o *Cumpra-se* no chamado decreto do primeiro de Fevereiro de 1808, numero terceiro, que razaõ podem ter para excluir o Supplicante por similhante injurioso modo, sem convencimento, sem audiencia do Supplicante ?"

Os nossos Leitores estaraõ lembrados, de quanto fomos attacados, pelos escriptores alugados do Governo Portuguez, por havermos dicto, que os Governadores do Reyno devîam protestar contra a usurpaçaõ do Reyno, para salvar o seu credito e reputaçaõ; e damonos por mui satisfeitos das injurias que nos accumuláram; visto que a nossa opiniaõ sobre o protesto, he ja adoptada em uma petiçaõ, dirigida a S. A. R. por um desses mesmos Ex-governadores. He isto uma tacita confissaõ de que, ao menos neste caso, a nossa linguagem naõ he illegal, nem injuriosa ao Soberano; pois della fazem uso em uma petiçaõ ao mesmo Soberano; naõ obstante terem achado, que obravamos muito mal, em manter esta opiniaõ dos protestos. Esperamos de ver ainda outras conversoens aos nossos principios.

Mas o fim do paragrapho, que citamos desta petiçaõ, he o que mais nos serve para o nosso caso. Todos os homens publicos, em Portugal, acham justo, que se mandem prender, e castigar, com processo, ou sem elle, as pessoas que o Governo presume serem culpadas. Mas pergumtaría eu a Pedro de Mello, que se queixa agóra de o punîrem sem processo, e sem ser ouvido; ¿ se elle manteve corajosamente a mesma opiniaõ, antes de lhe chegar a injustiça a casa ? ¿ Se quando era Governador das Justiças no Porto oppoz toda a resistencia que pôde, ás repettidas injustiças com que o Intendente da Policia, o celebre Almada, mandava prender de segredo, em uma cadêa que tinha em sua casa, as pessoas que bem lhe parecia, sem processo, nem sentença ?

Nós citamos este exemplo dePedro de Mello, propondo-o como um farol de guia a todos os Portuguezes, que tem influencia no Governo. Quando os homens publicos practîcam, ou deixam practicar os seus collegas essas injustiças, e actos arbitrarios, que as leis repróvam, habituam o povo a ver com indiferença o despotismo; e por consequencia, quando esse homem grande cahe, e lhe chega o seu turno de ser victima do despotismo, naõ tem que appellar para a opiniaõ publica, porque a naçaõ está insensivel a esses males, endurecida com ver a sua repetiçaõ.

Fallando, porém, especificamente deste caso, a injustiça naõ o he senaõ relativamente aos que ficáram nos empregos; porque a nossa opiniaõ sempre foi, que nenhum destes homens devîa ser empregado, em empregos politicos: pela simples razaõ de que o ter servido com os Francezes lhes fez perder a confiança do publîco; e Pedro de Mello naõ tem um direito positivo de ser empregado, em algum lugar publico, se o Soberano o naõ quizer empregar; mas todo o homem tem o direito de estar, e viver descançado em sua casa, sem que ninguem o vá prender, e o mande degradado para a ilha Terceira, sem causa. Naõ; nem o mesmo Soberano tem tal direito; porque minguem tem o direito de fazer injustiças; e o Soberano so tem o dereito de fazer justiça.

Pedro de Mello, querendo justificar-se, allega nos seus provarás o exemplo dos Fidalgos (e ainda do Duque de Bragança ao depois Rey D. Joaõ IV) que naõ obstante servirem os Hespanhoes, que havîam usurpado o Reyno de Portugal; fôram empregados, depois da gloriosa revoluçaõ de 1610. Mas a respeito dáquelles homens havîa uma razaõ mui differente, porque, apenas se levantou o Reyno contra a usurpaçaõ Hespanhola, logo todos aquelles homens podéram provar, naõ so que tinham sido fieis á sua naçaõ, durante o jugo estrangeiro, mas que tinham sido elles os cabeças, ou auxiliadores do plano para expulsar o Governo intruso. Estas provas, naõ de convicçaõ juridica, mas de convicçaõ á opiniaõ geral; puzéram aquelles homens ao abrigo de suspeitas; e por consequencia habilitáram-se para servirem lugares publicos importantes, sem o inconveniente do risco de lhes faltar o apoio da opiniaõ publica.

Fazendo portanto a distincçaõ entre castigar um homem, porque o governo, ou o publico o suspeita; ou deixar de o empregar; dizemos, que nunca se póde castîgar um homem, sem conhecimento de causa, sem prova, e sem ser ouvido em sua defeza; e que pelo contrario póde, e deve, deixar de empregar-se nos lugares publicos, um homem, que ou por sua culpa, ou ainda por causas accidentaes, em que elle naõ pode influir, perde a confiança da naçaõ; e expoem a authoridade, que se lhe confia, a ser obedecida com repugnancia da parte dos povos.

Nos temos razaõ de esperar, que o Governo Inglez ajudará de seus conselhos o Governo Portuguez, inspirando-lhe aquellas maximas de moderaçaõ, de justiça, e liberdade constitucional, que faz a felicidade dos Inglezes. Foram estes, que requerêram a nova organizaçaõ da Regencia; como se vê pelo seguinte.

DECRETO.

Tendo-se-me representado por parte do Meu antigo Alliado El Rey da Gram Bretanha, o muito que convinha ao bem do Meu Real Serviço, e ao commum interesse da salvaçaõ da Monarchia, e da Peninsula, nas criticas, e arduas circumstancias em que se acham, que o seu Enviado Extraordinario, e Ministro Plenipotenciario juncto á Minha Real Pessoa, e residente em Lisboa, Carlos Stuart, fosse Membro do Governo do Reyno de Portugal, e dos Algarves, para votar nos Negocios Militares, e de Fazenda; devendo resultar desta medida maior prosperidade á causa publica, e aos interesses de ambas as Monarchias: hei por bem nomear para Membro do mesmo Governo ao sobredicto Enviado Extraordinario, e Ministro Plenipotenciario, podendo sómente votar nas materias acima referidas, estabelecendo-se as Sessões necessarias para se tractar della. E attendendo ás vivas representações, com que o Marquez das Minas se escusou na Minha Real Presença de continuar a servir-me no Governo do Reyno, offerecendo-se para outro qualquer Emprego, por mais arriscado que fosse: Sou servido aceitar-lhe a demissaõ, e nomear para Membros do Governo de Portugal, e dos Algarves, além dos que já existem, ao Principal Souza, ao Conde do Redondo Fernando Maria de Sousa Couttinho, e ao Doutor Ricardo Raymundo Nogueira, Reitor do Real Collegio dos Nobres, por esperar que me sirvam neste Emprego com o mesmo zello, amor, e fidelidade, com que me tem sempre servido. Os Governadores do Reyno o tenham assim entendido, e o façaõ executar. Palacio do Rio de Janeiro, 24 de Maio, de 1810.

Com a Rubrica do Principe Regente.

Estado da guerra em Portugal.

Continuamos a publicar neste numero os despachos officiaes de Lord Wellington, sobre a campanha actual; porque elles formam a baze da historia desta guerra em Portugal, de que desejamos dar uma completa idea nesta collecçaõ; e naõ só destas noticias officiaes, mas de nossos avizos particulares, deduzimos mui favoraveis agouros sobre o exito da guerra, ao menos na campanha deste anno. A impaciencia com que o publico deseja ver derrotados os Francezes, tem feito com que muitos censurem a Lord Wellington, por naõ ter attacado a Massena, antes de que este general se retirasse a Santarem. Mas reflectindo-se, nos movimentos todos desta campanha, se acha que Lord Wellington se tem firmemente resolvido ao plano de obrar na defensiva; e por tanto sería contra o seu mesmo systema começar jamais o attaque, excepto no caso de uma victoria quasi segura; e naõ se arriscam ao acaso de uma batalha, interesses de taõ ponderosa importancia, simplesmente para satisfazer a impaciencia do publico, nem ainda o impeto do exercito; e sabemos que o exercito alliado está taõ desejoso de attacar-se com o inimigo; quanto os mais anxiosos patriotas estimam ver derrotados os Francezes. Quanto aos motivos porque Lord Wellington se afferrou ao systema defensivo; saõ, naturalmente, o grande segredo, que elle como general naõ deve, nem terá communicado a ninguem; porém argumentando pelos resultados, temos muita razaõ de o approvar. He manifesto que, no systema, que se segue, tem Massena feito algumas marchas por Portugal; porém ¿ que tem elle adiantado com isso, na grande causa da subjugaçaõ da Peninsula? Nada; porque todas as cousas estaõ no mesmo pé em que estávam antes de que Bonaparte o mandasse tomar o Commando do exercito contra Portugal. Logo do systema deffensivo do general Wellington naõ tem resultado nenhum mal, á grande causa porque elle contende; e tem resultado um bem, que he o disciplinarem-se as tropas Portuguezas, e conservar-se illeso o unico exercito, que os Alliados tem na Peninsula; e a anchora da esperança, para que olham as Hespanhas; porque derrotado este exercito combinado, que commanda Lord Wellington, está perdida a causa da Hespanha, e por consequencia de Portugal; a menos que naõ succeda algum caso imprevisto; com o qual, por consequencia, se naõ deve contar.

Mas diraõ, que se o systema puramente defensivo do general Wellington naõ tem, por ora, produzido males; he de crêr, que os venha a produzir, pórque dá tempo a que Massena receba reforços. A isto respondemos, que se ésta procrastinaçaõ dá tempo a que Massena se reforce; taõbem dá lugar a que se recrutem os exercitos patrioticos em Hespanha, segundo o que as Cortes tem em vista; e se Massena receber um reforço de tropas da França, naõ ha duvida que tambem Lord Wellington o pode receber da Hespanha, e ainda mesmo de Portugal.

Nos lembramos aqui especialmente a conducta do general Silveira, como a expressa o Marechal Beresford, na ordem do dia que publicou em Cartaxo; e depois disto não póde haver a menor duvida, que se as bem pensadas demoras derem lugar a disciplinar, e organizar em forma completa o exercito Portuguez, os Francezes conhecerão, que erráram em seu calculo, não contando, na opposição que teriam de achar em Portugal, no valor das tropas Portuguezas. Os mesmos officiaes Francezes tem conhecido, quam futeis são as ameaças de Massena de subjugar Portugal só com sua presensa, e suas fanfarronadas. Poderiamos em prova disto lembrar alguns factos; mas contentamo-nos com referir um pasquim, entre muitos que se achâram sobre a porta da casa, onde morava Massena em Alenquer, depois que elle se retirou para Santarem, e foi escripto pelos mesmos Francezes.

Icy estoit le logement du Prince d'Essling, qui a fait plus de bruit en batant la caisse, q'en batant les Anglois, et les Portugais.

Outra prova do descontentamento do exercito Francez he, que desde que chegáram ás linhas, até que as deixáram, perdêram, somente pela deserção, tres mil sette centos e noventa e sette homens.

INDEX

DO QUINTO VOLUME.

No. 1.

POLITICA.

Collecçaõ de documentos officiaes relativos a Portugal.

COMMERCIO E ARTES.

LITERATURA E SCIENCIAS.

MISCELLANEA.

Novidades deste mez.

Reflexoens sobre as novidades deste mez.

No. 27.

POLITICA.

Collecçaõ de Documentos officiaes relativos a Portugal.

COMMERCIO E ARTES.

LITERATURA E SCIENCIAS.

MISCELLANEA.

Novidades deste mez.

Reflexoens sobre as novidades deste mez

No. 28.

POLITICA.

Collecçaõ de documentos officiaes relativos a Portugal.

COMMERCIO E ARTES.

MISCELLANEA.

Novidades deste mez.

Reflexoens sobre as novidades deste mez.

No. 29.

POLITICA.

Collecçaõ de documentos officiaes relativos a Portugal.

COMMERCIO E ARTES.

LITERATURA E SCIENCIAS.

MISCELLANEA.

Novidades deste mez.

Reflexoens sobre as novidades deste mez.

No. 30.

POLITICA.

Collecçaõ de documentos officiaes relativos a Portugal.

LITERATURA E SCIENCIAS.

COMMERCIO E ARTES.

MISCELLANEA.

Novidades deste mez.

Reflexoens sobre as novidades deste mez

No. 31.

POLITICA.

Collecçaõ de Documentos Officiaes relativos a Portugal.

COMMERCIO E ARTES.

LITERATURA E SCIENCIAS.

MISCELLANEA.

Novidades deste mez.

Reflexoens sobre as novidades deste mez.

FIM DO TOM. V.

Impresso por W. Lewis, Pater
noster-row, Londres.

Este volume foi fac-similado a partir
de coleção de José Mindlin,
inclusive capas e sobrecapa.
Impresso em Setembro de 2001 em papel
Pólen Rustic 85g/m² nas oficinas da
Imprensa Oficial do Estado de São Paulo.
Textos complementares compostos
em Bodoni, corpo 9/11/18.